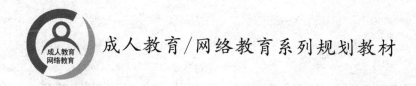

Tielu Luji Gongcheng

铁路路基工程

舒 玉 主 编
刘建坤 主 审

人民交通出版社

内 容 提 要

本书为成人及网络教育系列规划教材之一。本书以现行的铁路路基建设标准、规范、规程、规定及技术文件为基础，阐明了铁路路基结构工程基本概念、基本理论等基础知识，较为全面系统地阐述铁路路基设计施工、检测监测等专业技术内容。

本书根据高等学校土木工程本科指导性专业规范铁道工程方向推荐的知识单元要求，结合现行铁路路基建设新技术，共编写了十三章。具体章节内容包括：铁路路基建设技术概述、路基结构基本形式；路基结构强度、变形及稳定性等基本理论及应用技术；基床、路堤、路堑、过渡段、支挡结构、地基处理、边坡防护、防排水等路基结构工程的设计及施工技术；特殊土路基和特殊条件路基的设计及施工要点；路基工程检测、监测、施工管理等基本技术知识。

本书适合作为高等学校土木工程专业及其他相关专业教材，也可供从事铁路路基建设的工程技术人员参考使用。

图书在版编目(CIP)数据

铁路路基工程 / 舒玉主编. --北京：人民交通出版社，2014.11
 ISBN 978-7-114-11271-3

Ⅰ. ①铁… Ⅱ. ①舒… Ⅲ. ①铁路路基－铁路工程－成人教育－网络教育－教材 Ⅳ. ①U213.1

中国版本图书馆CIP数据核字(2014)第048999号

书　　名：	**铁路路基工程**
著 作 者：	舒　玉
责任编辑：	王　霞　温鹏飞
出版发行：	人民交通出版社
地　　址：	(100011)北京市朝阳区安定门外外馆斜街3号
网　　址：	http://www.ccpress.com.cn
销售电话：	(010)59757973
总 经 销：	人民交通出版社发行部
经　　销：	各地新华书店
印　　刷：	北京鑫正大印刷有限公司
开　　本：	880×1230　1/16
印　　张：	27.25
字　　数：	650千
版　　次：	2014年11月　第1版
印　　次：	2014年11月　第1次印刷
书　　号：	ISBN 978-7-114-11271-3
定　　价：	52.00元

(有印刷、装订质量问题的图书由本社负责调换)

成人教育／网络教育系列规划教材
专家委员会

（以姓氏笔画为序）

王恩茂　兰州交通大学土木工程学院
任宝良　西南交通大学土木工程学院
吴力宁　石家庄铁道大学继续教育学院
宋玉香　石家庄铁道大学土木工程学院
张鸿儒　北京交通大学土木建筑工程学院
肖贵平　北京交通大学远程与继续教育学院
彭立敏　中南大学土木建筑学院
曾家刚　西南交通大学成人教育学院
韩　敏　人民交通出版社
雷智仕　兰州交通大学继续教育学院
廖　耘　中南大学继续教育学院

出 版 说 明

随着社会和经济的发展,个人的从业和在职能力要求在不断提高,使个人的终身学习成为必然。个人通过成人教育、网络教育等方式进行在职学习,提升自身的专业知识水平和能力,同时获得学历层次的提升,成为一个有效的途径。

当前,我国成人及网络教育的学生多以在职学习为主,学习模式以自学为主、面授为辅,具有其独特的学习特点。在教学中使用的教材也大多是借用普通高等教育相关专业全日制学历教育学生使用的教材,因为二者的生源背景、教学定位、教学模式完全不同,所以带来极大的不适用,教学效果欠佳。总的来说,目前的成人及网络教育,尚未建立起成熟的适合该层次学生特点的教材及相关教学服务产品体系,教材建设是一个比较薄弱的环节。因此,建立一套适合其教育定位、特点和教学模式的有特色的高品质教材,非常必要和迫切。

《国家中长期教育改革和发展规划纲要(2010—2020 年)》和《国家教育事业发展第十二个五年规划》都指出,要加大投入力度,加快发展继续教育。在国家的总体方针指导下,为推进我国成人及网络教育的发展,提高其教育教学质量,人民交通出版社特联合一批高等院校的继续教育学院和相关专业院系,成立了"成人及网络教育系列规划教材专家委员会",组织各高等院校长期从事成人及网络教育教学的专家和学者,编写出版一批高品质教材。

本套规划教材及教学服务产品包括:纸质教材、多媒体教学课件、题库、辅导用书以及网络教学资源,为成人及网络教育提供全方位、立体化的服务,并具有如下特点:

(1)系统性。在以往职业教育中注重以"点"和"实操技能"教育的基础上,在专业知识体系的全面性、系统性上进行提升。

(2)简明性。该层次教育的目的是注重培养应用型人才,与全日制学历教育相比,教材要相应地降低理论深度,以提供基本的知识体系为目的,"简明"、"够用"即可。

(3)实用性。学生以在职学习为主,因此要能帮助其提高自身工作能力和加强理论联系实际解决问题的能力,讲求"实用性",同时。教材在内容编排上更适合自学。

作为从我国成人及网络教育实际情况出发,而编写出版的专门的全国性通用教材,本套教材主要供成人及网络教育土建类专业学生教学使用,同时还可供普通高等院校相关专业的师生作为参考书和社会人员进修或自学使用,也可作为自学考试参考用书。

本套教材的编写出版如有不当之处,敬请广大师生不吝指正,以使本套教材日臻完善。

人民交通出版社
成人教育/网络教育系列规划教材专家委员会

前 言

铁路路基是土木工程专业铁道工程方向的一门专业必修课,本教材以高等学校土木工程本科指导性专业规范铁道工程方向推荐课程——路基工程的知识单元为基础,以现行铁路路基建设技术要求为主体,结合铁路路基建设中的新技术而编写。

铁路路基是铁路线下工程的主要结构工程,是轨道工程的基础,是桥隧工程两端的过渡结构,具有工程数量大、设计参数离散性高、边界条件复杂等特点。自 2004 年以来,我国高速铁路建设发展迅速,铁路路基建设中的新技术、新工艺、新材料层出不穷,对路基工程质量要求高。本教材结合铁路路基结构工程特点,以铁路路基施工技术为主体,勘测设计、检测监测等建设技术并重的原则,在编写中着力体现以下特色:

(1)技术最新。本教材所涉及的铁路路基结构建设技术均以最新的标准、规范、规程、规定等为依据,为了便于读者对规范的理解和运用,对部分标准条文列举了计算示例。

(2)组织较为合理。本教材完全将铁路路基当作土工结构工程来考虑,按章介绍基床、路堤、路堑、过渡段、支挡结构、地基处理、边坡防护、防排水等组成结构的设计及施工技术,特殊土路基和特殊条件路基建设技术,路基工程检测、监测、施工管理等基本技术知识。

(3)系统性较强。本书在阐明铁路路基结构基本理论及方法的同时,充分注意吸收铁路路基结构工程新理论、新技术、新设备和新经验,从勘测、设计、施工、监理、检测、验收、监测评估等技术管理岗位出发,力求反映当前高速铁路路基技术发展趋势和人才培养的要求。

全书按 40 学时编写,由于成人或网络教育的读者知识层次存在高中起点、专科起点及职业院校起点等差别,很难全面考虑到各层次的具体专业学习结构,各层次读者可根据自身实际情况进行有选择、有重点的学习。学习过程中不可局限于教材,尚应查询相关技术手册及规范标准等,并参考其他行业(如公路、建筑、水利等)土木工程专业知识。

本书由石家庄铁道大学舒玉主编,并负责全书的统稿。各章节编写分工如下:舒玉编写第一、二、七、八章,王天亮编写第三、六、十章,严战友编写第十一、十三章,于炳炎编写第四、十二章,牛红凯第五、九章。

本书在编写过程中查阅和引用了大量的优秀教材、技术手册和相关部门网站资料,部分内容来源于网络。由于铁路路基建设技术涉及内容相当广泛,编者水平有限,实践经验不足,书中难免有欠妥和错误之处,恳请各位读者批评指正。

电子邮箱:hebgeo@139.com
铁路路基教学 QQ 群:201626762

编 者
2014 年 6 月

自 学 指 导

通过本教材的学习,读者应了解我国铁路路基结构工程建设技术的特点,熟悉本教材的编写组织结构;在领悟教材及查阅相关技术资料基础上,掌握铁路路基结构工程基本原理、基本理论及方法过程;能够灵活运用技术标准,理论联系工程实践,分析和解决实际工程问题,未来可以胜任相关技术和管理工作。

1. 铁路路基结构工程特点

铁路路基是铁路线下工程的主要结构,是轨道工程的基础,是桥梁工程和隧道工程间的过渡结构。在长期的铁路建设中,路基一直定位于土石方工程,建设、勘测设计、施工等相关主体单位不论从管理方面,还是技术方面均不够重视,从而造成既有铁路路基工程病害较多等问题。即便在目前的铁路建设中,不重视路基结构的情况仍普遍存在。

铁路路基结构的主要工程材料为天然土体,因而设计参数离散性高,边界条件复杂,在进行技术分析时,涉及的专业基础知识较为广泛。

铁路路基结构在线下工程中比例较高,跨越工程地质单元多,工程数量庞大,建设技术复杂多样。

铁路路基结构与其他土木结构工程类似,**承载力**、**变形**及**稳定性**为主要技术问题。但不同等级铁路的路基所要解决的首要技术问题存在差异:如普速铁路解决了稳定性问题,那么承载力及变形一般不是关键;而高速铁路路基结构如果满足变形技术要求,则承载力和稳定性一般均会满足。

2. 课程特点

(1) 课程性质

根据高等学校土木工程本科指导性专业规范,本课程是土木工程专业铁道工程方向推荐课程,为铁道工程方向重要专业课。

(2) 课程地位与作用

通过本课程的学习,应掌握铁路路基结构工程术语等基本概念,各组成结构设计基本理论及方法;熟悉铁路路基施工验收技术要求,路基结构检测监测的基本原理、测试方法等技术;能够了解当前铁路路基建设新技术、新材料、新工艺等,具备分析和解决铁路路基工程实际问题的能力,能够胜任建设、勘测、设计、施工、验收、监理、检测、监测等方面的有关技术和管理工作。

3. 学习方法与要求

在学习时要抓住基本的概念、基本分析方法,要理解问题是如何提出和引申的,又是怎样解决和应用的;要掌握各个章节之间的联系,应有完整的系统概念,具体方法及要求如下。

(1) 全面熟悉基础知识

铁路路基结构工程相关技术术语是本课程基本概念,在教材中均予以明显标记并进行解释说明,是要求必须掌握的最基本知识点。

与铁路路基结构工程密切联系的专业基础知识有工程地质与水文地质、土力学、结构设计原理、水力学、材料力学等,路基结构技术中的基本原理、基本理论及计算方法均是以上述课程为基础的。学习过程中应首先熟悉专业基础知识,分析应用其解决路基技术问题的过程,注意理论与工程应用的联系与区别,达到灵活运用的学习目的。

(2)密切联系专业知识

本课程作为铁道工程方向的一门专业课,许多专业技术要求并不是孤立的。铁路路基是轨道结构的基础工程,桥隧结构两端的过渡段,同时也是位于地基之上的结构工程;铁路路基还需满足线路工程的技术要求,并尽量达到技术可行、经济合理的建设目标。所以,本课程学习时,应紧密联系轨道工程、铁路选线及桥隧工程等专业课程,关注其对路基工程的不同要求。

(3)灵活运用规范标准

铁路路基建设技术必须遵循规范,本教材也是基于现行规范标准编写的。

但规范中大多条文仅提供基本技术原则,规范一般会在保证安全、质量等前提下,留给技术人员较大的运用空间。对于具体的技术路线及方法过程,专业人员应在理解规范意图前提下,尽量采用符合工程实际情况的计算参数、计算模型及简化方法。因而不论在课程学习中,还是在实际工作中,均不可盲从规范,需要先分析规范,应在正确理解规范的前提下灵活运用。如支挡结构的土压力计算,规范针对不同的支挡类型或计算模型而规定了库仑理论、弹性理论、经验公式等方法进行计算,但是在进行高速铁路路堤式支挡结构设计时,应根据工程实际情况慎重采用规范方法,因为规范中暂时并没有考虑支挡结构设计变形技术问题。

(4)广泛查询技术手册

铁路路基结构工程涉及知识内容非常广泛,而本教材由于学时和篇幅的限制,许多路基建设的专业技术未能编入,编写的建设技术许多又无法进行详细的阐述。本教材在编写的时候,除了引用书后参考文献中所罗列的技术手册外,还参考了公路、建筑等其他行业的技术手册,如《公路设计手册》、《地基处理设计手册》、《支挡结构设计手册》等。这些手册内容均非常专业丰富,详细阐述了相关路基建设技术原理及方法,在教材相关章节学习中,可作为参考。

(5)合理安排学习环节

预习是一种良好的学习习惯,可以调动学习的积极性,从而不断提高专业知识的积累。学习时要注意多练,多练是属于实践性的学习环节;同时要多思,多思是属于理论性的学习环节。两者可相互促进,练中多思,思中多练,则学习心得就必然增多。同时要善于总结,即将自己的一点一滴的学习心得理顺,巩固认识,使学到的内容真正成为自己的专业知识财富。

专业知识的学习要善于提出问题,勤于分析的读者会发现教材或规范中尚有大量问题没有完全解决,因为现有的技术要求不可能是全面的、完美的,铁路路基建设技术标准也是没有止境的。如果学习之后,没有发现问题,说明专业知识没有完全理解及掌握。

确保一定的学习时间是非常重要的环节,学习本身没有任何捷径,海量的专业知识如没有充分的学习时间作保障,那一定是浮云。当然每个人的时间和精力是有限的,想通过一门课程的学习或短暂的工作培训就能全面掌握铁路路基结构工程也是较难实现的。

上述观点仅限于编者在长期教学过程中对于专业知识学习的理解,为一家之言。读者应根据自身实际情况及特点有的放矢,领悟专业知识的学习之"渔"。

目　录

第一章　概述 ··· 1
　　第一节　铁路路基结构工程技术的发展 ··· 3
　　第二节　我国客运专线路基建设 ··· 5
　　第三节　铁路路基设计内容 ··· 8
　　思考题 ··· 14

第二章　铁路路基横断面 ··· 15
　　第一节　铁路路基横断面构造 ··· 17
　　第二节　路基面形状与宽度 ··· 22
　　第三节　路肩高程 ··· 34
　　第四节　路基结构工程材料 ··· 39
　　思考题 ··· 50

第三章　铁路路基变形及稳定性 ··· 51
　　第一节　铁路路基设计荷载 ··· 53
　　第二节　地基承载力分析 ··· 59
　　第三节　路基变形分析 ··· 67
　　第四节　路基稳定性分析 ··· 80
　　思考题 ··· 91

第四章　基床、路堤及路堑 ··· 93
　　第一节　路基基床 ··· 95
　　第二节　基床下路堤 ··· 103
　　第三节　路基填筑施工技术 ··· 108
　　第四节　路堑设计与施工 ··· 114
　　思考题 ··· 119

第五章　过渡段及路基相关工程 ··· 121
　　第一节　过渡段结构概述 ··· 123
　　第二节　过渡段结构分析 ··· 125
　　第三节　过渡段结构形式 ··· 128
　　第四节　路基相关工程及设施 ··· 135
　　思考题 ··· 141

第六章　铁路路基支挡结构 ··· 143
　　第一节　铁路路基支挡结构基本技术 ··· 145
　　第二节　库仑土压力计算 ··· 155
　　第三节　重力式挡土墙 ··· 164
　　第四节　悬臂式和扶壁式挡土墙设计 ··· 170
　　第五节　锚杆挡土墙 ··· 175

	第六节	锚定板挡土墙	180
	第七节	加筋土挡土墙	184
	第八节	土钉墙	187
	思考题		192

第七章　铁路路基工程抗震技术　193
　　第一节　铁路路基抗震设计简述　195
　　第二节　铁路路基抗震验算　200
　　第三节　铁路路基抗震措施　209
　　思考题　211

第八章　铁路路基地基处理技术　213
　　第一节　铁路路基地基处理概述　215
　　第二节　浅层地基处理　219
　　第三节　强夯及强夯置换　223
　　第四节　桩体复合地基　227
　　第五节　钢筋混凝土桩网（桩筏）结构　243
　　第六节　钢筋混凝土桩板结构　247
　　第七节　注浆　252
　　思考题　254

第九章　铁路路基边坡防护及防排水工程　255
　　第一节　路基边坡防护及防排水工程基本技术要求　257
　　第二节　铁路路基边坡防护工程　259
　　第三节　铁路路基边坡绿色防护　267
　　第四节　铁路路基防排水结构形式　275
　　第五节　铁路路基防排水工程设计　281
　　第六节　铁路路基防排水工程施工　285
　　思考题　293

第十章　铁路特殊路基工程　295
　　第一节　软土及松软土路基　297
　　第二节　膨胀土（岩）路基　301
　　第三节　黄土路基　304
　　第四节　盐渍土路基　310
　　第五节　冻土路基　315
　　第六节　风沙地区路基　324
　　第七节　特殊条件路基　327
　　思考题　340

第十一章　铁路路基检测技术　341
　　第一节　铁路路基施工检测分类　343
　　第二节　路基填料及相关原材料室内试验　345

第三节　路基工程质量现场试验检测 ··· 349
　　思考题 ·· 370
第十二章　铁路路基变形观测技术 ··· 371
　　第一节　路基变形观测基准网 ··· 373
　　第二节　路基变形观测点 ··· 374
　　第三节　路基工程沉降评估 ··· 385
　　思考题 ·· 392
第十三章　铁路路基工程施工 ··· 393
　　第一节　铁路路基工程施工准备 ··· 395
　　第二节　铁路路基施工组织设计 ··· 401
　　第三节　铁路路基施工安全技术 ··· 407
　　第四节　路基工程施工环境保护 ··· 416
　　第五节　铁路路基竣工验收 ··· 417
　　思考题 ·· 421
参考文献 ··· 422

第一章 DIYIZHANG
概 述

本章导读
路基结构是铁路建设线下工程的重要组成部分。在过去的铁路建设中,由于勘测设计、施工验收及建设管理等方面没有将铁路路基作为土工结构予以重视,新建铁路中路基工程质量问题较为突出,因路基病害造成既有铁路运营维护困难甚至中断行车事故也屡有发生。本章简述铁路路基建设技术的发展概况,我国客运专线路基工程建设技术发展情况,重点介绍铁路路基工程在不同设计阶段的设计内容及路基工程设计基本原则。

学习目标
1. 了解铁路路基工程建设技术发展。
2. 熟悉我国客运专线路基工程建设概况。
3. 熟悉我国铁路路基工程建设标准、规范、规程及规定等相关技术文件。
4. 掌握路基工程设计的主要内容及原则。
5. 掌握铁路路基、一般路基、客运专线、高速铁路、设计使用年限等术语。

学习重点
1. 铁路路基建设相关基本概念。
2. 客运专线路基工程特点。
3. 铁路路基工程施工图设计内容。
4. 铁路路基工程设计基本原则。

本章学习计划

内 容	建议自学时间（学时）	学 习 建 议	学 习 记 录
第一节 铁路路基结构工程技术的发展	1.0	初步了解铁路路基建设技术现状及发展	
第二节 我国客运专线路基建设	2.0	熟悉我国客运专线路基建设技术的发展和特点	
第三节 铁路路基设计内容	2.0	1.了解我国铁路项目建设程序； 2.掌握铁路路基施工图设计内容及基本原则	

第一节 铁路路基结构工程技术的发展

铁路路基(Subgrade 或 Earth Structure)是经开挖或填筑而形成的直接支承轨道结构的土工结构物。路基是铁路线路的重要组成部分,是铁路轨道的基础,其强度、沉降控制和稳定性是保证线路稳定的基本条件。

一、我国普速铁路路基工程现状

2003 年以前,我国新建铁路没有把路基当成土工结构物来对待,而普遍冠名以土石方。在"重桥隧、轻路基,重土石方数量、轻质量"的倾向下,路基修筑时选用的填料性能优劣不一,常常就近取土填筑路基;压实标准低,检测频率少,致使新修的路基强度偏低,变形明显。新建铁路交付运营后不能立即达到设计速度与运量,一般经过 5~15 年自然沉落及病害整治才能达到设计速度要求,运营中还常发生路基变形、下沉、翻浆冒泥、边坡坍滑,道砟陷槽等病害,降低了铁路建设的经济效益和社会效益。

我国既有线运营铁路路基技术状态不佳,路基普遍强度偏低,稳定性差,严重威胁铁路运输和安全,已成为铁路运输的主要薄弱环节。随着国民经济的发展,运量不断增长,路基超负荷工作状态一直没有缓解,路基病害时常发生。据统计,提速前的 1994 年底,在全国 68053km 的运营线上,路基总长 64088km,占运营线路的 94%,路基病害地段 81082 处,累计长 11055km,占运营线路的 16.2%。提速后,路基状态没有显著改进,有些地段反而更加恶化。

二、国外铁路路基现状及特点

国外铁路发展的方向是重载及高速铁路,**高速铁路**(High-speed Railway,HSR)是指新建铁路旅客列车设计最高行车速度达到 250km/h 及以上的铁路。**重载铁路**(Heavy Haul Railway)是指运行列车牵引质量为 5000t 及以上且轴重达到 25t 及以上的铁路,发展重载铁路的国家有美国、加拿大、澳大利亚、俄罗斯等;发展高速铁路的国家有法国、日本、德国等。这些国家都制定了较高的路基技术标准和严格的施工工艺,其特点如下。

(1)结合路基工程规定了详细的岩土分类,要求进行详细的调查,为设计、施工及养护提供所必需的依据资料。

(2)强化路基基床,对基床表层的填料和强度有严格要求。

日本在新干线上设置了强化基床表层,采用级配矿渣层或增设沥青混凝土表层等,并用直径为 30cm 的平板荷载试验求出的地基系数 K_{30} 控制压实效果。

法国在制定 TGV 线路技术条件前曾对全国既有铁路的路基进行了详细、全面的调查,发现轨枕下道床加垫层的厚度对防止路基病害的产生有重要作用。当总厚度超过 60cm 时,线路良好,基床病害的发生概率很小。

德国提出了在路基表面设置保护层的根本性措施,并且要求在既有线路基上按不同的线路等级,有计划地逐步设置保护层。

(3)严格控制路基填筑,对路基填料分类制订填筑压实标准和检测方法等,并开发了一系列的检测设备和施工机械。

各个国家根据本国的特点对路基填料进行了详细的划分,并对每类填料的力学性能进行试验研究,从而确定它的适用范围。对路基填土质量标准,多数采用物理和力学性能双指标控制。如日本采用K_{30}标准和压实系数控制填筑质量;德国采用E_{v2}和压实系数控制压实质量,并研发了可实时监控压实系数的碾压机械;日本、法国分别提出用贯入仪及落球回弹法等快速检验法。

(4) 控制路基不发生过大的下沉。

各国在高速铁路建设过程中,对线路容易发生不平顺的部位特别加以重视,从结构设计到施工组织,从工期安排到质量检测等方面都采取了措施,严格控制轨道的刚度变化和由于沉降、不均匀沉降引起的轨道下沉和轨面弯折,以达到线路的平顺性,保证列车高速运行的安全和稳定。为了控制路基不发生过大的下沉,对路堤填土的地基条件提出了新的要求。为了调整桥台附近路堤的刚度,对桥头路堤规定了更高的技术标准。

(5) 加强路基的防排水措施,加强边坡和灾害的防护。

各国要求路基防护工程与主体工程同时完成,增加路基的坚固性和稳定性,避免运营期间发生病害。日本在基床表层设置5cm厚的沥青混凝土层,德国和法国分别在基床表层中设置了隔水层,防止雨水下渗引起路基病害,保护路基。

三、路基工程技术的发展

高速、重载铁路的兴建,对铁路线路的质量提出了新要求,因此,路基的性状必须要与之相适应。以确保路基稳定为前提,在线路养护维修允许的条件下,路基在各种因素作用下的变形应控制在确保线路不出现不良状态的范围内。近年来路基工程技术的改进主要表现在以下几个方面。

(1) 设计计算技术逐步提高。

设计理念逐渐转变,计算技术的发展促进了对岩土本构关系的研究,国内外出现的上百种非线性弹性、弹塑性土石本构关系模型,使对土石的变形和破坏机理的研究翻开了崭新的一页。利用现有计算技术,能方便地对地基土石的物理力学指标进行概率统计处理,为可靠性设计奠定了基础。国内已开发多个行之有效的计算程序,可以完成路基的结构设计,并不断完善。随着高速铁路的出现和发展,高速行车对线路变形的严格要求,使得路基由强度控制设计逐渐向变形控制设计转变。

(2) 新工艺、新技术、新材料、新设备层出不穷。

伴随新材料、新工艺、新技术的不断出现,路基工程技术日新月异。对**滑坡的处理**除采用重力式挡土墙外,经历了抗滑桩、仰斜排水孔、锚杆等,发展到应用预应力锚索及锚索桩;**地基处理**从砂井、反压护道,经历袋装砂井、塑料排水板、真空预压等,发展到粉喷桩、旋喷桩及土工合成材料加筋地基,再发展到水泥粉煤灰碎石桩、素混凝土桩、桩网结构、桩板结构等;**基床病害的处理**经历了换填砂石料、敷设沥青面层、设盲沟等措施,发展到较普遍地应用土工合成材料进行加筋和隔离;**边坡防护技术**在从工程防护向绿色防护、生态防护发展。在相应工程中,技术人员可以因时、因地制宜,选用合理的处理方案。

铁路路基填料除利用粉煤灰外,还有水淬矿渣工业废料、尾矿废料可以利用,它们在减轻结构质量、保护环境、减少投资等方面有独到之处。

振动碾压机械、长螺旋钻机、旋挖钻机等高效施工机械的开发应用,大大提高了施工速度和施工质量,减轻了工人的劳动强度;光面爆破技术的进步,减少了施工对路堑边坡的破坏。

(3) 测试手段和设备进一步提高,检测方法更加合理。

室内土工试验仪器精密化、自动化程度的提高,为研究土体的应力历史、应力路径,判别砂土液化的可能性,确定动荷载作用下土强度和变形等提供了条件。土工离心机模拟试验可直观显示构筑物因重力引起的应力、应变状态,以便于研究其破坏机理,现已用于研究软土地基上路堤临界高度、路堤沉降分析以及支挡结构物的作用机理等课题中。

利用原位测试手段了解现场土的物理力学状态,克服了取样试验的一些局限性。通过大量试验,对各试验指标之间及各试验指标与室内试验相应指标之间的相关关系研究取得了可靠应用的成果。

路基施工质量的检测方法由以前单一的压实系数指标逐渐增加了地基系数K_{30}、变形模量E_{v2}、动态变形模量E_{vd}等多项指标。

(4) 规范逐步完善和更新。

制定规范可以说是各项建筑工程的"国策",有了规范才有章可循。只有建设者遵守规范,才能加强工程设计和施工管理及统一验收标准,确保工程质量。在调查研究,总结经验,吸取科研成果的基础上,我国相继制定和完善了若干有关铁路路基勘测、设计、施工及质量评定的规范,随着铁路建设事业的发展,规范本身也将不断完善和更新。

◆请练习[思考题 1-1]

第二节 我国客运专线路基建设

客运专线(Passenger Dedicated Lines,PDL)是专供旅客列车行驶的路网铁路。我国客运专线铁路路基的技术标准及主要参数,是 20 世纪 90 年代以来在高速铁路"八五"、"九五"研究成果的基础上,吸收了国外高速铁路路基施工和建设的经验;在设计过程中借鉴、消化、吸收了国外铁路设计新方法和新标准,结合秦沈、石太、武广、郑西等客运专线实际情况,并经有关部门多次组织国内专家的论证而最终确定的。截至 2012 年底,我国高速铁路运营里程达到 9356km,居世界第一位。

一、我国客运专线路基工程技术发展

1. 秦沈客运专线

秦沈客运专线 1999 年 8 月 16 日全面开工建设,2003 年 10 月 12 日正式开通运营。全线总长 405km,路基 335km,占线路长度的 83%。运营速度 200km/h,有砟轨道结构。

(1) 路基填筑质量标准高

秦沈线路基施工标准较同期的普速铁路标准提高了很多,路基填筑根据不同部位,提出了压实系数 k、地基系数 K_{30}、孔隙率 n 等压实标准。

(2) 路基基床表层采用级配碎石强化结构

铁路路基的基床表层是路基设计中最重要的部分之一,秦沈线首次在基床表层采用了 60cm 厚的级配碎石结构。

(3) 路桥及横向构筑物间设置过渡段

路桥及横向构筑物间的过渡段,是以往设计及施工中的薄弱环节,也是既有线发生路基病

害的重要部位,为保证列车高速运行时的平稳舒适,对路桥过渡段采用了刚度过渡的设计方法。

(4)严格控制路基变形和工后沉降

路基工后沉降(Post-acceptance Settlement of Subgrade)是指路基竣工铺轨开始后产生的沉降量。秦沈客运专线路基工后沉降要求一般地段15cm,年沉降量不得大于4cm;路桥过渡段8cm,年沉降量不得大于3cm。

(5)路基动态设计

秦沈客运专线有93km的松软土和软土路基,在每个松软、软土地基工点及台尾过渡段、路基中心、两侧路肩及边坡脚之外设置沉降和位移观测设备,全线共设置了720个观测断面,及时绘制填土—时间—沉降曲线。根据沉降观测资料及沉降发展趋势、工期要求等,采取相应的措施,如调整预压土高度,确定预压土卸荷时间,提出基床底层顶面抬高值,以及铺轨前对路基进行评估及合理确定铺轨时间,以确保铺轨后路基工后沉降量与沉降速率控制在允许范围内。

(6)路基质量评估

针对秦沈线箱梁运架过程中的路基安全稳定问题及铺轨前路基质量状况进行了路基质量评估工作。秦沈线大部分桥梁为预制梁,梁体结构尺寸及重量均较大,其中24m双线整孔箱梁重达540t,加上运架设备总重已超过800t。通过路基运架远超过设计荷载,为保证秦沈通过运架梁段的路基安全稳定,特对高填方、桥头及软基地段进行安全监测评估,确保了箱梁运架的顺利完成。

(7)地基处理的种类多

根据地质勘察资料,结合秦沈铁路路基的工后沉降要求,针对不同地质条件的地基土选用了合理的十多种地基处理方法。浅层软弱地基采用了换填碾压处理或换填砂垫层处理,深层软基采用了袋装砂井、塑料排水板的排水固结加预压的处理方法。工后沉降要求高及路桥过渡段,根据地质条件和经济对比,采用了砂桩、碎石桩、粉喷桩、搅拌桩、旋喷桩等地基处理方法。地震液化的粉土或粉细砂层的地基,采用了挤密砂桩的处理方法。不同的地基处理方法在秦沈线得到了成功的应用,为我国客运专线的设计施工提供了有益的经验。

2. 京津城际铁路

京津城际铁路是我国第一条时速350km的城际铁路,2005年7月4日开工建设,2008年8月1日正式开通运营。全线总长119.4km,无砟轨道结构,路基13.14km,其中区间路基6处8443.33m,车站路基3处5610.15m,占线路长度的11%。

(1)无砟轨道路基

京津城际采用板式无砟轨道结构,要求路基的沉降要小,路基基床表层采用级配碎石,路基压实采用密度和刚度双指标控制。路桥、路涵采用级配碎石过渡段衔接。

(2)路基工后沉降标准高

无砟轨道结构沉降调整范围是由扣件高度决定的,路基工后沉降为15mm。

(3)软土地基处理强

京津城际铁路的地基处理,深度30m以内采用CFG桩,深度30m以上采用预制混凝土打入桩。考虑到安全可靠和经济合理,正线采用桩板(筏)结构,站线采用桩网结构。

3. 武广客运专线

武广客运专线2005年6月23日开工建设,2009年12月26日开通运营,正线全长

962km,路基长度320.4km,占全长的33.3%。设计速度350km/h,无砟轨道结构,路基工后沉降为15mm。

武广客运专线沿线地形地质情况复杂,红黏土、软土及松软土分布广泛,主要特殊地质路基和不良地质路基有:水塘路堑、地下水发育路堑,软土、松软土地基处理路基,膨胀土路基,液化土路基,顺层路堑,堆积体路基,岩溶路基,人为坑洞地段路基,危岩落石地段路基等。浅层地基处理方法采用换填、强夯及冲击压实;深层采用搅拌桩、旋喷桩、CFG桩、预应力管桩、混凝土桩的桩网结构和桩板结构等处理方法;岩溶地段采用注浆、灌砂、回填片石、嵌补、钢筋混凝土盖板等方法。

4. 郑西客运专线

郑西客运专线2005年9月25日开工建设,2010年2月6日开通运营。全长484.518km(其中正线长456.639km),路基长度104.3km,占全长的22.7%。设计速度350km/h,无砟轨道结构,路基工后沉降为15mm。

郑西客运专线沿线地基土主要为湿陷性黄土、松软土、地震液化土等,而且绝大部分地基的上部为湿陷性黄土,下部为松软土(如饱和黄土、饱和黏性土等)或液化土。地基处理方法采用换填灰土、冲击碾压、强夯、碎石挤密桩、水泥土挤密桩、柱锤冲扩桩、CFG桩及钻孔桩桩板结构等方法,以水泥土挤密桩和CFG桩作为湿陷性黄土的主要地基处理形式。

5. 京沪高速铁路

京沪高速铁路2008年4月18日全线开工,2011年6月30日开通运营,正线长度1318km。全线路基工程242.5km,占线路长度的18.4%。设计速度350km/h,无砟轨道结构,路基工后沉降为15mm,路桥过渡段差异沉降错台为5mm。

路基工点类型有软土和松软路堤、岩溶路基、浸水路堤、下蜀黏土路基和黄土路基等。针对不同地质条件的地基土选用的地基处理类型有强夯、冲击碾压、岩溶注浆、CFG桩、钢筋混凝土管桩、水泥搅拌桩、旋喷桩等,其中CFG桩是主要的地基处理形式。

二、路基结构设计使用年限

设计使用年限(Designed Service Life)是以结构耐久性设计为依据并具有足够安全度或保证率的目标使用年限。结构的耐久性对客运专线的安全使用和经济性起着决定的作用。经济合理性应当使建造费用与使用期内的检查维修费用之和达到最少,片面地追求较低的建造费用而忽视耐久性,往往会造成很大的经济损失。因此,客运专线路的路基主体结构应重视耐久性设计,对路基结构布局和结构细节进行统一合理考虑,注重路基结构易于检查维修以保证高速铁路的安全使用。根据路基结构工程各组成部分的重要性和可修复性,规定了不同路基结构的设计使用年限,见表1-1。

铁路路基结构设计使用年限 表1-1

设计使用年限级别	设计使用年限	适 用 范 围
一	100年	路基主体结构、路基支挡及承载结构
二	60年	路基防护结构、200km/h及以上铁路路基排水结构
三	30年	其他铁路路基排水结构、电缆沟槽、防护砌块、栏杆等可更换小型构件

路基主体工程中的支挡(承载)结构,属于不易更换的混凝土结构且直接影响路基的稳定与安全,定为100年。此外,同属路基主体工程的地基处理及基础结构必须具有足够的强度、

稳定性和耐久性,其设计使用年限为100年;路基本体虽然不是混凝土结构,通过加强排水和防护、严格控制填料材质及压实质量,其强度及变形性能(如沉降指标等)趋于稳定,一般不随时间而衰减,且不存在疲劳破坏问题,甚至会出现增强和提高的情况,其设计使用年限亦为100年。

◾请练习[思考题1-2]

三、客运专线铁路路基特点

旅客列车速度目标值达到200km/h以上的客运专线,与传统时速160km/h以下的普通有砟轨道铁路相比较,具有以下显著的技术特点:

(1)车辆运行速度达到200km/h以上,轨道不平顺对车辆运行的影响被放大,因此要求线下基础具有高平顺性和高稳定性,以减小轨道养护工作量、保证行车安全。高速铁路大部分将采用稳定性优越的无砟轨道,虽然无砟轨道路基可以通过调整钢轨扣件减小或消除轨道不平顺,但钢轨扣件调整十分有限,因此无砟轨道铁路对路基工后沉降(无砟轨道施工后路基本体的残余压缩变形及地基的沉降)提出了严格的要求,一般要求出现的路基工后沉降可以通过轨道系统的调整加以克服。

(2)路基工程主要由岩土材料构成,受岩土材料特性的限制,路基工程与其他线下基础,如桥、涵、隧道等,存在变形和刚度差异,需要在不同的线下基础之间设置过渡段,以使不同的线下基础之间变形和刚度平滑、均匀过渡,保证轨道平顺性,满足高速行车的要求。

(3)路基工程构筑于露天环境,为保持其性能的长期稳定,高速铁路路基加强了防排水处理。

上述三个特点,也是高速铁路路基的三大关键技术,即严格控制路基工后沉降、加强路基与其他构筑物纵向刚度匹配的构造处理和加强路基工程防排水。

第三节 铁路路基设计内容

新建(改建)的客货共线铁路、货运专线铁路、客运专线铁路、城际铁路、铁路枢纽等大、中型建设项目应在项目决策阶段开展预可行性研究和可行性研究,在项目实施阶段开展初步设计和施工图设计。小型项目或工程简易的项目可适当简化,在决策阶段开展可行性研究,实施阶段开展施工图设计,其文件内容和深度应满足项目决策及实施的要求。

一、铁路项目建设程序

1. 预可行性研究

预可行性研究主要是论证项目建设的必要性、可能性。预可行性研究文件是项目立项的依据,根据国家批准的铁路中长期规划,收集相关资料,经社会、经济、运量调查及现场踏勘后编制。此阶段不必要进行路基设计工作。

2. 可行性研究

可行性研究主要工作是论证建设项目的可行性。可行性研究文件是项目决策的依据,根据国家批准的铁路中长期规划或项目建议书,进行社会、经济和运量调查,综合考虑运输能力和运输质量,从技术、经济、环保、节能、土地利用等方面进行全面深入的论证,采用初测资料进行基础性设计。可行性研究的工程数量和投资估算要有较高的准确度,环境保护、水土保持和土地利用的设计工作,应达到规定的深度。批复的可行性研究报告是建设项目规模和投资控制的依据,批准的投资估算是建设项目投资控制的法定限额。

3. 初步设计

初步设计文件是项目建设的主要依据,应根据批准的可行性研究报告进行现场调查,对局部方案进行比选,采用定测资料,依据批准的环境影响报告书、水土保持方案、地质灾害危险性评估、压覆矿产资源评估、地震安全性评价、防洪影响评价报告及通航论证报告等,进行比较详细的设计。初步设计总概算静态投资不应超过批复的可行性研究静态投资。因主要技术条件和重大工程方案变化等原因,初步设计总概算超过批复的可行性研究投资估算5%时,应报请铁道部❶研究确定;初步设计总概算超过批复投资估算10%时,需要重新履行规定审批程序后批准执行。

4. 施工图设计

施工图文件是工程实施和验收的依据,应根据初步设计审批意见,采用定测及补充定测资料编制,为施工提供需要的图表和设计说明,并依据施工图工程数量编制投资检算。施工图文件应详细说明施工注意事项和要求,说明运营管理中应注意的事项和安全施工的措施,施工图投资检算由建设单位进行审查后,按章节编制施工图预算。施工图总预算原则上应控制在批复的初步设计总概算之内,并报部核备。因特殊情况而超出者,须经铁道部批准后方可实施。

二、路基工程可行性研究设计内容

1. 设计说明书

(1) 概述

可研阶段路基工程设计说明概述内容,包括研究依据、范围及研究年度,预可行性研究审批意见的主要内容及执行情况;沿线自然特征,包括地形地貌、工程地质、水文地质、地震动参数区划、气象、主要土工试验资料等;既有线路基工程概况,需着重说明既有线修建沿革、路基病害类型、长度、分布范围、发生和发展原因及对运营的影响、已采用的整治措施等;设计的路基工程概况,包括区间路基长度及占全线总长度的百分比、路基工点分布、土石方(含取弃土)、圬工、地基处理等主要工程数量及平均每公里数量等;沿线主要不良地质问题。

(2) 主要设计原则

①路基一般设计原则,包括路基面形状和宽度、路基基床、横断面形式、边坡坡率、过渡段、地基技术要求、填料及压实度要求、级配碎石(砂砾石)及改良土施工方法说明等。

②主要加固及防护方案比选说明,取弃土场及填料设计原则,路基排水设计原则,路基工程与其他专业设计接口的原则。

③路基个别设计原则,按工点类型分别说明。

④既有线路基改建一般设计原则,既有线路基工点(或重大病害)整治设计原则。

---

❶ 2013年3月铁道部实行政企分开,组建国家铁路局,由交通运输部管理,承担原铁道部的其他行政职责,负责拟订铁路技术标准,监督管理铁路安全生产、运输服务质量和铁路工程质量等。

⑤拟采用的新技术、新结构和需进行科学研究、观测、试验项目的意见,路基修建对生态环境与水土保持(地表径流、植被、沙化、野生动物通道等)的影响及采取的措施。

⑥其他特殊问题的说明,如对工矿企业、水利、交通部门等某些特殊要求的考虑等。

(3)其他说明内容

控制或影响线路方案、技术复杂的路基工程及改建既有线施工严重干扰的路基工程设计说明,地质灾害防治、防洪、压矿矿产资源、安全防灾的工程措施说明,有待进一步解决的问题。

2. 附件

(1)路基个别设计工点表。

(2)路基主要工程数量表,按挡土墙、路基加固和防护、改河改沟等分列。

(3)路基土石方数量总表。

(4)有关协议、纪要及公文。

(5)图纸目录。

3. 设计图纸

可行性研究阶段,对于控制或影响线路方案、技术复杂、施工严重干扰的路基工程应附下列各图表。

(1)平面图,填绘地形、地质资料及工程建筑物位置,出图比例1∶2000~1∶500。

(2)必要时附纵断面图,填绘地质资料和工程建筑物位置以及主要结构轮廓尺寸,比例尺根据具体情况确定。

(3)横断面图,填绘地质资料及工程建筑物位置,出图比例1∶200,特殊情况可用1∶100或1∶500。

(4)主要工程数量表。

◆请练习[思考题1-3]

三、路基工程初步设计内容

1. 设计说明书

(1)概述

初设阶段路基工程设计说明书概述内容在可研阶段内容基础上,增加可行性研究审批意见的主要内容及执行情况等。

(2)设计内容说明

①路基一般设计原则,包括路基面形状和宽度、路基基床、横断面形式、边坡坡率、预留设计沉降量、侧沟尺寸和边坡平台宽度、护道宽度、机械化养路作业平台、过渡段、地基技术要求、填料及压实度要求、级配碎石(砂砾石)及改良土施工方法、改建铁路时通过正式运营列车便线路基设计等。

②主要加固及防护方案比选说明,取弃土场及填料设计说明,路基土石方调配和路基排水设计的设计原则及说明,与其他专业设计接口的说明。

③路基个别设计说明,按照工点类型分别说明。

④既有线路基改建一般设计原则。

⑤路基施工严重干扰行车、控制工期地段的施工过渡措施和设计原则,采用新技术、新结

构的设计说明和需进行科学研究、观测、试验项目的目的、必要性、内容及经费的说明,路基修建对生态环境与水土保持(地表径流、植被、沙化、野生动物通道等)的影响及采取的措施。

(3)其他说明内容

①重点路基个别设计,含工程地质、水文地质条件复杂的工点、采用特殊施工方法的路基、高大挡土墙、新技术工点,既有线重大病害整治工点等的设计内容说明。

②地质灾害防治、防洪、压覆矿产资源及安全防灾的工程措施说明。

③工程数量对照表,列出可研及初步设计区间路基主要工程数量,分析其增减原因并予以说明。

④安全施工及过渡的意见,考虑周边环境、邻近工程、重点部位和环节、营业线运营、新结构、新材料、新工艺等因素,提出安全施工及安全运营的意见。

2. 附件

(1)路基工点表。

(2)挡土墙表。

(3)路基加固和防护工程数量表,与可研进行工程内容和工程数量对照分析。

(4)稳定性分析和沉降量分析成果一览表,分工点列出计算采用的主要参数、计算方法和分析结果。对有需要的工点进行稳定性分析和工后沉降量分析。

(5)改河改沟(渠)表。

(6)路基地面排水工程数量表,与可研进行工程内容和工程数量对照分析。

(7)路基土石方数量总表。

(8)路基土石方数量调配汇总表。

(9)取弃土场设计汇总表。

(10)路基稳定性监测断面布设一览表,含路基面、本体、基底等监测类型。

(11)有关协议、纪要及公文。

(12)图纸目录。

3. 设计图纸

(1)重点路基个别设计附以下各图。

①平面图,图中填绘地形、地质资料及工程建筑物位置,出图比例1∶2000～1∶500。

②纵断面图,图中填绘地质资料及工程建筑物位置,比例根据具体情况确定。

③横断面图,图中填绘地质资料及工程建筑物位置,比例1∶200,特殊情况可用1∶100或1∶500。

④结构设计图,比例根据具体情况确定。

⑤取弃土场位置图,比例1∶10000。

⑥工程数量表。

⑦设计说明。

(2)各类代表性路基设计图,内容参照重点路基个别设计附图。

四、路基工程施工图设计内容

1. 设计说明书

(1)初步设计审批意见的主要内容及执行情况。

(2)设计说明:总的工程情况、一般及个别设计工点设计内容、取弃土场及填料说明、与其他专业设计接口说明、采用的先进技术及其他必要的说明。

(3)环境保护与水土保持措施。

(4)工点目录表。

(5)工程数量对照表,列出初步设计与施工图区间路基主要工程数量,并进行说明。

(6)施工注意事项。

(7)运营注意事项。

(8)安全施工的措施,即考虑周边环境、邻近工程、重点部位和环节、营业线运营、新结构、新材料、新工艺等因素,提出安全施工及安全运营的措施。

2. 附件

(1)挡土墙表。

(2)路基加固及防护工程数量表。

(3)改河、改沟(渠)表。

(4)路基地面排水工程数量表。

(5)路基土石方数量总表。

(6)路基土石方数量调配汇总表,附调配说明。

(7)路基土石方数量调配明细表(或图)。

(8)机械化养路作业平台设置表(不采用大型养路机械养护的Ⅱ级铁路)。

(9)路基面宽度及填挖高度表。

(10)无砟轨道路基面高程设计表。

(11)取弃土场设计汇总表。

(12)采用标准图、通用图一览表。

(13)有关协议、纪要及公文。

(14)图纸目录。

3. 设计图纸

(1)路基一般设计横断面图。图中填绘线路中心线、地面高程、路肩高程、路基面宽度、边坡坡率、设计水位高程、中心填挖高、侧沟断面尺寸、路基断面面积等并绘地质资料;改建铁路图中填绘线路中心线、既有轨顶高程、设计轨顶高程、路基面宽度、边坡坡率、设计水位高程、改建既有线或增建第二线中心填挖高、线间距、侧沟断面尺寸及断面面积等,并填绘地质资料,绕行线按新线办理。出图比例1:200,特殊情况可用1:100或1:500。

(2)路基个别设计图。地形、地质条件简单,路基边坡的高度和坡度未超过规范规定的允许值,不需采取处理措施的路基为**一般路基**(General Subgrade)。一般的高路堤、深路堑、陡坡路堤工点横断面图,需加注必要的设计说明,比例1:200,特殊情况可用1:100或1:500。

除上述一般路基工点外,其余的路基个别设计工点均应单独出图,纳入路基个别设计图册内,其内容如下:

①平面图,图中填绘地形、地质资料及工程建筑物的位置,比例1:500~1:2000。

②纵断面图,图中填绘地质资料及工程建筑物的位置,比例根据具体情况确定。

③横断面图,图中填绘地质资料及工程建筑物的位置,比例1:200,特殊情况可用1:100或1:500。

④工程建筑物结构设计详图及有关监测方面的设计图,比例根据具体情况确定。
⑤个别工点的施工组织设计图。
⑥工程数量表。
⑦设计说明。
(3)改建铁路通过正式运营列车便线路基设计图。
(4)路基排水系统图。区间部分路基排水工程,图中填绘线路中心线、地形、路基坡脚坡顶线、取弃土位置、桥涵位置及出入口高程、设计天沟、排水沟、侧沟等中线、长度、水流方向,各段水沟断面及加固类型,注明与农田、水利排灌系统的衔接关系,复杂的排水地段除在图中注明外,另绘工点设计图,列入路基个别设计图,比例同线路平面图。
(5)路基环境保护与水土保持工程设计图。
(6)取弃土场位置图,比例1:2000~1:10000。

◆请练习[思考题1-4]

五、铁路路基设计基本原则

工程技术人员必须按照"以人为本、服务运输、强本简末、系统优化、着眼发展"的铁路建设理念,结合工程具体情况,因地制宜,充分发挥主观能动性,积极采用安全、可靠、先进、成熟、经济、适用的新技术,不能生搬硬套标准。勘察设计单位执行(或采用)单项或局部标准,并不免除设计单位及设计人员对整体工程和系统功能质量问题应承担的法律责任。

路基工程应通过地质调绘和足够的勘探、试验工作,查明基底、路堑边坡、支挡结构等基础的岩土结构及其物理力学性质,查明不良地质情况,查明填料性质和分布,在取得可靠的地质资料基础上开展设计。

路基工程设计应避免高填、深挖和长路堑,并尽量绕避不良地质条件的地段。在进行路基与桥、隧工程比选工作中,应从技术条件、施工条件、可能造成的环境和社会影响、建设投资与运营养护费用等方面综合分析,确定工程类型。

路基填料应作为工程材料进行勘察设计。路基土石方调配必须保证符合路基各部位的填料标准,并节约用地。设计时应合理规划,对移挖作填、集中取(弃)土、填料改良等方案进行经济、技术比较。

路基工程应按土工结构物进行设计,其地基处理、路堤填筑、边坡防护以及排水设施等必须具有足够的强度、稳定性和耐久性,使之能抵抗各种自然因素作用的影响。

路基工程的地基应满足承载力和路基工后沉降的要求。其地基处理措施必须根据铁路等级、地质资料、路堤高度、填料、建设工期等通过检算确定。

路基支挡结构应根据岩土工程地质条件、路基结构设计荷载等进行设计。客运专线路基支挡结构应考虑列车动力影响以及大气降水、地下水等自然因素对支挡结构长期稳定性的影响。

铁路通信、信号、电力所用的各种光、电缆沟槽应从路堤坡脚外或路堑侧沟平台上通过,必须从路肩或路堤边坡上通过时,应进行结构设计,并采取有效措施,保证路基的完整和稳定。在路基上设置接触网支柱、管线等设备时,应进行结构设计,并采取有效措施,保证路基的完整和稳定。

铁路路基结构应进行抗震设计,应符合国家现行的有关强制性标准的规定。

区间路基用地设计应贯彻"十分珍惜、合理利用土地和切实保护耕地"的基本国策;坚持依法用地、科学用地、合理用地和节约用地的原则。

路基工程设计应重视环境保护、水土保持、文物保护。路基边坡应积极采用绿色防护,尽量减少对天然植被和山体的破坏,防止诱发地质灾害。

铁路桥梁较密集地段,两台尾之间路基长度小于150m且能满足设桥的技术条件时,应以桥代路形式通过。

路基工程设计应积极推广采用新技术、新结构、新材料和新工艺,提高路基工程质量。

既有路基病害防治应遵循以防为主、防治结合、彻底整治、不留后患的原则,采取合理的防治方案和有效的工程措施。

◆请练习[思考题 1-5]

思 考 题

1-1 查阅我国铁路路基工程建设涉及的标准、规范、规程、规定等技术文件。
1-2 铁路路基结构设计使用年限有哪些规定?
1-3 阐述可行性研究阶段铁路路基设计主要内容。
1-4 阐述铁路路基结构工程施工图设计主要内容。
1-5 阐述铁路路基工程设计基本原则。

第二章 DIERZHANG
铁路路基横断面

本章导读

铁路路基横断面是路基结构设计基本内容。一般路基横断面结构设计均采用标准横断面图,横断面设计内容包括线路中心线、地面高程、路肩高程、路基面宽度、边坡坡率、设计水位高程、路基中心填挖高度、侧沟断面尺寸及断面面积等。本章介绍铁路路基结构横断面设计一般原则及设计内容,普速铁路和客运专线路基结构标准横断面,路基结构工程材料技术要求。

学习目标

1. 了解铁路路基建设用地。
2. 熟悉用于路基结构工程材料技术要求。
3. 掌握路基横断面构造的一些基本概念,路基横断面设计原则。

学习重点

1. 路基面形状与宽度。
2. 路基结构标准横断面。
3. 路基高程设计。

学习难点

1. 区间路基面宽度确定及曲线地段路基面加宽。
2. 路肩最低高程设计,路肩高程调整。

本章学习计划

内　　容	建议自学时间（学时）	学习建议	学习记录
第一节　铁路路基横断面构造	2.0	掌握路基横断面构造相关概念，熟悉普速铁路及高速铁路路基标准横断面示意图；熟悉铁路路基建设用地相关概念	
第二节　路基面形状与宽度	4.0	本节应掌握区间铁路路基面设计，重点掌握路基面宽度相关设计计算及设计取值	
第三节　路肩高程	3.0	本节应掌握路肩高程设计；熟悉铁路路基设计洪水频率标准，掌握路肩最低设计高程技术要求，掌握不同类型路基的路肩设计高程调整	
第四节　路基结构工程材料	2.0	本节应掌握路基填料分组的技术规定，熟悉改良土的分类及其主要技术指标，掌握级配碎石、级配砂砾石技术要求，熟悉土工合成材料的分类及其在路基工程中应用	

第一节　铁路路基横断面构造

路基横断面（Subgrade Cross-Section）是指垂直于线路方向的路基截面。路基横断面是由路基顶面、路肩、基床、边坡、基底部分构成。

一、铁路路基横断面形式

在原地面上用土、石填筑的路基称为**路堤**（Embankmen），如图 2-1a）所示；自原地面向下开挖的路基称为**路堑**（Cutting），如图 2-1b）所示；当天然地面横向倾斜，路基的路基面边线和天然地面相交时，路堤体在地面和路基面相交线以上部分无填筑工程量，这种路堤称为**半路堤**，如图 2-1c）所示；当天然地面横向倾斜，路堑路基面的一侧无开挖工作量时，这种路基称为**半路堑**，如图 2-1d）所示；在同一横断面上，由部分路堤和部分路堑组成的路基称为**半堤半堑**（Part-cut Part-fill Section），如图 2-1e）所示；当路基的路基面和经过处理后的天然地基面齐平，路基无填挖土方时，这种路基称为**不填不挖路基**，如图 2-1f）所示。

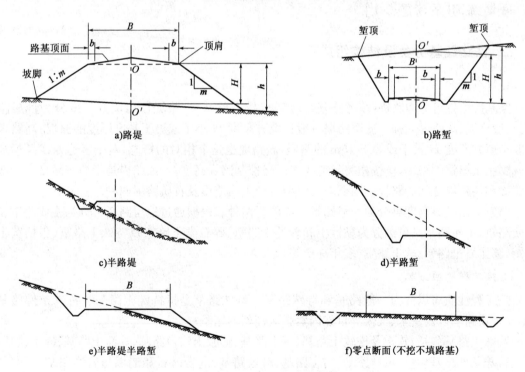

图 2-1　路基横断面形式示意图

1. 路基顶面

路基两侧路肩外缘之间的路基顶面称为路基顶面或简称**路基面**（Subgrade Surface 或 Subgrade）。

2. 路肩

路基面上无道床覆盖的部分称为**路肩**（Shoulder of Subgrade）。路肩的作用就是保护路堤受力的堤心部分，防止道砟落失，保持路基面的横向排水，供养护维修人员作业行走避车，放置养护器具,防洪抢险临时堆放砂石料,埋设各种标志、通信信号、电力给水设备等。所以,路肩设计必须在考虑了施工误差、高路堤沉落与自然剥蚀等因素后,要保持必要的宽度。在线路设计中,以路肩边缘的高程表示路基的设计高程,称为路肩高程。

3. 基床

基床(Subgrade Bed),路基上部承受轨道、列车动力作用,并受水文、气候变化影响而具有一定厚度的土工结构,基床分表层与底层。

4. 边坡

在路基两侧做成具有稳定坡度的坡面称为**边坡**(Side Slope)。边坡与路基顶面的交点称为顶肩,边坡与地面的交点称为坡脚,在路堑中称为路堑顶边缘,其高程与路肩高程的差为路堑边坡高度,路基的边坡高度为路肩高程与坡脚高程之差。线路中心线与地面线交点的高程称为地面高程,路肩高程与地面高程之差称为路基中心高,边坡坡度是指边坡上两点间的竖直距离和水平距离的比值,用 $1:m$ 表示。

5. 基底

基底即为路基填筑部分与天然地基或人工地基接触面。

◆请练习[思考题 2-1]

二、铁路路基分类及结构组成

1. 按填挖分

路基按填挖可分为路堤(填方路基)及路堑(挖方路基)。路堤按照填方高度分为低矮路堤、一般路堤、高路堤三种。低矮路堤一般指填方高度 H 小于或等于基床厚度的路堤;高路堤一般指填方高度 H 大于或等于 15m 的路堤,高路堤也是个相对的概念,对于客运专线及粉细砂或膨胀土填筑的路堤,应按相关规范要求严格控制路堤高度;一般路堤是指填方高度介于低矮路堤和高路堤之间的路堤。根据填料类型可分土质路堤及石质路堤两种。

路堑根据挖方高度可分为一般路堑和深路堑两种。根据通过地层路堑可分为土质路堑和岩质路堑,土质路堑又可细分为黏性土和砂类土路堑、碎石类土路堑及特殊土路堑(包括黄土路堑、膨胀岩土路堑、软土路堑、多年冻土等)。

2. 按工程性质分类

按工程性质可以分为一般路基和特殊路基。特殊路基是指特殊土路基和特殊条件路基(不良地质路基以及受水、气候等自然因素影响强烈的路基)。

特殊土路基包括:软土及松软土路基、黄土路基、膨胀土(岩)路基、盐渍土路基、冻土路基。

特殊条件路基包括:风沙路基、雪害路基、滑坡路基、危岩落石和崩塌与岩堆路基、岩溶与人为坑洞路基、浸水路基、水库地段路基等。

3. 铁路路基结构组成

铁路路基结构工程包括地基处理、路基填料、路堤、路堑、过渡段、路基边坡防护工程、路基防排水工程、路基支挡结构工程、路基相关工程及设施、路基变形观测等。

三、标准路基横断面

在铁路路基结构设计中,常常遇到设计要求和设计条件相同或相似的情况。为了避免或减少重复性的设计计算工作,因此将在设计中经常遇到的可以共用的图式加以认定,便可以直接应用标准图式进行设计。

1. Ⅰ、Ⅱ级铁路标准路基横断面图式

(1)路堤

路基的标准横断面图式由于填土的种类、地面横向坡度以及边坡高度的不同而有不同的形式。例如,图 2-2 给出的是一般性黏土路堤标准横断面图,其限制条件是边坡高度不大于 8m,地面横坡 $i \leqslant 1:10$,两侧设有取土坑的情况。

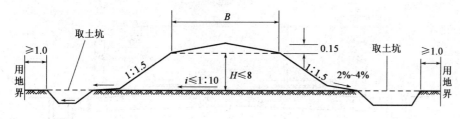

图 2-2 直线地段一般黏性土路堤横断面(尺寸单位:m)

(2)路堑横断面

路堑的标准断面图式根据土质的情况也有很多,下面主要以有弃土堆的黏性土路堑横断面标准图为例,如图 2-3 所示。

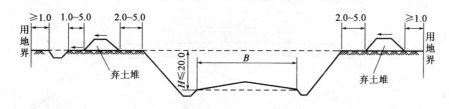

图 2-3 一般黏性土路堑(尺寸单位:m)

2. 高速铁路路基标准横断面

进行具体高速铁路路基工程设计时,应根据工程、水文地质条件、轨道类型选用横断面形式。图 2-4～图 2-11 为高速铁路路基标准横断面,为一般横断面形式。

(1)无砟轨道路基标准横断面(图 2-4～图 2-7)

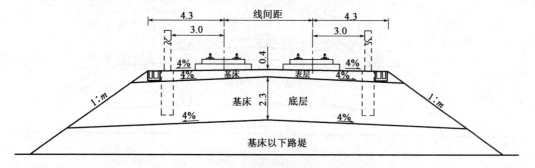

图 2-4 无砟轨道双线路堤标准横断面示意图(尺寸单位:m)

(2)有砟轨道路基标准横断面(图 2-8～图 2-11)

(3)"路堤式"路堑横断面

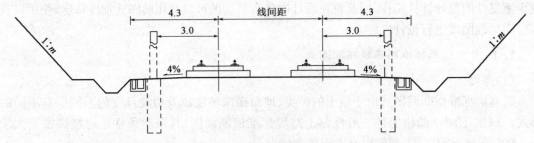

图 2-5 无砟轨道双线硬质岩路堑标准横断面示意图(尺寸单位:m)

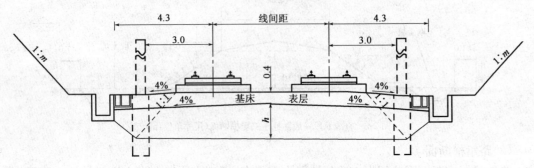

图 2-6 无砟轨道双线非硬质岩路堑标准横断面示意图(尺寸单位:m)

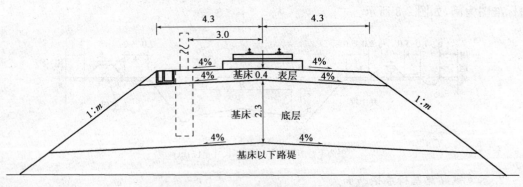

图 2-7 无砟轨道单线路堤标准横断面示意图(尺寸单位:m)

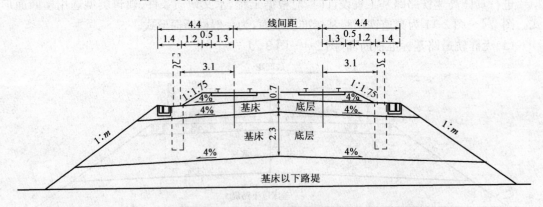

图 2-8 有砟轨道双线路堤标准横断面示意图(尺寸单位:m)

目前,国内多条无砟轨道客运专线采用了"路堤式"路堑横断面形式(图 2-12),该形式的采用,对于保证基床条件较为有利,尤其适用于基床排水困难地段,但其应用并不限于无砟轨道路基。

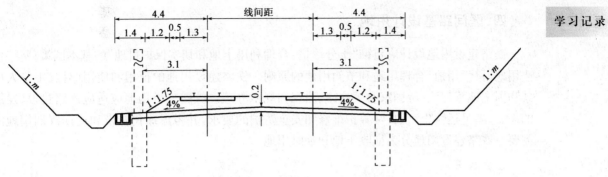

图 2-9　有砟轨道双线硬质岩路堑标准横断面示意图(尺寸单位:m)

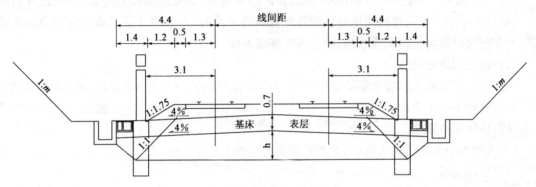

图 2-10　有砟轨道双线非硬质岩路堑标准横断面示意图(尺寸单位:m)

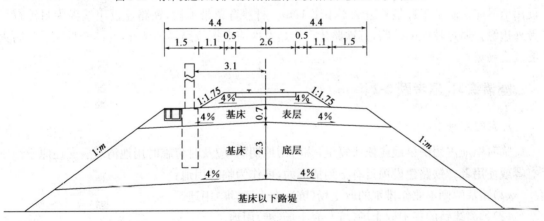

图 2-11　有砟轨道单线路基标准横断面示意图(尺寸单位:m)

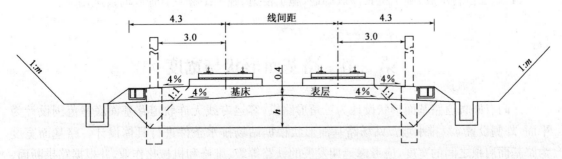

图 2-12　"路堤式"路堑横断面示意图(尺寸单位:m)

四、区间路基设计用地

铁路建设用地设计应贯彻"十分珍惜、合理利用土地和切实保护耕地"的基本国策;坚持依法用地、科学用地、合理用地和节约用地的原则。铁路建设用地的征用和使用应按《中华人民共和国土地管理法》等国家有关法律、法规和规章办理。铁路建设用地应适应铁路建设、发展的需要,满足运输生产、日常养护维修和安全防护的要求,并考虑绿化林带和远期规划用地的需要。铁路建设用地分为征收土地和临时用地。

1. 征收土地

路基两侧应留有足够宽度的铁路用地,保证路基稳定,满足维修检查通道、栅栏设置及绿化带建设的需要。区间线路用地具备设置绿色通道条件时,在区间线路用地界内建设绿色通道,有条件时可加宽至路堤排水沟、护道或坡脚墙外缘5m。

(1) 路堤用地宽度

排水沟、护道或坡脚矮挡墙边缘外不小于3m,路基两侧兼作排水的取土坑、弃土场(堆)时,其边缘外不小于2m。

(2) 路堑用地宽度

天沟外不小于2m,无天沟时,距路堑堑顶边缘外不小于5m。

(3) 特殊地段

特殊地段应根据路基稳定与防护工程需要,合理确定用地范围。雪害及风沙地段铁路建设用地界应在防护工程最外边缘不小于10m。封沙育草带地段,铁路建设用地界为封沙育草带外边缘。通过林区的铁路,其铁路建设用地宽度应根据线路具体情况,并结合林区护林防火的规定确定。

◆请练习[思考题2-2]

2. 临时用地

临时用地占用的耕地应依法复垦,临时用地期满,应及时将临时用地清理后交还原土地所有者或使用者。铁路建设项目有下列情形的,可作为临时用地:

(1) 路基两侧不兼作排水的取土场(坑)、弃土场(堆)用地。
(2) 远离线路的集中取土场(坑)、弃土场(堆)用地。
(3) 管网工程在施工期间占用的土地。
(4) 施工器材堆放、施工机具停放场地,施工便道、施工工棚及其他临时设施用地。

第二节 路基面形状与宽度

区间有砟轨道路基面形状设计为三角形路拱,客运专线无砟轨道路基面底座范围设计为平面,外侧设置4%排水坡。站场路基面形状根据站场排水条件进行具体设计。路基面宽度为路基面肩顶之间的宽度,应考虑远期发展的铁路等级、维修和机械化作业,并根据路拱断面、轨道类型、道床标准形式及尺寸和路肩宽度计算确定。

一、路基面形状

1. 有砟轨道路基面形状

路拱(Crown)是指路基面的路肩外缘向中间拱起的部分,形式为三角形。路基面设路拱能够使聚积在路基面上的水较快地排出,有利于保持基床的强度和稳定性。

有砟轨道路基面形状应设计为三角形路拱,由路基中心线向两侧设4%的人字排水坡。曲线加宽时,路基面仍应保持三角形。

2. 无砟轨道路基面形状

无砟轨道支承层(或底座)底部范围内路基面一般为水平设置,支承层(或底座)外侧路基面两侧设置不小于4%的横向排水坡。

◆请练习[思考题2-3]

二、路基面宽度

路基面宽度(Width of Subgrade)为路基面两侧路肩外缘之间的距离。区间路基面宽度应根据旅客列车设计行车速度、远期采用的轨道类型、正线数目、线间距、曲线加宽、路基面两侧沉降加宽、路肩宽度、养路形式、接触网立柱的设置位置等,通过计算确定,必要时还应考虑电缆槽及声屏障基础的设置。

◆请练习[思考题2-4]

1. 路肩宽度

路肩宽度是影响安全避车、路基的维修养护和路基本体尤其是边坡稳定性的重要因素。路肩的作用是加强路基的稳定性,防止道砟滚落在路基面以外,同时便于维修和养护。有砟轨道路肩宽度标准如下。

(1)线路设计速度为250km/h及以上区段双线不应小于1.4m,单线不应小于1.5m。
(2)线路设计速度为200km/h路段的路堤、路堑两侧均不应小于1.0m。
(3)线路设计速度为160km/h及以下Ⅰ、Ⅱ级铁路路堤不应小于0.8m,路堑不应小于0.6m。
(4)Ⅲ级铁路路堤不应小于0.6m,路堑不应小于0.4m。
(5)Ⅳ级铁路路堤及路堑均不应小于0.4m。
(6)牵出线的中心线至路肩边缘的宽度不得小于3.5m。

无砟轨道路肩宽度为轨道结构支承层外侧边缘与路肩顶之间的距离,依据路基面标准宽度和轨道结构类型计算确定。

◆请练习[思考题2-5]

2. 线间距

(1)直线部分铁路线间距

区间及站内两相邻线路中心线间的标准距离规定见表2-1。

直线部分铁路线间距 表 2-1

序号	名称			线间最小距离(mm)
1	区间双线	$v \leqslant 120$km/h		4000
		120km/h$<v \leqslant$160km/h		4200
		160km/h$<v \leqslant$200km/h		4400
		200km/h$<v \leqslant$250km/h		4600
		250km/h$<v \leqslant$300km/h		4800
		300km/h$<v \leqslant$380km/h		5000
2	三线及四线区间的第二线与第三线			5300
3	站内正线	无设施		5000
		高柱信号机	通过超限货物列车	5300
			无超限货物列车	5000
4	站内正线与相邻到发线	无列检作业		5000
		有列检作业或上水作业	$v \leqslant 120$km/h 一般	5500
			$v \leqslant 120$km/h 改建特别困难	5000
			120km/h$<v \leqslant$160km/h 一般	6000
			120km/h$<v \leqslant$160km/h 改建特别困难	5500
			160km/h$<v \leqslant$200km/h 一般	6500
			160km/h$<v \leqslant$200km/h 改建特别困难	5500
5	到发线间或到发线与其他线			5000
6	站内相邻两线均需通行超限货物列车			5300
7	站内相邻两线只有一条通行超限货物列车			5000
8	铺设列检小车轨道的两到发线			5500
9	换装线			3600
10	编组站、区段站的站修线与相邻一条线			8000
11	牵出线与其相邻线	调车作业繁忙车站		6500
		改建困难或仅办理摘挂取送作业		5000
12	站内中间设有接触网支柱的相邻线			6500
13	线间设有融雪设备的相邻线			5800
14	安全线与其他线路			5000
15	其他站线			4600

(2)铁路线间设施边缘至线路中心线的最小距离

铁路线间设施边缘至线路中心线的最小距离,见表 2-2。

高速铁路,进出枢纽或大型车站两端的加减速地段的线间距根据列车运行速度确定;区间正线与站内正线线间距不同时,宜利用临近曲线完成。

3. 区间直线地段路基面宽度计算

(1)单线铁路直线地段标准路基面宽度(图 2-13)

铁路线间设施边缘至线路中心线的最小距离　　　　　表 2-2

序号	线 间 设 施			线间最小距离(mm)
1	旅客站台		邻靠到发线	≥1750
2	声屏障、连续墙、栅栏等	高速铁路	位于正线或站线外侧(无人员通行)	路基面外
		普速铁路	站场最外线路外侧	≥3500
3	接触网支柱		无砟轨道正线侧	≥3000
			有砟轨道正线侧	≥3100
			站线侧	≥2500
		高速铁路	站场最外线路外侧	≥3100
		普速铁路	站场最外站线外侧	≥3000
			最外梯线或牵出线一侧	≥3500
4	跨线桥柱、天桥柱、电力照明、雨篷等杆柱		位于正线侧	≥2440
		位于站线侧	无超限货物列车	≥2150
			通过超限货物列车	≥2440
		高速铁路	站场最外线路外侧	≥3100
		普速铁路	站场最外站线外侧	≥3000
			最外梯线或牵出线一侧	≥3500

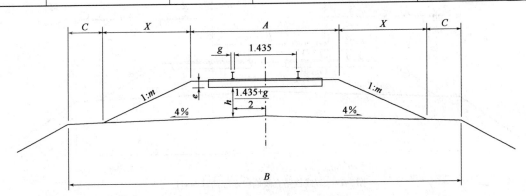

图 2-13　单线铁路直线地段标准路基面宽度(尺寸单位:m)

从图 2-13 可知单线铁路区间直线段路基面最小宽度为：

$$B = A + 2X + 2C \tag{2-1}$$

其中

$$X = \frac{h + 0.04\left(\dfrac{A}{2} - \dfrac{1.435 + g}{2}\right) + e}{\dfrac{1}{m} - 0.04} \tag{2-2}$$

图及式中：B——路基面宽度(m)；

A——单线地段道床顶面宽度(m)；

m——道床边坡坡率：轻型轨道为 1.5，其余为 1.75；

h——钢轨中心的轨枕底以下的道床厚度(m)；

e——轨枕埋入道砟深度：Ⅲ型混凝土轨枕为 0.185m，Ⅱ型混凝土轨枕为 0.165m；

g——轨头宽度(m):75kg/m 轨为 0.075m,60kg/m 轨为 0.073m,50kg/m 轨为 0.07m;

C——路肩宽度(m);

X——砟肩至砟脚的水平距离(m)。

[例 2-1] 某Ⅱ级新建铁路,设计单线无缝线路、旅客列车设计行车速度 120km/h,内燃牵引,次重型轨道结构类型,试计算该线路区间直线地段土质路堤的路基面宽度。

解:依据《铁路轨道设计规范》(TB 10082—2005),次重型轨道结构钢轨类型为 50kg/m,轨枕类型为Ⅱ型混凝土轨枕,道床顶面宽度为 3.3m,土质路基道床厚度为 0.45m,道床边坡坡率为 1:1.75。

Ⅱ级铁路路堤的路肩宽度 $C \geq 0.8$m,单线区间直线地段土质路堤的路基面宽度计算值至少应为:

$$B \geqslant 3.3 + 2 \times \frac{0.45 + 0.04\left(\frac{3.3}{2} - \frac{1.435+g}{2}\right) + 0.165}{\frac{1}{1.75} - 0.04} + 2 \times 0.8 = 7.34\text{m}$$

现行规范(即表 2-4)规定设计值为 7.5m,有缝线路路基面宽度设计值为 7.3m。

(2)双线铁路直线地段标准路基面宽度(图 2-14)

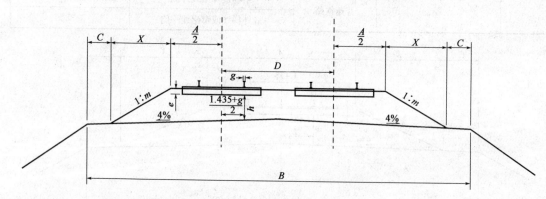

图 2-14 双线铁路直线地段标准路基面宽度

从图 2-14 可知双线铁路区间直线地段路基面宽度最小为:

$$B = A + 2X + 2C + D \tag{2-3}$$

其中

$$X = \frac{h + 0.04\left(\frac{A}{2} + \frac{1.435+g}{2}\right) + e}{\frac{1}{m} - 0.04} \tag{2-4}$$

式中:D——双线的线间距,按表 2-1 规定取值;

h——靠近路基面中心侧的钢轨中心处轨枕底以下的道床厚度。

其余符号含义同上。

4. 直线地段标准路基面宽度

(1)Ⅲ、Ⅳ级铁路直线地段标准路基面宽度

Ⅲ、Ⅳ级铁路直线地段标准路基面宽度,应按表 2-3 采用。路堑自线路中心沿轨枕底面水平至路堑边坡的距离,一边不应小于 3.5m,在曲线地段系指曲线外侧一边。

Ⅲ、Ⅳ级铁路区间直线地段路基面宽度(m)　　　　表2-3

铁路等级		单线					双线				
		土质路基			岩石、渗水土路基			土质路基			岩石、渗水土路基	
		道床厚度	路基面宽度		道床厚度	路基面宽度		道床厚度	路基面宽度		道床厚度	路基面宽度
			路堤	路堑		路堤	路堑		路堤	路堑		路堤	路堑
Ⅲ	A	0.45	6.6	6.2	0.3	5.9	5.5	0.45	10.6	10.2	0.3	9.9	9.5
	B	0.40	6.2	5.8	0.25	5.4	5.0	0.40	10.2	9.8	0.25	9.4	9.0
Ⅳ	C	0.35	5.6	5.6	0.25	5.0	5.0	—	—	—	—	—	—
	D	0.30	5.4	5.4	0.20	5.0	5.0	—	—	—	—	—	—

对于年平均降水量大于400mm地区的易风化泥质岩石,路基面宽度应按表2-3土质路基考虑,其中土质路基系指由细粒土、粉砂以及含量大于或等于15%的碎石类土、砂类土等细粒土组成的路基。

(2) Ⅰ、Ⅱ级铁路直线地段标准路基面宽度

Ⅰ、Ⅱ级铁路直线地段标准路基面宽度,应按表2-4采用,表中路基面宽度标准值计算依据如下:

①特重型、重型轨道的路基面宽度为采用无缝线路轨道、Ⅲ型混凝土枕的标准值。对于 $v=120$km/h 的重型轨道:当采用无缝线路轨道和Ⅱ型混凝土枕时,路基面宽度应减小0.1m;当采用有缝线路轨道和Ⅱ或Ⅲ型混凝土枕时,路基面宽度应减小0.3m。

直线地段标准路基面宽度(m)　　　　表2-4

项　目				Ⅰ级铁路						Ⅱ级铁路	
				特重型		重型		次重型	次重型	中型	轻型
旅客列车设计行车速度 v(km/h)				160	$120{\leqslant}v{<}160$	160	$120{<}v{<}160$	120	$80{\leqslant}v{\leqslant}120$	$80{\leqslant}v{\leqslant}100$	80
双线线间距				4.2	4.0	4.2	4.0	4.0	4.0	4.0	4.0
道床顶面宽度				3.5	3.5	3.4	3.4	3.4	3.3	3.0	2.9
基床表层类型	土质	道床厚度		0.5	0.5	0.5	0.5	0.5	0.45	0.40	0.35
		单线	路堤	7.9	7.9	7.8	7.8	7.8	7.5	7.0	6.3
			路堑	7.5	7.5	7.4	7.4	7.4	7.1	6.6	5.9
		双线	路堤	12.3	12.1	12.2	12	12	11.7	11.2	10.5
			路堑	11.9	11.7	11.8	11.6	11.6	11.3	10.8	10.1
	硬质岩石	道床厚度		0.35	0.35	0.35	0.35	0.35	0.3	0.3	0.25
		单线路堑		6.9	6.9	6.8	6.8	6.8	6.5	6.2	5.7
		双线路堑		11.3	11.1	11.2	11	11	10.7	10.4	9.9
	级配碎石或级配砂砾石	道床厚度		0.3	0.3	0.3	0.3	—	—	—	—
		单线	路堤	7.1	7.1	7	7	—	—	—	—
			路堑	6.7	6.7	6.6	6.6	—	—	—	—
		双线	路堤	11.5	11.3	11.4	11.2	—	—	—	—
			路堑	11.1	10.9	11.0	10.8	—	—	—	—

②次重型轨道的路基面宽度为采用无缝线路轨道、Ⅱ型混凝土枕的标准值。当采用有缝线路轨道时,路基面宽度应减小0.2m。

③中型、轻型轨道的路基面宽度为有缝线路轨道、Ⅱ型混凝土枕的标准值。

对采用大型养路机械的电气化铁路,其路基面宽度需满足电气化线路接触网立柱内侧距线路中心线不少于3.1m,接触网立柱外侧距路肩边缘的距离不小于0.25m。接触网立柱直径标准为0.5m,根据以上要求计算确定的路基面最小宽度,单线铁路不小于7.7m,双线铁路160km/h不小于11.9m(其他不小于11.7m)。所以采用大型养路机械的电气化铁路,当接触网的立柱须设在路肩上时,表2-4中宽度小于计算确定的最小宽度标准时应采用该标准,具体直线地段路基面宽度可参见表2-5。

大型养路机械的电气化铁路直线地段标准路基面宽度(m) 表2-5

项目			Ⅰ级铁路						Ⅱ级铁路	
			特重型		重型		次重型	次重型	中型	轻型
旅客列车设计行车速度 v(km/h)			160	120≤v<160	160	120<v<160	120	120	80≤v≤120	80≤v≤100	80
双线线间距			4.2	4.0	4.2	4.0	4.0	4.0	4.0	4.0	4.0
道床顶面宽度			3.5	3.5	3.4	3.4	3.4	3.3	3.3	3.0	2.9
基床表层类型	土质	道砟厚度	0.5	0.5	0.5	0.5	0.5	0.45	0.45	0.40	0.35
		单线路堤	7.9	7.9	7.8	7.8	7.8	7.7	7.7	7.7	7.7
		单线路堑	7.7	7.7	7.7	7.7	7.7	7.7	7.7	7.7	7.7
		双线路堤	12.3	12.1	12.2	12	12	11.7	11.7	11.7	11.7
		双线路堑	11.9	11.7	11.9	11.7	11.7	11.7	11.7	11.7	11.7
	硬质岩石	道砟厚度	0.35	0.35	0.35	0.35	0.35	0.3	0.3	0.3	0.25
		单线路堑	7.7	7.7	7.7	7.7	7.7	7.7	7.7	7.7	7.7
		双线路堑	11.9	11.7	11.9	11.7	11.7	11.7	11.7	11.7	11.7
	级配碎石或级配砂砾石	道砟厚度	0.3	0.3	0.3	0.3	—	—	—	—	—
		单线路堤	7.7	7.7	7.7	7.7	—	—	—	—	—
		单线路堑	7.7	7.7	7.7	7.7	—	—	—	—	—
		双线路堤	11.9	11.7	11.9	11.7	—	—	—	—	—
		双线路堑	11.9	11.7	11.9	11.7	—	—	—	—	—

[例2-2] Ⅰ级新建铁路,设计双线无缝线路、旅客列车设计行车速度160km/h,电力牵引,重型轨道结构类型,试计算该线路区间直线地段硬质岩石路堑的路基面宽度。

解:依据现行《铁路轨道设计规范》(TB 10082—2005),重型轨道结构钢轨类型为60kg/m,轨枕类型为Ⅲ型混凝土轨枕,道床顶面宽度为3.4m,硬质岩石路基道床厚度为0.30m❶,道床边坡坡率为1:1.75。

Ⅰ级铁路设计行车速度160km/h时,路堑的路肩宽度C≥0.6m,线间距D≥4.2m。

双线区间直线地段硬质岩石路堑的路基面宽度计算值至少应为:

---

❶现行《铁路路基设计规范》(TB 10001—2005)规定重型轨道结构硬质岩石路基道床厚度为0.35m,即表2-4中的数据,本例中及[例2-3]中均按0.30计算。

$$B \geqslant 3.4 + 2 \times \frac{0.3 + 0.04\left(\frac{3.4}{2} + \frac{1.435 + 0.073}{2}\right) + 0.185}{\frac{1}{1.75} - 0.04} + 2 \times 0.6 + 4.2 = 10.86\text{m}$$

对于电气化铁路,路基面宽度计算值应满足:

$$B \geqslant 2 \times (3.1 + 0.5 + 0.25) + 4.2 = 11.9\text{m}$$

规范规定(即表2-5)设计值为11.9m。

(3)设计速度200km/h铁路路基面宽度

设计速度200km/h客货共线Ⅰ级铁路和200km/h客运专线铁路路基面宽度设计标准值应按表2-6采用。

速度200km/h铁路直线地段路基面标准宽度　　　　表2-6

线路类型	线间距(m)	路基面宽度(m)	
		单线	双线
Ⅰ级	4.4	7.7	12.1
客运专线	4.4	7.7	路堤及土质路堑12.1,硬质岩石路堑12.3

(4)高速铁路直线地段标准路基面宽度

高速铁路路基横断面宽度要考虑路基稳定、养护维修、安全、线间距、轨道结构形式、曲线超高设置、通信信号和电力电缆槽布置、接触网立柱基础位置、声屏障基础等因素的影响。高速铁路直线地段标准路基面宽度应按表2-7采用。

高速铁路直线地段路基面标准宽度　　　　表2-7

轨道类型	设计最高速度(km/h)	线间距(m)	路基面宽度(m)	
			单线	双线
无砟轨道	250	4.6	8.6	13.2
	300	4.8		13.4
	350	5.0		13.6
有砟轨道	250	4.6	8.8	13.4
	300	4.8		13.6
	350	5.0		13.8

5.有砟轨道曲线地段路基面加宽

在曲线地段,为了平衡列车在曲线上运动的离心力,曲线外轨需要设置超高,曲线外侧的超高是加厚外轨轨下道床来实现的。由于道床加厚,道床坡脚外移,因而在曲线外侧的路基宽度随之而适当加宽以保证路肩宽度不小于规定值。路基面加宽的数值可按各级铁路最大可能超高度计算确定,如计算的超高值小于最大超高值,则用计算超高值,并核算路基外侧加宽值。

(1)区间曲线地段路基面加宽分析

有砟轨道曲线地段路基面与轨道结构之间的几何关系见图2-15,其中计算轨面超高值 Δh 根据最高行车速度,按《铁路线路设计规范》(TB 10007—2006)条文说明中超高上限值选用,均不超过150mm的最大超高值。

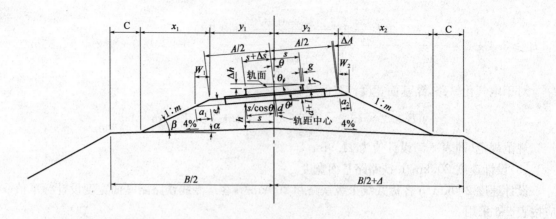

图 2-15 曲线地段路基面加宽

轨枕底面上线路中线与轨枕底面的交点至轨枕中心距离 d 为：

$$d = (f + D + I)\tan\theta$$

图及式中：d——轨枕底面上铁路中心线与轨枕底面的交点至轨枕中心的距离(m)；

    f——钢轨的高度(m)：75kg/m 轨为 0.192m，60kg/m 轨为 0.176m，50kg/m 轨为 0.152m；

    D——钢轨底部的垫板厚度，$D=0.01$m；

    I——钢轨下部的轨枕高度(m)：Ⅲ型混凝土轨枕为 0.235m，Ⅱ型混凝土轨枕为 0.205m；

    θ——轨面与水平面的夹角(°)，$\theta = \arcsin\dfrac{\Delta h}{2s + \Delta s}$；

    Δh——计算轨面超高值(m)；

    s——轨面上外轨轨头中心至轨枕中垂线与铁路中心线相交处的距离(m)，$s = 0.5 \times (1.435 + g)$；

    Δs——曲线内侧轨距加宽值(m)；

    g——钢轨头部宽度(m)。

道砟顶面上轨枕中垂线至线路中心线的距离 Δd 为：

$$\Delta d = (f + D + I - e)\tan\theta = \dfrac{d(f + D + I - e)}{f + D + I}$$

式中：Δd——道砟顶面上轨枕中垂线至线路中心线的距离(m)；

   e——轨枕埋入道砟中的深度(m)：Ⅲ型混凝土轨枕为 0.185m，Ⅱ型混凝土轨枕为 0.165m。

曲线外侧轨道中心线至砟肩的水平距离 y_2 为：

$$y_2 = \left(\dfrac{1}{2}A + \Delta A + \Delta d\right)\cos\theta$$

式中：y_2——曲线外侧轨道中心线至砟肩的水平距离(m)；

   A——直线段的道床顶面宽度(m)；

ΔA——道床顶面加宽值:无缝线路 $R<800$m、非无缝线路 $R<600$m 时,$\Delta A=0.1$m,否则 $\Delta A=0$m。

由图 2-15 中几何关系可得:

$$a_2 = \frac{e}{\tan(\beta+\theta)}$$

$$w_2 = \sqrt{a_2^2+e^2} \times \cos\beta$$

由式 $h+s(\tan\theta-\tan\alpha)=(x_2-w_2)(\tan\beta-\tan\alpha)-\left(d+\frac{A}{2}+\Delta A+a_2\right)\cos\theta(\tan\theta+\tan\alpha)$,

得:

单线时 $x_2 = \dfrac{h+s(\tan\theta-0.04)+\left(d+\dfrac{A}{2}+\Delta A+a_2\right)\cos\theta(\tan\theta+0.04)}{\dfrac{1}{m}-0.04}+w_2$

双线时 $x_2 = \dfrac{h+s(\tan\theta+0.04)+\left(d+\dfrac{A}{2}+\Delta A+a_2\right)\cos\theta(\tan\theta+0.04)}{\dfrac{1}{m}-0.04}+w_2$

式中:x_2——曲线外侧砟肩至砟脚的水平距离(m);

h——曲线内侧距铁路中心线的水平距离为 s 处的轨枕底以下的道床厚度(m);

α——路拱与水平面的夹角,$\alpha=\arctan(4/100)=2°17'26.2''$;

β——道砟边坡与水平面的夹角,$\beta=\arctan(1/m)$;

从图 2-15 中得出曲线地段路基面外侧的加宽值 Δ 按式(2-5)计算,如为双线,可将双线路基面宽度设计值 B 减去线间距后,再代入公式计算。

$$\Delta = (y_2+x_2+c)-\frac{B}{2} \tag{2-5}$$

式中:Δ——曲线外侧加宽值(m);

B——直线段路基面宽度设计值(m);

c——路肩宽度(m)。

[例 2-3] 试分析[例 2-2]新建铁路曲线半径 $R=2800$m 时的路基面加宽计算值。

解: 新建铁路轨面超高值

$$\Delta h = \frac{7.6 v_{\max}^2}{R} = \frac{7.6 \times 160 \times 160}{2800} = 69.5 \text{mm}$$

曲线半径 $R=2800$m 时,内侧轨距加宽值 $\Delta s=0$。

轨面与水平面的夹角

$$\theta = \arcsin\frac{\Delta h}{2s} = \arcsin\frac{69.5}{1435+73} = 2°38'29.6''$$

轨枕底面上铁路中心线与轨枕底面的交点至轨枕中心的距离为:

$$d = (f+D+I)\tan\theta = (0.176+0.01+0.235)\tan 2°38'29.6'' = 0.019\text{m}$$

道砟顶面上轨枕中垂线至线路中心线的距离 Δd 为:

$$\Delta d = d-e\times\tan\theta = 0.019-0.185\times\tan 2°38'29.6'' = 0.010\text{m}$$

曲线外侧轨道中心线至砟肩的水平距离 y_2 为:

$$y_2 = \left(\frac{1}{2}A+\Delta d\right)\cos\theta = \left(\frac{3.4}{2}+0.01\right)\cos 2°38'29.6'' = 1.708\text{m}$$

道砟边坡与水平面的夹角

$$\beta = \arctan\left(\frac{1}{1.75}\right) = 29°44'41.6''$$

$$a_2 = \frac{e}{\tan(\beta+\theta)} = \frac{0.185}{\tan(32°23'11.2'')} = 0.292\text{m}$$

$$w_2 = \sqrt{a_2^2 + e^2} \times \cos\beta = \sqrt{0.292^2 + 0.185^2} \times \cos29°44'41.6'' = 0.300\text{m}$$

对于电气化铁路,路基面宽度计算值应满足:

$$x_2 = \frac{h + s(\tan\theta + 0.04) + \left(d + \frac{A}{2} + \Delta A + a_2\right)\cos\theta(\tan\theta + 0.04)}{\frac{1}{m} - 0.04} + w_2$$

$$= \frac{0.3 + 0.754(0.046 + 0.04) + 0.999(0.019 + 1.7 + 0.293)(0.046 + 0.04)}{\frac{1}{1.75} - 0.04} + 0.3$$

$$= 1.425\text{m}$$

曲线地段硬质岩石路堑外侧的加宽值 Δ 为:

$$\Delta = (1.708 + 1.425 + 0.6) - \frac{11.2 - 4.2}{2} = 0.233\text{m}$$

依据《铁路线路设计规范》(GB 50090—2006)尚应考虑线间距加宽值为0.035m,路基面加宽计算值为0.268m,现行规范规定(即表2-8)设计值为0.3m。

曲线地段路基面加宽值   表 2-8

铁 路 等 级	旅客列车设计行车速度(km/h)	曲线半径 R(m)	路基面外侧加宽值(m)
客运专线	200	$R \geq 6000$	0.2
		$6000 > R \geq 4500$	0.3
		$4500 > R \geq 3500$	0.4
		$3500 > R \geq 2800$	0.5
		$R < 2800$	0.6
高速铁路	250	$R \geq 10000$	0.2
		$10000 > R \geq 7000$	0.3
		$7000 > R \geq 5000$	0.4
		$5000 > R \geq 4000$	0.5
		$R < 4000$	0.6
	300	$R \geq 14000$	0.2
		$14000 > R \geq 9000$	0.3
		$9000 > R \geq 7000$	0.4
		$7000 > R \geq 5000$	0.5
		$R < 5000$	0.6
	350	$R > 12000$	0.3
		$12000 \geq R > 9000$	0.4
		$9000 \geq R > 6000$	0.5
		$R < 6000$	0.6

续上表

铁 路 等 级	旅客列车设计行车速度(km/h)	曲线半径 R(m)	路基面外侧加宽值(m)
I级铁路	200	3500≤R<6000	0.3
		R≥6000	0.2
	160	1600≤R<2000	0.4
		2000<R<3000	0.3
		3000≤R<10000	0.2
		R≥10000	0.1
	140	1200≤R<1400	0.4
		1400<R<2000	0.3
		2000≤R<6000	0.2
		R>6000	0.1
I、II级铁路	120	800≤R<1200	0.4
		1200≤R<1600	0.3
		1600≤R<5000	0.2
		R≥5000	0.1
II级铁路	100	600≤R<800	0.4
		800≤R≤1200	0.3
		1200<R<4000	0.2
		R≥4000	0.1
	80	500≤R≤600	0.3
		600<R≤1800	0.2
		R>1800	0.1
III级铁路	120、100、80、60	R≤600	0.5
		600<R≤800	0.4
		800<R≤1000	0.3
		1000<R≤2000	0.2
		2000<R≤5000	0.1
IV级铁路	100、80、60、40	300<R≤400	0.5
		400<R≤600	0.4
		600<R≤800	0.3
		800<R≤2000	0.2

(2)路基曲线地段外侧加宽标准值

I、II级铁路区间单、双线曲线地段的路基面宽度,应在曲线外侧按表2-8的数值加宽,加宽值应在缓和曲线范围内线性递减。无缝线路 R<800m,有缝线路 R<600m 的曲线外侧路基面应在表2-8加宽基础上增加0.1m。

高速铁路路基面在无砟轨道正线曲线地段一般不加宽,当轨道结构和接触网支柱等设施的设置有特殊要求时,根据具体情况分析确定。

◆请练习[思考题 2-6]

第三节 路肩高程

路肩高程(Formation Level, FL)是指路肩外缘的标高。路肩高程有路肩设计高程和路肩施工高程之分,由于线路等级、轨道结构、基底工程地质条件等改变,路基高程应进行调整,以确保轨顶高程的协调一致。

一、铁路路基设计洪水频率或重现期

当路肩高程受洪水位或潮水位控制时,应计算其设计水位。设计洪水频率或重现期应符合下列规定。

1. 铁路路基设计洪水频率标准

Ⅱ级以上等级的铁路路基设计洪水频率标准应采用1/100。当观测洪水(含调查洪水)频率小于设计洪水频率时,为安全计应按观测洪水频率设计;当观测洪水频率小于1/300时,仍应按1/300频率设计。

Ⅲ级铁路路基设计洪水频率标准应采用1/50,Ⅳ级铁路路基设计洪水频率标准应采用1/25,当观测洪水(含调查洪水)频率小于设计洪水频率时,应按观测洪水频率设计,但不应小于1/100。临时铁路可不考虑观测洪水位。

2. 改建既有线与增建第二线的洪水频率

改建既有线和增建第二线时,一般尽量利用既有排水结构,因此往往不采用新线洪水频率标准,而是结合既有线运营期间的水害情况在可研阶段时确定设计洪水频率标准。当既有线运营期间水害确实严重时,可采用新线设计洪水频率标准。

3. 滨海路堤重现期

滨海路堤的设计潮水位,应采用重现期为100年一遇的高潮位。当滨海路堤兼做水运码头时,还应按水运码头设计要求确定设计最低潮位。

二、路肩最低高程

1. 滨河、河滩路堤

滨河、河滩路堤的路肩最小高程应高出设计水位加壅水高(包括河道卡口或建筑物造成的壅水,河湾水面超高)加波浪侵袭高或斜水流局部冲高,加河床淤积影响高度,再加0.5m。如图2-16所示,其中波浪侵袭高与斜水流局部冲高应取两者中之大值。

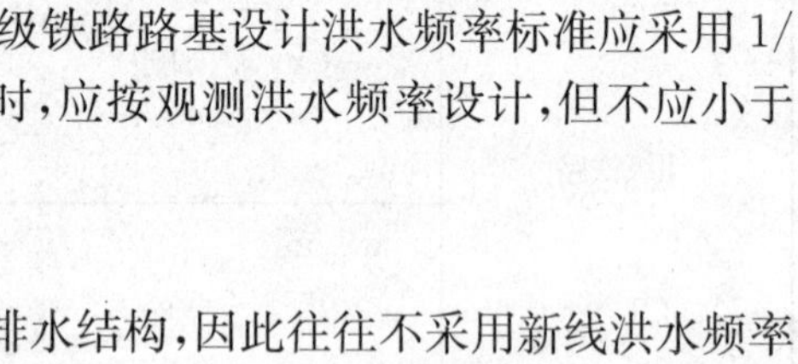

2. 水库路基

水库路基的路肩高程,应高出设计水位加波浪侵袭高加壅水高(包括水库回水及边岸壅水),再加0.5m。当按规定洪水频率计算的设计水位低于水库

图 2-16 滨河、河滩路堤的路肩标高
h_1-波浪侵袭高;h_2-壅水高

正常高水位时,为避免路基长期被库水淹没,应采用水库正常高水位作为设计水位。

3. 滨海路堤

为确保滨海路基的安全,路肩的设计高程除必须满足设计水位(设计标准高潮位)所需高度外,同时应考虑为抗御波浪对路堤的侵袭所需的高度。因此路肩高程应不低于设计高潮水位加波浪侵袭高度(波浪爬高)并加不小于 0.5m 的安全高度。对设防浪胸墙的路堤,因防浪胸墙已计及波浪侵袭的影响,路肩高程可不计波浪侵袭高。

4. 地下水位较高地段路基

地下水水位或地面积水水位较高地段的路基,路堤过低容易引起翻浆冒泥等病害,其路肩高程应高出最高地下水水位或最高地面积水水位加毛细水强烈上升高度,再加 0.5m。当路基采取降低地下水水位,设置毛细水隔断层等措施时,由于地下水水位被降低或毛细水被隔断,毛细水上升不到相应高度,不再对路基产生危害,路肩高程可不受此规定限制。

5. 路基最小填筑高度

为防止路堤发生病害,在泥沼、冻土、沙漠、盐渍土等特殊地质和气候条件下,需要填筑的最小高度为**路基最小填筑高度**(Minimum Fill Height of Subgrade)。下面几个实例需考虑路基最小填筑高度问题。

(1)泥沼是以泥炭沉积为主的地层,在泥沼地区筑堤,不得小于一定的高度,以利在施工期间,利用堤身自重压实泥炭层,使其较快地完成初期固结,提高泥炭强度。

(2)在季节性冻土地区筑堤,应结合地下水水位、冻胀土填料及气候等因素,确定路堤不小于一定高度,以防路堤发生冻害。

(3)在沙漠地区筑堤,宜以路堤通过,并保证不小于一定的高度,以防止积沙和便于清沙。

(4)在盐渍土地区筑堤,应结合地下水水位、地层含盐情况、盐渍土填料及气候等因素,确定路堤不小于一定高度,以防路堤冻害和再盐渍化。

◆请练习[思考题 2-7]

三、路肩设计高程及其调整

对新建铁路,全线的线路纵断面均按土质路堤标准进行设计,线路纵断面上的高程为路肩设计高程。然而,绝大多数铁路中不仅有土质路堤,而且有路堑、级配碎石或级配砂砾石路基,曲线地段还要对曲线外侧进行加宽,软土路堤和高路堤还要对路基面两侧进行加宽,双线铁路中还有局部单线路基等不同类型。为使不同类型路基地段的轨面高程保持一致,并保证道砟厚度和路肩宽度满足要求,路基设计时须对线路纵断面的路肩设计高程进行抬高或降低。

1. 路肩高程调整计算

在单线铁路或双线铁路并行等高地段(图 2-17、图 2-18),路堑及基床表层为级配碎石或级配砂砾石的路基,其路肩设计高程应高于土质路堤的路肩设计高程,高出尺寸 Δh 按式(2-6)计算。

$$\Delta h = (h - h') + \frac{B - B'}{2} \times 0.04 \tag{2-6}$$

式中:h——土质路堤直线地段的标准道床厚度(m);

B——土质路堤直线地段的标准路基面宽度(m);

h'——硬质岩石路堑、级配碎石或级配砂砾石路基直线地段的标准道床厚度(m);

B'——硬质岩石路堑、级配碎石或级配砂砾石路基直线地段的标准路基面宽度(m)。

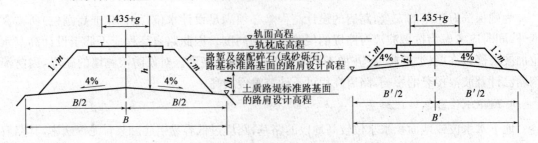

图 2-17 单线铁路直线地段标准路基面的路肩设计高程

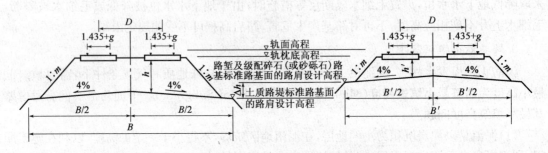

图 2-18 双线铁路并行等高直线地段标准路基面的路肩设计高程

在双线铁路中,并行不等高或局部单线地段的路肩高程应高于双线铁路并行等高地段土质路堤的路肩高程(图 2-19),高出尺寸 Δh 按式(2-7)计算。

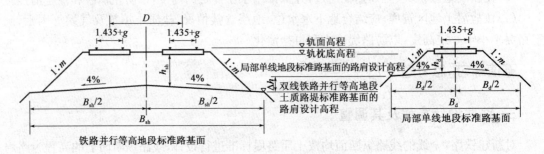

图 2-19 双线铁路局部单线直线地段标准路基面的路肩设计高程

$$\Delta h = h_{sh} - h_d + \left(\frac{B_{sh} - D - B_d}{2} + 1.435 + g\right) \times 0.04 \tag{2-7}$$

式中:h_{sh}——并行等高直线地段土质路堤的标准道床厚度(m);

B_{sh}——并行等高直线地段土质路堤的标准路基面宽度(m);

D——并行等高直线地段土质路堤的线间距(m);

h_d——并行不等高或局部单线直线地段的标准道床厚度(m);

B_d——并行不等高或局部单线直线地段的标准路基面宽度(m);

1.435——标准轨距(m);

g——钢轨的头部宽度(m)。

[例 2-4] 如[例 2-2]路堑出口处,该线路由并行等高双线变为右线绕行形式,其中左线路基形式为土质路堤,右线路基形式为级配碎石路堤,如不考虑线路坡度的影响,试分析该路

堑出口处路肩高程的调整量。

解：双线并行等高直线地段硬质岩石路堑标准道床厚度 h_{sh} 为 0.30m，标准路基面宽度 B_{sh} 为 11.9m，线间距为 4.2m；左线按土质路堤单线直线地段的标准道床厚度 h_d 为 0.5m；右线级配碎石路堤单线直线地段的标准道床厚度 h_d 为 0.30m，单线直线地段的标准路基面宽度 B_d 为 7.7m，将上述参数代入式(2-7)进行计算。

左线路肩高程抬高值为：

$$\Delta h = 0.3 - 0.5 + \left(\frac{11.9 - 4.2 - 7.7}{2} + 1.435 + 0.073\right) \times 0.04 = -0.140 \text{m}$$

计算为负值，说明局部左线路肩高程应比双线路堑的路肩高程有所降低。

右线路肩高程抬高值为：

$$\Delta h = 0.3 - 0.3 + \left(\frac{11.9 - 4.2 - 7.7}{2} + 1.435 + 0.073\right) \times 0.04 = 0.060 \text{m}$$

Ⅰ、Ⅱ级铁路路基各种结构形式衔接情况下，由式(2-6)、式(2-7)计算确定的标准路基面路肩设计高程抬高值见表2-9。

Ⅰ、Ⅱ级铁路标准路基面的路肩设计高程抬高值(m)　　表2-9

项目		Ⅰ级铁路				Ⅱ级铁路		
		特重型	重型	重型	次重型	次重型	中型	轻型
旅客列车设计行车速度 v (km/h)		$120 \leqslant v \leqslant 160$	$120 < v \leqslant 160$	120	120	$80 \leqslant v \leqslant 120$	$80 \leqslant v \leqslant 100$	80
单线铁路	土质路堤	0	0	0	0	0	0	0
	土质路堑	0.008	0.008	0.008	0.008	0.008	0.008	0.008
	硬质岩石路堑	0.170	0.170	0.170	0.170	0.170	0.116	0.112
	级配碎石(或砂砾石)路堤	0.216	0.216	—	—	—	—	—
	级配碎石(或砂砾石)路堑	0.224	0.224	—	—	—	—	—
双线铁路 并行等高地段	土质路堤	0	0	0	0	0	0	0
	土质路堑	0.008	0.008	0.008	0.008	0.008	0.008	0.008
	硬质岩石路堑	0.170	0.170	0.170	0.170	0.170	0.116	0.112
	级配碎石(或砂砾石)路堤	0.216	0.216	—	—	—	—	—
	级配碎石(或砂砾石)路堑	0.224	0.224	—	—	—	—	—
双线铁路 并行不等高或局部单线地段	土质路堤	0.064	0.064	0.064	0.064	0.064	0.064	0.064
	土质路堑	0.072	0.072	0.072	0.072	0.072	0.072	0.072
	硬质岩石路堑	0.234	0.234	0.234	0.234	0.234	0.180	0.176
	级配碎石(或砂砾石)路堤	0.280	0.280	—	—	—	—	—
	级配碎石(或砂砾石)路堑	0.288	0.288	—	—	—	—	—

从表 2-9 中看出,在单线铁路或双线铁路并行等高地段,由于路堑的路肩宽度为 0.6m,而路堤的路肩宽度为 0.8m,造成土质地段路堑比路堤的路肩高程要抬高 0.008m,但其差值较小设计时可以不予考虑。

2. 单线铁路路肩设计高程调整

(1)土质地段中,路堑、路堤的路肩设计高程相同。

(2)硬质岩石路堑地段,路肩设计高程比土质路堤路肩设计高程抬高。Ⅰ级铁路抬高值 0.17m;Ⅱ级铁路次重型轨道抬高值为 0.17m,中型轨道为 0.12m,轻型轨道为 0.11m。

(3)基床表层为级配碎石或级配砂砾石地段的路基,其路肩设计高程比土质路堤路肩设计高程抬高 0.22m。

(4)当路基面加宽(含曲线加宽地段的曲线外侧、软土路堤路基面加宽地段的两侧、高路堤路基面加宽侧等)时,其路肩设计高程应在抬高后的高程基础上降低,其降低值为单侧路基面宽度加宽值(m)与 0.04 的积。但当单侧加宽值小于等于 0.5m(含曲线加宽)时,其对路肩高程的影响仅为 0.02m,可以忽略不计,路肩设计高程可近似采用标准路基面宽度的路肩设计高程(抬高后的高程)。

3. 双线铁路路肩设计高程调整

(1)并行等高地段的路肩设计高程与单线铁路的完全相同。

(2)双线铁路中的局部单线地段的路肩设计高程应符合下列规定:

①单线土质路基地段,其路肩设计高程比双线并行等高地段的土质标准路基面宽度的路肩设计高程抬高 0.07m(含Ⅰ、Ⅱ级铁路)。

②单线硬质岩石路堑地段,其路肩设计高程比双线并行等高地段的土质标准路基面宽度的路肩设计高程抬高:Ⅰ级铁路 0.23m;Ⅱ级铁路:次重型轨道为 0.23m,中型、轻型轨道为 0.18m。

③单线基床表层为级配碎石或级配砂砾石地段的路基,其路肩设计高程比双线并行等高地段的土质标准路基面宽度的路肩设计高程抬高:路堤 0.28m,路堑 0.29m。

④当单线路基面加宽(含曲线加宽地段的曲线外侧、软土路堤路基面加宽地段的两侧、高路堤路基面加宽侧等)时,其路肩设计高程应在抬高后的基础上降低,其降低值为单侧路基面宽度加宽值(m)与 0.04 的积。但当单侧加宽值小于等于 0.5m(含曲线加宽)时,其对路肩高程的影响仅为 0.02m,可以忽略不计,路肩设计高程可近似采用标准路基面宽度的路肩设计高程(抬高后的高程)。

◆请练习[思考题 2-8]

4. 路肩高程调整纵向渐变段设置

不同填料的基床表层衔接时,应设长度不小于 10m 的渐变段。渐变段应在路肩设计高程较高的段落内逐渐顺坡至路肩设计高程较低处,渐变段的基床表层应采用相邻填料中较好的填料填筑。

双线铁路中并行等高段与局部单线地段连接时,同样应设置渐变段,在局部单线地段内逐渐顺坡至并行等高段地段,其顺坡长度不小于 10m,如图 2-20 所示。

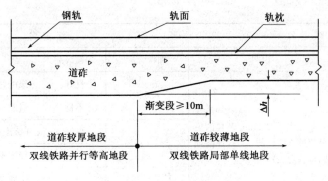

图 2-20 不同路基衔接图

第四节 路基结构工程材料

路基结构工程材料包括路基填料、土工合成材料以及砌体、钢筋混凝土等。路基填料应通过地质调绘和足够的勘探、试验工作,查明其性质和分布,并开展填料设计工作。填料设计的内容应包括:填料的来源选择、分布、运距、土石特性、名称、分组、改良措施、施工工艺、无侧限抗压强度、压实标准及检测要求,取料场的生态恢复等。

一、普通填料

用以填筑路堤和地基换填的土料,包括经筛选或按一定要求掺合加工的土料称为路基**填料**(Fill Materials)。其中**土料**(Soil Materials)是指天然土和岩石,包括经刨松、破碎的土、石。路基普通填料按颗粒粒径大小分为三大类别:巨粒土、粗粒土和细粒土。

1. 巨粒土

巨粒土填料根据颗粒组成、颗粒形状、细粒含量、颗粒级配、抗风化能力等,按表 2-10 分为 A、B、C、D 组。其中硬块石指的是单轴饱和抗压强度 $R_c>30$MPa 的块石土,单轴饱和抗压强度 $R_c \leqslant 30$MPa 为软块石。

巨粒土填料分组　　　　表 2-10

一级定名				二级定名				填料分组
类别		名称		说明	细粒含量	颗粒级配	名称	
巨粒土	碎石类土	块石类	硬块石土	粒径大于 200mm 颗粒的质量超过总质量的 50%(不易风化,尖棱状为主)	—	—	硬块石	A
			软块石土	粒径大于 200mm 颗粒的质量超过总质量的 50%(易风化,尖棱状为主)	—	—	$R_c>15$MPa 的不易风化软块石	A
					—	—	$R_c \leqslant 15$MPa 的不易风化软块石	B
							易风化的软块石	C
							风化的软块石	D

续上表

一级定名				二级定名			填料分组
类别	名称		说明	细粒含量	颗粒级配	名称	
巨粒土	块石类	漂石土	粒径大于200mm颗粒的质量超过总质量的50%（浑圆或圆棱状为主）	<5%	良好	级配好的漂石	A
				<5%	不良	级配不好的漂石	B
				5%~15%	良好	级配好的含土漂石	A
				5%~15%	不良	级配不好的含土漂石	B
				15%~30%	—	土质漂石	B
				>30%	—	土质漂石	C
	碎石类土	卵石土	粒径大于60mm颗粒的质量超过总质量的50%（浑圆或圆棱状为主）	<5%	良好	级配好的卵石	A
				<5%	不良	级配不好的卵石	B
				5%~15%	良好	级配好的含土卵石	A
				5%~15%	不良	级配不好的含土卵石	B
				15%~30%	—	土质卵石	B
				>30%	—	土质卵石	C
		碎石土	粒径大于60mm颗粒的质量超过总质量的50%（尖棱状为主）	<5%	良好	级配好的碎石	A
				<5%	不良	级配不好的碎石	B
				5%~15%	良好	级配好的含土碎石	A
				5%~15%	不良	级配不好的含土碎石	B
				15%~30%	—	土质碎石	B
				>30%	—	土质碎石	C

细粒含量指细粒（$d \leqslant 0.075$mm）的质量占总质量的百分数。土的颗粒级配曲线同时满足 $C_u \geqslant 5$ 和 $C_c = 1 \sim 3$ 为颗粒级配良好，$C_u < 5$ 或 $C_c \neq 1 \sim 3$ 为不良颗粒级配。

2. 粗粒土

粗粒土填料应根据颗粒组成、颗粒形状、细粒含量、颗粒级配、抗风化能力等，按表2-11分为A、B、C组。

粗粒土填料分组 表2-11

一级定名				二级定名			填料分组
类别	名称		说明	细粒含量	颗粒级配	名称	
粗粒土	碎石类土	砾石类	粗圆砾土	粒径大于20mm颗粒的质量超过总质量的50%（浑圆或圆棱状为主）	<5%	良好	级配好的粗圆砾	A
					<5%	不良	级配不好的粗圆砾	B
					5%~15%	良好	级配好的含土粗圆砾	A
					5%~15%	不良	级配不好的含土粗圆砾	B
					15%~30%	—	土质粗圆砾	B
					>30%	—	土质粗圆砾	C

续上表

类别		一级定名		二级定名			填料分组
	名称	名称	说明	细粒含量	颗粒级配	名称	
粗粒土	碎石类土	砾石类 粗砾土 粗角砾土	粒径大于20mm颗粒的质量超过总质量的50%（尖棱状为主）	<5%	良好	级配好的粗角砾	A
					不良	级配不好的粗角砾	B
				5%～15%	良好	级配好的含土粗角砾	A
					不良	级配不好的含土粗角砾	B
				15%～30%	—	土质粗角砾	B
				>30%	—	土质粗角砾	C
		细砾土 细圆砾土	粒径大于2mm颗粒的质量超过总质量的50%（浑圆或圆棱状为主）	<5%	良好	级配好的细圆砾	A
					不良	级配不好的细圆砾	B
				5%～15%	良好	级配好的含土细圆砾	A
					不良	级配不好的含土细圆砾	B
				15%～30%	—	土质细圆砾	B
				>30%	—	土质细圆砾	C
		细角砾土	粒径大于2mm颗粒的质量超过总质量的50%（尖棱状为主）	<5%	良好	级配好的细角砾	A
					不良	级配不好的细角砾	B
				5%～15%	良好	级配好的含土细角砾	A
					不良	级配不好的含土细角砾	B
				15%～30%	—	土质细角砾	B
				>30%	—	土质细角砾	C
	砂类土	砾砂	粒径大于2mm颗粒的质量超过总质量的25%～50%	<5%	良好	级配好的砾砂	A
					不良	级配不好的砾砂	B
				5%～15%	良好	级配好的含土砾砂	A
					不良	级配不好的含土砾砂	B
				>15%	—	土质砾砂	B
		粗砂	粒径大于0.5mm颗粒的质量超过总质量的50%	<5%	良好	级配好的粗砂	A
					不良	级配不好的粗砂	B
				5%～15%	良好	级配好的含土粗砂	A
					不良	级配不好的含土粗砂	B
				>15%	—	土质粗砂	B
		中砂	粒径大于0.25mm颗粒的质量超过总质量的50%	<5%	良好	级配好的中砂	A
					不良	级配不好的中砂	B
				5%～15%	良好	级配好的含土中砂	A
					不良	级配不好的含土中砂	B
				>15%	—	土质中砂	B
		细砂	粒径大于0.075mm颗粒的质量超过总质量的85%	<5%	良好	级配好的细砂	B
					不良	级配不好的细砂	C
				5%～15%	—	含土细砂	C
		粉砂	粒径大于0.075mm颗粒的质量超过总质量的50%	—	—	粉砂	C

3. 细粒土

细粒土填料按表 2-12 分为粉土类、黏土类和有机土。粉土类、黏土类应采用液限含水量 w_L 进行填料分组：当 $w_L<40\%$ 时，为 C 组；当 $w_L\geqslant40\%$ 时，为 D 组；有机质土为 E 组。

细粒土填料分组　　　　表 2-12

一级定名			二级定名		填料分组
土名	液限 w_L	土名	塑性图		
粉土 $I_p\leqslant10$	$w_L<40\%$	低液限粉土	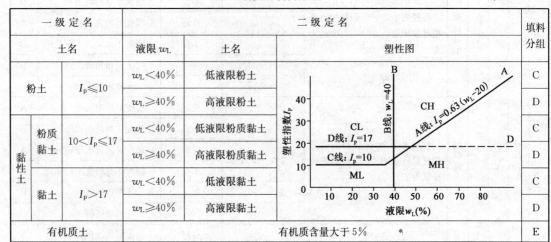		C
	$w_L\geqslant40\%$	高液限粉土			D
黏性土 粉质黏土 $10<I_p\leqslant17$	$w_L<40\%$	低液限粉质黏土			C
	$w_L\geqslant40\%$	高液限粉质黏土			D
黏性土 黏土 $I_p>17$	$w_L<40\%$	低液限黏土			C
	$w_L\geqslant40\%$	高液限黏土			D
有机质土			有机质含量大于5%		E

填料根据土质类型和渗水性可分为渗水土、非渗水土。A、B 组填料中，细粒土含量小于 10%、渗透系数大于 10^{-3}cm/s 的巨粒土、粗粒土（细砂除外）为**渗水土**（Permeable Soil），其余为**非渗水土**（Impermeable Soil）。

高速铁路对路基填料的材质、级配、水稳性和密实度有着较高的要求。根据秦沈客运专线、武广客运专线、哈大客运专线、京沪高速铁路等施工中的经验，现行我国铁路规范对填料的划分标准较粗，尤其是粗颗粒填料在实际施工填筑中存在填料组别合格，但由于级配不良，直接碾压不能达到所规定的压实控制指标等问题。同时在勘测设计阶段，往往对于填料材质较为重视，对于粒径级配则重视不够，因此应结合土源具体情况进行可压实性能分析及试验，提出具体的填料制备工艺。

[例 2-5] 某取土场土料颗粒试验代表值如表 2-13 所示，试确定该取土场的填料名称及其分组。

表 2-13

土样编号	通过筛孔(mm)质量百分率(%)								
	60	40	20	10	5	2	1	0.5	0.25	0.075
ZK1-1	100	95	85	75	67	53	48	37	24	8

解：根据该取土场土样筛分试验数据，分别整理小于或大于某粒径颗粒的百分含量，作出该试样的颗粒级配曲线如图 2-21 所示。

从该土样试样数据及颗粒级配曲线中可知该土样有效粒径 d_{10} 约为 0.09mm，限制粒径 d_{60} 约为 3.0mm，d_{30} 约为 0.35mm。

不均匀系数 $$C_u=\frac{d_{60}}{d_{10}}=\frac{3.0}{0.09}=33.3$$

曲率系数 $$C_c=\frac{d_{30}^2}{d_{60}d_{10}}=\frac{0.35\times0.35}{3.0\times0.09}=0.45$$

根据填料一级定名技术要求,该土样属粗粒土中的砂类土,为砾砂;依二级定名技术要求,该土样细粒土含量为8%,曲率系数小于1.0,颗粒级配不良,该土样二级定名为级配不良的含土砾砂,属B组填料。

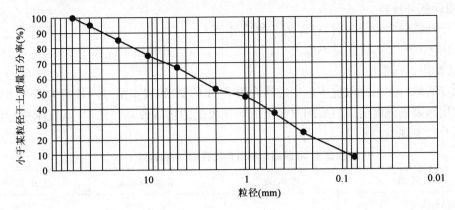

图 2-21 土样的颗粒级配曲线

◆请练习[思考题 2-9]

二、改良土

改良土(Improved Soil),是指通过在土中掺入砂、砾石、碎石或石灰、水泥、粉煤灰等物理或化学材料以提高其工程特性的混合料。

1. 改良土分类

根据填料改良时所发生的作用,改良土分为物理改良土和化学改良土两类。其中物理改良土是指通过在原土料中掺入砂、砾石、碎石等外掺料或对土进行破碎、筛分处理,提高土的物理力学性能及压实性,并满足工程性能的混合料。化学改良土是指通过在原土中添加固化剂(水泥、石灰、粉煤灰等)使之发生物理化学反应,如阳离子交换、胶凝、碳化结块等作用,改善土的物理力学性质,增加强度,同时,降低填料的含水率,以便于施工、压实,并满足工程性能的混合料。

填料改良应通过试验提出最佳掺合料、最佳配合比及改良后的强度等指标。

2. 改良土技术指标

(1)水泥外掺料

改良土外掺料为水泥时,宜采用普通硅酸盐水泥或矿渣硅酸盐水泥,强度等级为42.5或32.5,初凝时间不小于3.0h,终凝时间不小于6.0h,安定性和强度指标应符合《通用硅酸盐水泥》(GB 175)的要求,不应使用快硬水泥、早强水泥。

水泥改良的原土料,其塑性指数一般小于12,有机质含量不大于2%,硫酸盐含量(折算为SO_4^{2-})不应大于0.25%。

(2)石灰外掺料

改良土外掺料为石灰时,采用一等建筑钙质生石灰粉或合格建筑钙质生石灰,其石灰的(CaO+MgO)含量不应小于80%,CO_2含量不应大于9%,生石灰粉0.90mm筛的筛余不应大于0.5%、0.125mm筛的筛余不应大于12.0%,建筑钙质生石灰未消化残渣含量(5mm圆孔筛余)不大于15%。

石灰改良的原土料,其塑性指数大于12,有机质含量不应大于5%,硫酸盐含量(折算为SO_4^{2-})不应大于0.8%。

(3) 粉煤灰外掺料

改良土外掺料为粉煤灰时,粉煤灰矿物成分($SiO_2+Al_2O_3+Fe_3O_4$)含量不宜小于70%,SO_3含量不应大于3%,烧失量不应大于8%,0.045mm方孔筛余不应大于25%。

(4) 无侧限抗压强度

经改良后填料的无侧限抗压强度应符合表2-14的要求,表中括号内数值为改良土考虑冻融循环作用所需的强度值。当采用改变土的颗粒级配的物理改良方法时,其技术指标应满足普通填料及相关规范的要求。

改良土7d龄期无侧限抗压强度(饱和)(kPa) 表2-14

线路等级	基床表层	基床底层	基床以下
250~350km/h客运专线铁路	—	≥350(550)	≥250

三、级配碎石、级配砂砾石

级配碎石(Graded Crushed Stone)是指不同粒径的碎石集料和石屑各占一定比例的混合料,其颗粒组成符合规定的级配要求。**级配砂砾石**(Graded Gravel)是指不同粒径的砾石和砂各占一定比例的混合料,其颗粒组成符合规定的级配要求。级配碎石或级配砂砾石在列车动荷载的长期作用下,须具有较高的力学强度、很好的水稳性和较小的渗透性。

1. 基床表层级配碎石技术要求

(1) 基床表层级配碎石材料应由开山块石、天然卵石或砂砾石经破碎筛选而成。

(2) 基床表层级配碎石的粒径级配应符合表2-15的规定,括号内数字适用于寒冷地区铁路。其不均匀系数C_u不得小于15,0.02mm以下颗粒质量百分率不得大于3%。粒径级配曲线如图2-22所示。

基床表层级配碎石粒径级配 表2-15

方孔筛孔边长(mm)	0.1	0.5	1.7	7.1	22.4	31.5	45
过筛质量百分率(%)	0~11(5)	7~32	13~46	41~75	67~91	82~100	100

(3) 基床表层级配碎石与下部填土之间应满足$D_{15}<4d_{85}$的要求。当不能满足时,基床表层应采用颗粒级配不同的双层结构,或在基床底层表面铺设土工合成材料。当下部填土为改良土时,可不受此项规定限制。

(4) 在粒径大于22.4mm的粗颗粒中带有破碎面的颗粒所占的质量百分率不小于30%。

(5) 级配碎石粒径大于1.7mm颗粒的洛杉矶磨耗率不大于30%,硫酸钠溶液浸泡损失率不大于6%。粒径小于0.5mm的细颗粒的液限不大于25%,塑性指数应小于6,不得含有黏土及其他杂质。

2. 基床表层级配砂砾石技术要求

有砟轨道基床表层采用级配砂砾石的级配范围应符合表2-16的要求,颗粒中细长及扁平颗粒含量不应超过20%,黏土团及有机物含量不应超过2%,粒径小于0.5mm的细集料的液限应小于25%,其塑性指数应小于6。

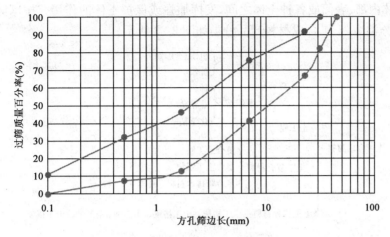

图 2-22 基床表层级配碎石粒径级配曲线

砂砾石级配范围　　　　　　　　表 2-16

级配编号	通过筛孔(mm)质量百分率(%)									
	60	50	40	30	20	10	5	2	0.5	0.075
1	100~97	100~95	99~90	90~84	94~76	85~65	77~54	67~40	51~23	23~3
2	—	100	100~90	93~80	85~65	70~45	55~30	35~15	20~10	10~4
3	—	—	100	100~90	95~75	70~50	55~30	30~15	20~10	10~4
4	—	—	—	100	100~85	80~60	50~30	30~15	20~10	10~4

3. 过渡段级配碎石

过渡段级配碎石的填料粒径、级配及质量应符合设计要求,碎石颗粒中针状、片状碎石含量应不大于20%,质软、易破碎的碎石含量不得超过10%,黏土团及有机物含量不得超过2%,过渡段用碎石的级配范围应符合表2-17的要求。过渡段用级配碎石也可选用符合基床表层级配碎石或级配砂砾石。

过渡段用碎石级配范围　　　　　　　　表 2-17

级配编号	通过筛孔(mm)质量百分率(%)									
	50	40	30	25	20	10	5	2.5	0.5	0.075
1	100	95~100	—	—	60~90	—	30~65	20~50	10~30	2~10
2	—	100	95~100	—	60~90	—	30~65	20~50	10~30	2~10
3	—	—	100	95~100	—	50~80	30~65	20~50	10~30	2~10

◆请练习[思考题 2-10]

四、土工合成材料

1. 土工合成材料分类

土工合成材料(Geosynthetics)是用于岩土工程的、以聚合物为原料制造的各类合成材料产品的总称。它是以人工合成的聚合物(如塑料、化纤、合成橡胶等)为原料,制成各种类型的产品,置于土体内部、表面或各种土体之间,发挥加强或保护土体的作用。按国际土工合成材料协会(IGS)分类法,土工合成材料产品分类如图2-23所示。

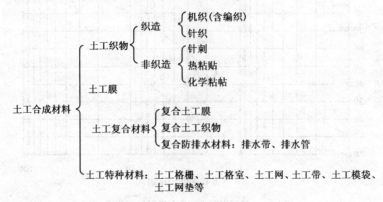

图2-23 土工合成材料分类

(1) 土工织物

土工织物(Geotextile)是以聚合物纤维为原料制成的具有渗透性的布状土工合成材料。土工织物按制造方法可分为织造(有纺)土工织物和非织造(无纺)土工织物。

织造土工织物(Woven Geotextile)是由纤维纱或长丝按一定方向排列机织的土工织物,非织造土工织物(Nonwoven Geotextile)是由短纤维或长丝按随机或定向排列制成的薄絮垫,经机械结合、热黏或化黏而成的土工织物。

土工织物突出的优点是质量轻,整体连续性好(可做成较大面积的整体),施工方便,抗拉强度较高,耐腐蚀和抗微生物侵蚀性好。缺点是未经特殊处理,抗紫外线能力低,如暴露在外,受紫外线直接照射容易老化,但如不直接暴露,则抗老化及耐久性能仍较高。

(2) 土工膜

土工膜(Geomembrane)是由聚合物或沥青制成的一种相对不透水薄膜。大量工程实践表明,土工膜的不透水性很好,弹性和适应变形的能力很强,能适用于不同的施工条件和工作应力,具有良好的耐老化能力,处于水下和土中的土工膜的耐久性尤为突出。

(3) 土工格栅

土工格栅(Geogrid)是一种主要的土工合成材料,与其他土工合成材料相比,它具有独特的性能与功效。土工格栅常用作加筋土结构的筋材或复合材料的筋材等。土工格栅分为玻璃纤维类和聚酯纤维类两种类型。

① **塑料土工格栅**(Plastic Geogrid)用高密度聚乙烯等聚合物经挤压加工再进行拉伸制成的格栅状土工合成材料。由于土工格栅在制造中聚合物的高分子会随加热延伸过程而重新排列定向,加强了分子链间的联结力,达到了提高其强度的目的。其延伸率只有原板材的10%~15%。如果在土工格栅中加入炭黑等抗老化材料,可使其具有较好的耐酸、耐碱、耐腐蚀和抗老化等耐久性能。

② **经编土工格栅**(Warp-knitted Geogrid)为采用高强度涤纶或玻璃纤维原料,双轴向技术编织,经聚氯乙烯或改性沥青涂层整理生产的土工格栅产品。此类土工格栅是以高强度玻璃纤维为材质,有时配合自黏感压胶和表面沥青浸渍处理,使格栅和沥青路面紧密结合成一体。由于土石料在土工格栅网格内互锁力增高,它们之间的摩擦系数显著增大(可达0.8~1.0),

土工格栅埋入土中的抗拔力,由于格栅与土体间的摩擦咬合力较强而显著增大,因此它是一种很好的加筋材料。

(4)土工膜袋

土工膜袋(Geofabriform)是由双层土工织物制成的连续(或单独的)袋状材料,其中灌注混凝土或砂浆凝结成板状或其他形状的结构,土工膜袋常用于护坡或地基处理工程。膜袋根据其材质和加工工艺的不同,分为机制和简易膜袋两大类。机制膜袋按其有无反滤排水点和充胀后的形状又可分为反滤排水点膜袋、无反滤排水点膜袋、无排水点混凝土膜袋、铰链块型膜袋。

(5)土工网

土工网(Geonet)是经挤压或热黏而成的平面网状土工合成材料。用于软基加固垫层、坡面防护、植草以及用作制造组合土工材料的基材。

(6)土工格室和土工网垫

土工格室(Geocell)是由土工合成材料片焊接或组装成的具蜂窝状结构的三维土工合成材料制品。**土工网垫**(Geomat)是由丝条状合成材料经过一定的工艺处理,并在结点上相互熔合而成的孔隙很大的三维网状土工合成材料。

土工网垫和土工格室都是用合成材料特制的三维结构,常用作防冲蚀和保土工程,刚度大、侧限能力高的土工格室多用于地基加筋垫层、路基基床或道床中。

(7)聚苯乙烯泡沫塑料(EPS)

聚苯乙烯泡沫塑料(Expanded Polystyrene)是由聚苯乙烯加入发泡剂膨化经模塑或挤压制成的轻型土工材料。EPS具有质量轻、耐热、抗压性能好、吸水率低、自立性好等优点,常用作铁路路基的填料。

(8)复合土工材料

复合土工合成材料(Composite Geosynthetic)是由两种或两种以上土工织物、土工膜或其他材料复合制成的土工合成材料。复合土工材料将土工织物、土工膜、土工格栅及某些特种土工合成材料等不同材料的性质结合起来,更好地满足具体工程的需要,能起到多种功能的作用。

复合土工膜(Composite Geomembrane)是用土工织物或其他材料与土工膜结合而成的不透水材料,根据主要功能的不同,复合土工膜可分为横向排水型和加筋型两种,其中土工膜主要用来防渗,土工织物起加筋、排水和增加土工膜与土面之间的摩擦力的作用。

复合土工排水材料(Composite Geodrain)以土工织物包裹不同形状和材料的芯材制成的土工排水材料,用于软基排水固结处理、路基纵横排水、地下防排水管道、集水井、支挡建筑物的墙后排水、隧道排水、堤坝排水设施等。如**塑料排水带**(Strip Geodrain)是由不同形状的塑料条带排水芯材外包以非织造土工织物制成的竖向排水材料,即是一种复合土工排水材料。

铁路路基加筋土填筑采用填筑土工织物(布)、土工格栅及复合型的土工合成材料三类材料。

2.铁路路基土工合成材料应用

土工合成材料铺设在路基土体之中,可以扩散土体的应力,传递拉应力,限制土体侧向位移;也可以增加土体和其他材料之间的摩阻力,提高土体的稳定性。铁路路基工程土工合成材料主要应用于防渗、隔离、加筋、反滤、排水、防护和保温等,土工合成材料的功能和技术性能必须与其使用要求和环境条件、工程地质条件和水文地质条件相一致。

(1)防渗作用

土工膜和复合型土工合成材料,可以作为各种工程的防渗材料。

(2)隔离作用

隔离(Separation)是指防止相邻的不同介质混合。将土工合成材料铺设放在两种不同的材料之间或同一材料不同粒径之间以及土体表面与上部结构之间,使其隔离开来。当受外部荷载作用时,虽然材料受力相互挤压,但由于土工合成材料在中间隔开,不使其互相混杂或流失,保持材料的整体结构和功能。

(3)加筋作用

加筋(Reinforcement)是把具有一定抗拉强度的土工合成材料埋于土体内适当位置,依靠其与土界面的相互作用,提高土体强度和稳定性,限制土体位移的措施。土工合成材料具有较高的抗拉强度,将土工合成材料铺设在路基结构结构适当位置,可以均匀分布土体应力、传递拉应力、限制土体侧向位移,增强它与土体或路基结构层材料之间的摩阻力,从而约束土体或路基结构的变形,并抑制或减少土体的不均匀沉降,提高土体或路基结构的稳定性。

(4)反滤作用

反滤(Fltration)是指在使流体通过的同时,保持受渗透压力作用的土粒不流失。反滤作用是土工织物的主要功能,通过把土工织物置于土体表面或相邻土层之间,土中水分可以通过织物排出,同时土工织物可阻止土颗粒流失,以免造成土体失稳,可代替砂、砾石等反滤层。

(5)排水

土工合成材料是良好的透水材料,无论是材料法向或水平向均具有较好的排水能力,能够将土体内的水集聚到织物内部,形成排水通道,排出土体。土工合成材料现已广泛应用于路基填筑结构、挡土墙等支挡结构以及软土地基排水固结等方面。它与路基结构工程中的其他排水结构充分配合,形成完善的排水体系,排除地下水、地表水和路基结构中的多余水分。

(6)路基防护

在路基防护方面,主要采用土工网或土工网垫结合种草,或采用土工格栅结合喷射水泥浆、混凝土,进行路基边坡坡面防护;采用土工网、土工网垫结合植草种树,在风沙地区进行路基边坡防护,还可用来覆盖沙石、固定浮沙,建立防沙网、沙障阻止沙丘移动。

(7)保温作用

既有铁路基床冻害一般发生在季节性冻土地区,冻害防治除了换土措施以外,可选用土工膜或复合土工膜进行隔、排水,选用厚度不小于5cm的聚苯乙烯泡沫塑料进行保温处理。冻害较轻时,可选用较厚的无纺土工织物进行防治。

严寒地区路堑的边坡、堑顶、路基面以下和路堤地基需保温处理时,宜采用复合土工膜、聚苯乙烯泡沫塑料或聚氨酯保温材料等作为保护层。严寒地区挡土墙可采用土工合成材料在墙背设置保温层,保温层可采用聚苯乙烯泡沫塑料或聚氨酯,材料应具有一定的强度、低导热系数、低吸水率。

3. 土工合成材料性能指标

铁路路基工程应用土工合成材料,应根据铁路等级、路基结构形式、地质、水文和气象条件进行设计。设计应遵循因地制宜、安全可靠、经济合理,并与其他工程材料、工程措施综合应用的原则。工程设计时应根据材料类型和工程需要确定性能试验项目,其主要性能指标包括:

(1)物理性能,包括单位面积质量、厚度(及其与压力的关系)、材料相对密度、孔径等。

(2)力学性能,包括条带拉伸、握持拉伸、撕裂、顶破、刺破、直剪摩擦、拉拔摩擦、蠕变等。

(3)水力学性能,包括垂直渗透系数、平面渗透系数、淤堵性、防水性等。
(4)耐久性能,包括抗紫外线能力、化学稳定性和生物稳定性等。
土工合成材料设计容许抗拉强度按下式计算:

$$T_n = \frac{1}{F_{iD} \cdot F_{cR} \cdot F_{cD} \cdot F_{bD}} \cdot T \tag{2-8}$$

式中:F_{iD}——铺设时机械破坏影响系数;

F_{cR}——材料蠕变影响系数;

F_{cD}——化学剂破坏影响系数;

F_{bD}——生物破坏影响系数;

T——由加筋材料拉伸试验测得的极限抗拉强度。

其中,F_{iD}、F_{cR}、F_{cD}和F_{bD}四项影响系数应按实际经验确定;无经验时,其乘积宜采用2.5~5.0;当变形控制要求高、材料蠕变性大、施工条件差时,应采用大值;当为临时性工程时,宜取小值。

◆请练习[思考题 2-11]

五、砌体、混凝土

铁路路基主体结构中的地基处理工程、边坡防护工程、防排水工程、路基支挡工程大多采用砌体、素混凝土及钢筋混凝土结构,路基工程混凝土与砌体强度等级及适用范围见表2-18,并应符合《铁路砌体及混凝土结构验收标准》。

路基工程混凝土与砌体强度等级及适用范围   表 2-18

混凝土与砌体种类	材料最低强度等级			适 用 范 围
	水泥砂浆	石料	混凝土	
片石砌体	M7.5	MU20	—	侧沟、天沟、排水沟
		MU30	—	坡面防护、边坡渗沟、护墙、渗水暗沟、急流槽、冲刷防护,严寒地区的侧沟、天沟、排水沟
	M10	MU30	—	渗水隧洞边墙
混凝土或片石混凝土	—	—	C15	检查井、渗水隧洞、冲刷防护、支挡结构物、基础垫层
	—	—	C20	严寒地区支挡结构物
混凝土块砌体	M7.5	—	C15	侧沟、天沟、排水沟、坡面防护
	M10	—	C15	渗水隧洞
钢筋混凝土	—	—	C20~C40	检查井、冲刷防护、支挡结构物

表2-18中,钢筋混凝土结构的混凝土强度等级按下列要求选择。
(1)当采用 HRB335 级钢筋时,混凝土强度等级不宜低于C20。
(2)当采用 HRB400 或 RRB400 级钢筋以及承受重复荷载的构件,混凝土强度等级不得低于C20。
(3)预应力混凝土结构的混凝土强度等级不应低于C30;当采用钢绞线、钢丝、热处理钢筋作预应力钢筋时,混凝土强度等级不宜低于C40。
(4)严寒及寒冷地区的潮湿环境中,结构混凝土应满足抗冻要求,混凝土抗冻等级应符合有关标准的要求。其中,最冷月的平均温度在-5～-15℃的地区为寒冷地区;-15℃以下的地区为严寒地区。

思 考 题

2-1　简述路基横断面的组成。
2-2　简述铁路路基征收土地范围。
2-3　如何确定路基面的形状?
2-4　路基面宽度影响因素有哪些?
2-5　路肩宽度主要技术要求有哪些?
2-6　曲线地段路基面加宽技术有哪些要求。
2-7　路肩设计高程最低值的主要技术要求有哪些?
2-8　不同类型路基如何进行路肩高程调整?
2-9　阐述路基工程普通填料分类及其分类依据。
2-10　阐述路基工程级配碎石技术要求。
2-11　路基工程土工合成材料的作用及其性能指标有哪些?

第三章 DISANZHANG
铁路路基变形及稳定性

本章导读
铁路路基结构需要在正确分析设计荷载的基础上,解决强度、变形、稳定性这三方面基本问题,本章结合最新规范技术要求介绍了地基承载力验算规定,地基沉降计算理论及其在路基工程中的应用,边坡稳定性分析理论及其在路堑边坡、路堤边坡、路基整体稳定性分析中的应用。本章内容为路基结构设计的基本理论知识,均为重点教学内容,也是教学难点集中的章节。

学习目标
1. 熟悉路基变形相关基本概念,掌握地基沉降计算方法。
2. 掌握地基承载力验算。
3. 掌握路基稳定性分析方法。

学习重点
1. 铁路路基设计荷载。
2. 天然地基及复合地基沉降分析计算。
3. 地基承载力验算。
4. 路基稳定性分析方法。

学习难点
1. 天然地基、复合地基沉降计算参数的选用,计算方法及其工程应用。
2. 地基承载力验算。
3. 折线破裂面法、瑞典条分法,路基结构整体稳定性分析。

本章学习计划

内　　容	建议自学时间（学时）	学 习 建 议	学 习 记 录
第一节　铁路路基设计荷载	2.0	本节应掌握铁路路基设计荷载标准；熟悉我国普速铁路及客运专线活载标准，掌握路基面荷载换算土柱分析方法及设计标准值，熟悉运架梁车荷载的换算方法	
第二节　地基承载力分析	2.0	本节应掌握地基承载力的分析方法；掌握路基基底应力的计算，地基承载力基本概念及其含义；掌握天然地基、复合地基及软弱下卧层地基的承载力分析验算	
第三节　路基变形分析	1.0	本节应掌握路基变形的分析技术；熟悉路基土应力—应变关系及力学模型，熟悉路基变形组成及控制标准，掌握路基临界动强度、工后沉降等概念；掌握地基沉降的理论计算方法及其在路基变形分析中的应用	
第四节　路基稳定性分析	2.0	本节应掌握边坡稳定性理论分析方法，熟练掌握路基稳定性分析验算	

第一节　铁路路基设计荷载

铁路列车竖向静荷载应根据铁路等级和速度目标值采用"中—活载"或 ZK 活载。当客货共线铁路旅客列车设计时速等于或小于 200km、货物列车时速等于或小于 120km,列车竖向活载采用国家铁路标准荷载,即"中-活载";设计时速 200～350km 客运专线铁路列车竖向静活载必须采用 ZK 活载,轨道和列车荷载采用换算土柱代替。施工期间铁路路基所受运架梁车荷载根据实际设备情况进行分析计算,采用换算土柱代替。

一、换算土柱法

路基荷载是指作用在路基面上的应力,它包含两部分。一部分是线路上部结构的重量作用在路基面上的应力,即静荷载。静荷载可以按线路类型,按每公里的各种材料数量及重量,确定每延米长的重量及其分布的宽度;另一部分是列车行驶时轮载力通过上部结构传递到路基面上的列车活载。列车活载依据线路等级按规范规定采用**中—活载**(CS-live Load)(图 3-1)或 **ZK 活载**(ZK-live load)作为标准荷载。

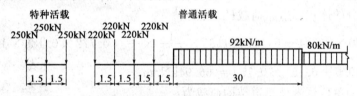

图 3-1　中—活载标准图式(尺寸单位:m)

进行路基结构工程的力学检算时,一般将路基面上的轨道静载和列车竖向活载一起换算成与路基本体重度相同的矩形土体静荷载,称为换算土柱法。路基上的轨道及列车荷载换算土柱高度和分布宽度根据直线地段计算确定。荷载换算土柱的分布宽度,有砟轨道自轨枕底两端向下按 45°扩散角计算,如图 3-2 所示;无砟轨道换算土柱分布宽度为支承层底部宽度(表 3-1)。换算土柱的高度按列车活载与路基面上轨道结构荷载计算。

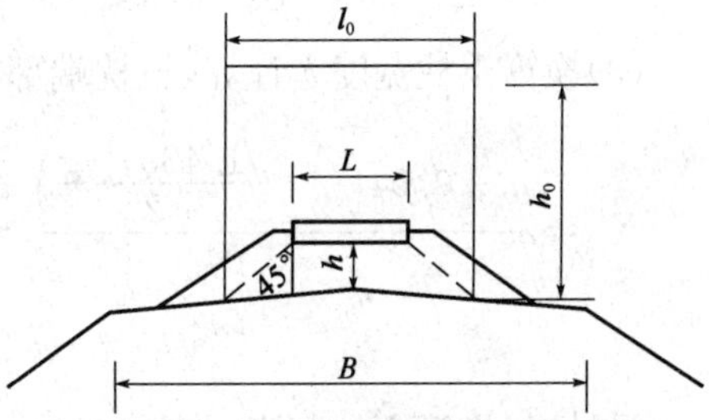

换算土柱高:

$$h = \frac{P+Q}{\gamma \times l_0} \quad (3-1)$$

图 3-2　有砟轨道路基设计荷载换算土柱示意图

式中:P——作用在路基面单位延米长轨道结构荷载(kN/m),高速铁路无砟轨道结构类型及其荷载见表 3-1;

Q——作用在路基面单位延米长列车荷载(kN/m);

γ——换算土柱重度(kN/m³);

l_0——换算土柱分布宽度(m);无砟轨道换算宽度为轨道结构支承层宽度,有砟轨道按 $l_0 = L + 2h\tan 45° = L + 2h$ 计算,h 为道床厚度(m),L 为轨枕长度(m);

[例 3-1] 新建 Ⅰ 级铁路,旅客列车设计行车速度 160km/h,重型轨道结构类型,试分析该线路区间直线地段土质路堤的路基面设计荷载及换算土柱,道床及路堤填料的重度均以

$20kN/m^3$ 计。

解:(1)轨道结构荷载分析。

依据现行《铁路轨道设计规范》(TB 10082—2005),重型轨道结构钢轨类型为60kg/m,钢轨荷载$P_1=1.2kN/m$;

轨枕类型为Ⅲ型混凝土轨枕,每根轨枕底面积为$7720cm^2$,质量为320kg,长度为260cm。重型轨道Ⅲ型混凝土轨枕铺设数量为1680根/km,轨枕荷载$P_2=3.2×1.68=5.38kN/m$。

Ⅰ级铁路重型轨道结构中扣件荷载P_3按0.6kN/m计。

道床顶面宽度为3.4m,土质路基道床厚度为0.50m,道床边坡坡率为1:1.75。

根据式(2-2),得:

$$X = \frac{h + 0.04\left(\frac{A}{2} - \frac{1.435+g}{2}\right) + e}{\frac{1}{m} - 0.04}$$

$$= \frac{0.50 + 0.04\left(\frac{3.4}{2} - \frac{1.435+0.073}{2}\right) + 0.185}{\frac{1}{1.75} - 0.04} = 1.36m$$

道床底面宽度为$3.4+2X=6.12m$,道床数量的计算应扣除轨枕埋入道床占据的体积及轨枕中部掏空部分的体积。道床荷载P_4为:

$$P_4 = 20 \times \left[(3.4+6.12) \times 1.36 \times \frac{1}{1.75} \times \frac{1}{2} - 0.772 \times 0.185 \times 1.68 - (0.6+0.15) \times 0.15\right] = 66.94 kN/m$$

作用在路基面单位延米长轨道结构荷载为:

$$P = P_1 + P_2 + P_3 + P_4 = 1.2 + 5.38 + 0.6 + 66.94 = 74.12 kN/m$$

(2)作用在路基面单位延米长列车荷载Q为:

$$Q = \frac{220}{1.5} = 146.67 kN/m$$

(3)换算土柱宽度l_0计算,轨枕端部按45°应力扩散角:

$$X' = \frac{h + 0.04\left(\frac{A}{2} - \frac{1.435+g}{2}\right)}{1-0.04} = \frac{0.50 + 0.04\left(\frac{3.4}{2} - \frac{1.435+0.073}{2}\right)}{1-0.04} = 0.56m$$

$$l_0 = 2.6 + 2X' = 3.72m$$

设计时,换算土柱宽度l_0按3.70m计。

(4)路基面换算土柱荷载强度:

$$q = \frac{P+Q}{l_0} = \frac{74.12 + 146.67}{3.7} = 59.7 kPa$$

(5)换算土柱高度:

$$h = \frac{q}{\gamma} = \frac{59.7}{20} = 2.99m$$

设计时,换算土柱高度h按3.0m计,即为表3-2中相应的现行规范所规定的设计数据。

无砟轨道结构荷载及支承层底面宽度　　　　表 3-1

项　目	CRTS I 型板式无砟轨道 kN/m	CRTS I 型双块式无砟轨道 kN/m	CRTS II 型板式无砟轨道 kN/m
钢轨	1.2	1.2	1.2
扣件	0.6359	0.6154	0.6359
轨道板	11.4	13.38	18.47
CA 砂浆	1.8	1.53	0
底座	22.5	22.125	25.5
合计 P	37.54	38.85	45.80
支承层宽度(m)	3.00	3.40	3.25

[例 3-2] 新建高速铁路，CRTS II 型板式无砟轨道结构类型，计算该线路路基面设计荷载及换算土柱，路基填料的重度均以 20kN/m³ 计。

解：(1)轨道结构荷载：根据表 3-1，$P=45.80$kN/m。

(2)作用在路基面单位延米长列车荷载 Q 为：

$$Q = \frac{200}{1.6} = 125.00 \text{kN/m}$$

(3)换算土柱宽度：根据表 3-1，$l_0 = 3.25$m。

(4)换算土柱高度：

$$h = \frac{P+Q}{\gamma \times l_0} = \frac{45.8+125.0}{20 \times 3.25} = 2.63 \text{m}$$

设计时，换算土柱高度 h 按 2.6m 计，换算土柱参数即为表 3-3 中相应的现行《高速铁路设计规范(试行)》(TB 10621—2009)所规定的设计数据。

◆请练习[思考题 3-1]

二、客货共线铁路路基设计荷载

目前我国客货共线铁路列车荷载为中—活载，机车轴重为 220kN。列车在运行中产生的冲击力、离心力、制动力和摇摆力对路基的影响不大，在路基设计中一般不计其应力影响。设计时速小于等于 160km 等级铁路路基面设计荷载见表 3-2，时速为 200km 客货共线铁路路基面设计荷载按表 3-3 的规定取值。

普速铁路路基面列车和轨道荷载换算土柱高度及分布宽度　　　　表 3-2

项　目		单位	I 级铁路				II 级铁路		
			特重型	重型		次重型	次重型	中型	轻型
旅客列车设计行车速度 v		km/h	120≤v≤160	120<v≤160	120	120	80≤v≤120	80≤v≤100	80
轨道条件	钢轨	kg/m	75	60	60	60	50	50	50	50
	混凝土轨枕型号	—	III	III	III	III	II	II	II	II
	铺轨根数	根/km	1680	1680	1680	1680	1840	1840	1840	1840
	混凝土轨枕长度	m	2.6	2.6	2.6	2.6	2.5	2.5	2.5	2.5
	道床顶面宽度	m	3.5	3.5	3.4	3.4	3.3	3.3	3.0	2.9
	道床边坡坡率	—	1.75	1.75	1.75	1.75	1.75	1.75	1.75	1.5

续上表

项目				单位	Ⅰ级铁路			Ⅱ级铁路		
					特重型	重型		次重型	次重型	中型	轻型
旅客列车设计行车速度 v				km/h	120≤v≤160	120<v≤160	120	120	80≤v≤120	80≤v≤100	80
基床表层类型	土质	道床厚度		m	0.5	0.5	0.5	0.5	0.45	0.45	0.40	0.35
		换算宽度		m	3.7	3.7	3.7	3.7	3.5	3.5	3.4	3.3
		荷载强度		kPa	60.3	60.2	59.7	59.7	60.1	60.1	59.1	58.5
		换算土柱 重度	18kN/m³ 换算高度	m	3.4	3.4	3.4	3.4	3.4	3.4	3.3	3.3
			19kN/m³	m	3.2	3.2	3.2	3.2	3.2	3.2	3.2	3.1
			20kN/m³	m	3.1	3.1	3.0	3.0	3.0	3.0	3.0	3.0
			21kN/m³	m	2.9	2.9	2.9	2.9	2.9	2.9	2.9	2.8
	硬质岩石	道床厚度		m	0.35	0.35	0.35	0.35	0.3	0.3	0.3	0.25
		换算宽度		m	3.4	3.4	3.4	3.4	3.2	3.2	3.2	3.1
		荷载强度		kPa	60.5	60.5	60.1	60.1	60.8	60.8	59.8	59.6
		换算土柱 重度	19kN/m³ 换算高度	m	3.2	3.2	3.2	3.2	3.2	3.2	3.2	3.2
			20kN/m³	m	3.1	3.1	3.1	3.1	3.1	3.1	3.0	3.0
			21kN/m³	m	2.9	2.9	2.9	2.9	2.9	2.9	2.9	2.9
			22kN/m³	m	2.8	2.8	2.8	2.8	2.8	2.8	2.8	2.8
	级配碎石或级配砂砾石	道床厚度		m	0.3	0.3	0.3	—	—	—	—	—
		换算宽度		m	3.3	3.3	3.3	—	—	—	—	—
		荷载强度		kPa	60.8	60.7	60.3	—	—	—	—	—
		换算土柱 重度	19kN/m³ 换算高度	m	3.2	3.2	3.2	—	—	—	—	—
			20kN/m³	m	3.1	3.1	3.1	—	—	—	—	—
			21kN/m³	m	2.9	2.9	2.9	—	—	—	—	—
			22kN/m³	m	2.8	2.8	2.8	—	—	—	—	—

表3-2中换算土柱高度按特重型、重型、次重型轨道为无缝线路,中型、轻型为有缝线路轨道的计算值;当重型、次重型轨道铺设有缝线路时,表中换算土柱高度应减小0.1m。Ⅱ型轨枕的换算土柱高度考虑了轨枕加强地段每千米铺设根数1840的影响;

三、客运专线路基荷载

1. 客运专线路基面设计荷载

客运专线路基主要承受轨道结构静载和列车活载。轨道静载根据采用的轨道结构形式及截面尺寸进行计算,列车活载采用我国高速铁路设计荷载 **ZK 活载**(ZK-live load),ZK 标准活载如图3-3所示。

图3-3 ZK活载标准图式(尺寸单位:m)

客运专线路基上的轨道及列车荷载换算土柱高度和分布宽度应按表 3-3 的规定取值。

时速≥200km 轨道和列车荷载换算土柱高度及分布宽度 表 3-3

列车活载标准	设计轴重(kN)	铁路等级设计时速(kN/m)	轨道形式	分布宽度(m)	计算高度(m) 土的重度(kN/m³)				
					18	19	20	21	22
中—活载	220	Ⅰ级 200	有砟轨道	3.3	3.0	2.8	2.7	2.6	2.4
ZK 活载	200	客运专线	200	有砟轨道	3.3	3.0	2.8	2.7	2.6	2.5
			高速铁路	有砟轨道	3.4	3.0	2.8	2.7	2.6	2.4
				CRTSⅠ型板式无砟轨道	3.0	3.1	2.9	2.8	2.6	2.5
				CRTSⅠ型双块式无砟轨道	3.4	2.8	2.7	2.6	2.4	2.3
				CRTSⅡ型板式无砟轨道	3.25	2.9	2.7	2.6	2.5	2.3

2. 客运专线路基面动应力

由于客运专线设计行车速度的提高,列车通过频率也相应增大,在路基基床中产生的动应力作用已不可忽视。客运专线铁路路基面上的动应力大小及分布情况,目前尚无足够的实测资料,主要参考国外资料及我国铁路在准高速条件下获得的实测数据。路基面动应力幅值是与列车轴重力、机车车辆动态特性、轨道结构、轨道平顺度、距轨底深度及路基状态有关的一个随机函数。经过分析研究认为,作用于基床面上的动应力可由式(3-2)确定,如图 3-4 所示。

$$\sigma_{dl} = 0.26 \times P \times (1+\alpha v) \tag{3-2}$$

式中:σ_{dl}——路基面动应力(kPa);
α——时速 300~350km,$\alpha=0.003$,时速 200~250km,$\alpha=0.004$;
P——机车车辆的静轴重(kN);
$(1+\alpha v)$——冲击系数,客运专线铁路最大的冲击系数为 1.9。

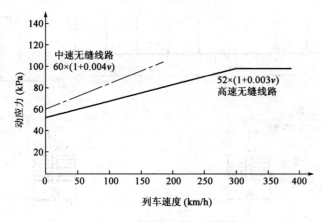

图 3-4 路基设计动应力计算值

[例 3-3] 客运专线路基面动应力计算值和设计值的确定。
解:ZK 荷载机车车辆的静轴重力 $P=200$kN。
设计速度 $v=200$km/h

$$\sigma_{dl} = 0.26 \times P \times (1+\alpha v) = 0.26 \times 200 \times (1+0.004 \times 200) = 83.2 \text{kPa}$$

设计速度 $v=250$km/h

$$\sigma_{dl} = 0.26 \times P \times (1+\alpha v) = 0.26 \times 200 \times (1+0.004 \times 250) = 91.0 \text{kPa}$$

设计速度 $v=300$km/h

$$\sigma_{dl} = 0.26 \times P \times (1+\alpha v) = 0.26 \times 200 \times (1+0.004 \times 300) = 98.8 \text{kPa}$$

200km/h、250km/h、300km/h 时的最大动应力分别为：83.2kPa、91.0kPa、98.8kPa（图3-4），设计时一般直接取 100kPa。

◆请练习[思考题 3-2]

四、运架梁车荷载

运架梁车由于轮距大，一般换算为双土柱，荷载换算方法采用《公路路基设计手册》的荷载当量高度换算公式进行荷载换算：

换算土柱高度
$$H_0 = \frac{NG}{\gamma B_0 L} \tag{3-3}$$

式中：N——横向分布的车辆数，取 1；
  G——1 辆汽车的重力，按重车计算（kN）；
  B_0——横向分布车辆轮胎中心之间的宽度加单侧轮胎外缘之间的距离（m）；
  L——前后轴距加轮胎纵向着地长度（m）；
  γ——土的密度（kN/m³）。

[例 3-4] 以 DEAL900 运架梁车为换算算例，试分析其路基面换算土柱参数。

解：DEAL900 运架梁车自重 $W_1=4500$kN，32m 标准箱梁自重 $W_2=9000$kN，荷载换算为双土柱，如图3-5、图3-6所示。

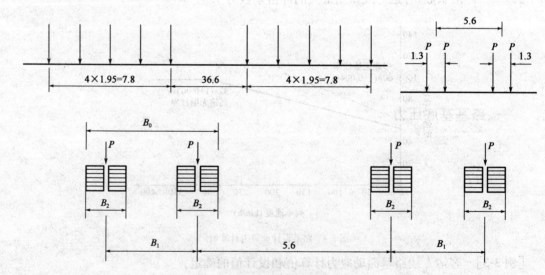

图 3-5 运梁车荷载图（尺寸单位：m）

横向分布车辆轮胎中心之间的宽度 $B_1=1.3$m，横向分布车辆单侧轮胎外缘之间的距离 $B_2=0.6$m，含轮胎横向着地宽度。B_1、B_2 如图3-5所示，则换算宽度 B_0 为：

$$B_0 = B_1 + B_2 = 1.3 + 0.6 = 1.9 \text{m}$$

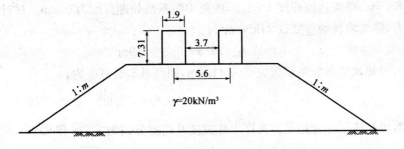

图 3-6 DEAL900 运梁车荷载换算土柱(尺寸单位:m)

DEAL900 运架梁车前部及后部两个相邻前后轮距 D 为 1.95m,每个轮胎纵向着地宽度 a 为 0.48m,则每个轮胎在纵向上分布长度 L 为:

$$L = D + a = 1.95 + 0.48 = 2.43\text{m}$$

每个换算土柱所承担的压力,即为轮压 P:

$$P = \frac{W_1 + W_2}{10 \times 4} = 337.5\text{kN}$$

$$G = 2P = 2 \times 337.5 = 675\text{kN}$$

若填土重度为 $\gamma = 20\text{kN/m}^3$,则换算土柱高度 H_0 为:

$$H_0 = \frac{NG}{\gamma B_0 L} = \frac{1 \times 675}{20 \times 1.9 \times 2.43} = 7.31\text{m}$$

第二节 地基承载力分析

路基是否进行承载力验算是设计理念的问题,不仅关系到铁路工程的造价,更关系到线路的运营安全,《铁路工程地基处理技术规程》(TB 10106—2010)对路基工程首次明确了按承载力进行设计的理念。

一、路基基底压力

铁路路基基底压力按下式进行计算:

$$P_k = \gamma h + \frac{P + Q}{B} \tag{3-4}$$

式中:γ——路基填料重度(kN/m³);
h——路堤填方高度(m);
B——路基基底宽度(m);
Q——列车荷载(kN/m);
P——钢轨、轨枕、道床总重,根据轨道类型及道床形式尺寸计算确定(kN/m)。

[例 3-5] 新建Ⅰ级双线铁路,重型轨道结构类型、旅客列车设计行车速度 160km/h,电力牵引。区间直线地段某里程处天然地面较为平缓,线路中线地面高程 76.5m,土质路堤路肩

设计高程为83.6m，路堤边坡坡度1∶1.5，线路中线基底处理深度为0.8m。试计算该里程处路堤基底压力，路堤填料的重度以21kN/m³计。

解：路堤填方高度　　　　$h = 82.6 - 76.5 + 0.8 = 6.9m$

查表2-5，可知该里程处路基面宽度为11.9m，则路基基底宽度为：

$$B = 11.9 + 2 \times 1.5 \times 6.9 = 32.6m$$

查表3-2，可知该里程处路基面换算土柱宽度及高度分别为3.7m和2.9m，则路堤基底应力为：

$$P_k = \gamma\left(h + \frac{P+Q}{B}\right) = 21 \times \left(6.9 + \frac{2 \times 3.7 \times 2.9}{32.6}\right) = 158.7 \text{kPa}$$

二、地基承载力验算

1. 地基承载力概念

岩土地基承载力分为容许承载力$[\sigma]$、基本承载力σ_0和极限承载力P_u。**地基容许承载力**(Ground Allowable Bearing Capacity)，是确保地基不产生剪切破坏而失稳，同时又保证建筑物沉降不超过容许值的最大荷载。**地基基本承载力**(Ground Basic Bearing Capacity)，是指建筑物基础短边宽度不大于2.0m、埋置深度不大于3.0m条件下的地基容许承载力。**地基极限承载力**(Ground Ultimate Bearing Capacity)，是指地基能承受的最大荷载强度。

就基础刚度而言，路基属柔性基础范畴，其承载力与变形性状与刚性基础有所不同。目前常用的承载力计算理论都是基于刚性基础得来，严格来讲，这些理论并不完全适用于柔性基础。国内外学者已对柔性基础与刚性基础的承载力作过比较分析，二者的比值为1.03～1.75，柔性基础的承载力大于刚性基础相应的承载力。

2. 天然地基的基本承载力

岩土地基的承载力宜采用荷载试验、理论公式计算及其他原位测试方法综合确定，也可参照表3-4～表3-14确定，当有类似工程经验或用原位测试方法确定时，可不受表中数据的限制；对重要工程应采用荷载试验、理论公式计算、室内试验及其他原位测试等方法综合确定。客运专线铁路和时速200km客货共线铁路工程宜采用荷载试验或其他原位测试方法，并应根据其对沉降的特殊要求进行专门研究确定。

(1) 岩石地基的基本承载力(表3-4)

岩石地基的基本承载力 σ_0 (kPa)　　　　表3-4

岩石类别	节理发育程度(节理间距 cm)		
	节理很发育	节理发育	节理不发育或较发育
	2～20	20～40	>40
硬质岩	1500～2000	2000～3000	>3000
较软岩	800～1000	1000～1500	1500～3000
软岩	500～800	700～1000	900～1200
极软岩	200～300	300～400	400～500

注：1. 对于溶洞、断层、软弱夹层、易溶岩的岩石等，应个别研究确定。
　　2. 裂隙张开或有泥质充填时，应取低值。

(2)碎石类土地基的基本承载力(表3-5)

碎石类土地基的基本承载力 σ_0 (kPa)　　　　　　　　　　表3-5

土　名	密　实　度			
	松散	稍密	中密	密实
卵石土、粗圆砾土	300~500	500~650	650~1000	1000~1200
碎石土、粗角砾土	200~400	400~550	550~800	800~1000
细圆砾土	200~300	300~400	400~600	600~850
细角砾土	200~300	300~400	400~500	500~700

注:1.半胶结的碎石类土可按密实类的同类土的表值提高10%~30%。
　2.由硬质岩块组成,充填砂土者用高值;由软质岩块组成,充填黏性土者用低值。
　3.自然界中很少见松散的碎石类土,定为松散应慎重。
　4.漂石土、块石土的基本承载力值,可参照卵石土、碎石土表值适当提高。

(3)砂类土地基的基本承载力(表3-6)

砂类土地基的基本承载力 σ_0 (kPa)　　　　　　　　　　表3-6

砂土名称	湿　度	密　实　度			
		松散	稍密	中密	密实
砾砂、粗砂	与湿度无关	200	370	430	550
中砂	与湿度无关	150	330	370	450
细砂	稍湿或潮湿	100	230	270	350
	饱和		190	210	300
粉砂	稍湿或潮湿		190	210	300
	饱和		90	110	200

(4)粉土地基的基本承载力(表3-7)

粉土地基的基本承载力 σ_0 (kPa)　　　　　　　　　　表3-7

含水率(%)w 孔隙比e	10	15	20	25	30	35	40
0.5	400	380	(355)				
0.6	300	290	280	(270)			
0.7	250	235	225	215	(205)		
0.8	200	190	180	170	(165)		
0.9	160	150	145	140	130	(125)	
1.0	130	125	120	115	110	105	(100)

注:1.有括号者仅供内插。
　2.在湖、塘、沟、谷与河漫滩地段以及新近沉积的粉土,应根据当地经验取值。

(5)Q_4冲、洪积黏性土地基的基本承载力(表3-8)

Q_4冲、洪积黏性土地基基本承载力 σ_0 (kPa)　　　　　　　　　　表3-8

液性指数 I_L 孔隙比e	0	0.1	0.2	0.3	0.4	0.5	0.6	0.7	0.8	0.9	1.0	1.1	1.2
0.5	450	440	430	420	400	380	350	310	270	240	220		
0.6	420	410	400	380	360	340	310	280	250	220	200	180	
0.7	400	370	350	330	310	290	270	240	220	190	170	160	150

续上表

液性指数 I_L 孔隙比 e	0	0.1	0.2	0.3	0.4	0.5	0.6	0.7	0.8	0.9	1.0	1.1	1.2
0.8	380	330	300	280	260	240	230	210	180	160	150	140	130
0.9	320	280	260	240	220	210	190	180	160	140	130	120	100
1.0	250	230	220	210	190	170	160	150	140	120	110		
1.1			160	150	140	130	120	110	100	90			

注：土中含粒径大于2mm的颗粒，按质量计占全部质量的30％以上时，σ_0可酌情提高。

(6) Q_3 及其以前冲、洪积黏性土地基的基本承载力（表3-9）

Q_3 及其以前冲、洪积黏性土地基基本承载力 σ_0 表3-9

压缩模量(MPa)	10	15	20	25	30	35	40
基本承载力(kPa)	380	430	470	510	550	580	620

注：1. 压缩模量为对应于0.1～0.2MPa压力段的压缩模量。
2. 当压缩模量小于10MPa时，其基本承载力可按黏性土表3-8确定。

(7) 残积黏性土地基的基本承载力（表3-10）

残积黏性土地基的基本承载力 σ_0 表3-10

压缩模量(MPa)	4	6	8	10	12	14	16	18	20
基本承载力(kPa)	190	220	250	270	290	310	320	330	340

注：本表适用于西南地区碳酸盐类岩层的残积红土，其他地区可参照使用。

(8) 软土地基的基本承载力（表3-11）

软土地基的基本承载力 σ_0 表3-11

天然含水率(％)	36	40	45	50	55	65	75
基本承载力(kPa)	100	90	80	70	60	50	40

(9) 黄土地基的基本承载力（表3-12、表3-13）

新黄土（Q_3、Q_4）地基基本承载力 σ_0 (kPa)   表3-12

液限 w_L(％)	孔隙比 e \ 天然含水率 w(％)	5	10	15	20	25	30	35
24	0.7		230	190	150	110		
	0.9	240	200	160	125	85	(50)	
	1.1	210	170	130	100	60	(20)	
	1.3	180	140	100	70	40		
28	0.7		280	260	230	190	150	110
	0.9		260	240	200	160	125	85
	1.1		240	210	170	140	100	60
	1.3		220	180	140	110	70	40
32	0.7			280	260	230	180	150
	0.9			260	240	200	150	125
	1.1			240	210	170	130	100	60
	1.3			220	180	140	100	70	40

注：1. 非饱和 Q_3 新黄土，当 $0.85<e<0.95$ 时，σ_0 值可提高10％。
2. 本表不适用于坡积、崩积和人工堆积等黄土。
3. 括号内数值供内插用。

老黄土（Q_1、Q_2）地基基本承载力 σ_0（kPa）　　　　表 3-13

w/w_L \ e	<0.7	0.7～0.8	0.8～0.9	>0.9
<0.6	700	600	500	400
0.6～0.8	500	400	300	250
>0.8	400	300	250	200

注：老黄土黏聚力小于 50kPa，内摩擦角小于 25°，表中数值应当降低 20%左右。

（10）多年冻土地基的基本承载力（表 3-14）

多年冻土地基的基本承载力 σ_0（kPa）　　　　表 3-14

序号	土名 \ 基础底面月平均最高土温（℃）	-0.5	-1.0	-1.5	-2.0	-2.5	-3.5
1	块石土、卵石土、碎石土、粗圆砾土、粗角砾土	800	950	1100	1250	1380	1650
2	细圆砾土、细角砾土、砾砂、粗砂、中砂	600	750	900	1050	1180	1450
3	细砂、粉砂	450	550	650	750	830	1000
4	粉土	400	450	550	650	710	850
5	粉质黏土、黏土	350	400	450	500	560	700
6	饱冰冻土	250	300	350	400	450	550

注：1. 表列数值不适用于含盐量和泥炭化程度分别超过表 3-15 及表 3-16 中数值的多年冻土。
2. 本表序号 1～5 类地基承载力适合于少冰冻土、多冰冻土，当序号 1～5 类的地基为富冰冻土时，表列数值应降低 20%。
3. 含土冰层的承载力应实测确定。
4. 基础置于饱冰冻土的土层时，基础底面应敷设厚度不小于 0.20～0.30m 的砂垫层。

盐渍化冻土的盐渍程度界限值　　　　表 3-15

土类	碎石类土、砂类土	粉土	粉质黏土	黏土
盐渍程度（%）	≥0.10	≥0.15	≥0.20	≥0.25

泥炭化冻土的泥炭化程度界限值　　　　表 3-16

土类	碎石类土、砂类土	粉土、黏性土
泥炭化程度（%）	≥3	≥5

[例 3-6] 如[例 3-5]中工点路堤基底持力层为深厚 Q_4^{al+pl} 粉质黏土层，该层地基土的物理力学指标代表值如表 3-17 所示，试估算持力层基本承载力。

　　　　表 3-17

重度（kN/m³）	含水率（%）	相对密度	塑限（%）	液限（%）
19.2	38.5	2.72	26.5	49.8

解：该路堤工点持力层地基土孔隙比 e 和液限指数 I_L 分别计算如下：

$$e = \frac{G_s(1+w)\gamma_w}{\gamma} - 1 = \frac{2.72 \times (1+38.5\%) \times 10}{19.2} - 1 = 0.962$$

$$I_L = \frac{w - w_p}{w_L - w_p} = \frac{38.5 - 26.5}{49.8 - 26.5} = 0.52$$

依题意，持力层地基土层的时代成因为 Q_4^{al+pl}，可根据表 3-8 进行插值估算其基本承载力

$$210 + \frac{170-210}{1.0-0.9} \times (0.962-0.9) = 185.2 \text{kPa}$$

$$190 + \frac{160-190}{1.0-0.9} \times (0.962-0.9) = 171.4 \text{kPa}$$

$$185.2 + \frac{171.4-185.2}{0.6-0.5} \times (0.52-0.5) = 183.1 \text{kPa}$$

[编注] 在铁路建设中,地基土基本承载力的确定是比较复杂的技术工作,本例题是通过地基土的物理指标进行查表来估算,此法在其他行业大多已被限制使用。

3. 天然地基容许承载力

目前,我国铁路部门的相关规范对于路堤稳定性、工后沉降都有明确要求,但对于路基的承载力则不甚明确。对刚性基础如桥涵、挡墙及填高小于基床厚度的低矮路堤的地基承载力有要求,但对于填高大于基床高度的路堤的地基承载力则没有给出具体规定。

理论上,地基容许承载力随着基础沉降允许值的增加而增大,因为随着基础沉降允许值的增加,产生允许沉降所需要的压力就越大,从而表现为地基容许承载力越大。一般工业与民用建筑物除对地基不均匀沉降有要求外,对地基总沉降也有严格限制,而铁路路基主要控制工后沉降,对总沉降则没有严格要求,因此对承载力的要求可适当放宽。

基于上述分析,为充分发挥地基的承载能力,在满足稳定与工后沉降条件下,对一般路堤、场坪等柔性基础地基容许承载力的要求适当降低,其地基容许承载力可以乘1.2~1.5的修正系数。对于路堑及填高小于基床厚度的低路堤,地基承载力尚应满足第四章所述技术要求。

路基设计时,地基承载力容许值应不小于路基结构的基底应力设计值。

$$\sigma_k \leqslant [\sigma] \tag{3-5}$$

式中:σ_k——路基结构基底应力设计值(kPa);

$[\sigma]$——地基的容许承载力(kPa)。

(1)刚性基础天然地基容许承载力

对支挡结构等存在刚性基础的路基结构,天然地基容许承载力应在基本承载力的基础上进行修正。当基础的宽度 b 大于2m,或基础底面的埋置深度 h 大于3m,且 $h/b \leqslant 4$ 时,地基的容许承载力可按下式计算:

$$[\sigma] = \sigma_0 + k_1 \gamma_1 (b-2) + k_2 \gamma_2 (h-3) \tag{3-6}$$

式中:$[\sigma]$——地基的容许承载力(kPa);

σ_0——地基的基本承载力(kPa);

b——基础的短边宽度(m),大于10m时,按10m计;

h——基础底面的埋置深度(m),受水流冲刷的由一般冲刷线算起;不受水流冲刷者,由天然地面算起;位于挖方内,由开挖后地面算起;

γ_1——基底以下持力层土的天然重度(kN/m^3),如持力层在水面以下,且为透水者,应采用浮重度;

γ_2——基底以上土的天然重度的平均值(kN/m^3),如持力层在水面以下,且为透水者,水中部分应采用浮重度,如为不透水者,不论基底以上水中部分土的透水性质如何,应采用饱和重度;

k_1、k_2——宽度、深度修正系数,按持力层土确定,见表3-18。

宽度、深度修正系数　　　　　表3-18

土的类别			k_1	k_2
黏性土	Q_4的冲、洪积土	$I_L<0.5$	0	2.5
		$I_L\geq0.5$	0	1.5
	Q_3及其以前的冲、洪积土		0	2.5
	残积土		0	1.5
	粉土		0	1.5
黄土	新黄土		0	1.5
	老黄土		0	1.5
砂类土	粉砂	稍密、中密	1.0	2.0
		密实	1.2	2.5
	细砂	稍密、中密	1.5	3.0
		密实	2.0	4.0
	中砂	稍密、中密	2.0	4.0
		密实	3.0	5.5
	粗砂、砾砂	稍密、中密	3.0	5.0
		密实	4.0	6.0
碎石类土	碎石、圆砾、角砾	稍密、中密	3.0	5.0
		密实	4.0	6.0
	卵石	稍密、中密	3.0	6.0
		密实	4.0	10.0

式(3-6)及表3-18为《铁路桥涵地基和基础设计规范》(TB 10002.5—2005)规定,在路基工程中进行应用时应注意以下几点:

①节理不发育或较发育的岩石不作宽深修正,节理发育或很发育的岩石,k_1、k_2可按碎石类土的系数,但对已风化成砂、土状者,则按砂类土、黏性土的系数。

②稍松状态的砂类土和松散状态的碎石类土,k_1、k_2值可采用表列稍密、中密状态修正系数的50%。

③冻土的k_1、k_2均为0。

[例3-7] 如[例3-6]中该里程处路堤坡脚由于用地限制,需采用悬臂式挡土墙收缩坡脚,若挡土墙基础宽度设计为3.5m,挡土墙分段长度为20.0m,基础埋深3.2m,不存在水流冲刷的可能性,试估算该持力层天然地基容许承载力。

解:悬臂式挡土墙基础为刚性基础,地基容许承载力可以在基本承载力基础上进行宽度及埋深修正。由题意,可知修正系数$k_1=0$、$k_2=1.5$,如基础上回填土γ_2重度按20kN/m³计,则持力层容许承载力为:

$$[\sigma] = 183.1 + 0 + 1.5 \times 20 \times (3.2-3) = 189.1 \text{kPa}$$

(2)软土地基容许承载力

软土地基的容许承载力,必须同时满足稳定和变形两方面的要求,可按下列方法确定,但应同时检算基础的沉降量,并符合有关规定。

①软土地基容许承载力$[\sigma]$可按下式计算：

$$[\sigma] = \frac{5.14}{k}C_u + \gamma h \tag{3-7}$$

式中：h——基础底面的埋置深度(m)；对于受水流冲刷的，由冲刷线算起；不受水流冲刷者，由天然地面算起；

γ——基底以上土的天然重度的平均值(kN/m^3)；如持力层在水面以下，且为透水者，水中部分应采用浮重度；如为不透水者及基底以上水中部分土层无论透水性质如何，均应采用饱和重度；

C_u——不排水抗剪强度(kPa)；

k——安全系数，可视软土的灵敏度及建筑物对变形的要求等因素选用1.5~2.5。

②一般不重要工程，可依据表3-11软土地基基本承载力按式(3-8)进行修正确定。

$$[\sigma] = \sigma_0 + \gamma_2(h-3) \tag{3-8}$$

4. 复合地基承载力

复合地基容许承载力可通过现场荷载试验确定；设计时按第八章复合地基承载力公式计算确定。经复合地基处理后的地基，承载力应满足下式要求：

$$\sigma_k \leqslant k[\sigma] \tag{3-9}$$

式中：σ_k——路基底面处压力设计值(kPa)；

$[\sigma]$——处理后地基容许承载力(kPa)；

k——地基承载力计算修正系数，对于挡土墙、涵洞等刚性基础地基其值取1；对于路堤、场坪等柔性基础地基其值可取1.2~1.5。

处理后的地基承载力一般采用荷载试验确定，当试验条件如深度、载荷板大小无法完全与基础埋深、大小相符合时，应根据实际情况对地基容许承载力按式(3-6)进行修正。对刚性基础，处理后地基的承载力应按下列规定修正：

(1) 基础宽度的地基承载力修正系数k_1应取0。

(2) 基础埋深的地基承载力修正系数k_2可取1.0。

5. 下卧层地基承载力

在受力层范围内存在软弱下卧层时，应验算下卧层的地基承载力。

$$\sigma_z + \sigma_{cz} \leqslant [\sigma] \tag{3-10}$$

式中：σ_z——软弱下卧层顶面处的附加压力值(kPa)，可按式(3-33)或(3-34)进行计算；

σ_{cz}——软弱下卧层顶面处土的自重压力值(kPa)；

$[\sigma]$——软弱下卧层顶面处经深度修正后的地基容许承载力(kPa)。

6. 桩基承载力

经桩基处理后的地基，桩的承载力应满足以下规定：

$$P_k \leqslant [P] \tag{3-11}$$

式中：P_k——单桩顶面承受荷载设计值(kN)；

$[P]$——单桩竖向容许承载力(kN)。

◆请练习[思考题3-3]

第三节　路基变形分析

路基变形是指路基结构由于荷载、环境等作用引起随时间发生的位移,主要由路基主体结构变形和地基变形组成;在高速铁路路基工程建设中,路基变形成为要重点解决的关键技术问题。

一、路基土强度特性

路基在荷载和外部自然因素的作用下会导致沉降变形、边坡整体稳定、坡面滑塌等病害的出现,为确保线路设施的正常使用,避免和减少相应病害的发生,需对路基土强度特性予以分析。路基土强度指标包括反映路基土体在外部荷载作用下的各种模量值和分析路基边坡稳定性所需要的抗剪强度。

1. 路基土应力—应变关系特性

路基土体的变形分为可恢复的弹性变形和不可恢复的塑性变形两部分。根据路基土体的气、液、固三相组成特点,随着外部所受荷载的增大,路基土体的应力—应变关系呈现明显的非线性特点,如图3-7所示。

当所施加的外部荷载较小时,路基土体的应力—应变关系呈现线性关系,随荷载的增加应力—应变关系逐渐变化为非线性;当卸除全部或部分荷载时,路基土体的变形只能部分恢复,体现出弹塑性的特点。对试验所得的路基土体非线性应力—应变关系曲线,可采取在不同位置取切线的方法来确定相应的模量值,主要有以下四种模量:

(1)初始切线模量。应力值为零时应力—应变曲线的初始斜率,可反映路基土体在受载初期阶段的特性,如图3-7中的虚线①所示。

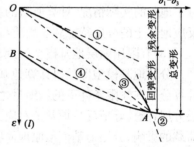

图3-7　土的应力—应变关系曲线

(2)切线模量。在路基土体应力—应变曲线上某一应力级的切线斜率,如图3-7中的虚线②所示。

(3)割线模量。取路基土体应力—应变曲线上不同应力的两个点并连接成直线所得的模量,如图3-7中的虚线③所示。

(4)回弹模量。指在应力卸除阶段,路基土体的应力—应变曲线上的模量。回弹模量反映了路基土体的弹性变形特性,因此是路基检测中的一项重要指标,如图3-7中的虚线④所示。

2. 路基土强度特性与指标

在路基设计施工中,需要路基土体具备一定的强度以满足在自重和外界荷载作用下的稳定,减小相应变形的发生。路基土的强度与所选用的力学模型和使用要求有关,力学模型包含弹性半空间体和文克勒(Winkler)地基模型两种基本类别,铁路系统以地基系数k_{30}、二次变形模量E_{v2}、动态变形模量E_{vd}作为控制指标。

(1) 文克勒模型

文克勒地基模型基本假定是地基上任一点的受力沉降仅与作用于该点的压力成正比,而与相邻点处的压力无关。根据上述假定则可把地基看作是无数彼此分开的小土柱所组成的体系,或者是无数互不相连的弹簧体系,如图 3-8 所示。文克勒地基模型由于假设简单、测试方便而被广泛使用,但这种地基模型有明显的缺点,由于忽略了地基中剪应力的存在,未考虑地基中应力扩散,地基变形只限于基底范围之内而与实际情况有较大的出入。

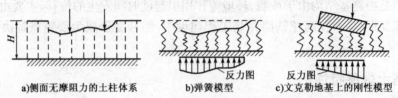

a) 侧面无摩阻力的土柱体系　　b) 弹簧模型　　c) 文克勒地基上的刚性模型

图 3-8　文克勒地基模型示意图

(2) 弹性半空间体模型

弹性半空间体地基模型是把地基假设为均匀的、各向同性的、弹性的半无限体,采用 Boussinesq 公式求解,对于路基荷载下的竖向变形以及对于荷载面积以外的任一点的变形可以通过积分求得。与文克勒地基模型相比,这种模型属于连续介质模型,不仅可以反映荷载作用范围内土体的沉降变形,也能反映荷载作用范围外土体的位移。弹性半空间体地基模型考虑了应力的扩散作用,能表征土体位移的连续性,因此接近实际情况,故该模型应用较为广泛。但是该模型夸大了荷载的作用范围,大量现场观测表明该模型的应力和变形扩散范围往往超过了地基的实际情况,计算所得的沉降变形量和地基沉降范围往往偏大。另外该模型也没有反应地基土的分层特征和非均质特征,因此弹性半空间地基模型的应用也存在一定的局限性。

(3) 有限压缩层地基模型(分层地基模型)

分层地基模型即是以计算地基最终沉降量的分层总和法,假定沉降为计算深度范围内各计算分层在侧限条件下的压缩量之和。该模型考虑了土层沿深度和水平方向的非均质性和土层分层,能较好地反映地基土对应力和应变的扩散能力及沿深度方向的成层性,也可反映邻近荷载的影响;分层地基模型原理简明,适应性较好,计算用参数压缩模量可由固结试验直接得到。通过计算表明,分层地基模型的计算结果比较符合实际情况。但是这个模型仍是弹性模型,未能考虑土的非线性和过大的地基反力引起的地基土的塑性变形。

3. 路基临界动强度

由土的动力特性试验可知,对于不同压实程度的路基土均存在一个临界动强度值,在小于该临界动强度的动载作用下,土样的塑性变形累积速率呈收敛减小趋势,直至稳定,不再发生新的塑性变形;而在超出此临界值后,填土在动载作用下产生的塑性变形累计速率不收敛,最终导致破坏的发生。临界动强度与土密切相关,涉及土的类型、密实度、含水率及周边应力状态等因素。国外研究表明,为确保路基土在动载长期作用下的工程性能,应限制应力水平为标准值的 0.8 倍。在我国则按照将动强度乘以某一动力折减系数(即动静强度比,数值上小于 1)来考虑,在施工中通过对填土压实来予以控制。

二、路基变形组成

路堤建成后发生的变形主要有:支承路基的地基压密沉降;基床下路堤在自重作用下的压密变形;基床在列车荷载作用下发生的变形。如图 3-9 所示。

a) 地基压密沉降　　b) 路堤压密沉降　　c) 基床累积变形

图 3-9　路基三种残余变形示意图

1. 地基压密沉降

作为支承路堤的地基,不仅应有足够的强度,能安全地支承路堤,不发生基底破坏,同时,还应具有一定的刚度,使地基不致发生过量下沉。此外,即使发生地震,也不致发生破坏和下沉。为确保上部轨道结构的平顺性,并减少养护维修工作量,客运专线铁路必须严格控制沉降变形,因此,对地基的要求相应较高。

地基沉降主要与地基类型、处理措施、填土高度、施工周期等因素有关。对于一般地基而言,其工后沉降有限,都能满足要求,但对于软土地基来说,由于压缩性大、渗透系数小、强度低等特点,路基建成后的沉降量大且延续时间较长才能完成。

2. 路堤填土的压密变形

基床以下路堤变形主要取决于土体的物理特性和土体自身的压密特性以及压实时的含水率;其变形调整和稳定时间取决于土体自身特性、含水率大小、压实功大小和上覆土体的压实过程,当填料为化学改良土(掺加石灰、水泥)时,由于压实功以及改良剂的作用,路基本体变形逐渐减小并趋于稳定。当填料为砂砾土或碎石土时,其变形量大小和稳定时间可认为是确定的,一般在路基施工完成后一年趋于稳定。

当路堤以粗粒土、碎石类土填筑时,路堤填土工后沉降量按路堤高度的 0.1%～0.3% 计;当路堤以细粒土填筑时,其工后沉降量按路堤高度的 0.3%～0.5% 计。

3. 基床变形

(1) 运营阶段行车引起的基床累积下沉

运营阶段行车引起的基床累积下沉是由列车通过道床传递到基床面的动荷载引起的。累积下沉主要发生在承受列车动荷载的基床部分,特别是基床的表层,即所谓持力层或承载层。它是轨道的直接基础,是路基的最重要部分。对于基床表层,要求它强度高、刚度大,又要有适当的弹性,同时要有稳定性和耐久性,使得在潮湿季节施工也能承受重型车辆碾压而不形成陷坑。对于普通土质路基的有砟轨道,这种下沉可通过起道调整来处理,为使列车安全运行和保持乘车的舒适性,要经常地进行轨道维修作业。对于高速铁路路基是不允许有显著的累积下沉的,但是累积下沉属于塑性变形,而对于散体材料不让它产生塑性变形是不可能的,因此高速铁路路基首要的任务是减少塑性变形,同时减缓变形的速率。其办法之一是加强基床填料材料和压实质量的控制,提高基床土的动强度,将基床动荷载控制在临界动强度的范围内;办法之二是改善动应力的分布,特别是沿线路纵向动应力的分布,尽量减少加荷、卸荷的重复次数,延长维修周期。

关于在动荷载作用下基床的累积下沉,在基床设计中已经考虑了按临界动应力来进行限制,因此累积下沉量在经过一年后是能够逐渐趋于稳定而不会继续发展的。

(2) 列车行驶中基床的弹性变形

在列车荷载作用下,路基的变形既有塑性变形又有弹性变形。弹性变形是由列车高速通过时列车动活载短暂作用产生的。它主要发生在基床部位,尤其是基床底层。路基的弹性变形反映在轨面弹性变形之中。弹性变形越大,车速就不能提高。确定路基的弹性变形控制值时需考虑两个因素:①基床表层不发生结构破坏;②由于基床表层弹性变形导致轨面的弹性变形(钢轨挠度)应满足高速行车的舒适和安全要求。基床弹性变形的大小是由基床的刚度决定的,基床刚度可以根据对基床填料的变形模量、强度和土的密度、含水率之间关系的试验研究成果,提出对路基填料质量控制的要求。

◆请练习[思考题 3-4]

三、路基变形控制标准

1. 路基变形的分类

路基在竖直方向产生的变形,包括下沉和隆起,一般规定向下为"正",向上为"负",主要包括以下五项:

(1) **路基工后沉降**(Post-acceptance Settlement of Subgrade),对于有砟轨道是指轨道基础设施竣工、铺轨工程(包括铺砟)开始时的沉降量与最终形成的总沉降量之差;对于无砟轨道,是在铺轨工程完成以后,基础设施产生的沉降量。

在铺轨工程完成以后(有砟轨道工程竣工或无砟轨道道床工程完成),路基可能继续发生的沉降,也就是图 3-10 中 A 点以后发生的沉降 Δs。所谓"铺轨工程完成以后"是指沉降的计算时间从铺轨工程完成时开始,对于铺轨时 B 点的情况,无论图中的沉降曲线是最初设计计算的,还是实测回归的,在曲线已知的情况下,A、B 点的情况是能够相互确定的,铺轨时的要求也是明确的,而 A 点的要求是最终目的。

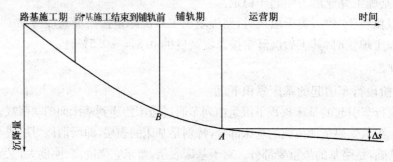

图 3-10　路基沉降时间曲线

(2) 均匀沉降:铺轨工程完成后,一定区域范围内路基沉降量的相同性及其分布。

(3) 不均匀沉降:铺轨工程完成后,一定区域范围内不同测点路基沉降量的差异大小及其分布。

(4) 台后沉降:铺轨工程完成后,桥台台尾过渡段路基工后沉降量。

(5) **差异沉降**(Differential Settlement):铺轨工程完成后,过渡段处产生的沉降变形量差。

2. 工后沉降标准

工后沉降标准与项目建设速度目标、轨道类型、施工类型、施工日期、轨道维修养护标准和维修周期、工程投资大小等因素相关,同时也与地质勘探试验、沉降计算、沉降观测、工后沉降预测等的方法和精度密切相关。

(1) 无砟轨道路基工后沉降控制标准

① 路基在无砟轨道铺设完成后的工后沉降应满足扣件调整和线路竖曲线圆顺的要求,工后沉降一般不应超过 15mm。

②沉降比较均匀且调整轨面高程后的竖曲线半径能够满足式(3-12)的要求时,允许的最大工后沉降量为30mm。

$$R_{sh} \geqslant 0.4 v_{sj}^2 \tag{3-12}$$

式中：R_{sh}——轨面圆顺的竖曲线半径(m)；

v_{sj}——设计最高速度(km/h)。

③路基与桥梁、隧道或横向结构物交界处的差异沉降不应大于5mm,过渡段沉降造成的路基与桥梁或隧道的折角不应大于1‰。

(2)有砟轨道路基工后沉降控制标准

有砟轨道路基工后沉降控制应满足表3-19的要求。

路基工后沉降控制标准 表3-19

铁路等级	旅客列车设计行车速度(km/h)	工后沉降量(mm) 一般地段	工后沉降量(mm) 路桥过渡段	沉降速率(mm/年)
Ⅳ级铁路	≤100	400	—	—
Ⅲ级铁路	≤120	300	—	—
Ⅱ级铁路	≤120	300	—	—
Ⅰ级铁路	120～160	200	100	50
Ⅰ级铁路	200	150	80	40
客运专线	200	150	80	40
客运专线	250	100	50	30
客运专线	300、350	50	30	20

3. 水平变形标准

为了保证施工过程中路基的安全,软土地基地段必须控制填土速率并加强变形监测。其控制标准为路堤中心地面沉降速率不大于1.0cm/昼夜,坡脚水平位移速率不大于0.5cm/d,地基条件较差时应适当提高变形控制要求。

◆请练习[思考题3-4]

四、地基沉降计算

预留沉降量(Reserved Amount of Settlement),是为了弥补路堤填完后路堤和地基的沉降量而预先加筑的填土高度。沉降计算参数应根据土工试验、现场原位测试、地区经验及类似工程计算参数等因素综合选取,地基沉降计算应考虑相邻荷载的影响。

1. 地基压缩层计算深度

地基压缩层深度的取值是直接影响沉降计算准确性的关键,也是确定勘探钻孔深度的基本依据,而合理选用计算深度则与地基中的应力分布、土的性质以及沉降计算的精度要求有关,国内外常用的确定地基压缩层深度的方法有应变比法和应力比法。

(1)应力比法

应力控制法是指地基压缩层深度自基础底面算起,算到附加应力与自重应力的比值小于某一数值,作为沉降计算深度的限界。高速铁路地基压缩层的计算深度应满足下式要求：

$$\sigma_z = 0.1 \sigma_t \tag{3-13}$$

式中：σ_z——沉降计算深度Z处的地基垂直附加应力(kPa)；

σ_t——沉降计算深度 Z 处的地基自重应力(kPa)。

其他铁路地基压缩层的计算深度应满足下式要求,特殊情况应考虑路堤高度、地层结构及地基土特性等因素综合确定。

$$\sigma_z = 0.2\sigma_t \tag{3-14}$$

当按应力比法(0.1法和0.2法)确定的沉降计算深度以下仍然有软土层时,沉降尚应继续往下计算。因为,当沉降计算深度以下仍然有软土层时,随着附加应力与自重应力的比值继续减小,沉降量增加较大,此沉降量不容忽视。

(2)应变比法

应变控制法是指地基压缩层厚度自基础底面算起,算到某一厚度土层的压缩量满足一定条件作为沉降计算的终止条件。地基变形计算深度应符合下式的要求:

$$\Delta s'_n \leqslant 0.025 \sum_{i=1}^{n} \Delta s'_i \tag{3-15}$$

式中:$\Delta s'_i$——在计算深度范围内,第 i 层土的计算变形值;

$\Delta s'_n$——在由计算深度向上取厚度为 Δz 的土层计算变形值。

注意,应变比控制法对于铁路路基工程不宜采用。

◆请练习[思考题3-5]

2. 地基平均固结度的计算

(1)竖向固结条件下地基平均固结度计算

不设竖向排水体时,地基平均固结度 U_z 按下式计算:

$$U_z = \frac{2U_1 - (1-\alpha)U_2}{1+\alpha} \tag{3-16}$$

其中 U_1 和 U_2 分别由下式进行计算:

$$U_1 = 1 - \frac{8}{\pi^2} e^{-\frac{\pi^2}{4}T_v} \qquad U_2 = 1 - \frac{32}{\pi^3} e^{-\frac{\pi^2}{4}T_v}$$

式中:T_v——时间因素,$T_v = \frac{C_v}{H^2} t$;

C_v——土层的竖向固结系数(cm^2/s);

t——固结历时(s);

H——土层竖向排水距离(cm),双面排水时 H 等于土层厚度的一半;单面排水时 H 等于土层的厚度。

α——参数,按表3-20计算。

α、β 参 数   表3-20

排水固结条件参数	竖向排水固结 $U_z > 30\%$	向内径向排水固结	竖向和向内径向排水固结(竖井穿透受压土层)
α	$\frac{8}{\pi^2}$	1	$\frac{8}{\pi^2}$
β	$\frac{\pi^2 C_v}{4H^2}$	$\frac{8C_h}{F_n d_e^2}$	$\frac{\pi^2 C_v}{4H^2} + \frac{8C_h}{F_n d_e^2}$

注:C_h——土的径向排水固结系数(cm^2/s);

F_n——计算系数,$F_n = \frac{n^2}{n^2-1} \ln n - \frac{3n^2-1}{4n^2}$;

n——井径比,$n = \frac{d_e}{d_w}$,其中 d_e 为竖向排水体有效直径(cm),如砂井按等边三角形布置为井间距的1.05倍,按正方形布置为井间距的1.128倍;d_w 为竖向排水体径向排水影响直径(cm)。

(2) 双向固结条件下地基平均固结度计算

当设有竖向排水体时,地基固结包括竖向固结与水平向固结。一级或多级等速加载条件下,地基平均固结度按下式进行计算:

$$U_t = \sum_{i=1}^{n} \frac{\dot{q}_i}{\sum \Delta p_i}\left[(T_i - T_{i-1}) - \frac{\alpha}{\beta}\mathrm{e}^{-\beta t}(\mathrm{e}^{\beta T_i} - \mathrm{e}^{\beta T_{i-1}})\right] \quad (3-17)$$

式中:U_t——t 时间地基的平均固结度;

$\dot{q}_i$——第 i 级荷载的加载速率(kPa/d);

$\sum \Delta p_i$——各级荷载的累加值(kPa);

T_i、T_{i-1}——第 i 级荷载加载的起始和终止时间(从零点算起)(d),当计算第 i 级荷载过程中某时间 t 的固结度时,T_i 改为 t;

α、β——参数,按表3-10计算。

对排水竖井未穿透受压土层的地基,应分别计算竖井范围土层的平均固结度和竖井底面以下受压土层的平均固结度。

[**例 3-8**] 某路基工点为饱和黏性土地基,厚度为 6m,竖直向固结系数 $C_v = 1.5 \times 10^{-3}\mathrm{cm}^2/\mathrm{s}$,水平向固结系数 $C_h = 3.0 \times 10^{-3}\mathrm{cm}^2/\mathrm{s}$,其下卧层为透水性良好的砾石类土层。设计采用碎石桩复合地基进行处理,桩径 0.5m,桩间距为 2.0m,三角形布置,以砾石类土层为桩端持力层,桩顶铺设碎石加筋垫层。该工点路基设计高度为 4.5m,如路堤施工一期 30d,填筑高度 3.0m,间歇 10d 后二期施工 20d 完成路堤填筑,试估算路堤施工完成时及 60d 后的地基平均固结度。(不考虑碎石桩施工及地基沉降的影响,假定施工期内路堤填筑进度是均匀的,填土重度按 20kN/m³ 计)

解:对逐渐加载条件下的竖井地基平均固结度包括两部分:径向平均固结度和向上竖向排水平均固结度,应按式(3-17)计算。

$$n = \frac{d_e}{d_w} = \frac{2.0 \times 1.05}{0.5} = 4.2$$

$$F_n = \frac{n^2}{n^2 - 1}\ln n - \frac{3n^2 - 1}{4n^2} = \frac{4.2^2}{4.2^2 - 1}\ln 4.2 - \frac{3 \times 4.2^2 - 1}{4 \times 4.2^2} = 0.785$$

$$\alpha = \frac{8}{\pi^2} = 0.811$$

$$\beta = \frac{\pi^2}{4}\frac{C_v}{H^2} + \frac{8 C_h}{F_n d_e^2} = \frac{3.14^2 \times 1.5 \times 10^{-3}}{4 \times 300^2} + \frac{8 \times 3.0 \times 10^{-3}}{0.785 \times 210^2}$$

$$= 7.03 \times 10^{-7}\ \mathrm{s}^{-1} = 0.061\ \mathrm{d}^{-1}$$

第一级荷载加载速率:

$$\dot{q}_1 = 3.0 \times 20 \div 30 = 2.0\mathrm{kPa/d}$$

第二级荷载加载速率:

$$\dot{q}_2 = 1.5 \times 20 \div 20 = 1.5\mathrm{kPa/d}$$

施工完成后的平均固结度:

$$U_t = \frac{2.0}{4.5 \times 20}\left[(30-0) - \frac{0.811}{0.063}\mathrm{e}^{-0.063 \times 60}(\mathrm{e}^{0.063 \times 30} - \mathrm{e}^0)\right] +$$

$$\frac{1.5}{4.5 \times 20}\left[(60-40) - \frac{0.811}{0.063}\mathrm{e}^{-0.063 \times 60}(\mathrm{e}^{0.063 \times 60} - \mathrm{e}^{0.063 \times 40})\right] = 80.3\%$$

施工完成后 60d,即将 $t = 120$ 代入计算可得 $U_t = 99.5\%$。

3. 天然地基沉降计算

(1)瞬时沉降计算

瞬时沉降可按弹性理论公式计算,即:

$$S_d = \frac{PB}{E} F \tag{3-18}$$

式中:S_d——地基瞬时沉降(mm);

P——路堤底面垂直荷载(kPa);

B——路堤换算荷载宽度(m),$B=b+a/2$;

E——弹性模量,可由无侧限抗压试验得到,取分层厚度的加权平均值(MPa);

F——中线沉降系数,由图 3-11 查得。

图 3-11 中 μ 为泊松比,当缺少试验资料时:对可塑、软塑黏性土,可取 $\mu=0.30\sim0.35$;对流塑黏性土,可取 $\mu=0.40\sim0.45$。

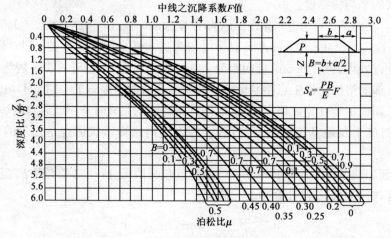

图 3-11 中线沉降系数

(2)主固结沉降计算

固结沉降(Consolidation Settlement),由土体排水固结所产生的沉降。主固结沉降采用分层总和法计算,压缩试验资料可用 e-p 曲线、e-$\lg p$ 曲线或地基压缩模量。

①采用 e-p 曲线计算。

$$S_c = \sum_{i=1}^{n} \frac{e_{0i} - e_{1i}}{1 + e_{0i}} \Delta h_i \tag{3-19}$$

式中:S_c——主固结沉降(mm);

n——地基变形计算深度范围内所划分的土层数;

Δh_i——第 i 层土的厚度(mm);

e_{0i}——第 i 层土中点自重应力所对应的孔隙比;

e_{1i}——第 i 层土中点自重应力与附加应力之和所对应的孔隙比。

②采用 e-$\lg p$ 曲线计算。

正常固结、欠固结土层:

$$S_c = \sum_{i=1}^{n} \frac{\Delta h_i}{1 + e_{0i}} C_{ci} \lg\left(\frac{P_{0i} + \Delta P_i}{P_{ci}}\right) \tag{3-20}$$

式中:C_{ci}——土层的压缩指数;

P_{0i}——第 i 层土中点的自重应力(kPa);

e_{0i}——第 i 层土中点对应于 P_{ci} 时的初始孔隙比;

P_{ci}——第 i 层土中点的前期固结压力(kPa),正常固结时 $P_{ci}=P_{0i}$;

ΔP_i——路堤荷载对第 i 层土中点的附加应力(kPa)。

超固结土层:

$$S_c = S_c' + S_c'' \tag{3-21}$$

对于有效附加应力 $\Delta P > P_c - P_0$ 的土层,其沉降量 S_c' 按下式计算:

$$S_c' = \sum_{i=1}^{n} \frac{\Delta h_i}{1+e_{0i}} \left[C_{si} \lg\left(\frac{P_{ci}}{P_{0i}}\right) + C_{ci} \lg\left(\frac{P_{0i}+\Delta P_i}{P_{ci}}\right) \right] \tag{3-22}$$

对于 $\Delta P \leqslant P_c - P_0$ 的土层,其沉降量 S_c'' 按下式计算:

$$S_c'' = \sum_{i=1}^{n} \frac{\Delta h_i}{1+e_{0i}} \left[C_{si} \lg\left(\frac{P_{0i}+\Delta P_i}{P_{0i}}\right) \right] \tag{3-23}$$

式中:C_{si}——土层的回弹指数。

③对较均质土,主固结沉降也可按压缩模量计算:

$$S_c = \sum_{i=1}^{n} \frac{\Delta P_i}{E_{si}} \Delta h_i \tag{3-24}$$

式中:E_{si}——第 i 层土的压缩模量(kPa)。

(3)次固结沉降计算

次固结沉降是在土骨架上的有效应力基本上保持不变的条件下,地基随时间的增长而发生的沉降,可按从主固结完成后开始,由时间-压缩曲线的斜率近似地求得次固结沉降。对于泥炭土、富含有机质黏土及高塑性黏土等地基宜进行次固结沉降计算,次固结沉降采用次固结系数计算:

$$S_s = \sum_{i=1}^{n} \frac{C_{ai}}{1+e_{0i}} \lg\left(\frac{t_2}{t_1}\right) \Delta h_i \tag{3-25}$$

式中:t_1——相当于主固结完成 100% 的时间;

t_2——需要计算主固结的时间,可计至主固结完成后的 20 年;

C_{ai}——次固结系数,为 $e\text{-}\lg p$ 曲线在主固结完成后直线段的斜率,C_a 无试验资料时可参考表 3-21 经验值或式(3-26)估算;

$$C_a = 0.018w \tag{3-26}$$

w——土的天然含水率(按小数点取值)。

次 固 结 系 数 表 3-21

软土类型	泥炭	富含有机质黏土	高塑性黏土	超固结黏土
特征	纤维结构手感如海绵	有机质含量大于30%	塑性指数>25	超固结比>2
C_a	0.1~0.3	0.005~0.03	>0.03	<0.001

(4)总沉降量计算

天然地基和采取排水固结法处理后地基的总沉降量可按下式计算:

$$S = S_d + S_c + S_s \tag{3-27}$$

式中:S——地基总沉降量(m);

S_d——瞬时沉降(m);

S_c——主固结沉降(m);

S_s——次固结沉降(m)。

总沉降量也可按下式进行计算：

$$S = m_s S_c \qquad (3-28)$$

式中：m_s——沉降经验修正系数，与地基条件、荷载强度、加荷速率等因素有关；对于饱和软黏性土，采用堆载预压排水固结法处理时，其值可取 1.2～1.4；采用真空预压排水固结法处理时，其值可取 1.0～1.2。

[**例 3-9**] 如[例 3-5]中路基工点基底持力层为粗砂土，厚度为 2.0m，天然重度为 18.2kN/m³，变形模量及压缩模量均按经验取值 25MPa，其下为超固结黏土层厚 4.0m，先期固结压力 $P_c=300$kPa，天然重度为 21.2kN/m³，孔隙比 $e_0=0.775$，由压缩曲线得压缩指数 $C_c=0.45$，回弹指数 $C_s=0.12$，压缩模量为 2.4MPa，变形模量为 4.0MPa，该黏土层下伏地层为弱风化硬质岩石，试分析该地基沉降量。

解：(1) 瞬时沉降估算

依题意，该地基沉降计算厚度为 6.0m。式(3-18)中的弹性模量计算，对于持力层取 $E_1=25$MPa，黏土层 $E_2=4.0$MPa，则：

$$E = \frac{25.0 \times 2.0 + 4.0 \times 4.0}{2.0 + 4.0} = 11.0 \text{MPa}$$

由[例 3-5]可得，基底压力 $P=158.7$kPa，路堤底面换算荷载宽度 B 为：

$$B = 0.5 \times 11.9 + 0.5 \times 1.5 \times 6.9 = 11.1 \text{m}$$

$$\frac{Z}{B} = \frac{6.0}{11.1} = 0.54$$

以泊松比 $\mu=0.4$，查图 3-11 中线沉降系数得 $F=0.26$，则瞬时沉降量约为：

$$S_d = \frac{158.7 \times 11.1}{11.0} \times 0.26 = 41.6 \text{mm}$$

(2) 主固结沉降分析

考虑到路堤基底的宽度比地基压缩层厚度大得多，可认为，压缩层内附加压力是均匀分布的且等于路堤基底压力，即 $\Delta P=158.7$kPa。

粗砂土层的主固结沉降为：

$$S_{c1} = \sum_{i=1}^{n} \frac{\Delta P_i}{E_{si}} \Delta h_i = \frac{158.7}{25.0} \times 2.0 = 12.7 \text{mm}$$

黏土层层顶、层底及中点处自重应力分别为：

层顶自重应力　　　　$P_0 = 18.2 \times 2.0 = 36.4$kPa
层底自重应力　　　　$P_0 = 18.2 \times 2.0 + 21.2 \times 4 = 121.2$kPa
中点自重应力　　　　$P_0 = 18.2 \times 2.0 + 21.2 \times 2 = 78.8$kPa

黏土层前期固结压力 $P_c=300$kPa，该层的主固结沉降可按式(3-23)计算：

$$S_c'' = \frac{4000}{1+0.775} \times 0.12 \times \lg\left(\frac{78.8+158.7}{78.8}\right) = 129.6 \text{mm}$$

(3) 黏土层的次固结沉降，该层超固结比大于 2，查表 3-21 次固结系数选用 $C_a=0.001$，假定该黏土层主固结完成 100% 需要 2 年时间，则式(3-25)中 t_2 取 22 年。

$$S_s = \sum_{i=1}^{n} \frac{C_{ai}}{1+e_{0i}} \lg\left(\frac{t_2}{t_1}\right) \Delta h_i = \frac{0.001}{1+0.775} \times \lg\left(\frac{22}{2}\right) \times 4000 = 2.3 \text{mm}$$

(4)地基总沉降
$$S = S_d + S_c + S_s = 41.6 + 12.7 + 129.6 + 2.3 = 185.2 \text{mm}$$
黏土层的主固结沉降还可按式(3-24)计算:
$$S_{c1} = \sum_{i=1}^{n} \frac{\Delta P_i}{E_{si}} \Delta h_i = \frac{158.7}{2.4} \times 4.0 = 264.5 \text{mm}$$

黏土层主固结沉降按式(3-23)和式(3-24)计算的结果差别较大,此时应认真核查设计参数的可靠性(如土层取样、试验方法及试验过程、试验数据处理、试验成果统计及设计参数代表值的选用是否合理)。

◆请练习[思考题3-6]

4. 地基处理条件下地基沉降计算

(1)沉降计算方法选择

复合地基加固区压缩量可取经验值,或根据桩土复合模量进行估算。采用桩土复合模量进行估算时,将加固区中土体和桩体视为一复合体,采用复合压缩模量来评价复合土体的压缩性。复合地基加固区下卧土层压缩量采用分层总和法计算,作用于下卧层土体上的附加应力采用应力扩散法或等效实体法计算。地基沉降计算方法可根据地基处理类型按表3-22选用,采用 $L/3$ 法计算沉降时不计加固区沉降。

地基沉降计算公式一览表　　　　表3-22

地基处理类型		散体材料桩	柔性桩	刚性桩	
		碎石桩、挤密砂桩、柱锤冲扩桩	水泥土搅拌桩、旋喷桩	水泥粉煤灰碎石桩及低标号素混凝土桩	钢筋混凝土桩网及桩筏结构、桩板结构
总沉降	加固区	复合模量法		承载力比法	
	下卧层	Boussinesq法、应力扩散法		Boussinesq法、应力扩散法、$L/3$法	铁路桥规法、$L/3$法、分区计算法

(2)加固区沉降量计算方法

复合地基加固区压缩量可采用下式进行计算:
$$S_1 = \sum_{i=1}^{n} \frac{\Delta P_i}{E_{csi}} h_i \tag{3-29}$$

式中:ΔP_i——第 i 层复合土上附加应力增量(kPa);
　　　h_i——第 i 层复合土层的厚度(m)。

①复合模量法。

复合模量 E_{cs} 值可通过面积加权平均法计算:
$$E_{cs} = mE_p + (1-m)E_s \tag{3-30}$$

式中:E_{cs}——桩土复合压缩模量(MPa);
　　　m——复合地基面积置换率;
　　　E_p——桩体压缩模量(MPa);
　　　E_s——土体压缩模量(MPa)。

②承载力比法。

复合模量 E_{cs} 值通过加固区土的模量提高系数 ξ 用下式计算:
$$E_{cs} = \xi E_s \tag{3-31}$$

$$\xi = \frac{\sigma_{sp}}{\sigma_0} \tag{3-32}$$

式中：E_{cs}、E_s——桩土复合、桩间土压缩模量(MPa)；

σ_0——天然地基基本承载力(kPa)；

σ_{sp}——复合地基容许承载力(kPa)；

ξ——承载力与压缩模量提高系数。

(3) 下卧层沉降量计算方法

复合地基下卧层压缩量的计算仍用分层总和法进行计算，下卧层的附加应力可按如下方法进行计算。

①Boussinesq 法。不考虑桩体对地基中应力分布的影响，仍采用 Boussinesq 法对下卧层附加应力进行计算。依据 Boussinesq 理论，在宽度为 B 均布条形荷载 P 作用下，地基中心点下任一点深度 Z 处的附加应力，可用下式计算：

$$\sigma_z = \alpha_z^s p \tag{3-33}$$

式中：α_z^s——地基附加应力系数，$\alpha_z^s = \frac{2}{\pi} \left(\frac{2n}{1+4n^2} + \arctan \frac{1}{2n} \right)$；

n——Z/B。

②应力扩散法。作用在下卧层顶面的荷载可按式(3-34)计算(图3-12)。

$$\sigma_z = \frac{BL\sigma_k}{(B+2Z\tan\theta)(L+2Z\tan\theta)} \tag{3-34}$$

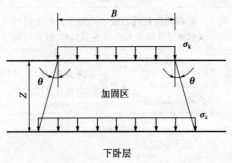

图 3-12 应力扩散法

式中：σ_z——下卧层顶面的荷载平均附加应力(kPa)；

σ_k——加固区顶面压力设计值，或为基础底面压力设计值(kPa)；

B——复合土体上加载宽度，或为基础底边的宽度(m)；

L——复合土体上加载长度，或为基础底边的长度(m)；

Z——加固区深度，或为基础底面至计算土层顶面的距离(m)；

θ——应力扩散角(°)，可按表3-23、表3-24计算，对于水平向增强体复合地基，如淤泥质黏土上的土工织物垫层 θ 值为 40°~50°。

地基应力扩散角 θ(°)　　　　　　表 3-23

$\dfrac{E_{s1}}{E_{s2}}$	Z/B			
	<0.25	0.25	0.50	>0.50
<3	系数法或插值法			
3	0	6	23	23
5	0	10	25	25
10	0	20	30	30
>10	0	20	30	30

表 3-23 中 E_{s1} 为上层土压缩模量，E_{s2} 为下层土压缩模量。系数法是指《建筑地基基础设计

规范》(GB 50007)中的附加应力系数法,当$E_{s1}/E_{s2}<3$时,可采用系数法或插值法,其中插值法参照表3-24。

插值法地基应力扩散角 θ(°)　　　　　　　　　表3-24

Z/B	$\dfrac{E_{s1}}{E_{s2}}=1$	$\dfrac{E_{s1}}{E_{s2}}=4$
0.00	—	—
0.25	0	5.94
0.50	3.18	24.0
1.00	18.43	35.73

(4)总沉降计算

①经验法。复合地基沉降量可按下式计算:

$$S = m_s S_c = m_s (S_1 + S_2) \quad (3-35)$$

式中:S_c——主固结沉降(m);

S_1——加固区沉降量(m);

S_2——下卧层沉降量(m);

m_s——沉降经验修正系数,与地基条件、荷载强度等因素有关,根据地区沉降观测资料及经验确定,对于软土地基,其值可取1.0~1.2;对于非软土地基,也可采用表3-25的数值;对于黄土地基可参照现行国家标准《湿陷性黄土地区建筑规范》(GB 50025)有关规定选取。

沉降经验修正系数　　　　　　　　　　表3-25

基础底面附加压应力 $\sigma_{z(0)}$	地基压缩模量当量值 $\overline{E}_s$(MPa)				
	2.5	4.0	7.0	15.0	20.0
$\sigma_h \geqslant \sigma_0$	1.4	1.3	1.0	0.4	0.2
$\sigma_h \leqslant 0.75\sigma_0$	1.1	1.0	0.7	0.4	0.2

表3-24中 σ_h 为基底压应力,σ_0 为基础底面处地基的基本承载力,$\overline{E}_s$ 为沉降计算总深度 Z 内地基压缩模量的当量值,按下式确定:

$$\overline{E}_s = \frac{\sum A_i}{\sum \dfrac{A_i}{E_{si}}} \quad (3-36)$$

式中:A_i——第 i 层土附加应力系数沿土层厚度的积分值;

E_{si}——基础底面下第 i 层土的压缩模量值(MPa),桩长范围内的复合土层按复合土层的压缩模量取值。

②$L/3$法。$L/3$法将上部荷载直接传递到计算起始面,然后荷载从计算起始面以30°从两端向下扩散,通过总应力相同换算每一层的附加应力,从而可利用分层总和法计算每一层的沉降及总沉降。摩擦型桩考虑桩的刺入作用,将复合地基沉降量的计算起始面选在离桩端 $L/3$ 处[图3-13a)];端承型桩不考虑桩的刺入作用,将持力层顶面处作为复合地基沉降量的计算起始面[图3-13b)]。

③铁路桥规法。根据《铁路桥涵地基和基础设计规范》(TB 10002.5—2005)规定,桩基沉降可按下式计算:

$$S = m_s \sum_{i=1}^{n} \frac{\sigma_{z(0)}}{E_{si}} (z_i C_i - z_{i-1} C_{i-1}) \quad (3-37)$$

式中：S——基础总沉降量(mm)；

n——基底以下地基沉降计算深度范围内按压缩模量划分的土层分层数目；

$\sigma_{z(0)}$——基础底面处附加应力(kPa)；

E_{si}——基础底面下第 i 层土的压缩模量值(MPa)；

z_i、z_{i-1}——自基底至第 i 层和第 $i-1$ 层底面的距离(m)；

C_i、C_{i-1}——自基底至第 i 底面范围内和至第 $i-1$ 底面范围内的平均附加应力系数；

m_s——沉降经验修正系数。

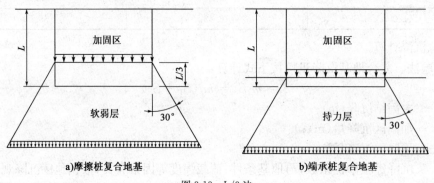

图 3-13 $L/3$ 法

◆请练习[思考题 3-7]

5. 地基工后沉降计算

对于施工期间完成的沉降 S_T，目前主要有两种方法，一是理论计算法，二是经验法。常用的固结理论主要是太沙基固结理论。太沙基固结理论只适用于完全饱和土的一维固结计算，其基本假设条件与实际相差较大，计算结果往往与工程不尽相符。一般而言，软土路基的固结情况与太沙基固结理论假设条件较为接近，其固结宜采用理论法计算，而软土地基以外的其他类型地基则可采用经验法。采用固结理论计算时，相应最终沉降宜按大修维修周期所对应的固结沉降确定。对于大修维修周期，有砟轨道和无砟轨轨道可分别按 30 年和 100 年考虑。

地基工后沉降量应按下式进行计算：

$$S_r = S - S_T \tag{3-38}$$

式中：S_r——工后沉降量(mm)；

S——最终沉降量或称总沉降量(m)；

S_T——路基竣工铺轨完成已经发生的沉降量(或称施工期沉降量)(m)。

路基的工后沉降量及沉降速率应符合表 3-19 技术要求。

第四节 路基稳定性分析

路基的稳定性不仅和边坡高度有关，而且与路基填料性质、边坡坡度、地基状况和水文地质情况等有关。在边坡稳定计算方法中，通常采用整体的极限平衡方法来进行分析。根据边坡不同破裂面形状而有不同的分析模式。边坡失稳的破裂面形状按土质和成因不同而不同，粗粒土或砂性土的破裂面多呈直线形；细粒土或黏性土的破裂面多为圆弧形；滑坡的滑动面为不规则的折线或圆弧状。本节将主要介绍边坡稳定性分析的基本原理以及在某些边界条件下边坡稳定的计算理论和方法。

一、边坡稳定性分析简介

在铁路工程建设中,常见的边坡滑动有两种类型:一种是天然边坡由于原来的地质条件改变而产生的滑坡,通常用地质条件对比法来衡量其稳定的程度;另一种是由于铁路路基工程建设需要而开挖路堑或填筑路堤形成的人为边坡,由于设计的坡度一般都比较陡,或由于工作条件的变化改变了边坡体内部的应力状态,使局部的剪切破坏发展成一条连贯的剪切破坏面,边坡的稳定平衡状态遭到破坏而产生滑坡。

1. 定性分析方法

定性分析主要是分析影响边坡稳定性的主要因素、失稳的力学机制、变形破坏的可能方式及工程的综合功能等,对边坡的成因及演化历史进行分析,以此评价边坡稳定状况及其可能发展趋势。该方法的优点是综合考虑影响边坡稳定性的因素,快速地对边坡的稳定性做出评价和预测。

(1)地质分析法(历史成因分析法)

根据边坡的地形地貌形态、地质条件和边坡变形破坏的基本规律,追溯边坡演变的全过程,预测边坡稳定性发展的总趋势及其破坏方式,从而对边坡的稳定性做出评价,对已发生过滑坡的边坡,则判断其能否复活或转化。

(2)工程地质类比法

工程地质类比法,是选择附近自然条件接近的、地层类似的自然或人工稳定边坡,对比两者在工程地质、水文地质、边坡高度及坡率等方面的相似性,借以拟定设计地段的路堑边坡坡率,这种以客观实际为依据所拟定的坡率值,比较符合实际,已为常用的主要方法。用该法所拟定的边坡是稳定的,但稳定的程度尚需通过力学检算判定,借以进一步修改初拟的坡率值,使设计更趋合理。而力学检算的精度,常受土体抗剪强度指标的取值所制约,取少数土样往往难以反映不同土层的真实强度,缺乏代表性;加之地形、地貌、水文地质条件等皆非少数土样所能代表的。所以应以工程地质比拟法为主并辅以稳定检算,两者综合确定。

2. 定量评价方法

边坡稳定性分析中,土体沿某一滑动面的抗滑力(矩)和滑动力(矩)之比值为**边坡稳定系数**(Stability Factor of Slope)。目前,所有定量的计算方法都是基于定性方法之上。实质是一种半定量的方法,虽然评价结果表现为确定的边坡稳定系数数值,但最终判定仍依赖人为的判断。

(1)极限平衡法

极限平衡法在工程中应用最为广泛,这个方法以摩尔-库仑抗剪强度理论为基础,将滑坡体划分为若干条块,建立作用在这些条块上的力的平衡方程式,求解安全系数。这个方法,没有像传统的弹塑性力学那样引入应力-应变关系来求解,本质上为静不定的问题,而是直接对某些多余未知量作假定,使得方程式的数量和未知数的数量相等,因而使问题变得静定可解。该法比较直观、简单,对大多数边坡的评价结果比较令人满意。该方法的关键在于对滑体的范围和滑面的形态进行分析,正确选用滑面计算参数,正确地分析滑体的各种荷载。基于该原理的方法很多,如条分法、圆弧法、Bishop法、Janbu法、不平衡传递系数法等。

(2)数值分析方法

数值分析方法也是目前边坡稳定计算中使用较普遍的分析方法。它分析边坡稳定的本质是单元离散,即通过计算网格将岩体分成若干个小单元体。离散后,将任一可能滑动面分成若干微段,根据每一微段的方位,通过应力张量变换,运用追踪法或位移法或强度比值法或平面应力投影法来求得相应微段的正应力和切向剪应力,再建立力矩平衡。

该法以土坡在失稳之前伴随的较大变形为依据,将稳定和变形紧密地联系起来,并考虑到土的非线性本构关系,然后求出每一计算单元的应力及应变,根据不同的强度指标确定破坏区的位置及其扩展情况,并设法将局部破坏和整体破坏联系起来,求得合适的临界滑裂面位置,最后根据极限平衡法推求整体的稳定性系数。应该明确,虽然数值方法在模拟土坡变形破坏机理等方面有着独特的优点,且不需要假定滑动面,但由于土体的不均质性和复杂性,该方法的应用目前仍受到一定的限制。数值分析方法主要包括有限元法、边界元法、离散元法、快速拉格朗日分析法、块体理论和数值流形法等。

二、边坡稳定性分析方法

1. 直线破裂面

所谓直线破裂面是指边坡破坏时其破裂面近似平面,在断面上近似直线。能形成直线破裂面的土类包括均质砂性土,透水的砂、砾、碎石土,以及主要由内摩擦角控制强度的边坡。原地面为近似直线的陡坡路堤,如果接触面的摩擦力不足,整个路堤亦可能沿原地面成直线形态下滑。

(1)试算法

图 3-14 为一砂性土边坡示意图,土质均匀,坡高 H,土的容重为 γ,抗剪强度指标为 c、φ。如倾角 ω 的平面 AD 面为土坡破坏时的滑动面,取单位长度路段,不计纵向滑移时土基的作用力,则可简化成平面问题分析该路堤边坡的稳定性。

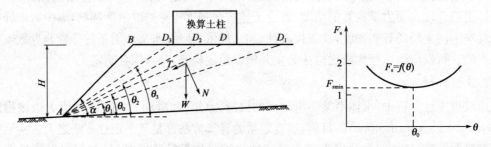

图 3-14 直线破裂面稳定分析示意图

已知滑体 ABD 重力 W,滑面的倾角为 θ,显然,滑动面 AD 上由滑体的重力 W 产生的下滑力 T 和由土的抗剪强度产生的抗滑力 T' 分别为:

$$T = W \cdot \sin\theta$$
$$T' = W \cdot \cos\theta \cdot \tan\varphi + c \cdot L$$

此时边坡的稳定程度或安全系数 F_s,可用抗滑力与下滑力之比来表示,得

$$F_s = \frac{T'}{T} = \frac{W \cdot \cos\theta \cdot \tan\varphi + c \cdot L}{W \cdot \sin\theta} \tag{3-39}$$

在计算过程中,对每一个选定的滑动面均可求得一个相应的边坡稳定性系数 F_s 值,即 F_s 值和角度 θ 之间存在关联性。而边坡的安全稳定性受最小安全稳定性系数控制,因此应通过

建立 F_s 值和角度 θ 之间的对应关系以确定所需的安全系数 F_{smin}。通用的做法是通过坡脚求解数个不同角度 θ 下的直线滑动面安全系数 $F_{s1}、F_{s2}…$，作出 $F_s\text{-}\theta$ 曲线，如图 3-14 所示，通过曲线判定 F_{smin}。为了保证土坡的稳定性，安全系数 F_s 值一般不小于 1.25，特殊情况下可允许减小到 1.15。

对于 $c=0$ 的砂性土坡，其安全系数表达式则变为：

$$F_s = \frac{T'}{T} = \frac{W \cdot \cos\theta \cdot \tan\varphi + c \cdot L}{W \cdot \sin\theta} = \frac{\tan\varphi}{\tan\theta} \tag{3-40}$$

若取 $F_s=1.25$，则 $\tan\theta=0.8\tan\varphi$，即用松散性填料修建的路堤，其边坡角的正切值，不宜大于填料 $\tan\varphi$ 的 0.8 倍。

(2) 解析法

利用 $F_s=f(\theta)$ 的函数关系，如图 3-14 中 BD 面为一条直线且其上无局部荷载，对式(3-39)求导数，可得边坡稳定系数最小值的解析表达式，以代替试算法。

$$F_{smin} = (2\xi_1 + \xi_2) \cdot \cot\alpha + 2\sqrt{\xi_1(\xi_2 + \xi_1)} \cdot \csc\alpha \tag{3-41}$$

该式中，$\xi_1、\xi_2$ 为计算系数，其中 $\xi_1 = \frac{2c}{\gamma H}$，$\xi_2 = \tan\varphi$。如式中 $c=0$，即为式(3-40)。

[例 3-10] 某挖方边坡，土质均匀，以砂类土为主，已知坡后地层主要参数 $\varphi=28.6°$，$c=15.6\text{kPa}$，$\gamma=18.2\text{kN/m}^3$，如挖方边坡坡度采用 1∶0.5，坡顶为一平面且无局部荷载，试分析坡高 $H=6.0\text{m}$ 时的边坡稳定性。

解：由 $\cot\alpha=0.5$，$\alpha=63°26'$，$\csc\alpha=1.118$，得：

$$\xi_2 = \tan28.6° = 0.545,\ \xi_1 = \frac{2\times15.6}{18.2\times6.0} = 0.286$$

代入式(3-41)

$$F_{smin} = (2\times0.286 + 0.545)\times0.5 + 2\sqrt{0.286(0.545+0.286)}\times1.118 = 1.65$$

$F_{smin}>1.25$，该边坡稳定。

[例 3-11] 上例中已知数据不变，考虑到稳定系数偏高，试求允许的边坡坡度。

解：令 $F_{smin}=1.25$，并将各已知值代入式(3-41)得：

$$1.25 = 1.117\cot\alpha + 0.975\csc\alpha$$

解得

$$\alpha = 77.35°$$

[例 3-12] 如[例 3-10]数据不变，试求边坡允许开挖高度。

解：由

$$1.25 = (2\times\xi_1 + 0.545)\times0.5 + 2\sqrt{\xi_1(0.545+\xi_1)}\times1.118$$

解得 $\xi_1=0.177$，则

$$H_{max} \leqslant \frac{2c}{\gamma\xi_1} = 9.7\text{m}$$

◆请练习[思考题 3-8]

2. 折线破裂面

折线破裂面法也称传递系数法、剩余推力法或不平衡推力法，对于位于斜坡地基或沿软弱层带滑动的路堤应采用剩余推力法计算其边坡的安全稳定系数 F_s，如图 3-15 所示，并要求此安全稳定系数F_s不得小于1.3。剩余推力法的滑动面不是单一的平面或曲面,是由若干直线段组成连续折线,按平面问题采用折线滑动面法作力学分析,按滑动面段将滑动体分为若干块,滑动时只发生整体运动,块间不发生相对错动和挤压。折线破裂面计算的基本特点,在于滑动面的部位相对固定,不必试算最危险数值,计算工作大为简化。

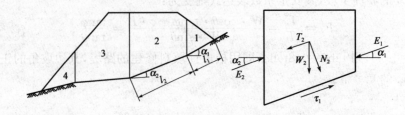

图3-15 折线破裂面法

$$E_i = W_{Qi}\sin\alpha_i - \frac{1}{F_s}[c_i l_i + W_{Qi}\cos\alpha_i \tan\varphi_i] + E_{i-1}\Psi_{i-1} \tag{3-42}$$

$$\Psi_{i-1} = \cos(\alpha_{i-1} - \alpha_i) - \frac{\tan\varphi_i}{F_s}\sin(\alpha_{i-1} - \alpha_i) \tag{3-43}$$

式中:W_{Qi}——第i土条的重力与外加竖向荷载之和(kN);

l_i——第i土条底滑面的长度(m);

α_i、α_{i-1}——第i、第$i-1$土条底滑面的倾角(°);

c_i、φ_i——第i土条底的黏结力和内摩擦角(°);

E_{i-1}——第$i-1$土条传递给第i个土条的下滑力(kN);

Ψ_{i-1}——剩余下滑力传递系数。

用式(3-42)、和式(3-43)试算,直到第n条(最后一条)的剩余推力为零,由此确定稳定系数F_s。

传递系数法对折线形滑面有严格的要求,如果两滑面间的夹角(即转折点处的两倾角的差值)过大,就会出现不可忽视的误差。因而当转折点处的两倾角的差值超过10°时,需要对滑面进行处理,以消除尖角效应。一般可采用对突变的倾角作圆弧连接,然后在弧上插点,来减少倾角的变化值,使其小于10°,处理后,误差可以达到工程要求。

[例3-13] 新建Ⅱ级轻型单线铁路,内燃牵引,图3-16为区间直线地段土质路堤,已知填土主要参数$\varphi=20.5°$,$c=1.5$kPa,$\gamma=19.8$kN/m³,如安全系数$F_s=1.25$,试分析该路堤沿原地面稳定性。

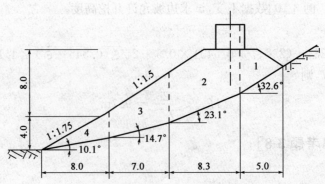

图3-16 区间直线地段土质路堤(尺寸单位:m)

解: 依题意,查表3-2,可知该路基面宽度为6.3m,路基面荷载换算宽度为3.3m。

参照地面线将路堤划为图 3-16 所示的 4 块,根据一般路基设计和几何关系分别计算(或按比例绘图直接测算)分块的面积。1 块与 2 块的分界点距左侧坡脚的水平距离为 23.3=8.0+7.0+8.3<4×1.75+8×1.5+6.3×0.5+3.3×0.5=23.8,路基面荷载存在 0.5m 分布宽度作用在 1 块范围,即为 58.5×0.5=29.25kN;2 块范围内路基面荷载为 58.5×(3.3−0.5)=163.8kN。将已知值列表,并按式(3-42)、(3-43)有关项目分别列表计算见表 3-26,表中下滑力列为 $W_{Qi}\sin\alpha_i$ 计算值,抗滑力列为 $c_i l_i + W_{Qi}\cos\alpha_i \tan\varphi_i$ 计算值。

剩余下滑力计算表　　　　　　　　表 3-26

块号 i	面积 (m²)	W_{Qi} (kN)	α_i (°)	l_i (m)	$\alpha_{i-1}-\alpha_i$ (°)	传递系数 Ψ_{i-1}	下滑力 (kN)	抗滑力 (kN)	剩余下滑力 E_i (kN)
1	5.786	143.81	32.6	5.935	—	—	77.5	54.2	34.1
2	7.668	315.63	23.1	9.023	9.5	0.937	123.8	122.1	58.1
3	7.066	139.91	14.7	7.237	8.4	0.946	35.5	61.5	41.3
4	6.424	127.20	10.1	8.126	4.6	0.973	22.3	59.0	15.3

计算结果 E_4=15.3kN,该路堤不稳定,须采取工程措施,如填筑前将原地挖成人工台阶或凿毛,以提高填土与原地面的摩擦系数,同时做好上边坡的排水设施,或者在下边坡适当位置修筑支挡结构。

◆请练习[思考题 3-9]

3. 圆弧破裂面

根据大量的观测表明,黏性土自然土坡、人工填筑或开挖的边坡在破坏时,破裂面的形状多呈近似的圆弧状。黏性土的抗剪强度由摩擦强度和黏聚力强度两个部分组成,由于黏聚力的存在,黏性土边坡不会像无黏性土土坡一样沿坡体表面滑动。根据土体极限平衡理论,可以导出均质黏性土边坡的滑动面为对数螺旋曲面,形状近似于圆柱面。

(1)整体圆弧滑动法

1915 年瑞典彼得森(K. E. Petterson)用圆弧滑动法分析边坡的稳定性,以后该法在各国得到广泛应用,称为瑞典圆弧法。

图 3-17 表示均质的黏性土坡,D_1D_2 为可能的滑动面,O 为圆心,R 为半径。假定边坡破坏时,滑体在自重 W 作用下,沿 D_1D_2 绕 O 点整体转动。滑动面 D_1D_2 上的力系有:促使边坡滑动的滑动力矩 $M_s=Wd$;抵抗边坡滑动的抗滑力矩则包括由黏聚力产生的抗滑力矩 $M_r=c\alpha R^2$,此外还应有由摩擦力所产生的抗滑力矩,这里假定 $\varphi=0$。边坡沿 D_1D_2 的安全系数 F_s 用作用在 D_1D_2 面上的抗滑力矩和下滑力矩之比表示,因此有

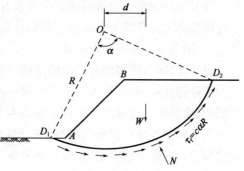

图 3-17　边坡整体滑动

$$F_s = \frac{抗滑力矩}{滑动力矩} = \frac{M_r}{M_s} = \frac{c \cdot \alpha \cdot R^2}{W \cdot d} \tag{3-44}$$

这就是整体圆弧滑动计算边坡稳定的公式,它只是适用于 $\varphi=0$ 的情况,用于分析均质黏性土边坡的稳定性。

(2)瑞典条分法

Petterson 圆弧滑动法中没有考虑滑动面上摩擦力的作用,这是由于摩擦力在滑动面的不同位置其方向和大小都在改变。为了将圆弧滑动法应用于 $\varphi>0$ 的黏性土,在圆弧法分析黏性土坡稳定性的基础上,瑞典学者 Fellenius 提出了圆弧条分法,也称瑞典条分法。计算简图如图 3-18 所示。条分法就是将滑动土体竖向分成若干土条,把土条当成刚塑体,但只考虑作用在条块上的重力、滑弧面上的法向力和切向抗滑力,忽略条块侧面法向力和切向力的作用。分别求作用于各土条上的力对圆心的滑动力矩和抗滑力矩,然后按照式(3-44)求土坡的稳定安全系数,一般公式为:

$$F_s = \frac{抗滑力矩}{滑动力矩} = \frac{\sum_{i=1}^{n}(c_i l_i + W_i \cos \alpha_i \tan \varphi_i)}{W_i \sin \alpha_i} \quad (3-45)$$

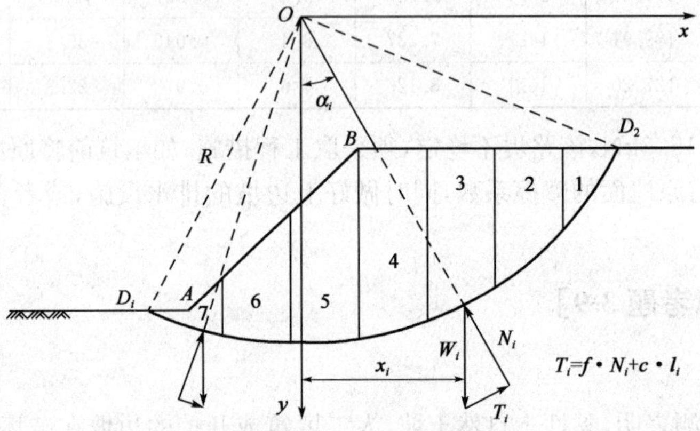

图 3-18 瑞典条分法

该方法假定滑动面为一圆弧面,同时不考虑条间力的作用,从而减少了未知量,使超静定问题可解。该方法不满足土条力平衡和力矩平衡,仅满足整个滑动土体的整体力矩平衡条件且仅适用于圆弧滑动面的情况,由此产生的误差使求出的安全系数偏低 10%~20%,但由于该方法使用较早并积累了大量的工程经验,因此在路基边坡稳定性分析中得到了广泛的应用。

通过土的强度试验可提供总应力和有效应力强度指标,因此可给出在两种不同指标体系下应用瑞典法计算路基边坡稳定性的计算公式。

(3)最危险圆弧滑动面的确定

设计计算时,滑裂面是任意给定的,即前述的虚拟工作状态。因此,需要对各种可能的滑裂面均进行计算,从中找出安全系数最小的滑裂面,即认为是存在潜在滑动最危险的(或最有可能的)滑裂面。这种计算工作量是相当大的,特别是当边坡外形和土层分布都比较复杂时,寻找最危险滑裂面位置相当困难。以前,在计算手段有限的情况下,许多学者在寻找最危险滑裂面位置方面作了很大努力,通过各种途径探索最危险滑弧位置的规律,制作图表、曲线,或将某类边坡归类分别总结出滑弧圆心的初始位置,以减少试算工作量并尽可能找到最危险滑裂面。目前,由于计算机的普遍采用,这些问题已经变得并不那么重要了。可充分利用计算机及编制相应的程序,而使这种计算变得异常简单,即使对复杂边坡和复杂土层情况,以前担心多个 F_s 极小值区的问题现在也比较容易解决。

用计算机编程计算边坡稳定时,先在坡顶上方根据边坡特点或工程经验,先设定一个各种可能产生的圆弧滑裂面的圆心范围,画成正交网格,网格长可根据精度要求而定,网格交点即为可能的圆弧滑裂面的圆心,如图 3-19 所示。对每个网结点,分别取不同的半径进行计算,得到该圆心点的最危险滑裂面(F_s 最小对应的滑裂面)。比较全部网结点(不同的圆心位置)的 F_s 值,最小的 F_s 值对应的圆心和圆弧即为所求的边坡最危险滑裂面。为了更精确的计算,可将该圆心为原点,再细分小区域网络,按前述方法再进行计算,类似可找出该小区域网络中最小的 F_s。

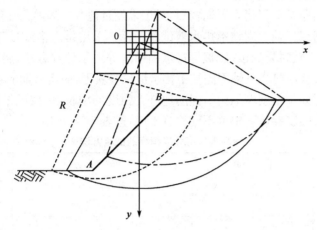

图 3-19 最危险滑动面的搜索

◆请练习[思考题 3-10]

三、路堤稳定性分析

路堤稳定性分析内容包括路堤堤身的稳定性、路堤和地基的整体稳定性、路堤沿斜坡地基或软弱层带滑动的稳定性等。铁路路堤在施工期和运营期所承受的荷载不同,地基强度不同,相应的两个阶段的稳定性也不相同。因此,为了确保铁路的施工及运营安全,铁路路基、场坪地基的稳定性应对两个阶段分别进行验算,即施工期和运营期的稳定性。

稳定性验算时,应分别检算路堤施工期及铁路运营期的稳定系数,以运营期的稳定安全系数作为设计指标,施工期的稳定安全系数作为验算指标。路堤施工期荷载应考虑路堤自重和运架梁车等施工临时荷载;运营期荷载应包括路堤自重、列车和轨道荷载。地震力的计算应遵照现行《铁路工程抗震设计规范》(GB 50111—2006)的规定执行。

1. 计算参数选用

铁路地基稳定性分析的强度参数,应根据土工试验和原位测试成果,并结合当地经验综合确定。

(1)路堤填料计算参数

路堤填料的物理力学指标应根据试验资料确定,无试验资料时,可参考表 3-27 选用。

路堤填料物理力学指标 表 3-27

填 料 种 类	黏聚力 C(kPa)	内摩擦角 φ(°)	重度(kN/m³)
细粒土	20~25	20~25	18~20
砂类土	—	35	19~20
碎石类、砾石类土	5~10	35~40	20~21
不易风化的块石类土	5~10	40	21~22

(2)天然地基土计算参数

天然地基土的抗剪强度指标,是稳定性分析计算中常用的重要指标,试验时应根据地基土的应力状态、应力变化速率、排水条件和应变条件等选用相应的方法。地基稳定性验算中的抗剪强度指标还与采取的地基处理方法、实际施工速度、施工阶段、岩土工程性质有关,试验方法应按相应实际情况酌情考虑。

考虑到我国铁路路基工程建设周期较短,对于未经过地基处理的天然地基土,其抗剪强度参数宜采用天然快剪或三轴不固结不排水剪试验指标。采用排水措施处理后,地基强度随固结增长较快,因此对于塑料袋插板、砂桩等排水固结法等地基处理方法,施工期地基土的强度参数 c、φ 值宜采用天然快剪或三轴不固结不排水剪试验获得,而运营期的强度参数,则应根据工期及填土速率考虑随固结度增加而引起的地基土强度的增长,可按固结快剪或固结不排水剪试验确定。地基土强度参数可根据不同检算工况,按表 3-28 选用。

地基土抗剪强度指标的试验方法 表 3-28

地基处理方法	检算工况	直剪		三轴剪切			无侧限抗压强度	十字板剪切
		快剪	固结快剪	不固结不排水	固结不排水	固结排水		
排水固结法	施工期	√	△	√	△		△	△
	运营期		√		√	△		
复合地基法	施工期	√		√				
	运营期	√	△	√	△			

注:1.表中所列项目考虑了施工期与运营期两种检算工况,实际工程中应根据不同检算工况选用。
  2.室内剪切试验宜以三轴剪切试验为主。
  3."√"表示优先采用,"△"表示可采用。
  4.采用排水固结法时,应根据工期及填土速率考虑地基固结强度增长。
  5.采用复合地基处理时,对于有排水功能的措施方可采用固结快剪指标。

(3)复合地基计算参数

对于复合地基土的强度参数 c、φ 值,宜按复合地基抗剪强度进行计算,根据滑弧切割地层及范围分别采用加固土(复合)或天然地基土抗剪强度指标,并综合考虑复合地基置换率、桩土应力比和应力折减系数等因素确定。对于复合地基,当滑动面沿桩底部剪切时,则稳定性计算时的抗剪强度同天然地基土的指标选取原则。

复合地基的复合抗剪强度指标宜按如下方法进行确定。

①散体材料桩复合地基。对于散体材料桩,如碎石桩、挤密砂桩等,不考虑桩身黏聚力,而内摩擦角则可根据桩体材料、施工方法等,结合当地工程经验取值。散体材料桩的复合抗剪强度指标按式(3-46)、式(3-47)进行确定:

$$C_c = (1-m)C_s \tag{3-46}$$

$$\tan\varphi_c = (1-m)\tan\varphi_s + m\tan\varphi_p \tag{3-47}$$

式中:C_c、φ_c——复合地基土的黏聚力和内摩擦角;
  C_s、φ_s——桩间土的黏聚力和内摩擦角;
  φ_p——桩体的内摩擦角(°);
  m——复合地基面积置换率。

②柔性桩复合地基。水泥类土柔性桩复合地基的复合抗剪强度指标按式(3-48)进行确定:

$$\tau_c = m\tau_p + (1-m)\tau_s \qquad (3\text{-}48)$$

式中：τ_c——复合地基抗剪强度(kPa)；
τ_p——桩体的抗剪强度(kPa)；
τ_s——桩间土的抗剪强度(kPa)。

(4)当分析路堤沿斜坡地基或软弱层带滑动的稳定性时，应结合场地条件，选择软弱层面的土层根据施工速度、岩土工程性质和运营环境，并结合原位测试、室内土工试验、地区经验和类似工程土工参数综合确定强度参数 c、φ 值，可采用直剪(快剪)或三轴不固结不排水剪试验。当可能存在地下水时，应采用饱水试件进行试验。

对于复合地基，施工期桩间土的强度参数宜采用快剪或不固结不排水剪试验指标，运营期的强度参数，考虑到地基土强度增长缓慢，亦可按快剪或不固结不排水剪试验确定。

◆请练习[思考题 3-11]

2. 路堤稳定安全系数

铁路路堤在施工期和运营期所承受的荷载不同，地基强度不同，因此相应的稳定安全系数取值也应不同。施工荷载主要是指架运梁机荷载，运营期应考虑路基竣工铺轨后的最不利工况条件。路基稳定性计算分析得到的稳定系数不得小于表 3-29 所列值。如采用简化 Bishop 法、不平衡推力法计算分析时，稳定系数相应比表 3-29 规定的稳定安全系数增大 0.1。

路堤稳定安全系数　　　　　　　　　　表 3-29

列车设计行车速度 v(km/h)	稳定安全系数 $[F_s]$	
	施工期	运营期
$250 \leqslant v \leqslant 350$	1.15	1.3
$120 < v \leqslant 200$	1.1	1.25
$v \leqslant 120$	1.1	1.2

对于斜坡软弱地基路堤，采用瑞典条分法检算时，其稳定安全系数应根据软弱地基横向坡度大小，在表 3-29 规定的稳定安全系数 $[F_s]$ 的基础上按表 3-29 进行修正，即稳定安全系数应增大 0.05~0.15，软弱地基横坡较大时取大值。具体不同横向坡度的软弱地基，路堤稳定安全系数按表 3-30 采用。

斜坡软弱地基路堤稳定安全系数　　　　　　　表 3-30

软弱地基横向坡度	水平地基	1:20	1:10	1:7.5
稳定安全系数	$[F_s]$	$[F_s]+0.05$	$[F_s]+0.10$	$[F_s]+0.15$

3. 路堤和地基的整体稳定性分析

路堤和地基的整体稳定性采用瑞典条分法进行计算，稳定系数 F_s 可按式(3-49)或式(3-50)进行计算，如图 3-20 所示。

(1)不考虑固结

$$F_s = \frac{\sum S_i + \sum S_j}{P_T} \qquad (3\text{-}49)$$

图及式中：i、j——土条编号，下标 i 表示土条底部的滑裂面在地基土层内，下标 j 表示土条底部的滑裂面在路堤填料内；

P_T——各土条在滑弧切线方向的下滑力的总和(kN)，$P_T = \sum W_i \sin \alpha_i + \sum W_j \sin \alpha_j$；

S_i——地基土内(AB 弧)抗剪力(kN),$S_i = W_i\cos\alpha_i\tan\varphi_{qi} + c_{qi}l_i$;

S_j——地基土内(BC 弧)抗剪力(kN),$S_j = W_j\cos\alpha_j\tan\varphi_{qj} + c_{qj}l_j$;

W_i、W_j——第 i、j 土条重力(kN),$W_i = W_{ti} + W_{di}$;

W_{di}、W_{ti}——当第 i 土条的滑裂面处于地基内(AB 弧)时,分别为滑面以上该土条中的地基自重及路堤自重(kN);

α_i、α_j——第 i、j 土条底滑面的倾角(°);

l_i、l_j——第 i、j 土条底滑面的长度(m);

R——滑动圆弧半径(m);

c_{qi}、φ_{qi}——当第 i 土条的滑裂面处于地基内(AB 弧)时,分别为该土条所在土层的快剪黏聚力(kPa)及快剪内摩擦角(°);

c_{qj}、φ_{qj}——当第 i 土条的滑裂面处于地基内(BC 弧)时,分别为该土条所在路堤填料的黏聚力(kPa)与内摩擦角(°)。

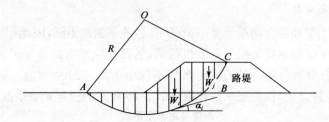

图 3-20 瑞典条分法计算示意图

(2)考虑固结

$$F_s = \frac{\sum(S_i + \Delta S_i) + \sum S_j}{P_T} \quad (3-50)$$

其中 $S_i = W_{di}\cos\alpha_i\tan\varphi_{qi} + c_{qi}l_i$;

式中:ΔS_i——由于固结增长的地基强度,$\Delta S_i = W_{ti}U_i\cos\alpha_i\tan\varphi_{gi}$;

U_i——地基土平均固结度;

φ_{gi}——第 i 土条所在土层的固结快剪或三轴固结不排水剪的内摩擦角(°);

其余符号意义同前。

4. 复式滑面稳定性

当地基中存在软弱土层,且软弱土层较薄时,滑动面将不是一个连续圆弧,其底部往往沿着硬层的顶面滑动,呈复式滑面,如图 3-21 所示,其稳定系数采用复式滑面按不平衡推力法进行计算。

路堤沿斜坡地基或软弱层带滑动的稳定性除按圆弧滑动法进行计算外,还应采用不平衡推力法进行分析,稳定系数 F_s 可采用式(3-42)、式(3-43)计算,如图 3-22 所示。

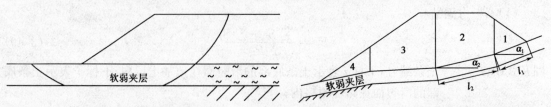

图 3-21 复式滑面检算图　　图 3-22 路堤沿斜坡软弱地基滑动的稳定性计算图

◆请练习[思考题 3-12]

四、路堑边坡稳定性分析

路堑边坡稳定性分析宜综合采用工程地质类比法、图解分析法、极限平衡法和数值分析法进行。边坡稳定性计算方法应考虑边坡可能的破坏形式,按下列方法确定:

(1)规模较大的碎裂结构岩质边坡和土质边坡采用瑞典条分法或简化 Bishop 计算。

(2)对可能产生直线形破坏的边坡宜采用平面滑动面解析法进行计算。

(3)对可能产生折线形破坏的边坡宜采用不平衡推力法计算。

(4)对结构复杂的岩质边坡,可配合采用赤平投影法和实体比例投影法分析及锲形滑动面法进行计算。

(5)当边坡破坏机制复杂时,宜结合数值分析法进行分析。

思 考 题

3-1　铁路路基设计荷载选用及其换算方法。

3-2　客运专线路基面动应力影响因素及其设计取值。

3-3　地基基本承载力、容许承载力、极限承载力概念及其之间的关系。

3-4　路基结构变形的组成,路基工后沉降的含义及其控制标准。

3-5　路基沉降分析中如何确定地基压缩层的下限?

3-6　天然地基沉降的组成及其分析方法。

3-7　复合地基沉降如何分析计算?

3-8　如何确定粗粒土路堤边坡的最危险滑动面?

3-9　折线破裂面法分析过程及注意事项。

3-10　如何利用计算机技术确定瑞典条分法的最危险滑动面?

3-11　路堤稳定性分析计算参数如何选用?

3-12　路堤稳定性分析主要包括哪些技术内容?

第四章 DISIZHANG
基床、路堤及路堑

本章导读
基床是路基结构的重要组成部分,基床、基床下路堤和路堑是铁路路基主体结构。本章主要介绍了普速铁路和客运专线路基基床、基床下路堤及路堑设计和施工技术。路基基床结构内容包括基床结构、路堤基床、路堑基床和基床加固措施等;基床下路堤结构内容包括基底处理、路堤填料及其压实标准、路堤边坡形式和坡率等;路堑内容包括土质路堑和石质路堑等。

学习目标
1. 掌握铁路路基基床设计技术要求。
2. 掌握基床下路堤设计技术要求,熟悉基床及基床下路堤填筑施工技术。
3. 掌握路堑设计技术要求,熟悉路堑施工技术。

学习重点
1. 普速铁路及客运专线基床结构设计。
2. 路堤基底处理,铁路路堤结构设计,路基填筑施工技术。
3. 路堑边坡设计及施工。

学习难点
1. 基床厚度确定原则,基床填料技术要求,低路堤及路堑地基条件控制。
2. 路堤基底处理技术要求。
3. 路堑边坡设计。

本章学习计划

内　　容	建议自学时间 （学时）	学习建议	学习记录
第一节　路基基床	2.0	本节应掌握基床结构设计技术；熟悉基床结构的作用、基床分层厚度确定的技术理论及设计取值，掌握基床填料选择、压实标准等技术要求，熟悉普速铁路基床加固技术措施	
第二节　基床下路堤	2.0	本节应掌握基床下路堤结构设计技术；熟悉路堤基底处理技术的一般原则，掌握路堤填料选择、压实标准等设计技术要求，熟悉加筋土路堤结构形式及其构造要求	
第三节　路基填筑施工技术	1.0	本节需掌握基床及路堤的填筑施工技术；熟悉路基填料生产，掌握基床表层、路堤填筑施工工艺；了解改良土及加筋土填筑施工规定	
第四节　路堑设计与施工	2.0	本节应掌握路堑设计技术；掌握路堑设计的一般原则，路堑边坡形式及坡率、边坡平台等设计技术要求	

第一节 路基基床

基床是指路基上部受列车动力作用和水文气候变化影响较大的土层。其状态直接影响列车运行的平稳和速度的提高,应对基床厚度、填料及其压实标准、排水等作出设计规定。基床底层的顶部和基床以下填料部位的顶部应设 4% 的人字排水坡。

一、基床的作用与结构

铁路路基基床是由基床表层和底层组成的两层结构。**基床表层**(Surface Layer of Subgrade Bed)是指路基顶部直接支承轨道结构的承载层,既为轨道提供有一定弹性,又不致出现不允许塑性变形的基础,同时又为其下土路基提供保护,并由具有足够的强度、刚度和耐磨及反滤特性要求的材料组成。**基床底层**(Bottom Layer of Subgrade Bed)为基床表层以下具有一定强度、刚度的主要受力层。

基床表层是路基直接承受列车荷载的部分,又常被称为路基的承载层或持力层,因此基床表层的设计是路基设计中最重要的部分,是轨道的直接基础。基床表层的作用大致有以下几点:

(1)增加线路强度,使路基更加坚固、稳定,并具有一定的刚度,使列车通过时的弹性变形控制在一定范围之内。

(2)扩散作用到基床底层顶面上的动应力,使其不超出基床底层填料的临界动应力。

(3)防止道砟压入基床及基床土进入道砟层。

(4)防止雨水浸入基床使基床土软化,发生翻浆冒泥等基床病害,并保证基床肩部表面不被雨水冲刷。

(5)隔温和防止基床及路基冻害。

实践表明,基床表层的优劣对轨道变形影响很大。不良基床表层引起的轨道变形是良好基床表层的几倍,而且其差距还随速度的提高而增大,这说明高速铁路设置一个良好基床表层是必不可少的。因此,需要对基床表层厚度、填料、结构及压实标准等多方面进行精心设计。

二、基床厚度

1. 基床动应力理论

(1)基床厚度理论分析

列车动应力由轨道、道床传至路基本体,沿深度逐渐衰减。在路基某一深度处,列车荷载引起的动应力只占路基自重荷载的一小部分,在此深度以下,动荷载对路基的影响很小,铁路路基基床厚度按列车荷载产生的动应力与路基自重应力之比为 0.2 的原则确定。

动应力沿路基深度的分布,采用布氏(Boussinesq)理论计算。在长方形均布荷载作用下,荷载中心下深度为 z 处的垂直应力可用下式计算:

$$\sigma_z = \frac{2P_0}{\pi}\left(\frac{mn}{\sqrt{1+m^2+n^2}} \times \frac{1+m^2+2n^2}{(1+n^2)(m^2+n^2)} + \arctan\frac{m}{n\sqrt{1+m^2+n^2}}\right) \quad (4\text{-}1)$$

其中

$$m=\frac{a}{b}, n=\frac{z}{b}$$

式中：P_0——荷载强度(kPa)；

a、b——长方形荷载的边长之半(m)；

z——深度(m)。

其动应力随深度分布的曲线如图4-1所示。

计算结果表明：当动应力与自重应力之比为0.2时，深度约为3.0m。

(2)有砟轨道基床表层厚度的确定

基床表层厚度由以下两个方面原则确定，综合变形控制与强度控制两方面的计算结果。

①变形控制。即在列车荷载作用下，以路基顶面变形量不大于3.5mm为控制条件；对于由基床表层和基床底层所组成的双层弹性地基，其上作用长方形的均布荷载时，中心点的沉降可由弹性理论进行计算。根据理论解，当基床表层变形模量达到210MPa，基床底层变形模量达到34MPa时，基床表层厚度为70cm可满足路基顶面沉降量小于3.5mm的控制条件。

②动强度控制。以土的临界动强度确定铁路基床表层厚度的方法，即动强度控制法。由于基床表层直接支承铁路轨道，承受列车动载的直接作用，因此必须具备足够的刚度以使列车通过时弹性变形控制在一定范围内，且不应发生在动载作用下的累积塑性变形。为达到上述目的，可采用控制由列车动载传递而诱发的作用于基床底层表面上的动应力不超过此处填料的临界动应力，从而在运营过程中不出现累积塑性变形，确保路基变形的稳定。实验结果表明路基土的动强度一般为静强度的50%~60%，且随深度的增加而呈线性增大的趋势。由于列车动载产生的动应力在路基传递过程随深度、距离的增加而呈现衰减的趋势，因此可通过将路基土的动强度和荷载动应力随深度变化的曲线作于同一图中，则两者的交点即代表了所需要确定的路基基床表层厚度。在此交点以上的列车动载作用大于路基填料的临界动应力，应通过提高压实度或换填优质填料等方法予以处理，从而提高路基填料抵抗列车动载作用的能力。

强度控制是以作用在基床底层顶面的动应力不大于填土允许应力为控制条件。按填土允许应力控制条件时，由图4-2可知，当压实度$k=1.0$时，基床表层厚度约需0.6m；若压实度$k=0.95$，则基床表层厚约需0.8m。

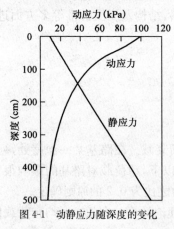

图4-1 动静应力随深度的变化

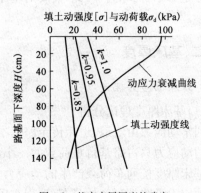

图4-2 基床表层厚度的确定

2.基床动应力实测

动应力衰减比为路基面以下某深度处动应力衰减值与路基面处动应力之比。我国一些单位实测动应力在路基面以下衰减形态列于表4-1。由表中实测数据可见，动应力影响深度约为 3m,其中 0～0.7m 范围内最为显著。

路基面以下动应力衰减比　　　　　　　　　表 4-1

路基面以下深度(m)	0.0	0.3	0.5	0.6	1.0	1.2	1.5	2.0	2.5	3.0
动应力衰减比	1.00	0.75	0.65	0.57	0.39	0.36	0.29	0.17	0.15	0.12

3. 基床厚度设计值

铁路路基基床厚度的确定主要依据动应力与自重应力的关系,其设计值按表 4-2 采用。

铁路路基基床厚度设计值　　　　　　　　　表 4-2

轨道结构形式	铁路等级及设计速度(km/h)	基床表层厚度(m)	基床底层厚度(m)	基床总厚度(m)
有砟轨道	Ⅳ级铁路	0.5	0.7	1.2
	Ⅲ级铁路	0.5	1.0	1.5
	Ⅰ、Ⅱ级铁路	0.6	1.9	2.5
	$v=200$	0.6	1.9	2.5
	$200<v\leqslant250$	0.7	2.3	3.0
	$300\leqslant v\leqslant350$	0.7	2.3	3.0
无砟轨道	—	0.4	2.3	2.7

◆请练习[思考题 4-1]

三、基床填料设计

1. 级配碎石技术要求

客运专线基床表层填料应采用级配碎石,Ⅰ级铁路经经济比选后可采用级配碎石或级配砂砾石。基床表层的材料应具有较高的强度和弹性模量以及耐磨、透水等特性。级配碎石层与上部道床之间应遵守防止渗混、穿透准则,保证相邻层粒径之间的良好的匹配,以及便于碾压密实等性能。

(1) 层间反滤准则

为了保证轨下基础的动力稳定,防止道砟嵌入基床表层或防止基床底层颗粒进入基床表层,不同层材料间的级配需满足式(4-2)。

$$\frac{D_{15}}{d_{85}}<4 \qquad (4-2)$$

式中:D_{15}——上层材料级配曲线中相应于 15% 含量的粒径(mm);

d_{85}——下层材料级配曲线中相应于 85% 含量的粒径(mm)。

(2) 层间匹配

为了保证散粒体相邻层粒径之间的相互匹配,不致相隔太远,造成层与层之间的级配间隙,一般规定如下检验公式:

$$\frac{D_{50}}{d_{50}}<25 \qquad (4-3)$$

式中:D_{50}——上层材料级配曲线中相应于 50% 含量的粒径(mm);

d_{50}——下层材料级配曲线中相应于 50% 含量的粒径(mm);

当基床填料不能满足层间反滤准则及层间匹配的要求时,基床表层应采用颗粒级配不同的双层结构,或在基床底层表面铺设土工合成材料。当下部填土为改良土时,可不受此项技术规定限制。

[例 4-1] 新建客运专线,有砟轨道,采用特级道砟,已知特级道砟的级配曲线中 D_{15} 对应的上限为 34.8mm,D_{50} 对应的上限为 17.0mm。如基床表层材料满足第二章表 2-15 技术要求,试分析基床表层与道床层间反滤及层间匹配要求。

解: 图 2-22 中级配碎石的 d_{85} 对应的下限为 17mm,代入公式(4-2)得 2.05,说明特级道砟和级配碎石之间满足防止渗混、穿透准则。

图 2-22 中级配碎石的 d_{50} 对应的下限为 2.0mm,代入公式(4-3)得 21.7 小于规定值 25,说明特级道砟和级配碎石之间具有良好的匹配。

(3)碾压、密实性

为了便于碾压密实基床表层级配碎石,级配碎石材料应具有一定的不均匀性,我国没有该方面的研究资料,参照德国高速铁路路基保护层标准,规定了高速铁路的不均匀系数不得小于 15。

$$C_u = \frac{D_{60}}{D_{10}}$$

(4)渗透性

基床表层要求具有良好的透水性能,以保证基床表层级配碎石自身的防冻性能,当不均匀系数 C_u 大于 15 时,0.02mm 以下颗粒含量不得大于 3%。寒区铁路细颗粒含量有必要进一步控制,粒径 0.1mm 以下含量应控制在 5%以内。基床表层以下如存在冻结区也应加强防冻设计,一般铁路非冻胀填料要求砂类土细粒含量小于 5%,碎石类土细粒含量小于 15%。

2. Ⅰ级、Ⅱ级铁路基床填料技术

(1)路堤基床

①填料的最大粒径限制。产生基床病害的诸因素中,基床土的性质为内因,水与动载属于外因。要预防基床变形的产生,除从排水条件和路基土的压实密度方面改善提高外,主要应从基床表层土的性质上去解决。水稳性强和级配良好的粗粒土是基床表层的理想材料;水稳性差的细粒土易产生基床病害,这是由于粒径小,遇水抗剪强度降低,承载力减小,稳定性差等特性引起的。所以基床表层应选用符合要求的填料。同时为使基床表层受力均匀,避免轨枕受力不均而产生折断,基床表层不得采用粒径大于 150mm 的填料;基床底层填料的颗粒粒径不应大于 200mm,或摊铺厚度的 2/3。

②填料选择。路堤基床表层填料Ⅰ级铁路应选用 A 组填料(砂类土除外),当缺乏 A 组填料时,经经济比选后可采用级配碎石或级配砂砾石;Ⅱ级铁路应优先选用 A 组填料,其次为 B 组填料,对不符合要求的填料,应采取土质改良或加固措施。

基床底层填料Ⅰ级铁路应选用 A、B 组填料,否则应采取土质改良或加固措施;Ⅱ级铁路可选用 A、B、C 组填料,当采用 C 组填料时,在年平均降水量大于 500mm 地区,其塑性指数不得大于 12、液限不得大于 32%,否则应采取土质改良或加固措施。

(2)低路堤基床

高度小于 2.5m 的低路堤,基床表层厚度范围内天然地基的土质及其天然密实度应符合一般基床设计有关规定。低路堤基床底层厚度范围内天然地基应满足表 4-3 规定的地基条件,否则应进行换填、改良或加固处理。其中**比贯入阻力**(Specific Penetration Resistance,P_s)是指静力触探圆锥探头贯入土层时所受的总贯入阻力与探头平面投影面积的比值。

Ⅰ级、Ⅱ级铁路天然地基条件　　　　　　表 4-3

线 路 等 级	比贯入阻力 P_s (MPa)		基本承载力 σ_0 (kPa)	
	低路堤	路堑	低路堤	路堑
Ⅰ级	≥1.5	≥1.2	≥180	≥150
Ⅱ级	≥1.2	≥1.0	≥150	≥120

(3) 路堑基床

Ⅰ级铁路基床表层天然土质不满足一般路堤基床技术要求时,应进行换填处理;Ⅱ级铁路基床表层土质不满足时,应采取换填或土质改良等措施。

基床表层土的天然密实度不应小于表 4-4、表 4-5 压实标准的规定值,否则应采取压实措施。

基床底层厚度范围内天然地基应满足表 4-3 规定的地基条件,否则应进行加固处理。

陡坡地段的半填半挖路基,路基面以下 1m 范围内应予以挖除换填,挖方顶面应设 4% 的向外排水坡。

不易风化的硬质岩石基床,路基面应设 4% 的人字排水坡,凹凸不平处应以混凝土或级配砂砾石、级配碎石填平。

3. Ⅲ级、Ⅳ级铁路基床填料技术

(1) 路堤基床

路堤基床表层宜选用 A 组填料,其次应为 B 组填料,但颗粒粒径不应大于 150mm。对不符合要求的填料,应采取土质改良或加固措施。

路堤基床底层可选用 A、B、C 组填料,当使用 C 组填料中的细粒土含量大于 30% 的卵石土、碎石土、圆砾土和细粒土中的粉土、粉质黏土时,在年平均降水量大于 500mm 地区,其塑性指数 I_P 不应大于 12,液限含水率 w_L 不应大于 32%;不满足要求时,应采取土质改良或加固措施。

高度小于基床厚度的低路堤,基床厚度范围内天然地基的土质应符合上述规定,其密实度应符合表 4-4 及表 4-6 的规定。基床底层厚度范围内天然地基的静力触探比贯入阻力 P_s 值不得小于 1.0MPa,或天然地基基本承载力 σ_0 不应小于 0.12MPa,不满足要求时应进行换填、改良或加固处理。当基床表层换填渗水土时,基床底层顶部应设 4% 向外的人字形横向排水坡。

陡坡地段的半填半挖路基,路基面以下 1.0m 范围内应挖除并换填符合基床要求的填料,挖方顶面应设 4% 向外排水坡。

(2) 路堑基床

路堑基床表层土的密实度应符合表 4-4 的规定。在年平均降水量大于 500mm 地区,对易风化的泥质岩石及塑性指数 I_P 大于 12,液限含水率 w_L 大于 32% 的黏性土,基床表层应全深度采取换填、土质改良等措施。

路堑基床底层厚度范围内天然地基的静力触探比贯入阻力 P_s 值不得小于 1.0MPa,或天然地基基本承载力 σ_0 不应小于 0.12MPa,不满足要求时应进行换填、改良或加固处理。

4. 客运专线基床底层填料技术

客运专线铁路路基基床底层应采用 A、B 组填料或改良土,A、B 组填料粒径级配应满足压实性能要求,寒冷地区冻结影响范围填料应满足防冻胀要求。基床底层压实标准应符合表 4-7客运专线基床底层填料及压实标准的规定。在填筑基床底层时,对粗粒土填料,细砂一般不可直接填筑,而中砂以上砂、砾应级配良好,其不均匀系数 $C_u > 20$ 的填料可直接填筑。

对不符合上述要求的填料,可采取改良措施,并应与远运土进行经济技术比较。粗粒土宜用物理改良方法,以改善其粒径级配。改良后的粗粒土其级配曲线接近圆顺,不均匀系数 $C_u>20$。细粒土可采用物理改良方法或化学改良方法,当采用化学改良方法时,应根据不同性质填料选择适宜的外掺料,并进行不同配合比的室内物理、力学试验,优化配合比,满足最不利气候条件下的(如干湿、冻融循环后饱和)动应力要求,提出改良后的主要技术参数,如无侧限抗压强度 q_u 等。

5. 客运专线路堑基床

(1)膨胀土、湿陷性黄土等特殊土的基床部分应视具体情况进行挖除换填、设置隔水防渗等措施,基床以下的膨胀土、湿陷性黄土等应在路基变形分析的基础上,采取封闭防水、排水或地基处理措施。

(2)不易风化的硬质岩基床应按以下规定进行处理。

①铺设无砟轨道时,开挖至路基面,直接在开挖面上施作支承层或底座。

②铺设有砟轨道时,开挖至路基面以下 0.2m 处,开挖面由路基中心向两侧设 4% 的横向排水坡,其上填筑级配碎石。

③开挖面上的松动岩石应予清除。开挖面不平整处应采用强度等级不低于 C25 的混凝土嵌补。

(3)软质岩、强风化的硬质岩及土质基床应满足客运专线基床的一般技术要求;基床范围内的地基应无 $P_s<1.5\mathrm{MPa}$ 或 $\sigma_0<180\mathrm{kPa}$ 的土层。不能满足时,应进行加固处理,并符合下列规定:

①基床表层应换填级配碎石并满足客运专线基床表层填料基本技术要求。

②天然地基满足基床底层土质要求时,可采取翻挖回填或加强碾压夯实的措施。

③天然地基不满足基床底层土质要求时,可采取换填、地基改良或加固措施,换填范围应根据具体情况计算分析确定。

④基床翻挖、换填或改良、加固处理时,应采取加强排水和防渗等措施,分层压实应执行基床相应部位标准。

6. 基床填料压实标准

(1)路基压实质量指标

路基基床的压实质量应采用物理和力学双指标控制。基床表层级配碎石压实质量采用压实系数 k 及力学指标进行控制。基床底层 A、B 组填料采用物理力学双指标控制,基床以下路堤以控制物理指标为主,化学改良土填筑压实的施工控制应以掺料剂量、压实系数和 7 天无侧限抗压强度作为控制指标。

物理指标应统一采用压实系数,压实系数是路基压实质量控制的基本指标,应作为压实质量控制的主控项目。

力学指标的 K_{30} 与 E_{v2} 所反映的路基力学性能基本相同且具有较好的相关性,可以相互替代;E_{vd} 可以作为力学指标 K_{30} 或 E_{v2} 试验的补充手段;关于力学指标的选择,高速铁路有砟轨道建议采用 K_{30} 控制,无砟轨道路基 K_{30} 或 E_{v2} 均可。

(2)基床表层压实标准

对细粒土、粉砂、改良土应采用压实系数和地基系数作为控制指标,对砂类土(粉砂除外)应采用相对密度和地基系数作为控制指标,对砾石类、碎石类、级配碎石或级配砂砾石应采用地基系数和孔隙率作为控制指标,并应分别符合表 4-4、表 4-5 的规定,表 4-4 中括号内的数据仅为改良土的压实标准。

基床表层的压实标准　　　　　　　　　　　　　　　　　　表 4-4

填料 压实指标	级配碎石 客运专线	细粒土、粉砂、改良土				砂类土（粉砂除外）				砾石类		碎石类			
		Ⅰ级	Ⅱ级	Ⅲ级	Ⅳ级	Ⅰ级	Ⅱ级	Ⅲ级	Ⅳ级	Ⅰ级	Ⅱ级	Ⅰ级	Ⅱ级	Ⅲ级	Ⅳ级
压实系数 k	≥0.97	—	(0.93)	0.91	0.91	—	—	—	—	—	—	—	—	—	—
地基系数 K_{30}(MPa/m)	≥190	—	(100)	90	90	—	110	100	100	150	140	150	140	120	120
相对密度 D_r	—	—	—	—	—	—	0.8	0.75	0.75	—	—	—	—	—	—
孔隙率 n(%)	—	—	—	—	—	—	—	—	—	28	29	28	29	—	—
动态变形模量 E_{vd}(MPa)	≥55	—	—	—	—	—	—	—	—	—	—	—	—	—	—

Ⅰ、Ⅱ级铁路级配碎石或级配砂砾石的基床表层厚度及压实标准　　表 4-5

填　料	厚度 （m）	地基系数 K_{30} （MPa/m²）	孔隙率 （%）	适用范围
级配碎石或级配砂砾石	0.6	≥150	<28	路堤
级配碎石或级配砂砾石	0.5	≥150	<28	软质岩、强风化硬质岩及土质路堑
中粗砂	0.1	≥130	<18	

客运专线无砟轨道基床表层压实标准可采用 K_{30} 或 E_{v2} 指标。当采用 E_{v2} 时，其控制标准为 $E_{v2} \geq 120$ MPa 且 $E_{v2}/E_{v1} \leq 2.3$。

（3）基床底层的压实标准

对细粒土、粉砂、改良土应采用压实系数和地基系数作为控制指标，对砂类土（粉砂除外）应采用相对密度和地基系数作为控制指标，对砾石类、碎石类应采用地基系数和孔隙率作为控制指标；对块石类应采用地基系数作为控制指标。Ⅰ、Ⅱ级铁路基床底层的压实标准应符合表 4-6 的规定，其中细粒土、粉砂、改良土一栏中，有括号的仅为改良土的压实标准，无括号的为细粒土、粉砂、改良土的压实标准。

普速铁路基床底层的压实标准　　　　　　　　　　　　　　表 4-6

填料 压实指标	细粒土、粉砂、改良土				砂类土（粉砂除外）				砾石类		碎石类				块石类	
	Ⅰ级	Ⅱ级	Ⅲ级	Ⅳ级	Ⅰ级	Ⅱ级	Ⅲ级	Ⅳ级	Ⅰ级	Ⅱ级	Ⅰ级	Ⅱ级	Ⅲ级	Ⅳ级	Ⅰ级	Ⅱ级
压实系数 k	(0.93)	0.91	0.89	0.86	—	—	—	—	—	—	—	—	—	—	—	—
地基系数 K_{30} (MPa/m)	(100)	90	80	70	100	100	80	80	120	120	130	130	100	100	150	150
相对密度 D_r	—	—	—	—	0.75	0.75	0.7	0.7	—	—	—	—	—	—	—	—
孔隙率 n(%)	—	—	—	—	—	—	—	—	31	31	31	31	—	—	—	—

客运专线基床底层的压实标准应符合表 4-7 的规定，表 4-7 中括号内数据为寒冷地区化学改良土考虑冻融循环作用所需强度值。无砟轨道基床底层的压实标准可采用 K_{30} 或

E_{v2}指标,采用E_{v2}时,其控制标准为$E_{v2} \geq 80MPa$且$E_{v2}/E_{v1} \leq 2.5$。

客运专线基床底层填料及压实标准　　　　　　表4-7

压 实 标 准	化学改良土	砂类土及细砾土	碎石类及粗砾土
压实系数 k	≥0.95	≥0.95	≥0.95
地基系数 K_{30}(MPa/m)	—	≥130	≥150
动态变形模量 E_{vd}(MPa)	—	≥40	≥40
7d饱和无侧限抗压强度(kPa)	≥350(550)	—	—

◆请练习[思考题4-2]

四、普速铁路路基基床加固措施

普速铁路路基基床加固应根据土质及其密实度、降水量、地下水类型及其埋藏深度、加固材料来源等确定,经比选可采用就地碾压、换土或土质改良、加强防排水、设置土工合成材料等措施。在水文地质条件复杂及易产生冻害地段,应对基床部分采取防水或防冻害措施。

(1)就地碾压

路堑基床表层和低路堤基床表层范围内天然地基土符合填料要求,当其天然密实度不满足表4-6的规定时,可采用重型碾压机械进行碾压。

(2)换土或土质改良

当基床土不能满足规范规定时,Ⅰ级铁路的基床表层采取换填处理,Ⅰ级铁路的基床底层和Ⅱ级、Ⅲ级、Ⅳ级铁路的基床可采用换土或在土中加入石灰、水泥、砂、粉煤灰等掺和料的土质改良或地基处理措施。

(3)加强防排水

当基床土受水影响时,应增设地面或地下排水设备,拦截、引排或降低、疏干基床范围内的水。

(4)设置土工合成材料

①新建铁路基床需要处理时,将土工合成材料铺设在基床底层表面或换填层的底面,如图4-3所示。

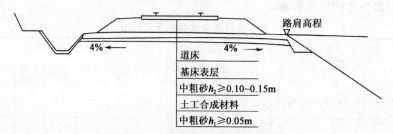

图4-3　土工合成材料铺设在基床底层表面

②对既有铁路基床翻浆冒泥或冻害进行整治时,土工合成材料可铺设在基床表面(图4-4);该整治措施要求道床厚h_3与中粗砂厚h_2之和不得小于相应线轨道类型的标准道床厚度,中粗砂总厚度h_1与h_2之和不得小于0.20m,中粗砂含泥量不得大于5%。

③采用土工格室或其他土工合成材料加固基床、整治基床下沉外挤等病害时,可铺设在基床表层内,如图4-5所示。图中土工合成材料右侧所示为土工格室,左侧所示为其他土工合成材料,中粗砂总厚度h_1与h_2之和不得小于0.20m,含泥量不得大于5%。

既有铁路基床病害整治时,土工合成材料纵向分别向病害地段两端延长5m以上,横向排

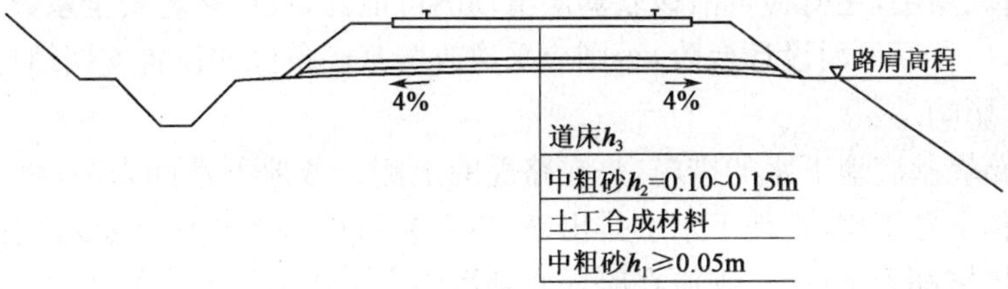

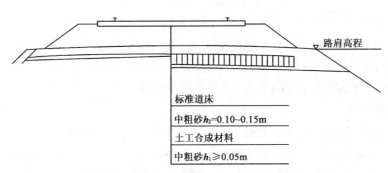

图 4-4　土工合成材料铺设在基床表面

图 4-5　土工合成材料铺设在基床表层内

水坡度不宜小于 4%。土工合成材料应全断面铺设,当铺设在基床表面时,土工合成材料不得暴露于道床之外;用于膨胀土、湿陷性黄土地区时,土工合成材料横向铺设宽度应适当加宽;当铺设土工格室时,其范围宜在道砟脚范围内;土工合成材料的上、下面应铺设砂垫层,且材料下填土质量应满足设计要求。

(5) 综合措施

当并存的诸因素均可诱发基床病害时,可采用上述措施的组合。

◆请练习[思考题 4-3]

第二节　基床下路堤

一、普速铁路路堤基底处理

1. 基底表层处理一般技术要求

(1) 稳定斜坡上地基表层的处理,应符合下列要求。

①地面坡率缓于 1:10 时,路堤可直接填筑在天然地面上。路堤高度小于基床厚度的地段,应清除地表草皮。

②地面坡率为 1:10~1:5 时,应清除草皮。

③地面坡率为 1:5~1:2.5 时,对一般常遇到的细粒土斜坡,原地面应挖台阶,台阶宽度不应小于 2m,以减少路堤沿基底面滑动和克服路堤产生纵向裂缝。当斜坡为砂类土时,可以不挖台阶,只要将表层土翻松压实即可。如基岩面向下倾斜,基岩面上覆盖层不厚且有滑动可能时,可以将覆盖层清除,再挖台阶;若倾斜的基岩为不易风化岩层,可将表层用爆破爆成不拘形式的粗糙面后,再在地基砌砌成 2m 宽的台阶,然后在其上进行填筑。

(2) 地面横坡陡于 1:2.5 地段的陡坡路堤应考虑个别设计,检算路堤沿基底滑动的稳定性；如基底下有软弱层，还得检算沿该软弱层滑动的可能性，抗滑稳定安全系数不得小于1.25。当符合要求时，应在原地面设计台阶，否则应采取改善基底条件或设置支挡结构等防滑措施。

(3) 地下水影响

一般处理路堤基底地下水的措施，是在路堤的上侧拦截地下水的来路，将水引到别处去；或在路堤地基作疏导工程，把地下水引排出来，拦截或引排地下水应注意对周围环境的影响。如以上的处理措施都无条件时，则应在路堤底部用渗水土或不易风化的岩块填筑，以保证路堤的稳固。

2. 松散土层处理

地基表层为松散土层，其天然密实度小于表4-8的压实标准规定值时，当松土厚度不大于0.3m，应将原地表碾压密实；当松土厚度大于0.3m，应将松土翻挖，分层回填压实或采取其他加固措施，碾压后的压实质量应满足表4-8压实标准的规定值。

3. 软弱土层处理

地基表层为软弱土层，当其静力触探比贯入阻力 P_s 值：Ⅰ级铁路小于1.2MPa，Ⅱ级铁路小于1.0MPa；或天然地基基本承载力 σ_0：Ⅰ级铁路小于0.15MPa，Ⅱ级铁路小于0.12MPa时，应根据软弱土层的性质、厚度、含水量、地表积水深度等，采取排水疏干、挖除换填、抛填片石或填砂砾石等地基加固措施。

如软弱土层较厚，按一般原则处理不能保证路基稳定时，应进行地基处理方法加固地基。

4. 厚层软土

厚层软土及其他类型厚层松软地基上的路基必须进行路基稳定性、沉降检算，当稳定安全系数、工后沉降不满足规定时，应进行地基处理。

◆请练习[思考题4-4]

二、Ⅰ、Ⅱ级铁路路堤

1. Ⅰ、Ⅱ级铁路路堤填料选择

路堤基床以下部位填料的最大粒径不大于300mm或摊铺厚度的2/3。一般选用A、B、C组填料，当选用D组填料时，应采取加固或土质改良措施，严禁使用E组填料；路堤浸水部位应采用渗水土填料。

限制使用D组土作填料的原因，主要是由于这些土遇水易于崩解软化、强度剧烈降低，如膨胀土还具有吸水膨胀、失水收缩和反复变形的特性。如当地无A、B、C组填料时，除应做好排水工程防止地表水和地下水侵入堤身外，还应根据D组填料的特性采取不同措施，如采取土中加入石灰、水泥等掺和料、渗水土与黏土分层填筑等。

2. 分层填料填筑技术规定

基床下路堤一般采用同一种填料填筑，以免产生不均匀沉降。不同性质填料混杂填筑，会使其接触面形成滑动面，或在路堤内造成水囊。如条件困难，不得不采用性质不同的填料填筑时，亦应使各种不同的填料分开逐层填筑，每一水平层全宽应以同一种填料填筑。当采用两种性质不同的填料填筑时，可参见如下断面形式。

渗水土填在非渗水土上时，非渗水土层顶面应向两侧设4%的人字排水坡，如图4-6所示。

非渗水土填在渗水土上时，当上下层填料的粒径相差在规定范围内时，如图4-7所示。

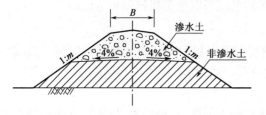

图 4-6 用不同类土填筑的路堤断面形式之一

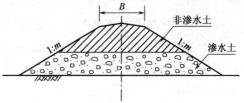

图 4-7 用不同类土填筑的路堤断面形式之二

当上下层填料的颗粒大小相差悬殊时,应在分界面上铺设厚度不小于 30cm 的垫层,如图 4-8 所示。

3. 路堤填料的压实标准

基床下路堤部位填料的压实标准:对细粒土、粉砂、改良土应采用压实系数和地基系数作为控制指标;对砂类土(粉砂除外)应采用相对密度和地基系数作为控制指标;对砾石类、碎石类应采用地基系数和孔隙率作为控制指标;对块石类应采用地基系数作为控制指标。并应符合表 4-8 的规定,表 4-8 中括号内为砂类土(粉砂除外)、砾石类、碎石类、块石类中渗水土填料的压实标准。

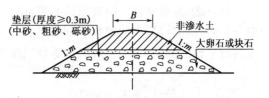

图 4-8 用不同类土填筑的路堤断面形式之三

路堤基床以下部位填料的压实标准 表 4-8

填筑部位	检测指标	细粒土、粉砂、改良土		砂类土(粉砂除外)		砾石类		碎石类		块石类	
		Ⅰ级	Ⅱ级	Ⅰ级	Ⅱ级	Ⅰ级	Ⅱ级	Ⅰ级	Ⅱ级	Ⅰ级	Ⅱ级
不浸水部分	压实系数 k	0.90	0.90	—	—	—	—	—	—	—	—
	地基系数 K_{30} (MPa/m)	80	80	80	80	110	110	120	120	130	130
	相对密度 D_r	—	—	0.7	0.7	—	—	—	—	—	—
	孔隙率 $n(\%)$	—	—	—	—	32	32	32	32	—	—
浸水部分及桥涵两端	压实系数 k	—	—	—	—	—	—	—	—	—	—
	地基系数 K_{30} (MPa/m)	—	—	(80)	(80)	(110)	(110)	(120)	(120)	(130)	(130)
	相对密度 D_r	—	—	(0.7)	(0.7)	—	—	—	—	—	—
	孔隙率 $n(\%)$	—	—	—	—	(32)	(32)	(32)	(32)	—	—

(1)地基系数 K_{30} 分别与压实系数 k、相对密度 D_r、孔隙率 n 一起分别使用,对细粒土、改良土和粗粒土中的砂类、砾石类、碎石类的压实标准进行双指标控制,以互相验证,确保工程质量。

(2)压实系数采用重型击实试验标准。

细粒土和可击实的粗粒土的含水率是影响压实度的主要因素,在一定的压实条件下,密实度最初是随含水率的增加而上升的,但达到最优含水率后,含水率再增加反而引起密实度下降。所以要使填料达到一定的密实度,其含水率应保持在某一个固定范围内才能实现,这个范围的上下限叫临界含水率。当含水率超过上限时,可采取排水疏干、松土晒干、中间夹砂或重型碾压等措施；当含水率小于下限时，可采取加水润湿或采取重型机械碾压等措施。

4. 高路堤填料及路基面加宽

对于边坡高度大于15m的高路堤，应考虑路堤沉降引起的路基面宽度不足问题。为减少高路堤的工后沉降量，设计时应选择压缩性小的填料，并提高填料的压实标准，应采用基床底层的压实标准。

高路堤沉降的原因，除与地基条件有关外，还与路堤高度、填料种类、压实标准等有密切关系。由于影响路堤沉降的因素复杂，沉降量目前还没有合理的理论计算方法。路基面加宽值的计算方法，是根据现阶段有限的实测资料、一些学术研究成果和有关规范所作的规定，经汇总分析后，提出根据不同填料类别所对应的沉降比。所谓**沉降比**，是指路堤总沉降量与路堤填土高度之比。根据填料、边坡高度等加宽路基面，其每侧加宽值 Δb 应按式(4-4)计算。

$$\Delta b = C \cdot H \cdot m \tag{4-4}$$

式中：C——沉降比，细粒土约为 0.01～0.02，漂石土、卵石土、碎石土、粗粒土约为 0.005～0.015，硬块石约为 0.005～0.01，软块石约为 0.015～0.025；

H——路堤边坡高度(m)；

m——道床边坡坡率。

[**例 4-2**] 新建Ⅱ级铁路，轻型轨道结构类型，路堤设计高度为 16.5m，路堤填料为粉质黏土，试估算路堤填筑加宽值。

解： 路堤填料为粉质黏土，属于细粒土，沉降比 $C=0.01～0.02$；轻型轨道结构的道床边坡坡率 $m=1.5$，则路堤填筑每侧加宽值 Δb 为：

$$\Delta b = (0.01～0.02) \times 16.5 \times 1.5 = 0.25～0.50 \text{m}$$

5. 路堤边坡形式和坡率

路堤边坡形式和坡率应根据填料的物理力学性质、边坡高度、轨道和列车荷载及地基工程地质条件等确定。当地基条件良好，边坡高度不大于表 4-9 范围时，其边坡形式和坡率应按表 4-9 采用。表中所规定的坡度值是根据有代表性的普通填料的物理力学性质，考虑列车荷载的作用，经过大量的稳定检算，并结合边坡的实践经验，综合分析而定的。

一般路堤边坡形式和坡率　　　　　　表 4-9

填料名称	边坡高度(m)			边坡坡率			边坡形式
	全部高度	上部高度	下部高度	全部坡率	上部坡率	下部坡率	
细粒土、易风化的软块石	20	8	12	—	1:1.5	1:1.75	折线型
粗粒土(细砂除外)、漂石土、卵石土、碎石土、不易风化的软块石	20	12	8	—	1:1.5	1:1.75	折线型
硬块石	8	—	—	1:1.3	—	—	直线型
	20	—	—	1:1.5	—	—	直线型

为保护路堤稳定，在坡脚与排水沟(或取土坑)内侧边缘之间设有一定宽度的平台为**护道**(Berm)。护道为原地面的称天然护道，人工填筑的称人工护道，为增强地基稳定或抵抗基底滑动的称反压护道。为避免排水沟或取土坑水流冲刷沟壁和由于水的浸润作用而影响路堤的稳定性，或为防止在未设置排水沟、取土坑的地段开垦农田而影响路堤的稳定性，在路堤坡脚外应设有不小于 2m 宽的天然护道。在经济作物区高产田地段，应考虑以农业为基础的方针，

尽可能少占田地,可在路堤坡脚设置必要的防护措施,如做护坡或坡脚墙或设宽度不小于1m的人工护道,以保持路堤的稳定。

Ⅰ级铁路的路堤边坡高度不宜大于15m,当路堤边坡高度大于表4-9的数值时,则应进行个别设计。其超出的下部边坡形式和坡率,应根据填料的性质由稳定分析计算确定,最小稳定安全系数应为1.15~1.25,边坡形式宜用阶梯型。

三、客运专线路堤

1. 路堤填料

(1) 填料最大粒径限制

填料最大粒径的限制对于保证路基工程质量非常重要,符合将路基作为结构设计的理念。由于K_{30}检测方法要求最大粒径不大于荷载板的1/4即75mm,按照有利于填筑质量控制的原则,路基填料最大粒径在基床以下路堤内应小于75mm。

(2) 填料选择及压实标准

客运专线基床以下路堤宜选用A、B组填料和C组碎石、砾石类填料,其粒径级配应满足压实性能要求;当选用C组细粒土填料时,应根据填料性质进行改良。基床以下路堤压实标准应符合表4-10的规定。无砟轨道路堤填料压实标准可采用K_{30}或E_{v2}指标,当采用E_{v2}时,压实控制标准为$E_{v2} \geqslant 45$MPa且$E_{v2}/E_{v1} \leqslant 2.6$。

基床以下路堤填料及压实标准　　　　表4-10

压实标准	化学改良土	砂类土及细砾土	碎石类及粗砾土
压实系数 k	≥0.92	≥0.92	≥0.92
地基系数 K_{30}(MPa/m)	—	≥110	≥130
7d饱和无侧限抗压强度(kPa)	≥250	—	—

在填筑基床以下的路堤时,对粗粒土填料,粉、细砂一般不宜直接填筑。中砂以上砂、砾应级配良好,其不均匀系数$C_u>12$。C组细粒土中的粉黏土应使其黏粉比(黏粒质量/粉粒质量)>22,同时应满足无侧限抗压强度$q_u>170$kPa或黏聚力$C>65$kPa。

2. 其他设计规定

受洪水或河流冲刷及长期受水浸泡的路堤部位,应采用水稳性好的渗水性材料填筑,并应放缓边坡坡率、设置边坡平台、加强边坡防护。

雨季滞水及排水不畅的低洼地段,浸水影响范围应以渗水性材料填筑,并应采取排水疏导措施。

在高地下水位(地下水位距地表不大于0.5m)的黏性土地基上填筑路堤时,路堤底部应填筑渗水性材料,有条件时采取降低地下水位的措施。

路堤边坡坡率可根据路基填料、路堤高度、地震力、基底地质条件、水文气候条件等因素综合分析确定。

路基工程应严格控制路堤填筑高度。客运专线及时速200公里客货共线Ⅰ级铁路,平原地区路堤高度不宜超过6m;山区地质条件良好地段路堤边坡高度不应超过12m,膨胀土、湿陷性黄土等特殊岩土及岩溶发育区等不良地质区段不应超过8m。

四、加筋土路堤

当路堤填料为细粒土或软质岩、改建或增建二线帮宽或加宽的路基稳定性较差、受地形限制需要加陡路堤边坡时,可采用土工合成材料加筋补强。**加筋**(Reinforcement)把具有一定抗拉强度的土工合成材料埋于土体内适当位置,依靠其与土界面的相互作用,提高土体强度和稳定性,限制土体位移的措施。在土工合成材料加筋路堤中,土工合成材料的主要作用在于提高路堤堤身的稳定性和抵抗边坡浅层溜坍的能力,因此当路堤采用细粒土、软质岩等填料填筑时,可采用土工格栅、土工网等加固边坡。

1. 加筋土路堤结构形式

(1)采用细粒土或软质岩等填料的路堤边坡,选用图4-9的边坡加筋补强结构形式,防止边坡浅层溜坍和增强边坡抗冲蚀的能力。

(2)受地形、地物限制需加陡路堤边坡时,选用图4-10的加筋土路堤结构形式,筋材的回折长度可根据第六章第七节式(6-71)计算。

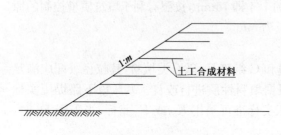

图4-9 路堤边坡加筋补强结构形式

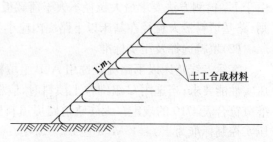

图4-10 外边回折的加筋土路堤结构形式

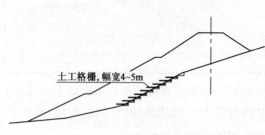

图4-11 陡坡路堤加筋结构形式

(3)增强路堤填土界面处摩擦力,提高路堤的整体稳定性时,宜选用图4-11的填土界面加筋结构形式。

2. 加筋土路堤技术要求

当路堤采用多层土工合成材料加筋时,各层土工合成材料之间的间距不宜小于每一填筑层的最小厚度,亦不宜大于1m,加筋材料的最小铺设宽度不应小于2.5m。

加筋土路堤中土工合成材料的铺设层数和长度应按圆弧滑动法或楔体滑动法稳定性检算确定,安全系数不得小于1.3。筋材的锚固长度除应满足抗拔稳定性计算要求外,亦不得小于2.5m。

用于路堤边坡加筋补强时,宜选用土工格栅、土工网,其极限抗拉强度不应小于25kN/m;用于加筋土路堤的土工合成材料宜选择强度高、变形小、粗糙度大、抗老化、蠕变变形小的土工格栅,其极限抗拉强度不应小于35kN/m;填土界面加筋宜选用土工格栅。

◆请练习[思考题4-5]

第三节 路基填筑施工技术

一、填料生产

基床及基床以下路堤填料应按规范规定选用,并符合设计要求,路堤填筑前应对地基和原地面处理进行验收,其质量应达到设计要求。

1. 路基填料复查试验与填料生产场的设置

(1)路堤填筑前应对设计取土场的填料进行取样复查试验,符合设计要求的普通填料不足时,应根据当地资源情况设置填料生产场。

(2)设计料场的质量或数量不完全满足要求时,应重新选择路基填料料场,按建设管理程序报相关单位确认。

(3)填料生产场应根据需要配备相应的筛分、破样、拌和等设备。

2. 路基普通填料和物理改良填料生产

(1)直接用于路基填筑的原状土料的组别、粒径级配及技术性能应符合设计要求,其含水率应在工艺试验确定的施工控制含水率范围内。

(2)采用硬质岩或不易风化的块石作为料源时,应设专门的填料生产加工场。填料生产时,大粒径的岩块应先进行破碎解小,再输入破碎机破碎,然后经筛孔径为75mm(基床以下用料)或60mm(基床底层用料)振动筛筛分,使填料的粒径小于75mm或60mm。

(3)填料压实性能不满足时,应掺入粗颗粒土或细颗粒土等外掺土料,通过机械拌和均匀进行物理改良。填料经物理改良后,其规格、性能及压实性能需同时满足设计要求。

(4)填料的含水率过大或过小时,应晾晒或洒水拌匀,符合工艺性试验确定的范围后方可使用。

3. 场拌法化学改良土填料生产

(1)改良土拌和站应根据工程量及地形、地貌等规划布置,拌和站应具有自动计量装置。

(2)原土料及外掺料的备料场均应搭建料棚,不同品种、规格的材料之间应修建隔墙。

(3)改良土应按设计进行室内配合比试验确定初步配合比,进行填筑工艺性试验验证室内试验配合比,并确定施工工艺参数。

(4)原土料粒径应小于15mm,否则应进行破碎处理;原土料含水率应满足拌和需要,否则应进行晾晒或洒水拌匀处理。

(5)外掺料采用水泥基类时,其击实最大干密度应取延迟一定时间的试验值,延迟时间根据所选工艺经试验确定。

(6)外掺料使用消石灰时,应在使用前7~10d充分消解,并应保持一定的湿度。采用生石灰时,应选用磨细生石灰粉。

(7)改良土拌和前应对所有设备进行调试和计量检查,测定原土料和外掺料的含水率,并按生产配合比确定配料机料仓的输送带转速和加水量。

(8)改良土拌和过程中应对混合料颗粒粒径与外掺料的含量进行检验,混合料组成发生变化时应重新调试设备。

(9)改良土拌和好后应尽快运至施工现场。运送过程中宜覆盖,减少水分损失及环境污染。

4. 集中路拌法化学改良土填料生产

(1)集中路拌法场地应合理规划,拌和区域内草皮、树根及不符合要求的土层应全部清除。拌和区域四周应开挖一定深度的排水沟,防止场内其他区域水分的渗透。

(2)路拌机应进行试拌并确定拌和深度。

(3)检测拌和深度内不同位置的含水率,含水率过小或过大时应采用洒水闷料或翻松晾晒的措施。翻松晾晒的深度应大于拌和深度。

(4)外掺料单位面积摊铺数量应按配合比及路拌机拌和深度计算,采用撒布车或人工将外掺料均匀摊铺在原土料表面上。

(5)改良土采用路拌机进行粉碎、拌和。拌和重叠宽度不宜小于50cm,拌和深度不应大于试拌确定的深度。施工时宜设专人跟随路拌机,随时检查拌和深度,并配合路拌机操作员调整拌和深度。

(6)改良土基本拌和均匀后应检测含水率,含水率过大时应晾晒,含水率过小时应洒水。

(7)改良土拌和好后应检测粒径、外掺料掺量、含水率,检测合格后方可装车并尽快运至施工现场。运输过程中宜覆盖,以减少水分损失及环境污染。

5. 级配碎石填料生产

(1)基床表层和过渡段用级配碎石宜采用三级或四级级配进行配制。

(2)配制基床表层和过渡段用级配碎石的各种分级集料,进场应验收并分类堆放。

(3)级配碎石配合比应根据各种不同规格集料采用相应标准的筛分结果,按规范规定的粒径级配范围进行设计。

(4)级配碎石应按设计配合比进行室内击实试验和现场填筑工艺试验,确定生产用配合比。

(5)级配碎石正式拌和之前,应对所有设备进行调试和计量检查,并测定各种集料的含水率,按生产配合比确定配料机料仓的输送带转速和加水量。

(6)掺水泥级配碎石的重型击实最大干密度应取延迟一定时间的试验值,延迟时间根据所选工艺经试验确定,但不应大于4h。

(7)拌和过程中应对级配碎石的级配、水泥剂量和含水率进行检测,混合料组成发生变化时应及时重新调试设备。

(8)检测合格的级配碎石应尽快运至施工现场。级配碎石在运送过程中宜覆盖,减少水分损失及环境污染。

6. 路基填料质量检验

直接开采或用岩块破碎、筛分加工生产的普通填料,应根据现场填筑需要提前进行最大干密度试验,填筑过程中应进行粒径、粒径级配及细粒含量检验。

采用物理改良方法生产的普通填料,应根据现场填筑需要提前进行配合比和最大干密度试验,填筑过程中应进行粒径、粒径级配及细粒含量检验。化学改良土的原土料应提前检验有机质和硫酸盐含量;化学改良土用水泥或同类胶材应检验凝结时间、安定性和胶砂强度,石灰应检验细度、未消化残渣含量、二氧化碳(CO_2)含量和氧化钙+氧化镁($CaO+MgO$)含量,粉煤灰或同类外掺料质量应检验细度、烧失量、矿物成分($SiO_2+Al_2O_3+Fe_3O_4$)含量和三氧化硫(SO_3)含量。化学改良土使用前应进行改良土配合比试验、最大干密度试验和无侧限抗压强度验证试验,并根据现场填筑需要,提前再次复查最大干密度。

基床表层级配碎石使用前应进行洛杉矶磨耗率、硫酸钠溶液浸泡损失率、液限和塑性指数试验。级配碎石生产期间,每班应抽样检验粒径级配、黏土及其他杂质含量、大于22.4mm的粗颗粒中带有破碎面的颗粒含量,并根据现场填筑需要,提前进行最大干密度试验。过渡段用级配碎石生产期间,每工班应抽样检验粒径级配、针状和片状碎石含量、质软和易破碎的碎石含量,并根据现场填筑需要,提前进行最大干密度试验。

二、基床下路堤填筑施工

在路基设计施工中,对移挖作填土、取土、弃土作出经济合理的调运称为**土石方调配**(Cut-fill Transition)。路堤施工前,应编制土石方调配方案,原地面和地基应按设计要求进行处理。填料含水率控制范围应由室内试验和现场工艺试验段综合确定;含水率过高时,应采取疏干、松土、晾晒或其他措施;含水率过低时,应加水润湿。

路堤施工应结合永久性排水设施做好临时排水设施,基底、坡脚、填层面不应积水。路堤各部分及护道应一体施工、分层填筑,并碾压至规定的压实标准。填筑前应进行工艺性试验,确定施工工艺参数。

基床表层以下路基施工应配置平地机、重型振动压路机等设备;基床表层级配碎石施工应配置拌和站、摊铺设备、重型振动压路机等设备。

1. 路堤填筑施工工艺流程

基床以下路堤填筑应按"三阶段、四区段、八流程"的施工工艺组织施工,每个区段的长度应根据使用机械的能力、数量确定,宜取 200m 以上或以构造物为界。各区段内严禁几种作业交叉进行,并设置明显标识。基床以下路堤填筑施工工艺流程如图 4-12 所示。

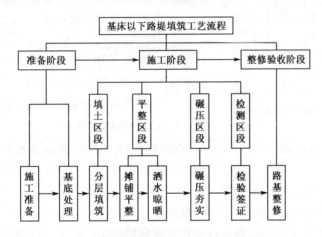

图 4-12 基床以下路堤填筑施工工艺流程图

2. 基床以下路堤填筑规定

(1)路堤应沿横断面全宽、纵向分层填筑。原地面高低不平时,应先从最低处开始分层填筑并由两边向中部填筑。路基横断面宽度每侧宜超填 50cm。

(2)分层填筑厚度应根据压实机械压实能力、填料种类和要求的压实质量,通过工艺性试验段确定。

(3)不同性质的填料应分层填筑,每一水平层的全宽应用同一种填料填筑。

(4)填料摊铺应使用推土机进行初平,再用平地机进行平整,填层面应无显著的局部凹凸。

(5)每一层填筑过程中,应确认填料含水率、松铺厚度符合工艺试验确定的标准后再进行碾压。碾压顺序应按先两侧后中间,先静压后弱振、再强振的操作程序进行碾压。各种压路机的最大碾压行驶速度不宜超过 4km/h。各区段交接处,应互相重叠压实,纵向搭接长度不应小于 2.0m,沿线路纵向行与行之间压实重叠不应小于 40cm,上下两层填筑接头应错开不小于 3.0m。

(6)路堤各段不能同步填筑时,纵向接头处应在已填筑路堤端挖出硬质台阶,台阶宽度不宜小于2m,高度同填筑层厚度。

基床底层应分层填筑,施工工艺及施工规定与基床下路堤填筑施工相同。

三、基床表层填筑施工

基床表层级配碎石填料应按规范规定选用,并符合设计要求。基床表层填筑前应对基床底层进行验收,其质量应达到设计要求。

1. 基床表层施工工艺

基床表层施工按"三阶段、四区段、六流程"组织作业,各区段内严禁几种作业交叉进行,并设置明显标识。基床表层施工工艺流程如图4-13所示。

2. 基床表层级配碎石填筑施工规定

(1)基床表层级配碎石应分层填筑、分层压实。

(2)基床表层摊铺碾压区段的长度应根据施工机械能力、数量确定。区段的长度不宜小于100m。

(3)级配碎石摊铺可采用摊铺机或平地机进行,摊铺厚度应按工艺试验确定的参数控制。用平地机摊铺时,布料采用方格网控制填料数量。级配碎石摊铺严禁采用薄层贴补法找平。

(4)级配碎石摊铺完成后应由人工配合及时消除粗细集料离析现象。

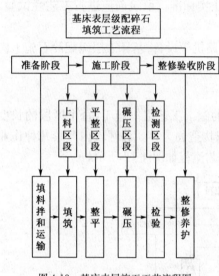

图4-13 基床表层施工工艺流程图

(5)碾压前应检查级配碎石的含水率。必要时应补充洒水,使其含水率达到或略大于施工最优含水率。

(6)碾压时应采用先静压、后弱振、再强振的方式,最后静压收光。直线地段,应由两侧路肩开始向线路中心碾压;曲线地段,应由内侧路肩向外侧路肩进行碾压。沿线路纵向行与行之间重叠压实宽度不应小于40cm,各区段交接处纵向搭接压实长度不应小于2.0m,上下两层填筑接头应错开不小于3.0m。碾压后的基床表层表面,不应出现局部表面不平整、粗细集料窝或集料带现象。

(7)横向结构物顶部填土厚度小于1m范围内应用小型压实机械压实。

(8)横向接缝处填料应翻挖并与新铺填料拌和均匀后再进行碾压,纵向应避免施工缝。

基床表层级配碎石填筑完成后,应采取措施控制车辆通行,保护基床表层不受破坏。严禁机械设备在已完成的或正在碾压的路段上调头或急刹车。

四、改良土填筑施工

改良土原材料复查试验、改良土生产和质量检验应符合规范的相关规定。改良土填筑施工前,应对下承层进行检查验收,下承层应平整、密实,具有规定的路拱。改良土施工区段应根据填筑阶段的不同进行划分,避免交叉作业。

改良土碾压应按照工艺试验确定的工艺参数进行。碾压时沿线路纵向行与行之间横向重叠宽度不宜小于40cm,各区段交接处纵向搭接长度不应小于2.0m,上下两层填筑接头应错开不小于3.0m。改良土碾压后压实层面应平整,不应有明显轮迹。严禁压路机在已完成或正在碾压的路段上调头或急刹车。

1. 化学改良土施工工艺

化学改良土施工应考虑延时效应,其最大干密度取延迟一定时间的试验值,延迟时间根据所选施工工艺经试验确定,其中水泥改良土施工延迟时间不应超过4h。化学改良土应保证良好的养生。改良土分层施工时,下层填筑压实质量合格后,立即填筑上一层改良土,可不需要专门的养生期。化学改良土填筑施工工艺流程如图4-14所示。

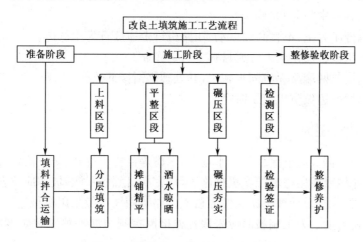

图4-14 化学改良土填筑施工工艺流程图

化学改良土碾压过程中,表面应始终保持湿润,防止发生松散、起皮等现象。

2. 改良土施工规定

物理改良土施工应符合普通填料施工的相关规定,化学改良土施工应符合下列规定。

(1)改良土填筑下承层为细粒土时,应对表面进行拉毛、润湿处理。

(2)改良土应全断面均匀摊铺,不应出现纵向接缝。横向中断超过一定时间后,应设置横向施工缝,两工作段的横向接缝搭接施工。

(3)路幅较宽采用两台摊铺机同时施工时,宜前后保持5~10m间距同步作业,以免形成纵向施工接缝。

(4)采用平地机摊铺施工时,改良土卸车数量和间距应采用方格网控制,卸在路基上的改良土应及时进行摊铺平整,先初平,后精平。初平后改良土的厚度不应超过工艺试验确定的松铺厚度,表面应平整,并具有2%~4%的横向排水坡。初平后改良土应用压路机快速碾压1~2遍,然后再整平并碾压1遍。局部坑洼处,应将表面厚度不小于5cm范围内耙松,并用新拌和混合料进行找平。整型应注意接缝处的平整,保证接缝平顺。

五、加筋土填筑施工

用于加筋的土工合成材料应符合设计要求,进场时按规定的批次进行抽样检验。土工合成材料运至工地后,应分批堆放在料棚(库)内,防止日晒雨淋,并保持料棚通风干燥。

1. 土工合成材料铺设规定

(1)铺设土工合成材料的下承层表面应整平、密实,并清除表面坚硬凸出物。

(2)铺设土工合成材料时,应将强度高的方向置于路基主要受力方向。

(3)土工合成材料的连接应牢固,受力方向连接强度不应低于设计允许抗拉强度。
(4)土工合成材料铺设时,应拉紧展平插钉固定,不应褶皱扭曲,并应与路基面密贴。
(5)多层铺设时,上下层接缝应交替错开。

2. 加筋土路堤填筑施工规定

加筋土路堤填筑应分层摊铺、分层碾压,除应符合前述一般路堤填筑施工的相关规定外,还应符合下列规定。
(1)土工合成材料铺设后应及时填筑填料,避免长时间受阳光暴晒。
(2)填料摊铺宜从中间向两侧进行。
(3)碾压应以静压为主,不宜高频振动,压路机行走速度宜为中低速。
(4)严禁施工机械直接在土工合成材料上行走作业。
(5)加筋土路堤与两端路堤应同步施工,并处理好衔接部位。
(6)加筋土路堤的边坡防护应及时完成。

六、路堤边坡整型

路基施工时应根据现场情况设置挡水埝、引水槽等截排水设施,防止雨水冲刷边坡。路堤边坡应采用加宽超填或专用边坡压实机械施工,应密实、稳固、平顺,坡率应符合设计要求。采用加宽超填方法时,应按设计坡率刷除坡面松土。路基刷坡一般采用机械进行刷坡,机械刷坡时应用坡度尺控制坡度。人工刷坡时应采取挂方格网控制边坡平整度和坡度,方格网桩距不宜大于10m。

◆请练习[思考题4-6]

第四节 路堑设计与施工

一、路堑边坡设计原则

路堑边坡的设计应根据土的物理力学性质、岩层的产状、节理发育程度、风化程度,当地的工程地质条件和水文地质条件,结合自然的极限山坡和已成人工边坡的调查并考虑将要采用的施工方法等因素,综合分析而定。

在大多数情况下,地质构造是不均匀的,影响边坡的因素错综复杂,不能通过简单的力学计算去解决,这时,就应对自然的极限山坡和已成的人工边坡进行调查,根据当地的地质构造、地层岩性水文地质等条件,分析和推断将要开挖的边坡的稳定性,这就是工程地质法。所谓自然极限山坡,就是指在当地各种地质条件的作用下长期形成的处于极限状态下的自然山坡。将要开挖的边坡同自然山坡一样将受到相似的地质作用;而已挖成的人工边坡是经受了实践考验的,为可以借鉴的成功经验。在实际的设计中,常常综合利用此两种方法进行比选,以达到最合理设计。

(1)路堑设计应减少对天然植被和山体的破坏,防止诱发地质灾害。
(2)路堑边坡高度一般不超过30m,对严重风化、岩体破碎的石质路堑、特殊岩土和土质路堑的边坡高度更应严格控制,并采取可靠的支挡防护措施。

(3)路基工程应严格控制路堑开挖高度。客运专线及时速200公里客货共线Ⅰ级铁路,路堑边坡高度土质及风化破碎软质岩地段不应超过15m,硬质岩石地段不应超过30m,中～强膨胀岩土地段不应超过10m。

二、土质路堑设计

1. 土质路堑边坡形式及坡率

土质路堑边坡形式及坡率应根据工程地质和水文地质条件、土的性质、边坡高度、防排水措施、施工方法,并结合自然稳定山坡和人工边坡的调查及力学分析综合确定。当土质路堑边坡高度小于20m时,边坡坡率可按表4-11设计。

土质路堑边坡坡率　　　　表4-11

土 的 类 别		边 坡 坡 率
黏土、粉土		1:1～1:1.5
中密以上的中砂、粗砂、砾砂		1:1.5～1:1.75
漂石土、块石土、卵石土、碎石土、圆砾土、角砾土	胶结和密实	1:0.5～1:1.25
	中密	1:1.25～1:1.5

由于我国幅员辽阔,气候、地质及其他自然因素变化较大,因此表4-11中边坡坡率只列出上、下界限值。具体设计时还应根据现场调查分析的结果,结合边坡高度,在表中的上、下界限范围内选用。低边坡可选用较陡的数值,高边坡选用较缓的数值。

土质路堑边坡高度大于20m时,其边坡坡率应参考表4-11规定并结合边坡稳定性分析计算确定,最小稳定安全系数应为1.15～1.25。

2. 土质路堑平台设置

(1)侧沟平台设置

土质路堑应在侧沟外侧设置平台,其宽度应视边坡高度和土的性质决定,一般不小于1m。碎石类土、砂类土、易风化岩石及其他土质的路堑边坡,如果不设防护措施,易于风化剥落,且土中的细颗粒成分也易被地表水流冲至坡脚,堵塞侧沟。

(2)边坡平台设置

较深土质路堑宜在边坡中部或不同地层分界处设置平台,并在平台上设置截水沟或挡水墙,平台宽度不宜小于2m。在年平均降水量小于400mm地区,边坡平台上可不设截水沟,但应设置向坡脚方向不小于4%的排水横坡。

较深路堑的深度,规范中未规定一个具体数值,可由设计人员根据具体情况灵活运用,一般是指15～20m及以上。土和风化岩石两种地层组成的路堑,如土只是很薄的一层覆盖层,平台则不一定设在土石分界处,以设在边坡中部为宜。

平台上截水沟尺寸以满足排水流量为原则。其断面尺寸可小于侧沟的断面尺寸,亦可做成三角形,但一定要铺砌加固,以免渗漏。如有渗漏,则对下部的边坡反而不利。如平台位于不易风化岩层上,无渗漏问题,开挖截水沟又困难时,则可改做挡水墙。

三、岩石路堑设计

1. 岩石路堑边坡形式及坡率

岩石路堑边坡的稳定性分析和设计比较复杂,除受其岩性、边坡高度及施工方法等因素影响外,还在很大程度上取决于其岩体结构、结构面产状及风化程度。如何正确地判断和权衡诸因素对边坡稳定性的影响程度,进行较为准确可靠的定量化分析和边坡稳定性评价,目前尚没有统一、完善的方法。因此,岩石路堑边坡形式及坡率应根据工程地质和水文地质条件、岩性、边坡高度、施工方法,并结合岩体结构、结构面产状、风化程度和地貌形态以及自然稳定边坡和人工边坡的调查等因素综合考虑确定。

一般情况下,高度小于20m的岩石路堑边坡坡率可根据岩石强度和风化程度这两个主要因素按表4-12的规定设计。

岩石路堑边坡坡率   表4-12

岩石类别	风化程度	边坡坡率
硬质岩	未风化、微风化	1∶0.1～1∶0.3
	弱风化、强风化	1∶0.3～1∶0.75
	全风化	1∶0.75～1∶1
软质岩	未风化、微风化	1∶0.3～1∶0.75
	弱风化、强风化	1∶0.5～1∶1
	全风化	1∶0.75～1∶1.5

表4-12中边坡坡率只列出了上、下界限值,具体设计时还得根据现场调查分析的结果,结合边坡高度,在表中的上、下界限范围内选用。低边坡、设置防护边坡或岩体结构有利于稳定的边坡可选用较陡的数值,否则选用较缓的数值。

2. 岩石路堑平台设置

软质岩、强风化或全风化的岩石路堑,可按土质路堑规定设置平台和排水设施。

3. 硬质岩石路堑设计

硬质岩路堑应根据岩体结构、结构面产状、岩性等,并结合施工影响范围内既有建筑物的安全性要求等,采用光面、预裂爆破等控制爆破技术。

岩石路堑的设计有时受施工工艺、施工方法的影响较大。例如在较高的硬质岩路堑中,常规的爆破开挖方法由于冲击和震动作用,使路堑边坡岩体破碎、松动,常造成运营期间的掉块、落石等病害。对附近一些安全性要求较高的建筑物,常规爆破方法也很难保证其安全性。因此在设计中要考虑这种情况,采用适当的防护措施加以预防。

采用光面、预裂爆破技术能够很好地解决上述问题,而且在大多数情况下,边坡不需设置防护加固措施,就能很好地保持其稳定性。进行光面爆破的工程证明:对于石质路堑,采用光面、预裂爆破可提高路堑边坡工程质量,最大限度地减少开挖时对边坡的破坏,施工后形成的路堑边坡岩体稳定、平整美观。

4. 软弱松散岩质路堑高边坡

边坡高度大于20m的软弱松散岩质路堑,当岩体松散破碎、软弱结构面发育时,往往在开挖施工期间就出现边坡开裂、坍滑等病害,不仅影响施工的安全和进度,而且增加了大量的工程整治费用,给设计、施工以至运营各阶段的工作都带来了很大的问题。

(1)分级稳定及坡脚预加固技术

从上到下分级开挖,分级加固防护,下部坡脚采用锚固桩进行预加固,再开挖施工。如图4-15所示。

(2)分层稳定及坡脚预加固技术

①土钉墙分层开挖、分层加固技术。从上到下分层开挖、分层施工土钉墙,及时加固开挖后的边坡,其关键是墙身中部和坡脚的稳定(图4-16)。

②挂网喷护及预应力锚索桩加固技术。上部设分层开挖、分层加固的挂网喷护;下部设先加固再分层开挖、分层加固的预应力锚索桩及桩间挂网喷护复合结构(图4-17)。

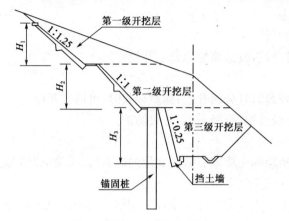

图4-15 分级稳定及坡脚预加固

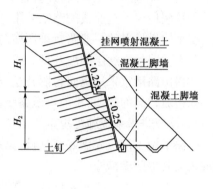

图4-16 分层稳定及坡脚预加固形式之一

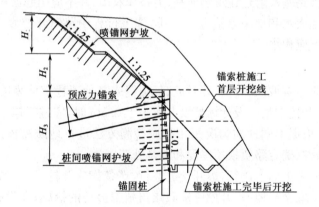

图4-17 分层稳定及坡脚预加固形式之二

四、客运专线路堑设计补充规定

半填半挖路基轨道下横跨挖方与填方时,轨道下道床应力扩散范围内横跨挖方与填方两部分,为了使轨道支承条件均匀,将挖方部分换填与路堤相同的填料,以调整与填方部分的强度及刚度差异。换填厚度宜根据填方部分高度及地基条件确定,如挖方部分为硬质岩地段,填方部分全部采用级配碎石填筑。

客运专线所有路堑均应设置侧沟平台,平台宽度不宜小于1.0m。在土石分界处、透水和不透水层交界面处及路堑边坡高度较大时,均应设置边坡平台,平台宽度一般不宜小于2.0m,并应满足路堑边坡稳定需要,边坡平台上应做好防排水及加固措施。

五、路堑施工

1.一般规定

路堑施工应根据地形地质、气象、水文实际情况合理安排施工,膨胀土、黄土路堑不宜在雨季施工。路堑开挖施工前、开挖过程中均应核对地质资料,开挖后如发现与地质资料不符时应及时反馈相关单位。

(1)路堑开挖施工规定

路堑开挖应根据地形情况、岩层产状、断面形状、路堑长度、施工季节和环境保护要求,结合土石方调配选择开挖方式,并符合下列规定。

①平缓地面上短而浅的路堑采用全断面开挖。

②平缓横坡上的一般路堑采用横向台阶开挖,较深路堑应分层开挖。

③土质路堑宜逐层顺坡开挖。

④傍山路堑宜采用纵向台阶开挖,边坡较高时宜分级开挖;路堑较长时,可适当开设马口。

⑤边坡较高的软弱、松散岩质路堑,应分级开挖、分级支挡、分级防护。

(2)路堑排水系统施工规定

①路堑施工前应先做好堑顶截、排水。堑顶为土质或有软弱夹层的岩石时,天沟应及时铺砌或采取其他防渗措施。

②开挖区应保持排水系统通畅,临时排水设施与永久性排水设施相结合,并与原有排水系统相适应。

③排水不应损害路基及附近建筑物地基、道路和农田,并不应引起淤积或冲刷。

④影响边坡的地面水和地下水应及时引排,施工过程中路堑开挖表面设排水坡,以利排水。开挖的路基面不应积水。

2. 路堑开挖

路堑开挖前应先检查坡顶、坡面,并对危石、裂缝或其他不稳定体妥善处理。挖除不易风化硬质岩石基床外,开挖至基床设计标高以上不小于0.5m时,应进行地基条件核查。对地质不符且有疑问地段,根据不同地质情况采用相应检测方法进行地质复核,必要时进行地质补钻,重新评价地基条件、确定路堑换填厚度和地基处理措施。

路堑开挖施工应自上而下进行,边开挖边整行,严禁掏底开挖。位于岩石的走向、倾斜不利于边坡稳定及施工安全的地段,开挖应采取减弱施工振动的措施;在设有支挡结构的地段,应采取短开挖或马口开挖,并设临时支护措施。

路堑开挖应根据施工能力分段进行,不良地质地段应跳槽开挖,及时完成支挡结构工程;路堑开挖后及时完成排水设施和边坡防护。

3. 半填半挖路基施工

半填半挖路基挖方部位应先按设计要求进行侧沟施工并作好防渗处理,填筑部位按设计要求及时进行坡脚防护。填挖结合部基底地质为土质或风化岩,应按设计要求开挖台阶,台阶宽度不小于2m;基底为岩石,先将覆盖层表土清除,将基岩表面爆破开挖成不小于2m宽的台阶,再进行填筑。

半填半挖路基的开挖应符合路堑施工相关规定,填筑应符合路堤施工的相关规定。填挖面铺设土工合成材料时,其铺设应符合加筋土填筑施工的规定。

4. 爆破施工

路堑爆破应按岩性、产状、边坡高度选择适当方法,爆破施工必须执行《爆破安全规程》(GB 6722)和国家其他相关规定。路堑爆破应确保基床、边坡和堑顶山体稳定,不应对路堑各部和相邻建筑物造成损伤和产生隐患。爆出的坡面应平顺、底板平整、无根坎。石质路堑一般采用光面爆破、预裂爆破与深孔爆破相结合的施工方法。爆破施工应符合下列规定。

(1)路堑石质完好,宜采用台阶法爆破开挖。土夹石路堑,宜分层先挖土,再采用浅孔或孤石爆破法爆破开挖。

(2)光面爆破和预裂爆破应选用低威力、低爆速、低密度的炸药,并应采用导爆索导爆。

(3)光面爆破和预裂爆破主要参数应符合《铁路路堑边坡光面(预裂)爆破技术规程》(TB 10122)的相关要求。

(4)预裂炮孔和光面炮孔的倾斜度应与设计边坡坡度一致,每层炮孔底应设在同一平面上。

(5)预裂炮孔和主炮孔在同一网路中起爆时,预裂炮孔超前主炮孔起爆时间宜为:坚硬岩石 50～80ms,中等坚硬岩石 80～120ms,软岩 150～200ms。

(6)光面爆破可采用预留光爆层的办法实施。光面炮孔与主炮孔在同一网路中起爆时,主炮孔应先于光面炮孔起爆。

◆请练习[思考题 4-7]

思 考 题

4-1 基床的作用,基床厚度是如何确定的?
4-2 基床填料设计技术要求。
4-3 普速铁路基床加固措施。
4-4 路堤基底天然地基如何进行处理?
4-5 简述路堤结构设计内容及其主要技术要求。
4-6 简述路堤填筑和基床填筑的施工工艺。
4-7 路堑设计一般原则和主要内容。

第五章 DIWUZHANG
过渡段及路基相关工程

本章导读

过渡段是路基结构的重要组成部分,本章简要介绍了过渡段结构设置的必要性、国外过渡段的处理措施及过渡段结构分析,应掌握我国普速铁路和客运专线的过渡段结构标准图。

按照最新铁路路基验收标准,铁路路基相关工程包括取土场、弃土场、端刺基坑、电缆槽(井)、接触网支柱基础、综合地线及预埋管线、检查设施及防护栅栏等,本章简要介绍了各种路基相关工程的施工规定及取(弃)土场的设计等内容。

学习目标

1. 掌握过渡段结构标准图设计技术要求。
2. 掌握取土场、弃土场设计及施工,熟悉铁路路基其他相关工程施工技术。

学习重点

1. 过渡段结构设置的必要性分析。
2. 我国普速铁路、客运专线过渡段结构标准图设计及施工。
3. 取土场、弃土场设计。

学习难点

1. 过渡段结构分析。
2. 路桥过渡段结构形式及其设计施工技术要求。

本章学习计划

内　　容	建议自学时间 （学时）	学 习 建 议	学 习 记 录
第一节　过渡段结构概述	1.0	掌握过渡段的含义及设置必要性，了解国外路桥过渡段的处理措施	
第二节　过渡段结构分析	1.0	掌握过渡段长度确定，熟悉过渡段结构分析	
第三节　过渡段结构形式	1.0	本节应掌握过渡段结构设计；熟悉过渡段设置技术要求；掌握过渡段结构形式、填料选择、压实控制标准等技术要求	
第四节　路基相关工程及设施	1.0	熟悉铁路路基相关工程概念及其主要内容，路基结构附属设施的含义及主要内容，掌握取、弃土场的设计规定	

第一节　过渡段结构概述

过渡段(Transition)，即路堤与桥台、路堤与路堑、路堤与横向结构物、路堑与隧道等衔接处为实现基础的刚度过渡需作特殊处理的地段。

一、设置过渡段的必要性

铁路工程建设的发展必须以安全、可靠、舒适等为前提，它要求构成铁路系统的各个方面都具有高品质和高可靠性，其中铁路线路的稳定与平顺是必不可少的条件之一。铁路线路是由不同特点、性质迥异的结构物（桥、隧、路基等）和轨道结构构成的，它们相互作用、相互依存、相互补充，共同构成了一条平滑线路。由于组成线路的结构物强度、刚度、变形、材料等方面的差异巨大，因此必然会引起轨道的不平顺。在路基与桥梁的连接处，由于路基与桥梁刚度差别极大，将引起轨道刚度的变化；另一方面路基与桥台的沉降也不一致，使运动车轮经历高度的突然变化。这些变化使运动车轮产生了竖向加速度，其轮轨间将产生一个较大的冲击作用力。冲击作用力的大小取决于运动列车荷载作用下线路在桥台过渡点处的不平顺差值的大小、列车通过过渡点处时的速度值的大小及机车和转向架质量的大小。

轮轨间的竖向冲击力的分布还与列车运动方向有关，列车向桥台方向运动，冲击作用力的最大值位于桥台处，这种冲击作用力对桥台上的轨枕有一定的危害作用。列车从桥台上下来，冲击作用力的最大值位于路基一侧，列车速度越快其最大值距桥台就越远。这种冲击作用力常常使过渡段路基内产生道砟翻浆、轨枕摆动悬空、路基下沉变形、线路部件损坏、轨面轨距变化等严重的线路病害。

客运专线要求线路结构是少维修或免维修的，不能在过渡处有影响高速运营的线路病害出现。为了满足列车平稳舒适且不间断地运行，必须将其不平顺控制在一定范围之内。轨道的不平顺有静不平顺和动不平顺之分。静不平顺是指轮轨接触面不平顺，如钢轨轨面不平顺、不连续（接头、道岔）、车轮不圆顺等；动不平顺是指轨下基础弹性不均匀，如扣件失效、枕下支承失效、路基不均匀以及桥台与路基、路堤与路堑、路基与隧道等过渡段的弹性不均匀等。设置过渡段可使轨道的刚度逐渐变化，并最大限度地减少沉降差，达到降低列车与线路的振动，减缓路基结构的变形，保证列车安全、平稳、舒适运行的目的。

二、路桥过渡段变形不一致的原因

路桥、路涵和堤堑过渡段受到高速运行车辆动荷载的作用时，往往会出现较大的跳车现象，产生这种现象的主要原因有以下几个方面。

1. 路基与桥涵的结构差异

桥涵结构一般是刚性的，而路基则是柔性的。由于这两种结构的差异，在路基与桥（涵）之间必然存在着变形差异。路桥（涵）过渡段由于刚性、自重、强度的不同，在列车荷载作用下又是应力集中区域，必然产生变形的不一致。

2. 路堤填料原因

普通铁路的路堤填料一般是填土，压实标准相对较低。同时，过渡段往往作业面相对狭小,碾压质量不易控制,其压实度达不到设计要求。

3. 地基原因

地基土的性质及结构不同,所产生的沉降和沉降达到稳定所需要的时间也不同。桥头路基一般填筑较高,地基土承受的附加应力较大,地基的沉降变形较其他路段要大,软弱地基路段尤其如此。

4. 施工原因

施工时,对工期或工序安排不当,以致过渡段的填土碾压工作安排在施工工期尾部,被迫赶工期,不能够很好地控制填土压实质量,使得过渡段路基产生较大的压密下沉变形。

5. 重桥轻路意识的原因

设计和施工中重桥轻路的意识是影响路桥过渡段施工质量的又一因素。目前在铁路建设工程中,往往是路桥分家,重桥轻路。桥梁施工中集中了大量精干的工程技术人员,而路基施工却未能投入必要的技术人员。在设计中没有把路桥过渡区段作为一种结构物来考虑,没有较为合理的设计要求,在施工过程中路桥过渡区段又是质量控制的薄弱环节。

◆请练习[思考题 5-1]

三、国外路桥过渡段的处理措施

世界各国在发展高速铁路过程中,都对线路容易发生不平顺的部位特别加以重视,并依据系统工程的观点,从结构设计到施工组织,从工期安排到质量检测都采取了措施,严格控制轨道的刚度变化和由于沉降不均匀引起的轨面变形,以达到线路的平顺,保证高速列车安全、平稳运行的目的。随着高速铁路的修建并成功地投入运营,国外铁路在处理路基过渡段方面积累了较丰富的经验,提出了一些经时间检验是可行的处理措施,归结起来主要有以下几类。

1. 在过渡段较软一侧,增大路基基床的竖向刚度,减小路基结构的变形与沉降

该类处理方法的主要目的是通过加强路基结构来减少路基与桥台之间在刚度与沉降方面的差异,进而减少路桥间线路的不平顺,具体处理方法有如下几种。

(1)加筋土法

加筋土法是通过在过渡段路基填土(必要时也可包括地基)中铺设一定数量的拉筋材料,形成加筋土路基结构。加筋土不仅能增加路基的强度,而且还能大幅度提高路基的刚度,显著减少路基本体的变形。通过调整拉筋材料的布置间距和位置,可方便地达到路桥间线路平顺过渡的目的。

(2)土质改性法

土质改性法是运用各种方法对过渡段路基填料进行土质改性,以提高填土的强度,降低填土的压缩性,增加路基的刚度和减少路基的变形。不同的加固范围和位置可以达到不同的处理目的。

(3)碎石填筑法

碎石填筑法是指使用强度高、变形小的优质材料(如碎石类填料)进行过渡段填筑的方法,如图 5-1 所示。该法设计意图明确、材料性质可靠、易控制,刚度与变形可实现均匀过渡,在实际工程中最为常用。该法可能存在的问题是桥台背窄小空间的压实质量不易得到保证,相对

较重的质量引起地基的沉降也较大。

(4)轻型材料填筑法

采用力学性能较好的轻型材料填筑路桥过渡段是近年来国内外研究、开发和应用的一种减轻结构物自重的方法。该法可显著减少桥台背填料自身的压缩变形、对地基的竖向加载作用及对桥台结构的水平压力,使填土对地基变形的影响减小,并可与地基处理综合运用,可降低地基处理费用,减小地基处理的范围和缩短施工工期。

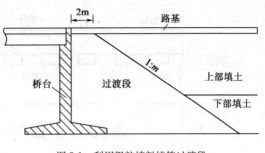

图 5-1 利用粗粒填料填筑过渡段

目前使用的轻型填筑材料有 EPS(聚苯乙烯泡沫塑料)、人工气泡混合土(泡沫水泥砂浆)、轻型废弃物、火山灰、粉煤灰、中空构造物等。

2. 在过渡段较软一侧,增大轨道的竖向刚度

该类处理方法主要是通过提高轨道竖向刚度来减小路桥间轨道刚度的变化率,但不能解决路桥间沉降差引起的轨面弯折问题,具体处理方法有以下几种。

(1)通过调整轨枕的长度和间距来提高轨道的刚度

在过渡段范围内,通过使用逐步增长的超长轨枕和减小轨枕的间距可实现轨道刚度的逐步过渡。

(2)通过增大轨排的抗弯模量来增加轨道的刚度

德国在 ICE 高速铁路的个别隧道入口处采用了这种方法。隧道内是板式结构,隧道外是有砟混凝土轨枕线路,过渡段长度约 30m,由 4 根额外附加在轨枕上的钢轨组成,其中 2 根在运行轨之间,2 根在运行轨外侧。

(3)通过加厚道床的厚度来提高轨道的刚度

道砟是一种强度高、变形小的硬质材料,道床的模量一般比路基基床大。在过渡段范围内逐渐增加道床的厚度,减小路基的高度,也可逐步提高轨道的刚度。

◆请练习[思考题 5-2]

第二节 过渡段结构分析

一、路桥过渡段的综合刚度分析

铁路轨道结构由钢轨、轨枕、道砟及扣件等组合而成,弹性扣件和碎石道床的使用,使轨道具有较好的弹性和减振性能。路基、桥梁、隧道等作为轨道基础,其刚度差异巨大,虽然经道砟及扣件传递后,对轨道的影响有所减小,但是,铁路轮轨相互作用的特殊性使对轨道刚度的变化要求非常严格。

铁路轨道的竖向刚度可采用综合弹性系数来表示,如图 5-2a)所示的轨道结构,可用图 5-2b)所示的质量—弹簧系统来模拟。其综合弹性系数与弹性扣件、碎石道床及线路下部结构(路基、桥梁、隧道等)的刚度有关,可采用式(5-1)计算。

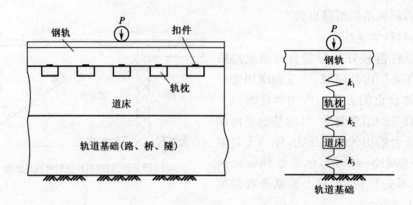

a) 有砟线路结构示意图(纵向)　　　　b) 轨道刚度组成示意图(竖向)

图 5-2　路桥过渡段轨道竖向刚度计算图示

$$k = \frac{k_1 \cdot k_2 \cdot k_3}{k_1 \cdot k_2 + k_2 \cdot k_3 + k_1 \cdot k_3} \tag{5-1}$$

式中：k——轨道综合弹性系数(MN/m)；
　　　k_1——轨下垫板的弹性系数(MN/m)；
　　　k_2——碎石道床的弹性系数(MN/m)；
　　　k_3——路基床、桥梁桥台及隧道基础等的弹性系数(MN/m)。

对于桥台上的轨道结构，$k_3 \gg k_2 > k_1$，故：

$$k_q = \frac{k_1 \cdot k_2}{k_1 + k_2} \tag{5-2}$$

式中：k_q——桥台上轨道的综合弹性系数(MN/m)。
其他符号意义同前。

对于路基上的轨道结构，令 $x = k_2/k_3$，则：

$$k_t = \frac{k_1 \cdot k_2}{k_1(1+x) + k_2} \tag{5-3}$$

式中：k_t——路基上轨道的综合弹性系数(MN/m)。
其他符号意义同前。

在路桥过渡段，设路桥间轨道的刚度变化率 y 为：

$$y = \frac{k_q - k_t}{k_t} \tag{5-4}$$

则

$$y = \frac{k_1 x}{k_1 + k_2} \tag{5-5}$$

取轨道结构的 $k_1 = 60 \sim 90$ MN/m，$k_2 = 300 \sim 350$ MN/m，则：

$$y = 0.19x \tag{5-6}$$

根据国内外有关研究，基床弹性系数 k_3 与基床动反应模量 K_d 和基床反应模量 K_{30} 的经验关系可用表 5-1 所示的数据或式(5-7)表示。

$$K_d = \frac{k_3}{A} = 1.77 K_{30} \tag{5-7}$$

式(5-7)中 $A = 0.75 \sim 1.0$ m²，据此，可以进一步建立 K_{30} 与轨道刚度变化率 y 之间的对应关系。

路桥过渡段轨道竖向刚度分析　　　　　　表 5-1

刚度变化率 y	基床弹性系数 k_3 (MN/m)	基床动反应模量 K_d (MPa/m)	基床反应模量 K_{30} (MPa/m)
1.0	57	57～76	32～43
0.5	114	114～152	64～86
0.25	228	228～304	129～171
0.2	285	285～380	160～215
0.1	570	579～760	322～429

[**例 5-1**] 客运专线路基，有砟轨道结构，已知轨下垫板的弹性系数 $k_1=75\text{MN/m}$，碎石道床的弹性系数 $k_2=325\text{MN/m}$，如基床压实系数 $K_{30}=190\text{MPa/m}$，试估算路桥间过渡段的轨道刚度变化率。

解：基床动反应模量 K_d 为：
$$K_d = 1.77 K_{30} = 1.77 \times 190 = 336.3 \text{MPa/m}$$

基床弹性系数 k_3 为：
$$k_3 = K_d \cdot A = 336.3 \times (0.75 \sim 1.0) = 252.2 \sim 336.3 \text{MN/m}$$

刚度变化率 y 为：
$$y = \frac{k_1 k_2}{k_3 \cdot (k_1 + k_2)} = \frac{75 \times 325}{(252.2 \sim 336.3) \times (75 + 325)} = 18.1\% \sim 24.2\%$$

当客运专线过渡段采用级配碎石填筑，其压实标准选择基床表层 $K_{30} \geqslant 190\text{MPa/m}$，基床底层 $K_{30} \geqslant 150\text{MPa/m}$ 时，路桥间轨道刚度变化率仅为 20% 左右。如果路桥过渡段轨道刚度的变化率能够达到这个标准，就可以满足客运专线对安全、平稳和舒适性的要求。

二、路桥过渡段轨面弯折控制

铁路线路的变形主要由轨道结构、路基本体及地基土层的变形三部分组成。轨道结构和路基基床的变形主要由动载引起，恒载作用产生的沉降主要发生在路堤下部及地基土层。由于铁路线路结构构造上的特殊性，动载引起的轨面变形是不可避免的。通过对轨道结构的合理设计及路基基床的强化处理，可将变形控制在比较低的水平，以保证轨面的平顺，满足高速行车的要求。对于路基土工结构物，上部建筑及自重荷载作用所产生的沉降占线路总变形的绝大部分，数值也较大。路桥过渡段存在的较大沉降差会引起轨面弯折，严重时将影响列车的安全平稳运行。

路桥过渡段的变形控制，主要需考虑两个问题：
(1) 将桥背土路基与桥台交界处的错落式沉降变成连续的斜坡式沉降。
(2) 严格控制过渡段线路的轨面弯折变形，使之满足高速行车的要求。

对于第一个问题，采用诸如碎石类材料倾斜填筑、加筋土路堤结构、钢筋混凝土过渡板等处理措施一般就能较好地解决。对于第二个问题，就目前的条件而言，只能根据车辆/线路系统的分析理论，建立路桥过渡段的振动分析模型，进行全面系统的动力学计算，并参考国内外有关技术资料综合解决。

折角(Break Angle)，是在铺轨工程完成以后，路基与桥梁或隧道间由于过渡段沉降造成的弯折角度。根据路桥过渡段车辆/线路系统动力学的计算分析，在过渡段长度 $L=20\text{m}$、行车速度 $v=350\text{km/h}$ 条件下，路桥间由于路桥结构的工后沉降不一致引起的轨面弯折(图 5-3)

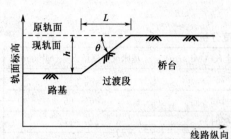

图 5-3 过渡段轨面变形(弯折)示意图

的折角限制值应为 $\theta \leqslant 1.5‰ \sim 2.5‰$。

三、路桥过渡段长度确定

路桥过渡段合理长度的设置与行车速度、线路结构、车辆性能、舒适安全标准有关,也受路桥工后沉降差、轨道养护维修周期等因素的影响,应重点考虑以下两方面的关系。

1. 路桥过渡段综合刚度的变化与过渡段长度的关系

路桥过渡段轨道竖向刚度的变化对高速行车的平稳性有一定影响。根据车辆与线路相互作用的动力学分析结果,随着过渡段长度的增加,车体垂向振动加速度、轮轨垂向力等指标均逐步减小。理论计算结果表明,列车以 350km/h 高速通过时,过渡段长度大于 15~20m 后,有关各项动力学指标的变化就非常微小了,再继续增加过渡段的长度,几乎无任何作用。理论计算结果还表明,即使过渡段的长度短至 10m、甚至 5m,虽然车体垂向振动加速度、轮轨垂向力等指标有一定程度的增加,但其数值仍处于比较低的水平,远低于相应的控制值。这说明,过渡段刚度的变化,对过渡段长度设置影响不显著,不成为控制因素。

2. 路桥过渡段工后沉降差的限值与过渡段长度的关系

由路桥过渡段工后沉降差引起的轨面弯折变形对高速行车的影响十分显著。根据车辆与线路相互作用的动力学分析结果可知,若路桥间的工后沉降差控制值为 h,则路桥过渡段的设置长度应为 $L \geqslant h/\theta$(高速铁路折角限值 θ 应不大于 1‰),才能保证过渡段轨面纵坡的变化值满足要求。如果考虑线路的正常维修作业周期,由路桥间的工后沉降差引起的轨面弯折变形并没有这么大,相应的过渡段设置长度可根据实际情况适当缩短。在实际应用时,由于路桥间的工后沉降差多与台后路堤的高度 H 关系密切,高速铁路过渡段的设计长度可取路堤高度的 2~5 倍并不小于 20m。

▶请练习[思考题 5-3]

第三节 过渡段结构形式

轨道结构和路基基床的变形主要由动载引起,通过对轨道结构的优化设计及路基基床的强化处理,可将该变形控制在比较低的水平。恒载作用产生的沉降主要发生在路堤下部及地基土层内,数值较大,占轨面变形的绝大部分。客运专线过渡段路基设计主要是控制压密下沉与地基的工后沉降,具体内容为确定过渡段结构形式、长度以及填料规格和压实标准等。

一、Ⅰ级铁路过渡段

对于一次铺设无缝线路的Ⅰ级铁路,路堤与桥台连接处以及路堤与路堑连接处均应设置路桥过渡段。过渡段的基床表层填料与压实标准与相邻基床表面相同,基床表层以下应选用 A 组填料,压实标准应符合表 4-6~表 4-8 的要求。当过渡段浸水时,浸水部分的填料还应满足渗水土的要求。

1. Ⅰ级铁路路桥过渡段结构形式

Ⅰ级铁路路桥过渡段应按图5-4进行设计,过渡段的长度按式(5-8)确定,台后基坑应以混凝土回填或以碎石分层填筑压实。在软土地基上,可在台后设置钢筋混凝土搭板。

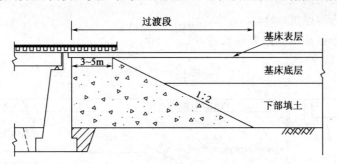

图5-4 路桥过渡段设计图

$$L = a + 2H \tag{5-8}$$

式中:L——过渡段长度(m);

H——台后路堤高度(m);

a——倒梯形底部沿线路方向长度,取3～5m。

2. Ⅰ级铁路路堤与路堑过渡段结构形式

(1)硬质岩石路堑

一次铺设无缝线路的Ⅰ级铁路,路堤与路堑连接处应设置路桥过渡段。当路堤与路堑连接处为硬质岩石路堑时,在路堑一侧沿原地面纵向设计台阶,台阶高度为0.6m左右。并应在路堤一侧设置过渡段,如图5-5所示。

(2)软质岩石或土质路堑

一次铺设无缝线路的Ⅰ级铁路,当路堤与路堑连接处为软质岩石或土质路堑时,应先沿原地面纵向挖成1:1.5的坡面后,再在1:1.5的坡面上设置台阶,台阶高度为0.6m左右。如图5-6所示。开挖部分的填料及压实标准与路堤相同。

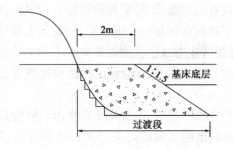

图5-5 路堤与硬质岩石路堑过渡段设计图

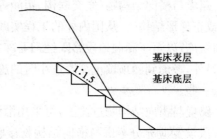

图5-6 路堤与软质岩石、土质路堑过渡段设计图

二、高速铁路过渡段

1. 高速铁路路桥过渡段

路堤与桥台连接处应设置过渡段,可采用沿线路纵向倒梯形过渡形式,如图5-7所示。过渡段长度按下式确定,且不小于20m。

$$L = a + (H - h) \times n \tag{5-9}$$

式中：L——过渡段长度(m)；
H——台后路堤高度(m)；
h——基床表层厚度(m)；
a——倒梯形底部沿线路方向长度，取 3~5m；
n——常数，取 2~5。

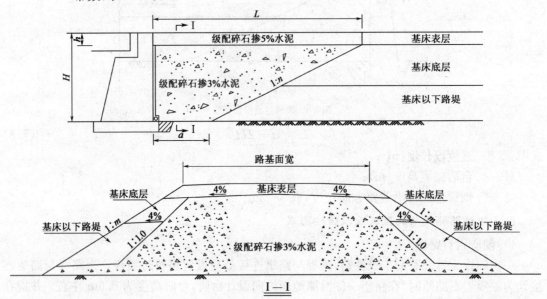

图 5-7 台尾过渡段设置示意图

过渡段桥台基坑应以混凝土回填或以碎石、二八灰土分层填筑并用小型平板振动机压实，并使地基系数 $K_{30} \geqslant 60$MPa/m。

2. 路堤与横向结构物过渡段结构形式

路堤与横向结构物(立交框构、箱涵等)连接处设置的过渡段，可采用沿线路方向纵向倒梯形(或正梯形结构)。从国内外的工程实践来看，由于涵洞顶部是一个隔水层，同时其上部填料双向受冻，以至于涵洞地段路基经常受冻害影响，成为客运专线路基刚度纵向不平顺的控制地段；另外，考虑到涵顶填土高度过小时的施工问题，路涵过渡段的结构形式比路桥过渡段更要复杂一些。

路堤与横向结构物过渡段，可采用沿线路纵向倒梯形过渡形式，如图 5-8 所示。寒冷地区过渡段设置应充分考虑与横向结构物接触区冻结影响范围填料的防冻，如图 5-9 所示。横向结构物顶面填土厚度不大于 1.0m 时，横向结构物及两侧 20m 范围基床表层级配碎石应掺加 5%水泥，过渡段级配碎石中掺入 3%的水泥，如图 5-10 所示。

3. 高速铁路路堤与路堑过渡段结构形式

(1) 硬质岩石路堑

当路堤与路堑连接处为硬质岩石路堑时，在路堑一侧顺原地面纵向开挖台阶，台阶高度 0.6m 左右。并应在路堤一侧设置过渡段，图 5-11 为硬质岩石堤堑过渡段示意图，过渡段填筑技术要求与路桥过渡段相同。

第五章 过渡段及路基相关工程

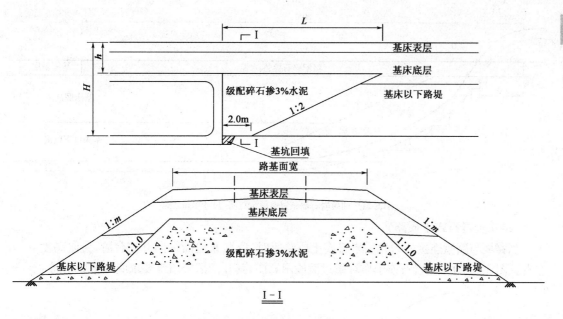

图 5-8 一般路堤与横向结构物($h>1.0$m)过渡段示意图

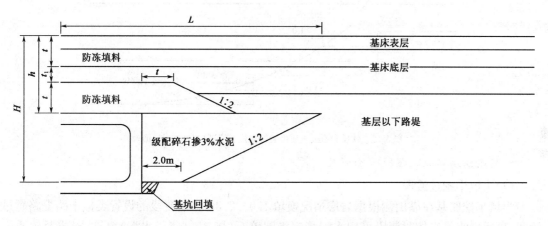

图 5-9 寒冷地区路堤与横向结构物($h>1.0$m)过渡段示意图
注：图中 t 为最大冻结厚度，当 $t_1<0.3$m 时涵顶全部填筑防冻填料

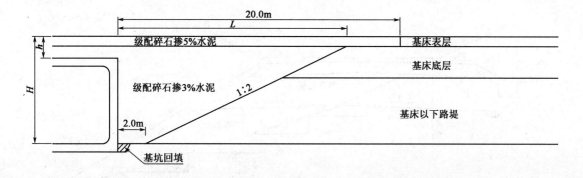

图 5-10 路堤与横向结构物($h\leqslant 1.0$m)过渡段示意图

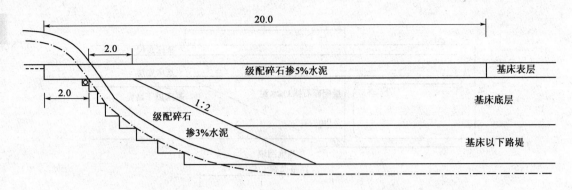

图 5-11 硬质岩石堤堑过渡段示意图(尺寸单位:m)

(2)软质岩石或土质路堑

当路堤与路堑连接处为软质岩石或土质路堑时,应顺原地面纵向开挖台阶,台阶高度 0.6m 左右。图 5-12 为软质岩石或土质堤堑过渡段示意图,其开挖部分填筑要求应与路堤相同。

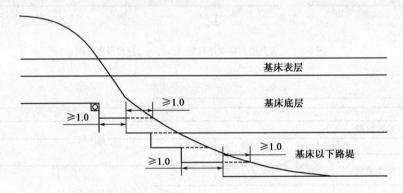

图 5-12 软质岩石或土质堤堑过渡段示意图(尺寸单位:m)

4. 高速铁路其他过渡段结构形式

(1)半填半挖过渡段

半填半挖路基在靠山侧根据岩层情况换填 1.0~2.3m。过渡段的设置类似于路堤路堑过渡段,硬质岩半填半挖过渡段采用水泥稳定级配碎石(掺 3%~5% 水泥)填筑;土质及软质岩路堑连接处过渡段采用台阶方式过渡并回填与路堤相同的填料。半填半挖过渡段的设置方式如图 5-13、图 5-14 所示。

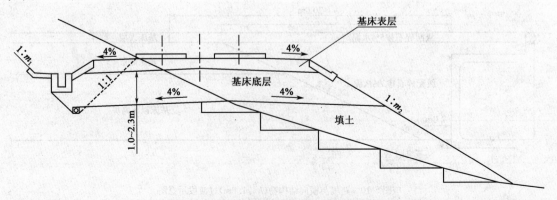

图 5-13 土质及软质岩半填半挖路基横断面示意图

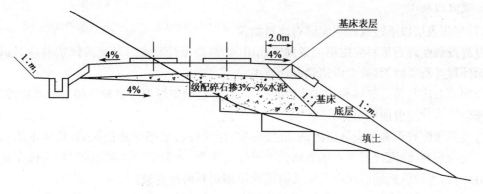

图 5-14　硬质岩半填半挖路基横断面示意图

对于不同形式的过渡段,当纵向设置范围重叠或者相距较近时,应采取适当措施,连通设置,以保证纵向刚度平顺过渡。

(2) 路隧过渡段

考虑到土质与软质岩路堑与隧道之间的基床刚度变化太大,必须设置路隧过渡段(图 5-15),路隧过渡段的长度一般不小于20m,与隧道连接处的厚度需同隧道仰拱厚度一致,另一端可采用基床表层厚度。路隧过渡段采用渐变厚度的混凝土或掺入5％水泥的级配碎石填筑。

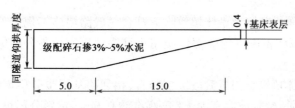

图 5-15　路隧过渡段设置方式(尺寸单位:m)

(3) 无砟轨道与有砟轨道连接处路基应设置过渡段,满足轨道形式过渡要求。

(4) 两桥之间、桥隧之间及两隧之间的短路基宜采取适宜措施,平顺过渡;当两桥间为小于150m 非硬质岩路堑时,路基基础可采用桩板结构或保证刚度平顺过渡的工程措施处理。

5. 路桥过渡段填料规格与压实标准

路桥过渡段基床表层级配碎石的规格与压实标准,除满足不同速度目标值客运专线对其基床表层填料规格与压实标准的相关要求外,一般还应掺入适量的水泥以加强基床表层刚度,其掺入比可以采用3％～5％。倒梯形结构、正梯形结构或二次过渡结构的正梯形部分,通常采用级配碎石填筑,从强化过渡段刚度、稳定性并易于施工的角度出发,一般要掺入3％～5％的水泥;二次过渡结构的倒梯形部分通常采用 A、B 组填料填筑。

基床表层以下过渡段级配碎石填筑压实标准应符合表 5-2 的规定,采用压实系数 k、地基系数 K_{30} 和动态变形模量 E_{vd} 三项指标控制。

基床表层以下过渡段级配碎石填筑压实标准　　表 5-2

项目	压实系数 k	地基系数 K_{30}(MPa/m)	动态变形模量 E_{vd}(MPa)
压实标准	≥0.95	≥150	≥50

过渡段桥台基坑应以混凝土回填或以碎石分层填筑并用小型平板振动机压实。路堤基底原地面平整后,用振动碾压机碾压密实,并使地基系数 K_{30}≥60MPa/m。

6. 过渡段施工

(1)基床表层以下过渡段级配碎石填料填筑

过渡段级配碎石填料应按第二章规定选用,并符合设计要求。过渡段填筑前应对地基和原地面处理进行验收,其质量应达到设计要求。

级配碎石应与桥台锥体和相邻路堤同步填筑,分层填筑厚度按试验段确定的厚度控制,路堤与横向结构物过渡段应对称分层填筑。

过渡段级配碎石施工应分层摊铺、分层压实;级配碎石采用平地机摊铺,机械不能到达部位人工配合布料,级配碎石含水率宜略大于最优含水率,布料采用方格网控制,运输车辆应由远到近卸料,平地机摊铺后应由人工及时消除粗细集料离析现象。

碾压时,应采用先静压、后弱振、再强振的方式,最后静压收光。直线地段,应由两侧路肩开始向路中心碾压;曲线地段,应由内侧路肩向外侧碾压。行与行之间重叠压实宽度不应小于40cm。距结构物2m范围内及横向结构物顶部填筑厚度小于1m范围内应用小型压实机械压实。靠近横向结构物的部位,宜平行于横向结构物背壁面进行横向碾压,施工完毕养生期内应采取措施控制车辆通行。

(2)基床表层以下过渡段两侧及锥体填土施工

过渡段两侧及锥体填土应与过渡段级配碎石及相邻路基填筑施工相协调,避免交叉作业时互相干扰。

①填筑施工。过渡段两侧及锥体填筑除应符合一般路堤施工规定外,大型压路机碾压不到的部位或距结构物2m范围以内的部位应用小型振动压实设备分层进行压实,压实遍数应通过试验确定。

过渡段两侧及锥体填筑宜与过渡段级配碎石、相邻路基同步分层填筑,不能同步填筑时,应在填筑交界设置台阶,台阶坡度宜为1:2,高度约0.6m。填料分层填筑厚度应按试验段确定的厚度控制,使用小型压实机械时压实厚度不宜超过15cm,使用重型压实机械时压实厚度不宜超过30cm。

②填筑压实标准。

基床表层以下过渡段两侧及锥体填筑压实标准应符合表5-3的规定,表中括号内数字为寒冷地区化学改良土考虑冻融循环作用所需强度值。用改良土填筑时,采用压实系数k和7d饱和无侧限抗压强度q_u作为控制指标;用砂类土及细砾土或碎石类及粗砾土填筑基床以下时,采用压实系数k和地基系数K_{30}作为控制指标;用砂类土及细砾土或碎石类及粗砾土填筑基床底层时,采用压实系数k、地基系数K_{30}和动态变形模量E_{vd}作为控制指标。

基床表层以下过渡段两侧及锥体填筑压实标准 表5-3

指 标	压实标准		
	化学改良土	砂类土及细砾土	碎石类及粗砾土
压实系数k	≥0.95	≥0.95	≥0.95
地基系数K_{30}(MPa/m)	—	≥130	≥150
动态变形模量E_{vd}(MPa)	—	≥40	≥40
7d饱和无侧限抗压强度q_u(kPa)	≥350(550)	—	—

(3)过渡段基床表层级配碎石填料填筑

过渡段基床表层级配碎石填料应按第二章过渡段级配碎石规定选用,并符合设计要求,质量检验应符合第十一章级配碎石试验相关规定,填筑压实标准应符合第四章基床表层压实标准规定。过渡段基床表层填筑前应对基床底层进行验收,其质量应达到设计要求。过渡段基床表层级配碎石施工除应符合一般基床施工规定外,还应满足本节的一般规定。

(4)过渡段混凝土施工

混凝土原材料的质量标准、质量检验方法和检验要求应符合设计和现行《铁路混凝土工程施工质量验收标准》(TB 10424)的要求。混凝土施工除应符合《铁路混凝土工程施工技术指南》(铁建设[2010]241号)的要求外,还应符合下列规定。

①制定浇筑工艺,明确过渡段分段分块的浇筑顺序、沉降缝(伸缩缝)的设置位置。

②过渡段混凝土施工前应对下承层进行验收,其质量应符合设计要求。

③下承层为干燥的非黏性土和混凝土垫层基面时,应采用洒水湿润;下承层为未风化的岩石时,应进行清洗,其表面不应积水。

④大体积混凝土应进行热工计算分析,制定温度控制措施。

⑤混凝土应分层连续浇筑,不应随意留置施工缝。因故间歇时,应按浇筑中断处理,同时留置施工缝。施工缝的平面应与结构的轴线相垂直,施工缝处应作好接茬处理。

◆请练习[思考题5-4]

第四节 路基相关工程及设施

路基相关工程主要指与铁路"四电"相关的接口工程,包括电缆槽(井)、接触网支柱基础、过轨管、综合接地等。与路基工程建设有关的工程还包括声屏障基础、高速铁路无砟轨道施工设置的端刺基坑、路堤填筑所需的取土场以及路堑开挖需要的弃土场等。

路基附属设施目前包括检查设施和防护栅栏,其中检查设施有检查井、检查栏杆、检查台阶(检查梯)等。

一、取、弃土场

1. 取、弃土场设计

取、弃土场设计不得作为路基的附属工程考虑,应按路基相关结构工程进行设计,设计图纸及内容见表5-4。

铁路路基取弃土场工程设计图纸及内容表　　表5-4

图　名	内　容	备　注
取弃土场平面布置图	包括场地边界、占地面积、用地类别、挡砟墙长度与高度、排水设施、植被恢复措施	比例尺1:500~1:2000
取弃土场横断面图	包括挡砟墙布置、边坡防护、排水设施	比例尺1:200~1:500
挡砟墙结构设计图	包括挡砟墙材料、截面尺寸及有关技术要求	—

(1)取土场(坑)设计规定

当路堤填方数量大而集中时可远运或集中取土,集中取土场应采取必要的挡护措施,以保证边坡的稳定、减少水土流失。

取土场(坑)的设置,应根据各地段取土性质、数量,并结合路基排水、地形、土质、施工方法、节约用地、环保等要求,作出统一规划,并应符合下列规定。

①取土场(坑)的土质应符合路基填料要求。

②地形平坦地段宜设在路堤一侧。当地面横坡陡于1:10时宜设在路堤上侧。

③桥头河滩路堤的取土坑必须设在下游侧。

④兼作排水的取土坑应确保水流通畅排出,深度不宜超过该地区地下水水位并应与桥涵进口高程相衔接;其纵坡不应小于2‰,平坦地段亦不应小于1‰。

⑤当取土坑较深时,边坡坡脚至取土坑距离应保证路堤边坡稳定,取土坑内侧坑壁应采取防护措施。

(2)弃土场(堆)设计规定

弃土场设计应进行场地和基底条件的调查,对集中弃土以及临近江河、交通线、重要建筑等重点弃土场应测绘断面并进行地质勘探。

弃土一般应首先考虑堆在山坡下侧,并间断堆填,以保证弃土堆内侧地面水能顺利排出,这样可减少运土的爬高距离,对路基稳定性的影响也较轻。为了防止弃土场(堆)沿地面滑动,地面横坡不宜陡于1:2.5。严禁在不良地质体、不稳定斜坡、软土上弃土。软弱地基上设置弃土场,应分析弃土引起地面沉降对邻近建筑物的影响,弃土施工不得影响建筑物的安全。

弃土场(堆)内侧坡脚至堑顶距离应根据边坡高度及地质情况进行选择,以不影响山体及边坡的稳定性为原则,一般为5m。弃土应远离路堑堑顶,不应在土质松软的路堑和岩层倾向线路且倾角对边坡不利地段的堑顶上方弃土。严禁在膨胀土、黄土等特殊岩土堑顶上方弃土。

对弃土场应采取必要的挡护措施,确保边坡稳定和符合环保要求。桥梁和涵洞基础开挖弃土应设置集中弃土场进行堆放。弃土时不得压缩桥孔、挤压桥梁墩台、改变水流方向等,以避免造成河岸冲刷加剧,危及桥梁安全。

弃土场设计必须符合水保、环保的要求,并不得影响建筑物安全。弃土场占压沟槽时应在弃土堆坡脚设置拦砟坝或支挡结构,并采取有效防排水措施,当可能产生泥石流等次生灾害时,应进行防洪评估。严禁在岩溶漏斗、暗河口等位置弃土,避免堵塞水流通道。

2. 取、弃土场施工规定

(1)取土场(坑)施工规定

取土场应根据设计要求和施工区段土石方调配方案,并结合路基排水和当地土地利用、环保规划进行布置,不应任意挖取。取土时应保护环境,取土后的裸露面应进行土地整治或采取防护措施。风景区或有特殊要求的施工地段,应按设计及时配套完成环保工程。

取土场面积应根据需要取土数量,结合取土深度、施工方法和用地要求合理确定。取土场边坡应稳定,底面应平顺并有向外的排水坡。多雨地区或雨季施工时,应有防止地表水流入取土场内的措施,并应随时排除取土场内积水。取土场条件适宜时,可采用深井降水、深坑取土和坡地取土等节约用地的措施。

(2)弃土场施工规定

弃土场应按设计要求设置,并应保证山体和自身的稳定,不应影响附近建筑物、农田、水利、河道、交通、环境的安全和使用。

弃土在不影响路堤稳定时,可紧贴路堤坡脚填成护道,并按填筑路堤的要求分层压实。不可沿江、河、海的岸滩堆置弃土,不应向江、河、湖泊、水库、沟渠弃土。

施工单位应严格按照设计的弃土场位置和容量弃土,应按照设计及时完成防护工程,设有挡砟墙时,应按照"先挡后弃"的原则,在挡砟墙施工完成后方可弃土。弃土场挡砟墙、排水设施的施工、验收除按照现行铁路路基工程有关挡土墙、排水设施施工及质量验收相关要求执行外,验收中应加强弃土场挡砟墙设置、弃土场排水设施完整性的检查,并按下列规定进行验收。

①弃土场挡砟墙设置应符合设计要求,不得影响铁路运营安全。施工单位对弃土场挡砟墙设置应进行全部检验,运营管理单位和设计、监理单位全部见证检查。

②弃土场排水设施应完整,且排水通畅,满足弃土场排洪的要求,并不得影响铁路运营安全。施工单位对弃土场排水设施完整性应进行全部检验,运营管理单位和设计、监理单位全部见证检查。

二、端刺基坑

1. 端刺结构形式

客运专线铁路路基上的端刺设在桥台后面,根据其组合形式、设置方式不同,主要分为π形端刺和倒T形端刺两种。

(1)π形端刺

π形端刺包括一个主端刺、一个次端刺、n个小端刺,所有端刺均为矩形,大小不一。主端刺与次端刺、次端刺与小端刺间由厚度不同的摩擦板相连,摩擦板顶面与上部无砟轨道结构直接连接,π形端刺结构形式如图5-16所示。

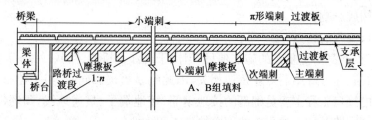

图5-16 π形端刺结构示意图

(2)倒T形端刺

倒T形端刺包括一个倒T形的主端刺、n个矩形小端刺。小端刺在路基中与摩擦板相连,主端刺竖墙顶面及摩擦板顶面与上部无砟轨道结构直接连接。

2. 端刺基坑施工

修筑于路基上的端刺应按设计要求的位置、形状、尺寸与路基同步修建,不得因其施工而损坏、影响路基的稳定与安全。端刺基坑开挖应符合设计要求,基坑不得浸水,施工中如发生基坑泡水现象,应采取措施进行处理并满足设计要求。

在已填筑路基上可采用"一标二挖三修面,分层开挖勤出砟"的基坑开挖方法。基坑开挖采用电动手锯切缝,防止扰动外侧表层填料,基坑坑壁应预留10cm最后进行修面。"一标"指开挖前基坑边线用墨线标识于路面,标出基坑轮廓。"二挖"指基坑开挖分芯部及坑壁两个区域,先芯后壁,先重后轻,分步开挖,避免开挖扰动基坑四周填料。"三修面"指坑壁修面从上至下分三步进行。路基面往下第一层约8cm深坑壁修整为第一步修面,采用风镐距离边线约2~3cm竖直打钎凿面;第二步进行下部坑壁修整,钢钎与坑壁成20°~30°夹角;第三步为精修,采用人工凿平,以修整少量突出及松动部分,使坑壁平整、稳定。"分层开挖"指开挖时结合填筑层厚进行开挖,不但可以提高工效,而且有利于确保坑底质量。"勤出砟"指及时出砟,防止基坑四周堆载和基底超挖。

端刺基坑全部用混凝土浇筑密实,端刺混凝土表面与路基表面应衔接平顺。端刺混凝土施工前,应对基坑接触面的填料充分洒水湿润。摩擦板施工前,应对路基表面进行全面清理。各种预埋件数量、位置、型号和综合接地应符合设计要求,不应漏埋、错埋。

三、路基接口

1. 路基接口工程概述

(1)路基与四电接口工程主要内容

铁路"四电"工程是通信工程、信号工程、电力工程和电气化工程。四电接口工程主要内容包括综合接地系统、接触网支柱基础、无砟轨道绝缘处理、各类过轨管道、电缆上下桥预埋槽道、电缆槽及手孔。

(2)四电接口工程的重要性

铁路工程建设是一项复杂的系统工程,为此在土建施工过程中较多地考虑了电气化、电力、通信、信号等专业的预留、预埋等基础施工项目,施工过程中需要土建施工方与站后四电施工单位加强沟通,确保各项预留、预埋措施满足站后工程的需要。接口是前道工序与后道工序的衔接,是土建施工单位与四电施工单位的交叉配合的关键部位。接口工程的好坏不仅影响站后施工单位的工程质量和进度,也会对主体工程的成败产生不同的效果,甚至对全线的调试、运营和安全构成影响。

(3)四电接口工程的特点

四电接口工程本身不是复杂的施工项目,但由于既涉及桥梁、路基、站场等土建专业,又与电气化、电力、通信、信号等站后专业密切相关,因此略显繁琐。同时,与土建施工过程中的大型项目相比,四电接口工程主要是细部的接地钢筋、接地端子、贯通地线、预埋件等细小内容,容易被忽视。因此,路基施工过程中的四电接口工程主要特点是:繁、细。

(4)路基接口设计一般规定

路基面上电缆槽、电缆井、过轨管线、综合地线、接触网支柱基础、声屏障基础、无砟轨道Ⅱ型板限位结构等工程的施工一般滞后于路基工程,需要在路基工程施工时预留条件,系统规划,统筹实施,避免造成二次开挖,造成路基及排水系统的损害。路基上的各种预埋设备及基础应与路基填筑统筹规划、系统设计、分步实施,保证路基强度、稳定性及防排水性能。

《铁路路基电缆槽》通用参考图中将通信、信号、电力电缆槽三槽合一,均设置于路肩上。电缆槽一般设置于接触网支柱外侧路肩上,并应注意与桥梁、隧道及电缆井在平面上的平顺连接;电缆槽及排水沟盖板应采用工厂化生产,并优先采用活性粉末混凝土(RPC)等强度较高的材料。

路基地段贯通地线应按设计要求设置于电缆槽下。接地设备接入分支缆线宜通过预埋管路接入贯通地线。贯通地线的埋设位置应具有良好的接地性能,为方便接入及兼顾美观宜预留管路。

2. 电缆槽(井)

路基电缆槽的相关工程包括通信、信号、电力电缆槽和电缆井。

(1)通信、信号、电力电缆槽和电缆井施工规定

①电缆槽应采用现场集中预制,电缆槽泄水孔应预制成孔,其他预留孔可现场集中机械钻孔。电缆井应采用现场浇筑。电缆槽(井)盖板均应采用活性粉末混凝土预制。

②电缆槽安装时应采用机械在无水条件下切除基床表层级配碎石。切除后的槽底铺设透

水砾石或碎石,其上部铺设 M10 水泥砂浆找平层后安装电缆槽。

③盖板式电缆槽安装时,节间采用水泥砂浆勾缝,整体式电缆槽槽节对接应在接口处涂抹沥青。

④电缆槽安装完成后应采用 C25 混凝土回填基坑,并及时施工槽外混凝土护肩。

⑤电缆槽与接触网支柱、声屏障基础间缝隙采用 M10 水泥砂浆或 C25 混凝土灌注密实。

⑥电缆井采用人工或机械挖槽,其周边超挖部分应采用 C25 混凝土浇筑,底部设 C25 混凝土垫层,电缆井开口与电缆槽连接处内侧采用 M10 水泥砂浆抹平,连接错开处应采用 M10 水泥砂浆封堵。

⑦电缆槽(井)盖板安装前,应在电缆槽(井)顶部涂抹沥青后再安装盖板。

(2)过轨管型号及预埋位置

①电力电缆从路基基底过轨:过轨管一般采用内径 150mm、厚度 4mm 的镀锌无缝钢管防护,镀锌钢管两端与电缆井相连,电力电缆过轨钢管埋设高度在路基基底位置,水沟面以下 0.5m,且不小于铁路钢轨底面以下 1.5m。结合电缆井位置确定埋设标高,每处电缆手孔井设置过轨管 3 根,过轨管弯曲半径不小于 1m。

②通信、信号电缆从路基中过轨采用内径 100mm,厚度 4mm 的镀锌无缝钢管防护,过轨管道的顶面距轨底面不小于 1500mm。过轨钢管及手孔的设置位置避开线间集水井、接触网支柱基础及其拉线基础的设置位置。钢管在电缆槽内露头 10mm,施工时每根钢管内预留两根 $\phi 2.0mm$ 铁丝,以便穿放电缆,管口用冷封胶封头,以防渗水。

③接触网供电电缆和回流电缆过轨:电缆过轨钢管一般采用镀锌无缝钢管,其内径为 $\phi 100mm$、厚度不小于 4mm,钢管内不应有穿孔、裂缝及显著的凹凸不平和严重腐蚀等情况,内壁应光滑无毛刺,管口应磨光。电缆过轨管的埋深不小于铁路钢轨底面以下 1.0m。

3. 接触网支柱基础施工规定

(1)接触网支柱基础宜在基床表层完成后施工。

(2)接触网支柱基础基坑施工时不应破坏路基及防护工程结构,不应侵占电缆槽、排水沟位置。

(3)接触网支柱基础基坑应全部用混凝土浇筑,基础表面应与路基表面衔接平顺。

(4)有渗水暗沟地段,应在接触网支柱基础混凝土浇筑完成并达到一定强度后再开挖渗水暗沟。接触网支柱基础和渗水暗沟施工后,要保证基床表层底面 4% 的排水坡。

(5)接触网拉线基础与下锚支柱基础平面位置应符合设计要求,下锚拉线的下锚环方向应在支柱基础中心与拉线基础中心连线上。

4. 声屏障基础

路基声屏障分为整体式和插板式两类,其基础均宜在路基整体成型后、轨道铺设和电缆槽施工前施工。声屏障基础与电缆槽、接触网支柱基础之间及与路肩面的缝隙间等均应按设计要求施作防水层。声屏障基础应设置于路肩外侧,并与路基面排水系统协调。

(1)整体式声屏障基础施工规定

①声屏障基础开挖应采取有效防护措施,不应破坏基床。

②声屏障基础宜采用切割开槽施工。切割开槽应在路基本体施工完成之后电缆槽施工之前进行。切割开槽严禁损坏各类管线。

③埋设锚杆钢筋时,基底钻孔采用机械成孔,放置锚杆钢筋后孔内应采用水泥砂浆注浆。砂浆强度达到设计强度的 80% 后应用 C15 素混凝土找平基底。

④声屏障基础应采用混凝土浇筑。
⑤声屏障基础宜每 20~30m 设置一道沉降缝(伸缩缝)。
⑥声屏障基础应按设计要求预埋排水管,排水出口不应冲刷路基。
⑦基础施工应做好防排水,严禁浸泡路基。

(2)插板式声屏障基础施工规定
①基础孔位测量应由桥梁、涵洞向两侧依次进行。
②桩基础施工时应先作静载试验,试桩根数不小于总桩数的 1%,试桩合格后方可进行后续施工。
③钻孔深度应符合设计要求,混凝土灌注应均匀、捣实,严禁出现断桩、缩颈现象,混凝土应一次浇筑成型。

5. 综合接地、预埋管线

综合接地系统(Integrated Earthing System),将铁路沿线的牵引供电、电力供电、通信、信号及其他电子信息系统、建筑物、轨道、车站、桥梁、隧道、声屏障等需接地的装置通过公用地线连成一体的接地系统。综合接地、预埋管线设置位置及原材料应符合设计和相关专业技术要求,并按规定进行进场检验。

(1)综合接地贯通电缆的埋设

路基综合接地线埋设位置:路基两侧通信信号电缆槽外侧内壁正下方基床底层内,埋深距路肩标高约为 0.7m,两侧各设一根。

①铺设综合贯通地线。经检查合格后向小槽内回填 40mm 厚的粒径不大于 5mm 的填料,然后敷设综合地线,地线敷设采用电缆支架,人力拉引。

②分支引线及横向连接线的埋设。贯通地线敷设完成后每隔 50m 左右(路基接触网支柱基础位置)及公跨铁、人行天桥处引出一根分支引接线,每 500m 路基两侧贯通地线进行横向连接一次。

(2)综合接地施工规定
①综合接地系统由贯通地线、接地装置及引接线等构成,实施过程中涉及站前、站后各个专业,应统筹安排施工。
②路堤、土质及软质岩路堑地段的贯通地线应埋设在距基床底层顶面下 30~40cm 处;硬质岩路堑地段,贯通地线应埋设在通信、信号电缆槽下约 20cm 处,沟中回填细粒填料。
③贯通地线在路基填筑期间宜整段埋设,路基填筑时应预留深宽略大于贯通线直径的沟槽,敷设的贯通线周围应回填夯实。
④路堤段贯通线上方应覆盖不少于 10cm 厚填料后,方可进行正常的路基填筑和机械压实作业。
⑤贯通地线的接续、接地端子板设置、引接端子设置和引接应符合设计要求。

(3)预埋过轨管线施工规定
①预埋过轨管线宜采用挖槽埋设,槽底铺设 C25 混凝土基础。
②路堤地段过轨管线应在填筑至基床底层顶面并经沉降观测满足设计要求后埋设,有预压地段应在卸载后进行。
③基床换填地段的路堑应在基床底层处理完毕并填筑至底层顶面后埋设。埋设前应进行沉降观测并确认满足设计要求,有预压地段应在卸载后进行。基床表层不换填地段的硬质岩石路堑应在路堑施工至路基面高程后埋设。

④采用钢管的过轨管时,应进行镀锌等防护处理。施工前应对钢管口进行打磨,以免敷设电缆时划伤电缆。

⑤过轨管埋设时两端应用泡沫填充剂或软布等封堵,并在每根管中预设两根铁丝,以便穿缆。

⑥过轨管接续采用管节、扩口钢管或专用连接管件连接并不应渗漏水、不宜采用焊接。

⑦过轨管铺设应整齐,高低一致。

⑧管道铺设后基坑应采用C25混凝土回填。

四、检查设施

1. 检查井施工规定

(1)检查井基础应与盲沟混凝土基础同时施工。

(2)井身混凝土强度等级及井盖尺寸、强度、拉手安设应符合设计要求,井身混凝土表面应平顺光洁,井盖应安装平稳、密贴,拉手牢固。

(3)检查井基坑回填应按路基相同部位的材料和压实要求采用人工分层回填,夯击密实。施工时应避免机械损伤检查井井壁。

2. 检查台阶、检查梯、栏杆等设施施工规定

(1)检查设备应按设计设置,连接应牢固,外观应顺直整齐。

(2)检查梯等检查设施杆件的涂料品种、涂刷遍数应符合设计要求,并不应漏涂、露底、脱皮。涂刷应均匀,色泽一致。

五、防护栅栏

防护栅栏支柱、栅栏及金属网材料应符合设计要求。防护栅栏设置时,应对栅栏两侧地面进行平整、压实。栅栏设置位置为坡地或栅栏两侧地面存在高差时,应将栅栏两侧各2m范围内的高出部分进行清理平整,两侧地面应平齐等高且不高于栅栏下槛底部。

防护栅栏安装时,应按设计尺寸开挖立柱基坑,将立柱定位并用混凝土浇筑固定,待立柱混凝土基础强度达到设计的80%以上后,安装下槛、栏片、上槛及柱帽。上、下槛与栏片的间隙应采用细石混凝土或M30水泥砂浆灌满形成牢固整体,固定后的栏片不得晃动。

防护栅栏内、外侧地面与栅栏上槛顶面高差应达到栅栏下槛底面距地面高差不应大于5cm,栅栏附近的堆积物应清理干净。防护栅栏在区间线路贯通封闭,应按设计位置、形状尺寸设置相关警示标志。

◆请练习[思考题 5-5]

思 考 题

5-1 过渡段变形产生不一致的原因有哪些?

5-2 简述国外铁路过渡段处理措施。

5-3 如何确定过渡段处理范围的长度?

5-4 简述我国铁路路基过渡段的分类及其构造形式。

5-5 路基相关工程有哪些?简述取(弃)土场设计及施工规定。

第六章 DILVZHANG
铁路路基支挡结构

本章导读

路基支挡结构是铁路路基结构主体的重要组成部分,现行规范中的路基支挡结构形式有重力式挡土墙、短卸荷板式挡土墙、悬臂式和扶壁式挡土墙、锚杆挡土墙、锚定板挡土墙、加筋土挡土墙、土钉墙、抗滑桩、桩板式挡土墙、预应力锚索。限于篇幅,本章重点阐述了支挡结构一般技术和重力式挡土墙设计,简要介绍了悬臂式和扶壁式挡土墙、锚杆挡土墙、锚定板挡土墙、加筋土挡土墙、土钉墙、抗滑桩、桩板式挡土墙的结构作用机理、设计分析及构造、施工要点等内容。

学习目标

1. 熟悉铁路支挡结构方案比选,掌握支挡结构设计荷载组合分析、支挡结构土压力计算及一般技术要求。
2. 掌握重力式挡土墙结构设计及施工技术。
3. 熟悉悬臂式和扶壁式挡土墙、锚杆挡土墙、锚定板挡土墙、加筋土挡土墙、土钉墙的结构设计及施工技术。

学习重点

1. 支挡结构方案比选,结构设计荷载及土压力分析计算,结构设计一般技术及构造要求。
2. 重力式挡土墙设计规定、受力分析、稳定性及强度检算。
3. 悬臂式和扶壁式挡土墙、锚杆挡土墙、锚定板挡土墙、加筋土挡土墙、土钉墙的结构要点及施工技术。

学习难点

1. 支挡结构土压力分析计算。
2. 重力式挡土墙设计验算及尺寸调整。
3. 锚杆挡土墙、土钉墙的稳定性分析。

本章学习计划

内　　容	建议自学时间（学时）	学　习　建　议	学　习　记　录
第一节　铁路路基支挡结构基本技术	2.0	本节应掌握路基支挡结构设计的基本技术要求；熟悉铁路路基支挡结构分类、设置原则、结构设计方案比选；掌握支挡结构设计步骤，熟悉规范规定的常用设计参数，掌握支挡结构设计荷载及力系组合规定，掌握支挡结构一般构造要求	
第二节　库仑土压力计算	3.0	本节应掌握库仑土压力理论基础及其在路基支挡结构中的应用；掌握库仑土压力类别及主动土压力计算理论，熟悉静止土压力、第二破裂面土压力分析计算；掌握不同边界条件下支挡结构库仑主动土压力分析计算	
第三节　重力式挡土墙	2.0	本节应掌握重力式挡土墙设计；熟悉重力式挡土墙类型及墙高一般规定，掌握重力式挡土墙稳定性分析及强度验算	
第四节　悬臂式和扶壁式挡土墙设计	1.0	本节应掌握悬臂式挡土墙设计要点；熟悉悬臂式挡土墙、扶臂式挡土墙构造，掌握悬臂式挡土墙设计基本内容	
第五节　锚杆挡土墙	1.0	熟悉锚杆式挡土墙构造，掌握锚杆式挡土墙设计一般规定、土压力计算图式、锚杆设计，熟悉肋柱及墙面板构造设计要求	
第六节　锚定板挡土墙	1.0	熟悉锚定板式挡土墙构造，掌握锚定板式挡土墙设计一般规定、土压力计算图式、拉杆设计，熟悉锚定板及墙面板构造设计要求	
第七节　加筋土挡土墙	1.0	熟悉加筋土挡土墙构造、设计一般规定，熟悉拉筋、填料及墙面板构造设计要求	
第八节　土钉墙	1.0	熟悉土钉墙构造，掌握土钉墙设计一般规定、土压力计算图式、土钉设计，熟悉土钉及墙面层构造设计要求	

第一节　铁路路基支挡结构基本技术

一、支挡结构概述

支挡结构包括挡土墙、抗滑桩、预应力锚索等支撑和锚固结构,是用来支撑、加固填土或山坡土体,防止其坍滑以保持稳定的一种建筑物。在铁路、公路路基工程中,支挡结构被广泛应用于稳定路堤、路堑、隧道洞口以及桥梁两端的路基边坡等,主要用于承受土体侧向土压力。当以上工程或其他岩土工程遇到滑坡、崩塌、岩堆体、落石、泥石流等不良地质灾害时,支挡结构主要用于加固或拦挡不良地质体。

1. 支挡结构的分类

支挡结构类型划分方法很多,一般有按支挡结构的材料、结构形式、设置位置、设置地区等进行划分的多种方法。

(1) 按结构形式分类

重力式挡土墙(包括衡重式挡土墙)、短卸荷板式挡土墙、悬臂式挡土墙和扶壁式挡土墙、锚杆挡土墙、锚定板挡土墙、加筋土挡土墙、土钉墙、抗滑桩和由此发展而来桩板式挡土墙、预应力锚索和由此发展而来的锚索桩等桩索复合结构等。

(2) 按支挡结构设置的地区条件划分

分为一般地区、地震地区、浸水地区、不良地质地区和特殊岩土地区等。其中一般地区(General Area)是指除浸水地区、高烈度地震区、不良地质地区和特殊岩土地区以外的地区。

(3) 按支挡结构材料划分

分为浆砌片石支挡结构(如浆砌片石挡土墙)、混凝土支挡结构(如混凝土挡土墙、桩板墙、抗滑桩等)、土工合成材料支挡结构(如包裹式加筋土挡土墙)以及复合型支挡结构(如卸荷板式或托盘式挡土墙、土钉墙、预应力锚索、锚索桩等)。

(4) 按支挡结构设置位置划分

①用于稳定路堑边坡的路堑边坡支挡结构。

②用于稳定路堤边坡的路堤边坡支挡结构,又可分为墙顶与路肩一样平的路肩式支挡结构及墙顶以上有一定填土高度的路堤式支挡结构。

③用于稳定建筑物旁的陡峻边坡减少挖方的边坡支挡结构。

④用于稳定滑坡、岩堆等不良地质体的抗滑支挡结构。

⑤用于加固河岸、基坑边坡、拦挡落石等其他特殊部位的支挡结构。

2. 铁路路基支挡结构设置原则

路基工程在下列情况下应修筑支挡结构:

(1) 为减少路堑边坡薄层开挖、路堤边坡薄层填方地段或为加强路堤主体稳定地段的陡坡路基。

(2) 为避免大量挖方、降低边坡高度或加强边坡稳定性的路堑地段。

(3) 不良地质条件下的加固地基、边坡、山体、危岩或拦挡落石地段。

(4) 受水流冲刷影响路堤稳定的沿河、滨海路堤地段。

(5)为节约用地、少占农田或为保护重要的既有建筑物地段。
(6)为保护生态环境地段。
(7)其他特殊条件需要的地段。

二、支挡结构方案比选

路基支挡结构设计应贯彻国家技术、经济政策,按照全面规划、远期近期结合、统筹兼顾的原则,广泛收集资料,认真进行调查研究和选定方案。全面规划、远期近期结合,是针对分期修建的双线铁路或站场的支挡工程,在近期工程设计时,应提出近期与远期相结合的合理方案,尽量做到远期工程能充分利用近期建筑物。在条件许可的情况下配合路基工程,力争一次设计成双线支挡,避免拆除重建。

1. 支挡结构与桥隧方案比选

设计前应认真进行调查研究,广泛收集资料,查明山体和地基的工程地质、水文地质条件,获取必要的岩土物理力学参数,充分进行方案比选。铁路路基工程要避免高填深挖,根据线路具体工程地质条件,路堑、路堤边坡宜控制在适当高度以内,超过一定限值应进行平纵剖面优化设计或与修建桥、隧工程进行比较;确实无法避免时,应切实做好边坡防护和加固工程,不留后患。因此,高填深挖工点在设计中,在采取支挡结构方案前,既要做好线路平纵面优化和与修建桥、隧方案的比较工作,同时也要做好支挡结构方案本身的比选工作。各类支挡工程设计都应根据工程用途、工程地质条件等做好支挡结构的方案与清方减载或其他能代替支挡结构的结构物方案的比选工作。

2. 支挡结构设计方案比选工作

(1)平面位置的确定

根据工程的需要,结合工程总平面布置图、工点的地形图、纵横断面图及相应的工程地质资料,确定支挡结构的起、终点位置。抗滑支挡工程宜设置在横断面上下滑力较小的地段。

(2)支挡结构类型的选择

设计方案的比选,在满足技术可行、安全可靠的前提下,应综合考虑施工条件、环境影响、社会效益及造价等因素。对高度、长度较大的挡土墙工程,方案比选尤为重要。挡土墙形式的选择基本上应考虑以下各种条件:

①挡土墙构筑目的及功能。
②挡土墙的重要性及结构可靠性。
③基础地质、地形、地层构造及地下水因素的适用性。
④挡土墙施工方式及难易度。
⑤挡土墙周边既有构造物及管线设施的安全性。
⑥挡土墙用地的限制。
⑦工程造价的经济性及工期长短。
⑧增建第二线,在并行不等高的两线间设置支挡结构时,应根据路基情况、地基基础、施工对行车干扰等因素全面考虑确定设计方案。
⑨挡土墙对周边景观及环境的冲击及影响程度。客运专线在城市及风景区周边宜根据现场条件,采用与周围景观协调的悬臂式、扶壁式、桩板式及加筋土挡土墙等轻型支挡结构。地震区宜采用加筋土挡土墙等柔性支挡结构。

(3) 支挡结构建筑材料及截面尺寸的比选

支挡结构建筑材料的选用可视类型而定,重力式挡土墙一般应考虑就地取材,采用浆砌片石砌筑,在缺乏天然石料或砂石料地区,可选用混凝土预制构件拼装。其他支挡结构除了采用钢筋混凝土外,由于结构类型不同需用其他材料,如加筋土挡土墙的拉筋采用金属拉带或其他材料的拉带,锚杆挡土墙、锚定板式挡土墙的拉杆则宜选用可焊性和延伸性良好的钢材。由于上述材料埋在填料中,因此应保证耐久性、耐腐蚀性的要求。

◆请练习[思考题 6-1]

三、支挡结构设计一般技术要求

1. 路基支挡结构基本技术要求

(1)在各种设计荷载组合下,支挡结构应满足稳定性、坚固性和耐久性的要求,结构类型及设置位置应安全可靠、经济合理、便于施工养护,使用的材料应保证耐久性、耐腐蚀性。混凝土结构耐久性设计应符合表 1-1 规定。

(2)支挡结构设计时,必须查明山体和地基的工程地质、水文地质条件,合理选择岩土的物理力学参数。

(3)支挡结构的抗震设计应符合《铁路工程抗震设计规范》(GB 50111—2006)的有关规定,参见第七章相关内容。

(4)路堤或路肩挡土墙的墙后填料及其压实度应符合相关规范的规定。

(5)支挡结构与桥台、隧道洞门、既有支挡结构连接时,应衔接平顺。

(6)城市及风景区的支挡结构形式及墙面,宜与其他相邻建筑物相协调。

(7)站场路肩挡土墙顶面设施,应兼顾调车作业的安全性及方便性。

(8)电气化铁路区段及埋设电缆区段的路肩挡土墙应预留电杆及电缆的坑、槽、沟、洞位置,并统筹考虑各专业工程的衔接与配合。

(9)支挡结构地段的防排水设计,应与路基防排水结构相协调,形成完善的排水系统。

雨水下渗会降低墙背填土的力学指标或软化地基,大大降低支挡结构的稳定性,切实做好排水、隔水措施,对保证支挡结构的稳定十分重要。路肩墙应采取措施,避免雨水在墙面漫流。

(10)钢筋混凝土结构中的普通受力钢筋,可采用 HRB400 钢筋和 HRB335 钢筋。

(11)目前铁路路基支挡结构的设计计算方法常采用容许应力法,钢筋混凝土结构可按极限状态法设计,必要时按容许应力法进行验证。

按容许应力法设计的结构,设计参数的选取、结构计算和构造要求等执行现行《铁路桥涵钢筋混凝土和预应力混凝土结构设计规范》(TB 10002.3—2005)有关规定。

按极限状态法设计的支挡结构,设计参数的选取、结构计算和构造要求等执行现行《混凝土结构设计规范》(GB 50010—2010)有关规定。

(12)支挡结构整体稳定性。对支挡结构基底下持力层范围内的软弱层,应检算其整体稳定性。整体稳定系数:重力式挡土墙不得小于 1.2,其他挡土墙不得小于 1.3。

2. 设计步骤

(1)搜集设计工点的地形、地质资料(1∶200 的横断面图、1∶200~1∶500 的纵断面图、1∶500~1∶2000 的平面图)。

(2) 大致确定支挡结构在平面和横断面上的位置。

(3) 初步选择支挡结构的类型，在高填、深挖或不良地质情况下支挡结构工程难度大时应与改线移位或设桥隧等进行比较。

(4) 经比选后具体确定支挡结构形式。

(5) 计算各种工况下的土压力或下滑力，确定最不利工况。

(6) 支挡结构稳定性设计。

(7) 支挡结构强度设计。

(8) 支挡结构构造设计。

(9) 绘制支挡结构横断面图、正面图、平面图，设计图纸及要求见表6-1。

铁路支挡结构工程设计图纸及内容表　　　　　　　　表6-1

图　名	内　容	备　注
支挡结构正面图	包括边坡高度、支挡结构布置、设计说明	—
横断面设计图	包括挡土墙位置与高度、高程、与其他结构的连接	比例尺1：500
结构设计图	包括挡土墙的形式、材料、截面尺寸及技术要求，包括反滤层及泄水孔、隔水层的材料要求及细部构造图	—

3. 挡土墙布置

挡土墙的布置是挡土墙设计的一个重要内容，通常在路基横断面图和墙址纵断面图上进行。布置前，应现场核对路基横断面图，不满足要求时应补测，并测绘墙址处的纵断面图，收集墙址处的地质和水文等资料。挡土墙的布置包括位置的选定、纵向布置、横向布置以及平面布置等。

(1) 墙址的选定

路堑挡土墙的位置通常设置在路基的侧沟边。山坡挡土墙应考虑设在基础可靠处，墙的高度应保证设墙后墙顶以上边坡稳定。

路肩挡土墙因可充分收缩坡脚，大量减少填方和占地，当路肩与路堤墙的墙高或截面圬工数量相近、基础情况相似时，应优先选用路肩墙。若路堤墙的高度或圬工数量比路肩墙显著降低，而且基础可靠时，宜选用路堤墙。必要时应做技术经济比较以确定墙的位置。挡土墙是用于支挡不稳定的路基两侧山坡或路基土体，因而要承受较大的土压力，为了避免挡土墙遭受各种形式的破坏，必须保证挡土墙在设计荷载的作用下，具有足够的整体稳定性和结构强度。

沿河路堤设置挡土墙时，应结合河流的水文、地质情况以及河道工程来布置，注意应保证水流顺畅，不致挤压河道而引起局部冲刷。

滑坡地段的抗滑挡土墙，应结合地形、地质条件，滑面的部位、滑坡推力，以及其他工程，如抗滑桩、减载、排水等综合考虑。

带拦截落石作用的挡土墙，应按落石范围、规模、弹跳轨迹等进行考虑。

受其他建筑物，如房屋、公路、桥涵、隧道等控制的挡土墙，在满足特定的要求下，尚需考虑技术经济条件。

(2) 纵向布置

纵向布置在墙址纵断面图上进行，布置后绘制挡土墙正面图，如图6-1所示。布置的内容有以下几点。

① 确定挡土墙的起讫点和墙长，选择挡土墙与路基或其他结构物的衔接方式。

路肩挡土墙端部可嵌入石质路堑中,或采用锥坡与路堤衔接;当路肩挡土墙、路堤挡土墙兼设时,其衔接处可设斜墙或端墙;与桥台连接时,为防止墙后回填土从桥台尾端与挡土墙连接处的空隙中溜出,需在台尾与挡土墙之间设置隔墙及接头墙。

路堑挡土墙在隧道洞口应结合隧道洞门、翼墙的设置情况平顺衔接;与路堑边坡衔接时,一般将墙高逐渐降低至 2m 以下,使边坡坡脚不致伸入边沟内,有时也可用横向端墙连接。

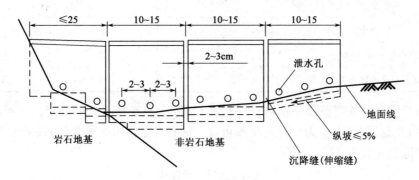

图 6-1 挡土墙纵向布置图(尺寸单位:除注明外为 m)

②按地基、地形及墙身断面变化情况进行分段,确定伸缩缝和沉降缝的位置。

当墙身位于弧形地段,例如桥头锥体坡脚,因受力后容易出现竖向裂缝,宜缩短伸缩缝间距,或考虑其他措施。

③布置各段挡土墙的基础。

墙址地面有纵坡时,挡土墙的基底宜做成不大于 5% 的纵坡。但地基为岩石时,为减少开挖,可沿纵向做成台阶。台阶尺寸随纵坡大小而定,但其高宽比不宜大于 1∶2。

④布置泄水孔,包括数量、间隔和尺寸等。

此外,在布置图上应注明各特征断面的桩号,以及墙顶、基础顶面、基底、冲刷线、冰冻线、常水位或设计洪水位的高程等。

(3)横向布置

横向布置,选择在墙高最大、墙身断面或基础形式有变异处,以及其他必须有桩号的横断面图上进行。根据墙型、墙高、地基及填土的物理力学指标等设计资料,来确定墙身断面、基础形式和埋置深度及布置排水设施等,并绘制挡土墙横断面图。

(4)平面布置

对于个别复杂的挡土墙,如高、长的沿河挡土墙和曲线挡土墙,除了纵、横向布置外,还应作平面布置,绘制平面图,标明挡土墙与路线的平面位置及附近地貌和地物等情况,特别是应标明与挡土墙有干扰的建筑物的情况。沿河挡土墙还应绘出河道和水流方向以及其他防护与加固工程等。除此以外,还应编写简要说明,说明选用挡土墙方案的理由,选用挡土墙结构类型和设计参数的依据,对材料和施工的要求及注意事项,主要工程数量等。

路肩挡土墙的平面位置,在直线地段应按路基宽度确定,曲线地段宜按折线形布置,并应符合曲线路基加宽的规定。在转折处应设沉降缝断开。

4. 常用设计参数

(1)墙背填料的物理力学指标

支挡结构设计应做好工程地质勘查工作,查明水文地质与工程地质条件,获取设计中所需要的岩土物理参数,其墙背填料的物理力学指标应根据实验资料确定。无试验数据,有经验时可使用表6-2中的数据，计算水位以下的填料重度采用浮重度。

墙背填料的物理力学指标 表6-2

填 土 种 类		综合内摩擦角 φ_0(°)	内摩擦角 φ(°)	重度 γ(kN/m³)
细粒土（有机土除外）	墙高 $H \leqslant 6m$	35	—	18、19
	墙高 $H \leqslant 6m$	30～35		
砂类土		—	35	19、20
碎石类土、砾石类土		—	40	20、21
不易风化的块石类土		—	45	21、22

土与墙背之间的外摩擦角根据墙背的粗糙程度、土质和排水条件确定。有经验时，可按表6-3中的数据选用，表中 φ 为土的内摩擦角，φ_0 为土的综合内摩擦角，当按表6-3 计算土与墙背间的摩擦角 δ 大于 30° 时，采用 30°。

土与墙背间的摩擦角 表6-3

墙 身 材 料	墙 背 土	
	巨粒土及粗粒土	细粒土（有机土除外）
混凝土或片石混凝土	$\frac{1}{2}\varphi$	$\frac{1}{2}\varphi_0$
第二破裂面或假想墙背土体	—	φ_0

路堑挡土墙墙后地层的物理力学指标应根据地质资料和边坡设计数据，参照表6-4综合确定。

路堑地层的物理力学指标 表6-4

路 堑 边 坡	综合内摩擦角 φ_0(°)	重度(kN/m³)
1:0.50	65～70	25
1:0.75	55～60	25
1:1.00	50	24～25
1:1.25	45	22～24
1:1.50	35～40	18～22

（2）基底摩擦系数

基底与地基土层间的摩擦系数，需根据试验资料确定。无试验数据，在有经验时，依基底粗糙程度、排水条件和土（岩）质可采用表6-5所列数据。

基底与地基间的摩擦系数 表6-5

地 基 类 别	摩 擦 系 数	地 基 类 别	摩 擦 系 数
硬塑黏土	0.25～0.30	碎石类土	0.40～0.50
粉质黏土、粉土、半干硬的黏土	0.30～0.40	软质岩	0.40～0.60
砂类土	0.30～0.40	硬质岩	0.60～0.70

四、支挡结构设计荷载

1. 挡土墙荷载

作用在挡土墙上的力应按表 6-6 所列荷载进行组合。

挡 土 墙 荷 载　　　　　　表 6-6

荷 载 分 类	荷 载 名 称
主力	墙背岩土主动土压力
	墙身重力及位于挡土墙顶面上的恒载
	轨道及列车荷载产生的土压力、离心力、摇摆力
	基底的法向反力及摩擦力
	常水位时静水压力和浮力
附加力	设计水位的静水压力和浮力
	水位退落时的动水压力
	波浪压力
	冻胀力和冰压力
特殊力	地震力
	施工及临时荷载
	其他特殊力

2. 列车荷载

(1) 静荷载

作用于路基上的列车荷载应采用"中—活载",活载分布于路基面上的宽度,自轨枕两端向下按 45°扩散角计算。轨道和列车荷载按换算土柱法计算,设计中应考虑列车动活载的影响。架桥机等运架设备应作为临时荷载进行检算,检算时安全系数可适当降低。

(2) 动应力

考虑到列车运行速度的提高以及架桥机等施工运架设备的不断更新,设计中应考虑冲击力、离心力、制动力和摇摆力等的影响,必要时可适当增大安全系数,考虑动荷载对路肩墙的影响时应注意:

①如果以库仑理论计算土压力,当挡土墙高 2~4m 时,应适当提高安全系数,安全系数的取值应通过研究确定,也可采用满铺荷载计算。

②将动荷载和静荷载分开考虑,通过试验进一步了解动荷载在墙背的分布情况,确定可行的计算公式。

3. 浸水条件计算规定

常水位系指每年大部分时间保持的水位,浸水挡土墙应从设计水位及以下选择最不利水位作为计算水位。浸水挡土墙墙背填料为渗水土时,可不计墙身两侧静水压力和墙背动水压力。墙身所受浮力,应根据地基地层的浸水情况确定,碎石类土、砂类土(细砂、粉砂除外)和节理很发育的岩石地基,按计算水位的 100%计算;节理不发育的岩石地基按计算水位的 50%计算。

4. 力系组合规定

(1) 当主力与附加力、特殊力组合时,应将材料的容许应力(纯剪应力除外)乘以不同的提高系数。当主力与附加力组合时乘以1.30;当主力与特殊力组合时乘以1.40;当主力与地震力组合时,应符合现行《铁路工程抗震设计规范》(GB 50111—2006)的规定。

(2)单线铁路挡土墙应按有列车荷载与无列车荷载进行检算;双线铁路及站场内的挡土墙,除按有列车荷载进行检算外,尚应按邻近挡土墙的一线、二线有列车荷载与无列车荷载等组合进行检算。

(3)冻胀力和冰压力不与波浪压力同时计算。

(4)洪水和地震不同时考虑。

5. 地基承载力容许值

当挡土墙按有荷载、无荷载计算,其基底合力偏心距为负值时,墙踵基底压应力可超过地基容许承载力,一般地区最大不得超过30%,浸水地区不得超过50%。但不论何种情况,基底平均压应力不得超过地基容许承载力。

6. 支挡结构土压力计算一般规定

一般认为,库仑土压力理论计算主动土压力比较接近实际,但计算被动土压力误差较大;朗肯土压力理论计算主动土压力偏于保守,但计算被动土压力反而偏小。实际应用中,用库仑公式计算主动土压力,用朗肯公式计算被动土压力。

(1)作用在墙背上的主动土压力,可按库仑理论计算。

(2)墙背倾斜度较大、土体中出现第二破裂面时,应按第二破裂面法计算土压力。

(3)墙背为折线形时,可简化为两直线段计算土压力,其下墙段的土压力可用力多边形法计算。

(4)挡土墙前的被动土压力可不计算。当基础埋置较深且地层稳定、不受水流冲刷和扰动破坏时,根据墙身的位移条件,可采用1/3被动土压力值。

◆请练习[思考题6-2]

五、支挡结构一般构造

1. 地基基础

(1)基础形式。

挡土墙基底宜采用明挖基础。当基坑开挖较深且边坡稳定性较差时,应采取临时支护措施;当基底下为松软土层时,可采用加宽基础、换填土或地基处理等措施。水下基坑开挖困难时,也可采用桩基础或沉井基础。

(2)基础埋置深度。

基础埋置深度应按地基的性质、承载力的要求、冻胀的影响、地形和水文地质条件等确定。挡土墙基础埋置深度应符合下列要求:

①埋置深度一般情况不应小于1.0m。

②当冻结深度小于或等于1.0m时,在冻结深度线以下不应小于0.25m,且不应小于1.0m;当冻结深度大于1.0m时,不应小于1.25m,还应将基底至冻结线下0.25m深度范围内的地基土换填为非冻胀土。

③受水流冲刷时,在冲刷线下不应小于1.0m。

④路堑挡土墙基底在路肩以下不应小于1.0m,并低于侧沟砌体底面不小于0.2m。

⑤在软质岩层地基上不应小于1.0m。
⑥膨胀土地段基础埋置深度不宜小于1.5m。
(3)基础在稳定斜坡地面时,其趾部埋入深度和距地面的水平距离应符合表6-7的规定。

斜坡地面墙趾埋入深度和距地面的水平距离　　　表6-7

地层类别	埋入深度(m)	距地面的水平距离(m)	嵌入图式
硬质岩层	0.60	1.50	
软质岩层	1.00	2.00	
土层	≥1.00	2.50	

(4)基础位于较完整的硬质岩层构成的稳定陡坡上时,可采用台阶式基础,其最下一级台阶底宽不宜小于1.0m。
(5)挡土墙位于纵向斜坡上,当基底纵坡大于5%时,应将基底设计为台阶形式。
(6)挡土墙受滑动稳定控制时,可采用倾斜基底。一般地区挡土墙可设不大于0.2:1的斜坡,浸水地区挡土墙不宜设倾斜基底。
(7)挡土墙受倾覆稳定、基底偏心或基底承载力控制时,可设置墙趾台阶,混凝土台阶的连线与竖直线间的夹角不应大于45°。
(8)明挖基础的基坑应及时回填夯实,顶面应设计为不小于4%的排水横坡。对黏土地基,墙底宜设置碎石土或灰土等垫层;对湿陷性黄土、膨胀土等特殊土地基,应采取消除湿陷或防止水流下渗的措施。

2. 支挡结构与路堤、路堑连接构造

支挡结构两端与路堤的连接方式,关系到前后工程的衔接及挡土墙的长度和稳定,应符合下列规定。
(1)支挡结构与路堤连接可采用锥体填土连接,挡土墙端部伸入路堤内不应小于0.75m。路堤锥体顺线路方向的坡度,当锥体边坡高度在8m以内时不应陡于1:1.25,在20m以内时不应陡于1:1.5。
(2)路堤、路肩挡土墙端部嵌入原地层的深度,土质不应小于1.5m,弱风化岩层不应小于1m,微风化岩层不应小于0.5m。
(3)路堑挡土墙应同两端顺延逐渐降低高度,并与路堑坡面平顺相接。
(4)其他挡土墙按上述规定直接与路堤、路堑连接有困难时,可在其端部采用重力式挡土墙过渡或用其他端墙形式过渡。

3. 防排水措施

挡土墙上应设置向墙外坡度不应小于4%的泄水孔,按上下左右每隔2~3m交错布置,折线墙背的易积水处必须设置泄水孔。挡土墙防排水的作用在于疏干墙后土体和防止地表水下渗后积水,以免墙后积水使墙身承受额外的静水压力;减小季节性冰冻地区填料的冻胀压力;消除黏性土填料浸水后的膨胀压力等。

挡土墙的防排水措施通常由地面防排水和墙身排水两部分组成。地面防排水措施有:
(1)设置地面排水沟,截引地表水。
(2)夯实回填土顶面和地表松土,防止雨水和地表水下渗,必要时可设铺砌层。
(3)路堑挡土墙趾前的边沟应予以铺砌加固,以防边沟水渗入基础。

墙身排水主要是为了排除墙后积水,通常在墙身的适当高度处布置一排或数排泄水孔,泄水孔应采用管型材料,其进水侧应设置反滤层,如图6-2所示(反滤层的构造与反滤包相同)。反滤层应优先采用土工合成材料、无砂混凝土块或其他新型材料。无砂混凝土块或砂夹卵石反滤层的厚度不得小于0.3m,墙背为膨胀土的反滤层厚度不应小于0.5m。在靠近路肩或地面的最低一排泄水孔的进水口下部应设置隔水层,隔水层宜采用混凝土与挡土墙墙身同时浇筑。

图6-2 泄水孔及排水层布置示例图(尺寸单位:mm)

4. 沉降缝与伸缩缝

铁路路基各类挡土墙应根据构造特点,设置容纳构件收缩、膨胀及适应不均匀沉降的变形缝,变形缝包括沉降缝和伸缩缝。为避免因地基不均匀沉陷而引起墙身开裂,可根据地基地质、水文条件的变化和墙高、墙身断面的变化情况设置沉降缝。在平曲线地段,挡土墙可按折线形布置,并在转折处以沉降缝断开。为防止支挡结构因收缩硬化和温度变化而产生裂缝需设置伸缩缝,与其他构筑物连接处也需设置伸缩缝。

一般将沉降缝和伸缩缝合并设置,沿墙长每隔10~20m或与其他建筑物相接处应设置伸缩缝,在基底的地层变化处设置沉降缝。缝宽采用2~3cm,缝内沿墙的内、外、顶三边填塞沥青麻筋或沥青木板,塞入深度不得小于0.2m。

当墙背为石质路堑或填石路堤时,可设置空缝。

5. 墙背回填

为保证挡土墙正常的使用功能,并使其具有良好的技术经济性能,墙背填料的选择是至关重要的。一般应选择透水性强、易排水、抗剪强度大且稳定的填料。由于碎(砾)石土、砂类土力学性能稳定、受水的影响较小,因此,墙后应优先选择透水性良好的砂类土、碎(砾)石类土进行填筑。严禁使用腐殖土、盐渍土、淤泥、白垩土及硅藻土作填料,因为这些材料性能极不稳定,胀缩反复交替发生,干燥时体积易收缩,雨季易膨胀,而且填料中不应含有机物、冰块、草皮、树根等杂物及生活垃圾。

当墙背采用透水性不良的填料时,除应做到拌和均匀,控制黏土块含量和最佳含水率外,还应在墙背设置连续排水层。浸水挡土墙的墙背应全部用水稳性和透水性良好的材料填筑。

6. 墙顶防护栏杆设置

(1)防护栏杆

防护栏杆立柱及扶手的水平推力应按0.75kN/m作用在立柱顶上计算,并应按1kN集中荷载检算。路肩挡土墙设置防护栏杆地段应符合下列规定:

①墙顶高出地面2m且连续长度大于10m时。

②墙趾下为悬崖陡坎或地面横坡陡于1:1、连续长度大于20m的山坡时。

③车站有调车作业地段。

其中前2种地段两端各延长5m的范围内,应在靠山侧铺设单侧护轨。

(2)墙顶帽石

路肩挡土墙顶部应设置帽石。帽石应采用混凝土制作,其厚度不得小于0.4m,宽度不得小于0.6m,飞檐宽度应为0.1m。

(3)当挡土墙较高时,应根据需要设置台阶或检查梯。

◆请练习[思考题6-3]

第二节　库仑土压力计算

一、土压力简述

1. 概述

各种形式的支挡结构,都是以支挡自然边坡或人工边坡土体的稳定性为目的,所以支挡结构的主要受力荷载以土体的侧向压力为主,即为土压力。支挡结构要满足设计技术经济合理,关键在于确定各种各类支挡结构的计算土压力,土压力的计算要素包括土压力的分布,方向及大小。

我国铁路支挡结构土压力计算以库仑土压力理论方法为主,对于近些年发展的新型支挡类型的土压力以在实测土压力基础上总结的经验方法进行计算。

2. 土压力类别

挡土墙在土压力作用下要产生移动,根据挡土墙的移动情况,土压力可分为主动土压力、被动土压力和静止土压力三种,其中主动土压力值最小,被动土压力值最大,静止土压力值则介于两者之间(图6-3)。

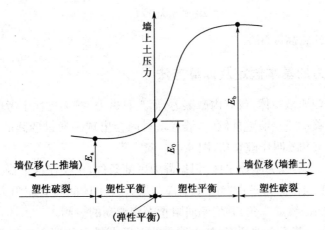

图6-3　墙身位移与土压力关系
E_a-主动土压力;E_0-静止土压力;E_b-被动土压力

当墙体受墙后填土的作用而沿墙底向外平行移动或绕墙胸底部向外转动,如果墙体位移达到一定数值,墙后填土将产生一个滑裂面而形成滑动土体,此滑动破坏棱体沿滑裂面向下向前滑动。在这个破坏棱体即将发生滑动时,作用在墙背上的土压力称为主动土压力,这时土体内相应的应力状态称为主动极限平衡状态。大多数的挡土墙都属于这种情况,所以主动土压力的计算最为普遍。

3. 影响土压力的因素

土压力的计算是一个复杂的问题,涉及支挡结构及其地基基础和边坡土体三者之间的共同作用。影响作用在挡土墙上土压力的因素很多,归纳起来有:墙后土体的性质,包括土体的重度、含水率、内摩擦角和黏聚力的大小等;墙后土体的地面形状,包括列车及轨道结构等局部荷载;挡土墙的结构形式、墙背的形状和光滑程度;挡土墙的位移方向和位移量;外界条件,如地震和浸水等。

二、静止土压力计算

当挡土墙不产生位移和转动时,墙后土体处于弹性平衡状态。此时,作用在墙背上任意深度的静止土压应力 δ_0 按式(6-1)计算:

$$\sigma_0 = \lambda_0 \gamma h \tag{6-1}$$

式中:σ_0——作用墙背的静止土压应力(kPa);
γ——墙背填土重度(kN/m³);
h——计算点距填土表面的深度(m);
λ_0——静止土压力系数。

目前尚无成熟的公式计算静止土压力系数,一般可取砂性土 $\lambda_0 = 0.34 \sim 0.35$;黏性土 $\lambda_0 = 0.5 \sim 0.7$,也可按下列半经验公式计算:

$$\lambda_0 = 1 - \sin\varphi \tag{6-2}$$

式中:φ——墙后填土的内摩擦角(°)。

当墙后填土为平面时,静止土压力为三角形分布,合力作用点在墙踵以上 1/3 墙高处,总土压力 E_0 为:

$$E_0 = \frac{1}{2}\lambda_0 \gamma H^2 \tag{6-3}$$

式中:H——挡土墙计算高度(m)。

三、库仑土压力的基本假定及计算方法

(1)墙后填料为匀质散粒体,仅有内摩擦力,而无黏聚力,按无黏性土考虑。

(2)当墙身向外移动或绕墙趾外倾时,墙背填料内会出现一通过墙踵的破裂面,假设此破裂面为一平面,竖向夹角 θ 叫作破裂角(图 6-4)。

(3)破裂面上的土楔,视为刚性土体,根据静力平衡条件,土楔在自重 G、墙背反力 E_a 和破裂面反力 R 的作用下维持静力平衡。由于土楔与墙背及土体间具有摩阻力,故 E_a 与墙背法线成 δ 角、R 与破裂面法线成 φ 角,并均偏向阻止土楔滑动的一侧。

(4)通过墙踵,假定若干个破裂面,其中使主动土压力最大的那个破裂面即为最危险的破裂面。根据这一条件,求得破裂面的位置和主动土压力值。

$$E_a = G \frac{\sin(90 - \theta - \varphi)}{\sin(\theta + \varphi + \delta + \alpha)} \tag{6-4}$$

式中：E_a——作用在挡土墙墙背的主动土压力(kN/m)；
  G——墙背填土主动极限平衡状态时破裂棱体及墙顶荷载换算土柱的重力(kN/m)；
  α——墙背倾角(°)，俯斜为正，仰斜为负；
  φ——墙后填土的内摩擦角(°)；
  δ——墙背与填土的外摩擦角(°)；
  θ——墙后填土破裂角(°)。

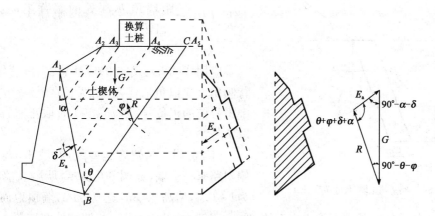

图 6-4　库仑主动土压力计算示意图

(5)假设主动土压力沿墙高呈分段线性分布，其形状与坡面线叠加超载后的形状相似，作用点位置位于此分布力图形的重心，如图 6-4 所示。

四、库仑主动土压力计算

1. 墙后填土为匀质粗粒土、表面为平面情况

当墙后填土(及天然土体)为粗粒土，土坡为一直线，坡角为 i (应小于 φ)时，如图 6-5 所示，路堑挡土墙可简化为此类情况。

这类情况的挡土墙土压应力呈线性分布，墙背总主动土压力 E_a 存在解析解，并作用于墙高下三分点处。

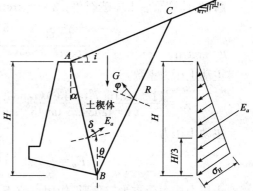

图 6-5　墙后地面为平面时得库仑主动土压力计算

破裂角 θ 的解析解为：

$$\tan(\theta+i) = -\tan\psi_2 \pm \sqrt{(\tan\psi_2 + c\tan\psi_1)[\tan\psi_2 + \tan(\alpha+i)]} \qquad (6-5)$$

式中：ψ_1——计算参数(°)，$\psi_1 = \varphi - i$；
  ψ_2——计算参数(°)，$\psi_2 = \varphi + \delta + \alpha - i$；

库仑主动土压力系数 λ_a 为：

$$\lambda_a = \frac{(1+\tan\alpha\tan i)(\tan\theta+\tan\alpha)\cos(\theta+\varphi)}{(1-\tan\theta\tan i)\sin(\theta+\varphi+\delta+a)} \qquad (6-6)$$

或

$$\lambda_a = \frac{\cos^2(\varphi-\alpha)}{\cos^2\alpha\cos(\delta+\alpha)\left\{1+\sqrt{\dfrac{\sin(\varphi+\delta)\sin(\varphi-i)}{\cos(\varphi+\delta)\cos(\alpha-i)}}\right\}^2} \qquad (6-7)$$

$$\sigma_a = \lambda_a \gamma h$$
$$E_a = \frac{1}{2} \lambda_a \gamma H^2 \tag{6-8}$$
$$E_x = E_a \cos(\delta \pm \alpha), \quad E_y = E_a \sin(\delta \pm \alpha) \tag{6-9}$$

式中：E_a——墙背库仑主动土压力(kN/m)，E_x 为其水平分力，E_y 为其竖直分力；

σ_a——距墙顶 h 深处的墙背主动土压应力(kPa)；

λ_a——主动土压力系数。

应用式(6-5)、式(6-9)应注意：当墙背仰斜时，墙背倾角 α 应以负值代入，墙背竖直时 $\alpha=0°$；式(6-5)中根号前的正负号，当 $\psi_2 < 90°$ 时取正号，$\psi_2 > 90°$ 时取负号。

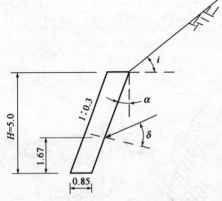

图 6-6 路堑挡土墙(尺寸单位:m)

[例 6-1] 新建客运专线，在坡积、残积层修一俯斜路堑挡土墙，如图 6-6 所示，墙胸及墙背坡度均为 1：0.3，墙高 5.0m，宽 0.85m，墙顶地面坡角 i 为 43°，墙后土体为密实的碎石类土夹石块，取 $\varphi=45°$，$\gamma=20.0\mathrm{kN/m^3}$，墙背外摩擦角 $\delta=30°$ 试计算墙背库仑主动土压力。

解： 先计算墙后土体破裂角。$\alpha=-\arctan 0.3=-16.7°$，则 $\psi_1=\varphi-i=45°-43°=2°$。

$$\psi_2 = \varphi+\delta+\alpha-i = 45°+30°-16.7°-43° = 15.3°$$

$$\theta = \arctan\{-\tan 15.3° + \sqrt{(\tan 15.3° + \cot 2°)[\tan 15.3° + \tan(-16.7°+43°)]}\} - 43° = 34.3°$$

主动土压力系数

$$\lambda_a = \frac{(1-\tan 16.7° \tan 43°)(\tan 34.3° - \tan 16.7°)\cos(34.3°+45°)}{(1-\tan 34.3° \tan 43°)\sin(34.3°+45°+30°-16.7°)} = 0.141$$

主动土压力

$$E_a = \frac{1}{2} \times 0.141 \times 20 \times 5^2 = 35.15 \mathrm{kN}$$

土压力应力分布为三角形，作用点位于 1/3 墙高处，即 $Z_x=1.67\mathrm{m}$。

$$E_x = 35.15 \times \cos(30°-16.7°) = 34.21 \mathrm{kN}$$
$$E_y = 35.15 \times \sin(30°-16.7°) = 8.09 \mathrm{kN}$$

2. 有限范围填土的土压力计算

上述库仑主动土压力的计算方法，仅适用于墙后填土在足够宽的范围内是匀质的或成层分布，在这一范围内能够形成破裂面。若墙后存在已知的坡面或潜在的滑动面，而且其坡角较按库仑土压力方法计算得的破裂角还陡时(如图 6-7 中岩坡的坡角 $\theta<45°+\varphi/2$，φ 为墙背土体的内摩擦角)，则墙后填土将沿潜在的滑动面下滑。此时，不必再按库仑理论求主动土压力极大值的方法求解墙后土体的破裂角，已知的滑动面与竖直面的夹角 θ 即为第一破裂面夹角。依据潜在的滑动面与实际墙背或第二破裂面之间土楔体处于主动极限平衡状态，计算库仑主动土压力。

值得注意的是，这种情况下，滑动土体与稳定土体一般土质不同，此时第一破裂面摩擦角的取值应根据潜在的破裂面情况取值，而不再是墙后滑动土体的内摩擦角 φ。若墙后滑动土体为匀质且地面线为直线，则式(6-8)中库仑主动土压力系数 λ_a 为：

$$\lambda_a = \frac{\sin(\alpha+\theta)\cos(\alpha-i)\cos(\theta+\delta_r)}{\cos^2\alpha\cos(\theta+i)\sin(\alpha+\delta+\theta+\delta_r)} \tag{6-10}$$

3. 破裂面交于路基面情况

当墙后填土为匀质粗粒土，填土表面存在列车及轨道结构荷载，如图6-4所示。此时墙背主动土压力不仅与墙后填料、墙高、墙背倾角等挡土墙设计参数有关，还与墙顶路堤填土高度及坡度、路肩宽度、一线荷载换算土柱的宽度及高度、线间距、二线有无荷载等路基面参数有关。

图6-4中破裂面在A_1A_2、$\cdots$、A_iA_{i+1}等边界范围内均可能出现，在A_iA_{i+1}边界范围，主动土压力E_a有相应的解析式，并一定存在一个极大值E_{amaxi}，在所有边界范围内的最大值E_{amax}即为所求的主动土压力E_a。所对应的破裂面交于A_iA_{i+1}边界内（如图6-4中BC面），其破裂角为θ，过A_2、A_3、$\cdots$、A_{i-1}边界点分别作破裂角为θ的破裂面交于墙背，分别求得各点所对应的主动土压应力。依据求得的土压应力分布图，即可得到主动土压力在墙背上的作用点。

铁路路堤式挡土墙破裂面交于路基面情况下的主动土压力计算较为繁琐，在铁路路基设计有关手册中，如文献[31]给出了各种边界条件下库仑主动土压力计算图示及公式，图6-4即为12种边界条件中的一种情况。在查用时，通常是先建立挡土墙及墙后土体受力模型，从手册中假定可能的计算图式，即破裂面与荷载交于何处，按此假定，选用相应的公式计算破裂角，然后用算得的破裂角来检查破裂面与荷载相交的位置是否符合假定，若相符合，可按符合的图式计算土压力系数、土压力分布及作用点等。若不符合，则需重新假定计算图式，直至相符为止。

4. 第二破裂面的土压力计算

按照库仑理论，挡土墙后破裂棱体的两个边界条件，一个是土体中的破裂面，另一个是墙背（或假想墙背）。但当俯斜直线墙背或L形墙背（包括衡重式挡土墙的上墙）的假想墙背缓到一定程度后，墙后填料内有可能出现第二破裂面，土楔不沿墙背或假想墙背滑动，而沿着第二破裂面滑动，如图6-8所示。

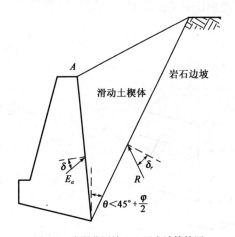

图6-7 有限范围填土土压力计算简图

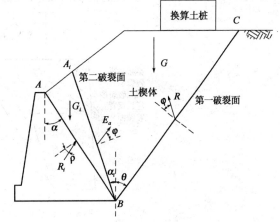

图6-8 出现第二破裂面的条件

(1) 第二破裂面出现的条件

必须满足下列条件，才可出现第二破裂面：

墙背或假想墙背的倾角必须大于第二破裂面的倾角，从而不妨碍第二破裂面的出现，即：

$$\alpha > \alpha_i \tag{6-11}$$

投影到墙背AB上的诸力（包括第二破裂面与墙背间的土体自重G_i，作用在第二破裂面上的主动土压力E_a）所引起的下滑力，必须小于墙背上土体的抗滑力。即作用于墙背或假想

墙背上的合力 R_i 对墙背法线的倾角应该小于等于墙背外摩擦角。

$$E_x > (E_y + G_i)\cot(\alpha + \delta) \tag{6-12}$$

或

$$\rho < \delta \tag{6-13}$$

式中：E_x——作用在第二破裂面上的主动土压力 E_a 的水平分力(kN/m)；

E_y——作用在第二破裂面上的主动土压力 E_a 的竖直分力(kN/m)；

G_i——第二破裂面与墙背间的土体自重(kN/m)；

α——墙背 AB 俯斜角度(°)；

δ——墙背 AB 与填料的外摩擦角(°)；

ρ——作用于墙背上的合力 R_i 对墙背法线的倾角(°)。

(2)第二破裂面的主动土压力计算

出现第二破裂面时，作用在第二破裂面上的主动土压力是两个破裂面倾角的函数，其中第二破裂面由于也是在填土内出现，因而第二破裂面的主动土压力与破裂面法线的夹角为土的内摩擦角 φ，而不是墙背与填土间的外摩擦角 δ，至于计算原理及方法与不出现第二破裂面的墙背主动土压力计算完全相同。

根据第一及第二破裂面可能出现的范围，文献[31]给出了 31 种边界条件下主动土压力计算图示及公式。

5. 折线形挡土墙的土压力计算

折线形挡土墙，如衡重式和凸形墙背挡土墙，通常是分别计算上、下墙各直线段墙背土压力，取各段土压力的矢量和作为全墙的土压力。

上墙土压力，衡重式挡土墙(图 6-9)按第二破裂面土压力公式计算，凸形墙背挡土墙(图 6-10)按库仑土压力公式计算，当墙背较缓出现第二破裂面时，按第二破裂面土压力公式计算。下墙土压力计算，一般采用延长墙背法或力多边形法计算。

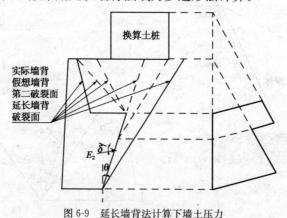

图 6-9 延长墙背法计算下墙土压力

(1)延长墙背法

延长墙背与墙后填土表面相交，按此虚构的直线墙背用库仑公式计算土压力，并绘出土压应力图形，然后截取下墙部分的土压应力图形，作为下墙的土压力(图 6-9、图 6-10)。其作用点的高度，可根据下墙的土压应力图形确定。

(2)力多边形法

根据作用在破裂棱体上诸力构成的力多边形，如图 6-10 所示，可得作用在下墙墙背上的土压力 E_2。力多边形法的土压力计算较为合理，它满足了破裂棱体静力平衡的力矢量闭合条件,因而消除了延长墙背法中所存在的误差。但上下墙破裂面不平行,不能按照库伦土压力的方法绘制土压应力图形,只能上下墙分别计算土压应力。

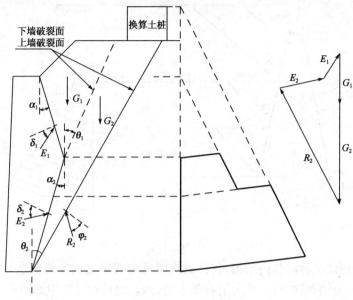

图 6-10　力多边形法计算下墙土压力

文献[31]给出了 16 种边界条件下,采用力多边形法计算折线形挡土墙下墙主动土压力计算图示及公式。

6. 墙后填土为多层土时土压力计算

(1) 多层加权平均计算

加权平均计算就是将土层的各种参数按厚度加权平均,然后再按匀质土计算主动土压力。

$$\bar{\varphi}=\arctan\left(\frac{\sum_{i=1}^{n}h_i\tan\varphi_i}{H}\right)$$

$$\bar{\gamma}=\frac{\sum_{i=1}^{n}h_i\gamma_i}{H}$$

(6-14)

式中:$\bar{\varphi}$——内摩擦角加权平均值(°);
φ_i——墙后第 i 层填土内摩擦角(°);
$\bar{\gamma}$——墙后填土重度加权平均值(kN/m³);
γ_i——墙后第 i 层填土重度(kN/m³);
H——墙后填土总高度(m);
h_i——墙后第 i 层填土高度(m)。

(2) 分层计算

如图 6-11 所示,首先由库仑公式求得上一土层的土压力 E_1 和其作用点高度 Z_1,在计算下一个土层时,近似地假定:上下两层土层层面平行,并将上一层土视为下一层土的均布荷载,$\sum_{i=1}^{n}\gamma_i h_i$ 求得下一个土层的土压力 E_i 和其作用点高度 Z_i,最后将 E_1、E_2、⋯、E_i、⋯合成计算墙背总的土压力 E_a 以及土压力作用点高度 Z。

7. 墙后填土为黏性土时土压力计算

(1) 换算内摩擦角法

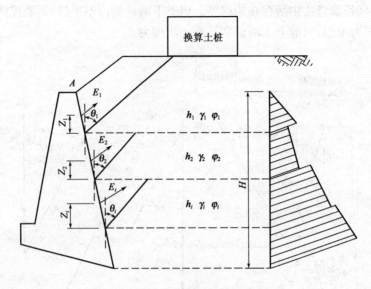

图 6-11 多层填土土压力计算简图

换算内摩擦角法又称综合内摩擦角法、似内摩擦角或等效内摩擦角法。当墙后填土为黏性土时，由于黏聚力的存在，对土压力值有很大的影响，因此在计算中必须考虑黏聚力的影响。目前，由于黏聚力的数值难于恰当地确定，同时又缺乏按黏性土计算方法设计挡土墙的实践经验，通常都采用换算内摩擦角的方法来计算黏性土的主动土压力。也就是将摩擦角的数值增大，把黏聚力的影响考虑在内摩擦角的这一参数中，然后按无黏性土的公式计算主动土压力。

按土体抗剪强度相等的原则计算：

$$\tau = \sigma\tan\varphi + c \text{ 或 } \tau = \sigma\tan\varphi_D$$

则

$$\tan\varphi_D = \tan\varphi + \frac{c}{\sigma} = \tan\varphi + \frac{c}{\gamma H}$$

即

$$\varphi_D = \arctan\left(\varphi + \frac{c}{\gamma H}\right) \tag{6-15}$$

按土压力相等的原则计算：

$$\varphi_D = 90° - 2\arctan\left[\tan\left(45° - \frac{\varphi}{2} - \frac{2c}{\gamma H}\right)\right] \tag{6-16}$$

式中：φ——内摩擦角(°)；
φ_D——换算内摩擦角(°)；
γ——墙后填土重度(kN/m³)；
c——黏聚力(kPa)；
H——墙身高度(m)。

需要注意的是，上述换算方法，对于矮墙是偏于安全的，但对于高墙是偏于危险的，因此，对于高墙应酌情予以折减。

(2) 力多边形法

考虑黏聚力的作用，仍然以库仑土压力理论计算，作用在破裂棱体上的诸力构成力的多边形。力的多边形法计算黏性土的库仑土压力较为合理，但所采用的计算黏聚力的值必须可靠。

对于高膨胀性土和高塑性土均不能按力多边形法计算土压力。

裂缝深度计算,当墙身向外有足够的位移时,黏性土土层的顶部会出现拉应力,并进而产生竖直裂缝,裂缝的深度,达到拉应力趋近于零处。

$$h_c = \frac{2c}{\gamma} \tan\left(45° + \frac{\varphi}{2}\right) \tag{6-17}$$

裂缝的深度,与地面的斜度无关,如果土层顶面有满布的荷载土柱高 h_0,则裂缝深度应减去 h_0;如果土层顶面有局部的土柱高 h_0,由于情况复杂,难于正确估计,往往忽略它对裂缝深度的影响。

土压力计算仍然以库仑土压力为基础,由力多边形法求得土压力,只是在力多边形中增加一个黏聚力 cL,其中 L 为破裂面的长度。如图 6-12 所示。

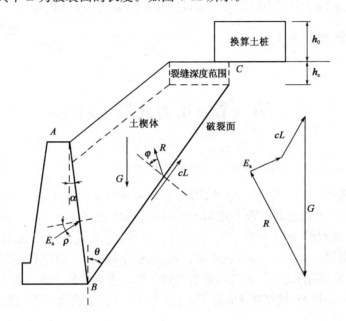

图 6-12 考虑黏聚力库仑土压力计算简图

8. 浸水挡土墙的土压力计算

浸水挡土墙墙后填料一般应用粗粒土填筑,挡土墙浸水后,墙后土体受水的浮力作用而重力减小。粗粒土的内摩擦角受水的影响不大,可以认为不变,而黏性土的抗剪强度则应考虑降低。当墙前水位骤降,墙后出现渗流时,挡土墙还将受到动水压力的作用。

(1) 假设浸水后土体的内摩擦角不变时的土压力计算

当破裂面交于路基面时,不论是库仑公式、第二破裂面公式或下墙力多边形法的浸水土压力公式的形式,都与一般土压力公式完全相同,只要将破裂角、土压力和土压力合力作用点的计算公式稍加修改后,即可转换为相同边界条件的浸水土压力公式。

文献[31]给出了各种种边界条件下,浸水挡土墙主动土压力计算图示及公式。

(2) 浸水后土体内摩擦角降低时的土压力计算

先求得计算水位以上部分的土压力,将计算水位以上部分的土层当作荷载,再计算浸水部分的土压力;上述两部分土压力的矢量和即为全墙的土压力,计算方法与墙后填土为多层土时的情况类似。

(3) 受渗流影响的动水压力计算

受渗流影响的动水压力计算方法目前尚不完善。计算时,可假定破裂角不受渗流影响,按以下近似公式计算动水压力:

$$D = \gamma_w I_0 \Omega \tag{6-18}$$

式中:D——动水压力(kN/m);
I_0——渗流降落曲线的平均水力梯度;
γ_w——水的重度(kN/m³);
Ω——墙后破裂棱体的浸水面积(m²)。

9. 地震条件挡土墙主动土压力计算

位于抗震设防 6 度以上的铁路路基工程,应进行抗震设计分析。需进行抗震设计验算的支挡结构,其地震条件下土压力计算等抗震设计技术见第七章相关内容。

◆请练习[思考题 6-4]

第三节 重力式挡土墙

一、简述

重力式挡土墙(Gravity Retaining Wall)是依靠墙体自重抵抗土压力、防止土体坍滑的挡土结构,是常用的一种挡土墙。重力式挡土墙可用石砌或混凝土建成,一般都做成简单的梯形,它的优点是就地取材,施工方便,经济效果好。但体积、重量都较大,在软弱地基上修建往往受到承载力的限制。如果墙太高,它耗费材料多,也不经济。只有当地基条件较好,挡土墙高度不大,本地又有可用石料时,可选用重力式挡土墙。重力式挡土墙一般不配钢筋或只在局部范围内配以少量的钢筋,墙高在 6m 以下,地层稳定、开挖土石方时不会危及相邻建筑物安全的地段,其经济效益明显。

重力式挡土墙有多种分类方法,根据其墙背倾斜方向,墙身断面形式可分为俯斜、垂直、仰斜和衡重式等几种,如图 6-13 所示。其中衡重式挡土墙(Balance Weight Retaining Wall)是以填土重力和墙身自重共同抵抗土压力的挡土结构。

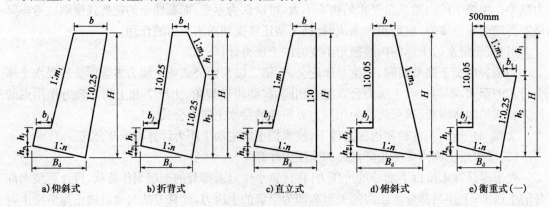

图 6-13 重力式挡土墙的常见断面形态

二、重力式挡土墙结构设计

1. 墙高

一般地区、浸水地区、地震地区和特殊岩土地区的路肩、路堤和路堑等部位,可采用重力式(或衡重式)挡土墙。路肩、路堤和土质路堑挡土墙高度不宜大于 10m,石质路堑挡土墙不宜大于 12m。客运专线重力式支挡结构高度,路堤墙不宜大于 6m,路肩墙不宜大于 8m。

混凝土或片石混凝土墙顶宽度不应小于 0.4m。

2. 墙身材料

重力式挡土墙墙身材料应采用混凝土或片石混凝土,片石掺用量不大于总体积的 20%,其强度等级及适用范围应按表 6-8 采用,表中 t 为最冷月平均气温。客运专线墙身材料应采用混凝土,墙背反滤层宜采用袋装砂夹卵砾石或土工合成材料。

重力式挡土墙材料强度等级与适用范围 表 6-8

材料种类	重度(kN/m³)	混凝土强度等级	适用范围
混凝土或片石混凝土	23	C15	$t \geq -15℃$ 地区
		C20	浸水及 $t < -15℃$ 地区

混凝土容许应力参照现行《铁路桥涵混凝土和砌体结构设计规范》(TB 10002.4—2005)规定数值确定,可按表 6-9 采用,表中符号 A 为计算底面积,A_c 为局部承压面积。

混凝土、片石混凝土的容许应力(MPa)值 表 6-9

应力种类	符号	混凝土强度等级			
		C30	C25	C20	C15
中心受压	$[\delta_c]$	8.0	6.8	5.4	4.0
弯曲受压及偏心受压	$[\delta_b]$	10.0	8.5	6.8	5.0
弯曲拉应力	$[\delta_{bl}]$	0.55	0.50	0.43	0.35
纯剪应力	$[\tau_c]$	1.10	1.00	0.85	0.70
局部承压应力	$[\delta_{cl}]$	$8.0 \times \sqrt{\frac{A}{A_c}}$	$6.8 \times \sqrt{\frac{A}{A_c}}$	$5.4 \times \sqrt{\frac{A}{A_c}}$	$4.0 \times \sqrt{\frac{A}{A_c}}$

3. 稳定性检算

重力式挡土墙验算包括:土压力计算,滑动稳定性验算,倾覆稳定性验算,地基应力及偏心距验算,截面强度验算,对钢筋混凝土底板基础,还需要作基础强度计算。重力式挡土墙结构的稳定性检算是挡土结构设计中的关键,稳定性检算主要由三部分组成,即抗倾覆稳定性、抗滑移稳定性和整体稳定性验算。

(1)抗滑移稳定性

重力式挡土墙的向前滑移破坏是支挡结构常见的破坏形式之一。抗滑移稳定性是指重力式挡土墙在土压力作用下是否有向前滑移的可能性,用滑动稳定系数 K_c 表示,即作用于挡土墙的最大可能的抗滑力与实际滑动力之比,如图 6-14 所示。一般情况下,有:

非浸水
$$K_c = \frac{[\sum N + (\sum E_x - E'_x) \cdot \tan\alpha_0] \cdot f + E'_x}{\sum E_x - \sum N \cdot \tan\alpha_0} \quad (6-19)$$

浸水

$$K_c = \frac{[\sum N - \sum N_w + \sum E_x \cdot \tan\alpha_0] \cdot f}{\sum E_x - (\sum N - \sum N_w) \cdot \tan\alpha_0} \quad (6-20)$$

式中：$\sum N$——作用于基底上的总垂直力(kN)；

$\sum E_x$——墙后主动土压力的总水平分力(kN)；

E'_x——墙前土压力的水平分力(kN)；

$\sum N_w$——墙身的总浮力(kN)；

α_0——基底倾斜角(°)；

f——基底与地层间的摩擦系数。

当为倾斜基底时，应检算沿地基水平方向的滑动稳定性。基底下有软弱土层时，应检算该土层的滑动稳定性。

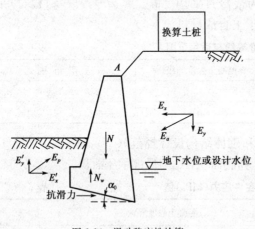

图 6-14 滑动稳定性检算

沿基底抗滑稳定系数 K_c 不应小于 1.3，考虑附加力系时，K_c 不应小于 1.2，架桥机等运架设备临时荷载作用下，K_c 不应小于 1.05。但设计墙高大于 12～15m 时，应注意适当加大 K_c 值，以保证挡土墙的抗滑稳定性。

(2) 抗滑稳定性不足的设计技术措施

当挡土墙抗倾覆稳定性已满足而受抗滑稳定性控制时，可采用设置倾斜基底的方法以增加挡土墙的抗滑稳定性。一般地区挡土墙基底倾斜度不大于 1:5，浸水地区挡土墙不宜设置倾斜基底。

增加抗滑稳定性的另一种办法是采用凸榫基础，如图 6-15 所示。凸榫基础是在基础底面设置一个与基础连成整体的榫状凸块，利用榫前土体所产生的被动土压力以增加挡土墙抗滑稳定性。

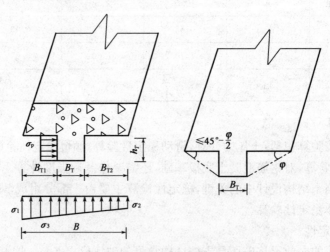

图 6-15 凸榫基础

①凸榫位置。

为使榫前被动土压力能够完全形成，墙背主动土压力不致因设置凸榫而增大，必须将整个凸榫置于过墙趾与水平成 $45 - \varphi/2$ 及通过墙踵与水平成 φ 的直线所包围的三角形范围内。因

此,凸榫位置、高度和宽度必须符合下列要求:

$$B_{T1} \geqslant h_T \tan(45°+\varphi/2) \tag{6-21}$$

$$B_{T2} = B - B_{T1} - B_T \geqslant \frac{h_T}{\tan\varphi} \tag{6-22}$$

凸榫前侧距墙趾的最小距离 B_{T1min}:

$$B_{T1min} = B - \sqrt{B^2 - \frac{2K_c E_x B - B^2 f \sigma_1}{\sigma_1[\tan(45°-\varphi/2)-f]}} \tag{6-23}$$

②凸榫高度 h_T:

$$h_T = \frac{2K_c E_x - (B - B_{T1})(\sigma_2 + \sigma_3)f}{(\sigma_1 + \sigma_3)\tan^2(45°+\varphi/2)} \tag{6-24}$$

式中:σ_1、σ_2、σ_3——墙趾、墙踵及凸榫前缘处基底的压应力。

其余符号意义同前。

增加抗滑稳定性的措施还有:改善地基,例如在黏性土地基上夯嵌碎石,以增加基底摩擦系数;改变墙身断面形式等。但单纯的扩大断面尺寸收效不大,而且也不经济。

(3)抗倾覆稳定性

挡土墙的抗倾覆稳定性是指它抵抗墙身绕墙趾向外转动倾覆的能力,即以墙趾点作为矩心,作用在挡土墙上的所有荷载对墙趾点取力矩,以稳定力矩与倾覆力矩之比,来衡量重力式挡土墙的抗倾覆稳定性,其比值称为抗倾覆稳定系数,用 K_0 表示。根据图 6-16,可得抗倾覆稳定系数 K_0 的表达式为:

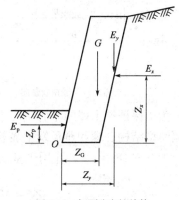

图 6-16 倾覆稳定性检算

$$K_0 = \frac{\sum M_y}{\sum M_0} \tag{6-25}$$

式中:$\sum M_y$——稳定力系对墙趾的总力矩(kN·m),$\sum M_y = GZ_G + E_y Z_y + E'_x Z'_x$;

$\sum M_0$——倾覆力系对墙趾的总力矩(kN·m),$\sum M_0 = E_x Z_x$。

挡土墙倾覆稳定性安全系数 K_0 不应小于 1.6,计算附加力时,K_0 不应小于 1.4,架桥机等运架设备临时荷载作用下 K_0 不应小于 1.1。

(4)抗倾覆稳定性不足的设计技术措施

当抗滑稳定性满足要求,挡土墙受抗倾覆稳定性控制时,可展宽墙趾,如图 6-17 所示,在墙趾处展宽基础可以增大稳定力矩的力臂,是增强抗倾覆稳定性的常用方法。但在地面横坡较陡处,会由此引起墙高的增加。展宽部分 Δb 一般用与墙身相同的材料砌筑,不宜过宽。重力式挡土墙 Δb 不宜大于墙高的 10%;衡重式挡土墙 Δb 不宜大于墙高的 5%。基础展宽可分级设置成台阶基础,每级的宽度和高度关系应符合刚性角(即基础台阶的斜向连线与竖直线的夹角)的要求,对于石砌圬工不大于 35°;对于混凝土圬工不大于 45°,如超过时,则应采用钢筋混凝土基础板。

增加抗倾覆稳定性的措施还有:改变墙背或墙面的坡度以减少土压力或增加稳定力臂;改变墙身形式,如改用衡重式、墙后增设卸荷平台或卸荷板。

4.强度检算

(1)地基承载力及基底偏心距

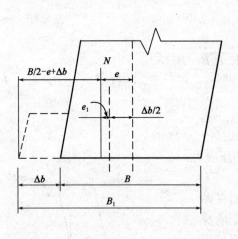
图 6-17 展宽墙趾图

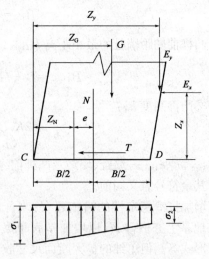
图 6-18 基底应力及合力偏心距检算图式

为了保证挡土墙的基底应力不超过地基的容许承载力,应进行基底应力检算。为了使挡土墙墙型结构合理和避免发生显著的不均匀沉陷,还应控制作用于挡土墙基底的合力偏心距。

如图 6-18 所示,若作用于基底合力的法向分力为 N,它对墙趾的力臂为 Z_N,则有:

$$Z_N = \frac{\sum M_y - \sum M_0}{\sum N} = \frac{GZ_G + E_y Z_y - E_x Z_x}{G + E_y} \tag{6-26}$$

合力偏心距 e 为:

$$e = \frac{B}{2} - Z_N = \frac{B}{2} - \frac{\sum M_y - \sum M_0}{\sum N} \tag{6-27}$$

式中:e——基底合力的偏心距(m);当为倾斜基底时,为倾斜基底合力的偏心距,土质地基不应大于 $B/6$,岩石地基不应大于 $B/4$;

B——基底宽度(m),倾斜基底为其斜宽;

Z_N——作用于基底上的垂直分力对墙趾的力臂(m);

$\sum N$——作用于基底上的总垂直力(kN)。

当为倾斜基底时,作用于其上的总垂直力为:

$$\sum N' = \sum N \cdot \cos\alpha_0 + \sum E_x \cdot \sin\alpha_0$$

基底两边缘点,即趾部和踵部的法向压应力 σ_1、σ_2 分别为:

当 $|e| \leq B/6$ 时
$$\sigma_{1,2} = \frac{\sum N}{A} \pm \frac{\sum M}{W} = \frac{\sum N}{B}\left(1 \pm \frac{6e}{B}\right) \tag{6-28}$$

当 $e > B/6$ 时
$$\sigma_1 = \frac{2\sum N}{3Z_N}, \sigma_2 = 0 \tag{6-29}$$

当 $e < -B/6$ 时
$$\sigma_1 = 0, \sigma_2 = \frac{2\sum N}{3(B - Z_N)} \tag{6-30}$$

式中:$\sum M$——各力对中性轴的力矩之和,$\sum M = \sum N \cdot e$;

W——基底截面模量,对单位延米的挡土墙,$W=B^2/6$;
A——基底截面面积,对单位延米的挡土墙,$A=B$。

地基承载力的验算应符合本章第一节地基承载力容许值的规定。

当 $e>B/6$ 时,基底墙踵将出现拉应力,对于一般地基与基底间是不能承受拉力的,这时按无拉应力的平衡条件重新分配压应力,重新分配的压应力合力作用在距墙趾为 Z_N 的三角形应力图的形心上,该应力图分布边长为 $3Z_N$,则有 $\sum N = \frac{1}{2}\sigma_{max} \cdot 3Z_N$。如图 6-19 所示。

基底压应力或偏心距过大时,可采取加宽墙趾或扩大基础的办法予以调整,也可采用换填地基土或地基处理以提高其承载力;调整墙背坡度或断面形式以减少合力偏心距等措施。

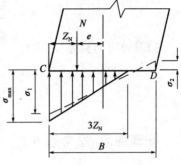

图 6-19 基底应力重分布

(2)墙身截面强度检算

①检算截面的合力偏心距 e':

当按主力计算时　　　　　$|e'| \leq 0.30B'$　　　　　(6-31)

当按主力加附加力计算时　　$|e'| \leq 0.35B'$　　　　　(6-32)

式中:B'——墙身截面宽度(m)。

②检算截面的法向压应力,不应大于所用材料的容许压应力。当计算的最小应力为负值时,应小于所用材料的容许抗弯曲拉应力,并应检算不计材料承受拉力时受压区应力重新分布的最大压应力,其值不得大于容许压应力。

③必要时墙身截面应作剪应力检算。当主力与附加力、特殊力组合时,应将材料的容许应力(纯剪应力除外)乘以不同的提高系数。当主力与附加力组合时乘以 1.30,当主力与特殊力组合时乘以 1.40。

[例 6-2]　如[例 6-1]中挡土墙重度按 22.0kN/m³ 计,挡墙持力层为岩石地基,容许承载力为 400kPa,基底摩擦系数系数 $f=0.50$,试对该挡土墙进行设计检算。

解:挡土墙自重为 $G=0.85 \times 5 \times 22 = 93.5$kN,$Z_x = 1.67$m。

$$Z_G = 0.5 \times (B + mH) = 0.5 \times (0.85 + 0.3 \times 5) = 1.17\text{m}$$

$$Z_y = B + mZ_x = 0.85 + 0.3 \times 1.67 = 1.35\text{m}$$

抗倾覆稳定性

$$K_0 = \frac{GZ_G + E_y Z_y}{E_x Z_x} = \frac{93.5 \times 1.17 + 8.09 \times 1.35}{34.21 \times 1.67} = 2.11 > 1.5$$

抗滑稳定性

$$K_c = \frac{\sum N \cdot f}{\sum E_x} = \frac{(93.5 + 8.09) \times 0.50}{34.21} = 1.48 > 1.3$$

偏心距验算

$$Z_N = \frac{\sum M_y - \sum M_0}{\sum N} = \frac{120.7 - 57.0}{101.6} = 0.628\text{m}$$

$$|e| = \left|\frac{B}{2} - Z_N\right| = \left|\frac{0.85}{2} - 0.628\right| = 0.203 < \frac{B}{4}$$

基底应力验算,由于偏心距大于 $B/6$,基底最大应力为:

$$\sigma_1 = \frac{2 \times 101.6}{3 \times (0.85 - 0.628)} = 304.7 \text{kPa} < [\sigma] = 400 \text{kPa}$$

挡墙剪应力验算

$$\tau = \frac{E_x}{B} = \frac{34.21}{0.85} = 40.2 \text{kPa}$$

◆请练习[思考题 6-5]

三、重力式挡土墙施工要点

重力式挡土墙除应符合支挡结构一般构造规定外,尚应符合下列规定。

1. 基础施工

(1)坚硬岩石基坑中的基础宜满坑施筑。
(2)雨季在土质或易风化软石基坑中施工基础时,应在基坑挖好后及时封闭坑底。
(3)基坑应随基础施工分层回填夯实,顶面做成向外不小于4%的排水坡。
(4)两沉降缝(伸缩缝)间的桩基础承台(托梁)混凝土应连续浇筑一次成型。

2. 墙身施工

(1)墙身混凝土宜一次立模浇筑。浇筑时模板临时支撑应牢固,保证模板不跑模、不变形。
(2)墙面应平顺,防渗设施及墙顶排水应及时施工。
(3)沉降缝(伸缩缝)内两侧壁应竖直、平齐无搭接,缝中防水材料应按设计要求深度填塞紧密。
(4)路堤衡重式挡土墙的下墙与上墙结合部应预留接茬钢筋连接。
(5)路堤衡重式挡土墙衡重台顶面应按设计要求预留泄水孔。
(6)施工期间宜在墙背侧设置临时支撑,防止倾覆。
(7)挡土墙栏杆、检查梯或台阶应连接牢固,外观整齐;钢质构件应及时进行防锈处理。

第四节 悬臂式和扶壁式挡土墙设计

一、概述

悬臂式挡土墙(Cantilever Retaining Wall)是采用钢筋混凝土材料,由立臂式面板、墙趾板、墙踵板三部分组成的挡土结构。悬臂式挡土墙呈倒"T"字形,具有三个悬臂,即立臂、墙趾板和墙踵板,如图6-20所示。其结构稳定性依靠墙身自重和踵板上方填土来保证,墙趾板可显著增大抗倾覆稳定性,减小基底应力,凸榫可增大结构的抗滑性能。该墙型的主要特点是构造简单、施工方便,墙身截面较小,自身质量轻,可以较好地发挥材料的强度性能,以消耗一定数量的钢材和水泥来换取石料,宜在石料缺乏、地基承载力较低的填方中采用,其轻型美观的造型也适用于城市。由于踵板受施工条件的限制,一般用于较平坦的填方地段。

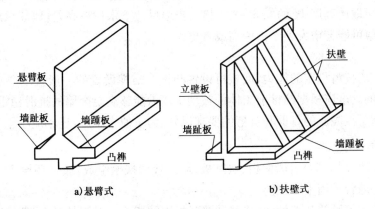

图6-20 悬臂式和扶壁式挡土墙结构示意图

扶壁式挡土墙(Counterfo Rtretaining Wall)是在悬臂式挡土墙上沿墙长方向每隔一定距离加一道扶壁,把立臂式面板与墙踵板连接起来的挡土结构。扶壁式挡土墙由墙面板(立壁)、墙趾板、墙踵板及扶肋(扶壁)组成,扶肋把立壁同墙踵板连接起来,起加劲的作用,以改善立壁和墙踵板的受力条件,提高结构的刚度和整体性,减小立壁的变形。

1. 一般规定

(1)悬臂式挡土墙和扶壁式挡土墙应采用钢筋混凝土结构,扶壁式挡土墙不宜在不良地质地段或设计地震动峰值加速度0.2g及以上的地区采用。

(2)悬臂式挡土墙高度不宜大于6m,墙顶宽度不应小于0.2m。当墙高大于4m时,宜在墙面板前加贴角。扶壁式挡土墙高度不宜大于10m,墙顶宽度不宜小于0.3m。

(3)伸缩缝的间距不应大于20m。沉降缝、泄水孔的设置应符合支挡结构一般构造规定。

(4)墙身混凝土强度等级不宜低于C30,受力钢筋直径不应小于12mm。

(5)墙面板(悬臂式挡土墙为悬臂板)、扶壁的混凝土保护层厚度应满足现行《铁路混凝土结构耐久性设计规范》(TB 10005—2010)的有关要求。趾板和踵板钢筋的混凝土保护层厚度不宜小于70mm。

(6)裂缝最大宽度验算应满足现行《铁路混凝土结构耐久性设计规范》(TB 10005—2010)的有关要求。

2. 悬臂式挡土墙构造

(1)立臂

为便于施工,悬臂式挡土墙立臂内侧(即墙背)做成竖直面,外侧(即墙面)可做成1:0.02~1:0.05的斜坡,具体坡度值将根据立臂的强度和刚度要求确定。当挡土墙墙高不大时,立臂可做成等厚度。墙顶的最小厚度通常采用20cm,当墙较高时,宜在立臂下部将截面加厚。

(2) 墙趾板和墙踵板

墙趾板和墙踵板一般水平设置,通常做成变厚度,底面水平,顶面则自与立臂连接处向两侧倾斜。当墙身受抗滑稳定控制时,多采用凸榫基础。

墙踵板长度由墙身抗滑稳定验算确定,并具有一定的刚度。靠近立臂处厚度一般取为墙高的 $1/12 \sim 1/10$,且不应小于 30cm。墙趾板的长度应根据全墙的倾覆稳定、基底应力(即地基承载力)和偏心距等条件来确定,其厚度与墙踵板相同。通常底板的宽度 B 由墙的整体稳定来决定,一般可取墙高度 H 的 $0.6 \sim 0.8$ 倍。当墙后地下水位较高,且地基承载力为很小的软弱地基时,B 值可能会增大到 1 倍墙高或者更大。

(3) 凸榫

为提高挡土墙抗滑稳定的能力,底板可设置凸榫。凸榫设置的一般技术要求与重力式挡土墙相同,凸榫的高度应根据凸榫前土体的被动土压力能够满足全墙的抗滑稳定要求而定,凸榫的厚度除了满足混凝土的直剪和抗弯的要求以外,为了便于施工,还不应小于 30cm。

3. 扶壁式挡土墙构造

扶壁式挡土墙(图 6-20)由墙面板、墙趾板、墙踵板和扶壁组成,通常还设置凸榫。墙趾板和凸榫的构造与悬臂式挡土墙相同。

墙面板通常为等厚的竖直板,与扶壁和墙踵板固结相连。对于其厚度,低墙决定于板的最小厚度,高墙则根据配筋要求确定。墙面板的最小厚度与悬臂式挡土墙相同。

墙踵板与扶壁的连接为固结,与墙面板的连接考虑铰接较为合适,其厚度的确定方式与悬臂式挡土墙相同。

扶壁为固结于墙踵板的 T 形变截面悬臂梁,墙面板可视为扶壁的翼缘板。扶壁的经济间距一般为墙高的 $1/3 \sim 1/2$,其厚度取决于扶壁背面配筋的要求,通常为两扶壁间距的 $1/8 \sim 1/6$,但不得小于 30cm。

扶壁两端墙面板悬出端的长度,根据悬臂端的固端弯矩与中间跨固端弯矩相等的原则确定,通常采用两扶壁间净距的 0.41 倍。

二、悬臂式挡土墙设计要点

悬臂式挡土墙设计分为墙身截面尺寸拟定及钢筋混凝土结构设计两部分。确定墙身的断面尺寸是通过试算法进行的,其做法是先拟定截面的试算尺寸,计算作用其上的土压力,通过全部稳定验算来最终确定墙踵板和墙趾板的长度。钢筋混凝土结构设计则是对已确定的墙身截面尺寸进行内力计算和钢筋设计。在配筋设计时,可能会调整截面尺寸,特别是墙身的厚度。一般情况下这种墙身厚度的调整对整体稳定影响不大,可不再进行全墙的稳定验算。

悬臂式挡土墙和扶壁式挡土墙的结构设计包括正截面设计、斜截面设计、裂缝开展宽度验算等,可参照现行国家标准《混凝土结构设计规范》(GB 50010—2010)按极限状态法设计,采用《铁路桥涵钢筋混凝土和预应力混凝土结构设计规范》(TB 10002.3—2005)容许应力法进行验证。按极限状态法设计时,荷载分项系数采用 1.65。

1. 墙身截面尺寸的拟定

根据构造要求,参考以往成功的设计,初步拟定出试算的墙身截面尺寸,墙高根据工程需要确定;墙顶宽不小于 20cm。墙背取竖直面,墙面取 $1:0.02 \sim 1:0.05$ 斜坡的倾斜面,因而定出立壁的截面尺寸。底板在于立壁相接处厚度为$(1/12\sim1/10)H$,而墙趾板与墙踵板端部厚度不小于30cm;其宽度可近似取$(0.6\sim0.8)H$,当地下水位高或软弱地基时,B值应增大。

2. 土压力计算

悬臂式挡土墙和扶壁式挡土墙的土压力按库仑理论计算时,应验算出现第二破裂面的可能性。当第二破裂面不能形成时,可用墙踵下缘与墙顶内缘的连线作为假想墙背进行计算,如图6-21所示。此时,δ值应取土的内摩擦角φ,ρ应为假想墙背的倾角;计算墙身自重时,要计入墙背与假想墙背之间$\triangle ABD$的土体自重。

计算挡土墙实际墙背和墙踵板的土压力时,可不计填料与板的摩擦力。计算挡土墙整体稳定和墙面板的内力时,可不计墙前土的作用;计算墙趾板内力时,应计算底板以上的填土重力。

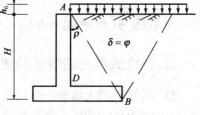

图6-21 土压力计算图式

3. 墙身内力计算

(1) 立臂内力

立臂为固定在墙底板上的悬臂梁,主要承受墙后的主动土压力与地下水压力。墙前的土压力一般不考虑,立臂较薄,按受弯构件计算。

(2) 墙踵板内力

墙踵板是以立臂底端为固定端的悬臂梁。墙踵板上作用有第二破裂面(或假想墙背)与墙背之间的土体(含其上的列车等活载)的自重力、墙踵板自重力、主动土压力的竖直分量、地基反力、地下水浮托力、板上水重和静水压力等荷载作用。

(3) 墙趾板的内力计算

墙趾板受力按悬臂梁进行设计,基底应力作为墙趾板悬臂梁上的作用力。

4. 凸榫设计

凸榫位置及高度设计与重力式挡土墙凸榫设计计算相同。

5. 墙身钢筋混凝土配筋设计

悬臂式挡土墙的立臂和底板,按受弯构件设计。除构件正截面受弯承载能力、斜截面承载力需要验算外,还要进行裂缝宽度验算。

(1) 立臂钢筋设计

钢筋的设计则是确定钢筋直径和钢筋的布置。立臂受力钢筋沿内侧竖直放置,一般钢筋直径不小于12mm,底部钢筋间距一般采用100~150mm。因立臂承受弯矩越向上越小。当墙身立臂较高时,可将钢筋分别在不同高度分两次切断,仅将部分受力钢筋延伸到板顶。顶端受力钢筋间距不应大于500mm。钢筋切断部位,应在理论切断点以上再加钢筋锚固长度,而其下端插入底板一个锚固长度。

立臂在水平方向应配置不小于$\phi6$的分布钢筋,其间距不大于400~500mm,截面积不小于立臂底部受力钢筋的10%。

对于特别重要的悬臂式挡土墙,在立臂的墙面一侧和墙顶,也按构造要求配置少量钢筋或钢丝网,以提高混凝土表层抵抗温度变化和混凝土收缩的能力,防止混凝土表层出现裂缝。

(2) 底板钢筋设计

墙踵板受力钢筋,设置在墙踵板的顶面。受力筋一端插入立臂与底板连接处以左不小于一个锚固长度;另一端按材料图截断,在理论切断点向外伸出一个锚固长度。墙趾板的受力钢筋,应设置于墙趾板的底面,该筋一端伸入墙趾板与立臂连接处以右不小于一个锚固长度;另一端一半根数钢筋延伸到墙趾,另一半根数钢筋在 $B_1/2$ 处再加一个锚固长度处截断。

在实际设计中,常将立臂的底部受力钢筋一半或全部弯曲作为墙趾板的受力钢筋。立臂与墙踵板连接处最好做成贴角予以加强,并配以构造筋,其直径及间距可与墙踵板钢筋一致,底板也应配置构造钢筋。

◆请练习[思考题 6-6]

三、扶壁式挡土墙设计简述

整体扶壁式挡土墙是一个比较复杂的空间受力系统,在计算时将其简化为平面问题,按近似的方法计算各个构件的弯矩和剪力。墙面板纵向按多跨连续梁计算,竖向按下端固定的悬臂梁计算,踵板亦按扶壁支承的连续梁计算,且不考虑墙面板对底板的约束。扶壁计算时简化成以底板为支点,变截面的 T 形悬臂梁,翼缘为墙面板、扶壁为 T 梁的腹板,计算荷载为作用在墙背上的土压力,不考虑实际墙背与第二破裂面之间土体的土压力,即将这部分的土体作为墙身的一部分。

扶壁式挡土墙土压力的计算、墙踵板及墙趾板长度的确定以及墙趾板的内力计算与悬臂式挡土墙结构设计完全相同。与悬臂式挡土墙相比,扶壁式挡土墙仅在墙面板、墙踵板和扶壁的内力计算有所区别。

1. 墙面板

墙面板为三向固结板。在计算时,通常将墙面板沿墙高和墙长方向划分为若干个单位宽度的水平和竖直板条,分别计算两个方向的弯矩和剪力。在计算时,假定每一水平板条为支承在扶壁上的连续梁,荷载沿板条按均匀分布,其大小等于该板条所在深度的法向土压应力。

2. 墙踵板

作用于墙踵板的外力,除了作用在悬臂式挡土墙踵板上的四种外力以外,尚需考虑墙趾板弯矩在墙踵板上引起的等代荷载。墙趾板弯矩引起的等代荷载的竖直压应力可假设为抛物线分布,该应力图形在墙踵板内缘点的应力为零,墙踵处的应力根据等代荷载对墙踵板内缘点的力矩与墙趾板弯矩相等的原则求得。

墙踵板与墙面板假设为铰支连接,作用于墙面板的水平土压力主要通过扶壁传至墙踵板,故不计算墙踵板横向板条的弯矩和剪力。墙踵板纵向板条弯矩和剪力的计算与墙面板相同,取墙踵板的计算荷载即可。

3. 扶壁

扶壁承受相邻两跨墙面板中点之间的全部水平土压力,扶壁自重和作用于扶壁的竖直土压力可忽略不计。各截面的弯矩和剪力按悬臂梁计算,计算方法与悬臂式挡土墙的立臂相同。

4. 墙身钢筋混凝土配筋设计

扶壁式挡土墙的墙面板、墙趾板和墙踵板按一般受弯构件(板)配筋,扶壁按变截面的 T 型梁配筋。

四、悬臂式挡土墙和扶壁式挡土墙施工要点

(1)挡土墙凸榫应按照设计尺寸开挖,其混凝土应与墙底板(墙趾板、墙踵板)同时浇筑,并

在底板宽度方向上一次浇筑完成。

(2)每段挡土墙的墙趾板、墙踵板、悬臂板或立壁板和扶壁的钢筋应一次绑扎、安装成型。

(3)每段挡土墙的墙趾板、墙踵板、悬臂板或立壁板和扶壁的混凝土宜一次浇筑完成。悬臂式挡土墙悬臂板在高度方向上不宜间断,否则接缝处应按施工缝处理,新浇筑混凝土与已浇筑混凝土应黏结牢固。

(4)悬臂板或立壁板混凝土强度达到设计强度的70%后方可进行墙背填筑,墙背反滤层应跟随填土同步施工。

第五节 锚杆挡土墙

一、锚杆挡土墙的类型和特点

锚杆挡土墙(Anchored Wall)是由肋柱、面板、锚杆组成,借锚固在稳定岩(土)内的锚杆拉力以承受土体侧压力的挡土墙,它依靠锚固在稳定岩土层内锚杆的抗拔力平衡墙面处的土压力。锚杆挡土墙适用于一般地区岩质路堑地段。岩质一般指硬质岩层(花岗岩、闪长岩、片麻岩、石灰岩、石英砂岩、砂质砾岩等),也包括节理发育程度低、弱风化的硬质岩层及内摩擦角不小于45°的软质岩层(页岩、泥灰岩、云母片岩、千枚岩等)。

锚杆挡土墙的结构形式有柱板式、板肋式、板壁式、格构式和垂直预应力锚杆等。可根据地质条件及工程具体情况,选用适当的锚杆挡土墙的结构形式。

1. 柱板式锚杆挡土墙

柱板式锚杆挡土墙,如图6-22所示,由肋柱、挡土板和灌浆锚杆组成,可采用拼装式,也可以就地灌注。为便于施工,一般为直立式。柱板式锚杆挡土墙结构能争取边坡高度,减小土石方开挖和占地,节省石料。预制肋柱式锚杆挡土墙因每一级墙需一次挖成,故适用于岩层比较完整、不易坍塌的地段,同时注意开挖后需及时施工。

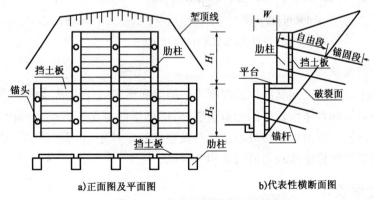

a)正面图及平面图　　b)代表性横断面图

图6-22　两级柱板式锚杆挡土墙示意图

(1)灌浆锚杆

灌浆锚杆俗称大锚杆,采用钻机钻孔。孔径为100~150mm,孔内安放钢筋或钢丝束,用灌注水泥砂浆的方法,使其锚固于稳定的地层内。水泥砂浆的强度等级一般不低于M30。灌浆锚杆也可用于土层。但由于土层与锚杆间的握裹力较低,尚需采用扩孔和加压灌浆等方法,以提高锚杆的抗拔力。

（2）肋柱

肋柱的截面多为矩形，也可设计为 T 型。为安放挡土板和设置锚杆孔，截面的宽度不小于 30cm，现浇时截面高度不小于 40cm。

（3）挡土板

墙面板可采用钢筋混凝土槽形板、空心板和矩形板。矩形板的厚度一般不得小于 15cm，现浇时不宜小于 20cm。挡土板两端与肋柱的搭接长度不得小于 10cm。

（4）锚杆与肋柱的连接

当肋柱现浇时，必须将锚杆钢筋伸入肋柱内，其锚固长度应满足现行《混凝土结构设计规范》(GB 50010—2010)规定。当采用拼装时，锚杆和肋柱之间可采用螺栓连接或焊接短钢筋连接，现浇可采用设置弯钩的连接方式。

2. 板肋式锚杆挡土墙

现浇钢筋混凝土板肋式锚杆挡土墙，由带竖肋的板和灌浆锚杆组成，竖肋可向里，也可向外，如图 6-23 所示。板肋式锚杆挡土墙适用于挖方地段，当开挖后边坡稳定性较差时，可采用"逆作法"施工，即开挖到一定深度，施工锚杆，绑扎钢筋，墙面板灌注混凝土；待每一层结构达到一定强度后再开挖下一层，重复上面各步骤。

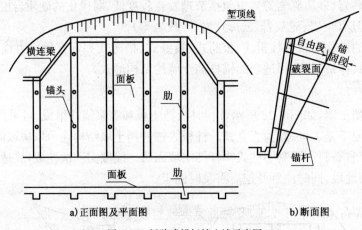

a) 正面图及平面图　　b) 断面图

图 6-23　板肋式锚杆挡土墙示意图

3. 格构式锚杆挡土墙

格构式锚杆挡土墙由现浇网状的钢筋混凝土格架梁和灌浆锚杆组成，如图 6-24 所示。垂直型墙面可用于稳定性和整体性较好的岩石边坡；后仰型墙面可用于各类岩石边坡和稳定性较好的土质边坡。格架内墙面根据边坡岩土条件及整体稳定状态，可采用网喷混凝土封面或绿化处理。当开挖后边坡稳定性较差时可采用"逆作法"施工。

二、锚杆挡土墙设计

1. 一般规定

设计肋柱式锚杆挡土墙时，根据地形可采用单级或多级。在多级墙上、下两级墙之间应设置平台，平台宽度不宜小于 2.0m。每级墙高度不宜大于 8m，可根据地质和施工条件确定，总高度不宜大于 18m。

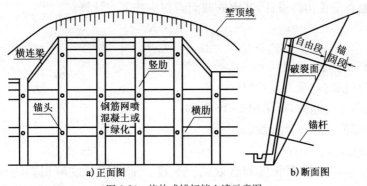

图 6-24 格构式锚杆挡土墙示意图

肋柱式锚杆挡土墙肋柱间距宜为 2~3m,板肋式锚杆挡土墙肋柱间距宜为 3~6m,格构式锚杆挡土墙肋柱间距宜为 3~5m。肋柱可采用预制单根整柱,亦可采用分段拼装或就地灌筑。

每级肋柱上的锚杆可设计为双层或多层。锚杆可按弯矩相等或支点反力相等的原则布置,向下倾斜,每层锚杆与水平面的夹角不应大于 45°,宜为 15°~25°,间距不应小于 2.0m。

2. 设计荷载及计算

墙背主动土压力可按库仑理论计算其水平分力,锚杆挡土墙为多级时,应分别计算其墙背土压力。采用逆作法施工柔性结构的多层锚杆挡土墙时,土压力分布可按图 6-25 确定,其中 e_{hk} 可按下式计算:

$$e_{hk} = \frac{E_{hk}}{0.9H} \tag{6-33}$$

式中:e_{hk}——侧向岩土压力水平分力(kPa);
E_{hk}——根据库仑理论计算的侧向岩土压力合力的水平分力(kN);
H——挡土墙高度(m)。

3. 肋柱设计

(1)作用于肋柱的荷载应按两肋柱中心之间的距离计算。

图 6-25 岩质边坡土压力分布

(2)肋柱截面可采用矩形或 T 形,截面宽度或腹板宽度不得小于 30cm。

(3)设计装配式肋柱时,应考虑肋柱在搬运、吊装及施工过程中受力不均匀等情况,在肋柱的内外两侧配置通长的受力钢筋。

(4)肋柱的锚杆拉力、肋柱的弯矩和剪力,应根据锚杆层数、柱底与基础的连接形式,按简支梁或连续梁计算。

4. 装配式墙面板设计

(1)墙面板可采用钢筋混凝土槽形板、空心板和矩形板。

(2)墙面板可按以肋柱为支点的简支板计算,其计算跨度为净跨度加板的两端搭接长度,搭接长度不得小于 10cm。

(3)墙面板的规格不宜过多。每种墙面板的计算荷载应为:沿板的宽度采用与其相应土压应力图示中的最大值,按均布荷载计算。

5. 锚杆设计

(1)锚杆截面设计

锚杆应按轴心受拉构件设计,其钢筋截面面积应按下式计算：

$$A_s = \frac{K \cdot N_t}{f_y} \tag{6-34}$$

式中：A_s——钢筋的截面面积（mm^2）；
　　　N_t——锚杆轴向承载力设计值（N）；
　　　K——荷载安全系数，可采用2.0~2.2；
　　　f_y——钢筋的抗拉设计强度（MPa）。

(2) 锚杆长度设计

锚杆长度应包括非锚固长度和有效锚固长度。非锚固长度应根据肋柱与主动破裂面或滑动面的实际距离确定。有效锚固长度应根据锚杆的拉力按式(6-35)计算，并应按式(6-36)验算锚杆与砂浆之间的容许黏结力。岩层中的有效锚固长度不宜小于4.0m，且不宜大于10m。

$$L_a = K \times \frac{N_t}{\pi D f_{rb}} \tag{6-35}$$

$$L_a = K \times \frac{N_t}{n\pi d \xi f_b} \tag{6-36}$$

式中：L_a——锚固段长度（mm）；
　　　K——安全系数，取2.0~2.5；
　　　D——锚固体直径（mm）；
　　　d——单根钢筋直径（mm）；
　　　n——钢筋根数；
　　　f_{rb}——水泥砂浆与孔壁间的黏结强度设计值，该黏结强度设计值应通过现场拉拔试验确定。当无试验资料时，可参照表6-10选用，但施工时应进行拉拔验证。
　　　f_b——水泥砂浆与钢筋间的黏结强度设计值，按表6-11采用；
　　　ξ——采用2根或2根以上钢筋时，界面黏结强度降低系数，取0.60~0.85。

锚孔壁与注浆体之间黏结强度设计值　　　　　　　　　　表6-10

岩土种类	岩土状态	孔壁摩擦阻力（MPa）	岩石单轴饱和抗压强度（MPa）
岩石	硬岩及较硬岩	1.0~2.5	>15~30
	较软岩	0.6~1.0	15~30
	软岩	0.3~0.6	5~15
	极软岩及风化岩	0.15~0.3	<5
黏性土	软塑	0.03~0.04	—
	硬塑	0.05~0.06	—
	坚硬	0.06~0.07	—
粉土	中密	0.1~0.15	—
	松散	0.09~0.14	—
砂土	稍密	0.16~0.20	—
	中密	0.22~0.25	—
	密实	0.27~0.40	—

钢筋、钢绞线与水泥砂浆之间的黏结强度(MPa)设计值　　　表 6-11

锚杆类型	水泥浆或水泥砂浆强度等级	
	M30	M35
水泥砂浆与螺纹钢筋或带肋钢筋间	2.40	2.70
水泥砂浆与钢绞线、高强钢丝间	2.95	3.40

注：当采用2根钢筋点焊成束时，黏结强度应乘折减系数0.85；采用3根钢筋点焊成束时，黏结强度应乘折减系数0.65。

6. 构造设计

(1)肋柱和墙面板的混凝土强度等级宜为C30。肋柱和墙面板钢筋的混凝土保护层厚度应满足现行《铁路混凝土结构耐久性设计规范》(TB 10005—2010)的有关要求。

(2)裂缝最大宽度的验算应满足现行《铁路混凝土结构耐久性设计规范》(TB 10005—2010)的有关要求。

(3)肋柱的基础应采用C20混凝土。各分级挡土墙之间的平台顶面，宜用C20混凝土封闭，其厚度宜为15cm，并设2%横向向外排水坡。

(4)锚杆钢筋宜选用带肋钢筋或高强精轧螺纹钢筋，不宜采用镀锌钢材，其直径宜为18~32mm。钢筋每孔不宜多于3根。锚杆未锚入地层部分应进行防锈处理。腐蚀环境下，钢筋表面可采用环氧涂层等处理措施。

(5)锚孔应严格执行灌浆施工工艺要求。当用水冲洗影响锚杆的抗拔强度时，应采用高压风吹净。

(6)锚孔直径应根据锚杆的布置、灌浆管尺寸及钢筋支架位置确定。

(7)锚孔注浆材料应采用水泥砂浆，其强度等级不应低于M30，注浆采用孔底注浆法。

(8)安装肋柱或墙面板应待锚孔砂浆达到设计强度的70%以上方可进行。

◆请练习[思考题 6-7]

三、施工要点

1. 施工准备

(1)锚杆类型、规格及性能应符合设计要求，并按设计尺寸下料、调直、除污、加工。

(2)墙面板进场应进行检验，其结构尺寸和混凝土强度等级应符合设计要求，且外观光洁，无裂纹、露筋、掉角等缺陷。挡土板为工厂预制产品时，应查验挡土板的出厂合格证。预制挡土板应待其混凝土强度达到设计强度的75%以上方可进行吊装和运输。

(3)锚杆挡土墙应自上而下进行施工，施工前应清除岩面松动石块，整平墙背坡面。

(4)锚杆施工前应选择相同的地层进行拉拔工艺性试验，试验根数为工作锚杆数量的3%，且不少于3根，以验证锚固段的抗拔力设计指标，确定钻孔、注浆施工工艺参数。

2. 锚杆施工

(1)钻孔施工。

①根据设计孔径及岩土性质合理选择钻孔机具，并应采用干钻。

②孔径、孔位、深度和钻孔倾角应符合设计要求，孔轴应保持与墙面垂直，钻孔完整。

③钻孔后应用高压风、水清孔，清除孔内粉尘、石渣。用水清孔影响锚杆的抗拔力时，应用高压风清孔。

④在岩层破碎或松软饱水等地层中应采用套管跟进钻孔。钻进到设计孔深后应用高压风清孔,及时在套管内放入保护钢管。

⑤钻进过程中对每个孔的地层变化、钻进状态(钻压、钻速)、地下水及一些特殊情况应做好现场施工记录,并核对地质。位于破碎带或渗水量较大的岩层时,应对锚孔进行固结灌浆处理,然后进行扫孔。

⑥钻孔孔径、孔深不应小于设计值,钻孔深度宜大于设计深度0.5m。

(2)锚杆安装。

①安装锚杆前应检查杆体质量,杆体组装应满足设计要求。

②锚杆应安装在钻孔中心,安装前应在锚杆上设置定位支架。

③锚杆未插入岩层部分应按设计要求进行防锈处理。在腐蚀环境下,钢筋表面宜采用环氧涂层等进行处理。

④有水地段安装锚杆,应排净孔内积水或采用早强速凝药包式锚杆。

⑤砂浆应按设计配合比拌制,随拌随用。

⑥锚孔注浆应采用孔底注浆法,注浆管宜随锚杆一同放入钻孔内,注浆管应插至距孔底5~10cm处,并随浆液的注入逐渐拔出。注浆应自孔底一次性有压注浆,中途不应停浆,注浆压力应达到设计或试验确定的压力,不宜小于0.2MPa。孔内注浆时应一直到孔口流出新鲜浆液后方可停止注浆,确保注浆饱满密实,并在浆液初凝前进行二次补浆。

(3)砂浆锚杆安装后,普通砂浆锚杆在3d内、早强砂浆锚杆在12h内,不应敲击、摇动和在杆体上悬挂重物;肋柱或墙面板应在砂浆达到设计强度70%以上方可进行安装。

(4)肋柱严禁前倾,而应适当向填土一侧倾斜,其倾斜度应符合设计要求。肋柱吊装时,应在肋柱基础杯槽内铺垫2cm厚度的沥青砂浆。

(5)肋柱与锚定板均应预留拉杆孔洞。锚定板、肋柱与螺丝端杆连接处,在填土前宜用沥青砂浆充填,并用沥青麻筋塞缝,外露的端杆及部件应在填土下沉基本稳定后,再用水泥砂浆封填。

(6)安装墙面板时,应随装板进行墙背回填。

(7)锚杆头应按设计要求进行防锈处理和防水封闭。

(8)分级平台应按设计采用混凝土进行封闭,并设向外横向排水坡。

第六节　锚定板挡土墙

锚定板挡土墙(Anchor Slab Wall),由墙面系、钢拉杆、锚定板和填土共同组成,以埋在稳定填土层内的锚定板的抗拔力承受土体侧压力的挡土墙。

一、锚定板挡土结构形式

锚定板挡土墙墙面的结构形式可采用肋柱式墙面板和无肋柱式墙面板,肋柱式由肋柱和挡土板拼装而成,如图6-26所示。

锚定板挡土墙和锚杆挡土墙一样,也是依靠"拉杆"的抗拔力来保持挡土墙的稳定。但是这种挡土墙与锚杆挡土墙又有着明显的区别,锚杆挡土墙的锚杆必须锚固在稳定的地层中,其抗拔力来源于锚杆与砂浆、孔壁地层的摩阻力,而锚定板挡土墙的拉杆及其端部的锚定板均埋设在回填土中,其抗拔力来源于锚定板前填土的被动抗力。依靠锚定板在填土中的抗拔力抵抗侧向土压力,以维持挡土墙的平衡与稳定。

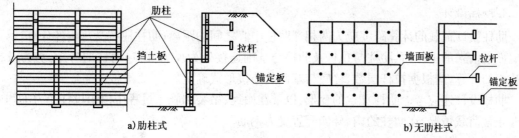

图 6-26 锚定板挡土墙结构形式

锚定板挡土墙的主要特点有构件断面小、结构质量轻、柔性大、工程量小、圬工数量少,构件可预制,有利于实现结构轻型化和机械化施工。它主要适用于一般地区墙高不大于 10m 的路肩墙、路堤墙、桥台端墙以及货物站台墙。在滑坡、坍塌地段以及膨胀土地区不能使用。

二、锚定板挡土墙设计

1. 一般规定

设计锚定板挡土墙时,可根据地形采用单级或双级墙。单级墙的高度不宜大于 6m,双级墙的总高度不宜大于 10m。双级墙上、下两级之间宜设置平台,平台宽度不宜小于 2.0m。肋柱式锚定板挡土墙其上、下级墙的肋柱应沿线路方向相互错开。

肋柱式锚定板挡土墙的肋柱间距宜为 2.0~2.5m。每级肋柱上拉杆可设计为双层或多层,必要时也可设计为单层。肋柱可为整柱,也可分段拼接,拼接时肋柱接头宜为榫接。

2. 土压力计算

墙面板所受的土压力应按重力式挡土墙有关规定计算。其中填料产生的土压应力可按图 6-27 设计,并按式(6-37)计算土压应力,轨道及列车荷载产生的土压力可不乘增大系数。

$$\sigma_H = \frac{1.33 E_x}{H} \cdot \beta \tag{6-37}$$

式中:σ_H——主动水平土压应力(kPa);

E_x——主动土压力 E_a 的水平分力(kN);

H——墙高,当为双级墙时为上、下墙高之和(m);

β——土压力增大系数,一般采用 1.2~1.4。

3. 整体稳定性验算

(1)计算锚定板挡土墙整体稳定性应包括墙顶有荷载与无荷载两种情况,对双线铁路尚应考虑Ⅰ线有荷载、Ⅱ线无荷载和Ⅰ线无荷载、Ⅱ线有荷载等多种组合,取其不利者控制。锚定板挡土墙的整体稳定性,可采用折线裂面方法或整体土墙方法计算,可根据锚定板设置的具体条件选择其中一种方法。如缺乏经验,应同时以两种方法进行分析比较,采用偏于安全的计算结果。

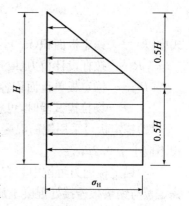

图 6-27 填料产生的土压应力分布

(2)采用折线裂面法时应对各种荷载组合下墙面板所受土压力,按乘与不乘土压力增大系数分别计算,取其不利者控制。

(3)整体稳定性检算时,假想墙背上的主动土压力值不乘增大系数,稳定系数不应小于1.8。

(4)锚定板挡土墙一般不需进行抗倾覆检算。

4. 肋柱设计

肋柱设计荷载的计算跨度应为两相邻肋柱中心之间的距离;肋柱应按受弯构件计算,承受由墙面板传来的土压力,肋柱与拉杆及肋柱与基础连接处为反力支点;肋柱的弯矩、剪力及拉杆拉力的计算,应根据拉杆层数、柱底与基础的连接形式确定。

肋柱设计还应考虑肋柱支点的变形,以及在搬运、吊装和施工过程中由于拉杆受力不均匀等非正常荷载情况,在肋柱的内、外侧配置受力钢筋。

5. 拉杆设计

最上排拉杆至填土顶面的距离不得小于1.0m。拉杆长度应满足墙体的整体稳定性要求,且最下一排拉杆的长度应置于主动土压力破裂面以外不小于3.5倍锚定板高度。路肩墙最上一排拉杆长度,应大于另一侧轨枕端头。

拉杆直径应根据拉杆设计拉力及所选用钢材的容许应力,按式(6-38)计算,且不宜小于22mm。

$$d = 2\sqrt{\frac{R \times 10^4}{\pi[\sigma_s]}} + 0.2 \quad (6-38)$$

式中:d——拉杆直径(cm);

R——拉杆的设计拉力(kN);

$[\sigma_s]$——拉杆钢材的容许拉应力(kPa);

0.2——考虑钢材锈蚀增加的安全储备量(cm)。

螺丝端杆(包括螺纹、螺母、垫板及焊接)均应按拉杆等强度设计。螺丝端杆长度应为肋柱、钢垫板及螺母厚度之和加10cm。当螺丝端杆与拉杆的连接采用帮焊时,端杆还应增加一段焊接的长度。拉杆、拉杆与肋柱及拉杆与锚定板连接处应进行防锈处理。

6. 锚定板设计

(1)锚定板面积应根据拉杆设计拉力及锚定板容许抗拔力,按式(6-39)确定。

$$F_A = \frac{R}{[P]} \quad (6-39)$$

式中:F_A——锚定板面积(m^2);

R——拉杆设计拉力(kN);

$[P]$——锚定板单位面积容许抗拔力(kPa),应根据现场拉拔试验确定;当无条件进行现场拉拔试验时,可根据工点具体条件,参照经验数据确定。

(2)锚定板可采用钢筋混凝土板,肋柱式锚定板面积不应小于$0.5m^2$,无肋柱式锚定板面积不应小于$0.2m^2$。

(3)锚定板内力可按中心有支点单向受弯构件计算,锚定板应双向布筋。此外,尚应检算锚定板与钢垫板连接处混凝土局部承压与冲切强度。

7. 墙面板设计

(1)肋柱式锚定板挡土墙,其墙面板可采用钢筋混凝土槽形板、矩形板、空心板,也可采用拱形板,但选用的形式不宜过多。墙面板可按两端简支的受弯构件计算,其计算跨度为净跨加板与肋柱的搭接长度,搭接长度不得小于10cm。墙面板的计算荷载应为与墙面板位置相应的压力图中的最大值,按均布荷载计算。

(2)无肋柱式锚定板挡土墙的墙面板,可采用钢筋混凝土矩形板、十字形板、六边形板。当一块墙面板上连接一根拉杆时,其内力与配筋可按单支点双悬臂计算。

8.基础设计

锚定板挡土墙基础埋置深度应符合支挡结构一般构造的有关规定。无肋柱式锚定板墙可采用混凝土条形基础,肋柱式墙的基础可采用混凝土条形基础、杯座式基础等。基础检算应按重力式挡土墙的基础检算方法计算。基础厚度不宜小于50cm,襟边不宜小于15cm。

◆请练习[思考题6-8]

三、构造要求及施工要点

1.墙后填料技术要求

(1)锚定板挡土墙墙后填料应采用砂类土(粉砂除外)、砾石类土、碎石类土,也可采用符合规定的细粒土;不得采用膨胀土、盐渍土,严禁采用有腐蚀作用的酸性土和有机质土。

(2)锚定板挡土墙墙后填料应按设计标准分层填筑压实。

(3)锚定板挡土墙墙后填料为细粒土时,路基顶面应采取防排水措施,设置柔性封闭层。

(4)锚定板挡土墙应在墙背底部至墙顶以下0.5m范围内,填筑不小于0.3m厚的渗水性材料或用无砂混凝土板、土工织物作为反滤层,并应采取排水措施。

2.墙身结构构造

(1)锚定板挡土墙的墙面板、肋柱及锚定板等钢筋混凝土构件的强度等级不应小于C30。

(2)拉杆、螺丝端杆宜选用可焊性和延伸性良好的钢材,也可采用45SiMnV精轧螺纹钢材作为拉杆。

(3)锚定板墙基础应采用C20混凝土。分级墙之间的平台顶面宜用C15混凝土封闭,其厚度宜为15cm,并设2%向外横向排水的坡度。

(4)锚定板挡土墙埋于土中部分的拉杆,应进行防锈处理。

(5)肋柱与锚定板均应预留拉杆孔洞。锚定板、肋柱与螺丝端杆连接处,在填土前宜用沥青砂浆充填,并用沥青麻筋塞缝,外露的端杆和部件应在填土下沉基本稳定后,再用水泥砂浆封填。

(6)肋柱不得前倾,应适当向填土一侧倾斜,其仰斜度宜为20:1。肋柱吊装时,应在肋柱基础的杯座槽内铺垫沥青砂浆。

(7)拉杆及锚定板埋设时,应在填土夯填至拉杆高度以上20cm后再挖槽就位。锚定板前方超挖部分应用混凝土或灰土回填夯实。挖槽时,宜使锚定板比设计位置抬高3~5cm,不得直接碾压拉杆或锚定板。

3.施工要点

(1)锚定板挡土墙基础施工、墙后回填、反滤层应符合支挡结构施工一般规定。

(2)拉杆钢材及锚固件的品种、规格和性能应符合设计要求,进场应按相关规定抽样检验。拉杆埋入土中部分,应按设计要求进行防锈处理。

(3)预制挡土板进场应进行检验,其结构尺寸和混凝土强度等级应符合设计要求,且外观光洁,无裂纹、露筋、掉角等缺陷。预制挡土板应待其混凝土强度达到设计强度的75%以上方可进行吊装和运输。

(4)埋于土中部分的锚定板拉杆以及锚定板、肋柱与螺丝端杆连接处、肋柱外露锚头,应按设计作好除锈、防锈处理。

(5)锚定板挡土墙应随安装挡土板填土。墙后填土时严禁直接碾压拉杆和锚定板,且碾压方向应垂直于拉杆,距挡土板2m范围内应采用小型压实机具施工。

(6)分级平台应按设计采用混凝土进行封闭,并应设2%的向外横向排水坡。

第七节 加筋土挡土墙

一、加筋土挡土墙结构设计简述

加筋土挡土墙(Reinforced Soil Wall)是由墙面系、拉筋和填土共同组成,利用土和拉筋材料之间的摩擦力,起到挡土墙作用的结构(图6-28)。在填料中放置筋材,构成土—筋复合体,当筋材与其周围土之间发生相对位移时,填料与拉筋之间形成摩擦阻力,从而平衡填料作用于墙面(或包裹式结构)上的水平土压力。加筋土挡土墙中加筋的土体及结构均为柔性,在外力作用下有较好的整体变形协调能力,不仅可适应较大的地基变形,而且与其他类型的挡土结构相比,具有良好的抗震性能。

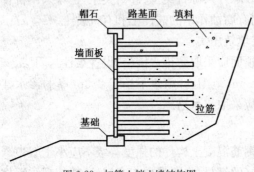

图6-28 加筋土挡土墙结构图

加筋土挡土墙应进行外部稳定性分析检算和内部稳定性计算。外部稳定性分析检算应包括抗(水平)滑动稳定、抗倾覆稳定、基底合力偏心距、地基承载力检算,以初步确定加筋体宽度(筋带长度),软弱地基尚应进行整体滑动稳定性及地基沉降计算;内部稳定性计算应包括拉筋强度检算、抗拔稳定检算、面板结构设计等。

加筋土挡土墙抗滑动稳定、抗倾覆稳定、基底合力偏心距检算,作用于加筋土挡土墙整体假想墙背上的荷载及土压力计算,可将其视为实体墙,按重力式挡土墙进行计算。

1. 一般规定

(1)加筋土挡土墙适用于Ⅰ、Ⅱ级铁路一般地区、地震地区的路肩地段和路堤地段。

(2)加筋土挡土墙的单级高度不宜大于10m,当墙高大于10m时应做特殊设计。

(3)加筋土路肩墙墙顶宜设在基床表层底面高程处,路堤墙墙顶应设平台,平台宽度不宜小于1.0m。

(4)加筋土挡土墙墙面宜采用钢筋混凝土板,面板形状可采用矩形、十字形、六角形或整体式面板等。

(5)加筋土挡土墙的拉筋材料宜采用土工格栅、复合土工带或钢筋混凝土板条等。

(6)加筋土挡土墙填料应采用砂类土(粉砂除外)、砾石类土、碎石类土,也可选用C组细粒土填料,不得采用块石类土。填料的物理力学指标应根据试验确定,当缺少试验数据时,可按规范的规定采用经验数据。

(7)加筋土挡土墙地基处理应满足设计要求。

(8)路基面上需设置杆架、沟槽、管线的地段应采取保证加筋土挡土墙完整和稳定的措施。

2. 墙面板设计

(1)作用于单板上的水平土压力应按均匀分布考虑。

(2)单板可沿垂直向和水平向分别计算内力。

(3)墙面板与拉筋连接部分应加强配筋。

(4)墙面板采用的钢筋混凝土预制构件,应根据现行《铁路桥涵钢筋混凝土和预应力混凝土结构设计规范》(TB 10002.3—2005)按双向悬臂梁进行单面配筋设计。

(5)包裹式加筋土挡土墙钢筋混凝土墙面板可按构造要求配筋。

二、构造要求

1. 拉筋布置

(1)拉筋间距。

拉筋竖向间距不宜大于1.0m。采用复合土工带或钢筋混凝土板条作拉筋时,其水平向间距亦不宜大于1.0m。

(2)拉筋长度。

拉筋长度在满足稳定条件下尚应按下列原则确定:

①土工格栅的拉筋长度不应小于0.6倍墙高,且不应小于4.0m。

②钢筋混凝土板条拉筋长度不应小于0.8倍墙高,且不应小于5.0m。

③当墙高小于3.0m时,拉筋长度不应小于4.0m,且应采用等长拉筋。当采用不等长的拉筋时,同长度拉筋的墙段高度不应小于3.0m,且同长度拉筋的截面也应相同。相邻不等长拉筋的长度差不宜小于1.0m。

④当采用钢筋混凝土板条拉筋时,每段钢筋混凝土板条长度不宜大于2m。

⑤包裹式加筋土挡土墙拉筋应采用统一的水平回折包裹长度,其长度应大于计算值,且不宜小于2.0m。加筋土体最上部一、二层拉筋的回折长度应适当加长。

(3)拉筋应平直铺设于密实填土上,底部应与填土密贴。拉筋顶面填土时,严禁沿拉筋方向推土和施工车辆直接碾压拉筋,碾压前拉筋顶面的填土厚度不应小于0.2m。

2. 填料技术要求

(1)填料应分层填筑压实,填料压实标准应符合路堤的规定。

(2)填料与筋带直接接触部分不应含有尖锐棱角的块体,填料中最大粒径不应大于10cm,且不宜大于单层填料压实厚度的1/3。

(3)加筋区内填渗水土时,路基顶面应设置柔性封闭层,墙面板内侧应设30cm厚的砂卵石反滤层。

3. 墙面板及其他构造要求

(1)墙面板应设楔口或连接件与周边墙面板间相互密贴。包裹式挡土墙墙面板宜采用在加筋体中预埋钢筋与墙面板进行连接,钢筋埋入加筋体中的锚固长度不宜小于3.0m,钢筋直径一般为16~22mm。

(2)墙面板上的金属连接件及金属拉筋应进行防锈处理,受力钢构件应预留2mm的防锈蚀厚度。采用钢筋混凝土板条拉筋时,截面内应设置必要的防裂钢筋,其所有连接部分应采用沥青砂浆封闭。

(3)直立墙墙面板安装施工时,面板应适当后仰,倾斜度宜为20:1。

(4)筋材之间连接或筋材与墙面板连接时,连接强度不得低于设计强度。墙面板与土工格栅及复合土工带拉筋之间应采用连接棒或其他连接方式等强度连接;墙面板与钢筋混凝土板条拉筋之间以及钢筋混凝土板条拉筋段之间应采用电焊等强度连接。

(5)墙面板下应设置厚度不小于0.4m的C15混凝土条形基础。对土质地基和风化层较厚难以全部清除的岩石地基,基础的埋置深度不应小于0.6m。墙前应设4%的横向排水坡,在无法横向排水地段应设纵向排水沟,基础底面应设置于外侧排水沟底以下。

(6)帽石应采用C15混凝土现场灌筑,分段长度可取2~4块墙面板宽度,且不应大于4.0m,厚度不应小于0.5m。当设栏杆时,应在帽石内预埋U形螺栓。

(7)沿墙每隔20~30m或基底地层变化处应设置2cm宽的沉降缝,并在面板内侧沿整个墙高设置宽20cm的反滤层。

三、加筋土挡土墙施工要点

加筋土挡土墙基础、反滤层、排水层及泄水管、沉降缝(伸缩缝)施工应符合支挡结构施工一般规定。

1. 施工准备

加筋土挡土墙拉筋的品种、规格、尺寸、性能应符合设计要求,并进行进场检验。土工合成材料拉筋应妥善保管,严禁暴晒。

墙面板的尺寸和预埋件、预留孔位置应符合设计要求,外表光洁、无裂纹、企口分明、线条顺直,不应露筋、掉角。预制墙面板、整体式墙板应待其混凝土强度达到设计强度的75%以上方可进行吊装和运输。

2. 墙面施工

(1)安装组合式墙面板或现浇整体式护墙应按不同填料和拉筋预设仰斜坡,墙面板或墙面适当后仰,不应前倾,倾斜度应符合设计要求。

(2)整体式面墙施工宜在包裹式加筋土体完工后,现场立模浇筑。

(3)筋材之间的连接或筋材与墙面板之间连接强度不应低于设计强度,连接施工应符合下列规定。

①墙面板的预埋连接件与钢筋混凝土板条拉筋之间应采用焊接。

②墙面板与土工格栅或复合土工带拉筋之间应采用金属连接件连接。

③钢塑复合带与墙面板连接,应穿过穿筋孔后进行绑扎连接。

④钢筋与钢筋、钢筋与锚杆之间连接,应采用双面焊接,焊接长度不小于4倍主筋直径。

(4)墙面板上的金属连接件及金属拉筋应按设计要求进行防锈处理,钢筋混凝土板条拉筋所有连接部分应采用沥青砂浆封闭。

3. 拉筋及填料填筑施工

(1)拉筋的长度、位置、间距、层数、铺设形式及包裹式挡土墙压载体后拉筋回折宽度应符合设计要求。拉筋的铺设应符合下列规定。

①拉筋在平面上的布置应垂直于墙面板,土工格栅拉筋材强度大的方向应垂直于墙面。

②拉筋应水平铺设在有1%~3%仰坡的填层上,底部应与填土密贴。

③连续铺设的拉筋接头应置于其尾部。土工合成材料拉筋应完整连续,无破损和接头。

④条带式拉筋尾部宜用拉紧器拉紧,各拉筋的拉力应基本均匀。

⑤铺设满铺拉筋时,应绷紧、铺平,中间每隔1~2m梅花形布置U形卡或卡钉固定,不应褶皱或损坏,可以在中部重叠但不应连接,并用厚度不小于5cm的填料隔开;上、下层拉筋应错缝铺设。

(2)未覆盖填料的筋材上严禁施工机械直接行走。

(3)墙背填料应符合路堤填料的相关规定,且应采用砂类土(粉砂除外)、砾石类土、碎石类土,筋带与填料接触部分不应有尖锐棱角的块体。

(4)填料应分层填筑、碾压,压实质量应符合设计要求。填料的碾压顺序应从拉筋中部开始并垂直于拉筋碾压,先由拉筋中部逐步碾压至拉筋尾部,再由拉筋中部逐步碾压至面板,严禁平行于拉筋方向碾压。先静压后再振动碾压。填料未压实前碾压机械不应作小半径转向操作。距面板小于1m范围内应采用小型夯实机械或人工夯实,严禁使用羊足碾碾压。

4. 其他施工注意要点

(1)台阶式加筋土挡土墙上墙墙面板基础不应直接放在下墙拉筋上,中间应用厚不小于0.5m的垫层隔开。

(2)分级平台应按设计采用混凝土进行封闭,并应设2‰的向外横向排水坡。

(3)墙体、墙面分期施工时宜待墙体变形及地基沉降稳定后再开始墙面结构的施工。

◆请练习[思考题6-9]

第八节 土 钉 墙

一、概述

土钉墙(Soil Nailing Retaining Wall),在土质或破碎软弱岩质路堑边坡中设置钢筋土钉,靠土钉拉力维持边坡稳定的挡土结构。土钉墙是从隧道新奥法基础上发展起来的一门边坡支挡新技术,通过钢筋等高强度长条材料对原位岩土体进行加固,从而提高原位岩土体的"视凝聚力"及其强度,使被加固土体形成了性质与原来大为不同的复合材料"视重力式挡土墙",土钉墙结构形式如图6-29所示。

土钉墙由被加固土体、放置在土中的土钉体和护面板组成,与其他挡土墙相比,土钉墙有如下优点:能合理利用土体的自身能力,将土体作为墙体的不可分割的一部分;施工设备轻便、操作方法简单;结构轻巧,柔性大,有非常好的抗震性能和延性;施工不需单独占用场地;材料用量和工程数量少,工程造价低;施工速度快,基本不占用施工工期;防腐性能好。

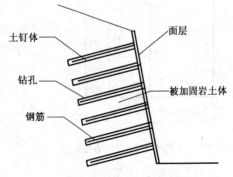

图6-29 土钉墙结构形式

虽然土钉技术具有许多优点,但也有缺点和局限性:变形稍微大于预应力锚杆的变形;在软土、松散砂土中施工难度较大;土钉在软土中的抗拔力低,需设置很长很密或事先对软土加固,变形量较大;造价较高。

二、土钉墙结构设计

1. 一般规定

（1）土钉墙适用于一般地区土质及破碎软弱岩质路堑地段。在腐蚀性地层、膨胀土地段及地下水较发育或边坡土质松散时，不宜采用土钉墙。不宜设置永久土钉墙的具体地段如下：

① 标贯击数 $N<9$、相对密度 $D_r<0.3$ 的松散砂土。

② 液性指数大于 0.5 的软塑、流塑黏性土。

③ 含有大量有机物或工业废料的低强度回填土、新填土及中强腐蚀性土。

④ 塑性指数大于 20 和液限大于 50% 且无侧限抗压强度小于 50kPa 的黏性土。

在顺层及存在不利结构面的岩质边坡中不宜设置土钉墙，如设置土钉墙，必须沿层面或不利结构面进行整体抗滑、抗剪稳定性检算。

（2）土质边坡土钉墙总高度不应大于 10m，岩质边坡土钉墙总高度不应大于 18m，单级土钉墙高度控制在 10m 以内。土钉墙墙面胸坡宜为 1∶0.1～1∶0.4。根据地形地质条件，边坡较高时宜设多级。多级墙上、下两级之间应设置平台，平台宽度不宜小于 2m。

（3）土钉的长度应为墙高的 0.5～1.0 倍，间距宜为 0.75～2m，与水平面夹角宜为 5°～20°。土钉墙分层开挖高度，土层宜为 0.5～2m，岩层宜为 1.0～4.0m。

2. 设计荷载及计算

（1）墙背土压应力计算

作用于土钉墙墙面板上的荷载组合，应按重力式挡土墙有关规定计算。作用于土钉墙墙面板土压应力呈梯形分布（图 6-30），应分别按式（6-40）、式（6-41）计算。

当 $h_i \leqslant \dfrac{1}{3}H$ 时

$$\sigma_i = 2\lambda_a \gamma h_i \cos(\delta - \alpha) \tag{6-40}$$

当 $h_i > \dfrac{1}{3}H$ 时

$$\sigma_i = \dfrac{2}{3}\lambda_a \gamma H \cos(\delta - \alpha) \tag{6-41}$$

式中：σ_i——水平土压应力(kPa)；
γ——边坡岩土体重度(kN/m³)；
λ_a——库仑主动土压力系数；
H——土钉墙墙高(m)；
h_i——墙顶距第 i 层土钉的高度(m)；
α——墙背与竖直间的夹角(°)；
δ——墙背摩擦角(°)。

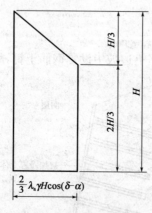

图 6-30 土钉墙墙背土压应力分布

（2）土钉拉力计算

$$E_i = \dfrac{\sigma_i S_x S_y}{\cos\beta} \tag{6-42}$$

式中：E_i——第 i 层土钉的计算拉力(kN)；
S_x、S_y——土钉之间水平和垂直间距(m)；
β——土钉与水平面的夹角(°)。

3. 土钉墙内部稳定性检算

土钉长度应包括非锚固长度和有效锚固长度。非锚固长度应根据墙面与土钉潜在破裂面的实际距离确定;有效锚固长度应通过土钉墙内部稳定性检算确定。土钉的内部稳定检算包括钉材拉断检算及土钉拉拔检算,与锚杆挡墙的检算基本一致。

(1)潜在破裂面确定

土钉锚固区与非锚固区分界面(潜在破裂面)如图 6-31 所示。潜在破裂面距墙面的距离应按式(6-43)、式(6-44)计算。

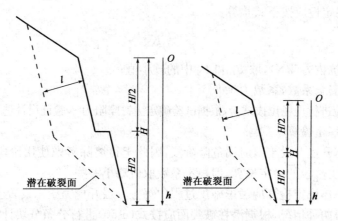

图 6-31　土钉锚固区与非锚固区分界面

当 $h_i \leqslant \frac{1}{2}H$ 时

$$l = (0.3 \sim 0.35)H \tag{6-43}$$

当 $h_i > \frac{1}{2}H$ 时

$$l = (0.6 \sim 0.7)(H - h_i) \tag{6-44}$$

式中:l——潜在破裂面距墙面的距离(m),当坡体渗水较严重或岩体风化破碎严重、节理发育时取较大值。

(2)土钉抗拉断检算

①土钉钉材抗拉力应按式(6-45)计算:

$$T_i = \frac{1}{4}\pi \cdot d_b^2 \cdot f_y \tag{6-45}$$

式中:T_i——钉材抗拉力(kN);
　　　d_b——钉材直径(m);
　　　f_y——钉材抗拉强度设计值(kPa)。

②土钉抗拉断应按式(6-46)检算:

$$\frac{T_i}{E_i} \geqslant K_1 \tag{6-46}$$

式中:K_1——土钉抗拉断安全系数,系数为 1.8。

(3)土钉抗拔稳定性检算

①有效锚固力 F_{i1} 应根据土钉与孔壁界面岩土抗剪强度 τ 计算:

$$F_{i1} = \pi \cdot d_h \cdot l_{ei} \cdot \tau \tag{6-47}$$

式中:d_h——钻孔直径(m);
　　　l_{ei}——第 i 根土钉有效锚固长度(m);

τ——锚孔壁与注浆体之间黏结强度设计值(kPa),见表 6-10。

② 有效锚固力 F_{i2} 应根据钉材与砂浆界面的黏结强度 τ_g 计算：

$$F_{i2} = \pi \cdot d_b \cdot l_{ei} \cdot \tau_g \tag{6-48}$$

式中：τ_g——钉材与砂浆间的黏结强度设计值(kPa),见表 6-11；
　　　d_b——钉材直径(m)。

③ 土钉抗拔稳定性应按下式检算：

$$\frac{F_i}{E_i} \geqslant K_2 \tag{6-49}$$

式中：F_i——土钉抗拔力(kN),取 F_{i1} 和 F_{i2} 中的较小值；
　　　K_2——抗拔安全系数,系数为 1.8。

土钉施工前,应进行现场拉拔试验,根据试验确定土钉摩阻力 τ,验证设计选取参数是否合理。

(4) 施工阶段稳定检算

由于边坡土体开挖未设土钉时属危险阶段,因此土钉墙除考虑使用阶段的整体稳定检算外,还必须考虑施工阶段的稳定检算,但稳定系数取值略小一些。

土钉墙内部整体稳定检算应考虑施工过程中每一分层开挖完毕未设置土钉时施工阶段及施工完毕使用阶段两种情况,根据潜在破裂面应按式(6-50)进行分条分块计算稳定系数：

$$K = \frac{\sum c_i l_i S_x + \sum W_i \cos\alpha_i \tan\varphi_i S_x + \sum_{i=1}^{n} P_i \cdot \cos\beta_i + \sum_{i=1}^{n} P_i \cdot \sin\beta_i \cdot \tan\varphi_i}{\sum W_i \sin\alpha_i S_x} \tag{6-50}$$

式中：c_i——岩土的黏聚力(kPa)；
　　　φ_i——岩土的内摩擦角(°)；
　　　l_i——分条(块)的潜在破裂面长度(m)；
　　　W_i——分条(块)重力(kN/m)；
　　　α_i——破裂面与水平面夹角(°)；
　　　β_i——土钉轴线与破裂面的夹角(°)；
　　　P_i——土钉的抗拔能力,取 F_i 和 T_i 中的较小值(kN)；
　　　n——实设土钉排数；
　　　S_x——土钉水平间距(m)；
　　　K——施工阶段及使用阶段整体稳定系数,施工阶段 $K \geqslant 1.3$,使用阶段 $K \geqslant 1.5$。

4. 土钉墙外部稳定性检算

土钉墙外部稳定性检算,是将土钉及其加固体视为重力式挡土墙,按重力式挡土墙的稳定性检算方法,进行抗倾覆稳定、抗滑稳定及基底承载力检算。土钉墙简化成挡土墙,其厚度一般按照土钉水平长度的 2/3~11/12 选取,如图 6-32 所示。

对于土质边坡、碎石土状软岩边坡,还应进行圆弧稳定性检算,稳定系数不应小于 1.3。最危险滑弧面应通过土钉墙墙底,除下部少数土钉穿过圆弧外,大多数土钉均在圆弧以内。最危险圆弧面确定后,可用简单条分法进行稳定性计算,计算公式同式(6-50)。计算时,应计入穿过最危险圆弧面一定长度的土钉作用力。达不到要求时,宜加长土钉或适当设置锚索,以满足外部整体稳定要求。

三、土钉墙构造要求

土钉墙实测受力为中部大、上下小,且中部呈现臌肚子特征。数值分析结果表明,土钉墙坡脚存在应力集中问题。土钉墙设计与施工均应遵循"保住中部、稳定坡脚"的原则。边坡中部的土钉宜适当加密、加长,坡脚用混凝土脚墙加固,并使之与土钉墙连成一个整体。

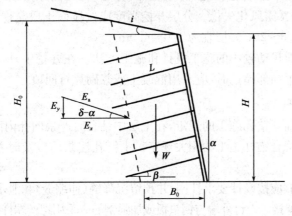

图6-32 土钉墙简化为重力式挡土墙计算图示

1. 土钉墙面层构造

(1)土钉墙面层为喷射混凝土中间夹钢筋网时应与面层有效连接,土钉外端与钢垫板或加强钢筋应通过螺丝端杆锚具或焊接进行连接。

(2)喷射混凝土面层厚度宜为120~200mm,不应小于80mm。喷射混凝土强度等级不宜低于C20。

(3)喷射混凝土面层应配置钢筋网,钢筋直径宜为6~10mm,间距宜为150~300mm,钢筋网搭接宜采用焊接。

(4)面层应设泄水孔,泄水孔后应设土工合成材料、无砂混凝土板反滤层。边坡渗水严重时应设置仰斜5°~10°的排水孔,排水孔长度较土钉略长,孔内应设置透水管或凿孔的聚乙烯管,并充填粗砂。

2. 土钉构造

(1)土钉钉材可采用HRB400钢筋或HRB335钢筋,土钉直径为16~32mm,钻孔直径宜70~130mm。土钉钢筋应设定位支架。腐蚀环境下可采用钢筋表面环氧涂层等措施。

(2)钉孔注浆材料宜采用水泥浆或水泥砂浆,其强度宜为M30,不应低于20MPa。边坡渗水较严重时,宜添加膨胀剂。注浆应采用孔底注浆法,注浆压力宜为0.2MPa。

◆请练习[思考题6-10]

四、土钉墙施工要点

1. 施工准备

土钉墙施工前应按设计要求进行注浆工艺试验、土钉抗拉拔试验,验证设计参数,确定施工工艺参数。

土钉钢筋的品种、规格、性能应符合设计要求,下料后应进行调直、除污处理。土钉墙所用土工合成材料的品种、规格、质量应符合设计要求。进场时应抽样检验。挂网材料为土工合成材料时,应采取妥善的防晒措施。注浆采用的水泥浆或水泥砂浆应按工艺试验确定的参数配制,砂应采用级配合理的中、粗砂,含泥量不应大于3%。水泥浆或水泥砂浆的强度应符合设计要求。

2. 地层开挖施工

土钉墙应按"自上而下,分层开挖,分层锚固,分层喷护"的原则组织施工,并及时挂网喷护,不应使坡面长时间暴露风化失稳。分层开挖高度应按坡面土质允许暴露的时间结合土钉排距确定,土层宜为0.5~2m,岩层宜为1.0~4.0m。

开挖应选用对坡面扰动较小的施工机具和施工方法。在开挖中,应防止上部和上下两层连接处局部失稳。发生局部超挖时,应采用混凝土或浆砌片石回填。

3. 钻孔及面层施工

钻孔施工应符合锚杆钻孔施工的规定,在土层中钻孔时严禁向孔内灌水,防止坍孔、缩孔。土钉的安装和注浆应符合锚杆施工的相关规定。土钉孔注浆后应及时养护,养护期间严禁敲击、摇动钢筋。

喷射混凝土护面前,应按设计要求挂网,并预留沉降缝(伸缩缝)和泄水孔。挂网采用钢筋网时,网片间搭接宜采用焊接。土钉外端与钢垫板或加强钢筋应采用螺丝端杆锚具或焊接进行连接。

喷射混凝土施工前应清除坡面较大松动土石、浮土,并用混凝土将裂缝、凹坑嵌补牢实、平整。岩体表面应冲洗干净,土体表面应平整、密实、湿润,并应埋设喷射混凝土厚度标识。

喷射混凝土前应进行现场喷射试验,确定配合比、风压、喷射距离和角度,控制喷层质量,减少回弹量。喷射混凝土的强度应符合设计要求。喷射作业应自下而上进行,并逐排作圆周绕动。喷层厚度大于7cm时,应分两层喷射。喷层厚度应均匀,厚度不应小于设计值。网片与土钉头不应外露。喷层周边与未防护坡面的衔接处应作好封闭处理,防止水从缝隙渗入。喷射过程中应采取有效措施防止泄水孔堵塞。喷射混凝土的拌和料应在规定时间内喷射完毕,喷射后2h内应开始养护。

土钉墙的坡脚墙混凝土应与土钉钢筋网和喷射混凝土面层结合紧密。坡脚墙基坑施工应尽快完成,同时应采取措施防止基坑被水浸泡。

◆请练习[思考题6-10]

思 考 题

6-1 铁路路基支挡结构类型,如何进行支挡结构设计方案比选?

6-2 铁路路基支挡结构设计荷载分析及其荷载组合规定。

6-3 铁路路基支挡结构一般构造设计有哪些内容?

6-4 试分析库仑理论在墙背主动土压力计算中的应用。

6-5 如何进行重力式挡土墙稳定性分析,如稳定性不足应采取哪些技术措施?

6-6 悬臂式挡土墙墙身结构设计包括哪些内容?

6-7 锚杆挡土墙如何进行锚杆设计?

6-8 简述锚定板挡土墙的构造组成及其设计内容。

6-9 加筋土挡土墙的构造及其施工要点。

6-10 土钉式挡土墙的土钉设计包括哪些内容?

第七章 DIQIZHANG
铁路路基工程抗震技术

本章导读

我国防灾减灾法明确规定铁路建设工程必须进行抗震设防,路基工程中的支挡结构、路堑及一般土填筑的路堤均为铁路工程抗震设防的重点。本章介绍了地震的基本知识,铁路工程抗震基本概念,铁路路基结构工程抗震设计基本要求,重点叙述了路基结构工程抗震设计及抗震措施。

学习目标

1. 了解地震基本知识,熟悉铁路工程抗震相关概念,掌握铁路路基结构抗震设计基本要求。
2. 熟悉路基工程抗震验算范围,掌握路基结构抗震验算方法。
3. 掌握铁路路基结构抗震措施。

学习重点

1. 铁路路基结构抗震技术相关概念。
2. 路基结构抗震受力分析及抗震验算。
3. 路基结构抗震措施。

学习难点

1. 路基边坡地震力分析及稳定性抗震验算。
2. 路基支挡结构地震力分析及抗震设计。

本章学习计划

内　　容	建议自学时间 （学时）	学　习　建　议	学　习　记　录
第一节　铁路路基抗震设计简述	2.0	本节应掌握铁路路基抗震设计的基本技术要求：熟悉地震震级、地震烈度、抗震设防烈度等基本概念，掌握铁路工程抗震性能要求，抗震设防类别、标准，设防目标及分析方法	
第二节　铁路路基抗震验算	2.0	本节应掌握铁路路基结构抗震设计验算内容：熟悉路基工程抗震验算范围、路基结构抗震受力分析，掌握路堤稳定性抗震验算、挡土墙抗震设计验算	
第三节　铁路路基抗震措施	1.0	掌握液化地基、软土路基，路堤、路基及支挡结构抗震技术措施	

第一节　铁路路基抗震设计简述

铁路是国民经济的大动脉,一旦中断行车,在政治、经济和国防上都将受到重大的损失和影响。因此,在地震区的铁路构筑物,必须贯彻《中华人民共和国防震减灾法》,满足铁路工程抗震的性能要求,对地震区铁路工程应进行抗震设计。

一、地震基本概念

1. 地震

广义地说,地震是地球表层的震动,根据震动性质不同可分为三类:
(1)天然地震,指自然界发生的地震现象。
(2)人工地震,由爆破、核试验等人为因素引起的地面震动。
(3)脉动,由于大气活动、海浪冲击等原因引起的地球表层的经常性微动。

狭义而言,地震是指能够形成灾害的天然地震。地质运动会使岩层变形而产生应力,岩层变形的不断积累会使应力增大,当岩层应力大于岩层强度时,岩层会突然破裂。岩层破裂后将以振动的方式释放能量并产生地震波,地震波引起地面运动称为地震。

2. 天然地震类型

天然地震按成因不同主要有三种类型。
(1)构造地震

由地下深处岩层错动、破裂所造成的地震。这类地震发生的次数最多,约占全球地震数的90%以上,破坏力也最大。

(2)火山地震

由于火山作用,如岩浆活动、气体爆炸等引起的地震。它的影响范围一般较小,发生次数也较少,约占全球地震数的7%。

(3)陷落地震

由于地层陷落引起的地震。例如,当地下岩洞或矿山采空区支撑不住顶部的压力时,就会塌陷引起地震。这类地震更少,大约不到全球地震数的3%,引起的破坏也较小。

一般火山地震和陷落地震强度低,影响范围和破坏程度较小,而构造地震释放的能量大,影响范围广,造成的危害严重。铁路工程结构设计时,主要考虑构造地震的影响。

构造地震与地质构造密切相关,这种地震往往发生在地应力比较集中、构造比较脆弱的地段,即原有断层的端点或转折处及不同断层的交会处。断层是地下岩层沿一个破裂面或破裂带两侧发生相对位错的现象。地震往往是由断层活动引起的,是断层活动的一种表现,所以地震与断层的关系十分密切。断层一般在中上地壳最为明显,有的直接出露地表,有的则隐伏在地下,它们的规模也各不相同。与地震发生关系最为密切的是在现代构造环境下曾有活动的那些断层,即活断层。

3. 地震波

岩层破裂时,将引起周围介质振动,以波的形式从震源向各个方向传播并释放能量,这种传播地震能量的波即为地震波。地震波是机械波的一种,分为表面波和实体波。表面波只在地表传递，实体波能穿越地球内部。其中实体波(Body Wave)又可分为纵波(P波，Pressure Wave/Primary Wave)和横波(S波，Shear Wave/Secondary Wave)，如图7-1所示。

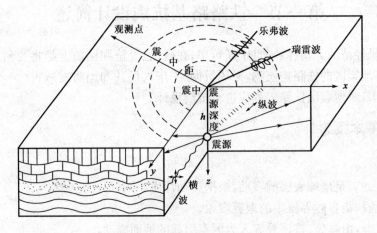

图 7-1 地震传播示意图

纵波(P波)：质点振动方向与波的传播方向平行，引起物体拉伸或压缩，故又称压缩波或疏密波，在固、气、液体中都可以传播，其特点是波速快、振幅小(能量小)、周期短。

横波(S波)：质点振动方向与波的传播方向垂直，引起物体切变，故又称剪切波，又因为液体的切变模量为零，故其不能在液体中传播。其特点是波速较快、振幅较大、周期长，使建筑物产生上下振动；由于P波和S波的传递速度不同，利用两者之间的走时差，可作简单的地震定位。

表面波(Surface Wave)：只能在地球表面或沿分界面传播，其特点有衰减慢、振幅大、速度小、传播远，它还可分为R波、L波等，浅源地震所引起的表面波最明显，是最有威力的地震波。L波(乐弗波，Love Wave)：振动方向和波前进方向垂直，但振动只发生在水平方向上，没有垂直分量；R波(瑞雷波，Rayleigh Wave)：又称地滚波，运动方式类似海浪，在垂直面上，粒子呈逆时针椭圆形振动。

纵波主要引起地面上下运动，横波主要引起地面前后、左右运动，可见地震地面运动总是三维运动，是极不规则的，地面任意一点的振动过程实际上包括了各种类型地震波(体波、面波)的综合作用。

4. 震源、震中

地球内部直接产生破裂的地方称为震源，它是一个区域，但研究地震时常把它看成一个点。地面上正对着震源的那一点称为震中，它实际上也是一个区域。根据地震仪记录测定的震中称为微观震中，用经纬度表示；根据地震宏观调查所确定的震中称为宏观震中，它是极震区(震中附近破坏最严重的地区)的几何中心，也用经纬度表示。由于方法不同，宏观震中与微观震中往往并不重合。1900年以前没有仪器记录时，地震的震中位置都是按破坏范围而确定的宏观震中。

从震中到地面上任何一点的距离叫作震中距。同一个地震在不同的距离上观察，远近不同，叫法也不一样。对于观察点而言，震中距大于1000km的地震称为远震，震中距在100~1000km的称为近震，震中距在100km以内的称为地方震。如汶川地震对于300多千米处的重庆而言为近震，而对千里之外的北京而言，则为远震。

从震源到地面的距离叫作震源深度。地震按震源的深浅，可分为：浅源地震(震源深度小于60km)、中源地震(震源深度在60～300km)和深源地震(震源深度大于300km)。同样强度的地震,震源越浅,所造成的影响或破坏越重。所以浅源地震造成的危害最大,发生的数量也最多,约占到世界地震总数的85%。当震源深度超过100km时,地震释放的能量在传播到地面的过程中大部分被损失掉,故通常不会在地面上造成危害。我国发生的地震绝大多数是浅源地震,震源深度一般为5～50km。

5. 震级

震级是衡量一次地震规模大小的数量等级。目前国际上常用的是里氏震级,震级越高,表明震源释放的能量越大;震级增大一级,地面振动幅度增大10倍,地震能量约增大32倍。

震级通常是通过地震仪记录到的地面运动的振动幅度来测定的,按式(7-1)进行计算。由于地震波传播路径、地震台台址条件等的差异,不同台站所测定的震级不尽相同,所以常常取各台的平均值作为一次地震的震级。地震发生时,距震中较近的台站常会因为仪器记录振幅"出格"而难以确定震级,此时就必须借助更远的台站来测定。所以,地震过后一段时间对震级进行修订是正常的。

$$M = \lg A \tag{7-1}$$

式中:M——地震震级;

A——标准地震仪在距震中100km处记录的以μm为单位的最大水地动位移(即振幅)。

地震按震级大小的划分大致如下:

(1)弱震,震级小于3级。如果震源不是很浅,这种地震人们一般不易觉察。

(2)有感地震,震级大于或等于3级、小于或等于4.5级。这种地震人们能够感觉到,但一般不会造成破坏。

(3)中强震,震级大于4.5级、小于6级,属于可造成损坏或破坏的地震,但破坏轻重还与震源深度、震中距等多种因素有关。

(4)强震,震级大于或等于6级,是能造成严重破坏的地震。其中震级大于或等于8级的又称为巨大地震。

6. 地震烈度

(1)烈度与震级区别

地震烈度是衡量地震影响和破坏程度的尺度,简称烈度。烈度与震级不同,震级反映地震本身的大小,只与地震释放的能量多少有关,而烈度则反映的是地震的后果,一次地震后不同地点烈度不同。打个比方,震级好比一盏灯泡的瓦数,烈度好比某一点受光亮照射的程度,它不仅与灯泡的功率有关,而且与距离的远近有关。因此,一次地震只有一个震级,而烈度则各地不同。震中烈度与震级的对应关系,见表7-1。

震中烈度与震级的对应表 表7-1

震级M	2	3	4	5	6	7	8	>8
震中烈度	1～2	3	4～5	6～7	7～8	9～10	11	12

一般而言,震中地区烈度最高,随着震中距加大,烈度逐渐减小。例如,1976年唐山地震,震级为7.8级,震中烈度为Ⅺ度,受唐山地震影响,天津市区烈度为Ⅷ度,北京市多数地区烈度为Ⅵ度,再远到石家庄、太原等地烈度就更低。

(2)地震烈度的影响因素及评定

地震烈度是以人的感觉、器物反应、房屋等结构和地表破坏程度等进行综合评定的,反映的是一定地域范围内(如自然村或城镇部分区域)地震破坏程度的平均水平。一次地震后,一个地区的地震烈度会受到震级、震中距、震源深度、地质构造、场地条件等多种因素的影响。

场地(Site)是指工程群体所在地,具有相似的反应谱特征。其范围相当于厂区、居民小区和自然村或不小于 $1.0 km^2$ 的平面面积。

(3)我国地震烈度技术标准

用于说明地震烈度的等级划分、评定方法与评定标志的技术标准是地震烈度表,各国所采用的烈度表不尽相同。我国将烈度划分为12度,其评定依据之一是:Ⅰ~Ⅴ度以地面上人的感觉为主;Ⅵ~Ⅹ度以房屋震害为主,人的感觉仅供参考;Ⅺ、Ⅻ度以房屋破坏和地表破坏现象为主。按这个烈度表的评定标准,一般而言,烈度为Ⅲ~Ⅴ度时人们有感,Ⅵ度以上有破坏,Ⅸ~Ⅹ度破坏严重,Ⅺ度以上为毁灭性破坏。

(4)烈度分布图及烈度异常区

烈度分布图又叫作等震线图。震后调查结束后,将各烈度评定点的结果标示在适当比例尺的地图上,然后由高到低把烈度相同点的外包线(即等震线)勾画出来,便构成地震烈度分布图。

震中区的烈度称为震中烈度,唐山、汶川地震的震中烈度都达到Ⅺ度。一般而言,震中地区烈度最高,随着震中距加大,烈度逐渐减小。但是也存在局部地区的烈度高于或低于周边烈度的现象,如果这种烈度异常点连片出现,则可划分出一个局部的烈度异常区。造成烈度异常的原因往往是场地条件,软弱场地易加重震害,形成高烈度异常区;坚硬场地则可减小震害,形成低烈度异常区。这就是地震破坏程度并非随震中距的加大而一致减小的原因。

(5)震源深度与震中烈度关系

震源深度对地震的破坏程度影响很大,同样大小的地震,震源越浅,造成的破坏越重。据统计,当震源深度从 20km 减小到 10km,或从 10km 减小到 5km 时,震中烈度均可提高1度。这常常是有些地震震级并不太高,但破坏较严重的原因之一。

二、铁路工程抗震基本概念

1. 抗震设防烈度

抗震设防烈度(Seismic Precautronary Intensity)是按国家规定的权限批准作为一个地区抗震设防依据的地震烈度。铁路工程所在地区可能遭受的地震影响程度,应采取相应抗震设防烈度的地震动峰值加速度和地震动反应谱特征周期或规定的设计地震动参数来表述。

设计地震动参数(Design Parameters of Ground Motion)包括抗震设计用的地震加速度(速度、位移)时程曲线、加速度反应谱和峰值加速度。**地震动峰值加速度**(Seismic Peak Ground Acceleration)是指与地震动加速度反应谱最大值相应的水平加速度;**地震动反应谱特征周期**(Characteristic Period of the Seismic Response Spectrum)是地震动加速度反应谱曲线开始下降点的周期,简称特征周期,设计特征周期应根据其所在地的设计地震分组和场地类别来确定;设计分组主要考虑了设计场地距离影响震源的远近不同,地面振动频谱特性会有不同,即特征周期不同。

抗震设防烈度和地震动峰值加速度值 A_g 的对应关系应符合表7-2的规定,g 为重力加速度。

抗震设防烈度和地震动峰值加速度值 A_g 对应表　　表7-2

抗震设防烈度(度)	6	7		8		9
地震动峰值加速度值	0.05g	0.10g	0.15g	0.20g	0.30g	0.40g

◆请练习[思考题7-1]

2. 铁路工程地震动水准

铁路工程应按多遇地震、设计地震、罕遇地震三个地震动水准进行抗震设计。根据《中国地震动参数区划图》中规定的工程所在地区地震动峰值加速度值 A_g，对不同水准的地震动峰值加速度取值定义如下。

(1) 多遇地震(Low-level Earthquake)

地震重现期为50年的地震动，地震动峰值加速度取 $0.33A_g$。

(2) 设计地震(Design Earthquake)

地震基本烈度是50年内超越概率10%的地震烈度，相应于地震重现期为475年的地震动，地震动峰值加速度取 $1.0A_g$。

(3) 罕遇地震(High-level Earthquake)

地震重现期为2475年的地震动，地震动峰值加速度取 $2.1A_g$。

3. 抗震设计

抗震设计(Seismic Design)是指抗御地震灾害的工程设计，包括抗震验算及抗震措施。其中**抗震措施**(Seismic Measures)是指除地震作用计算和抗力计算以外的抗震设计内容，包括抗震构造措施。**抗震构造措施**(Details of Seismic Design)是根据抗震概念设计原则，一般不需计算而对结构和非结构各部分必须采取的各种细部要求。

地震动参数区划图(Seismic Ground Motion Parameter Zonation Map)以地震动参数(以加速度表示地震作用强弱程度)为指标，将全国划分为不同抗震设防要求区域的图件。地震区划目的是区分不同地震危险性的地区，为抗震设计提供依据。一般情况下，抗震设计验算可直接采用地震动参数区划图规定的地震动参数。对做过专门地震研究的地区，可采用抗震设防区划提供的抗震设防烈度或设计地震动参数进行抗震设计。当涉及地基处理、构造措施或其他防震减灾措施时，抗震设防烈度可根据地震动峰值加速度值按《中国地震动参数区划图》规定的地震基本烈度值确定或按表7-2进行换算。

4. 铁路工程抗震性能要求

为确保构筑物在地震作用下的安全性，并防止地震时构筑物发生毁灭性的损伤，避免构筑物使用功能低下，铁路工程应达到的三个抗震性能要求。在抗震设计时，应根据不同的地震动水准，并结合其在路网中的重要程度，选取不同的性能要求，作为铁路工程的抗震设防目标。铁路工程抗震设计应达到的抗震性能要求如下。

性能要求Ⅰ：地震后不损坏或轻微损坏，能够保持其正常使用功能；结构处于弹性工作阶段；

性能要求Ⅱ：地震后可能损坏，经修补，短期内能恢复其正常使用功能；结构整体处于非弹性工作阶段；

性能要求Ⅲ：地震后可能产生较大破坏，但不出现整体倒塌，经抢修后可限速通车；结构处于弹塑性工作阶段。

◆请练习[思考题 7-2]

三、铁路路基抗震设计的基本要求

1. 铁路路基工程抗震设防类别

从我国目前的具体情况出发,考虑到铁路工程的重要性和震后修复的困难程度,本着确保重点和节约投资的原则,将不同工程给予不同的抗震安全度。具体来讲,将桥梁工程分为 A、B、C、D 四个抗震设防类别,将隧道工程分为 A、C、D 三个抗震设防类别,将路基工程按表 7-3 分为 C、D 两个抗震设防类别,并按抗震设防类别确定不同的设防标准和设防目标。

铁路路基工程抗震设防类别　　　　表 7-3

C 类	1. 修复困难的陡坡、深挖、高填路基; 2. 高速铁路及客运专线(含城际铁路)的路基
D 类	C 类以外的其他路基工程

2. 铁路路基工程的抗震设防标准

抗震设防标准(Seismic Precautionary Criterion)是衡量抗震设防要求高低的尺度,由抗震设防烈度或设计地震动参数及抗震设防类别确定。铁路路基工程的抗震设防标准,应符合下列要求:

(1) 铁路路基工程的地震作用重要性系数 C_i 均为 1.0。
(2) 铁路路基工程的抗震设防措施,应按表 7-4 确定。

铁路路基工程的抗震设防措施等级　　　　表 7-4

抗震设防烈度	6	7	8	9
C 类	7	7	8	9
D 类	—	7	8	9

3. 铁路路基抗震设防目标及分析方法

对路基、挡土墙等铁路工程,由于目前对其振动特性还缺乏认识,分析方法仍采用静力法,按设计地震验算其强度和稳定性,并采取相应的抗震措施,以抗震性能要求 Ⅱ 为设防目标。

根据我国唐山、海城、邢台等地震的宏观经验,对铁路工程的破坏主要来自水平地震作用,在唐山地震极震区也是如此。因此,在抗震设计中,一般情况下只考虑水平地震的作用,不计竖向地震的作用。

◆请练习[思考题 7-3]

第二节　铁路路基抗震验算

抗震设防烈度为 6 度、7 度、8 度、9 度地区高速铁路、客运专线(含城际铁路)及新建、改建标准轨距客货共线 Ⅰ、Ⅱ 级铁路工程的线路、路基、桥梁、隧道等工程应进行抗震设计。设防烈度大于 9 度的地区或有特殊抗震要求的工程及新型结构,其抗震设计应做专门研究。铁路工程抗震设防的重点在铁路目前常见的大量使用的构筑物,如重力式挡墙、路堑、一般土填筑的路堤、梁式桥墩台及隧道等。

一、路基工程抗震验算范围

由于地震作用是一种特殊荷载,发生强震的几率很小,考虑铁路等级、构筑物的重要性及修复难易程度等因素,采取区别对待,并本着抗震工作以预防为主和保证重点的原则,需根据宏观震害调查结合抗震稳定验算资料的综合分析,确定路基和挡土墙抗震强度和稳定性的验算范围。

1. 路堤稳定性验算范围

路堤震害主要取决于所处的工程地质及水文地质条件、路堤高度和填料的性质、地震强度等因素的影响。路堤抗震稳定性的验算范围,应符合表7-5的规定。表中 H 为路基边坡高度,H_w 为路堤浸水常水位的深度(m)。

路堤、路堑抗震稳定性的验算范围 表7-5

路基类型填料		抗震设防类别	C类工程				D类工程			
			0.1g 0.15g	0.2g	0.3g	0.4g	0.1g 0.15g	0.2g	0.3g	0.4g
路堤	岩石及非液化土、非软土地基上的路堤	非浸水 用不易风化的块石土及C组细粒土填筑	$H\geqslant 12$ 验算	$H>10$ 验算	$H>8$ 验算	$H>6$ 验算	$H\geqslant 15$ 验算	$H>12$ 验算	$H>10$ 验算	
		非浸水 用巨粒土(不易风化的块石土除外)、粗粒土(粉砂、细砂除外)填筑	$H\geqslant 8$ 验算	$H>6$ 验算	$H>5$ 验算	$H>3$ 验算	$H>10$ 验算	$H>7$ 验算	$H>5$ 验算	
		浸水 用渗水土(粉砂、细砂、中砂除外)填筑	验算				不验算	$H_w>3$ 验算	$H_w\geqslant 2.5$ 验算	$H_w>2$ 验算
		粉砂、细砂填筑或地面或地面横坡大于1:5的路堤	验算				验算			
	液化土及软土地基上的路堤		验算							
路堑	粉土、黏性土、黄土、碎石类土		$H\geqslant 12$ 验算	$H>10$ 验算	$H>8$ 验算	$H>6$ 验算	一般不验算	$H\geqslant 15$ 验算	$H>12$ 验算	$H>10$ 验算
	砂类土、膨胀土等		验算							

宏观震害调查表明在地下水位较深地段的岩石和非液化土、非软土地基上,用粉质黏土、碎石类土填筑的路堤,抗震稳定性较好,7度地震无震害;8度和9度地震即使比较高的路堤,一般也很少遭受破坏。"5·12"汶川地震发生后有关部门对位于震区附近的广岳铁路、宝成铁路、成灌铁路等线的现场调查也表明,填方路基一般稳定性较好,基本未出现大的失稳现象。据1975年海城地震区经受7度和9度地震基本无震害的路堤填土试验资料,选取其中具有代表性的物理力学试验数据,按不同的路堤高度及边坡坡度,计列车活载的影响进行抗震稳定性验算,其结果同宏观震害基本接近。

2. 路堑抗震稳定性验算范围

控制路堑边坡稳定的因素很多,应根据抗震设防类别、工程地质及水文地质条件、土的物理力学性质以及地震动峰值加速度等情况综合确定。路堑抗震稳定性的验算范围,应符合表

7-5 的规定。

根据宏观震害资料,在设防烈度为 8 度和 9 度地区,边坡高度小于 10m 时,非地震区路堑边坡一般能够满足抗震稳定的要求,可不做抗震设计。当路堑边坡高度大于 10m 时,建议放缓边坡或采取加固措施以满足抗震稳定的要求。考虑到铁路路堑工程受震破坏后修复较困难,而且土质情况复杂,需要进行抗震稳定验算确定。

3. 挡土墙验算范围

铁路挡土墙的抗震稳定性验算包括挡土墙本身与地基两部分,要重视位于斜坡上挡土墙墙趾以下边坡的稳定验算,除挡土墙本身的稳定验算外,还应验算斜坡的整体稳定性。挡土墙抗震强度和稳定性的验算范围,应符合表 7-6 的规定。

挡土墙抗震强度和稳定性的验算范围　　　　　表 7-6

地基土类型＼抗震设防类别	C、D 类工程			
	0.1g、0.15g	0.2g	0.3g	0.4g
岩石及非液化土、非软土地基	D 类不验算	验算		
液化土及软土地基	验算			

从我国近年发生的大地震中,调查挡土墙高度多为 5m 左右,最高的是 11.6m,宏观震害表明,浆砌片石挡土墙具有一定的抗震能力。在岩石及一般土质地基上,7 度地震基本无震害;8 度和 9 度地震时,有部分挡土墙发生变形或破坏,尤其是松软地基上挡土墙遭受震害严重。"5·12"汶川地震后,广岳铁路出现几处路肩挡土墙坍滑。现场调查显示发生路肩挡土墙坍滑之处多为陡坡地段,初步分析表明主要原因是由于墙下地基基础坍滑失稳所致。

◆请练习[思考题 7-4]

二、路基结构抗震受力分析

路基的抗震稳定性和挡土墙的抗震强度及稳定性按设计地震进行验算,荷载包括恒载、活载和水平地震作用,其中水平地震作用采用静力法计算。浸水挡土墙、水库地区以及滨河地区浸水路堤,尚应计常水位的静水压力和浮力。作用于路基和挡土墙上的力系按表 7-7 所列进行组合计算。

地震作用下路基和挡土墙上的力系　　　　　表 7-7

工程名称	计算力系
路基	①滑动土体的重力及其上部的恒载(包括列车活载)作用于滑动圆弧面上引起的下滑力和抗滑力; ②滑动土体的重力及其上部的恒载所产生的水平地震力即作用于滑动圆弧面上的下滑力和法向力; ③滑动圆弧面上的黏聚力; ④常水位的水压力和浮力
挡土墙	①墙身自重及墙顶部的恒载; ②作用于墙背的地震主动土压力(包括列车活载的影响); ③墙身重力所产生的水平地震力; ④墙底法向反力和摩擦力; ⑤常水位的水压力及浮力

在验算路基和挡土墙的抗震强度和稳定性时,由于铁路运量大,一般行车密度高,列车活载与强震同时作用的机遇存在,验算中需考虑地震与列车活载同时作用的组合。地震与设计洪水位同时发生的机遇很小,因此,验算浸水挡土墙和水库地区浸水路堤,以及滨河地区浸水路堤,可只考虑常水位的水压力及浮力。

三、路堤与地基抗震稳定性验算

路堤抗震验算应包括路堤本身与地基两部分。国内外大地震震害表明,路堤破坏大部分是在液化地基和软土上发生的,因此,路堤稳定计算应该包括地基。路堤与地基抗震稳定性验算时,应采用圆弧条分法。

1. 作用于各条土块质心处的水平地震力计算

从理论与震害实例证明,水平方向的地面振动加速度对构筑物的破坏起着主导作用,因此,验算路基稳定性时,只考虑水平方向最大地面加速度的影响,即用地震动峰值加速度乘以构筑物的质量作为水平地震力作用于路基上(图7-2)。这种计算方法是将构筑物和地基均视作刚性体,各点的水平加速度和地面相同,不考虑构筑物的自振特性及地震竖向分量和转动分量的影响。

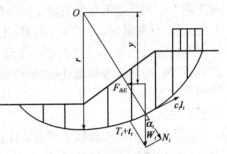

图 7-2 验算路基稳定性图式

验算时将水平地震力作用于各条土块的质心处,按静力学平衡原理进行计算:

$$F_{ihE} = \eta \cdot A_g \cdot m_i \tag{7-2}$$

式中:F_{ihE}——第 i 条土块质心处的水平地震力(kN);
　　η——水平地震作用修正系数,取值0.25;
　　A_g——地震动峰值加速度(m/s^2);
　　m_i——第 i 条土块的质量(t)。

2. 抗震稳定安全系数应按下式计算

$$K = \frac{\sum \tan\varphi_i \cdot N_i + \sum c_i \cdot l_i}{\sum T_i + \sum t_i} \tag{7-3}$$

式中:K——稳定安全系数;
　　c_i——第 i 土条滑裂面处土的固结快剪黏聚力(kPa);
　　φ_i——第 i 土条滑裂面处土的固结快剪摩擦角(°);
　　N_i——第 i 土条自重在滑弧法线方向的总作用力(kN),$N_i = W_i \cdot \cos a_i - n_i$;
　　n_i——水平地震力对第 i 土条在滑弧法线方向产生的作用力(kN),$n_i = F_{ihE} \sin a_i$;
　　a_i——第 i 土条滑裂面对水平面的夹角(°);
　　W_i——第 i 土条滑面以上土的自重(kN);
　　l_i——第 i 土条滑裂面的长度(m);
　　T_i——第 i 土条在滑弧切线方向产生的下滑力(kN),$T_i = W_i \cdot \sin a_i$;
　　t_i——第 i 土条在滑弧切线方向产生的水平地震力(kN),$t_i = F_{ihE} \cdot (y/r)$;
　　r——滑弧半径(m);

y——土条质心至滑弧圆心垂直距离(m)。

如路基边坡或地基土存在液化的可能,液化土层的力学指标应按有关规定进行折减。

3. 路基抗震稳定安全系数 K 的取值规定

地震荷载作用下,路基稳定安全系数的大小,直接影响构筑物的安全和造价,是体现经济、技术政策的重要问题,必须结合实践经验、抗震设防类别、工程重要性、建筑材料的力学指标以及计算理论等综合考虑。

根据铁路工程的重要性和路基高度的地震效应,结合宏观震害及验算资料,规范规定:

(1) D类路基工程路基边坡高度 $H \leqslant 15m$ 时,稳定系数不应小于1.1。

(2) C类路基工程及边坡高度 $H > 15m$ 的D类工程,稳定安全系数不应小于1.15;此类路基工程水平加速度沿路基高度呈倒梯形分布,验算路基稳定性时,水平地震力对应每条土块质心处求算,计算繁琐,为了简化计算,采取提高路基稳定性安全系数的办法。

当抗震安全稳定系数 K 小于上述规定时,应采用土工合成材料加固路堤及地基、地基处理或设置反压护道等措施,以满足路基的抗震稳定性。理论和工程实践均能证明应用土工合成材料加筋补强可提高地基稳定性,且具有施工简单、节约土地(与反压护道比较)等优点,但不能解决沉降问题。

受滑坡影响的工程按上述方法计算滑体上的水平地震力,其滑块剩余下滑力的安全系数取值应根据滑坡的发展阶段、滑面岩土力学指标、地震影响程度、铁路等级、工程的重要性综合确定,一般情况下可采用1.05~1.20。

◆请练习[思考题7-5]

四、挡土墙抗震设计验算

抗震设防烈度为8度和9度时,铁路支挡结构宜采用桩板墙或桩锚结构、加筋土挡土墙、土钉墙、锚杆挡土墙、预应力锚索等轻型柔性结构。

1. 地震主动土压力

作用于挡土墙上的地震主动土压力,应按库伦理论公式计算。但土的内摩擦角 φ 或土的综合内摩擦角 φ_0、墙背摩擦角 δ、土的重度 γ,受地震作用的影响,应根据地震角分别按下列公式进行修正:

$$\varphi_E = \varphi - \theta \tag{7-4}$$

$$\varphi_{0E} = \varphi_0 - \theta \tag{7-5}$$

$$\delta_E = \delta + \theta \tag{7-6}$$

$$\gamma_E = \frac{\gamma}{\cos\theta} \tag{7-7}$$

式中:φ_E——修正后的土的内摩擦角(°);

φ_{0E}——修正后的土的综合内摩擦角(°);

δ_E——修正后的墙背摩擦角(°);

γ_E——修正后的土的重度(kN/m³);

θ——地震角(°),按表7-8采用。

地 震 角　　　　　　　　　　　　表 7-8

地 震 角		0.1g、0.15g	0.2g	0.3g	0.4g
θ	水上	1°30′	3°	4°30′	6°
	水下	2°30′	5°	7°30′	10°

地震主动土压力按库伦理论公式计算,将墙后土楔体产生的水平地震力作用在其质心处,然后用静力学的平衡原理求算,这种静力法计算地震主动土压力,有两个假定条件:一是只考虑地面运动的水平分量影响,且墙身各点的水平加速度和地面相同,不计地面运动的竖向分量和转动分量的影响;二是土的力学指标采用静力状态值。

墙后土楔体的质量 m,在地震作用下产生水平地震力 F_{ihE} 与 mg 的合力为 W',W' 与垂直方向的偏角为地震角(即土楔体受水平地震作用后其合力与垂直方向的偏角,偏移方向与土楔体的滑动方向一致),如图 7-3 所示,此时地震角为:

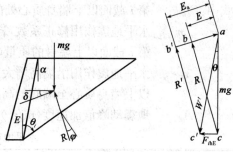

图 7-3　挡土墙地震主动土压力图

$$\theta = \arctan\left(\frac{\eta A_g}{g}\right)$$

从图 7-3 中看出,无地震时,墙后土楔体的重力 mg、土压力 E_a、反力 R 组成力的平衡三角形 $\triangle abc$;有地震时,墙后土楔体的重力 mg 产生水平地震力 F_{ihE},F_{ihE} 与 mg 的合力 W',则组成一个新的平衡三角形 $\triangle ab'c'$。现将无震和有震时力的平衡三角形关系作比较如下。

无地震时

$$\angle bac = 90° + \alpha - \delta \tag{7-8}$$

$$\angle bca = 90° - \theta_i - \varphi \tag{7-9}$$

有地震时

$$\angle b'ac' = 90° + \alpha - (\delta + \theta) \tag{7-10}$$

$$\angle b'c'a = 90° - \theta_i - (\varphi - \theta) \tag{7-11}$$

因此,在计算地震主动土压力时,将库伦公式中 φ、δ、γ,分别以修正后的 φ_E、δ_E、γ_E 代换即可求得。

2. 水下地震主动土压力

当墙后土楔体浸水后,由于水的浮力作用,使土楔体的质量减轻,按土的浮重度计算,而地震作用时产生水平地震力是按土楔体的孔隙充满水时的土的饱和重度计算,浸水土楔体受水平地震作用后其合力与垂直方向的偏角为水下地震角。其计算公式如下:

$$\theta = \arctan\left(\frac{\gamma_w}{\gamma_w - 10} \cdot \frac{\eta A_g}{g}\right) \tag{7-12}$$

式中:γ_w——土的饱和重度(kN/m^3),$\gamma_w - 10$ 为土的浮重度(kN/m^3);
　　　η——水平地震作用修正系数;
　　　A_g——地震动峰值加速度(m/s^2);
　　　g——重力加速度值($9.81 m/s^2$)。

浸水地震主动土压力按库伦理论公式计算,墙后浸水的土楔体受地震荷载作用的影响,用水下地震角对土的内摩擦角 φ、墙背摩擦角 δ、土的重度 γ 分别进行修正。将修正后的值代入库伦土压公式中即可求得浸水地震主动土压力。

3. 墙身水平地震力

挡土墙第 i 截面以上墙身质心处的水平地震力，应按下式计算：

$$F_{ihE} = \eta \cdot A_g \cdot \eta_i \cdot m_i \tag{7-13}$$

式中：F_{ihE}——第 i 截面以上墙身质心处的水平地震力(kN)；

　　　η——水平地震作用修正系数，岩石地基取值 0.20，非岩石地基取值 0.25；

　　　m_i——第 i 截面以上墙身的质量(t)；

　　　η_i——水平地震作用沿墙高增大系数(图7-4)，其数值应按表7-9采用，h_i 为第 i 截面以上墙身质心至墙底的高度(m)；

　　　A_g——地震动峰值加速度(m/s^2)。

水平地震作用沿墙高增大系数　　　　　　　　　表7-9

墙高(m)	η_i	墙高(m)	η_i
≤12	1	>12	$1+h_i/H$

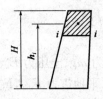 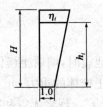

a)挡土墙验算第 i 截面以上墙体　　b)水平地震作用增大系数

图7-4　水平地震作用增大系数图式

(1)水平地震作用修正系数

构筑物遭受地震破坏的原因是复杂的，它与结构类型、选用的材料、地基土、地形地貌、地震强度等有密切关系。目前对这些影响因素尚缺乏研究，暂不能提出定量的指标。因此，用水平地震作用修正系数加以概括，以弥补理论计算与宏观震害之间的差异。

(2)水平地震作用沿高度增大系数

从宏观震害表明，一般较高的挡土墙，在墙的顶部或中上部容易产生震害。国内外一些科研单位对挡土墙和土坝进行动力试验，一般墙顶或坝顶的水平加速度反应较大，有时可达地面的2倍或2倍以上，沿着墙高或坝高分布不是呈直线规律。

4. 挡土墙抗震强度验算

(1)基础底面合力偏心距应符合表7-10的规定，表中 b 为挡土墙底面的宽度(m)。

基础底面合力偏心距　　　　　　　　　表7-10

地　基　土	偏　心　距
未风化至弱风化的硬质岩石	≤$b/3$
上项以外的其他岩石	≤$b/4$
基本承载力 $\sigma_0>200kPa$ 的土层	≤$b/5$
基本承载力 $\sigma_0 \leq 200kPa$ 的土层	≤$b/6$

(2)混凝土、片石混凝土和石砌体墙身截面偏心距,不应大于验算截面处宽度的 0.4 倍。
(3)建筑材料的容许应力修正系数,应按表 7-11 的规定采用。

建筑材料的容许应力修正系数　　　　　表 7-11

材　料　名　称	应　力　类　别	修正系数
混凝土、片石混凝土和石砌体	剪应力、弯曲拉应力	1.0
	压应力	1.5
钢材	剪应力、拉、压应力	1.5

5. 挡土墙抗震稳定性验算

挡土墙基础的稳定安全系数,应按下列公式计算(图 7-5)。
(1)沿基础底面的抗滑动稳定安全系数 K_c。

$$K_c = \frac{[\sum N + (\sum E_x + \sum F_{ihE})\tan\alpha_0] \cdot f}{\sum E_x + \sum F_{ihE} - \sum N \cdot \tan\alpha_0} \tag{7-14}$$

式中:$\sum N$——作用于基础底面上的总垂直力(kN);
$\sum E_x$——地震主动土压力的总水平分力(kN);
$\sum E_y$——地震主动土压力的总垂直分力(kN);
α_0——基础底面倾斜角(°);
$\sum F_{ihE}$——挡土墙墙身的总水平地震力(kN);
f——基础底面与地基间摩擦系数。

(2)抗倾覆稳定安全系数 K_0。

$$K_0 = \frac{\sum M_y}{\sum M_0} \tag{7-15}$$

式中:$\sum M_y$——稳定力系对墙趾的总力矩(kN·m);
$\sum M_0$——倾覆力系对墙趾的总力矩(kN·m)。

(3)挡土墙沿基础底面的抗滑动稳定安全系数 K_c 不应小于 1.1,抗倾覆稳定安全系数 K_0 不应小于 1.3。

(4)铁路支挡结构物,均应考虑水平地震作用的影响,并进行抗震强度及稳定性验算。铁路轻型支挡结构,应包括外部稳定性检算和内部稳定性计算两部分。内部稳定性计算应计入非锚固区、潜在破裂面与墙面间棱体重力所产生的水平地震力。其荷载组合、地震主动土压力、结构重力所产生的水平地震力等应符合现行行业标准《铁路路基支挡结构设计规范》(TB 10025—2006)的规定。

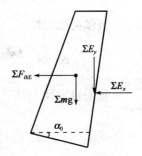

图 7-5　验算挡土墙稳定性图式

[例 7-1] 如[例 6-2]中路基工点位于石家庄井陉矿区范围,试对该挡土墙进行抗震设计分析。

解:(1)抗震设防类别判定:依据中国地震动参数区划图,石家庄井陉矿区抗震设防烈度为 7 度,地震动峰值加速度为 0.10g。按表 7-3 规定,该新建客运专线路基工点抗震设防类别为 C 类。

(2)该工点抗震设防标准中地震作用重要性系数为 1.0,依表 7-4 抗震设防措施等级为 7 级。

(3)抗震设计验算判定：依表7-6，该工点应进行抗震设计验算。

(4)抗震验算：

①地震主动土压力计算。

依题意，该工点地震角 θ 为 $1.5°$，则：

$$\varphi_E = \varphi - \theta = 45° - 1.5° = 43.5°$$
$$\delta_E = \delta + \theta = 30° + 1.5° = 31.5°$$
$$\gamma_E = \frac{\gamma}{\cos\theta} = \frac{20}{\cos 1.5°} = 20.01 \text{kN/m}^3$$

地震条件下，库仑主动土压力系数为：

$$\lambda_a = \frac{\cos^2(\varphi - \alpha)}{\cos^2\alpha \cos(\delta + \alpha)\left\{1 + \sqrt{\frac{\sin(\varphi + \delta)\sin(\varphi - i)}{\cos(\varphi + \delta)\cos(\alpha - i)}}\right\}^2}$$

$$\frac{\cos^2(43.5 + 16.7)}{\cos^2(-16.7)\cos(31.5° - 16.7°)\left\{1 + \sqrt{\frac{\sin(43.5° + 31.5°)\sin(43.5° - 43°)}{\cos(43.5° + 31.5°)\cos(-16.7° - 43°)}}\right\}^2}$$

$$= 0.209$$

主动土压力

$$E_a = \frac{1}{2} \times 0.209 \times 20.01 \times 5^2 = 52.23 \text{kN}$$

土压力应力分布为三角形，作用点位于 $1/3$ 墙高处，即 $Z_x = 1.67\text{m}$。

$$E_x = 52.23 \times \cos(31.5° - 16.7°) = 50.50 \text{kN}$$
$$E_y = 35.15 \times \sin(31.5° - 16.7°) = 13.34 \text{kN}$$

②挡土墙水平地震力计算：

$$F_{ihE} = \eta \cdot A_g \cdot \eta_i \cdot m_i = 0.20 \times 0.10 \times 93.5 \times 1.0 = 1.87 \text{kN}$$

抗倾覆稳定性

$$K_0 = \frac{GZ_G + E_y Z_y}{E_x Z_x + F_{ihE} H/2} = \frac{93.5 \times 1.17 + 13.34 \times 1.35}{50.5 \times 1.67 + 1.87 \times 5.0/2} = 1.44 > 1.3$$

抗滑稳定性

$$K_c = \frac{\sum N \cdot f}{\sum E_x + F_{ihE}} = \frac{(93.5 + 13.34) \times 0.50}{50.5 + 1.87} = 1.02 < 1.1$$

偏心距验算

$$Z_N = \frac{\sum M_y - \sum M_0}{\sum N} = \frac{127.9 - 88.8}{106.8} = 0.365 \text{m}$$

$$|e| = \left|\frac{B}{2} - Z_N\right| = \left|\frac{0.85}{2} - 0.365\right| = 0.060 < \frac{B}{6}$$

基底应力验算，由于偏心距大于 $B/6$，基底应力为：

$$\sigma_{\frac{1}{2}} = \frac{\sum N}{B}\left(1 \pm \frac{6e}{B}\right) = \frac{106.8}{0.85}\left(1 \pm \frac{6 \times 0.06}{0.85}\right) = \frac{178.6}{72.8} \text{kPa} < [\sigma] = 400\text{kPa}$$

◆请练习[思考题 7-6]

第三节　铁路路基抗震措施

抗震措施是在总结国内外铁路路基、挡土墙等构筑物震害经验，并对它们在地震中暴露出来的薄弱环节进行研究的基础上提出来的，通过对这些薄弱环节采取抗震措施，以提高整个构筑物的抗震能力。构筑物部分结构遭受震害并不意味着整个构筑物在地震作用下，强度和稳定性都不够，只是在薄弱环节上首先发生破坏，导致构筑物产生震害。对地震时挡土墙的滑动，相应的在基底采取抗滑措施，对混凝土工作缝予以适当加强等，就会提高这些构筑物的抗震能力，花较少的费用，就可以取得一定的抗震效果。

一、路堤抗震措施

1. 路堤填料

(1)路堤填料应符合现行铁路设计规范的有关规定，并应选用抗震稳定性较好的填料。C类工程不应采用粉砂、细砂作填料，D类工程不宜采用粉砂、细砂作填料，当条件限制必须采用时应采取土质改良或加固措施。

(2)路堤浸水部分的填料，应采用渗水土填料。C类工程不应采用粉砂、细砂、中砂作填料，D类工程不宜采用粉砂、细砂、中砂作填料，当条件限制必须采用时应采取防液化措施。

(3)地震区客运专线路堤应选用震动稳定性较好的填料，不应采用粉、细砂作填料。由于压实强度的原因，粉、细砂一般不宜直接填筑路堤，当不得不采用时，应掺拌粗颗粒填料进行土质改良或采取加固措施。客运专线路堤基底垫层材料应采用碎石(卵石)或粗砂夹碎(卵)石，不得采用细砂或中砂。

2. 路堤边坡高度及基底处理

(1)位于岩石和非液化土、非软土地基上的路堤，边坡高度大于表 7-12 规定时，应将其边坡坡率按一般地区路堤规定放缓一级或采用土工合成材料加筋等措施加固边坡。

路堤边坡高度限值(m)　　　　　　　表 7-12

抗震设防类别 路堤填料	C 类 工 程				D 类 工 程		
	0.1g、0.15g	0.2g	0.3g	0.4g	0.2g	0.3g	0.4g
用不易风化的块石土及C组细粒土填筑	10	8	6	4	12	10	8
用巨粒土(不易风化的块石土除外)、粗粒土(粉砂、细砂、中砂除外)填筑	6	4	3	2	6	4	3

(2)路基位于半填半挖和路堤修筑在地面横坡大于 1∶5 的稳定斜坡上时，原地面应挖台阶，台阶宽度不应小于 2.5m，并应做好排水工程。必要时，尚应采取设置支挡构筑物等防滑措施。

二、液化地基抗震措施

路堤地基中存在液化土层时,应进行抗震稳定性验算。若稳定安全系数小于允许值,应采取加固地基土或设置反压护道等措施。

在可液化地区取土时,取土坑应远离线路,并宜集中取土。一般情况下取土坑顶部至路堤坡脚的距离不应小于15m。

三、软土路基抗震措施

当软土地基已采取加固处理措施并满足稳定性和沉降要求时,地基可不采取抗震措施。当软土地基采用反压护道措施时,护道和堤身的边坡坡率应按一般地区路堤规定的坡率放缓一级。

软土地基上的路堤基底采用砂石垫层时,垫层材料应采用碎石或粗砂夹碎石(卵石),不得采用细砂;9度及以上地震区路堤基底垫层不宜采用中、粗砂。

四、路堑抗震措施

1. 土质路堑

(1)黏性土路堑边坡高度大于表7-13规定时,应按一般地区路堑规定边坡放缓一级或采取加固措施。

黏性土路堑边坡采取抗震措施的高度(m)　　　表7-13

抗震设防类别	0.1g、0.15g	0.2g	0.3g	0.4g
C类工程	15	12	10	8
D类工程	—	15	12	10

(2)当设防烈度为8度和9度时,土质路堑(黏性土路堑除外)边坡坡形和坡率,应根据土的密度、含水率和土层的成因,并结合边坡高度经稳定性分析计算确定。

2. 岩石路堑

(1)当石质破碎或有软弱夹层、山坡有危石或上部覆盖层受震易坍塌时,应采用清除、锚固、支挡等防护及加固措施或设置明洞。护坡宜采用锚杆(索)框架梁等结构类型,不宜采用挂网喷混、浆砌片石护坡等表面、浅层处理措施。

(2)岩石路堑可根据岩体结构、岩性、结构面产状,并结合施工影响范围内既有建筑物的安全性要求,采用光面爆破、预裂爆破等控制爆破技术,不应采用大爆破施工。

五、支挡结构抗震构造措施

(1)重力式挡土墙应采用片石混凝土或混凝土整体浇筑,其强度等级不应低于C25。挡土墙高度应符合以下规定。

①路肩、路堤和土质路堑挡土墙高度,C类工程不宜大于6m;D类工程不宜大于8m。

②石质路堑挡土墙高度,C类工程不宜大于8m;D类工程不宜大于10m。

(2)混凝土挡土墙的施工缝或衡重式挡土墙的变截面处,必须设置榫头或采用短钢筋加固,榫头的面积不应小于截面面积的20%。从挡土墙震害资料分析,混凝土挡土墙的施工缝或衡重式挡土墙的变截面处,往往是控制墙身抗剪切能力的薄弱环节,实践证明设置一定数量的榫头或短钢筋,可以有效加强挡土墙墙身的整体性,对抗震是有利的。

(3)当设防烈度为 8 度和 9 度,挡土墙总高度大于 10m 时,宜采用混凝土整体浇筑,强度等级不应低于 C25。

(4)挡土墙应分段修筑,每段长度不宜大于 15m;在分段处、地基土层及墙高变化较大处,应设置沉降缝以减轻震害。震害实例表明,在地基土变化处或墙身变截面处,挡土墙容易遭受震害。

(5)位于可液化土层及软土地基上的挡土墙,宜采用复合地基、桩基等措施加固地基,桩尖应伸入稳定土层。

◆请练习[思考题 7-7]

思 考 题

7-1 地震震级、地震烈度与抗震设防烈度等术语的含义及联系。
7-2 铁路工程抗震设计水准及其对应性能要求。
7-3 铁路路基抗震设计基本技术要求。
7-4 铁路路基需进行抗震设计验算结构类型。
7-5 如何进行路堤稳定性的抗震设计验算?
7-6 挡土墙抗震设计验算包括哪些内容?
7-7 简述路基工程抗震构造措施。

第八章 DIBAZHANG
铁路路基地基处理技术

本章导读

天然地基一般很难满足路基结构的建设技术要求,尤其是很难满足高速铁路路基结构的变形要求。地基处理属于铁路路基建设技术的重要组成部分,也必须具有足够的强度、稳定性和耐久性。地基处理不仅影响铁路建设投资,而且直接影响路基结构的使用性能和工程质量,影响行车的安全性及舒适性。本章阐述了铁路地基处理常用工程措施及方案比选,浅层地基处理方法、强夯及强夯置换方法,桩体复合地基技术,简要介绍了钢筋混凝土桩网(桩筏)结构、桩板结构及注浆加固技术。

学习目标

1. 熟悉铁路地基处理工程类型及其适用条件,掌握地基处理方案技术经济分析。
2. 熟悉地基处理设计及施工一般技术要求,掌握浅层地基处理及强夯技术。
3. 熟悉复合地基基本概念,掌握复合地基设计基本理论,熟悉桩体复合地基处理类型及其适用条件,掌握水泥粉煤灰碎石桩复合地基设计及施工技术。
4. 熟悉桩网(桩筏)结构和桩板结构设计,注浆加固技术。

学习重点

1. 铁路路基地基处理方案选择。
2. 换填垫层法设计。
3. 强夯地基处理设计和施工技术。
4. 桩体复合地基类型及其适用条件,灰土(水泥土)挤密桩及水泥粉煤灰碎石桩复合地基设计及施工技术。
5. 桩网(桩筏)结构和桩板结构设计及施工技术。

学习难点

1. 地基处理方案技术经济分析。

2. 桩体复合地基设计技术。
3. 桩网(桩筏)结构和桩板结构设计。

本章学习计划

内　　容	建议自学时间 (学时)	学　习　建　议	学　习　记　录
第一节　铁路路基地基处理概述	2.0	熟悉铁路路基地基处理类型及方案选择,掌握地基处理设计基本技术要求	
第二节　浅层地基处理	1.0	本节应掌握换填垫层法、冲击(振动)碾压法浅层地基处理设计;掌握换填法适用性及处理机理,换填垫层的设计技术要求	
第三节　强夯及强夯置换	1.0	熟悉强夯地基处理机理,掌握强夯地基处理设计技术,熟悉强夯施工要点	
第四节　桩体复合地基	4.0	本节应掌握复合地基设计技术;熟悉复合地基基本概念、桩体复合地基类型及方案比选,掌握复合地基设计分析计算;掌握挤密砂石桩复合地基、水泥粉煤灰碎石桩及素混凝土桩复合地基的设计技术;熟悉柱锤冲扩桩复合地基、灰土(水泥土)挤密桩复合地基、水泥土搅拌桩复合地基、搅拌桩复合地基设计	
第五节　钢筋混凝土桩网(桩筏)结构	2.0	本节应掌握桩网(桩筏)结构地基处理设计;了解桩网(桩筏)结构地基处理机理、破坏形式及施工要点,掌握钢筋混凝土桩径、桩间距、桩长设计及稳定性验算	
第六节　钢筋混凝土桩板结构	2.0	本节应掌握桩板结构地基处理设计;熟悉桩板结构地基处理机理、结构形式及施工要点,掌握桩板结构主要设计参数技术要求、受力分析及构造设计规定	
第七节　注浆	1.0	熟悉注浆地基处理机理及施工要点,掌握注浆设计技术要点	

第一节 铁路路基地基处理概述

地基处理(Ground Treatment)是为提高地基承载力,而采取改善其变形性质或渗透性质的人工处理措施。地基处理的对象是软弱地基和特殊土地基,铁路路基地基处理的目的主要是控制地基工后沉降,同时改善地基承载力,这也是铁路路基地基处理的特点。

一、铁路地基处理的主要类型

目前,铁路路基工程中常用的地基处理方法主要有挖除换填、重型碾压、强夯、排水固结法、粉喷桩、旋喷桩、挤密桩、石灰桩、CFG 桩、土工织物加固等。高速铁路对路基工后沉降、差异沉降的要求极其严格,为解决高速铁路的工后沉降问题,钢筋混凝土打入桩、预应力管桩及新型的钢筋混凝土桩网(板)结构已应用到高速铁路的地基处理工程中。以地基处理技术特点进行分类,铁路路基工程中常用的地基处理方法可分为 16 类,见表 8-1。

铁路路基工程中常用的地基处理方法   表 8-1

地基处理方法	浅层处理	换填垫层法	
		冲击碾压法	
	排水固结	堆载预压	
		真空预压	
	动力固结	强夯法	
		强夯置换法	
	复合地基	散体材料桩	碎石桩
			砂桩
		柔性桩	灰土(水泥土)挤密桩
			旋喷桩
			搅拌桩
			柱锤冲扩桩
		半刚性桩	CFG 桩
	注浆法		
	桩网/柱筏结构地基(钢筋混凝土灌注桩、预应力管柱)		
	桩板结构地基		

应该指出,对地基处理方法进行严格分类是十分困难的,不少方法具有几种不同的作用,如碎石桩具有置换、挤密、排水和加筋的多重作用;石灰桩具有挤密土体及吸水的作用,吸水后又进一步挤密土体等。此外,还有一些地基处理方法的加固机理和计算方法目前尚不十分明确,有待进一步探讨。由于地基处理方法不断地发展,其功能不断地扩大,也使分类变得更加困难。

◆请练习[思考题 8-1]

二、地基处理方案的选择

地基处理方案的选择,应根据场地地质条件、铁路等级、轨道类型、荷载大小、环境及工期等因素合理确定,达到经济合理、安全可靠。

表 8-2 给出了特殊土及特殊条件下铁路工程常用地基处理方法,根据地基处理目的、各种地基处理方法的适用条件及对环境影响程度,设计时可参照表 8-2 及表 8-3 初步选定地基处理方案。

特殊土及特殊条件下铁路工程地基处理常用方法　　　　　　　　表 8-2

特殊土及特殊条件下地基类别	可选用的地基处理方法
软弱黏性土(软土、松软土)地基	换填、加筋垫层、袋装砂井、塑料排水板、强夯、强夯置换、碎石桩、搅拌桩、旋喷桩、水泥粉煤灰碎石桩、素混凝土桩、碎石注浆桩、现浇混凝土薄壁管桩、预应力管桩、钢筋混凝土桩网结构、钢筋混凝土桩板结构
人工填筑土、杂填土地基	换填、冲击碾压、强夯、强夯置换、碎石桩、挤密桩、柱锤冲扩桩
松散砂土地基	强夯、碎石桩、挤密砂桩、旋喷桩
湿陷性黄土地基	换填、冲击碾压、强夯、灰土挤密桩、水泥土挤密桩、柱锤冲扩桩、钢筋混凝土桩板结构
膨胀土地基	换填、掺灰改良、封闭、石灰桩、灰土桩
山区斜坡软弱地基	碎石桩、搅拌桩、旋喷桩、水泥粉煤灰碎石桩等结合侧向约束桩,钢筋混凝土桩板结构
岩溶	注浆、结构物跨越、揭盖回填
采空区、人为坑洞	注浆、强夯、充填

各种地基处理方法的主要适用范围和加固效果见表 8-3,地基处理方法的选择和确定要根据下面的步骤进行。

(1)工程地质、水文地质及铁路路基结构地基基础的设计资料。

(2)根据铁路路基结构类型、荷载大小等要求,结合地形地貌、地层结构、岩土条件、地下水特征、周围环境和相邻建筑物等因素,初步确定几种可供考虑的地基处理方法。

(3)在因地制宜的前提下,对初步选定的各种地基处理方法分别从处理效果、材料来源及消耗、机具、施工进度和环境影响等方面进行认真的技术经济分析和对比,根据安全可靠、施工方便、经济合理等原则选择最佳的地基处理方法。值得一提的是,每一种地基处理方法都有一定的适用范围、局限性和优缺点,没有一种地基处理方法是万能的,必要时可以选择两种或多种地基处理方法组成的联合方法。

(4)对已选定的地基处理方案,应在有代表性的场地上进行相应的现场试验和试验性施工,并进行必要的测试以检验设计参数和处理效果。如达不到设计要求时,应查找原因并采取措施或修改设计。

三、地基处理设计基本技术要求

1. 承载力控制设计

地基处理设计应满足稳定性、承载力和沉降控制的要求。目前,我国铁路部门的相关规范对于路堤稳定性、工后沉降都有明确要求,但对于路基的承载力则不甚明确。对刚性基础如桥涵、挡墙及填高小于基床厚度的低矮路堤的地基承载力有要求,但对于填高大于基床高度的路堤的地基承载力则没有给出具体规定。路基是否进行承载力验算是设计理念的问题,不仅关系到铁路工程的造价,更关系到线路的运营安全。现行铁路路基建设技术要求仅在《铁路工程

常用铁路工程地基处理工法初步选定参考表   表 8-3

地基处理方法	浅层处理			排水固结		强夯	挤密						置换				注浆	结构物	
设计条件	换填垫层	振动碾压	冲击碾压	袋装砂井	塑料排水板	强夯	挤密砂石桩	沉管碎石桩	挤密桩灰土、水泥土	柱锤冲扩桩	振冲碎石桩	强夯碎石墩	水泥搅拌桩	碎石桩水泥粉煤灰	素混凝土桩	旋喷桩	注浆	桩网(筏)结构	桩板结构
处理目的 控制沉降	○	○	○	○	○	○	○	○	○	○	○	○	○	○	○	○	△	☆	☆
提高稳定性	○	○	○	△	△	○	○	○	○	○	○	○	○	○	○	○	△	○	○
提高地基承载力	○	○	○	×	×	○	○	○	×	○	○	○	○	○	○	○	△	○	○
增强抗液化能力	△	×	×	×	×	○	☆	☆	×	△	○	△	○	○	×	☆	△	×	×
提高抗滑移性	○	×	×	○	○	×	×	×	×	×	△	△	△	△	△	○	☆	☆	☆
适用情况 淤泥及流塑状淤泥质土	○	×	×	○	○	×	×	×	×	×	△	△	○	○	△	○	×	○	○
饱和黏性土	△	×	×	○	○	×	×	×	×	△	△	△	○	○	△	○	△	○	○
非饱和黏性土	○	○	○	×	×	○	△	△	△	○	○	△	○	○	△	○	○	○	○
松散砂土	○	○	○	×	×	○	○	○	×	△	○	△	×	△	△	△	△	○	○
湿陷性黄土	○	○	○	×	×	○	☆	☆	☆	☆	×	×	×	×	×	×	○	○	○
人工填土及杂填土	○	△	△	×	×	○	△	○	△	△	△	△	×	△	△	△	○	○	○
岩溶、采空区、人为空洞	○	○	○	×	×	×	×	×	×	×	×	×	×	×	×	△	☆	△	△
环境影响 对邻近构筑物的影响	○	△	△	○	○	×	△	△	△	△	△	×	○	○	△	○	△	○	○
噪声、振动	○	○	○	○	○	△	○	○	○	○	○	△	○	○	○	○	○	○	○
水质、泥浆污染	○	○	○	○	○	○	○	○	○	○	○	○	○	○	○	△	×	○	○
最大处理深度参考值(m)	3	2	3	20	20	8	15	15	15	25	15	8	20	30	30	30	60	60	60

注：☆为优先选用，○为适用，△为有条件的适用，×为不适用。

地基处理技术规程》(TB 10106)明确了按承载力进行设计的理念,下面简要分析按承载力控制设计的必要性。

(1)技术方面

①复合地基的破坏模式。复合地基中桩体的破坏模式有如图8-1所示几种。

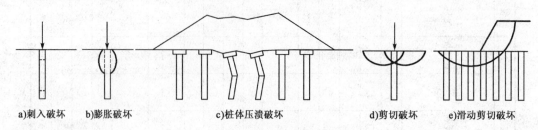

图 8-1　竖向增强体复合地基破坏模式

目前采用的边坡稳定计算方法只能分析第五种破坏形式,即滑动剪切破坏,对于其他四种则无法判别。因此,当采用一般边坡稳定性计算方法分析表明路堤边坡稳定性时,也不能保证复合地基不发生破坏。

②地基承载力与稳定和沉降的关系。有关研究表明,按稳定性和按承载力设计具有较好的一致性,即当承载力不满足设计要求时,稳定性也一般不满足要求,但也有例外。总的来说,相对承载力而言,按稳定性设计偏于不安全。当荷载接近或超过路基极限荷载时,路基会发生较大的侧向变形,这种情况下目前常用的沉降计算理论就难以适用。

(2)工程质量控制方面

地基处理结束,填筑路堤之前,从地基沉降及路堤稳定性方面均无法及时检测地基处理的工程效果,通过检测承载力是控制工程质量的重要途径。

2. 沉降控制设计

按沉降控制设计理论是近年得以发展的新理念,对复合地基设计更有意义。按沉降控制设计是相对于按承载力控制设计而言的。事实上,无论按承载力控制设计还是按沉降控制设计,都要满足承载力的要求和小于某一沉降量的要求。

在按承载力控制设计中,通常先按满足承载力要求进行设计,然后再验算沉降量是否满足要求。如果地基承载力不能满足要求,或验算沉降量不能满足要求,再修改设计方案。而在按沉降控制设计中,通常先按满足沉降要求进行设计,然后再验算承载力是否满足要求。

按沉降控制设计可以合理控制工程费用,适用于深厚软弱地基上复合地基设计。按沉降控制设计对设计人员提出了更高的要求,要求更好地掌握沉降计算理论,总结工程经验,提高沉降计算精度,进行优化设计,按沉降控制设计理念使工程设计更为合理。

3. 验证设计

地基处理工序多,沉降稳定需要一定时间,部分工点还需进行堆载预压处理,因此地基处理应作为控制工程优先安排施工。不同地基处理方法有其不同的适用条件和适用范围,一般应进行现场试验施工确定地基处理措施的适用性及合理的施工参数。

◆请练习[思考题8-2]

第二节 浅层地基处理

一、换填垫层

换填垫层(Replacement)是挖除地表浅层软弱土层,回填合格填料,并碾压或夯压密实的地基处理方法。对于工程范围内局部存在松填土、暗沟、暗塘、古井、古墓或拆除旧基础后的坑穴,均可采用换填法进行地基处理。在这种局部的换填处理中,保持地基整体变形均匀是换填应遵循的最基本的原则。

1. 换填垫层方法及适用范围

换填垫层法适用于处理各类浅层软弱地基,主要适用于淤泥、淤泥质土、湿陷性黄土、素填土、杂填土地基及暗沟、暗塘等浅层软弱地基及不均匀地基的处理,但在用于消除黄土湿陷性时,应符合《湿陷性黄土地区建筑规范》(GB 50025—2004)中的有关规定。当在工程范围内上层软弱土较薄,则可采用全部换填处理。对于较深厚的软弱土层,通过技术经济比较,也可只换填上部部分厚度的软弱土层或采用换填与其他地基处理措施相结合的综合方法。换填垫层宜采用砂砾石垫层、碎石垫层、灰土垫层、水泥土垫层和加筋垫层等。不同垫层方法的适用范围,见表8-4。

不同垫层方法的适用范围　　　　表8-4

垫层种类	适用范围
砂石垫层	多用于铁路工程滨、塘、沟、水田等地段基底的局部处理,适用于一般饱和、非饱和的软弱土和水下黄土地基处理,不宜用于湿陷性黄土地基处理、密集基础和动力基础的软土地基处理,砂垫层不宜用于地下水流速快、流量大的地层
灰土垫层	适用于含水率较高的软弱地基处理,尤其适用于湿陷性黄土地基处理
水泥土垫层	适用于含水率较低的软弱地基处理
加筋垫层	对靠近岸、边坡边缘的铁路基底,存在路堤滑动稳定时,优先采用

2. 换填地基处理机理

(1)置换作用

将基底以下软弱土全部或部分挖出,换填为较密实材料,可提高地基承载力,增强地基稳定。

(2)应力扩散作用

基础底面下一定厚度垫层的应力扩散作用,可减小垫层下天然土层所受的压力和附加压力,从而减小基础沉降量,并使下卧层满足承载力的要求。

(3)加速固结作用

用透水性大的材料作垫层时,软土中的孔隙自由水因静水压力差和毛细水的作用可部分通过它排除,可加速软土的固结,减小路基结构的工后沉降。

(4)防止冻胀

由于垫层材料是非冻胀材料,采用换土垫层对基础底面以下可冻胀土层全部或部分置换后,可防止土的冻胀作用。

(5)均匀地基反力与沉降作用

对石芽出露的山区地基,将石芽间软弱土层挖出,换填压缩性低的土料,并在石芽以上也设置垫层;或对于路基结构基底范围内局部存在松填土、暗沟、暗塘、古井、古墓或拆除旧基础后的坑穴,可进行局部换填,保证基础底面范围内土层压缩性和反力趋于均匀。

3. 换填垫层设计

垫层设计应满足地基的承载力和沉降要求,合理确定垫层厚度是垫层设计的主要内容。通常可根据土层的情况确定需要换填的深度,对于浅层软弱土厚度不大的工程,应置换掉全部软弱土。对需换填的软弱土层,首先应根据垫层的承载力确定基础的宽度和基底压力,再根据垫层下卧层的承载力,确定垫层的厚度。

(1)垫层厚度

垫层的厚度应根据需置换软弱土层的深度或下卧土层的承载力确定,一般不小于 0.5m,也不大于 3m,并符合式(8-1)的要求:

$$\sigma_z + \sigma_{cz} \leqslant k[\sigma] \tag{8-1}$$

式中:σ_z——垫层底面处的附加压力(kPa);

σ_{cz}——垫层底面处土的自重压力(kPa);

$[\sigma]$——垫层底面地基容许承载力(kPa);

k——地基承载力计算修正系数,对于挡土墙、涵洞等刚性基础地基其值取 1;对于路堤、场坪等柔性基础地基其值可取 1.2~1.5。

垫层底面处的附加压力 σ_z 可分别按式(8-2)、式(8-3)计算:

条形基础

$$\sigma_z = \frac{b(\sigma_k - \sigma_c)}{b + 2Z\tan\theta} \tag{8-2}$$

矩形基础

$$\sigma_z = \frac{bl(\sigma_k - \sigma_c)}{(b + 2Z\tan\theta)(l + 2Z\tan\theta)} \tag{8-3}$$

式中:b——矩形基础或条形基础底面的宽度(m);

l——矩形基础底面的长度(m);

σ_k——基础底面处的平均压力(kPa);

σ_c——基础底面处土的自重压力(kPa);

Z——垫层的厚度(m);

θ——垫层的压力扩散角(°),宜通过试验确定,无试验资料时,可按表 8-5 选用。当 Z/b <0.25,除灰土 θ 为 28°外,其余材料均 0°;当 0.25<Z/b<0.5 时,θ 值可内插求得。

压力扩散角(°) 表 8-5

Z/b	中砂、粗砂、砾砂、圆砾、角砾、碎石、卵石	灰土、水泥土
0.25	20	28
≥0.50	30	28

(2)垫层底面宽度

垫层底面的宽度应满足压力扩散的要求,可按式(8-4)确定:
$$b' \geqslant b + 2Z\tan\theta \tag{8-4}$$
式中:b'——垫层底面宽度(m);
　　θ——压力扩散角,可按表 8-5 选用;当 $Z/b<0.25$ 时,仍按表中 $Z/b=0.25$ 取值。

垫层顶面宽度可从垫层底面两侧向上,按基坑开挖期间保持边坡稳定的当地经验放坡确定。垫层顶面每边超出基础底边不宜小于 300mm。

[例 8-1] 某挡土墙基础宽度为 6m,基坑开挖到设计标高后,验槽发现基底标高下尚存有 2.5m 厚的软弱土层,若采取灰土换填垫层进行处理,试确定垫层底面宽度。

解:垫层底面宽度至少为
$$b' \geqslant 6.0 + 2 \times 2.5 \times \tan 28° = 8.7\text{m}$$

(3)垫层材料

①砂垫层。换填砂垫层应采用砾砂、粗砂、中砂,换填碎石垫层应采用级配良好且未风化的砾石或碎石,其最大直径不大于 50mm。垫层材料应不含草根、垃圾等杂质,碎石垫层细粒含量不得大于 10%。当工程要求垫层具有排水功能时,垫层材料应具有良好的透水性。

②灰土垫层。灰土垫层中石灰和水泥土垫层中水泥的掺和量宜通过试验确定。灰土中石灰的掺和量在一定范围内,其强度随石灰量的增大而提高,但超过一定限量后,则强度增加很小,并有逐渐减小的趋势,最佳含灰率与土的性质及石灰品质都有一定关系,通常采用 5%~8%。水泥土中水泥的含量可参照改良土,掺和量可采用 3%~5%。

③加筋垫层。加筋垫层土工合成材料应选用耐久性好的土工格栅、土工格室和土工织物等,垫层填料一般采用碎石、砾石、中粗砂等材料。

(4)其他设计内容

换填垫层的压实标准、质量检验数量和方法应符合要求。换填垫层应对下卧层承载力进行验算,必要时垫层承载力可通过现场试验确定。垫层地基的变形由垫层自身变形和下卧层变形组成,垫层下卧层的沉降量按第三章相关内容进行计算。

◆请练习[思考题 8-3]

4. 换填地基施工要点

(1)换填施工前应进行施工调查,对需换填的软土层范围及深度(包括地基中的孔洞、沟、井和墓穴)应仔细调查核实并处理。对填料进行选择和确认,对弃土场进行确认,自选弃土场应选择洼地,并根据地形条件设置挡土墙。

(2)根据现场实际情况和工期要求划分施工段落,对施工作业先后顺序以及机械走行路线进行合理安排。

(3)根据设计施工图纸测定换填的范围和深度。开挖深度在 2.0m 以内时,可用推土机、挖掘机清除至路基范围以外堆放或运至取土坑换填。开挖深度大于 2.0m 时,应由端部向中央分层挖除,同时修筑临时运输便道由汽车等运输工具将软土运至路基以外。

(4)准备临时排水机械,疏干地表水,换填基坑内若有渗水应及时抽水排除。

(5)换填地基面积大、软土底部起伏大于 5% 的应设置台阶,基坑开挖完成以后及时申请验收。

(6)换填垫层铺筑前,应对软土表面进行修整,可采用人工配合机械对换填基坑修整成形,用压路机碾压密实,对大型设备无法碾压到位的边角,采用小型设备补充碾压。

(7)在开展施工前,应选择不小于100m的换填地基段进行填筑、压实工艺性试验,确定合理的工艺参数和施工方法。

(8)换填基坑成形后,报请驻地监理检查验收,合格后根据工艺性试验确定的工艺参数,采用横向全断面,纵向分段,水平分层由低处向高处逐层填筑。

(9)填料运到划分好的施工地段后,用推土机初平后再用平地机整平,用振动压路机进行纵向碾压。每层碾压完毕后,快速检测压实密度和孔隙率,下层的压实质量经检验合格后,进行上层施工。

(10)试验人员对每层填土厚度和填土间隔时间做好施工记录。

(11)换填地基施工应做好安全保证、质量控制及环境保护等措施。

二、冲击(振动)碾压

冲击碾压(Impact Roller Compaction),采用多边形压实轮非圆曲线滚动时对地基表层实施以碾压、冲击综合作用,使土体从上部至下部随冲击波的传递得到压实的地基处理方法。冲击碾压设计与施工应根据具体的地形地貌、土质条件等因素结合冲击碾压的适用范围综合确定。冲击碾压施工应考虑对居民、构造物等周边环境可能带来的影响,距既有建筑物较近时应预留安全距离或采取减震措施。冲击碾压施工前应选取代表性场地进行试验性施工,确定其适用性及施工工艺和施工参数。

1. 冲击碾压地基处理机理

冲击碾压施工所采用冲击式压实机为一种高振低频率的新型压实设备,配备压实轮,压实轮在牵引拖动行驶滚动中将高位势能转化为动能对地面进行冲击从而对土体的深层产生较强的冲击能量,同时辅以液压、揉压的综合作用,使土石颗粒之间发生位移、变形和剪切。随着土石密实度增加,其影响深度也逐渐增加,从而使土体深层随着冲击波的传播得到压实,有效减少路基的工后沉降量,大大改善不均匀沉降而形成的路基病害,提高路基的整体强度和均匀性。冲击碾压适用于浅层碎石土、砂土、低饱和度的粉土与黏性土、湿陷性黄土、素填土和杂填土等地基处理。

◆请练习[思考题8-4]

冲击碾压法目前还没有一套成熟的理论和设计计算方法,因此冲击碾压的压实深度和有效加固深度应根据现场冲击试验来确定。冲击碾压处理范围应大于基底范围,超出路堤坡脚或基础外缘3m,处理深度一般不大于3m。

2. 冲击碾压地基施工要点

施工前应进行场地平整,清除表层土,修筑机械设备进出道路,施工区周边排水沟,确保场地排水通畅。

施工时自边坡坡脚一侧开始,顺(逆)时针行驶,以冲压面中心线为轴转圈,而后按纵向错轮冲压,全路幅排压后,再自行向内冲压,压实机的行进速度应控制在10~12km/m,冲击碾压遍数可根据现场施工时冲击轮轮迹高差小于15mm控制,并应满足设计要求的压实标准,施工过程中应对碾压遍数和轮迹高差等参数进行记录。

冲压时应通过改变转弯半径调整冲压地点,使其均匀冲压,相邻两段冲击碾压搭接长度不小于15m。冲压时应及时对路基适量洒水,使水分充分渗透,达到适宜的含水率然后冲击碾压。冲压段出现橡皮土时,应及时停止冲压进行相应处理。冲压完成后,用平地机平整,用光轮压路机最后碾压。

第三节 强夯及强夯置换

一、强夯及强夯置换地基处理机理

强夯(Dynamic Compaction),是指将夯锤提升到高处使其自由落下,给地基施加冲击和振动能量,将地基土夯实的地基处理方法,强夯法又名动力固结法或动力压实法。

强夯适用于处理碎石土、砂土、低饱和度的粉土与黏性土、湿陷性黄土、素填土和杂填土等地基。其加固机理为夯锤夯击地基表面的瞬间,能量以压缩波、剪切波、面波等形式传向地基深处,通过波动的能量使土体发生压缩并使土体结构致密,从而收到提高地基的承载力、降低土的压缩性、改变砂土的共振频率,消除振动液化的效果。

强夯置换(Dynamic Replacement),将夯锤提升到高处使其自由落下形成夯坑,并不断夯击坑内回填的碎石等硬粒料,使其形成密实的墩体的地基处理方法。对高饱和度的粉土与黏性土等地基,当采用在夯坑内回填块石、碎石或其他粗颗粒材料进行强夯置换时,应通过现场试验确定其适用性。强夯置换除在土中形成墩体外,还对墩间土和墩底端以下土有挤密作用,同时墩体本身也是一个特大直径排水体,有利于加快土层固结。强夯置换适用于高饱和度的粉土与软塑~流塑的黏性土等地基处理。

强夯置换墩是一种散体材料桩复合地基,墩体上设置垫层的主要作用是使墩体与地基共同发挥承载作用,并有排水作用,如图 8-2 所示,因此工后沉降较大。

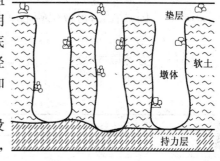

图 8-2 强夯置换碎石墩复合地基

◆请练习[思考题 8-5]

二、强夯及强夯置换设计

强夯及强夯置换不可在居民区采用,施工前应结合工程类型及工程地质条件等在施工现场选取一个或几个试验区,进行试夯或试验性施工,确定其适用性和处理效果。

1. 强夯及强夯置换处理范围

由于基础的应力扩散作用,强夯处理范围应大于铁路路基及建筑物基础范围,具体放大范围可根据路基技术标准及填高、建筑结构类型和重要性等因素考虑确定。强夯及强夯置换处理范围应符合下列规定:

(1)路堤坡脚外不小于 3m;

(2)构(建)筑物基础以外每边超出基础外缘的宽度宜为基底下设计处理深度的 1/2~1/3,并不宜小于 3m。

2. 强夯设计

(1)强夯的有效加固深度

强夯法的有效加固深度(Effective Reinforcement Depth)是从最初被加固地基土表面算起，经强夯地基处理后地基土满足了设计要求的加固深度。影响有效加固深度的因素除了夯锤重和落距以外，夯击次数、锤底单位压力、地基土性质、不同土层的厚度和埋藏顺序以及地下水位等都与有效加固深度有着密切的关系。所以有效加固深度应根据现场试夯或当地经验确定，在初步设计缺少试验资料或经验时，可按公式(8-5)估算，也可按表8-6选用。

强夯的有效加固深度(m)　　　　表8-6

单击夯击能(kN·m)	碎石土、砂土等粗颗粒土	粉土、湿陷性黄土等细颗粒土
1000	5.0~6.0	4.0~5.0
2000	6.0~7.0	5.0~6.0
3000	7.0~8.0	6.0~7.0
4000	8.0~9.0	7.0~8.0
5000	9.0~9.5	8.0~8.5
6000	9.5~10.0	8.5~9.0
8000	10.0~10.5	9.0~9.5

$$H = \alpha\sqrt{Mh} \tag{8-5}$$

式中：H——有效加固深度(m)；

α——有效加固深度修正系数，与土质、含水率、锤型、锤底面积、工艺和设计标准等多种因素有关；可液化砂土地基取0.4~0.5，碎石土地基、填土地基、非饱和黏性土地基可取0.35~0.45，湿陷性黄土地基按表8-7取值；

M——夯锤质量(t)；

h——落距(m)。

湿陷性黄土α值　　　　表8-7

粉土($I_p \leqslant 10$)			粉质黏土($I_p > 10$)		
I_l	α取值范围	备注	I_l	α取值范围	备注
$I_l < 0$	0.35~0.45	I_p小时取大值，I_p大时取小值	$I_l < 0$	0.20~0.30	I_l绝对值大时取小值，I_l绝对值小时取大值
$I_l > 0$	0.45~0.5	I_l小时取小值，I_l大时取大值	$0 \leqslant I_l < 0.25$	0.36~0.45	I_l小时取小值，I_l大时取大值
			$0.25 \leqslant I_l < 0.5$	0.45	

[例8-2] 某湿陷性黄土地基采用强夯法处理，锤质量10t，落距10m，试估算强夯处理的最大有效加固深度。

解：依题意，查表8-7有效加固深度修正系数α取0.5，强夯处理的最大有效加固深度约为：

$$H_{max} = 0.5\sqrt{10 \times 10} = 5.0\text{m}$$

(2) 夯击点布置

夯击点布置是否合理与夯实效果有直接的关系。夯击点位置可根据基底平面形状进行布置，同时还要考虑上部荷载情况和施工等因素，可按正三角形或正方形布置夯点。

(3) 夯点的夯击次数

夯击次数可通过现场试夯确定，常以夯坑的压缩量最大、夯坑周围隆起量最小为确定的原则，以现场试夯得到的夯击次数和夯沉量关系曲线确定。夯点的夯击次数以最后两击的平均夯沉量不大于下列数值确定：

①当单击夯击能小于4000kN·m时为50mm。
②当单击夯击能为4000～6000kN·m时为100mm。
③当单击夯能大于6000kN·m时为200mm。

(4) 夯击遍数

强夯夯击遍数应根据地基土的性质确定,一般可采用点夯2～3遍,由粗颗粒土组成的渗透性强的地基,夯击遍数可少些。反之,由细颗粒土组成的渗透性弱的地基,夯击遍数要求多些。最后再以低能量满夯2遍,满夯可采用轻锤或低落距锤多次夯击,锤印搭接不得小于1/4夯锤直径。

(5) 夯击间隔时间

2遍夯击之间须有一定的时间间隔,目的是等待土中超静孔隙水压力的消散,夯击间隔时间取决于超静孔隙水压力的消散时间。但土中超静孔隙水压力的消散速率与土的类别、夯点间距等因素有关。必要时可在试夯前在地基土中埋设孔隙水压力计,通过试夯后超静孔隙水压力的消散监测资料来确定2遍夯击之间的间隔时间。当缺少实测资料时,间隔时间可根据地基土的渗透性确定,对于渗透性差的黏性土地基,间隔时间不应小于3～4周,对于渗透性好的地基可连续夯击。

3. 强夯置换设计

(1) 强夯置换墩的深度由地基条件确定,一般应穿透软土层,到达较硬土层上。

(2) 强夯置换的单击夯击能应根据现场试验确定。

(3) 强夯置换墩体材料应采用级配良好的块石、碎石、矿渣等坚硬粗颗粒材料,粒径大于300mm的颗粒含量不宜超过全重的30%。

(4) 强夯置换夯点的夯击次数应通过现场试夯确定,且应同时满足下列条件:

①墩底穿透软弱土层,且达到设计墩长。
②累计夯沉量为设计墩长的1.5～2.0倍。
③最后两击的平均夯沉量技术要求与强夯法相同。

(5) 强夯置换墩间距应根据荷载大小和地基土的性质选定,当满堂布置时可取夯锤直径的2～3倍。对独立基础或条形基础可取夯锤直径的1.5～2.0倍。墩的计算直径可取夯锤直径的1.1～1.2倍。

(6) 强夯置换墩顶应铺设一层厚度不小于500mm的加筋垫层,垫层材料宜采用碎石、砂砾石,粒径不宜大于100mm。

(7) 强夯置换设计时,应预估地面抬高值,并在试夯时校正。

(8) 确定强夯置换地基承载力时,对软黏性土可只考虑墩体的作用,不考虑墩间土的作用,对非软土地基可按复合地基考虑。

三、强夯及强夯置换施工要点

1. 工艺性试验

强夯法处理地基设计大多采用经验法并结合类似工程采用工程类比法确定,为验证设计参数的有效性和机械设备、施工参数的合理性,在正式施工前应进行工艺试验,确定设计、施工参数,为正式施工提供依据。工艺试验应选择有代表性的几个区域作为试夯区,测量地面标高,测定原状土的物理力学性能指标,以便校核场地的地质条件,更重要的是和夯后指标对比,确定夯击效果。

2. 强夯法施工

(1) 场地清表、整平：用推土机或装载机清除表层 50cm 厚腐殖土并整平，清表土运送到指定地点集中堆放。当场地表土软弱或地下水位较高影响施工时，需采取措施降低地下水位或铺填一定厚度的松散性材料，使地下水位低于坑底面以下 2m。

(2) 在平整好的场地上标出第一遍夯点位置，并测量场地高程。

(3) 强夯设备就位，使夯锤对准夯点位置。

(4) 将夯锤起吊至预定高度，夯锤脱钩自由下落，完成一次夯击。若发现因坑底倾斜而造成夯锤倾斜时，应及时将坑底整平。重复该点夯击，并测量每次夯沉量，当夯沉量达到控制标准后（一般以最后 2 击平均夯沉量小于 5cm 控制），移机进行下一夯点夯击。

(5) 重复步骤(4)，完成第一遍全部夯点的夯击后，将夯坑填平，测量场地高程，进行第二遍夯点的夯击。

(6) 完成设计夯击遍数全部夯点的夯击后，填平夯坑，改用小的夯击能满夯 2 遍，将表层松土夯实。满夯单击能 500～1000kN·m，每一夯搭接前一夯 1/4 夯锤直径，每点控制最后 2 击夯沉量小于 5cm。

3. 强夯置换法施工

前 3 个步骤与强夯法施工相同。

(1) 夯击并测量夯坑深度。当夯坑过深而发生起锤困难时停夯，向坑内填料至与坑顶平，记录填料数量，如此重复直至满足。墩底穿透软弱土层，且达到设计墩长；累计夯沉量为设计墩长的 1.5～2.0 倍；最后两击的夯沉量小于 5cm，按规定的夯击次数及控制标准完成一个墩体的夯击。当夯点周围隆起影响施工时，随时清理软土铺垫碎石，继续施工。

(2) 按由内而外，隔行跳打原则完成全部夯点的施工。

(3) 推平场地，用低能量满夯，将场地表层松土夯实，并测量夯后场地高程。

(4) 铺设垫层，并分层碾压密实。

4. 强夯地基处理施工安全保证措施

强夯施工应有固定的作业班组，现场管理和施工应有专人统一指挥，并坚持班前会进行安全教育。吊车按照其性能要求工作，不得超负荷，驾驶室的挡风玻璃及回转大齿轮前应增设防护网(罩)。施工中应经常对夯锤、脱钩装置、吊车臂杆及索具等进行检查。现场操作人员必须戴安全帽。夯锤起吊后，严禁操作人员从夯锤下方通过；非强夯施工人员，不得进入夯点 30m 范围内。六级以上大风、雪天或视线不清时，不得进行强夯施工。

5. 强夯地基处理质量控制措施

强夯法施工质量控制项目主要为夯点位置、夯锤落距、夯击次数以及分遍间隔时间等。桩点位置须严格按设计和工艺试验确定的间距测量放线，并标识清楚。夯锤提升高度由自动脱钩装置控制，夯击次数要满足最后 2 击的平均夯沉量符合设计要求。2 遍夯击之间的间歇时间，以土中超静孔隙水压力消散时间控制，对于渗透性较差的黏性土地基的间隔时间，应不少于 3～4 周，对于渗透性好的地基土可连续夯击。强夯置换法除控制夯点位置、夯锤落距、夯击次数外，还须控制置换材料粒径，要求粒径级配良好，累计夯沉量应达到墩高的 1.5～2.0 倍。

6. 强夯地基处理施工的环境保护

施工前对强夯范围内场地进行调查，探明地下构筑物和各种管线的位置和埋置深度，根据具体情况采取防护和迁改措施，避免因施工造成破坏损失。当强夯区域邻近既有建筑物时，可采取挖隔振沟等措施,避免强夯产生的振动对建筑物造成破坏。设备选型宜优先考虑低噪声产品,采取措施或改进施工方法,使施工噪声、振动达到施工场界环境标准。合理布置各种施工作业区和生活区,利用距离、隔墙使噪声大幅度自然衰减。适当控制机械布置密度,条件允许时拉开一定距离,避免机械过于集中,形成噪声、振动叠加。

◆请练习[思考题 8-6]

第四节　桩体复合地基

复合地基的设计、施工及质量检验,应综合分析场地工程地质和水文地质条件、上部结构和基础形式、荷载特征、施工工艺、检测方法和环境条件等影响因素,并注重概念设计,遵循因地制宜、就地取材、保护环境和节约资源的原则。

一、复合地基处理概述

复合地基(Composite Ground,Composite Foundation),部分土体被增强或被置换形成增强体,由增强体和周围地基土共同承担荷载的地基处理方法。

1. 复合地基类型及范围

根据桩体材料性质和荷载传递机理,复合地基可分为散体材料桩复合地基、柔性桩复合地基和刚性桩复合地基三类,见表 8-8。随着建筑材料(包括废物利用)和设备、施工工艺的发展,会不断出现新的复合地基处理类型,在加固机理上,使地基处理类型的划分界线变得模糊。

复合地基中桩的分类及适用土层　　表 8-8

分类	桩体特性	桩名	主要材料	成桩工艺	加固作用	适用土层
散体材料桩	桩体依靠周围土体的约束作用(围压)成形	挤密砂桩	中粗砂、砾砂(含泥量<5%)	振冲成孔夯填成桩	置换、挤密、排水(固结)、消除液化和湿陷、提高承载力,减少地基沉降	软黏性土、粉土、松散砂土、素填土、杂填土等软弱和易液化(震陷)地基
		砂石桩	粗砂、砾石、碎石、岩屑等			
		碎石桩	碎石或卵石			
		矿渣桩	煤矸石、铁矿渣等			
柔性桩	桩体材料在水的参与下相互胶结固化成形	灰土桩	石灰和素土	成孔夯填成桩	提高地基承载力,减少地基沉降	地下水位以上的湿陷性黄土、素填土、杂填土地基
		二灰桩	石灰、粉煤灰和素土			
		石灰桩	石灰、粉煤灰、水泥、炉渣等			淤泥、淤泥质土、软黏性土、素填土、杂填土等地基
		粉体喷搅桩	水泥、粉煤灰、石灰等	干法成桩		淤泥、淤泥质土、软黏性土、粉土、砂土等地基
		浆液搅拌桩		湿法成桩		
		旋喷桩		高压射流成桩		
刚性桩	混凝土、钢材等	水泥粉煤灰碎石桩(CFG)	碎(卵)石、石屑、粉煤灰、水泥	机械成孔、灌注成桩		黏性土、粉土、砂土、素填土等地基
		素混凝土桩	混凝土			

散体材料桩复合地基(Composite Granular Pile Foundation),竖向增强体为砂桩、砂石桩或碎石桩等散体材料桩的桩体复合地基。

柔性桩复合地基(Flexible Pile Composite Foundation),竖向增强体为柔性桩的桩体复合地基。水泥土桩、灰土桩和石灰桩等一般属于柔性桩。

刚性桩复合地基(Rigid Pile Composite Foundation),竖向增强体为刚性桩的桩体复合地基。混凝土桩、钢筋混凝土桩和预应力管桩等一般属于刚性桩。

对铁路路基工程而言,以往在软土地基中多采用粉体喷搅桩、挤密砂桩、碎石桩、石灰桩、浆液搅拌桩,旋喷桩在既有线上用于地基加固与补强,其他桩型在表8-8所列地基中使用不多。近10年来,随着客运专线的大规模建设,CFG桩复合地基在铁路路基地基处理中被大量使用。

◆请练习[思考题8-7]

2. 复合地基形式选用

复合地基形式应根据上部结构对地基处理的要求和工程地质、水文地质条件,提出多种技术上可行的复合地基方案,经过技术经济比较,并考虑工期和环境保护要求。对重要工程,宜通过现场试验对多个复合地基方案进行验证比较。

(1)复合地基方案选用步骤

①根据铁路等级、轨道结构类型、荷载大小及使用要求,结合工程地质和水文地质条件、施工条件,以及环境条件进行综合分析,提出几种可供考虑的复合地基方案。

②对初选的各种复合地基形式,分别从加固原理、适用范围、预期处理效果、耗用材料、施工机械、工期要求和对环境的影响等方面进行技术经济比较分析,选择一个或几个较合理的复合地基方案。

③对已经选择的复合地基方案,在有代表性的场地上进行相应的现场试验或试验性施工,并进行必要的测试,以检验设计参数和处理效果。通过比较分析,选择和优化设计方案。

④在施工过程中应加强监测。监测结果如达不到设计要求时,应及时查明原因,修改设计参数或采用其他必要措施。

(2)复合地基方案选用原则

复合地基形式很多,合理选用复合地基形式可以取得较好的社会效益和经济效益。下述选用原则供参考。

①坚持具体工程具体分析和因地制宜的选用原则。

②散体材料桩单桩承载力的大小主要取决于桩周土体所能提供的最大侧限力。散体材料桩复合地基主要适用于在设置桩体过程中桩间土能够振密挤密,桩间土的强度能得到较大提高的砂性土地基。对饱和软黏土地基,采用散体材料桩复合地基加固,加固后承载力提高幅度不大,而且可能产生较大的工后沉降,应慎用。

③对深厚软土地基,为了减小复合地基的沉降量,应采用较长的桩体,尽量减小加固区下卧层的压缩量。

④采用刚性基础下黏结材料桩复合地基形式时,视桩土相对刚度大小决定在刚性基础下是否设置柔性垫层。桩土相对刚度较大,而且桩体强度较小时,应设置柔性垫层。通过设置柔性垫层可有效减小桩土应力比,改善接近桩顶部分桩体的受力状态。刚性基础下黏结材料桩

复合地基桩土相对刚度较小,或桩体强度足够时,也可不设置柔性垫层。

⑤填土路堤下采用黏结材料桩复合地基时,应在桩体复合地基上铺设刚度较好的垫层,如土工格栅加筋垫层、灰土垫层等。垫层的铺设可防止桩体向上刺入,增加桩土应力比,充分利用桩体的承载潜能,减小沉降。不设垫层的黏结材料桩复合地基,特别是不设垫层的桩土相对刚度较大的复合地基在填土路堤下应慎用。

◢请练习[思考题8-8]

3. 复合地基设计

(1)一般规定

复合地基设计应进行承载力、沉降和稳定分析,对工后沉降控制较严的复合地基应按沉降控制的原则进行设计。复合地基承载力、变形及稳定性检算参见第三章相关知识。

复合地基设计中应根据各类复合地基的荷载传递特性,保证复合地基中桩体和桩间土在荷载作用下能够共同承担荷载。复合地基中桩体采用刚性桩时应选用摩擦型桩。

刚性基础下的复合地基宜设置褥垫层,填土路堤和堆场等柔性基础下的复合地基应设置加筋碎石垫层。

复合地基施工应重视环境效应,避免造成不良影响。复合地基设计中应对场地中水、土等对复合地基中所用钢材、混凝土和土工合成材料等的腐蚀性进行评价。

①桩土面积置换率

复合地基中,一根桩和它所承担的桩间土体为一复合土体单元。在这一复合土体单元中,桩的断面面积和复合土体单元面积之比,称为复合地基桩土面积**置换率**。

$$m = \frac{A_p}{A} = \frac{d^2}{d_e^2} \tag{8-6}$$

式中:m——复合地基桩土面积置换率;

A_p——单桩面积(m^2);

A——桩周复合土体单元面积(m^2);

d——桩身平均直径(m^2);

d_e——一根桩分担的处理地基面积的等效圆直径(m)。

其中,等边三角形布桩 $d_e = 1.05S$

正方形布桩 $d_e = 1.13S$

矩形布桩 $d_e = 1.13\sqrt{S_1 S_2}$

式中:S、S_1、S_2——桩间距、纵向桩间距、横向桩间距。

②桩土应力比

由于应力集中作用,在上部荷载作用下,桩体承受的应力 σ_p 大于桩周围土体承受的应力 σ_s。对一复合土体单元,在荷载作用下,桩顶应力和桩间土表面应力之比为桩土应力比,用 n 表示。

$$n = \frac{\sigma_p}{\sigma_s} \tag{8-7}$$

桩土应力比 n 不是一个常量,它与应力或应变水平有关,与桩体材料、地基土性、桩位布置

(2)复合地基容许承载力确定

复合地基容许承载力,应通过现场复合地基荷载试验确定。初步设计时,复合地基容许承载力可按式(8-8)估算:

$$\sigma_{sp} = m\sigma_p + \alpha(1-m)\sigma_s \qquad (8-8)$$

式中:σ_{sp}——复合地基容许承载力(kPa);
σ_p——桩体容许承载力(kPa),宜通过单桩载荷试验确定;
σ_s——处理后桩间土容许承载力(kPa),宜按当地经验取值,如无经验时,可取天然地基容许承载力;
m——桩土面积置换率;
α——桩间土承载力调整系数,一般经原位测试确定,也可参考当地经验值。无试验资料或经验时,设计人员可参考表8-9根据工程特性采用。

复合地基初步设计时桩间土承载力调整系数表　　表8-9

复合地基形式	调整系数	备注
碎石桩	1.0	
挤密砂石桩	1.0	
灰土(水泥土)挤密桩	排土成孔时1.05～1.15; 挤土成孔时一般黏性土1.1～1.2,杂填土、素填土、大孔隙土应经原位测试确定	提高
柱锤冲扩桩	排土成孔时1.1～1.2; 挤土成孔时一般黏性土1.15～1.3,杂填土、素填土、大孔隙土应经原位测试确定	提高
水泥土搅拌桩	桩底为软弱土层时取0.5～1.0,桩底为硬土层时可取0.1～0.4	折减
旋喷桩	无试验资料或经验时可取0～0.5,不考虑桩间土的作用时取0	折减
水泥粉煤灰碎石桩 素混凝土桩	无经验时取0.75～0.95,天然地基承载力较高时取大值	折减

复合地基处理范围以下存在软弱下卧层时,下卧层承载力应按第三章相关内容进行验算。复合地基承载力的基础宽度承载力修正系数应取0;基础埋深的承载力修正系数应取1.0。

[例8-3] 某路基工点天然地基承载力容许值为120kPa,设计路基基底应力为160kPa,如采用砂石桩复合地基进行处理,设计桩径0.9m,桩间距1.5m,等边三角形布置,试确定砂石桩桩体单桩承载力。

解:依题意,该复合地基置换率为:

$$m = \frac{0.9^2}{(1.13 \times 1.5)^2} = 0.282$$

$$\sigma_p \geq \frac{160 - (1-0.282) \times 120}{0.282} = 262 \text{kPa}$$

即该复合地基单桩承载力容许值不得低于262kPa。

(3)复合地基稳定性分析

复合地基稳定性分析中,采用的稳定分析方法,分析中的计算参数,计算参数的测定方法,稳定性安全系数取值四者应保持一致。复合地基稳定性可采用圆弧滑动总应力法进行分析，稳定性安全系数 K 由式(8-9)计算：

$$K = \frac{T_s}{T_t} \tag{8-9}$$

式中：T_t——最危险滑动面上的总剪切力(kN)；

T_s——最危险滑动面上的总抗剪切力(kN)。

复合地基竖向增强体长度应超过与设计要求安全度对应的危险滑动面下 2.0m。复合地基稳定性分析方法宜根据复合地基类型合理选用。

①在散体材料桩复合地基稳定分析中，最危险滑动面上的总剪切力由传至复合地基面上的荷载效应形成，最危险滑动面上的总抗剪切力计算中，复合地基加固区强度指标可采用复合土体综合强度指标，也可分别采用桩体和桩间土的强度指标计算；未加固区采用天然地基土体强度指标。

②在刚性桩复合地基稳定分析中，最危险滑动面上的总剪切力由传至复合地基桩间土面上的荷载效应形成，最危险滑动面上的总抗剪切力计算中，只考虑复合地基加固区桩间土和未加固区天然地基土体对抗力的贡献。

③对柔性桩复合地基可采用上述散体材料桩复合地基稳定分析方法。在柔性桩复合地基稳定分析方法中，视桩土模量比大小对复合地基中增强体对抗力的贡献作适当折减。

◆请练习[思考题 8-9]

二、挤密砂石桩复合地基

挤密砂石桩复合地基(Compacted Stone Column Composite Foundation)，即采用振冲法或振动沉管法等工法在地基中设置砂石桩，在成桩过程中桩间土被挤密或振密，由砂石桩与挤密的桩间土组成的复合地基。

1. 作用机理

碎石桩、砂桩和砂石桩总称为砂石桩，是指采用振动、沉管或水冲等方式在软弱地基中成孔后，再将碎石或砂挤压入已成的孔中，形成大直径的砂石体所构成的密实桩体。在成桩过程中除逐层振密外，近年发展了多种采用锤击夯扩碎石桩的施工方法。填料除碎石、砂石和砂以外，还有采用矿渣和其他工业废料。在采用工业废料作为填料时，除重视其力学性质分析外，还应分析对环境可能产生的影响。

砂石桩用于处理松散砂土、粉土、素填土及杂填土地基，主要靠桩的挤密和施工中的振动作用使桩周围的土密度增大，从而使地基的承载能力提高，压缩性降低。挤密砂桩通过"挤密"、"置换"，对饱和砂土改善效果明显，起到消除液化的作用；对饱和软黏土，主要是以形成固结排水通道、缩短固结沉降时间为目的，因而对砂桩处理后软土的复合地基承载力和压缩模量改变不大。

◆请练习[思考题 8-11]

2. 挤密砂石桩处理设计要点

挤密砂石桩处理设计目前还处于半理论半经验状态，这是因为一些计算方法都还不够成熟，某些设计参数也只能凭工程经验选定。因此，在正式施工前应通过现场试验确定其适用性。挤密砂桩的设计内容包括桩位布置、桩距、处理范围、灌砂量及处理地基的承载力、稳定或变形验算。

(1)桩位布置

砂桩的平面布置可采用正三角形或正方形。对于砂土地基,因靠砂桩的挤密提高桩周土的密度,所以采用等边三角形更有利,它使地基挤密较为均匀;对于软黏土地基,主要靠置换,因而选用任何一种均可。

(2)桩径设计

挤密砂桩桩径设计一般采用300~500mm。砂桩直径的大小取决于施工设备桩管的大小和地基土的条件,小直径桩管挤密质量较均匀但施工效率低;大直径桩管需要较大的机械能力,工效高,采用过大的桩径,一根桩要承担的挤密面积大,通过一个孔要填入的砂料多,不易使桩周土挤密均匀。对于软黏土宜选用大直径桩管以减小对原地基土的扰动程度,同时置换率较大可提高处理的效果。沉管法施工时,设计成桩与套管直径比不宜大于1.5,主要考虑振动挤压时如扩径较大,会对地基土产生较大扰动,不利于保证成桩质量。另外,成桩时间长,效率低给施工也会带来困难。

(3)桩间距设计

挤密砂桩的间距应根据上部结构荷载大小和场地土层情况,并结合施工设备综合考虑,约为桩径的2~3倍。挤密砂桩按抗液化设计时,桩间距应不大于式(8-10)和式(8-11)计算结果。

等边三角形布置
$$S = 0.95\xi d\sqrt{\frac{1+e_0}{e_0-e_1}} \tag{8-10}$$

正方形布置
$$S = 0.89\xi d\sqrt{\frac{1+e_0}{e_0-e_1}} \tag{8-11}$$

$$e_1 = e_{max} - D_{r1}(e_{max} - e_{min}) \tag{8-12}$$

式中:S——碎石桩间距(m);

d——碎石桩直径(m);

ξ——修正系数,考虑振动下沉密实作用时,可取1.1~1.2;

e_0——地基处理前砂土的孔隙比,可按原状土样试验确定,也可根据动力或静力触探等对比试验确定;

e_1——地基挤密后要求达到的孔隙比;

e_{max}、e_{min}——砂土的最大、最小孔隙比,可按现行国家标准《土工试验方法标准》(GB/T 50123)的有关规定确定;

D_{r1}——地基挤密后要求砂土达到的相对密实度,可取0.70~0.85。

[例8-4] 某松散砂土地基,处理前现场测得砂土孔隙比$e=0.81$,砂土最大、最小孔隙比分别为0.9和0.6,采用砂石法处理地基,要求挤密后砂土地基相对密实度达到0.8,若桩径0.7m,等边三角形布桩,试求砂石桩的间距至少应为多少。

解: 地基挤密后要求达到的孔隙比为

$$e_1 = 0.9 - 0.8 \times (0.9 - 0.6) = 0.66$$

依题意

$$S = 0.95 \times 1.1 \times 0.7\sqrt{\frac{1+0.81}{0.81-0.66}} = 2.54m$$

(4)桩长设计

碎石桩桩长应根据工程要求和工程地质条件通过计算确定,并满足如下要求:

①当松软土层厚度不大时,桩长宜穿过松软土层。

②当松软土层厚度较大时,桩长应不小于最危险滑动面以下2m,并满足沉降及承载力要求。

③处理液化地基时,桩长应按抗震要求确定。

④桩长不宜小于4m。

(5)垫层设计

挤密砂桩桩顶和基础之间宜铺设一层300～600mm厚的砂砾石或碎石加筋垫层。

(6)砂桩材料

挤密砂桩材料采用一定级配的砾砂、粗砂、中砂等硬质材料,含泥量不得大于5%,最大粒径不宜大于50mm,用作排水的砂桩其砂的含泥量不得大于3%。

◆请练习[思考题8-10]

3. 施工要点

(1)设计验证施工

施工前应进行成桩工艺和成桩挤密试验。当成桩质量不能满足设计要求时,应在调整设计与施工有关参数后,重新进行试验或改变设计。通过现场成桩试验检验设计要求和施工工艺及施工控制要求,包括填砂量、提升高度、挤压时间等。

(2)施工工艺

挤密砂桩施工可采用振动沉管成桩法、锤击沉管成桩法。当用于消除粉细砂及粉土液化时,须采用振动沉管成桩法。

(3)桩体施工顺序

挤密砂桩施工时,应间隔(跳打)进行,并宜由外侧向中间推进;对黏性土地基,砂桩主要起置换作用,为了保证设计的置换率,从中间向外围或隔排施工;在既有建(构)筑物邻近施工时,为了减少对邻近建(构)筑物的振动影响,应背离建(构)筑物方向进行。

砂桩施工完毕,当设计或施工投砂量不足时地面会下沉;当投料过多时地面会隆起,同时表层0.5～1.0m常呈松软状态。如遇到地面隆起过高也说明填砂量不适当。实际观测资料证明,砂桩在达到密实状态后进一步承受挤压又会变松,从而降低处理效果。遇到这种情况应注意适当减少填砂量。

挤密砂桩施工后,应将地表以下的松散土层挖除或夯压密实,随后铺设并压实砂石垫层。

三、柱锤冲扩桩

柱锤冲扩桩(Pile Thrusted-expanded in Column-hammer),将柱状重锤提到高处使其自由落下冲击成孔,然后分层填料夯实形成扩大桩体,并与桩周土组成复合地基。

1. 加固机理

柱锤冲扩桩法的加固机理主要有以下四点:

(1)成孔及成桩过程中对原土的动力挤密作用。

(2)对原土的动力固结作用。

(3)冲扩桩充填置换作用(包括桩身及挤入桩间土的骨料)。

(4)生石灰、水泥粉与桩间土的物理-化学作用(化学置换)。

2. 现场试验

柱锤冲扩桩法目前还处于半理论半经验状态,成孔和成桩工艺及地基挤密固结效果直接受土质条件的影响,因此在正式施工前进行成桩试验及试验性施工十分必要。根据现场试验取得的资料修改设计,确定施工工艺及参数。现场试验主要内容有成孔及成桩试验、试验性施工及复合地基承载力对比试验。

由于柱锤冲扩桩应用于铁路路基地基处理中的工程实践还不多,目前在湿陷性黄土地区修建的郑州至西安客运专线铁路上有大量应用。同时夯击法的许多设计参数还是经验性的,影响因素又很复杂,还不能精确地进行理论计算,因此设计常采用工程类比法。为验证设计是否符合预定目标,常在正式施工前做夯击试验,以校正各设计施工参数,考核施工设备的性能,为正式施工提供依据。

(1)确定设计目标

根据工程要求确定加固后的地基承载力、模量、有效加固影响深度,特别是消除地震液化的深度和消除黄土湿陷的深度,以此根据土的类型和特征,选定夯击能、单位面积夯击能、夯击遍数(包括夯击次数)及夯点间距,确定是否需加垫层及填料并确定其厚度。

(2)试夯

施工前,应根据设计确定的设计参数,在现场选择有代表性的场地进行单点及小片试区试夯,并通过测试,与夯前测试数据进行对比,检验处理效果(如湿陷性黄土的湿陷系数是否小于0.015),最后确定工程采用的各项加固参数。若不符合设计要求,则应及时提出并改变设计参数。在进行试夯时,也可采用不同设计参数的方案,进行比较,择优选用。必要时增加不同单击夯击能的对比,以提供合理的选择。

3. 设计要点

柱锤冲扩桩处理范围应大于路基基底面积。对一般地基,在路基基础外缘应扩大1~2排桩,并不应小于2m;对自重湿陷性黄土地基,处理范围应至坡脚或基础外不小于3m。柱锤冲扩桩可采用正三角形、正方形、矩形布置,桩间距宜为1.0~2.0m,桩径宜为600~800mm。

柱锤冲扩桩处理深度可根据工程地质情况及设计要求确定,一般不大于25m。处理深度一般应至持力层,当持力层较深时,应按下卧层地基承载力及路基地基的变形允许值确定;对湿陷性黄土地基,应按相关规范的有关规定确定。

桩体材料可采用水泥土、灰土、砂石等,在桩顶应设置碎石、砂砾石、灰土或水泥土加筋垫层。碎石、砂砾石垫层厚度宜为300~600mm,灰土或水泥土垫层厚度宜为500~1000mm。

4. 施工要点

(1)成孔方式

地基处理深度较大时,成孔可采用履带式螺旋钻机或机械洛阳铲取土成孔。要求桩孔的垂直度偏差不宜大于1.5%,桩孔中心点的偏差不宜超过桩距设计值的5%。地基处理深度不大于6m时,可采用柱锤冲孔。

(2)施工步骤及技术要求

①清理平整施工场地,应将桩顶标高以上松土全部铲除。

②布置桩位,准确定出桩孔位置并进行编号。

③成孔顺序应由外向里间隔分排进行,防止错位或漏孔。

④柱锤冲扩机就位后,应保持平整稳固,使柱锤对准孔中心,并能自由地落入孔底,确保动能压强。

⑤成桩:成孔达到要求深度后,用标准料斗或运料车将拌和好的填料分层填入桩孔并逐层夯实。

锤的质量、锤长、落距、分层填料量、分层夯填度、夯击次数、总填料量等应根据试验或当地经验确定。每个桩孔应夯填至桩顶设计高程以上至少0.5m,其上部桩孔宜用原土夯封。施工中应做好记录,并对发现的问题及时进行处理。

⑥施工机具移位,重复上述步骤进行下一根桩施工。

◆请练习[思考题8-12]

四、水泥粉煤灰碎石桩及素混凝土桩

水泥粉煤灰碎石桩(Cement-flyash-gravel Pile)是由水泥、粉煤灰、碎石、石屑、砂等混合料加水拌和形成高黏结强度桩(简称CFG桩),并由桩、桩间土和加筋垫层一起组成复合地基。**素混凝土桩**(Plain Poncrete Pile),是由水泥、碎石、砂等混合料加水拌和形成高黏结强度桩,并由桩、桩间土和加筋垫层一起组成复合地基。

水泥粉煤灰碎石桩与素混凝土桩的区别仅在于桩体材料的构成不同,而在其受力和变形特性方面没有什么区别。水泥粉煤灰碎石桩和素混凝土桩复合地基具有承载力提高幅度大,地基变形小等特点,并具有较大的适用范围,既适用于铁路路基,也用于各种结构物基础。而在地基的适宜性方面,目前已成功应用于黏土、粉土、砂土和正常固结的素填土等地基。对淤泥质土、淤泥、泥炭质土、泥炭,应按地区经验或通过现场试验确定其适用性。

1. CFG桩加固机理

(1)桩体作用

在荷载作用下,CFG桩的压缩性明显比桩周土小,因此基础传给复合地基的附加应力,随地层的变形逐渐集中到桩体上,出现应力集中现象。大部分荷载将由桩体承受,桩间土应力相应减小,于是复合地基承载力较原来地基承载力有所提高,沉降量亦减小,随着桩体刚度增加,桩体作用发挥更加明显。

(2)挤密作用

当采用振动沉管法施工时,由于振动和挤压作用使桩间土得到挤密,特别是在砂层中这一作用更为显著。

(3)垫层作用

CFG桩复合地基采用桩网结构时,桩和基础不是直接接触,其间有一层颗粒材料组成的散体垫层,为桩向上刺入提供了条件,并通过垫层材料的流动补偿,使桩间土与基础始终保持接触,在桩、土共同作用下,地基土的强度得到了一定程度的发挥,相应地减少了对桩的承载力的要求。

2. CFG桩复合地基设计要点

水泥粉煤灰碎石桩复合地基设计主要确定桩长、桩径、桩间距、桩体材料及强度、平面布置形式、加筋垫层厚度及材料,其他参数为地基处理加固范围、复合地基应达到的地基承载力、复

合地基的沉降量,以及检测指标要求等。水泥粉煤灰碎石桩和素混凝土桩处理范围应不小于基底范围,路堤宜处理至填方坡脚,刚性基础宜适当加宽。

(1) 桩长

桩长取决于建筑物对承载力和变形的要求、土质条件和设备能力等因素。设计时根据工程地质资料,分析各土层,确定桩端持力层和桩长,并计算单桩承载力。CFG 桩应选择承载力相对较高的土层作为桩端持力层。

(2) 桩径

水泥粉煤灰碎石桩桩径的确定取决于所采用的成桩设备,一般设计桩径为 400~600mm。

(3) 桩间距

水泥粉煤灰碎石桩和素混凝土桩宜采用正三角形、正方形或矩形布置,一般桩间距为 3~5 倍桩径,桩间距的大小取决于设计要求的复合地基承载力和变形、土性与施工机具。

(4) 桩体材料及强度

水泥粉煤灰碎石桩和素混凝土桩单桩竖向容许承载力[P]的取值,应符合下列规定。

① 当采用单桩荷载试验时,应将单桩竖向极限承载力除以安全系数 2。

② 当根据土的物理指标与承载力参数之间的经验关系确定单桩容许承载力时,可按式(8-20)估算(q_i、q_p 取值应考虑施工方法的影响)。

③ 水泥粉煤灰碎石桩和素混凝土桩桩体试块抗压强度平均值应满足式(8-13)要求:

$$P_f \geq 3 \frac{[P]}{A_p} \tag{8-13}$$

式中:P_f——桩体混合料试块(边长 150mm 立方体)标准养护 28d 立方体抗压强度平均值。

④ 水泥。用于铁路地基处理的水泥粉煤灰碎石桩和素混凝土桩混合料强度等级一般为 C15~C20,其水泥标号一般选用强度等级为 42.5 级及以上的普通硅酸盐水泥。

⑤ 粉煤灰。长螺旋钻管内泵压混合料水泥粉煤灰碎石桩采用的粉煤灰的细度(0.045mm 方孔筛筛余百分比)不大于 45%,应选用Ⅲ级或Ⅲ级以上等级的粉煤灰;振动沉管水泥粉煤灰碎石桩所用的粉煤灰则可用电厂收集的粗灰。

⑥ 石子、石屑。长螺旋钻管内泵压水泥粉煤灰碎石桩粗骨料可采用卵石、碎石或卵石与碎石混合的骨料,就混合料的可泵性而言,卵石最好,卵石与碎石混合料次之,碎石最差。掺入石屑是填充碎石的孔隙,使其级配良好。在水泥掺量不高的混合料中掺入石屑是配比试验中的重要环节,掺入石屑后使级配良好,接触比表面积增大,提高了桩体抗剪强度。

⑦ 泵送剂。泵送剂是用于勉强可泵的混凝土,而不是用于易泵送混凝土的一种外加剂。对水泥粉煤灰碎石桩混合料,当泵送性能满足施工要求时,可以不掺泵送剂,工程中应严禁超量掺入泵送剂。

(5) 褥垫层厚度及材料

水泥粉煤灰碎石桩和素混凝土桩桩顶设置加筋垫层,垫层厚度宜取 300~600mm,垫层材料宜用砂砾石、碎石等,最大粒径不宜大于 30mm。一般取 400~600mm 的加筋垫层,必要时可设置扩大桩头(或桩帽)。

3. CFG 桩施工要点

施工前,平整场地,探明地下管线,地面高程高于设计桩顶高程 30~50cm,并用压路机将原地面碾压至 $K_{30}>30$MPa/m。大面积开钻前,先进行试桩,试桩不少于 3 根,以便掌握地质情况、钻进速度、提钻速度等参数。

施工过程中严格控制钻机钻进速度,穿透地质较硬地段,采用低挡慢速钻进,软弱地层快速钻进,以降低扩孔系数。钻机钻进到位后,先泵送混合料至钻杆中充满后,才能提升钻杆,严禁先提钻杆,再泵送混合料。泵送混合料的过程中,根据钻机的生产能力,配备混凝土罐车数量,尽量减少钻机停工待料,严禁出现钻机灌桩过程中断料,避免出现不必要的断桩。当地下出现软弱层,发生窜孔现象时,钻机应采用跳孔作业,待相邻位置混合料凝固后,再钻相邻桩位。

当平均气温低于5℃时,混合料按冬季施工要求进行加热保温处理,混合料泵送时温度不低于10℃,气温低于0℃时,停止CFG桩作业。雨季开挖基坑或桩间土时,周围应设计集水坑或临时排水沟,并配备抽水机抽水,严禁基坑或施工现场被雨水浸泡,降低复合地基承载力。

◆请练习[思考题8-14]

五、灰土(水泥土)挤密桩

1. 机理

灰土挤密桩或水泥土挤密桩通过成孔过程中的横向挤压作用,桩孔内的土被挤向周围,使桩间土得以挤密,然后将备好的灰土或水泥土分层填入桩孔内,并分层捣实至设计高程。用灰土分层夯实的桩体,称为**灰土挤密桩**(Lime-soil Compaction Pile);用水泥土分层夯实的桩体,称为**水泥土挤密桩**(Soil Cement Compaction Pile),二者分别与挤密的桩间土组成复合地基,共同承受上部荷载。

灰土(水泥土)挤密桩适用于处理地下水位以上的湿陷性黄土、素填土和杂填土等地基,可处理地基的深度为3~15m。基底下3m以内的湿陷性黄土、素填土、杂填土,采用挤密桩法处理不经济,通常采用土(或灰土)垫层或强夯等方法处理。大于15m的土层,由于成孔设备限制,一般采用其他方法处理。

灰土挤密桩和水泥土挤密桩,在消除土的湿陷性和减小渗透性方面,其效果基本相同,差别不明显,但灰土挤密桩地基的承载力和水稳性不及水泥土挤密桩,选用上述方法时,应根据工程要求和处理地基的目的确定。当以消除地基土的湿陷性为主要目的时选用灰土挤密桩,当以提高地基土的承载力、增强其水稳性、降低压缩性和控制地基沉降变形为主要目的时可选用水泥土挤密桩。

◆请练习[思考题8-11]

2. 设计要点

灰土(水泥土)挤密桩设计与施工基本上与挤密砂石桩相同。

(1)桩径

灰土(水泥土)挤密桩桩孔直径可根据所选用的成孔设备、成孔方法和地基处理深度综合确定。当挤密处理深度小于12m时,成桩直径宜为350~450mm;当挤密处理深度超过12m时,可采用预钻孔,孔径宜为250~350mm,其挤密填料孔成桩直径宜为500~600mm。

(2)桩间距

桩间距宜为桩孔直径的2.0~2.5倍,也可根据经验按下式估算:

$$S = \alpha\sqrt{\frac{\bar{\eta}_c \rho_{dmax} D^2 - \rho_{d0} d^2}{\bar{\eta}_c \rho_{dmax} - \rho_{d0}}} \tag{8-14}$$

式中：α——系数，按正三角形布桩，取 α 为 0.95；正方形布桩，取 α 为 0.89；

S——桩孔之间的中心距离(m)；

D——挤密填料孔直径(m)；

d——预钻孔直径(m)，无预钻孔的挤密法中 $d=0$；

ρ_{dmax}——轻型击实试验确定的桩间土最大干密度(kN/m^3)；

ρ_{d0}——地基挤密前压缩层范围内各层土的平均干密度(kN/m^3)；

$\bar{\eta}_c$——桩间土经成孔挤密（达到挤密填料孔直径 D）后，3 个孔之间土的平均挤密系数，宜为 0.90～0.93。

灰土（水泥土）挤密桩桩间土的平均挤密系数 $\bar{\eta}_c$，应按下式计算：

$$\bar{\eta}_c = \frac{\bar{\rho}_{d1}}{\rho_{dmax}} \tag{8-15}$$

式中：$\bar{\rho}_{d1}$——在成孔挤密深度内，桩间土的平均干密度(kN/m^3)，平均试样数不应少于 6 组。

[例 8-5] 某湿陷性黄土地基厚 8m，$\rho_d=11.5kN/m^3$，采用灰土挤密桩进行处理，处理后要求 $\rho_{dmax}=16.0kN/m^3$，灰土桩直径 0.4m，等边三角形布桩，试求桩间距。

解：依题意，处理深度小于 12m，不必采用预钻孔，则桩间距为：

$$S = 0.95 \times 0.4 \times \sqrt{\frac{16}{16 - \frac{11.5}{0.90 \sim 0.93}}} = 0.80 \sim 0.85m$$

(3) 桩体填料

当为消除黄土、素填土和杂填土的湿陷性而处理地基时，桩孔内用灰土作填料，可满足工程要求，当同时要求提高其承载力或水稳性时，桩孔内用水泥土作填料较合适。

①填料用量。灰土（水泥土）挤密桩桩孔的填料用量可按下式估算：

$$G = n\frac{\pi d^2}{4}\bar{h}\gamma'_{max}(1+w_y) \tag{8-16}$$

式中：G——填料总重(kN)；

n——桩总数；

d——桩直径(m)；

$\bar{h}$——平均桩深(m)；

γ'_{max}——桩体填料的最大干重度(kN/m^3)；

w_y——填料最优含水率(%)，为填料干重度最大时的含水率，可由击实试验确定，也可按当地经验或 $w_y = w_p + 2\%$ 来确定，w_p 为塑限。

②填料质量控制。为防止填入桩孔内的灰土吸水后产生膨胀，不得使用生石灰与土拌和，而应用消解后的石灰与黄土或其他黏性土拌和，石灰富含钙离子，与土混合后产生离子交换作用，在较短时间内便成为凝硬性材料，因此拌和后的灰土放置时间不可太长，并于当日使用完毕。

桩体土的平均压实系数 λ_c，是根据桩孔全部深度内的平均干密度与室内击实试验求得填料(灰土或水泥土)在最优含水率状态下的最大干密度的比值,桩体内的平均压实系数λ_c不应小于0.97。

$$\bar{\lambda}_c = \frac{\bar{\rho}_{pd1}}{\rho_{pdmax}} \tag{8-17}$$

式中：$\bar{\rho}_{pd1}$——桩孔全部深度内的填料(灰土或水泥土),经分层夯实的平均干密度(kN/m³);
ρ_{pdmax}——桩孔内的填料(灰土或水泥土),通过击实试验求得最优含水率状态下的最大干密度(kN/m³)。

灰土(水泥土)挤密桩所用土的质量应满足设计要求,且有机质含量不应大于5%,土块粒径不得大于15mm,不得含有杂土、冻土或膨胀土,同时不得含有砖、瓦和石块。灰土填料中的土不仅作填料用,而且参与化学作用,尤其是土中的黏粒或胶粒具有一定活性和胶结性,含量越多,灰土强度越高。

(4)垫层

灰土(水泥土)挤密桩回填夯实结束后,在桩顶高程以上设置500～1000mm厚的加筋垫层,一方面可使桩顶和桩间土找平,另一方面有利于改善应力扩散,调整桩土的应力比,对减小桩身应力集中也有较好作用。灰土(水泥土)挤密桩桩顶垫层压实系数不应小于0.95。

3. 施工要点

灰土(水泥土)挤密桩成孔应按设计要求、成孔设备、现场土质和周围环境等情况,选用沉管(振动、锤击)、冲击或夯扩等方法。铺设桩顶垫层前,应按设计要求将桩顶高程以上超出部分挖除,将桩周围预留松动土层挖除或夯(压)密实。在雨季或冬季施工时,应采取防雨或防冻措施,防止灰土或水泥土料受雨水淋湿或冻结,夏季施工应防止桩体填充料暴晒过干。

(1)天然土层增湿

灰土(水泥土)挤密桩成孔时,地基土宜接近最优含水率或塑限,当土的含水率低于12%,特别是在整个处理深度范围内的含水率普遍很低时,宜对拟处理范围内的土层进行增湿,增湿处理应于地基处理前4～6d,将用于增湿的水通过一定数量和一定深度的渗水孔,均匀地浸入拟处理范围内的土层中。

增湿土的加水量可按式(8-18)估算：

$$Q = 0.1V\bar{\rho}_d(w_{op} - \bar{w})k \tag{8-18}$$

式中：Q——计算加水量(m³);
V——拟加固土的总体积(m³);
$\bar{\rho}_d$——地基处理前土的平均干密度(kN/m³);
w_{op}——土的最优含水率(%),通过室内击实试验求得;
$\bar{w}$——地基处理前土的平均含水率(%);
k——损耗系数,可取1.05～1.10。

[例8-6] 某湿陷性黄土厚8m,地基土干密度为11.5kN/m³,含水率为10%,最优含水率为18%,采用灰土挤密桩处理地基,处理面积20000m²,试计算加水量至少为多少。

解：当土含水率低于12%时,应对土增湿,依题意损耗系数k取1.05,加水量至少为：
$$Q = 0.1 \times 8 \times 20000 \times 11.5 \times (0.18 - 0.10) \times 1.05 = 15456 m³$$

(2)灰土(水泥土)挤密桩桩顶设计高程以上的预留覆盖土层厚度宜符合下列要求。

①沉管(振动、锤击)成孔,宜为 0.50～0.70m。
②冲击成孔,宜为 1.20～1.50m。
(3)灰土(水泥土)挤密桩成孔和孔内回填夯实应符合下列要求。
①成孔挤密应间隔分批进行,成孔和孔内回填夯实的施工顺序:当整片处理时,宜从里(或中间)向外间隔1～2孔进行,对大型工程,可采取分段施工;当局部处理时,宜从外向里间隔1～2孔进行。
②成孔后应及时夯填,当发生桩孔严重缩颈或回淤时,可视实际情况填入干砂、生石灰块或碎石等重新成孔。
③挤密桩填料应采用机械拌和且随拌随用,桩孔填充料应拌和均匀,色泽一致,无灰团、灰条和花面现象。在向孔内回填填料前,孔底应夯实,并应抽样检查桩孔的直径、深度和垂直度。
④桩孔的垂直度偏差不宜大于 1.5%。
⑤桩位(纵横向)的允许偏差为 50mm。
⑥桩孔检验合格后,向孔内分层填入筛好的灰土或水泥土填料,并应分层夯实,回填过程中不宜间隔停顿或隔日施工。
⑦夯填高度宜高出桩顶设计高程 20～30cm。

六、水泥土搅拌桩

水泥土搅拌桩(Cement-mixed Pile),以水泥作为固化剂的主剂,通过深层搅拌机械,将固化剂与地基土强制搅拌,使软弱土硬结成具有整体性、水稳性和一定强度的柱状加固体桩,并与桩间土组成复合地基。水泥土搅拌桩按加固材料状态不同可分为浆体搅拌桩(简称湿法,包括水泥浆搅拌桩和水泥砂浆搅拌桩)和粉体搅拌桩(简称干法),前者是用浆液和地基土搅拌,后者是用粉体和地基土搅拌。按施工机械叶片搅拌方向不同又可分为单向水泥土搅拌桩及多向水泥土搅拌桩。当处理深度较大、地基承载力要求较高时宜采用多向水泥土搅拌桩或多向水泥砂浆搅拌桩。

1. 搅拌桩地基处理机理

水泥土搅拌法适用于处理正常固结的淤泥质土、粉土、饱和黄土、素填土、黏性土以及无流动地下水的饱和松散砂土等地基。当地基土的天然含水率大于70%或地下水的pH值小于4时,不宜采用水泥土搅拌桩;当地基土的天然含水率小于30%(黄土含水率小于25%)时不宜采用干法。水泥土搅拌法用于处理泥炭土、有机质土、塑性指数 $I_p>25$ 的黏土、地下水具有侵蚀性时以及无工程经验的地区,必须通过现场试验确定其适用性。

搅拌桩加固机理:水泥土搅拌桩是利用水泥等材料作为固化剂,通过特制的搅拌机械,就地将软土和固化剂强制搅拌,使软土中的某些物质及水与固化剂发生反应形成具有整体性、水稳性和一定强度的水泥加固土,从而提高地基土强度和增大变形模量。

2. 水泥土搅拌桩设计

(1)桩位布置及桩径

水泥土搅拌桩处理范围应不小于基底范围,水泥土搅拌桩桩位宜采用正三角形、正方形或矩形布置,水泥土搅拌桩桩径一般采用 500mm。

(2)桩长设计

竖向承载搅拌桩的长度应根据上部结构对承载力、稳定和变形的要求确定,并宜穿透软弱土层到达承载力相对较高的土层;为提高抗滑稳定性而设置的搅拌桩,其桩长应超过危险滑弧以下,并不小于2m;浆体搅拌桩桩长不宜大于18m,粉体搅拌桩桩长不宜大于15m。

(3)桩体材料配比及垫层设计

水泥土搅拌桩宜选用强度等级为42.5级及以上的普通硅酸盐水泥,水泥掺量一般可用被加固湿土质量的12%~20%,水灰比宜为0.45~0.55。

水泥土搅拌桩复合地基应在桩顶设置加筋垫层,厚度宜为300~600mm。

(4)单桩容许承载力估算

施工阶段单桩竖向承载力应通过现场荷载试验确定,设计时无现场荷载试验也可按式(8-19)和式(8-20)估算,并取小值:

$$[P] = \eta P_\mathrm{f} A_\mathrm{p} \tag{8-19}$$

$$[P] = u_\mathrm{p} \sum_{i=1}^{n} q_i l_i + \alpha A_\mathrm{p} q_\mathrm{p} \tag{8-20}$$

式中:$[P]$——单桩容许承载力(kN);

P_f——与搅拌桩桩身水泥土配比相同的室内加固土试块(边长为70.7mm的立方体,也可采用边长为50mm的立方体)在标准养护条件下90天龄期的立方体抗压强度平均值(kPa);

η——桩身强度折减系数,粉体搅拌桩可取0.20~0.30,浆体搅拌桩可取0.25~0.33;

A_p——桩身截面积(m^2);

u_p——桩身周长(m);

q_i——桩周第i层土的容许摩阻力(kPa);

l_i——桩周第i层土的厚度(m);

q_p——桩端地基土容许承载力(kPa);

α——桩底地基土容许承载力折减系数,可取0.4~0.6,承载力高时取低值。

3. 施工要点

水泥土搅拌桩应根据地基条件、工程要求等选择合适的施工机械。施工机械应根据地基的加固深度选择合适的搅拌钻机、注浆泵、粉体喷射机及配套设备;无浆(粉)体自动计量装置的搅拌机不得使用;当要求桩体强度较高或有效桩长较长时,宜采用双轴多向水泥土搅拌桩机或双轴多向水泥砂浆搅拌桩机;搅拌头翼片的枚数、宽度、与搅拌轴的垂直夹角、搅拌头的回转数、提升速度应相互匹配,钻头直径磨损量不得大于10mm。水泥土搅拌桩桩体搅拌次数应符合设计要求,一般宜全桩长复搅。

水泥土搅拌桩成桩过程中应严格控制钻进和提升速度、喷粉(浆)高程及数量,确保成桩质量。粉体搅拌桩成桩过程中因故停止喷粉时,应将搅拌头下沉至停灰面以下1m处,待恢复喷粉时再喷粉搅拌提升;浆喷搅拌桩如因故停浆,应将搅拌头下沉至停浆点以下0.5m处,待恢复供浆时再喷浆搅拌提升。若停机超过3h,应在原桩位旁边进行补桩处理。

七、旋喷桩

旋喷桩(Jet Grouting Pile),用高压水泥浆通过钻杆由水平方向的喷嘴喷出,形成喷射流,钻杆边旋转、边喷射,喷射出的水泥浆切割土体,并与土拌和形成水泥土加固体桩。旋喷桩适用于处理淤泥、淤泥质土、黏性土、粉土、砂土、碎石土、黄土及人工填土等地基。当土中含有较多的大粒径块石、大量植物根茎或较高的有机质时,应通过现场试验确定其适用性。地下水流速过大、已涌水的工程及对水泥有严重腐蚀的地基不宜采用。

1. 旋喷桩地基处理机理

旋喷桩可通过单管法、双重管法、三重管法、多重管法和搅拌喷射法等方法实现,工程中常用前三种方法。单管法用单层注浆管,只喷射水泥浆液一种介质;双重管法用双层注浆管,喷射水泥浆液和压缩空气两种介质;三重管法用三层或三根喷射管喷射高压水流、压缩空气及水泥浆液等三种介质。高压喷射注浆的成桩机理包括以下五种作用:

(1)高压喷射流切割破坏土体作用。喷射流动压以脉冲形式冲击破坏土体,使土体出现空穴,土体裂隙扩张。

(2)混合搅拌作用。钻杆在旋转提升过程中,在射流后部形成空隙,在喷射压力下,迫使土粒向着与喷嘴移动方向相反的方向(即阻力小的方向)移动位置,与浆液搅拌混合形成新的结构。

(3)升扬置换作用(三重管法)。高速水射流切割土体的同时,由于通入压缩气体而把一部分切下的土粒排出地上,土粒排出后所留空隙由水泥浆液补充。

(4)充填、渗透固结作用。高压水泥浆迅速充填冲开的沟槽和土粒的空隙,析水固结,还可渗入砂层一定厚度而形成固结体。

(5)压密作用。高压喷射流在切割破碎土层过程中,在破碎部位边缘还有剩余压力,并对土层可产生一定压密作用,使旋喷桩体边缘部分的抗压强度高于中心部分。

2. 旋喷桩地基处理技术要求

(1)在旋喷桩正式施工之前,应选择典型地层,进行旋喷桩工艺和成桩效果试验,成桩后3d,开挖出桩体,成桩的直径不得小于设计要求,并按照设计要求对单桩或复合地基承载力进行检测。高压水泥浆压力一般应大于20MPa。

(2)水泥宜选用强度等级为42.5级及以上的普通硅酸盐水泥,水泥掺量应通过室内配方试验确定。桩身强度应满足设计要求,90d龄期桩身无侧限抗压强度宜采用8~10MPa。

(3)旋喷桩复合地基承载力容许值应满足设计要求,并应大于150kPa。

3. 旋喷桩地基处理施工

旋喷桩施工工序为机具就位、插入喷射管(钻孔)、喷射注浆、拔管和冲洗等,施工中应配置浆液自动计量装置。旋喷桩成孔一般采用震动钻机钻孔,当遇到比较坚硬的地层时宜采用地质钻机钻孔。单管法及双管法的高压水泥浆和三管法高压水的压力应大于20MPa。喷射孔与高压注浆泵的距离不宜大于50m。桩位与设计位置的偏差不得大于50mm。孔内喷射注浆应自下而上进行,均匀提升,喷射管分段提升的搭接长度不得小于100mm。对需要局部扩大加固范围或提高强度的部位,可采用复喷措施。

高压喷射注浆过程中出现压力骤然下降、上升或冒浆异常时,应查明原因并及时采取措施。高压喷射注浆完毕应迅速拔出喷射管。为防止浆液凝固收缩影响桩顶高程,必要时应在原孔位采用冒浆回灌或第二次注浆等措施。

◆请练习[思考题8-13]

第五节　钢筋混凝土桩网（桩筏）结构

一、桩网（桩筏）结构地基处理机理

钢筋混凝土桩网结构（RC Pile-net Structure），由钻孔灌注或预制打入的钢筋混凝土桩（群）与桩帽及加筋垫层组成的结构[图 8-3a)]；**钢筋混凝土桩筏结构**（RC Pile-raft Structure），由钻孔灌注或预制打入的钢筋混凝土桩（群）、垫层及钢筋混凝土筏板组成的结构[图 8-3b)]。钢筋混凝土桩（群）可采用灌注桩或预制打入（压入）桩。

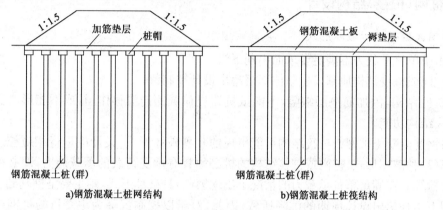

图 8-3　钢筋混凝土桩网结构与桩筏结构

桩网结构在桩顶设置扩大的桩帽，可避免桩顶的刺入破坏，有利于荷载向桩集中，以便更充分发挥桩的承载作用，同时也可以改善桩顶部加筋垫层受力。桩筏结构，在实际工程实践中也有桩基与筏板直接刚性连接的，其中筏板也有方格状的格构形式，其与建筑工程中常用的桩—承台（筏板）基础类同，结构受力相对复杂，铁路路基地基处理很少采用该种形式。铁路路基地基处理强调桩网结构在桩顶设置桩帽，桩筏结构在桩基与筏板之间设置垫层。

钢筋混凝土桩网或桩筏结构适用于基础变形控制严格的软弱地基加固。填土高度小于 3m 时，在列车动荷载作用下，桩网结构柔性加筋垫层由于受到动力作用而变得复杂，目前还缺乏相应的研究。因此，填土高度小于 3m 时不采用钢筋混凝土桩网结构，可采用桩筏结构。

钢筋混凝土桩网结构，其工作原理与柔性桩复合地基不同。由于桩网结构刚性桩和桩间土的刚度差异较大，在填土柔性荷载作用下，桩与桩之间的加筋垫层将产生向下的变形，直至受到加筋筋材的约束以及桩间土的抵抗而趋于平衡、稳定。相邻桩之间、加筋垫层上部的填土也因加筋垫层的下凹而产生变形，当上部填土较厚时最终形成土拱。此时，桩网结构地基上部除土拱部分外的填土重量以及路基面上的荷载全部作用在刚性桩基上，土拱部分的填土重量则由桩间土和加筋筋材共同承担，其中部分通过加筋筋材传递至刚性桩上。桩网结构路基工作原理如图 8-4 所示。

很明显，桩净间距 D 越小，填土柔性拱高度 h 越小。在桩顶设置扩大的桩帽，可保持桩净间距 D 不变而增大桩间距。

对于填土高度大于填土柔性拱的路堤，只有四桩之间填土柔性拱部分土体重力通过加筋垫层分散均化后部分作用在桩间土上，工程实际应用中完全可以忽略填土荷载对桩间土的影

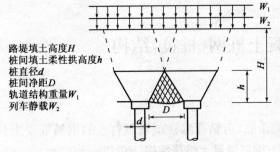

图 8-4 桩网结构路基工作原理示意图

响,而认为桩网结构路基的刚性桩基承担全部路堤及荷载。

钢筋混凝土桩网或桩筏结构桩(群)承担加筋垫层或钢筋混凝土板及上部路堤、轨道结构及列车全部荷载作用,按复合桩基础进行设计,桩网结构加筋垫层及桩筏结构的褥垫层起调整荷载作用,从控制桩网(桩筏)结构地基的沉降变形角度出发,是偏于安全的。

二、桩网(桩筏)结构设计

1. 桩网或桩筏结构破坏形式

(1)由于单桩承载力不满足要求而出现下沉。

(2)桩网或桩筏结构地基发生整体下沉超出设计控制值。

(3)桩网结构,因加筋垫层缺陷,不能抵抗路堤荷载侧向滑移作用,或不能形成稳定的土拱,而丧失结构功能。

针对钢筋混凝土桩网或桩筏结构可能出现的几种破坏形式,设计应进行相应控制。为防止出现第(1)种破坏形式,桩网或桩筏结构的桩必须具有承受荷载的承载能力,即必须进行单桩承载力检算。在满足单桩承载力的情况下出现第(2)种破坏形式,则主要是桩基础下卧层在荷载作用下出现超出设计预期的沉降所致,因此,对于以控制沉降为主要目的桩网或桩筏结构,必须检算地基沉降。对于桩网结构,应避免出现结构失稳破坏,依据桩网结构整体稳定性做好桩顶加筋垫层的设计十分重要。

此外,特殊地形以及地基较差或地基为单一无硬壳层的流塑状淤泥或淤泥质土地层时,还应进行桩网结构整体稳定性的检算。

2. 桩径、桩间距设计

灌注桩桩身混凝土强度等级不低于 C30,直径一般采用 50~60cm,预制实心方桩边长一般 30~50cm,预应力空心管桩直径一般采用 30~50cm。桩(群)按矩形布置,桩间距根据荷载大小和地基岩土参数确定,宜为桩径的 4~5 倍。

3. 桩长设计

桩长根据单桩承载力、桩网或桩筏结构地基沉降以及桩网结构整体稳定性检算确定。当持力层埋藏较浅时,桩应穿透软弱土层。

(1)单桩竖向容许承载力

单桩竖向容许承载力$[P]$的取值,可采用单桩荷载试验资料,取单桩竖向极限承载力除以安全系数 2 的值;无单桩载荷试验资料时,也可按式(8-21)和式(8-22)估算并取小值。

$$[P] = \eta P_f A_p \tag{8-21}$$

$$[P] = \pi d \sum_{i=1}^{n} q_i l_i + A_p q_p \tag{8-22}$$

式中:P_f——桩体抗压强度平均值(kPa);

η——桩身强度折减系数,可取 0.35~0.5;

d——桩的平均直径(m);
A_p——桩身截面积(m^2);
n——桩长范围内所划分的土层数;
l_i——桩周第i层土的厚度(m);
q_i——桩周第i层土的容许摩阻力(kPa);
q_p——桩端地基土容许承载力(kPa)。

单桩竖向容许承载力$[P]$尚应满足式(8-23)的要求:

$$P_0 \leqslant \frac{1}{\psi}[P] \tag{8-23}$$

式中:P_0——单桩加固范围内的路堤以及轨道结构、列车荷载(kN);
$[P]$——单桩竖向容许承载力(kN);
ψ——单桩承载能力发挥系数,取0.9~1.0。

(2)地基沉降检算

桩网或桩筏结构地基沉降包括桩加固区沉降和下卧层压缩量两部分。

$$S = S_{p1} + S_{p2} \tag{8-24}$$

式中:S——桩网或桩筏结构地基总沉降;
S_{p1}——桩网或桩筏结构加固区沉降,包括桩身压缩量S_{sp1}及桩端刺入变形S_{sp2},即:

$$S_{p1} = S_{sp1} + S_{sp2} \tag{8-25}$$

S_{p2}——桩网或桩筏结构加固区以下下卧层压缩量。

钢筋混凝土桩的桩身压缩量可按式(8-26)计算:

$$S_{sp1} = \frac{P_0 L}{A_p E_p} \tag{8-26}$$

式中:L、A_p、E_p——分别为桩长、桩截面积、桩体材料弹性模量。

下卧层压缩量采用分层总和法进行计算,下卧层的附加应力宜按第三章的Boussinesq法计算。钢筋混凝土桩桩端刺入变形,可根据荷载试验P-S曲线或地区经验取值。需要注意的是,采用桩基础法和$L/3$法计算桩网或桩筏结构地基沉降已是总沉降,不可再计入桩身压缩量和桩端刺入变形。

4.稳定性验算

特殊地形如斜坡软弱地基或岸坡,以及地基较差或地基为单一无硬壳层的流塑状淤泥或淤泥质土地层时,应根据具体情况对桩网结构整体稳定性进行验收检算。

(1)桩网结构抗滑稳定验算

桩网结构地基路堤侧向滑动稳定按式(8-27)~式(8-29)检算(图8-5)。

$$T_1 \geqslant E_a - f \tag{8-27}$$

$$E_a = \frac{1}{2}\gamma h^2 \cdot K_{ah} + P \cdot K_{ah} \cdot h \tag{8-28}$$

$$f = \frac{1}{2}\gamma h^2 \cdot m + \tan\varphi \cdot P_s \tag{8-29}$$

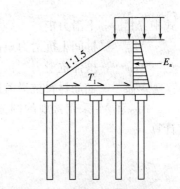

图8-5 桩网结构地基路堤侧向滑动稳定检算

式中：T_1——加筋垫层加筋体设计拉力(kN/m)；
　　　E_a——路堤主动土压力(kN/m)；
　　　f——加筋垫层设计拉力(kN/m)；
　　　γ——路堤土体容重(kN/m³)；
　　　h——路堤高度(m)；
　　　K_{ah}——主动土压力系数；
　　　P——上覆荷载(kN/m)；
　　　m——路堤边坡坡度；
　　　φ——地基土摩擦角(°)；
　　　P_s——加筋垫层中格栅网格内面积与地基总面积的比值。

根据路堤侧向滑动作用力，可以检算单桩横向承载力是否满足要求。对于不满足要求者，应采取加强桩顶横向连接或加强地基处理的措施。

(2)桩网结构整体稳定性验算

对于桩网结构的整体稳定性，仍采用传统的圆弧法进行稳定检算（图8-6），分析中采用有效应力指标，考虑孔隙水压力的作用。但如果进行短期稳定性分析，则应采用不排水指标。桩网结构的稳定系数可采用式(8-30)计算：

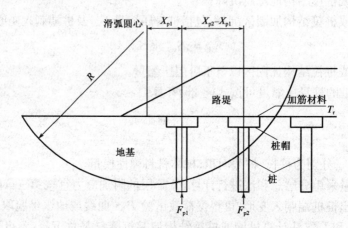

图8-6　桩网结构稳定性计算图式

$$F_S = \frac{M_{RS} + M_{RP} + M_{RR}}{M_D} \qquad (8\text{-}30)$$

式中：M_D——下滑力矩；
　　　M_{RS}——桩间土抗滑力矩；
　　　M_{RP}——桩体抗滑力矩；
　　　M_{RR}——加筋材料抗滑力矩。

M_{RS}和M_D采用常规的圆弧分析法计算即可。M_{RP}和M_{RR}可按式(8-31)和式(8-32)进行计算。

$$M_{RP} = \sum_{i=1}^{n} F_{pi} X_{pi} \qquad (8\text{-}31)$$

式中：X_{pi}——桩i中心线距滑弧圆心的水平距离；
　　　F_{pi}——桩i单桩处理面积内的路基荷载；

n——滑弧内桩的总数。

$$M_{\mathrm{RP}} = T_{\mathrm{r}} Y \tag{8-32}$$

式中:Y——加筋材料距滑弧圆心的竖向距离;

T_{r}——加筋垫层的最大张拉力,按主动土压力 $T_{\mathrm{r}} = 0.5 K_{\mathrm{a}} \gamma H^2 + q_{\mathrm{a}} K_{\mathrm{a}} H$ 计算,K_{a} 为主动土压力系数,q_{a} 为路堤表面均面荷载,γ 为填土容重,H 为路堤高度。

5. 桩帽设计

桩网结构的桩顶应设置钢筋混凝土桩帽,桩帽混凝土强度等级不小于C30,厚度宜为0.3～0.4m,桩帽面积占单桩加固面积的比例应不小于25%。桩帽可按冲切破坏检算配置钢筋。

桩帽顶加筋垫层一般采用碎石等垫层,厚度0.4～0.6m,夹铺1～2层双向高强度低应变土工格栅。土工格栅的极限抗拉强度应满足检算要求并不小于80kN/m(破断延伸率10%)。

6. 桩顶垫层设计

桩筏结构的桩顶设置碎石垫层,厚度宜为0.2～0.3m。垫层上设置钢筋混凝土筏板,筏板混凝土强度等级不小于C30,厚度为0.4～0.6m。钢筋混凝土筏板可按弹性地基板检算配置钢筋。

◆请练习[思考题8-15]

三、桩网(桩筏)结构施工要点

钢筋混凝土桩可根据地基土性质及设备情况选择机械成孔灌注桩或预制打入(压入)桩。地基土容易缩孔时,宜采用预制打入(压入)桩。

施工前应平整场地,并准确进行桩位放样测量,桩平面点位中误差不大于5cm。施工前应进行成桩工艺试验,并进行单桩荷载试验,确定施工工艺及参数。

机械成孔灌注桩法,宜采用长螺旋成孔、管内泵压混凝土灌注工艺。预制桩宜采用锤击法或静压法施工。打入(压入)桩施工应由内向外施作。预制实心方桩宜采用焊接或硫磺胶泥锚固接桩,预制预应力管桩宜采用焊接接桩。

钢筋混凝土桩施工后,应对桩头进行处理,使钢筋混凝土桩(群)桩顶高程符合设计要求。碎石垫层应采用质地坚硬、不易风化且级配良好的砾石或碎石,其最大粒径不应大于50mm,含泥量不大于5%。碎石垫层压实质量应符合路本体填筑质量标准的要求。土工格栅的连接应牢固,连接强度不低于设计抗拉强度。填土作业应分层进行,防止集中加载造成桩身歪斜。

第六节 钢筋混凝土桩板结构

一、桩板结构概述

1. 地基处理机理

钢筋混凝土桩板结构(RC Pile-plank Structure),由地基土、钢筋混凝土刚性桩与桩顶钢筋混凝土承载板组成,用于提高地基承载力,减少变形的结构形式。钢筋混凝土桩一般选用机械成孔或人工挖孔灌注桩,也可采用预制打入(压入)桩。其主要的工作机理是,通过承载板将上部荷载传到桩体,桩体把荷载扩散到桩间土、下卧硬层或桩底岩石层,从而达到稳定和控制路基沉降变形的目的。

2. 适用条件及优点

桩板结构适用于沉降控制困难的深厚层软弱地基、湿陷性黄土地基的挖方以及低填方路段,也适用于既有软弱路基的提速加固处理。在桥隧之间短路基和道岔区路基,由于不同结构物刚度差异大,不均匀沉降控制困难;岩溶和采空区路基易产生变形甚至塌陷,也可采用桩板结构形式通过。由于桩周土体对桩基的侧向抗力,桩板结构纵横向刚度大;因桩基竖向穿透松软土层,桩板结构可严格控制高速铁路路基工后沉降;可与上部无砟轨道结构较好匹配、合理衔接,适应高速行车;路基土体可对承载板提供竖向支撑,桩板结构承载能力增强。另外,桩板结构施工机具通用、施工方法简易,且与桥梁和桩网结构等处理措施相比具有一定技术经济优势。

3. 结构形式

桩板结构根据连接方式、组合形式及设置位置可分为非埋式、浅埋式及深埋式三种。

(1) 非埋式

非埋式桩板结构一般三跨或多跨一联,承载板左右分幅,桩与承载板通过托梁连接,托梁与桩刚性连接,中跨承载板与托梁刚性连接,边跨承载板与托梁搭接,相邻联的承载板间设置伸缩缝,承载板与上部轨道结构直接连接。结构形式如图 8-7 所示。

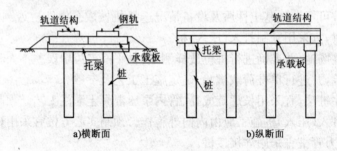

图 8-7 非埋式桩板结构形式示意图

(2) 浅埋式

浅埋式桩板结构的桩与承载板直接刚性连接,承载板上部通过基床表层与轨道结构连接。结构形式如图 8-8 所示。

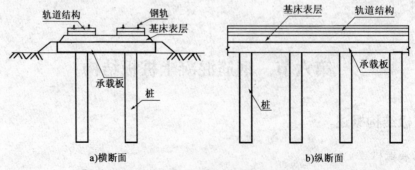

图 8-8 浅埋式桩板结构形式示意图

(3)深埋式

深埋式桩板结构设置在路堤基底,桩与承载板直接刚性连接,承载板上部为填方路基。结构形式如图 8-9 所示。

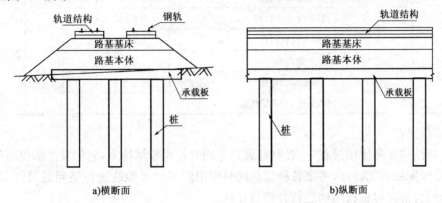

图 8-9 深埋式桩板结构形式示意图

桩板结构形式需结合路基填挖高度和地形地质情况等择优选择,挖方地段及既有路基加固地段一般采用非埋式,低矮路基地段可采用非埋式及浅埋式,低填方地段选用深埋式。

二、桩板结构设计

1. 桩板结构设计参数

(1)桩基础纵向、横向布置间距,桩长,桩身配筋及桩身混凝土强度等级。
(2)托梁结构尺寸、托梁配筋及强度等级。
(3)承载板结构设计尺寸、承载板配筋及强度等级。
(4)桩、托梁及承载板间连接细部构造图。
(5)非埋式承载板与上部轨道的连接形式。

2. 设计荷载

桩板结构设计应根据结构自身的特性,按表 8-10 所列的荷载,就其可能的最不利组合情况进行设计,表中"√"表示设计时应考虑该荷载。

桩板结构设计荷载　　　　　　　表 8-10

荷载分类		荷载名称	非埋式	浅埋式	深埋式
主力	恒载	结构构件及轨道结构自重	√	√	√
		混凝土收缩和徐变的影响	√		√
		基础变位的影响		√	√
		基床表层自重		√	√
		路基本体及基床底层自重			√
	活载	列车竖向静活载	√	√	√
		列车竖向动力作用	√	√	√
		长钢轨纵向水平力(伸缩力和挠曲力,无缝线路)	√	√	
		离心力	√	√	
		横向摇摆力	√	√	

续上表

荷载分类	荷载名称	非埋式	浅埋式	深埋式
附加力	制动力或牵引力	√	√	
	温度变化的影响	√	√	
特殊力	列车脱轨荷载	√	√	
	地震力	√	√	√
	施工临时荷载	√	√	√
	长钢轨断轨力(无缝线路)	√	√	

(1) 荷载组合

在桩板结构实际使用过程中，各种荷载并非同时作用于结构上，它们发生的概率也各不相同，因此应根据结构的特性，考虑各种荷载同时作用的多种可能性进行适当的组合，就其可能的最不利组合情况对桩板结构进行分析与计算。

非埋式和浅埋式桩板结构，铁路列车竖向静荷载应根据铁路等级和速度目标值采用"中－活载"或"ZK"活载；深埋式桩板结构轨道及列车竖向静荷载按换算土柱考虑。

列车脱轨荷载只与主力中恒载组合，不与主力中活载和其他附加荷载组合。离心力应根据铁路等级及行车速度进行计算，当旅客列车设计行车速度小于等于160km/h时，离心力按水平向外作用于轨顶以上2.0m处；旅客列车设计行车速度大于等于200km/h时，离心力按水平向外作用于轨顶以上1.8m处。横向摇摆力取100kN，作为一个集中荷载取最不利位置，以水平方向垂直线路中心线作用于钢轨顶面。

长钢轨纵向力及其与制动力或牵引力等的组合，应符合铁路无缝线路设计规范要求。制动力或牵引力应按列车竖向静活载的10%计算。但当与离心力或列车竖向动力作用同时计算时，制动力或牵引力应按列车竖向静活载的7%计算。双线采用一线的制动力或牵引力，三线采用两线的制动力或牵引力。采用特种荷载时，不计算制动力或牵引力。

地震力与其他荷载的组合见现行《铁路工程抗震设计规范》(GB 50111—2006)的规定。

(2) 动力系数

动力系数是结构和构件最大的动力响应与最大静力响应之比，其数值大小是"列车－轨道－桩板结构"三者的动力特性和动力相互作用状态的综合反应。非埋式及浅埋式桩板结构列车竖向活载动力系数根据铁路等级和速度目标值采用现行《铁路桥涵设计基本规范》(TB 10002—1999)等进行计算，对于浅埋式桩板结构，列车竖向动力作用通过基床表层经过衰减后传递给承载板，其动力系数可乘以0.8予以折减。

(3) 混凝土收缩影响

超静定桩板结构应考虑混凝土收缩的影响，混凝土收缩的影响可按降低温度的方法来计算。混凝土收缩主要是由于水泥浆凝结而产生，也包括了环境干燥所产生的干缩。研究混凝土的收缩问题时，往往与混凝土徐变现象分不开。混凝土收缩使构件本身产生应力，而这种应力的长期存在又使混凝土发生徐变，此种徐变限制或抵消了一部分收缩应力。混凝土的收缩系数一般可为$2\times10^{-4}\sim4\times10^{-4}$，但这些数值是指实验室内试件而言，而实际上随着构件体积增大，表面模量相对减小，影响到表面水分散发。另外还要考虑实际构件施工过程中已完成部分收缩，因此采用的收缩系数标准为0.0002～0.00015，而混凝土线膨胀系数为0.00001，相当于降低温度20℃和15℃。对于分段灌注的钢筋混凝土结构，因收缩已在合拢前部分完成，故对混凝土收缩的影响可予酌减,相当于降低温度10℃。

3. 结构设计计算规定

(1)桩板结构应按多支撑连续板梁进行计算。

(2)桩板结构采用容许应力法进行设计,并应按不同的荷载组合给出不同构件的容许应力值。

(3)桩基的受力分析中,当计算水平荷载作用时,应考虑桩周土体对桩基的水平约束作用。

(4)桩基沉降可根据现行《铁路桥涵地基和基础设计规范》进行计算,非埋式和浅埋式桩板结构应控制相邻桩的差异沉降。

(5)桩基单桩竖向承载力按桩网(桩筏)结构桩基础进行计算。

(6)承载板在竖向静活载作用下的竖向挠度应符合表8-11的规定,对于单线承载板,竖向挠度限值按相应双线承载板的0.6倍取用,表中 L 为承载板的纵向跨度。

承载板体的竖向挠度限值　　　　　表8-11

速度目标值(km/h)	≤200	250	300	350
竖向挠度限值	$1.1L/1300$	$1.1L/1400$	$1.1L/1500$	$1.1L/1600$

(7)桩板结构的承载板和托梁应进行裂缝最大宽度验算,裂缝最大宽度应满足耐久性设计要求。

4. 桩板结构布置

桩板结构承载板跨度宜为5～10m,厚度宜为0.6～1.5m,灌注桩桩径宜为0.8～1.25m。同一跨(联)桩基中,不应同时采用摩擦桩和柱桩,且不宜采用不同直径、不同材料和长度相差过大的桩。

双线铁路非埋式及浅埋式桩板结构的横向桩间距宜与铁路线间距保持一致。非埋式桩板结构应用于无砟轨道地段时,承载板的长度应与其上轨道板分块长度的模数相对应,即为轨道板分块长度的整数倍。

5. 桩板结构构造要求

承载板及托梁的混凝土强度等级不低于C35,桩基的混凝土强度等级不低于C30。承载板(托梁)底设置10cm厚素混凝土或灰土作垫层。承载板(托梁)与桩基刚性连接处,应设置钢筋网、抗剪弯筋和加密箍筋等抗冲切措施。桩与承载板(托梁)连接时,桩身伸入承载板(托梁)内的长度不小于100mm。非埋式桩板结构尚应满足以下要求:

(1)承载板与上部无砟轨道基础结构间通过销钉或门型钢筋连接。

(2)承载板顶应设置向外的横向排水坡,相邻承载板间的纵横向伸缩缝处应设防水伸缩缝。

(3)边跨处承载板与托梁的连接面上宜设置高强耐磨滑动层。

(4)托梁两侧端头宜设置凸型挡载。

三、桩板结构施工要点

桩板结构施工前应编制施工技术方案,平整场地,并准确进行桩位放样测量,桩位平面点位中误差不应大于50mm。

桩板结构施工顺序应按照"桩基→(托梁)→承载板"的工艺流程进行。机械成孔灌注桩宜采用旋挖、冲击成孔、孔内泵压混凝土灌注等工艺。灌注桩桩身钢筋笼的下放应采用吊车起吊,竖直、稳步放入桩孔内,避免碰撞孔壁造成泥皮或孔壁的破坏,以防桩孔坍塌和断桩、废桩等。灌注桩施工完成且混凝土强度达到80%以上时,应对桩头进行处理。距桩顶面20cm范围内的桩头应采用人工凿除,以满足桩顶设计要求,确保桩头质量。

托梁立模施工中,应重点检查桩体伸入托梁的长度,以及桩顶主筋锚入托梁的长度。托梁与承载板采用刚性连接时,应对托梁顶面作凿毛处理。

◆请练习[思考题8-16]

第七节 注 浆

一、注浆概述

1. 注浆地基处理机理

注浆(Injection Grouting)亦称灌浆(Grouting),它是利用灌浆压力或浆液自重,经过钻孔将浆液压到岩石、砂砾石层、混凝土或土体裂隙、接缝或空洞内,以改善地基水文地质和工程地质条件,提高构(建)筑物整体性的工程措施。除采空区及岩溶地基加固处理外,还可用于消除砂土液化、建筑物纠偏、结构补强等。按注浆加固机理,可分为充填注浆、劈裂注浆、渗透注浆和挤密注浆五类。

因注浆加固同时具有防渗、充填、固化、挤密等多方面的作用,注浆效果取决于被注介质的可注性特征,同时也受水文地质条件的影响和制约。故工程实践中,制订注浆方案时,应根据工程地质、水文地质条件及工程要求明确注浆处理对象和注浆目的,方案应有针对性,同时注意进行综合效应分析,避免造成不利影响。

2. 注浆材料

注浆中所用材料由主剂(原材料)、溶剂(水或其他溶剂)及外加剂混合而成。根据材料成分和配比可分为单液浆和双液浆两类;根据浆液性质一般可分为悬浊液型和溶液型两大类。部分注浆材料的适用范围见表8-12。

部分注浆材料的适用范围参考表　　　表8-12

材 料	组成成分的大小(mm)	地基的渗透系数(cm/s)	适 用 范 围
水泥浆类	<0.1~0.08	>10^{-2}	砾砂、粗砂、宽度>0.2mm的裂隙
黏土浆类	<0.05	>10^{-4}	砂、砾砂
超细水泥类	0.012~0.010	>10^{-4}	砂、砾砂、宽度>0.05mm的裂隙
化学浆液类	—	>10^{-7}	细砂、粉砂、微裂隙岩石

受粒状悬浊液固体颗粒大小的限制,当被注介质孔隙或裂隙尺度小于一定值时,粒状浆材是不可能注入的,即使增加注浆压力也不会得到理想的注浆加固效果。因此,注浆材料需根据注浆加固处理对象的可注性特征选用,同时还需考虑注浆材料的耐久性与加固工程耐久性相符。

二、注浆设计

1. 注浆钻孔设计

注浆钻孔其施工顺序和用途分先导孔和注浆孔两类。**先导孔**(Pilot Hole)是指最先施工的,用于核对或补充注浆地区地质资料的少数注浆孔。因其兼起先导勘探和注浆孔的作用,一般在最先施工的分序注浆孔中选取,需按现行《铁路工程不良地质勘察规程》(TB 10027—2012)相关勘探技术要求进行施工。**注浆孔**(Grouting Hole)是指主要用于揭穿注浆通道、构造注入条件的工程钻孔。

(1)钻孔布置

注浆孔宜按孔间距由大到小分序布置,大面积采空区宜按三序布置,岩溶易塌陷区及极易塌陷区宜按二序或三序布置(Ⅰ序孔为先导孔,Ⅱ序孔为注浆孔,Ⅲ序孔为加密孔)。采空区注浆宜在外围设置帷幕注浆孔。

(2)钻孔间距

注浆孔距应据加固目的和加固地层的地质特征确定,并通过现场注浆试验验证。岩溶地基加固注浆孔间距一般采用 3~10m,设计时应结合溶洞、土洞和基岩面附近溶蚀破碎带的发育特征确定。在针对单个空溶洞、土洞采用注浆充填处理时应结合溶洞、土洞发育中心位置布置;在针对地下水在基岩面附近波动的极易发生土体潜蚀—运移—塌陷或已发生塌陷地段,采用注浆时一般为 3~5m;在针对易发生塌陷的地段采用注浆时,孔间距一般为 5~10m。处理采空区和大型空溶洞采用充填注浆时一般为 7~20m。

(3)钻孔深度

注浆钻孔深度应结合溶洞、土洞、溶蚀破碎带及采空区坑道位置及分布特征综合确定,一般应符合下列要求:

①采空区钻孔深度应至底板。

②裸露型岩溶区存在溶洞的地段,顶板不满足稳定要求时,钻孔深度应至溶洞底板以下 2m。

③覆盖型岩溶地段,钻孔处理深度应不小于土石界面以下 5m;在土石界面以下存在溶洞且顶板不满足稳定要求时,钻孔深度应至溶洞底板以下 2m。

2.注浆量估算

注浆水泥宜采用 42.5 级普通硅酸盐水泥,可适量掺入粉煤灰,掺入量不宜大于 30%。注浆压力一般为 0.2~0.5MPa,对岩溶空洞及采空区初期可采用自流注浆。

注浆的有效范围和注浆量应通过现场试验确定,设计时采空区注浆量可根据加固范围、采空区体积及塌陷区松散程度等进行估算;岩溶注浆量可根据裂隙发育情况按式(8-33)估算:

$$V = K\pi R^2 L \mu \beta' \alpha (1-\gamma) \tag{8-33}$$

式中:V——注浆量(m^3);

R——扩散半径,宜为 3~5m;

L——压浆段长度(m);

μ——岩溶裂隙率(%);

β'——有效充填系数,一般 $\beta'=0.8$~0.9;

α——超灌系数,一般取 $\alpha=1.2$;

γ——扣除稀疏填充物的孔隙率后的岩溶裂隙充填率;

K——土石界面下基岩的实际充填系数,宜为 2~3,水平岩溶发育区取小值,垂直岩溶发育区取大值。

三、注浆施工要点

施工前期应平整场地,设置集水坑及临时排水设施,结合工程情况进行现场试验性施工,确定注浆压力、注浆量、水灰比、外加剂类型及掺量等施工参数。

钻孔注浆应实行"探灌结合"的信息化施工原则,注浆孔中应有不少于20%的Ⅰ序孔兼作勘探孔,取芯并编制柱状图,根据揭示的地下岩溶形态调整注浆范围、参数和工艺。在钻孔过程中,易坍孔的土层和岩溶发育破碎带应采用跟管干钻。钻孔钻至设计深度后,埋入注浆管,注浆管距孔底距离不大于1m,并在注浆孔上部设置止浆装置。

注浆应按先外后内、自下而上的顺序进行,必要时采用分层注浆。施工中应采用自动流量和压力记录仪进行注浆施工记录,并及时对资料进行整理分析。施工中浆液宜采用多比级浆液系统,注浆过程中根据浆液流量、压力特征动态调整浆液水灰比。岩溶注浆水灰比可取0.6~2.0,常用的水灰比为1.0。施工中应记录孔深、注浆压力、注浆量等内容。

注浆施工不得影响相邻建筑物的稳定性,施工中应注意注浆对周边环境的影响,避免造成地表环境与地下水的污染。施工结束后,应采用物探、压水试验、钻孔取芯等综合方法,结合施工过程资料对注浆效果进行综合评价。

◆请练习[思考题8-17]

思 考 题

8-1　简述铁路路基地基处理主要类型。
8-2　铁路路基地基处理方案的选择及其基本设计要求。
8-3　换填垫层法主要设计内容。
8-4　简述冲击碾压地基处理的主要机理。
8-5　分别简述强夯法以及强夯置换法作用机理。
8-6　强夯施工要点及注意事项。
8-7　铁路路基复合地基处理方法类型及其适用条件。
8-8　如何进行复合地基处理方案的选择。
8-9　复合地基设计承载力如何确定。
8-10　挤密砂石桩复合地基作用机理及主要设计参数。
8-11　简述灰土挤密桩与水泥土挤密桩复合地基作用机理。
8-12　简述柱锤冲扩桩复合地基作用机理及施工要点。
8-13　试从作用机理和设计要点分析水泥土搅拌桩与旋喷桩复合地基异同。
8-14　如何进行CFG桩复合地基设计?
8-15　桩筏结构设计主要内容。
8-16　简述桩板结构类型及其技术要求
8-17　简述注浆设计及施工主要内容。

第九章 DIJIUZHANG
铁路路基边坡防护及防排水工程

本章导读

现行铁路工程建设技术文件明确规定铁路边坡防护及防排水工程是铁路工程的重要组成部分,要求建设、设计、施工、监理单位必须高度重视,运营管理单位须提前介入,以加强边坡防护及防排水工程设计、施工的全过程管理。由岩土修筑的铁路路基由于大面积地暴露于自然中,长期遭受各种自然因素的强烈作用,其中各种形式的水是危害路基结构的主要自然因素,合理的路基边坡防护及完善的防排水系统是确保路基结构强度和稳定所必需的。

边坡防护工程包括坡面防护和冲刷防护,本章介绍了常用的边坡防护结构形式及其主要技术内容,重点介绍了绿色防护技术。防排水工程主要介绍了地面防排水和地下排水工程设计及施工技术。

学习目标

1. 熟悉铁路路基边坡防护及防排水工程基本技术要求,掌握相关主体单位的技术管理职责。
2. 掌握铁路路基边坡防护工程设计及施工技术,重点掌握路基边坡绿色防护技术。
3. 熟悉铁路路基防排水结构设施分类,掌握不同类型防排水结构设计及施工技术。

学习重点

1. 边坡防护及防排水工程建设中相关主体单位的技术管理职责。
2. 路基边坡坡面防护类型及其适用条件,冲刷防护类型及其适用条件。
3. 铁路路基边坡绿色防护设计及施工技术。
4. 铁路路基防排水结构设计及施工技术。

学习难点

1. 铁路路基边坡绿色防护设计。
2. 铁路路基防排水结构工程系统设计。

本章学习计划

内　　容	建议自学时间（学时）	学 习 建 议	学 习 记 录
第一节　路基边坡防护及防排水工程基本技术要求	0.5	掌握路基边坡防护及防排水结构设计基本技术要求，了解相关主体单位技术管理职责	
第二节　铁路路基边坡防护工程	2.0	本节应掌握铁路路基边坡防护结构设计技术；熟悉路基防护结构工程分类、防护结构常用类型及适用条件，熟悉路基防护结构设计规定	
第三节　铁路路基边坡绿色防护	1.0	本节应掌握铁路路基边坡绿色防护设计；熟悉路基边坡绿色防护原则及防护设计内容，掌握不同地区绿色防护技术设计技术要求，了解绿色防护施工一般规定	
第四节　铁路路基防排水结构形式	1.0	掌握铁路路基防排水结构分类及主要结构型式，掌握各种防排水结构基本概念	
第五节　铁路路基防排水工程设计	1.0	掌握铁路路基防排水结构设计一般技术要求，各种防排水结构布置及其构造规定	
第六节　铁路路基防排水工程施工	0.5	掌握铁路路基防排水结构工程施工原则，熟悉各种防排水结构的施工工艺及要点	

第一节 路基边坡防护及防排水工程基本技术要求

铁路路基边坡防护及防排水工程应作为路基工程的重要组成部分,应按结构物进行系统设计、结构设计、耐久性设计,施工应进行全过程质量控制。

一、路基边坡防护及防排水工程基本技术要求

铁路选线和总体设计应从系统工程角度统筹考虑边坡防护及防排水工程,优化线路平、纵断面,做好工程方案比较,合理确定工程类型。

铁路边坡防护及防排水工程应按结构物进行系统设计,其功能应满足铁路工程运营安全的要求。

边坡防护结构设计使用年限应为60年,排水设施结构设计使用年限应为30年,设计应确保排水设施系统性和完整性,进行基础、接缝、防渗及末端设计。

路堤边坡防护工程不得采用全坡面混凝土或浆砌片石防护,当填料及气候条件适宜时,应优先采用植物防护,并设置骨架,铁路路基边坡绿色防护工程应作为路基工程的组成部分,与其同步设计。路基防护结构工程设计时,必须查明山体和地基的工程地质、水文地质条件,取得必要的岩土物理力学参数。城市及风景区的防护结构工程宜考虑与其他相邻建筑物的协调。

客运专线及时速200公里客货共线I级铁路路基排水设施设计降雨重现期应按50年标准采用,侧沟、天沟、排水沟应采用混凝土浇筑或预制拼装,不得采用浆砌片石。混凝土预制构件应工厂化生产,水泥砂浆或混凝土必须采用砂浆或混凝土搅拌机进行生产。电缆槽及排水沟盖板应优先采用活性粉末混凝土(RPC)等强度较高的材料。客运专线铁路的护坡骨架应采用混凝土浇筑或预制混凝土构件拼装。护坡骨架必须嵌入坡面,确保坡面排水畅通。

边坡防护及防排水工程设计图纸及内容应符合表9-1的要求。

铁路路基边坡防护及防排水工程设计图纸及内容表　　　　表9-1

工程项目	图　名	内　容	备　注
边坡防护	边坡防护正面图	包括边坡高度、长度、设计说明	锚杆(索)框架梁及复杂工点
	横断面设计图	包括加固防护形式、高度、高程、与其他结构的连接	
	结构设计图	包括加固防护的形式、材料、截面尺寸及有关技术要求	
排水系统	区间排水系统平面布置总图	包括地形、地貌,自然水系与既有排水建筑,线路中心线、桥梁隧道涵洞分布及路基坡脚坡顶线,取弃土位置,排水设施中线、长度、水流方向及出入口高程,涵洞中心位置与孔径,路基排水设施与桥、涵、隧、站等排水设施及地方农田水利灌溉系统的衔接	比例尺1:500~1:2000
	站场排水系统平面布置总图	包括地形、地貌,自然水系与既有排水建筑,线路中心线、桥梁隧道涵洞分布及路基坡脚坡顶线,取弃土位置,排水设施中线、长度、水流方向及出入口高程,涵洞中心位置与孔径,路基排水设施与桥、涵、隧、站等排水设施及地方农田水利灌溉系统的衔接	比例尺1:500~1:2000
	横断面设计图	包括排水沟、侧沟、盲沟的位置、截面形式与沟底高程,沟底地基处理形式	比例尺1:200
	结构设计图	包括沟型、材料、截面尺寸及接缝、伸缩缝、特殊地段沟底地基处理与防渗等有关技术要求	

◆请练习[思考题 9-1、9-12]

二、路基边坡防护及防排水工程相关主体单位管理规定

1. 建设单位

建设单位应加强边坡防护及防排水工程施工图审核和技术交底工作。施工前,应及时组织设计、施工、监理及运营管理单位对全线边坡防护及防排水工程设计进行现场核对和审核,并进行技术交底。加强边坡防护及防排水工程施工专项检查。在全线线下工程基本成型或独立标段线下工程基本成型后,应组织设计、施工、监理及运营管理单位对边坡防护及防排水工程进行现场核对和专项检查,检查建设标准和设计文件执行情况,根据现场实际进一步完善工程措施,确保边坡防护及防排水工程满足铁路运营安全的要求。静态验收时,组织设计、施工、监理以及运营管理单位对边坡防护及防排水工程进行实地检查、验收。审查"四电"等后续工程施工方案,并负责施工协调及验收。

2. 设计单位

工程地质勘察、水文调查等工作应能满足边坡防护及防排水工程结构设计要求。设计单位应强化边坡防护及防排水工程设计,加强设计接口管理。边坡防护及防排水工程设计应与路基支挡、隧道洞口、桥梁墩台、涵洞等同步设计,同步出图。加强通用参考图的使用管理。湿陷性黄土、岩溶发育区等不良地质、特殊岩土区段的边坡防护及防排水工程应加强方案研究和工程设计,严禁套用通用参考图。参与建设单位组织的有关边坡防护及防排水工程现场核对、技术交底及检查、验收等工作,加强现场配合施工,及时解决工程建设中存在的技术问题。铁路边坡防护及防排水工程设计图纸及内容应符合表 9-1 的要求。"四电"与站前工程接口应作专门设计,明确"四电"与站前工程接口的施工技术要求。

3. 施工单位

施工单位应参与建设单位组织的有关边坡防护及防排水工程现场核对、技术交底及检查、验收等工作,发现现场与设计不符时,应及时报告建设单位。将边坡防护及防排水工程施工控制纳入质量管理体系。施工前结合施工放样对施工图进行现场核对,编制边坡防护及防排水工程专项作业指导书,明确施工技术标准和施工操作程序。严格进场材料检验程序,并按施工图及相关标准进行质量检验。施工期间做好边坡防护及防排水工程的成品保护。雨季施工应专门制定雨季施工方案及防护措施,发现问题及时整改。"四电"等后续工程单位提出后续工程与已完工程干扰地段的施工方案,经建设单位批准后实施。

4. 监理单位

监理单位应参与建设单位组织的有关边坡防护及防排水工程现场核对、技术交底及检查、验收等工作,协助处理工程建设中存在的问题。编制边坡防护及防排水工程专项监理细则。配备满足施工进度和质量控制要求的监理人员和设备。加强边坡防护及防排水工程施工过程监控,对重要工序和关键环节进行旁站监理。

◆请练习[思考题 9-2]

第二节 铁路路基边坡防护工程

路基防护是保证路基强度和稳定性的重要措施之一，其防护的重点是路基边坡，必要时也包括路肩表面，以及同路基稳定有直接关系的近旁河流与山坡。路基边坡防护工程分坡面防护和冲刷防护两种，当填料及气候条件适宜时，边坡防护工程应优先采用植物防护，并设置骨架。

一、坡面防护

坡面防护是保护环境，防止水土流失的一种工程措施。坡面防护主要就是保护路基边坡面而免受雨水冲刷，减小温度及湿度变化的影响，防止或延缓软弱岩土表面的风化、剥落等演变过程，从而保护路基边坡的整体稳定性。坡面防护设施本身不承受外力作用，必须要求坡面岩土整体牢固。此外，坡面防护还应与排水设施相配合，以便雨水能尽快排出路基范围。

1. 坡面防护类型

对受自然因素作用易产生破坏的边坡坡面，应根据边坡的土质、岩性、水文地质条件、边坡坡率与高度、环境保护、水土保持要求等，选用适宜的防护措施，城市及风景区的防护结构工程宜考虑与其他相邻建筑物的协调。路基边坡坡面防护工程常用类型及适用条件如表9-2所示。

坡面防护工程常用类型及适用条件　　　　　表9-2

防护类型	结构形式	适用条件	注意事项
植物防护	种草或液压喷播植草	土质边坡。坡率缓于1:1.25	当边坡较高时，可用土工网、土工网垫与种草结合防护
	铺草皮	土质和强风化、全风化的岩石边坡。坡率不陡于1:1	草皮可为天然草皮，亦可为人工培植的土工网草皮
	种植灌木	土质、软质岩和全风化的硬质岩石边坡。坡率不陡于1:1.5	树种应为根系发达、枝叶茂盛、适合当地迅速生长的低矮灌木
	喷混植生	漂石土、卵石土、碎石土、粗粒土和强风化、弱风化的岩石路堑边坡。坡率不陡于1:0.75	种植基材应通过配合比试验或小范围工程试验确定，边坡高度不宜大于10m
	客土植生	漂石土、卵石土、碎石土、粗粒土和强风化的软质岩及强风化、全风化的硬质岩石路堑边坡，或由其弃砟填筑的路堤边坡，坡率不陡于1:1	边坡高度不宜大于8m
喷护	喷掺砂水泥土，厚度为6~10cm，材料为砂、水泥、黏性土	易受冲刷的土质堑坡。坡率不陡于1:0.75	选好材料配合比和水灰比，一般应通过试喷
	喷浆，厚度≥5cm，材料为砂、水泥、石灰	易风化但未遭强风化、全风化的岩石堑坡。坡率不陡于1:0.5	

续上表

防护类型	结构形式	适用条件	注意事项
喷护	喷混凝土,厚度≥8cm,材料为砂、水泥、砾石	易风化但未遭强风化、全风化的岩石堑坡。坡率不陡于1:0.5	选好材料配合比和水灰比,一般应通过试喷
挂网喷护	锚杆铁丝网(或土工格栅)喷混凝土或喷浆。锚固深度为1.0～2.0m,网距为20～25cm,其他同喷护	喷混凝土或喷浆防护的岩石边坡。当坡面岩体破碎时,为加强防护的稳定性而采用	锚孔深度应比锚固深度深20cm,其他同喷护
干砌片石护坡	一般厚度为30cm,其下设≥10cm厚砂砾石垫层	土质路堤边坡;有少量地下水渗出的局部堑坡;局部土质堑坡嵌补。坡率不陡于1:1.25	基础应选用较大的石块,应自下而上地进行砌砌,接缝要错开,缝隙要填塞紧
浆砌片石护坡	厚度为30～40cm,水泥砂浆砌筑	易风化的岩石边坡和土质边坡。坡率不陡于1:1	—
浆砌片石或混凝土骨架护坡	骨架宜用带排水槽的拱型骨架,也可采用人字型、方格型。骨架内铺草皮、液压喷播植草或干砌片石等	土质和全风化的岩石边坡,当坡面受雨水冲刷严重或潮湿时。坡率不陡于1:1	护坡四周应用浆砌片石或混凝土镶边,混凝土骨架视情况在节点处加锚杆,多雨地区采用带排水槽的拱型骨架,骨架埋深不小于0.4m
浆砌片石护墙	等截面厚度为50cm,变截面顶宽为40cm;底宽视墙高而定	土质和易风化剥落的岩石边坡。坡率不陡于1:0.5	等截面护墙高不宜超过6m,当坡度较缓时,不宜超过10m。变截面护墙,单级不宜超过12m,超过时宜设平台、分级砌筑

表9-2提出的坡面防护工程类型是当前常用而且效果较好的几种。在选用防护类型时,除应考虑表中所列举的条件外,还应考虑投资的经济性。

(1)砌石护坡

护坡(Revetment或Slope Protection)是指为防止路基边坡(缓于1:1)坡面风化、剥落、溜坍、冲刷而设的防护工程。砌石护坡适用于边坡坡度缓于1:1的各类土质及岩质边坡,砌石防护有干砌片石护坡和浆砌片石护坡。当坡面受地表水流冲蚀产生冲沟,表层溜塌或剥落时,均可采用砌石防护。

①干砌片石护坡。干砌片石护坡适用于不陡于1:1.25的土质(包括土夹石)边坡,且有少量地下水渗出的情况,厚0.3m左右,如图9-1所示。若土体为粉质黏土、松散砂和砂黏土等土时,应设不小于堑坡干砌片石护坡基础10cm厚的碎石或砂砾垫层。片石护坡应设基础,堑坡干砌片石护坡基础应砌至侧沟底。

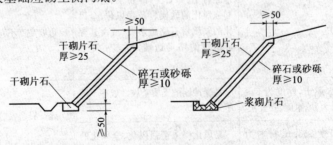

图9-1 干砌片石护坡(尺寸单位:cm)

②浆砌片石护坡。浆砌片石护坡适用于不陡于1∶1的各类岩质和土质边坡,厚度一般为0.3~0.4m。浆砌片石护坡可作为边坡的补强措施。对高边坡可分级设置平台,平台宽不小于1.0m,每级高不宜大于20m,沿线路方向每10~20m应设伸缩缝并在护坡下部设置泄水孔。片石的砌筑采用50号水泥砂浆。施工应在边坡土体沉实后进行,防止因土体下沉开裂。

(2)浆砌片石骨架护坡或混凝土骨架护坡

为节省片石及水泥,可采用浆砌片石骨架护坡或混凝土骨架护坡,如图9-2所示。骨架常用方格形和拱形,骨架内可采用植被防护、捶面填补。

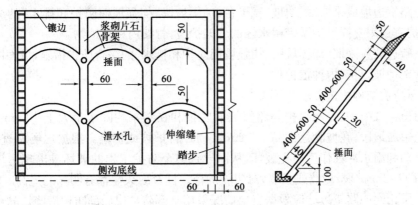

图9-2 浆砌片石骨架护坡(尺寸单位:cm)

(3)浆砌片石护墙

护墙(Protecting Wall)是指为防止路堑边坡(1∶0.5~1∶1)坡面风化、剥落、溜坍、冲蚀,但不承受土压力的防护结构。浆砌片石护墙适用于各类土质边坡和易风化剥落且破碎的岩质边坡,用以防治较严重的边坡坡面变形,常作为边坡加固措施。对较陡的堑坡防护仅限应用于稳定的堑坡,且边坡坡度不陡于1∶0.3。

浆砌片石护墙有实体护墙及孔窗式护墙,孔窗内可采用干砌片石或捶面防护。一般土质及破碎岩石边坡多采用实体护墙,较完整且较陡的岩质边坡可采用肋式护墙,对下部较完整、上部较破碎的岩质边坡可采用拱式护墙。按护墙截面尺寸,护墙可分为等截面和变截面两种形式。按防护高度可分为单级、两级及多级护墙,如图9-3所示。

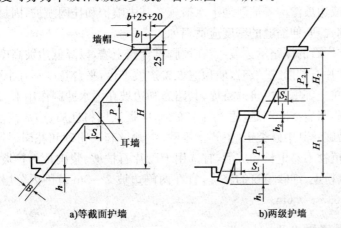

图9-3 浆砌片石护墙(尺寸单位:cm)

2. 坡面防护设计

边坡防护设计应在查明边坡的工程地质、坡体结构和水文、气象条件的基础上，结合区域工程经验，合理选择防护形式及设计参数。

(1) 一般规定

路堤及土质和风化软质岩路堑边坡应采用工程防护与植被防护相结合的形式，宜选用带截水缘骨架或锚杆(索)框架梁内植被护坡。框架梁必须嵌入坡面，确保坡面排水畅通；框架梁应设带截水缘的镶边并一体浇筑。

地下水发育地段的路堑边坡应增设支撑渗沟、仰斜排水孔等排除地下水的措施。

膨胀土路堑边坡应采取"缓边坡、宽平台、加固坡脚、加强坡面防护和排水"的综合防护措施，坡面防护宜选用支撑渗沟及带截水缘的骨架护坡，骨架内种植植物。

黄土路堑边坡应采取"加固坡脚、加强坡面防护和排水"的综合防护措施，坡面防护宜选用带截水缘骨架护坡，骨架内种植植物。

(2) 坡面防护结构构造要求

在采用植物或喷护、挂网喷护等路堑坡面防护和在年平均降水量大于400mm地区较高的土质路堑边坡地段，在坡脚处设高1～2m浆砌片石护坡或护墙。根据现场调查，这些地段常因列车震动和雨水冲蚀作用而先破坏，从而导致整个防护工程的破坏或出现边坡坍塌。在坡脚增设高1～2m护坡、护墙或挡墙，对边坡的稳定性及耐久性都有明显的提高。

软硬岩层相间的路堑边坡应根据岩层情况采用全部防护或局部防护措施。软硬岩层相间的路堑边坡，往往由于软质岩石风化剥落速度快，使上部硬质岩层失去支撑力，出现掉块，影响行车安全。对上部为硬质岩层、下部为软质岩层的路堑边坡，下部软质岩层边坡应用浆砌片石护坡或护墙防护。

当浆砌片石护墙高度大于12m、浆砌片石护坡和骨架护坡高度大于15m时，宜在适当高度处设平台，平台宽度不宜小于2m。浆砌片石护墙、护坡的基础应埋置在路肩线以下不小于1m，并不应高于侧沟砌体底面。当地基为冻胀土时，应埋置在冻结深度以下不小于0.25m。

封闭式的坡面应在防护砌体上设泄水孔和伸缩缝。当坡面有地下水出露时，应采取措施将水引出。封闭式坡面防护是指喷护、挂网喷护及浆砌片石护坡和护墙等，应根据坡面的潮湿程度，设置泄水孔或边坡渗沟等渲泄地下水措施。如果坡面中的水不能顺利排出，将严重影响封闭式坡面防护的稳定和使用年限，甚至失败。如果坡面有地下水，则应根据水量大小及分布情况，设置泄水孔或边坡渗沟等渲泄地下水措施。其中喷护和挂网喷护，因材料硬化后收缩和强度变化作用影响强烈，伸缩缝的密度应适当加大。

土质和易风化岩石的深路堑边坡，宜在坡脚设置挡土墙，以降低边坡高度。当挡土墙墙顶上方坡面设有浆砌片石护墙、护坡时，墙顶应设置边坡平台，平台宽度不宜小于2m。

用砂类土、细粒土等填料填筑的路堤，其路肩和边坡在雨水冲刷作用下，常发生水土流失，甚至引起边坡坍塌，路肩宽度不足，危及行车安全，应根据填料性质、边坡高度和当地降雨量，选用适宜的防护措施。其中砂类土(主要指粗砂、中砂、细砂、粉砂和花岗岩风化残积物等)填筑的路堤边坡，因植物不易生长和成活，宜选用干砌片石护坡、浆砌片石护坡或干砌片石勾缝护坡加以防护。以粉土、细砂填筑的路堤，宜在两侧边坡2～3m范围内分层水平铺设土工格栅，其竖向间距为0.5～0.6m。

◆请练习[思考题9-3]

二、冲刷防护

河流在其演变过程中会产生对河床及沿岸的冲刷作用。当路基本体或部分边坡伸入河床范围，对水流产生约束，改变水流特性时，将导致更严重的冲刷。河滩路堤、滨河路堤及水库路基都必须妥善解决路基的冲刷防护问题，从而提高铁路路基的抗洪能力，确保路基安全、稳定。寒冷地区冬季还存在着河流或水库冰封、流冰产生冰压力的作用。汛期洪水是路基的严重威胁，水流对路基的冲刷乃至冲毁，都会造成对列车安全运行的威胁和铁路设施的严重破坏。

1. 路基冲刷防护措施

水流冲刷是影响沿河地段路基稳定的主要因素。沿河地段路基应根据河流特性、水流性质、河道地貌、地质等因素，结合路基位置，慎重地选用适宜的坡面防护、导流、改河等防冲刷措施，其中导流及改河为路基冲刷防护间接措施。

（1）坡面防护

坡面防护是对河岸或路堤坡面予以直接加固，以抵抗水流的冲刷和掏蚀。

（2）导流

导流是借助于沿河布置丁坝来迫使水流流向偏离线路，减轻路基部分的冲刷。一般用于河床较宽，冲刷和淤积大致平衡，水流性质易改变的河段。

（3）改河

当路堤侵占河床较多或水流直冲威胁路基安全，在地形地质条件有可能时，方可采用局部改移河道的措施。但峡谷、泥石流、非稳定性的河段，不应轻易改移河道。

2. 路堤边坡与河岸岸坡冲刷防护工程

冲刷防护工程应与上下游岸坡平顺连接、端部嵌入岸壁足够深度，以防止恶化上下游的水文条件。冲刷防护工程顶面高程，应为设计水位加波浪侵袭高加壅水高加 0.5m；桥头的河滩路堤，当水流纵坡较大、河滩较宽阔时，还应计入桥前水面横坡所形成的附加高度。

防护工程基底应埋设在冲刷深度以下不小于 1m 或嵌入基岩内。冲刷深度应根据公式计算、河床地层冲淤分析和类似工程的实践资料综合分析确定。冲刷深度分为一般冲刷和局部冲刷两类，当防护地段河床纵坡变大或防护建筑物较多地压缩了水流断面，致使水流流速增大，而水流流向并不直冲建筑物时，可按一般冲刷考虑。当防护建筑物没有或很少压缩水流断面，但水流方向与建筑物迎面切线交角较大时，可按局部冲刷考虑。当冲刷深度较深、水下施工困难时，可采用桩基、沉井基础或适宜的平面防护或与设桥方案进行比较。

路堤边坡与河岸岸坡的冲刷防护工程类型及适用条件宜按表 9-3 的规定选用。

表 9-3 中容许流速值上、下限差值较大的防护类型有浆砌片石护坡、大型砌块、浸水挡土墙等，应视建筑物的厚度、砂浆强度等级、砌块大小等进行选择。容许流速值小的类型适用于薄的、强度等级低的、砌块小的工程；容许流速值大的类型适用于厚的、强度等级高的、砌块大的工程。

（1）抛石防护

常用抛石防护断面如图 9-4 所示，图中反滤垫层亦可使用无纺土工织物。对于波浪冲击力大的岸坡或路堤边坡还可以使用各种适宜形状的混凝土块体，一般在缺乏石料地段使用。

冲刷防护工程常用类型及适用条件 表9-3

防护类型	结构形式	适用条件	
		容许流速(m/s)	水流方向、河道地貌等
植物防护	铺草皮	1.2~1.8	水流方向与线路近乎平行;不受各种洪水主流冲刷的浅滩地段路堤边坡防护
	种植防护林、挂柳		有浅滩地段的河岸冲刷防护
干砌片石护坡	单层厚0.25~0.35m;双层厚:上层0.25~0.35m,下层0.25m	2~3	水流方向较平顺的河岸滩地边缘;不受主流冲刷的路堤边坡;无漂浮物和滚石的河段
浆砌片石护坡	厚0.3~0.6m	4~8	主流冲刷及波浪作用强烈处的路堤边坡
混凝土护坡	厚0.08~0.2m		
抛石	石块尺寸根据流速、波浪大小计算,不宜小于0.3m	3	水流方向较平顺,无严重局部冲刷的河段;已浸水的路堤边坡与河岸
石笼	镀锌铁丝制成箱形或圆形,笼内装石块	4~5	受洪水冲刷但无滚石河段和大石料缺少地区
大型砌块	2m×2m×2m 3m×3m×2m	5~8	受主流冲刷严重的河段
浸水挡土墙	—	5~8	峡谷急流和水流冲刷严重的河段

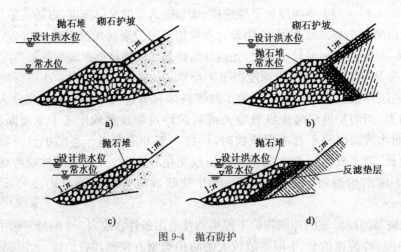

图9-4 抛石防护

(2)片石护坡

片石护坡包括干砌片石护坡和浆砌片石护坡(图9-4)两类。片石护坡的基础设置需考虑最大冲刷深度的影响。砌石护坡的设计厚度,决定于当地开采片石尺寸的大小。如单从防冲刷而言,护坡的厚度用0.25m已够;当采石场的片石面宽为0.35m时,则砌石护坡的设计厚度宜为0.35m。

(3)混凝土板及混凝土柔性块板

为抵御强烈水流、波浪或流水的作用,可采用边坡较大的混凝土板块,如图9-5所示。一般最小尺寸不少于1m,最小厚度不小于6cm。可设置必要的构造钢筋预制。铺设时板下应设置砂砾垫层。其适用条件与浆砌片石相同,但造价较高。

柔性混凝土块板,其板块以0.5m×0.5m~1.0m×1.0m为宜,铺设时拼接安装成为整体,由于具有柔性,可紧贴防护土体下沉,防止进一步淘刷,如图9-6所示。

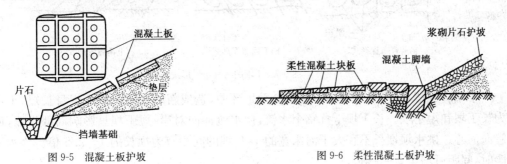

图9-5 混凝土板护坡　　　　　图9-6 柔性混凝土板护坡

(4) 石笼护坡

石笼护坡具有较好的强度与柔性,可用于石料缺乏地段。但由于石笼笼箱材料不耐久,故使用年限不长。

(5) 土工合成材料冲刷防护类型及设计原则

在流速为2~5m/s的河段,经技术经济比选,亦可采用土工织物沉枕、土工模袋等冲刷防护类型。作为传统冲刷防护措施的替代材料,土工合成材料具有质量轻、强度高、耐腐蚀、柔性强、施工方便、与土体相互作用有反滤、排水或防渗作用,并具有吸收水流冲击能的优点。土工合成材料可与土、石、混凝土等结合,覆盖于岸坡或河底,构成抗冲刷工程。土工织物沉枕、土工模袋等冲刷防护技术已在国外广泛应用,在国内也取得了一些实践经验,但由于在铁路路基工程中的应用尚缺乏经验,所以要求进行技术经济比选后采用。土工合成材料应用于冲刷防护工程的适用条件,可根据表9-4选用。

冲刷防护工程类型及适用条件　　　　　　表9-4

防护类型	结构形式	适用条件
土工格栅或土工网石笼	用土工格栅或土工网等制成箱形或圆柱形,笼内装块石、卵石形成条体或块体	适用于临时工程,流速4~5m/s,无滚石河段
土工织物沉枕	土工织物缝成管袋,内填砂石料等制成的枕状物	流速4~5m/s,冲刷较严重的护坡、护底,如丁坝、顺坝等
土工模袋	土工模袋内充填流动性水泥砂浆或混凝土,厚度视工程需要确定。分有滤排水点和无滤排水点型	护坡坡度不陡于1:1.5,充填水泥砂浆的,容许流速为2~3m/s;充填混凝土的,容许流速大于3m/s的水上、水下工程

3. 导流防护

导流防护成败的关键是导流建筑物的正确选择和布置,因此应切实依据天然河道的地形、地质、水流性质、河道演变规律和防护要求等确定导治线、导治水位和选择导流建筑物的类型,并应避免冲刷农田、村庄、道路和下游路基。

导流建筑物常用的有丁坝和顺坝两种。丁坝如图9-7所示,又称挑水坝,坝体伸向河心,横向约束水流迫使水流改变方向,从而防护河流岸坡不受或减少冲刷的危害。按与河水流向所成角度的大小,丁坝分为垂直、下挑和上挑三种布置形式。

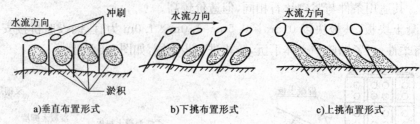

a) 垂直布置形式　　b) 下挑布置形式　　c) 上挑布置形式

图 9-7　丁坝的三种布置形式

丁坝应成群布置,单个丁坝可使水流发生环曲,造成新的冲刷。按照坝身长短,丁坝可分为长丁坝和短丁坝。长丁坝干扰整个水流,使水流冲向对岸;短丁坝只影响局部水流,使水流趋向河心。挑水坝坝长不宜大于河床宽的 1/4,坝的间距宜为坝长的 1~2.5 倍。当水流较平顺时,间距可增至 3~5 倍。

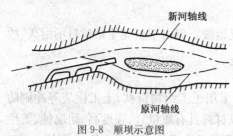

图 9-8　顺坝示意图

顺坝沿河岸纵向布置,坝身和水流流向交角很小近于平行,使水流平缓地顺坎侧流动,逐渐改变流向,离开防护区域,如图 9-8 所示。

按照水位区分,丁坝和顺坝又可分为低水位坝、中水位坝和高水位坝。低水位坝用以导治低水位水流,高于低水位时,水流漫溢坝顶,故亦称为漫溢坝。中水位坝用于导治中水位水流。高水位坝用于导治最高洪水位水流,又称不漫溢坝。不漫溢坝对导引水流、防护河岸冲刷均较前两者强,高水位坝的坝顶高程应为设计水位加波浪侵袭高加壅水高再加 0.5m。顺坝和挑水坝的坝头、坝根及基础部分应加强防护。坝根应嵌入河岸足够深度,与坝根相连的河岸应有适当长度的防护。

4. 改河

改河是指当路堤侵占河床较多或水流直冲威胁路基安全时,将河道局部改移,使路堤避开水流的冲刷。一条天然河道的形成是河槽地层和水、泥沙长期相互作用的结果,有其自然的客观发展规律。要想改变这种自然规律状态,首先要掌握河流的性质及其演变规律,才能据以改造自然,做好改河设计。一般在短期勘测阶段中,要掌握这些资料是有一定困难的。所以在改移天然河道时,要慎重对待,要注意技术上的可行性和设计的可靠性,务使新河道顺应河势,大体上符合该段天然河流的特性,严防硬性改动,强迫水流拐死弯而招致失败。

◆请练习[思考题 9-4]

三、客运专线铁路边坡防护补充规定

浸水地段受水流冲刷的路基边坡应根据流速、流向及冲刷深度,采用抗冲刷能力强的防护措施。当路堤边坡高度较高时,可在两侧边坡内分层铺设宽度不小于 3m 的土工格栅等土工合成材料,以便严格控制分层填筑,提高边坡部分的压实密度,同时提高边坡抗雨水冲刷能力,避免产生边坡浅层坍滑。

土质路堑边坡采用植物防护措施,较高的土质路堑边坡视地层性质采取骨架或锚杆框架梁等措施。软质岩路堑应根据岩体结构、结构面产状、风化程度、地下水及气候条件等确定边坡加固措施,采用喷混植生、锚杆框架梁内喷混或客土植生等措施防护。

对于岩层破碎、节理发育的硬质岩路堑高边坡,为防止坡面掉块,可在锚杆框架梁内打锚杆、挂钢丝网防护。

较完整的硬质岩路堑边坡应采用预裂、光面爆破并结合嵌补及锚杆框架梁防护。当边坡岩体破碎、节理发育时,根据边坡高度可采用喷混植生、锚杆框架梁内喷混或客土植生等措施防护,边坡较高时可在锚杆框架梁内打设锚杆、挂钢丝网防护。

骨架护坡一般应采用带截水槽的结构,骨架埋置深度应大于0.6m,间距不大于3m。路基边坡采用带截水槽的骨架护坡,结合在骨架内种植草灌木等植物防护,并适当加深骨架埋置深度加大骨架宽度,防护效果好,可以加快路基面和边坡排水速度,大量减少雨水对路肩和边坡的冲刷破坏。

地下水发育及膨胀土路堑边坡宜结合边坡防护,采用边坡支撑渗沟加固,必要时结合深层排水孔加强地下水排泄。

第三节 铁路路基边坡绿色防护

路基边坡坡面绿色防护是对路基坡面采取种植植物或种植植物与工程防护(土工合成材料、浆砌片石骨架、混凝土框格、坡脚矮挡墙等)相结合的边坡坡面防护措施。

一、铁路绿色通道设计概述

全国绿色通道建设是一项具有战略意义的国土绿化工程,铁路绿色通道建设是全国绿色通道建设的重要组成部分,包括新建、既有铁路两侧的绿化、美化和路基边坡的绿色(植物)防护工程。结合铁路建设和运营实施绿色通道工程,不仅能够改善铁路沿线的生态环境,完成国土绿化的战略要求,还可加强路基防护,控制水土流失,减轻生态灾害,对保障运输安全也具有重要作用。路基工程在铁路工程中占有较大的比重,修建路基工程对生态环境的影响较大,而且有较大的绿化空间。因此,路基边坡绿色(植物)防护是铁路绿色通道建设的重点。

为贯彻落实绿色通道建设要求,推进铁路路基边坡绿色防护,提高总体水平,同时考虑路基边坡绿色防护技术现状和铁路路基工程实际情况,统一铁路路基边坡绿色防护工程设计、施工与验收技术要求,铁路建设主管部门组织陆续发布了《铁路路基边坡绿色防护技术暂行规定》(建技[2003]7号)、《铁路绿色通道设计暂行规定》(铁建设函[2004]551号);为了进一步规范铁路绿色通道建设中各相关主体单位的职责于2007年5月16日印发了《铁路绿色通道建设实施指导意见》(铁建设函[2007]472号);针对绿色通道建设中存在部分建设项目不严格执行标准的情况,为进一步重视和加强绿色通道建设工作,于2008年4月10日印发《关于进一步做好铁路绿色通道建设工作的通知》(建技[2008]27号);为进一步规范客运专线铁路设计和现场管理,做好客运专线绿色通道建设,针对部分客运专线建设中执行部发标准不统一等问题,于2009年7月13日印发了《做好客运专线铁路绿色通道建设及防护栅栏接触网支柱设置等工作的通知》(铁建设函[2009]941号),进一步明确了路堤、路堑地段铁路绿色通道建设原则、方法和要求,要求铁路建设各相关主体单位必须严格执行。

二、铁路路基边坡绿色防护一般技术

1. 铁路路基绿色通道设计一般规定

绿色通道设计宜在铁路用地范围内。当地方政府提供绿化用地时，可适当扩展到铁路用地界外。

绿色通道建设应贯彻"十分珍惜、合理利用土地和切实保护耕地"的基本国策，坚持依法用地、合理规划、科学设计的用地原则。

绿色通道工程是主体工程的组成部分，绿色通道建设的重点是铁路区间路基、站区与隧道洞门仰坡等。铁路绿色通道建设应与主体工程同步设计、同步施工、同步验收。

绿色通道应与路基边坡防护设计相结合。路基两侧应采用内灌外乔的形式，靠近路基地带宜种植草、灌植物；远离路基地带宜以种植灌、乔植物为主，形成立体复层的绿化带，兼顾美观与景观效果。

对线路经过城镇、风景名胜区等景观要求较高的地段，绿化设计应考虑与景观的协调和美化效果。

绿色通道设计应根据当地气象、水文、土壤、地形、植被现状等情况确定，执行宜草则草，宜灌则灌、宜乔则乔的绿化方针，优先选择当地适生植物品种，乔木宜实行行行交混交，灌木宜实行带状混交，草宜实行混播混种。

2. 路基边坡绿色防护原则

铁路工程建设遍及全国各地，铁路沿线的气象、水文、植被、地质、人文景观等自然地理条件存在差异，路基边坡的高度、坡率和土质也不尽相同，同时，路基边坡绿色防护不仅涉及防护技术，还涉及植物学、土壤学、化学等多方面的科学知识。因此，路基边坡绿色防护应以防风固土（沙）、美化环境为主要功能并与工程防护措施相结合，遵循因地制宜、安全可靠、经济合理和防护措施综合应用的原则。

3. 边坡绿色防护植物的选择

铁路沿线生态环境复杂，养护困难，又强调保护边坡稳定和改善生态环境的作用，因此要求植物种类和生态习性的多样性，易于成活，易于养护和粗放管理。路基边坡绿色防护植物的选择，应根据边坡防护目的、气温、降水、土质、施工季节等确定。

从植物生态效果分析，同等面积的树木是同等面积的草地绿化效果（降温增温、提供氧气、吸收有害气体等）的3~4倍。铁路路基边坡绿色防护之所以选用草本植物、灌木和藤本植物，是因其覆盖率大，防护和"绿化"功能较好，同时还考虑了行车安全。乔木对边坡增加重力过大、吸水性强，风吹树摇使边坡发生裂缝，不利于边坡稳定，而且过高的乔木或乔木被风吹倒后会影响行车安全，因此不宜在边坡上种植乔木，乔木仅在有条件时可以采用。路基边坡绿色防护常用草本植物见表9-5。

路基边坡绿色防护常用草本植物　　　表9-5

分区	地域	适宜性草本植物	选择性草本植物
东北寒冷区	黑、吉、辽	高羊茅、冰草、百喜草、无芒雀麦、白颖苔草、紫羊茅、紫花苜蓿、白三叶	早熟禾、黑麦草、细羊茅、结缕草、野牛草、弯叶画眉、匍匐剪股颖
西北、西南干冷区	蒙、新、甘、陕、宁、藏	高羊茅、冰草、小冠花、无芒雀麦、白颖苔草、百脉根	野牛草、结缕草、早熟禾、小糠草、黑麦草、沙生冰草、苜蓿、沙打旺

续上表

分区	地域	适宜性草本植物	选择性草本植物
华北冷暖区	京、津、晋、冀、鲁、豫	结缕草、野牛草、羊茅、黑麦草、老芒麦、白颖、苔草、三叶草、异穗苔草	无芒雀麦、冰草、早熟禾、小冠花、小糠草、香根草
华中暖温区	苏、鄂、皖、湘、浙北	假俭草、结缕草、狗牙根、高羊茅、地毯草、百首草、香根草	三叶草、黑麦草、小糠草、画眉草
华东热湿区	皖中南、沪、鲁、苏、浙、赣	狗牙根、假俭草、结缕草、两耳草、雀稗、地毯草、百首草、白三叶、苜蓿、多花木兰、香根草	剪股颖、马蹄筋、野牛草、黑麦草
华南热湿区	闽、桂、粤、台	狗牙根、假俭草、地毯草、竹节草、马尼拉、天鹅绒、百喜草、香根草	高羊茅、黑麦草、马蹄筋、三叶草、画眉草、百慕大草
西南温湿区	云、贵、川、渝	狗牙根、假俭草、黑麦草、紫羊茅、三叶草、雀稗、香根草	结缕草、竹节草、早熟禾、狗尾草、小糠草、高羊茅
特殊地区	盐化土地、海涂	结缕草、高羊茅、沙打旺、苜蓿	黑麦草、狗牙根、早熟禾、狗尾草、竹节草、雀稗

4. 铁路路基边坡绿色防护分类

铁路路基边坡绿色防护工程的重点是植物建植,植物建植的基本自然条件是水(降水量)和热(气温)。基于这两个基本条件,为便于从宏观上分地区考虑路基边坡绿色防护设计、施工和植物种植质量检验评定标准,划分为一般地区和特殊地区路基边坡绿色防护,特殊地区可分为干旱地区和寒冷地区。

一般地区的划分指标为年平均降水量600mm及以上和最冷月月平均气温高于或等于−5℃的温暖、湿润地区;我国各地区正常年平均降水量分带见表9-6。

我国降水量分带表 表9-6

带别	正常年降水量(mm)	地区
丰水带	>1600	台湾、福建、广东的大部,浙江、江西、湖南、广西的一部分和四川、云南、西藏的东南部
多水带	1600~800	淮河、汉水以南广大的长江中、下游地区,广西、贵州、四川大部分地区,以及东北长白山区
过渡带	800~400	淮河、汉水以北,包括华东、陕西和东北的大部地区,以及甘肃南部、四川西部和西藏东部地区
少水带	400~200	内蒙草原、黄河上游、西藏东部和新疆天山、阿尔泰山的山麓地带
干旱带	<200	内蒙、宁夏、甘肃、青海、新疆的大片戈壁沙漠地区和西藏荒漠地区

干旱地区划分指标为年平均降水量小于600mm,未限定气温,所以干旱地区存在既干旱又寒冷的情况,或最冷月月平均气温高于−5℃。

寒冷地区划分指标为最冷月月平均气温低于−5℃的地区,对铁路工程影响的气候分区见表9-7。寒冷地区未限定年平均降水量,存在既寒冷又年平均降水量大于或小于600mm的情况。地区的划分是相对的,设计时应根据当地的气象资料考虑路基边坡绿色防护。

对铁路工程影响的气候分区　　　　　表 9-7

分　区	气　候　条　件	
	最冷月月平均气温	一年内冻结和融化循环次数
严寒地区	<-15℃	>50
寒冷地区	-5～-15℃	20～50
温暖地区	>-5℃	<20

5. 影响路基边坡绿色防护设计因素

路基边坡绿色防护设计前应收集工程地质、水位地质、气候等资料。特别是水源调查，水是干旱地区路基边坡绿色防护的控制因素之一，为保证植物种植和养护用水，勘察时应注意地表和地下水情况的调查。路基边坡绿色防护设计应考虑下列因素：

(1)边坡高度、边坡坡率、边坡浸水条件。

(2)边坡的土质、岩性。

(3)坡面土壤的厚度、酸碱度、盐碱化程度、含水率、肥力等。

(4)物候期、降水量、蒸发量、气温、霜期、冻结与解冻期、风向风力等，以及极端气温、暴雨、干旱、大风等灾害性气象情况。

(5)乡土植物的生态习性和主要功能，乡土植物是指自然分布范围内的当地原产植物。

(6)当地的绿化技术经验。

(7)干旱少雨地区可供施工和养护浇灌的地表水、地下水条件。

6. 路基边坡绿色防护设计内容

(1)绿色防护工程类型。

(2)植物建植方法。

(3)植物种类的选择与植物配置。

(4)边坡坡面处理(土质改良、换土、增加坡面粗糙度等)。

(5)干旱地区的浇灌方式。

(6)施工和养护要求。

◆请练习[思考题 9-5]

7. 路基边坡绿色防护范围

铁路路基边坡绿色防护范围宜在区间线路铁路用地界内，路堤为排水沟、护道或坡脚挡墙外不大于 3m，路堑为天沟外不小于 2m 或堑顶外缘不小于 5m。有条件时可加宽到路堤排水沟、护道或坡脚挡墙外缘 5m。

位于车站、居民点的路基，可结合路基边坡的岩土性质、边坡形式进行绿色防护设计，在边坡平台、边坡顶部和坡脚处栽植灌木、花灌木或常青灌木等；当挡土墙位于县市城区、车站等人群活动较多的地带，为了增加生态效果，美化环境，可在墙顶、墙趾外砌筑盛土槽，槽内种植不影响行车安全的低矮灌木或藤本植物，也可在墙身设置悬挂式盛土槽，槽内种植植物。

三、一般地区路基边坡绿色防护

一般地区的土质路基边坡，其气候和土质条件适宜植物建植，为了改善生态环境，应采取绿色防护，尽量不单独使用喷护、挂网喷护、干(浆)砌片石、浆砌片石护墙等封闭式的工程防护措施。石质路基边坡植生条件差,植物建植难度大,应根据当地的气候、岩性、边坡坡率、边坡高度等具体条件,以及工程造价,考虑边坡绿色防护的可行性和措施方法,切忌忽视客观条件为绿色防护而绿色防护。

1. 一般技术要求

土质、软质岩及强风化的硬质岩路堑的边坡坡面(含边坡平台、侧沟平台)防护和加固,应优先选用绿色植物防护与工程防护相结合的措施,不应采用全坡面圬工防护,路基边坡坡面采用植物防护时不得影响路基压实和稳定。

土质路基边坡绿色防护宜选用草本植物、灌木或藤本植物;石质路基边坡绿色防护宜采用草本植物或藤本植物。当边坡坡面的岩土质不适宜植物生长时,可采取土质改良、客土植生、喷混植生等措施。设计的苗木宜规格一致,落叶乔木应选用胸径(地上1.3m处)1.5cm以上的苗木。必要时,可采用大苗移栽。植物浇灌用水不得含有害于植物生长的成分并不得污染环境。

本章所述"石质路基"(石质路堑和石质路堤)的含义,是从边坡绿色防护植物建植考虑,具有岩石性质的路基。石质路堑,一般指由未风化~强风化的硬质岩、未风化~弱风化的软质岩,以及漂石土、碎石土、圆砾土等构成的路堑;石质路堤,一般指用不易风化的硬块石、卵石土、圆砾土等填筑的路堤。

2. 土质路堑

土质路堑边坡绿色防护不宜采用乔木,单独采用植物防护的边坡高度不宜大于10m。高度大于10m的边坡,土质为膨胀土、粉土、砂类土和碎石类土等边坡,坡面受雨水冲刷严重或坡面有地下水渗出坡面潮湿的边坡,宜采用土工网、土工网垫、立体植被护坡网、浆砌片石骨架、混凝土框格等与植草、栽植灌木相结合的防护措施,必要时可设置坡脚矮挡墙、边坡支撑渗沟等。此类土质边坡,由于坡面的稳定性较差,采用土工合成材料可起到固土防冲的效果,浆砌片石骨架(带排水槽)和混凝土框格可增强坡面的稳定性,均利于植物的生长。

砂类土、碎石类土等土质贫瘠的边坡,可在坡面上开挖行距20~40cm、深度不小于20cm的水平横沟,沟内回填种植土,然后采用液压喷播植草。必要时,可采用客土植生、喷混植生等措施。

边坡坡面较光滑,植物种子着落困难时,应采取措施增加坡面粗糙度,必要时可在坡面上开挖凹槽、植沟或蜂窝状浅坑。当土壤pH值小于5.0或大于8.5时,应进行土壤酸碱度改良,改良材料的掺入量应通过试验确定。

3. 土质路堤

土质路堤边坡绿色防护宜选用多年生草本植物或灌木,在不影响铁路行车和设备安全的条件下,路堤坡脚可种植中、小乔木。

如路堤填料为膨胀土、粉土、砂类土、碎石类土和易风化的软岩块的边坡或边坡高度大于8m时宜采用土工网、土工网垫、立体植被护坡网、浆砌片石骨架、混凝土框格与植草或种植灌木相结合的防护措施;边坡高度小于或等于8m时,坡面可单独采用植物防护。土壤贫瘠的边坡,可在坡面上开挖水平横沟或挖坑,在沟内放置植生带或坑内放入肥料等方法,为植物提供生长基质。

坡面植草防护一般要求边坡不浸水或短期浸水,短时间浸水情况下,边坡可采取植物防护,但是流速应小于1.8m/s,同时宜选择根、茎、藤蔓发达、耐湿、抗冲刷能力强的植物。沿河路堤的下部边坡或坡脚一定范围内,可采用栽植乔木、灌木的防冲刷措施。

4. 石质路堑

(1) 强风化、全风化的软质岩和全风化的硬质岩路堑边坡

由于全风化的硬质岩体(石英质除外),大部分已呈土状,而强风化的软质岩体虽然还呈块状或球状结构,但是边坡开挖后,可风化成土状,因此可以参照土质边坡进行绿色防护设计。但是风化的岩土缺乏或缺少植物生长所必需的养分和矿物元素,且保水、保湿能力较差,因此根据坡面的岩土情况,必要时应进行土质改良,增加植生层的肥力(如增加液压喷播的喷射厚度或肥力、增加初期追施面肥的次数等措施),并根据施工季节和施工地区的降水量,视需要增加保湿、养护等措施。

(2) 弱风化的软质岩和弱风化、强风化的硬质岩路堑边坡

对于强风化、弱风化的硬质岩和弱风化软质岩边坡,植物无法生长,应根据地层岩性、风化程度、边坡坡率与高度等因素,采用挖坑种植低矮灌木、灌丛间液压喷播植草、挖沟填种植土后液压喷播植草、铺设土工网垫人工草皮卷、骨(框)架内填充种植土后液压喷播或土工网垫植草、土工格室植草等绿色防护措施;当边坡陡于 1∶0.75 时,宜采用挂网喷混植生或挂网预埋植生带后进行喷混植生防护,路堑边坡中部和底部平台可设置绿化槽,槽内种植灌木、藤本植物。

当边坡坡率等于或缓于 1∶1 时,可采用骨架、骨架内充填厚 8～10cm 种植土后,再液压喷播植草防护,但应注意采取预防表层种植土在雨水作用下坍滑的措施,如骨架选用截水型骨架,骨架间距尽量小一些,或在骨架内铺设土工网或土工网垫等措施。当边坡坡率等于或陡于 1∶0.75 时,考虑植生层在植被尚未形成之前雨水的冲刷作用、堑坡表层受爆破影响松动和岩体结构面对边坡稳定性的不利影响,宜优先采用挂网喷射厚层基材(喷混植生护坡方法之一),或挂网并预埋植生带后再喷混植生护坡防护。

填充于骨(框)架、土工格室内的种植土宜过筛,最大粒径应小于 30mm,土颗粒过大既不利于土壤自身的保水、保肥,也不利于植物吸收水分、养分和根的生长,种植土应含有植物生长必需的平衡养分和矿物元素。

5. 石质路堤

填石路堤,当边坡较低($H \leqslant 5m$)时,可采用摊铺厚 2～3cm 种植土后再液压喷播植草;当边坡较高(5～10m)时,可采用土工网垫植草防护;当边坡高度大于 10m 时,宜采用骨架护坡,骨架内填充厚 6～8cm 种植土后再液压喷播植草防护。渝怀线的铜仁车站,填料均为白云岩,低路堤采用撒铺厚 2～3cm 种植土后液压喷播植草,边坡高度不小于 5m 时采用三维土工网垫植草防护。

◀请练习[思考题 9-6]

四、干旱地区路基边坡绿色防护

干旱地区路基边坡绿色防护应选用适应性强、耐干旱、耐贫瘠、根系发达和种子繁殖能力强的乡土植物,防护采用的植物应草、灌木、藤本植物相结合,坡面土壤贫瘠时,应采取客土或施肥措施。年平均降水量大于 400mm 或年降水量小于 400mm 有浇灌条件的土质路基边坡宜采用绿色防护。当采用浇灌进行边坡绿色防护时,应进行浇灌工程设计。风沙地区路基边

坡绿色防护,应结合防风固沙林带统一设计。

1. 土质路堑

坡率不陡于1∶1的边坡,当边坡高度小于10m时,可采用液压喷播植草、铺土工网垫液压喷播植草或穴植容器苗等防护措施;边坡高度大于10m时,宜采用骨架内液压喷播植草或穴植容器苗防护措施,穴植容器苗的间距宜为0.3~0.6m。坡率陡于1∶1的边坡,可采用挂网喷混植生防护,喷种植基材的厚度为7~9cm。

穴植容器苗是干旱地区边坡绿色防护的一种有效措施,容器苗包括容器草苗和容器灌木苗,草苗的间距应选用较小值,灌木苗的间距应选用较大值;穴植方式可选用草、灌木间隔穴植,也可单独采用草或灌木成片穴植;每一容器草苗内需有10棵以上草,每一容器灌木苗内需有3~4株灌木苗;栽植穴中的营养土由种植土、肥料、泥炭、油渣、Pt菌根、ABT生根粉、固体保水剂、消毒剂、杀虫剂等组成。

2. 土质路堤

边坡高度小于8m时,可采用撒播草(灌木)子、穴植容器苗、保水型植生带等措施进行防护,也可采用液压喷播植草防护。边坡高度大于8m时,可采用坡面铺设土工网或土工网垫结合液压喷播植草防护、骨架内液压喷播植草或骨架内穴植容器苗等措施进行防护。

◆请练习[思考题9-7]

五、寒冷地区路基边坡绿色防护

1. 一般规定

年平均降水量大于600mm及以上的地区,路基边坡宜采用绿色防护;年平均降水量大于400mm小于600mm的地区,路基边坡绿色防护可参照干旱地区设计。防护草种的选择应符合以下规定:

(1)耐寒、耐旱、耐贫瘠、根系发达、叶茎低矮或有匍匐茎的多年生草种。
(2)便于管理,易于养护、易成活,成坪快,与杂草竞争力强,无病虫害且能自播的草种。
(3)当地生长的固土能力强的品种。
(4)不同品种的草种混播。

2. 土质路堑、土质路堤

边坡高度小于6m时,可单独采用植物防护,边坡高度大于等于6m时,可采用铺土工网垫或骨架结合植物防护。

3. 石质路堑

强风化、全风化的软质岩和全风化的硬质岩路堑边坡,可参照土质路堑进行边坡绿色防护设计;弱风化的软质岩和弱风化、强风化的硬质岩路堑边坡,可采用喷混植生进行边坡绿色防护设计,喷混植生种植基材的喷射厚度,应根据施工地点的气象、水文、地层岩性、堑坡坡率和堑坡高度等综合确定。

4. 石质路堤

石质路堤边坡采用绿色防护时,应对坡面进行处理,使之具备植物生长的条件,处理的方法可采用挖沟、穴换土或帮填土、骨架内充填土等。防护方法可采用沟播植草、穴植灌木、液压喷播植草、喷混植生等,也可采用坡脚处种植藤本植物的方法。

六、客运专线绿色防护补充规定

路堤、路堑坡面防护应优先选用紫穗槐,条件适宜地区也可选用夹竹桃等灌木,植物防护应与工程防护相结合。

路堑坡面(含边坡平台)不应栽植乔木。栽植的灌木应从侧沟外1.5m处向上栽植。边坡平台处可根据土壤、苗木情况栽植1~2排灌木。

路堤坡脚外侧应根据路堤高度选择适宜的乔木或灌木。有排水沟区段,坡脚护道处可栽植1排乔木或1~2排灌木,排水沟外侧可交错栽植2排乔木、灌木或2~4排灌木。无排水沟区段,当采用乔、灌木相结合时,其株、行距可根据树种、土壤等情况合理确定,当采用灌木时,可栽植3~8排。当设置检查通道时,通道范围内应将栽植乔、灌木改为植草。

七、绿色防护施工

1.一般规定

植物防护的种类应符合设计要求,并适合当地生长条件,选用根系发达、枝叶茂盛并可迅速生长的低矮灌木。植物防护工程施工应根据植物的特性适时种植,避免在暴雨季节、大风和高温条件下施工。

植物种植前应对边坡坡面进行清理整平,清除有碍植物生长和坡面稳定的杂物、危石。坡面土质不适宜于植物生长时,应在坡面上铺设一定厚度的客土,再播种植物。采用客土(加入土壤改良剂、肥料等改良的土壤)可提高苗木的保水力,促进苗木生根及根系的生长,提高成活率。坡面施用底肥时应以有机肥为主,均匀撒布或条施、穴施。

植物播种前应进行种子发芽率试验或植株移植试验,根据试验结果确定种植密度和种植时间,确保在雨季来临之前形成一定的防护能力。在防护未形成一定能力时,宜采取覆盖等临时保护措施。种草防护时草籽应均匀撒布在已经清理好的坡面上,同时做好保护措施。喷播植草应先将生长液与草籽按设计要求混合并搅拌均匀,采用喷播设备将其喷洒在已经清理好的坡面上。喷洒应自下而上进行,草籽喷洒均匀,不应流淌。

2.铺设固土网垫植草防护施工规定

(1)铺设前应整平坡面并适量洒水湿润边坡,土工网垫铺设与坡面密贴,其下边按L形埋入土中,埋入深度不应小于0.4m,回转长度不应小于0.3m。

(2)土工网垫铺设搭接宽度不应小于5cm并采用长度不小于15cm的固定钉与坡面连接,固定钉间距不宜大于1.5m。

(3)网垫铺设后应及时在网穴内撒播草籽,网穴用松散种植土填满。草籽种类及数量应符合设计要求。

3.边坡喷混植生防护施工规定

(1)边坡防护前应清除边坡上松散岩石和不稳定的石块,并按设计要求进行加固处理。岩石边坡超、欠挖处应修凿顺接或用混凝土、浆砌片石等嵌补。

(2)坡面上铺设金属网或高强塑料加强网,并应拉紧固定在锚杆上,网间用铁丝连接,网与岩石之间的距离宜采用混凝土垫块进行控制。

(3)种植基材配置应计量准确、拌和均匀,采用机械化施工。

(4)喷射种植基材应从正面进行,凹凸部位及死角处要补喷,喷射应均匀,施工中应随时检查喷射厚度。

(5)坡面喷播草种应选用适宜于当地气候条件,特别是抗旱性强的品种,宜采用混合草种。间植的灌木应选用根系发达、枝叶茂盛、生长迅速的低矮灌木。

4. 植物防护覆盖率、成活率

坡面播种植物后应及时做好养护,直至植物成活并生长覆盖坡面,养护中发现缺苗应及时补栽。植物防护覆盖率、成活率应符合表9-8的规定。成活率指成活的植物数量与原种植数量的百分比,覆盖率指地面上全部植物茎叶的垂直投影面积与样方面积的百分比。

植物防护覆盖率、成活率　　　　表9-8

序号	项目		覆盖率(%)	成活率(%)
1	一般地区	植草护坡 土质路基边坡	85	—
2		植草护坡 石质路基边坡	70	—
3		种植藤本植物、灌木、乔木防护 土质路基边坡		80
4		种植藤本植物、灌木、乔木防护 石质路基边坡	—	70
5	干旱地区	植草护坡 土质路基边坡	65	—
6		种植藤本植物、灌木、乔木防护 土质路基边坡		70
7	寒冷地区	植草护坡 土质路基边坡	80	—
8		植草护坡 石质路基边坡	70	
9		种植藤本植物、灌木、乔木防护 土质路基边坡	—	75
10		种植藤本植物、灌木、乔木防护 石质路基边坡		70

第四节　铁路路基防排水结构形式

铁路列车运行速度快,要求轨下基础安全、稳定并有足够的耐久性。水是造成路基及其沿线构造物病害、影响路基安全稳定的主要原因,路基防排水是为保证路基稳定而采取的汇集、排除地表或地下水的措施,形成系统的路基防排水工程是防止路基受到水的冲刷与渗透,使路基处于干燥、坚实、稳定状态,确保路基结构强度与整体稳定的关键。

一、路基防排水工程主要分类

按防排水源的不同,危害和影响路基结构的水可分为地表水与地下水。地表水包括大气降水、地表低洼积水和路基上侧流向路基的地表水,其主要影响是冲刷与渗透。冲刷使整体稳定性受损,渗透使土体过湿而降低强度。地下水包括上层滞水、潜水、层间水等,其危害是使路基湿软、降低强度,引起路基冻胀、翻浆或边坡滑坍、基底滑动等。

铁路路基防排水是一个系统性和综合性较强的工程,防排水系统主要由各种拦截、拦蓄、输送、排放地表水和地下水的排水设施和防水设施组成。对路基防排水系统,应从以下两方面考虑:一是施工期防水排水的路基保护,二是使用期的排水。根据排除水源不同,分为地表排水和地下排水工程两大类。地表排水设施主要有侧沟、排水沟、天沟、平台截水沟、吊沟(急流槽)、车站排水构筑物、无砟轨道路基面排水设施、无砟轨道路基面防水层等,个别地方由于受到末端排水的限制,设置蒸发池进行自然蒸发。地下排水设施主要有明沟及槽沟、暗沟、暗管、边坡(支挡)渗沟、盲沟、盲沟检查井、排水斜孔、复合土工膜(复合防排水板)等,在地下水特别大的地段还设有渗水隧洞。

路基接口工程中的通信、信号电缆槽兼具部分排水功能,路基防护工程也兼具部分防排水功能。

二、路基地表防排水结构形式

1. 排水沟

设于路堤坡脚外,排除地面水、山坡水的明沟称为**排水沟**(Drainage Ditch),排水沟设置在路堤坡脚以外,用以汇集路基坡面排水和路堤外汇水,保护路基不受侵害。当地面较平坦时,设于路堤两侧,当地面较陡时,应设于迎水一侧。当有取土坑时,可用取土坑代替排水沟。排水沟应设置在路堤天然护道以外。排水沟的横断面形式一般采用梯形,可分为浆砌片石沟和混凝土预制块沟,如图9-9所示。

2. 侧沟

侧沟(Side Drain)是指紧靠路堑的路肩外侧,用以排除路基面及堑坡水的明沟。侧沟设置在路堑路肩外侧,用以汇集和排除路基范围内和流向路基范围内的水,设于路基面两侧或一侧(半路堑)。侧沟的横断面形式主要为矩形,可分为现浇混凝土(钢筋混凝土)沟和浆砌混凝土预制块沟,如图9-10所示。

图9-9 混凝土预制块排水沟

图9-10 现浇混凝土侧沟

3. 急流槽

设于山坡或路堑边坡上,纵坡等于或陡于30%的排水沟槽称为吊沟或**急流槽**(Chute)。急流槽一般设置在高差较大且距离短,或者坡度陡峻的地段。吊沟的横断面形式一般为梯形过渡到矩形,采用浆砌片石或预制块拼装的方法施工。

4. 天沟

天沟(Overhead Ditch)是指设于堑顶外,排除地面水、山坡水的明沟。天沟设置在距路堑开挖线5m以外,主要用于截断从高处流向路堑边坡坡面的水流,并将水引至其他排水体系,天沟的横断面形式一般为梯形,采用浆砌片石或混凝土预制块拼装,如图9-11所示。

5. 截水沟

截水沟(Intercepting Ditch)是指设于路堑边坡平台上,截排上部边坡水的明沟。截水沟设置在路堑边坡平台上,主要是将上一级坡面的水引至路基以外指定地点。平台截水沟(图9-12)的横断面形式一般采用矩形,分为浆砌沟和现浇混凝土沟两种。

图 9-11 天沟施工

图 9-12 平台截水沟

6. 车站排水构筑物

车站排水构筑物主要是将车站站场范围内正线间或正线与到发线间的地表水及基床水排出到车站以外而设置，包括纵向排水槽、站台边沟、站台边渗水管沟、横向排水槽（管）和检查井。

纵向排水槽设置在正线间及正线与到发线间，站台边沟设置在站台靠铁路一侧。纵向排水槽、站台边沟采用现浇钢筋混凝土矩形盖板沟结构。站台边渗水管沟设置在站台下路基基床底层内，站台边渗水管沟采用洗净碎石加透水土工布结构如图 9-13 所示。

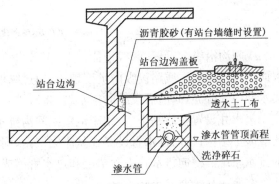

图 9-13 站台边沟和站台边渗水管沟断面图

横向排水槽横穿线路采用钢筋混凝土框架结构，检查井设置在纵向排水槽与横向排水槽连接处；检查井采用钢筋混凝土结构，检查井壁上设置于上下的梯蹬。

7. 无砟轨道路基面排水

无砟轨道路基面排水主要有横坡排水、线间沟排水、集水井排水和横向排水管排水四种形式，其中线间沟、集水井、横向排水管形成一个排水系统。

横坡排水适用于双块式无砟轨道直线地段，横向排水坡由沥青混合料（混凝土）封闭层横坡和道床板横坡组成，从路基面中心向两侧排水。横坡排水在双块式无砟轨道道床板混凝土、沥青（混凝土）封闭层施工时形成。

线间沟、集水井、横向排水管主要用于双块式无砟轨道曲线地段和板式无砟轨道。线间沟、集水井、横向排水管位置关系如图 9-14、图 9-15 所示。

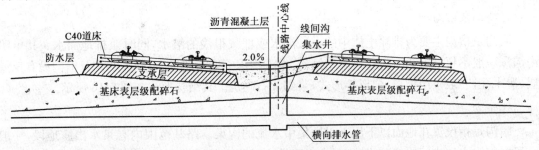

图 9-14 线间沟、集水井、横向排水管横断面图

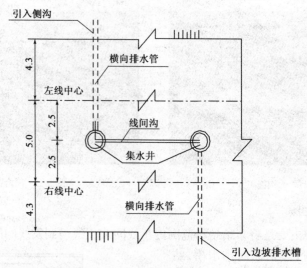

图 9-15 线间沟、集水井、横向排水管平面图(尺寸单位:m)

线间沟沿纵向设置,曲线地段由上、下行线轨道超高形成的高程差在两股道中间的路基防水面上自然形成。线路设纵向坡度地段,通过纵坡将水排入集水井内,未设纵向坡度地段以两集水井中间分界,向前后设纵向排水坡,将水排入集水井内。

集水井设置在路基中心,用于汇集线间沟排水,一般沿纵向每 50m 左右设置一个,采用钢筋混凝土结构;横向排水管设置在基床底层内,同集水井连通,将集水井内的水排至路基两侧的排水系统。横向排水管由砂垫层和过水管组成,过水管一般采用 HDPE 管材。

8. 无砟轨道路基面防水层

无砟轨道路基面防水层为防止地表径流侵蚀基床表层及以下结构而铺设,防水层材料可采用 SAMI(Surface Asphalt Mixture Impermeable)混合料(防水用沥青混合料,采用橡胶粉湿拌法工艺生产的沥青混合料,当摊铺碾压成型后,又称为橡胶沥青混凝土)或者混凝土,设置在路基两侧通信、信号电缆槽与轨道支承层之间的基床表层上面,两股道之间在基床表层上填筑级配碎石后再设置,见图 9-14 中的防水层。

三、路基地下防排水结构形式

地下防排水是将危及路基稳定或降低路基强度的地下水,通过拦截、旁引、排除、疏干等方式降低水位或予以隔离的排水设施。路基地下排水设施一般均设有反滤层结构,**反滤层**(Filter)是为了防止地层细粒土流失,保证地下排水设备排水畅通,用符合要求的级配砂砾料或土工织物做成的材料结构层。

1. 明沟及槽沟

明沟及槽沟主要为排除土体中的上层滞水或埋藏很浅的潜水,同时兼排地面水。其中明沟沟深一般不超过 1.2m,超过时采用槽沟,槽沟沟深一般不超过 2.0m。明沟及槽沟设有反滤层、泄水孔,一般采用矩形、梯形等形式,浆砌片石砌筑。其结构形式如图 9-16 所示。

2. 暗沟

暗沟是指设置在地面以下用于引排集中水流的沟渠。路基范围内有泉水出露地段,一般在泉眼与出水口之间修建暗沟,将泉水引至填方坡脚以外或路堑侧沟排出。其形式主要有钢筋混凝土圆管暗沟和盖板暗沟两种,盖板暗沟一般采用浆砌沟身、钢筋混凝土盖板,结构形式如图9-17所示。

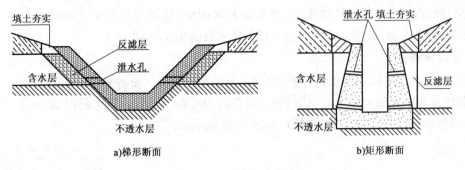

图9-16 明沟(槽沟)示意图

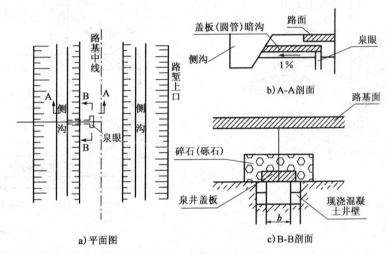

图9-17 盖板暗沟示意图

3.边坡(支撑)渗沟

用以降低、截引地下水的渗水暗沟称为**渗沟**(Blind Drain)。渗沟是采用渗透方式将地下水汇集于沟内,并将水排到指定地点的一种设施,具有疏干表层土体、增加坡面稳定性、截断及引排地下水、降低地下水位、防止地下细颗粒土壤被冲移的作用。渗沟一般设有不透水层、排水层、反滤层和封闭层。客运专线铁路常用的渗沟有边坡(支撑)渗沟和盲沟。边坡(支撑)渗沟结构如图9-18所示。

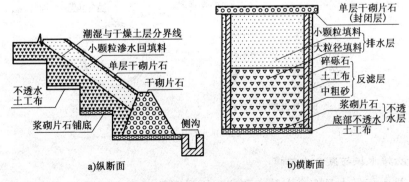

图9-18 边坡(支撑)渗沟示意图

4. 盲沟

为降低路堑范围内的地下水位,疏干其附近土体,在侧沟下或侧沟旁设置盲沟。盲沟是渗沟中的一种,设有不透水层、排水层、滤水层和封闭层,排水层一般采用钢筋混凝土花管或PVC花管,如图9-19所示。盲沟通过与其他排水设施相连,将水排出。

5. 盲沟检查井

盲沟检查井主要用于盲沟的检查清理,一般采用直立式。检查井沿盲沟每隔30m左右设一个,其结构包括钢筋混凝土清淤池、清淤池盖板、井筒及井圈、井筒盖板四部分,井筒和清淤池内壁设置便于工作人员上下的梯蹬,如图9-20所示。

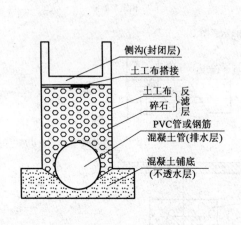

图9-19 盲沟示意图

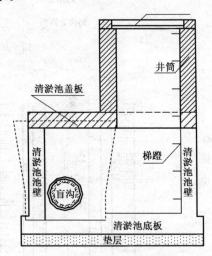

图9-20 盲沟检查井示意图

6. 排水斜孔

排水斜孔一般设置在土质、全风化路堑边坡,且土层含多股潜流水的地段。排水斜孔内置透水管,地层较软易缩孔时,管内充填中粗砂,如图9-21所示。

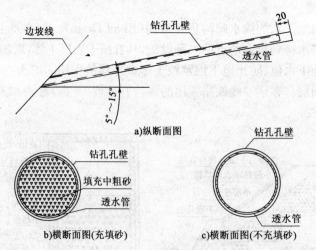

图9-21 排水斜孔示意图

7. 复合防排水板与复合土工膜

复合防排水板是由具有高空隙率和高耐压强度的三维土工网芯、一面复合滤水无纺土工布、另一面复合两布一膜复合土工膜组成的土工防排水材料,兼具滤水、排水、隔水功能。一般铺设在土质、软质岩及全风化硬质岩路堑,填高小于基床厚度的低路堤,采取挖除换填措施且地下水发育地段的基床底层底部,隔断并排除基床底层换填深度以下的地下毛细水。

复合土工膜上下为无纺透水型土工布,中间为隔水土工膜。一般铺设在土质、软质岩及全风化硬质岩路堑地段基床表层下部,以及填高小于基床厚度的低路堤、地下水不发育地段的路堑基床中,阻隔路基面下渗的地表水。为保证复合防排水板、复合土工膜不受破坏,在其上下均设一层中粗砂垫层。

◆请练习[思考题 9-8]

第五节　铁路路基防排水工程设计

路基设计应有完整、通畅的排水系统。排水设施应布置合理,与桥涵、隧道、站场等排水设施衔接配合,并具有足够的过水能力。排水系统设置不合理或排水设施过水断面不足时,会引发严重的路基病害,设计人员应重视路基排水设计。

一、防排水工程设计一般要求

在排水系统的具体设计工作中,排水设施的合理布置和其过水断面的设计是非常重要的两个环节。路基排水设施应与桥涵、隧道、车站、水土保持及农田水利等排水建筑物相顺接,以求水流通路畅通,互不影响,避免各行其是、互相矛盾、互相脱节的不良现象;排水设施应根据各段落的汇水面积、表面形状、周边地形、地质情况、地下水状况和气候等条件进行设计。当有集中水流引入的水沟及水沟上方拦截的地表水流量较大时,排水设施的过水断面尺寸需根据汇入的流量经水力计算确定,以保证具有足够的过水能力。在一般情况下,由于流量较小,根据多年实践经验,可直接按规范所规定的标准断面尺寸使用,不做水力计算。城市地区的路基排水应与地方排灌和排污系统密切配合。

二、地表防排水设计

1. 排水设施布置

排水设施应系统完整、排水通畅,排水系统径路区域地基应保证长期稳定,天沟、侧沟、排水沟、边坡平台截水沟等各类排水设施的设置,应符合将水引排至路基以外的要求。为了防止地表水渗入地下土层后影响路基的整体稳定或产生基床病害,对土质、软质岩和强风化或全风化硬质岩石地段的侧沟、天沟、排水沟应采取防止冲刷或渗漏的加固措施,必要时可设垫层。

(1)排水沟布置

在路堤天然护道外,可设置单侧或双侧排水沟,也可利用取土坑排水。农田高产区两侧排水困难时,可在路堤坡脚设矮脚墙;路基与桥台衔接处的排水沟应与天然沟槽衔接,避免冲刷桥台锥坡。排水沟与涵洞衔接处的沟底高程不应低于涵洞流水面高程。

(2) 侧沟布置

路堑应于路肩两侧设置侧沟，堑顶外可设置单侧或双侧天沟。

(3) 路堑边坡平台截水沟的布置

较深土质路堑宜在边坡中部或不同地层分界处设置平台，并在平台上设置截水沟或挡水墙，平台宽度不宜小于2m。在年平均降水量小于400mm地区，边坡平台上可不设截水沟，但应设置向坡脚方向不小于4‰的排水横坡。对于年降水量大于400mm地区的路堑坡面，当边坡高度较高(大于15m)时，一般设置边坡平台，为截流上方坡面的水流，应于边坡平台设置截水沟。

(4) 天沟布置

开挖路堑的弃方，置于线路外指定位置所形成的土堆称为弃土堆。路堑顶部无弃土堆时，天沟内边缘至堑顶距离不宜小于5m；当沟内采取加固防渗措施时，距离不应小于2m。天沟的作用是拦截堑顶山坡上的地面水流，不让其流向路堑冲刷路堑边坡，以保证边坡的稳定，同时还应考虑防止汇集于天沟内的水流渗漏而影响边坡的稳定。因此，天沟距堑顶的距离要从这两方面慎重考虑选定。距离过大，未截住的地面水较多；距离过小，有渗漏影响边坡稳定的危险。因此须视路堑边坡土质的好坏及边坡坍塌后对线路的危害程度而定，在一般情况下不宜小于5m。若修建在较完整的岩石上，或其他地层上但已采取加固防渗措施的天沟和未加固防渗的天沟的低路堑可减小到2m，以节约用地。

排入自然沟渠的天沟、排水沟，其末端应设置消能、沉淀设施，避免集中水流对地表冲蚀。地面横坡明显地段的排水沟、天沟可在横坡上方一侧设置。当地面横坡不明显时，宜在路基两侧设置。在地面横坡不明显的平坦地带，当路堤高度小于2.5m时，由于地面积水和局部地表径流，可能使路基基床受水浸泡或受毛细管水的作用而影响路基稳定性，宜在路堤两侧均设置排水沟；当路堤高度大于2.5m时，由于路堤较高，短期内的浸泡还不致影响基床部分，也可只在路堤上方单侧设置排水沟；如路堤高度虽小于2.5m，但经调查确认下侧不会有积水和形成地表径流可能时，可只在上方单侧设置排水沟。同样，为了防止地面水流入路堑内，地面横坡不明显地段，在堑顶外两侧设天沟；当地面横坡明显时，仅在上方设置。

◆请练习[思考题9-9]

2. 地面排水设施纵坡设计

侧沟、天沟、排水沟的纵向排水坡度不应小于2‰，单面排水坡段长度不宜大于400m，必要时应增设横向排水设施，引入自然沟渠或涵洞，不得直接排入农田。湿陷性黄土地区的路基排水设施或自然坡排水集水区应远离路基坡脚。

为了保证隧道正常运营和安全，路堑侧沟的水不得流经隧道排出，当路堑纵坡向隧道为下坡时，宜将侧沟改为反坡。当路堑长、纵坡大时，反坡排水不仅工程量大，而且出水口位置及高程有时也难以选定。若硬性设计为反坡排水，显然欠合理。所以《铁路隧道设计规范》(TB 10003—2005)中规定，隧道长度小于300m，水量较小，含泥量少时，路堑侧沟水可经隧道排出。

3. 地面排水设施横断面设计

侧沟、天沟、排水沟的断面尺寸，应保证足够的过水能力，须保证排泄全部设计流量而不致溢出沟外。需按流量设计的侧沟、天沟、排水沟，其横断面应按1/50洪水频率的流量进行计算，沟顶应高出设计水位0.2m。膨胀土、湿陷性黄土、砂性土、戈壁碎石土等易冲刷地区排水设施设计应考虑集中水流冲刷对局部微地貌改造以及淤积的影响,采用设计径流量的1.10倍确定过水断面尺寸。当不需按流量计算时,可采用以下构造措施。

(1) 侧沟

硬质岩石路堑地段的侧沟底宽0.4m、深度0.6m,干旱少雨地区可减少至0.4m;对土质等路堑,当基床表层换填A、B组填料时,其侧沟深度不应小于0.8m。土质、软质岩石、强风化或全风化硬质岩石地段路堑,其基床表层采用换填地段,应考虑渗水的排除问题,侧沟沟底应低于基床表层底面高程,以利排水。

侧沟靠线路一侧沟壁的边坡坡率可采用1∶1,当侧沟外侧与加固防护工程相连时,侧沟外侧沟壁的边坡与加固防护工程的胸坡相同;当有侧沟平台时,外侧沟壁的边坡坡率采用1∶1,在砂类土中的两侧沟壁的边坡坡率采用1∶1～1∶1.5。

(2) 天沟、排水沟

天沟、排水沟的尺寸为底宽0.4m、深度0.6m。干旱少雨地区或硬质岩石路堑地段,深度可减少至0.4m。天沟、排水沟沟壁的边坡坡率一般采用1∶1,黏性土和砂类土地段宜采用1∶1～1∶1.5。

(3) 边坡平台截水沟

边坡平台截水沟尺寸可采用底宽0.4m,深度0.2～0.4m。位于反坡排水地段或小于2‰坡道的路堑侧沟、天沟、排水沟,其分水点的沟深可减少至0.2m。边坡平台截水沟必须引入相邻排水设施。边坡骨架或框架梁护坡的排水槽与路堤坡脚排水沟之间应设置连接排水槽,避免边坡集中水流冲刷路堤坡脚。

4. 桥涵布置

深长路堑的侧沟,在下游地段由于汇集的流量增大,一般的标准横断面尺寸已不能满足流量的要求,可能造成水溢道床。如在下游地段加大横断面尺寸,则将增加土石方数量,并非良策,尤其是在反坡排水地段的侧沟,到下游要求加深更多,困难亦更大。在这种情况下,宜视地形条件设法增建桥涵建筑物,将水引排至路基之外。

5. 站场排水设施设计

站场范围各种排水设施应协调一致,形成完整的排水系统,排水通畅。站场排水应结合自然水系、城镇排水规划、场坪排水、站内建筑排水等进行系统的规划和设计,大型站场应编制排水系统总图。纵向排水槽的排水坡度不应小于2‰,单面排水坡长度不宜大于200m,必要时应设置横向排水槽。站场排水设施不应与接触网柱、雨棚柱基础等交叉。困难条件下可绕行,但不得降低排水能力。水管、风管等管线应系统设计,避免与排水设施相互干扰。无砟道岔岔区,应采取措施避免积水。

6. 客运专线路基面排水设计

客运专线路基面排水设计应综合考虑轨道形式、电缆槽、接触网立柱基础、声屏障基础等因素。目前在建的铁路客运专线,尤其是无砟轨道,路基面设置了防排水层,其目的是防止路基面水流下渗至路基本体内。线间排水应根据线路、气候条件及对轨道电路的影响等综合考虑,有条件时,优先采用横向直排方式。当轨道结构要求采用集水井排水时,集水井的位置、排水管的材质和结构尺寸及埋设深度和方式应根据荷载、降雨量和防冻、防渗要求等综合确定。集水井排水方式是横向直排方式无法满足要求时才考虑采用,使用时应特别注意其排水通道通畅并采取可靠的防渗措施。

三、地下防排水设计

1. 地下防排水设施的选择

对路基有危害的地下水应根据地下水类型、含水层埋藏深度、地层的渗透性等条件及对环境的影响，选用适宜的排除地下水设施。地下水发育地段的路堤基底、路堑基床换填层底部应采取排除地下水的措施。当地下水埋藏浅或无固定含水层时，可采用明沟、排水槽、渗水暗沟、边坡渗沟、支撑渗沟等；当地下水埋藏较深或为固定含水层时，可采用渗水隧洞、渗井、渗管或仰斜式钻孔等。

2. 渗水暗沟和渗水隧洞

渗水暗沟和渗水隧洞的纵坡，应根据地下水埋藏深度及纵坡、地层情况、出水口位置的高程等综合考虑决定。渗水暗沟纵坡不宜小于 5‰，在困难条件下可减少至 2‰。当采用 2‰时，必须加强反滤层的防淤措施，加大渗水暗沟的排水孔尺寸，缩短检查井的间距等。

渗水暗沟、渗水隧洞的横断面宽度，往往不取决于排水流量的要求，而是受施工需要的控制，应根据埋置深度、施工和维修条件通过计算确定。人力施工时，考虑在沟壁支撑加固后尚能保留一人在底部转身工作的最小宽度，对于一般常见的深度为 2~10m 的渗水暗沟或较短的渗水隧洞而言，宽度不宜小于 1.2m；对于个别埋藏很深的渗水暗沟或较长的渗水隧道，尚应考虑施工通风的问题，应再酌情加宽。

在水文地质条件复杂易产生冻害地段，渗水暗沟的排水孔应设在冻结深度以下不小于 0.25m 处。防冻措施有出水口尽可能向阳、背风布置，用保温材料做成保温的圆包头出口，加陡出口段纵坡，设防寒水沟，出水口位置应选在陡坎峭壁处等。截水的渗水暗沟的基底宜埋入隔水层内不小于 0.5m。边坡渗沟、支撑渗沟的基底宜设置在含水层以下较坚实的土层上。在严寒地区的渗水暗沟、渗水隧洞的出口，应采取防冻措施。

3. 反滤层设计

渗水暗沟内应采用筛选洗净的卵石、碎石、砾石、粗砂或片石充填；仰斜式排水孔内应设置相应直径的渗水管，渗水管可选用带孔的 PVC、PP/PE 塑料管、钢管、软式透水管、无砂钢筋混凝土管或混凝土管等。

渗水暗沟、渗井和渗水隧洞，其渗水部分可采用砂砾石、无砂混凝土、土工织物作反滤层。反滤层的层数、厚度和颗粒级配应根据坑壁土质和反滤层材料经计算确定，并应符合下列要求：

(1) 砂砾石应筛选清洗，其中颗粒小于 0.15mm 的含量不得大于 5%。

(2) 无砂混凝土块板反滤层的厚度可采用 10~20cm。当坑壁土质为黏土、粉土或细砂时，在无砂混凝土块板外侧，应加设 10~15cm 厚的中粗砂或土工织物反滤层，用以防止细颗粒土堵塞无砂混凝土块的孔隙。

(3) 土工织物反滤层可采用无纺土工织物，当坑壁土质为黏土、粉土或细砂时，应在土工织物与坑壁土之间增铺一层 10~15cm 厚的中砂。

4. 检查(维修)井设置

渗水暗沟每隔 30~50m、渗水隧洞每隔 120m 和平面转折、纵坡变坡点等处，宜设置检查(维修)井。兼起渗井作用的检查井的井壁应设置反滤层。检查井内应设检查梯，井口应设井盖及护栏等安全设施。对于深度大于 20m 的检查井，养护人员下井时较为困难，除应设置检查梯外,尚应考虑在检查梯的中段增设为养护人员爬梯时有中途歇息的平台,平台周围设护栏。

◆请练习[思考题 9-10]

第六节　铁路路基防排水工程施工

一、路基防排水工程的施工原则

1. 施工准备

施工前现场核查地形地貌与设计采用的地形图是否一致,路堤、路堑、路基面、地面各类排水设施是否与天然沟渠和相邻桥、涵、隧道、车站等排水设施形成排水系统,排水沟槽排水坡度是否与自然排水坡度一致。地质情况核查重点调查膨胀土、湿陷性黄土、冻土等特殊土的分布情况,地表水的分布、走向、流量等情况,天然沟渠分布、雨季时间、降雨量、汇水面积等。

按设计排水工程位置放样,测设排水设施的进、出口高程,控制排水坡度。按设计排水工程选用砂、碎(卵)石、片石、水泥、钢筋、沥青、管材等材料,组织进场检验,合格后分类存放。进行混凝土、砂浆、沥青混合料等配合比设计。根据工程规模、工期和工艺要求,配置混凝土、砂浆、沥青混合料的拌和及计量设备。

编制技术交底书,组织技术、质量、安全交底。修建临时防排水设施。对影响施工和路基稳定的地面水和地下水,在路基施工前予以截断、疏干、降低水位、引排。

2. 施工组织的一般原则

地面排水施工应尽量避开雨季,防止地表水下渗。雨季施工时,根据施工能力和沉降缝设置要求分段组织施工,开挖一段紧跟成形一段。路堑施工前,先完成天沟施工,后开挖路堑,避免地表水流入开挖面。

路基施工中,应按照永临结合的原则,具备条件的地段应按设计做好永久性排水工程以及施工场地附近的临时排水设施,然后再施作主体工程。不具备条件的地段应先做好临时排水设施,永久性排水工程应与路基同步施工,路基成形一段排水工程跟进一段。路基防排水工程永临结合,根据工程特点和实际需要及时实施,及时完善系统,形成封闭、通畅的排水系统,主要是防止在施工期间因地表水及地下水的侵入而造成路基松软和坡面明塌。互相衔接的排水设施按先下游后上游的顺序组织施工。路基防排水工程出水口尽量与天然河流、沟渠或过水桥涵连接,以减少对周边环境的不良影响,或采取按设计将出水口连接至专门的蒸发池等末端处理措施。

3. 质量控制措施

路基防排水工程所用砂、碎(卵)石、片石、水泥、沥青、钢筋、预制块、管材、土工合成材料等,应按设计要求选用,进场后先进行相关试验,确认其质量合格后方能使用。严禁长时间在阳光下暴晒土工合成材料。

基槽开挖完成后,复核基底地质情况并自检合格后,报监理工程师验收。浆砌工程采用挤浆法施工,混凝土、砂浆、沥青混合料等采用机械集中拌和。按设计要求设置沉降缝、泄水孔、反滤层,按工艺要求设置施工缝。砌体、混凝土、沥青混合料施工后及时进行养护。排水设施施工过程中,严格按照有关验收标准进行质量检验和验收。

4. 安全管理措施

机械开挖过程中,指挥人员应站在安全距离以外。临时用电严格按《施工现场临时用电安全技术规程》使用。施工机具定期进行保养。天沟、吊沟等设施施工时应采取高空作业防护措施,并防止人员、设备、器材等跌落伤人。防排水设施施工临时支架搭设须进行计算及检算。

5. 环境保护措施

路基防排水工程按统一规划、合理布局、综合利用的原则形成排水系统,排水不得污染饮用水源、养殖池、农田等,不得损害路基及附近建筑物地基、道路和农田,不引起淤积和冲刷。侧沟、天沟、排水沟、横向排水设施应引入自然沟渠或涵洞,不得直接排入农田、鱼塘。严格控制污染源,保护生态环境。沥青混合料应避免遗洒,不得焚烧和随地掩埋;弃土、施工垃圾集中进行处理,不得污染水源。及时施工路堑坡面防护工程,减少水土流失。不得随意破坏地表植被或堵塞水流通道,及时维修和清理各类排水设施,保持排水通畅、有效。工程完工后,及时进行施工场地清理。

◆请练习[思考题 9-11]

二、路基地表防排水施工

1. 浆砌片石排水沟

(1)测量放样:按设计要求测设沟的中线和开挖边线,控制出入口标高与排水坡度。

(2)沟槽开挖及验收:沟槽开挖采用人工配合小型挖掘机开挖,不适合机械开挖的,采用人工开挖,土质地段沟底预留 10~20cm,人工修整到位。石质地段开挖时,先爆破松动后再开挖成形。沟槽开挖完成后,检查沟底地质情况、采用样架法检查断面尺寸(图 9-22),报监理工程师验收。

图 9-22 样架法检查断面尺寸

(3)垫层铺设:当沟底设计有碎石或砂垫层时,基槽验收完后,采用挂线控制标高,人工夯填铺设。设计无垫层时,用水泥砂浆找平。

(4)砂浆采用砂浆拌和机拌制,并按配合比计量,随拌随用,片石砌筑采用挤浆法,分段分层砌筑,先砌筑沟底,再砌筑沟帮,分段位置设在沉降缝处。各砌层先砌外圈定位砌块。再砌镶面和填腹砌块,砌缝相互错开、砂浆饱满,砌缝宽度和相互位置见表 9-9。

砌缝宽度和相互位置表 表 9-9

序 号	项 目	浆砌片石(mm)
1	表面砌缝宽度	≤40
2	两层间竖向错缝	≥80
3	三块石料相接处的空隙	≤70

(5)沉降缝设置:为防止沟体不均匀下沉而造成拉裂,每隔 10~15m 设置沉降缝一道,且沟身、基础沉降缝设置在同一位置。沉降缝按设计要求设置,设计无要求时,可用 2cm 厚的沥青木板放置在缝的位置上,两面靠着砌,砌一层抬高一层。最后用 M10 水泥砂浆塞缝,塞缝深

度为10cm。如图9-23所示。

(6)砌体勾缝:砌体砌筑时留出2cm深的空缝,分段砌筑完成后及时勾缝,勾缝采用平缝或凹缝,所用砂浆强度不小于砌体砂浆强度。勾缝工艺分为凿、冲、抹、压、刷、养等工序。凿就是先凿除灰缝多余的砂浆,冲就是冲洗干净灰缝表面的虚浆及泥土,抹就是用砂浆抹平灰缝,压就是压槽,使槽宽、槽深一致,一般采用钢筋压槽,刷就是刷净灰缝两侧的多余砂浆并抹光,养就是养护。

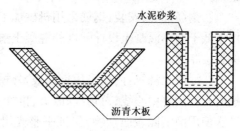

图9-23 沉降缝设置图

(7)养护:采用覆盖洒水养护。在砌筑好的排水设施上覆盖草袋或其他保水材料后,洒水湿润。

2.混凝土预制块拼装排水沟施工方法及要点

(1)施工准备、测量放样、沟槽开挖及验收、垫层铺设、沉降缝设置、勾缝及养护同浆砌片石排水沟施工。

(2)混凝土预制块砌筑:预制块拼装就位平顺。采用整体梯形断面的预制块时,用砂浆塞缝;采用断面分块的预制块时,先沟底再沟帮,砌缝宽度一般为15~20mm。拼装砂浆采用砂浆拌和机拌制,并按配合比计量,随拌随用。

(3)施工工艺流程如图9-24所示。

3.侧沟

(1)施工工艺流程

侧沟采用的施工工艺主要有混凝土预制块和现浇混凝土(钢筋混凝土),施工工艺流程分别如图9-24、图9-25所示。

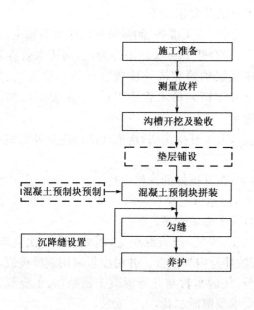

图9-24 混凝土预制块拼装排水沟施工工艺流程图

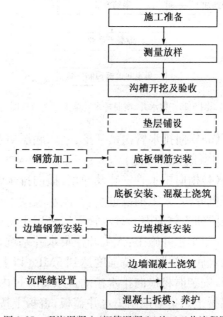

图9-25 现浇混凝土(钢筋混凝土)施工工艺流程图

(2)施工方法及要点

①施工准备、测量放样、沟槽开挖及验收、垫层铺设、沉降缝设置及养护同浆砌片石排水沟

施工。

②钢筋加工、安装：钢筋采用机械加工，纵向接长采用搭接连接，扎丝绑扎。钢筋保护层采用不低于沟体混凝土设计强度的混凝土垫块，分散布置，混凝土垫块采用矩形块，厚度同钢筋保护层厚度。

③混凝土浇筑：内模采用钢模板，外模利用开挖的沟槽壁形成。内模表面涂刷脱模剂。立模时先控制好中心线、对角线、收坡、拼缝，然后进行加固、支撑，检查合格后灌注混凝土。内模二次使用前清除表面杂物，保证平整光滑。混凝土采用机械拌和，运输车运输，振动棒振捣。混凝土浇筑分段、分层连续进行，分段位置尽量设置在沉降缝处。如分段位置无法设置在沉降缝处或混凝土无法连续浇筑（间歇时间超过初凝时间）时，需留置施工缝。施工缝处浇筑新混凝土时，凿除、冲净施工缝处的水泥砂浆薄膜、松动石子或松弱混凝土层，并润湿接缝后涂刷水泥砂浆。

4. 天沟、平台截水沟、吊沟（急流槽）

天沟、平台截水沟、吊沟（急流槽）采用的施工工艺主要有浆砌片石、混凝土预制块拼装两种，其施工工艺、施工方法及要点与排水沟基本相同。

5. 无砟轨道路基面防排水结构施工

横向排水坡和线间沟在无砟轨道道床板和路基面防水层施工时形成，横向排水坡施工工艺流程及施工方法见无砟轨道路基面防水层。无砟轨道路基面集水井、横向排水管施工工艺流程如图9-26所示。

无砟轨道路基面集水井、横向排水管施工方法及要求如下。

(1) 施工准备、测量放样同排水沟施工。

(2) 开工的基础条件为：横向排水管在基床底层填筑完成并验收合格后开始施工；集水井在横向排水管施工后、基床表层填筑前施工。

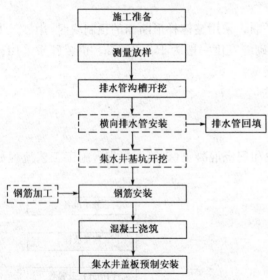

图9-26 集水井、横向排水管施工工艺流程图

(3) 横向排水管沟槽开挖：基床底层填筑压实后，人工开挖沟槽，沟槽底部向路基外侧按不小于4‰的坡度开挖。

(4) 横向排水管安装及回填：横向排水管安装前，在开挖好的沟槽内均匀铺设砂垫层，小型打夯机夯实、人工铺设过水管，流水坡度不小于4‰，过水管与路堤边坡上的排水系统对应，路堑地段伸入侧沟内。过水管周边采用中粗砂回填，人工夯填密实。

(5) 集水井施工：人工开挖集水井基坑，钢筋加工、安装，浇筑混凝土，混凝土分两次浇筑，先浇筑底板混凝土，待强度达到5MPa以上后，安装井身内外模板。井身模板采用钢模板或木模板，安装时将横向排水槽的过水管穿过内外模板，使过水管与井身混凝土密贴，人工浇筑井身混凝土。集中预制集水井盖板，盖板上按设计要求预留泄水孔，人工安装。

◀请练习[思考题9-12]

三、路基地下防排水工程施工

1. 明沟及槽沟

(1)明沟及槽沟施工工艺流程如图9-27、图9-28所示。

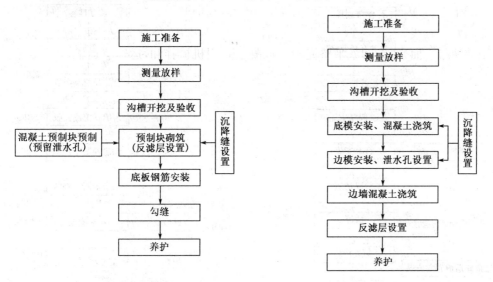

图9-27　预制块拼装明沟及槽沟施工工艺流程图　　图9-28　现浇混凝土明沟及槽沟施工工艺流程图

(2)预制块拼装明沟及槽沟施工方法及要点：

①施工准备：除按排水沟内容准备外，在施工现场通过开挖或钻探等方法验证含水层层厚及位置，确定沟底是否位于含水层以下。

②测量放样。

③沟槽开挖及验收：开挖过程中做好排水引流，避免基槽受水浸泡。沟槽开挖后，如槽底没有穿过含水层，则继续下挖直至穿过含水层。

④拼装并设置沉降缝。

⑤反滤层设置：反滤层采用人工填筑，随沟帮分层同步施工。如反滤层采用两种不同粒径的集料(碎砾石、中粗砂)，集料之间透水性土工布与两侧集料平起平上施作。分层填筑集料时，应保证土工布的设置位置，防止不同集料混填。

⑥泄水孔设置：沟帮砌筑时，根据含水层厚度设置1~3排泄水孔，泄水孔采取埋管方法成孔。当沟帮砌筑到泄水孔位置时，将预埋管埋入沟帮体内，并向沟内倾斜3%以上，无堵塞。

⑦勾缝、养护。

(3)现浇混凝土明沟及槽沟施工方法及要点：

①施工准备、测量放样、沟槽开挖及验收、反滤层设置与预制块拼装明沟及槽沟做法相同。

②底板混凝土浇筑：混凝土采用集中拌和、运输车运输，直接送料入沟槽内。收面时，按设计坡度挂线，人工抹面、收光。

③边模安装及泄水孔设置：内、外模宜采用钢模板，模板安装时，在设计泄水孔位置预埋PVC管，并向沟内倾斜3%以上。模板安装后，在边墙内模之间纵向每隔一定间距安装一个刚性支撑，保证净空尺寸。

2.暗沟

(1)暗沟施工工艺流程分别如图9-29、图9-30所示。

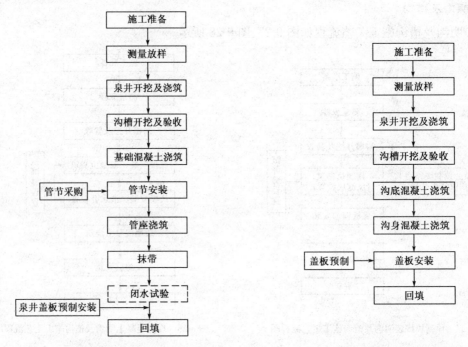

图9-29 圆管暗沟施工工艺流程图　　图9-30 盖板暗沟施工工艺流程图

(2)施工方法及要点：

①施工准备：除按排水沟内容准备外，在现场调查泉眼分布位置、数量、高程、涌水量；根据泉眼位置、出水口水面高程，确定将水排出路基最短路径；施工前，剥离泉眼四周的浮土和松石，保证泉水正常涌出，将泉眼内出水用胶管、竹筒或临时排水沟排出。

②测量放样。

③泉井开挖及浇筑：泉井采用人工开挖，基础和井壁浆砌并抹面；浇筑时，井壁预留与暗沟的接口。泉井盖板在回填前安装，盖板安装前清理落入井底的泥土、砂石等杂物。

④暗沟沟槽开挖及验收：按排水沟相关技术要求，沟槽开挖宜自下游向上游进行。

⑤盖板暗沟采用浆砌施工工艺，砌筑时，沟身与泉井井壁预留接口处的浆砌片石分层咬槎、交错搭砌。

⑥圆管暗沟施工包括混凝土基础施工、管节安装、管座混凝土浇筑、管接头抹带等。

⑦闭水试验：圆管暗沟安装完成后，有闭水试验要求的，回填前进行闭水试验。试验测定的渗漏量符合设计要求方为合格。

⑧回填：主体结构的砂浆或混凝土强度达到设计强度的70%以上回填；回填料不得使用淤泥、腐殖土、有机物质大于10cm的石块、砖块；沟槽两侧同时对称填筑，防止偏压受损；圆管下缘、基底、沟槽边坡下半部位围成的三角形地带填入稍细填料，并用钢钎、小型夯具等工具捣实；盖板暗沟回填时，在盖板表面铺筑一层碎(卵)石后再填砂砾，或用土工布覆盖盖板进行保护，防止泥土或砂粒从盖板之间的缝隙落入沟槽中造成堵塞。

3.边坡(支撑)渗沟

边坡(支撑)渗沟施工工艺流程如图9-31所示。施工准备除按排水沟内容准备外，还应调查边坡上层滞水的深度及水量,核对渗沟各部位尺寸及位置是否满足排水要求。测量放样、沟槽开挖及验收与暗沟技术要求相同。不透水层一般由不透水性土工布和浆砌片石或现浇混凝土组成;基槽验收合格后,将不透水性土工布铺入沟槽并整平表面,紧贴沟底,略有松弛;不透水性土工布铺设后,按设计在土工布上砌筑浆砌片石或浇筑混凝土;反滤层采用人工填筑,随排水层分层同步施工。如反滤层采用两种不同粒径的集料(碎砾石、中粗砂),集料之间透水性土工布与两侧集料平起平上施作。分层填筑集料时,应保证土工布的设置位置,防止不同集料混填。排水层采用干砌片石或充填较粗的碎石,每层施工厚度不超过30cm。排水层砌筑前,先干砌片石垛。封闭层施工按设计在渗沟顶面设置封闭层,采用干砌片石或浆砌片石。采用干砌片石时,片石中部厚度不小于15cm。砌筑时,将较大石块置于基底,石块交错咬搭,用碎石填实空隙。石块外露面选用较平的一面,并作适当修长。

图9-31　边坡(支撑)渗沟施工工艺流程图

4. 排水斜孔

排水斜孔施工工艺流程如图9-32所示。施工准备除按排水沟内容准备外,在现场搭设钻孔平台,采用钢管脚手架从下到上一次性搭设。按设计要求测设确定钻孔位置,采用潜孔钻机或地质钻机钻孔;钻机安装时,钻杆与水平面向上成5°～15°的夹角,成孔后,用高压风从孔底向孔口清理钻砟,进行清孔。透水管采用软式透水管或PVC花管。软式透水管为定型产品,采用防锈弹簧圈支撑管体、无纺布内衬过滤;PVC管现场打孔制作成花管,外包透水性土工布,用铁丝绑扎牢固。用于地层较软易缩孔位置的透水管,安装前在透水管内充填中粗砂并封口。透水管采用人工安装。安装时,管口露出排水斜孔口20cm,孔口部位用木楔临时固定PVC管或软式透水管。边坡防护施工时,将透水管固定于边坡防护工程中。

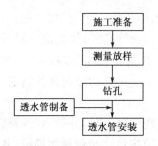

图9-32　排水斜孔施工工艺流程图

5. 盲沟

盲沟施工工艺流程如图9-33所示。施工准备除按排水沟内容准备外,按设计要求到有资质的厂家采购钢筋混凝土花管或PVC管;采用PVC管时,按设计的孔径、孔间距打孔,制作成花管。测量放样、沟槽开挖及验收与暗沟技术要求相同。复核基底高程,并测设标高控制桩后,浇筑铺底混凝土。混凝土收面时,在标高控制点上挂线控制铺底混凝土的排水坡度。铺底混凝土强度达到设计强度的70%后,铺设透水性土工布。土工布铺设后,两侧长出部分先用木楔或钢筋固定在两侧边坡上,避免施工过程中滑落或被花管、碎石压住。花管采用承插式钢筋混凝土花管或PVC花管;钢筋混凝土花管连接时,用水泥砂浆填抹接头缝;PVC花管采用专用胶水、专用接头进行连接。花管铺设后即进行碎石填筑,人工分层填夯。碎石填夯完成后,用已铺设好的透水性土工布将花管与碎石包裹完好。按设计及时回填,防止土工布长时间暴露。

6. 盲沟检查井

盲沟检查井施工工艺流程如图9-34所示。施工准备除按排水沟内容准备外,按设计定做井筒铸铁盖板。测量放样、基坑开挖及验收与暗沟技术要求相同。基坑验收合格后,按设计厚度铺设垫层混凝土。钢筋安装时底板、池壁钢筋同时绑扎。

图9-33 盲沟施工工艺流程图　　图9-34 盲沟检查井施工工艺流程图

清淤池底板混凝土浇筑采用集中拌和、运输车运输,直接送料入沟槽内。底板顶面标高不高于盲沟底。制作清淤池壁模板时,在池壁盲沟进出口位置预留盲沟花管孔洞;浇筑池壁混凝土前,将花管预置入清淤池池壁模板内;混凝土浇筑时,按设计间距在池壁预埋梯蹬。清淤池盖板集中预制或现浇。预制时,盖板上预留井口位置;现浇时,预埋井筒位置的竖向接茬钢筋。清淤池预制盖板用水泥砂浆进行安装。

井筒、井圈混凝土施工:井筒采用混凝土现浇或预制管节拼装;现浇施工时,井筒钢筋同清淤池的预埋接茬钢筋相连;预制管节拼装时,采用水泥砂浆安装;井筒按设计间距预埋梯蹬;井圈采用现浇施工。井筒盖板一般采用铸铁盖板,厂家定做、人工安装。

◆请练习[思考题9-13]

7. 复合防排水板与复合土工膜

复合防排水板、复合土工膜铺设施工工艺流程如图9-35所示。施工准备包括组织岗前技术培训、编制作业指导书,组织安全、技术交底;复合防排水板(复合土工膜)材料进场后,分批检查质量证明材料,抽样检验其主要物理力学性能指标。

(1)开工的基础条件

开挖至设计标高,进行地质条件检测,满足设计要求,平整基底并压实;在中粗砂垫层两侧,根据现场条件及时砌筑盲沟基础或开挖土沟,形成临时排水系统。测放中线、设置边桩控制桩点。

(2)铺设下层砂垫层

砂垫层铺设前,清除污染物及浮土,铺设表面不得有坚硬凸出物;根据放样确定砂垫层施工的宽度、厚度,采用平地机平整,压路机碾压。

(3)铺设复合防排水板、复合土工膜

人工铺设复合防排水板时必须拉紧、展平并与下承层面密贴,不得褶皱、扭曲和损坏。复合防排水板的主肋顺路基横断面方向铺设,带复合土工膜的一面朝上。复合防排水板纵、横向之间均采用搭接或水平拼接,为防止被连接钉材刺破,先揭开端头的复合土工膜,用U形钉或铁钉固定。复合土工膜纵向接头采用搭接,搭接宽度不小于30cm,且高程高的一端覆盖高程低的一端。复合防排水板横断面方向接头采用黏接或焊接,接缝宽度不小于10cm。复合防排水板伸入盲沟混凝土基础内,且不小于20cm。

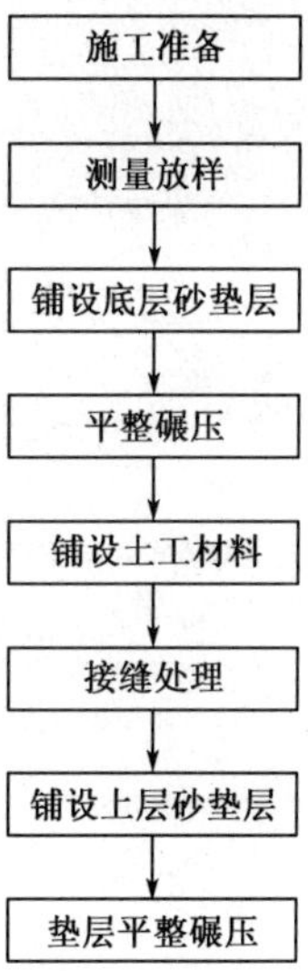

人工铺设复合土工膜,铺设时必须拉紧、展平并与下承层面密贴,不得褶皱、扭曲和损坏。复合土工膜顺线路方向铺设。复合土工膜纵向接头采用搭接,搭接宽度不小于30cm,且高程高的一端覆盖高程低的一端。复合土工膜横断面方向接头采用黏接或焊接,接缝宽度不小于10cm。复合土工膜在横断面方向铺设时,在路堑地段每侧砌入侧沟沟帮内不小于15cm。

复合防排水板、复合土工膜铺设及检查合格后,根据环境条件和施工能力分段铺设上层砂垫层,采用小型机具运输,严禁碾压及运输设备直接在其上行走。垫层平整压实采用压路机静压收光。

图 9-35 复合防排水板、复合土工膜施工工艺流程图

思 考 题

9-1 简述路基边坡防护和防排水工程设计主要内容。

9-2 简述路基边坡防护和防排水工程设计、施工单位的技术管理职责。

9-3 简述路基坡面防护类型及其适用条件。

9-4 简述路基冲刷防护类型及其适用条件。

9-5 铁路路基边坡绿色防护设计因素及内容。

9-6 一般地区石质路基边坡绿色防护设计主要技术要求。

9-7 干旱地区土质路基边坡绿色防护主要技术。

9-8 简述路基防排水工程设施类型及其特点。

9-9 路基地表排水设施布置技术要求。

9-10 简述路基地下排水设施的选择及其反滤层设计。

9-11 简述路基防排水工程施工一般规定。

9-12 简述无砟轨道路基面排水结构的施工方法和工艺流程。

9-13 简述盲沟及盲沟检查井的施工方法和工艺流程。

第十章 DISHIZHANG 铁路特殊路基工程

 本章导读

铁路特殊路基(Subgrade of Special Area)是特殊条件路基和特殊土路基的统称。其中特殊土路基(Subgrade of Special Rock and Soil Area)主要包括位于特殊土(岩),如软土、膨胀土(岩)、黄土、盐渍土、冻土等地段的路基等。特殊条件路基有雪害地段、滑坡地段路基,危岩、落石、崩塌、岩堆地段路基,岩溶及人为空洞地段路基,浸水路基与水库地段路基等。

特殊土路基应依据土的特殊工程特性采用相应的技术设计参数或技术处理措施。在无法绕避不良工程地质作用条件下,路基建设应采用根本治理、不留遗患的工程处理措施。

 学习目标

1. 熟悉铁路特殊路基分类,掌握特殊路基设计一般技术要求。
2. 掌握软土路基设计及施工。
3. 掌握膨胀土(岩)路基、黄土路基设计及施工技术要求。
4. 熟悉盐渍土路基、冻土路基、风沙地区路基设计及施工技术。
5. 熟悉雪害地段,危岩、落石、崩塌、岩堆地段路基,岩溶及人为空洞地段路基,水库地段路基设计技术要求,掌握滑坡地段及浸水路基设计与施工技术要求。

 学习重点

1. 软土路基、膨胀土(岩)路基、黄土路基设计技术。
2. 滑坡地段路基设计技术。
3. 浸水地段路基设计技术。

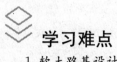

学习难点

1. 软土路基设计技术。
2. 多年冻土路基设计要求。
3. 滑坡地段路基整体稳定性设计。
4. 浸水路基稳定性分析。

本章学习计划

内　　容	建议自学时间（学时）	学习建议	学习记录
第一节　软土及松软土路基	1.0	本节应熟悉软土工程特性,掌握软土、松软土、路堤临界高度等基本概念,掌握软土路基设计一般规定；结合第8章掌握软土地区路基地基处理技术要求	
第二节　膨胀土(岩)路基	1.0	本节应熟悉膨胀土的工程特性,掌握膨胀土(含红黏土)地区路堑边坡设计要点,膨胀土路堤及基床的设计规定；结合第9章掌握膨胀土路基边坡防护及防排水技术要求	
第三节　黄土路基	1.0	本节应熟悉黄土的工程特性,掌握黄土地区路堑边坡设计要点,黄土路堤及基床的设计规定；结合第8章掌握黄土地区地基处理技术要求,结合第9章掌握黄土路基边坡防护及防排水技术要求	
第四节　盐渍土路基	1.0	本节应熟悉盐渍土的工程特性,掌握盐渍土地区路堤设计相关技术要求	
第五节　冻土路基	1.0	本节应熟悉冻土的分类及其工程特性,掌握季节性冻土地区路基设计要点,了解多年冻土地区路基设计一般规定,熟悉不同类型多年冻土地区路基设计特殊要求	
第六节　风沙地区路基	1.0	了解风沙概念及其对铁路路基的危害,掌握风沙地区路基设计一般技术规定；结合第9章及相关参考文献熟悉风沙地区路基边坡防护技术要求	
第七节　特殊条件路基	2.0	本节应掌握铁路特殊条件路基的含义、类型及其主要特殊设计技术要求。了解雪害地段路基设计计算一般规定及防护技术措施；掌握滑坡的含义及工程分类,结合第3章、第6章、第9章掌握滑坡地段路基稳定性分析及其整治技术措施；掌握危岩、落石、崩塌、岩堆的含义,该类特殊地段路基设计原则及防护措施；掌握岩溶与人为空洞的类型,结合第8章掌握该地段路基工程处理措施；掌握浸水路堤类型及其设计技术一般规定,熟悉水库地段路基的特点及防护技术要求	

第一节 软土及松软土路基

一、软土工程特性

软土一般是指天然含水率大,有机质含量多,压缩性高,孔隙比大,渗透性差,承载能力低的一种软塑至液塑状态的黏性土。如淤泥、淤泥质土、泥炭以及其他高压缩性饱和黏性土。它是在静水或缓慢水流环境下,经生物化学作用形成的以细粒土为主的近代沉积物。

1. 天然含水率高

软土的天然含水率一般大于液限,呈软塑或半流塑状态。**液限一般在 40%~60%,天然含水率大于 35%,饱和度大于 95%**。软土的天然含水率虽然大于液限,但只要不被破坏扰动,仍可处于软塑状态。而一经扰动,土的结构受到破坏,将立即变成流塑状态。

2. 孔隙比大

软土的孔隙比大于 1.0,一般介于 1~2 之间,最大可超过 2.0,山区的软土可能还要大些。

3. 透水性能低

软土的透水性能很低,渗透系数一般为 $10^{-8}\sim10^{-6}$ cm/s 垂直方向的渗透系数通常比平行土层方向的渗透系数要小一些。对地基排水固结不利,常使建筑物沉降延续时间加长;同时,在加载初期,地基土中常出现较高的孔隙水压力,影响地基的强度。

4. 压缩性高

软土属高压缩性土,压缩系数 $a_{0.1-0.2}$ 一般大于 0.5MPa^{-1},且其压缩变形大部分发生在垂直压力为 0.1MPa 左右时,对工程的直接影响是地基沉降量大。

5. 具触变性

土经扰动由可塑状态转变为流动(流塑)状态的特性称为**触变性**。软土一经扰动,其强度将被削弱、降低,但在静置一段时间后,土粒与水分子等重新排列,恢复絮凝结构,强度又可得到恢复。触变性的大小,常用灵敏度 S_t 表示,灵敏度划分界线见表 10-1。

$$S_t = \frac{q_n}{q'_n} \tag{10-1}$$

式中:q_n——天然状态下的无侧限抗压强度;

q'_n——保持含水率不变而结构破坏后的无侧限抗压强度。

灵敏度划分界线表 表 10-1

灵敏度(S_t)	1	1~2	2~4	4~8	8~16	>16
灵敏程度	非灵敏土	低灵敏土	中灵敏土	高灵敏土	特别灵敏土	流动土

软土的 S_t 一般在 3~4 之间,个别可达 8~9。为此当软土地基受振动荷载后,易产生侧向滑动、沉降及基底面两侧挤出等现象。

6. 具流变性(蠕变性)

软土在荷载持续作用下,压缩变形有随时间延长而增长的特性叫**流变性**。一般流变速度很小,每年只移动几厘米,但持续时间很长,有的持续达数十年。在剪切力作用下,土体长期出现缓慢的剪切变形,这对地基的沉降有较大影响,对于斜坡、堤岸、码头等稳定性不利。

7. 具不均匀性

由于沉积环境的变化,软土层中常局部夹有厚薄不等黏土层,使平面和垂直方向上都具有明显差异,地基极易产生差异沉降。

8. 抗剪强度低

软土的抗剪强度是软土地基的十分重要的指标,抗剪强度的大小与施加荷载的速度和排水固结条件有关。试验方法不同,得到的强度值也不同,不排水剪切时,φ 约为 0,c 一般小于 20kPa;排水固结条件下,$\varphi=10°\sim50°$,$c=20$kPa 左右。软土强度指标的获取应以现场原位测试和室内三轴试验为主。

二、松软土

所谓**松软土**,是对路基工程而言,一般包括软塑状黏性土、松散饱和状粉土、粉砂、细砂等,目前尚无成熟统一的判别标准。

路基基底以下 25m 深度范围内有软塑状黏性土层时,往往不能保证路基结构的稳定或不能满足路基工后沉降的控制标准,其中沉降变形往往控制地基处理设计;路堑及高度小于基床厚度的低路堤,地基为松散饱和状粉土、粉砂、细砂时,承载力不能满足基床要求,且在列车动荷载作用下,较易产生振动液化,从而导致路基失稳、变形破坏。因此,天然含水率较大、承载力较低、或沉降较大的一般黏性土、饱和黄土及粉土、松散饱和的粉砂、细砂等松软土地基,当不能保证路基结构的稳定或不能满足路基工后沉降的控制标准时,应采取相应的地基处理措施,其中松散饱和的粉土、粉砂、细砂地基,尚应考虑防止振动液化的地基处理措施。

◆请练习[思考题 10-2]

三、软土路堤临界高度

在软土天然地基上,快速填土使地基不产生固结,并且不考虑列车荷载影响的路堤所能填筑的最大高度,称为**填筑临界高度**,以 H_c 表示。填筑临界高度的大小,取决于软土的性质、成层情况、硬壳的厚度和性质以及填料的性质等因素。

对于考虑列车荷载影响,地基不需加固的最大路堤高度,称为**设计临界高度**,一般以 H_c' 表示。它除了与地基、填料的性质有关外,还与列车荷载等级和分布有关。确定 H_c' 的方法是进行有列车荷载情况下的稳定性检算,当稳定系数 F_s 值等于 1.0 时的路堤高度,即为软土地基是否需要作特殊加固处理的界限,也是控制线路纵断面设计的重要依据。一般情况下,设计临界高度可采用低于填筑临界高度 2~3m 的数值。

值得注意的是,填筑临界高度只从地基的强度、稳定出发,是线路选线、路基设计、填筑速率控制的重要依据,不能作为控制沉降的划分高度。

长大线路或地层复杂地段的路堤临界高度应根据工程填筑试验确定,非均质软土地基上路堤的临界高度无法估算,只有通过稳定性检算确定。具有均质软土地基特殊条件时,可按下列方法进行估算。

1. 均质厚层软土地基的填筑临界高度

$$H_c = 5.52 \frac{C_u}{\gamma} \qquad (10-2)$$

式中：H_c——填筑临界高度(m)；
　　　C_u——软土不排水剪切的黏聚力(kPa)；
　　　γ——填料重度(kN/m³)。
取 $\gamma=18.4$kN/m³，代入上式即：

$$H_c \approx 0.3 C_u \tag{10-3}$$

2. 均质薄层软土地基的填筑临界高度

深度因数 N_D
$$N_D = \frac{D+H}{H} \tag{10-4}$$

$$H_c = N_s \frac{C_u}{\gamma} \tag{10-5}$$

式中：N_s——稳定数，它与边坡角 β、深度因数 N_D 有关；
　　　H——为路堤高度(m)；
　　　D——为软土深度(m)。

计算时，先假定一个 H，计算深度因素 N_D，根据 N_D 和边坡坡度(或边坡角)β，从图 10-1 查得 N_s，由 N_s、C_u 算得 H_c，如 H_c 与所假定的 H 相等，即为所求之值。如果下卧岩层面具较大横向坡度时，实际的填筑临界高度将较上述计算结果要小一些。

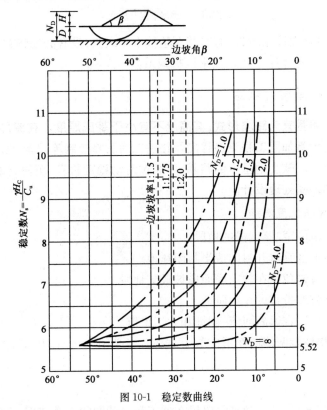

图 10-1　稳定数曲线

◆请练习[思考题 10-3]

3. 路堤顶面预留加宽及增加土方数量估算

地基沉降形状近似为一抛物线，如图 10-2 所示，每延米路堤在施工期间由于基底沉降而

增加的土方数量为:

$$\Delta V = \frac{2}{3}\Delta S \cdot B \tag{10-6}$$

式中：ΔS——地基在施工期间的沉降量(m)；
B——路堤基底宽度(m)。

路堤顶面每一侧预留加宽值 ΔW 为：

$$\Delta W = m(S_\infty - \Delta S) \tag{10-7}$$

式中：ΔW——路堤顶面一侧预留加宽值(m)；
m——道床边坡坡率；
S_∞——软土地基完全固结时的沉降量(m)。

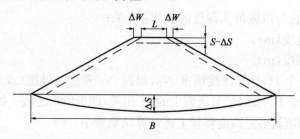

图 10-2　路堤下沉及加宽

由于后期地基沉降速度很缓慢，有时甚至达数十年之久，没有必要将数十年才需要的路堤加宽全部提前预留，因此计算 ΔW 建议乘以折减系数 $0.5 \sim 0.6$。

四、软土地段路基设计规定

在软土地基上，路基宜为路堤形式，其高度不宜小于基床厚度。在深厚层软土地区，应根据软土类型及厚度，地基加固工程难易程度及路基工后沉降控制等因素，合理确定路桥分界高度，严格控制路堤高度。软土地基上的路基，应通过滑动稳定检算、沉降计算或地基承载力验算分析，进行相应的地基处理设计。

1. 软土地基上路基位置选择

(1)宜选在软土范围窄、厚度薄的地段。
(2)在低缓丘陵地区宜避开封闭或半封闭洼地。
(3)在山间谷地宜避免设在软土底面横坡较陡地段。
(4)在河流中下游地带宜设在高阶地上。
(5)在沉积平原地区宜远离河流、湖塘和人工渠道。

软土地基上路堤坡脚两侧地面不应取土、挖沟，当必须取土时，其安全距离应通过稳定性检算确定。

2. 地基处理

路堤超过填筑临界高度时，为确保路堤在施工和运营期的安全使用，必须进行路堤和地基的加固处理。软土或松软土地基加固的目的主要是对以下内容及指标实施控制：

①满足稳定要求。
②满足沉降要求。
③满足路堑及低矮路堤基床承载力要求，并防止饱和粉土、粉细砂地基产生振动液化。

④进行路堤填筑速度或施工期的设计,为满足环保要求,对施工条件、机具、材料的控制与选择等。

⑤设计方案经济上合理、技术上可行。

3. 软土路基施工要求及观测

采用复合地基加固的地段,施工前应根据设计进行工艺性试桩,确认设计与施工有关参数技术上可行后,方可正式施工。复合地基加固质量检测合格后方可填筑路堤。

软土地基上填筑路堤时,应在边坡坡脚外设置边桩,在路堤中心线地面上设置沉降观测设备,进行水平位移和沉降观测,控制填土速率,测定地基沉降值,同时作为验交时控制工后沉降量的依据。

路堤填土速率控制要求如下:

(1)天然地基、排水固结法处理的地基,填筑时间不应小于地基抗剪强度增长需要的固结时间。

(2)路堤中心沉降每昼夜不得大于10mm,边桩水平位移每昼夜不得大于5mm。

有架桥机作业的桥头路堤在架梁前必须进行试压,试压及架梁过程中应加强路基的位移和沉降观测。

第二节 膨胀土(岩)路基

一、膨胀土概述

膨胀土指土中黏土矿物主要由亲水矿物组成,具有吸水膨胀、软化、崩解和失水急剧收缩开裂,并能产生往复变形的黏性土。含有大量亲水矿物,含水率变化时产生较大体积变化具有膨胀土特征的岩石,应判定为膨胀岩。膨胀土(岩)的分类应符合《铁路工程特殊岩土勘察规程》(TB 10038—2012)的有关规定。

1. 膨胀土的特殊性质

(1)湿胀干缩性

膨胀中含有较多强亲水性黏土矿物,如蒙脱石、伊利石等。当土体浸水时,土颗粒表面的结合水膜增厚,使颗粒间距拉大,从而引起土体膨胀;当土体失水时,结合水膜减薄,颗粒间距缩小,从而引起土体缩小。随着土体含水率的增减,膨胀力也产生相应的变化。

(2)多裂隙性

由于往复的干缩湿胀,致使土中的裂隙迅速发育。裂隙不仅破坏土体的连续性和完整性,使土体强度降低,为渐进破坏提供条件,而且也为地表水的浸入形成了通道。水的浸入加速了土体的软化及裂隙生成,两者互为因果,相互促进,形成恶性循环,使土体强度大大降低,成了修筑路基的一大难关。

(3)超固结性

在地质历史上,膨胀土地层曾受过比现在更大的前期固结压力,使土体处于超固结状态。超固结性不仅使路堑边坡坡脚产生较大的剪应力,而且还会带来强度的应变软化,这对边坡的短期及长期稳定性都极为不利。

2. 红黏土

在亚热带温湿气候条件下,石灰岩和白云岩等碳酸盐类岩石经风化作用所形成的褐红色黏性土,称为**红黏土**(Red Clay)。红黏土通常是较好的地基土,但由于下卧岩层面起伏变化,以及基岩的溶沟、溶槽等部位常常存在软弱土层,致使地基土层厚度及强度分布不均匀,此时容易引起地基的不均匀变形,红黏土具有膨胀性时,应按膨胀土设计。

◆请练习[思考题 10-4]

二、膨胀土路基技术要求

1. 一般规定

膨胀土(岩)地区路基应严格控制边坡高度,避免高路堤及深长路堑。路堤边坡高度不宜超过 10m,路堑边坡高度不宜超过 15m,并应加强稳定边坡措施。

膨胀岩体存在不利的结构面或软弱夹层时,线路宜垂直或大角度与其相交通过,路基边坡应采取防止顺层滑动的措施。膨胀土(岩)土质改良时,掺和料宜采用石灰或水泥等,掺入量应根据试验确定。

2. 膨胀土路堑

膨胀土(岩)路堑边坡的破坏形式是多样的,但从破坏的深度上来分,可大体归纳为浅层破坏与深层破坏两种类型。浅层破坏是指发生在气候影响层内的边坡变形,超过这层厚度的边坡变形便是深层破坏。在考虑边坡的稳定时,应该针对这两种破坏类型分别对待。由于浅层破坏是受气候变化、风化程度、裂隙发育程度等因素的影响,其抗剪强度明显低于深部的强度。因此,对于整体边坡(包括浅层及深部)的稳定,如果不考虑边坡防护加固,则需按浅层土质特征考虑边坡。对较高的边坡,考虑边坡防护加固,则浅层的工程地质问题已基本得到解决,只需按深部的地层强度进行边坡稳定性分析决定边坡坡率,可以用较陡的边坡坡率。因此,膨胀土(岩)路堑边坡坡率应根据岩土的性质、软弱层和裂隙的组合关系、气候特点、水文地质条件,以及自然山坡、人工边坡的稳定坡度等综合确定。

膨胀土(岩)边坡设计应遵循缓坡率、宽平台、加固坡脚和适宜的坡面防护相结合的原则。边坡高度不超过 10m 时,边坡坡率及平台宽度可根据边坡的高度和土质按表 10-2 设计;边坡高度大于 10m 时,边坡坡率及形式应结合稳定性分析计算进行设计。稳定性检算宜采用圆弧法,安全系数不小于 1.25。

膨胀土(岩)路堑边坡坡率和平台宽度　　　　表 10-2

边坡高度(m)	边坡坡率			边坡平台宽度(m)			侧沟平台宽度(m)		
	弱	中	强	弱	中	强	弱	中	强
<6	1:1.5	1:1.5~1:1.75	1:1.75~1:2.0	可不设			1.0	1.0~2.0	2.0
6~10	1:1.75	1:1.75~1:2.0	1:2.0~1:2.5	1.5~2.0	2.0	≥2.0	1.5~2.0	2.0	≥2.0

膨胀土路堑的坡脚不应位于两种不同分类等级膨胀土(岩)层交界面处,交界面下部为强膨胀土(岩)时,应采取加强排水和边坡支撑加固的措施。因为这样的结合面是薄弱面,往往也是地下水富集带,路堑开挖后路基面位于地下水频繁活动带,若坡脚位于交界面处,则会加速坡脚附近土层抗剪强度的衰减,是路堑病害的潜在隐患。

路堑堑顶距建筑物应有一定的安全距离,并采取可靠的边坡稳定措施。路堑弃土应远离堑顶或弃于低侧山坡,弃土堆的坡脚至堑顶的距离大于一般黏性土路堑,不宜小于 10m。

3. 膨胀土路堤

基床以下路堤填料采用中、强膨胀土(岩)时必须进行改良,采用弱膨胀土(岩)时,时速200km的铁路必须改良,其他Ⅰ、Ⅱ级铁路可采取改良或加强边坡加固及防排水措施。

路堤边坡高度不大于6m时,坡率可按1:1.75~1:1.5设计;当边坡高度大于6m时,边坡坡率及形式应根据填料重塑或改良后性质、气候条件、加固措施等因素进行路堤边坡稳定性分析,并结合既有路堤的成熟经验综合确定。稳定检算采用圆弧法,安全系数不应小于1.25。

4. 基床

膨胀土(岩)路堑基床表层应全部换填符合相应铁路等级标准要求的材料;基床底层应采取换填或土质改良措施。对弱、中膨胀土(岩)处理厚度,时速200km的铁路不应小于1.0m,其他Ⅰ、Ⅱ级铁路不应小于0.5m;强膨胀土(岩)处理厚度应大于气候剧烈影响层且不宜小于基床底层深度。

膨胀土(岩)路堤基床表层不得采用膨胀土(岩)或其改良土填筑;基床底层采用膨胀土(岩)作填料时,应采取土质改良措施。

5. 边坡防护

(1)路堤边坡防护加固

膨胀土(岩)路基边坡可能发生浅层破坏时,宜采取半封闭的相对保湿防渗措施;可能发生深层破坏时,应结合浅层破坏,通过边坡稳定分析确定加固处理措施。

路堤边坡防护和加固具体措施可根据填土的工程地质条件及高度按照表10-3进行设计,其中骨架净间距不宜大于3m,宽度不宜小于0.5m,深度不应小于0.6m。边坡加筋一般不与拱形骨架结合使用,主要原因是骨架施工对筋材的破坏较大,可采用较轻型的空心砖满铺措施。

膨胀土(岩)路堤边坡防护加固措施　　　　　表10-3

填土高度(m)	改良土	弱膨胀土
<4	植被网植物护坡	空心砖植物护坡
4~8	空心砖植物护坡,拱形截水骨架植物护坡,边坡加筋加植被网植物护坡	拱形截水骨架植物护坡,边坡加筋加空心砖植物护坡,坡脚墙
>8	拱形截水骨架植物护坡,边坡加筋加空心砖植物护坡,坡脚墙	边坡加筋加空心砖植物护坡,支撑渗沟加拱形截水骨架植物护坡,坡脚墙

(2)路堑边坡防护和支挡加固

路堑边坡防护和加固可依据工程地质条件、环境因素和边坡高度按照表10-4及表10-5进行设计。骨架净间距不宜大于3m,宽度不宜小于0.5m,深度不应小于0.6m。

膨胀土(岩)路堑边坡防护加固措施　　　　　表10-4

膨胀等级	弱	中	强
$H \leq 4$	植被网植物护坡	空心砖植物护坡	支撑渗沟加空心砖植物护坡
$H > 4$	拱形截水骨架植物护坡,拱形截水骨架加空心砖植物护坡,浆砌片石护坡、护墙	空心砖植物护坡,浆砌片石护坡、护墙,支撑渗沟加拱形截水骨架植物护坡	护墙,支撑渗沟加拱形截水骨架植物护坡,锚杆框架加空心砖植物护坡

膨胀土(岩)路堑边坡支挡加固措施　　　　　表 10-5

膨胀等级	弱	中	强
$H \leqslant 6$	可不设	坡脚墙	抗滑挡土墙
$H > 6$	坡脚墙、抗滑挡土墙	抗滑挡土墙、抗滑桩	桩基承台抗滑挡土墙、抗滑桩(桩板墙)

6. 路基防排水

基床底层顶面或换填底面应加强封闭、隔水处理。路堤及地下水发育的路堑基床,不宜采用土质填料封闭层处理,采用土工合成材料封闭、隔水时,应全断面铺设。地下水发育的路堑基床应采取降低或加深侧沟,设必要的纵横向排水渗沟、渗管等防排地下水措施。

堑顶及边坡应根据地形及边坡高度,设置单侧或双侧天沟及边坡平台截水沟,天沟内边缘至堑顶距离不宜小于 5m,且不宜设吊沟排水。较高的路堤及中、强膨胀土(岩)路堑边坡,宜设置边坡渗沟,加强引排地表水及坡面积水。天沟、截水沟、侧沟、排水沟均应采取防冲和防渗加固措施。路堑侧沟应加强防止积水反渗的处理措施。

路堤坡脚应采取排水沟、抬高式护道或坡脚墙等措施,防止受水浸泡。低路堤、低洼地段基底,应采用渗水土填料填筑,必要时可增设纵横向排水渗沟、渗管等措施,防止和排除地表积水。

◆请练习[思考题 10-5]

第三节　黄 土 路 基

一、黄土的工程性质

黄土是指第四纪以来在干旱、半干旱气候条件下陆相沉积的一种特殊土,土颗粒成分以粉粒为主,富含钙质,呈棕黄、灰黄或黄褐色。**新近堆积黄土**是指沉积年代近,具高压缩性、承载力低,在 50~150kPa 压力下变形较大的全新世(Q_4^2)黄土。

1. 黄土的基本特征

(1)颜色为淡黄、褐黄或灰黄色。

(2)质地均一,颗粒组成以粉粒(0.005~0.05mm)为主,其含量一般在 60% 以上。几乎没有大于 0.25mm 的颗粒。

(3)富含碳酸钙,含量约 10%~30%,且常形成钙质结核。

(4)具有多孔性,一般有肉眼可见的大孔隙、虫孔等,孔隙比较大,一般在 1.0 左右。

(5)一般无层理,具柱状节理,垂直节理发育,直立性强。

具以上全部特征的,称为黄土;具部分特征的称为黄土质土或**黄土状土**。一般认为风积成因的黄土,不具层理,称为**原生黄土**。原生黄土经再次搬运而堆积,具有层理,形成黄土质(状)土,称为**次生黄土**。在铁路工程实践中,通常广义地将黄土及黄土状土称为黄土质土。

2. 黄土的力学性质

(1)黄土的抗剪强度

就沉积年代看，一般老黄土的抗剪强度比新黄土高，尤以黏聚力 c 最为明显。就原状黄土的各向异性而言，由于垂直节理及大孔隙的存在，使得原状黄土的强度随方向而异。风积黄土的抗剪强度水平方向最大，垂直方向最小；冲积、洪积黄土垂直方向最大，水平方向最小。就含水率的影响看，黄土的抗剪强度随含水率增大而剧烈降低，当含水率接近塑限时，降低减慢。一般而言，黄土的 φ 值为 19°～42°，c 值为 10～110kPa。

(2) 黄土的湿陷性

黄土浸水后在外荷载或土的自重作用下发生的下沉现象称为湿陷。黄土发生湿陷，是因为黄土浸水时胶结物质发生化学和物理化学反应，使结构强度降低；其湿陷的条件是黄土中存在孔隙直径大于周围颗粒直径的架空结构。黄土湿陷性根据性质又可分为自重湿陷和非自重湿陷两类。自重湿陷是指土层浸水后仅仅由于土的自重发生的湿陷；非自重湿陷是指土层浸水后，由于土自重及附加压力的共同作用而发生的湿陷。

一般用相对湿陷系数 δ_{sh} 判别黄土是否具有湿陷性，当 $\delta_{sh} > 0.015$ 时为湿陷性黄土，即：

$$\delta_{sh} = \frac{h_2 - h'_2}{h_2} \tag{10-8}$$

式中：h_2——保持天然湿度和天然结构的土样在无侧向膨胀条件下加压至 200kPa 变形稳定后的高度；

h'_2——上述加压稳定后的土样在浸水作用下变形稳定后的高度。

3. 黄土的水理性质

(1) 渗透性

由于黄土各向异性，一般垂直方向的渗透性大于水平方向，二者的比值在 3～30 范围内变动。当浸水湿陷后，由于土体压密，竖向渗透系数将显著降低；黄土经过压实后大孔构造被破坏，其透水性也大大降低。此外，黏粒含量越多，其透水性越差。一般新黄土的渗透系数 k 约为 $1 \times 10^{-3} \sim 1 \times 10^{-2}$ m/s，老黄土的渗透系数 k 约为 $1 \times 10^{-5} \sim 1 \times 10^{-3}$ m/s。

(2) 收缩与膨胀

黄土遇水膨胀，干燥后又收缩，多次反复容易形成裂缝及剥落。由于黄土的堆积作用，其水平方向的收缩量比垂直方向大，一般为 50%～100%。

(3) 崩解性

各类黄土的崩解性相差很大，新黄土浸水后很快全部崩解，老黄土则要经过一段时间后才全部崩解，午城黄土浸水后基本不崩解。

4. 黄土的工程地质年代及其工程性质特点

处于不同工程地质年代的黄土其工程性质特点应按表 10-6 划分。

黄土的工程地质年代及其工程性质 表 10-6

工程地质年代		地层名称		工程性质				
				湿陷性	抗水性	透水性	压缩性	直立性
全新世 (Q_4)黄土	近期(Q_4^2)	新黄土	黄土状土	一般具湿陷性	易冲蚀、潜蚀、崩解	中	高至中	直立性较差，不能维持陡边坡
	早期(Q_4^1)							
晚更新世(Q_3)黄土			马兰黄土		易冲蚀、潜蚀、崩解	中	中	直立性一般，不能维持陡边坡

续上表

工程地质年代	地层名称		工程性质				
			湿陷性	抗水性	透水性	压缩性	直立性
中更新世(Q_2)黄土	老黄土	离石黄土上部(Q_2^2)	上部部分土层具湿陷性	冲蚀、潜蚀、崩解较慢	弱	中至低	直立性强，能维持高、陡边坡
		离石黄土下部(Q_2^1)					
早更新世(Q_1)黄土		午城黄土	不具湿陷性	冲蚀、潜蚀、崩解慢	弱	低	直立性强，能维持高、陡边坡，但易剥落

◆请练习[思考题10-6]

二、黄土地区的路基设计

1. 一般规定

黄土地区路基，路堤边坡高度，Ⅰ级铁路不宜超过10m，Ⅱ级铁路不宜超过15m，新黄土路堑边坡高度不宜大于20m，老黄土路堑边坡高度不宜大于25m。

黄土地段路基应加强防排水措施，采取封闭防水、拦截、疏导的处理原则，设置防冲刷、防渗漏和有利于水土保持的综合排水设施及防护工程，并妥善处理农田水利设施与路基的相互干扰。

当黄土具湿陷性或压缩性较高时，应根据地基土层性质、路堤填高、路基变形控制要求，确定湿陷性黄土处理措施。采用无砟轨道时，应消除地基的全部湿陷量。

黄土作为填料进行土质改良时，掺和料宜采用水泥、石灰等，其掺入量应根据试验确定。

2. 黄土地区路堑设计

(1) 黄土路堑边坡形式

路堑边坡形式应根据黄土类别、均匀性及边坡高度按表10-7确定，并应符合下列规定：

①边坡平台宽度应根据稳定性计算确定，小平台宽度宜为2.0～2.5m，大平台宽度宜为4～6m。

②边坡平台应设截水沟，其底宽及深度均应为0.4m。

③侧沟平台宽度可为1.0～1.5m。

④设置边坡小平台，在年平均降水量小于300mm地区应每高12m设一级，年平均降水量300～500mm地区应每高10m设一级，年平均降水量500～700mm地区应每高8m设一级。

⑤边坡大平台宜设在边坡的中部。

⑥非均质土层平台或变坡点的位置，应结合不同土层分界面和钙质结核层的位置综合确定。

路堑边坡形式及适用条件 表10-7

边坡形式	适 用 条 件
直线形(一坡到顶)	①均质土层，Q_4、Q_3 黄土边坡高度 $H \leq 12m$；Q_2、Q_1 黄土边坡高度 $H \leq 15m$ ②非均质土层，边坡高度 $H \leq 10m$
折线形(上缓下陡)	非均质土层，边坡高度 $H \leq 15m$
阶梯形(小平台)	①均质土层，Q_4、Q_3 黄土边坡高度 $12m < H \leq 25m$；Q_2、Q_1 黄土边坡高度 $15 < H \leq 25m$ ②非均质土层，边坡高度 $15m < H \leq 25m$
阶梯形(大平台)	边坡高度 $H > 25m$

(2)黄土路堑边坡坡率

黄土路堑，一般性质单一、问题不复杂，只要坡率值拟定合理并做好排水工程，是能确保边坡整体稳定的。当边坡高度不大于20m时，路堑边坡坡率一般可按表10-8的规定设计；边坡高度大于20m或工程地质、水文地质条件复杂时，应采用工程地质类比法结合边坡稳定性检算确定。设有大平台的深路堑，除应对全高边坡作稳定性检算外，还应对大平台毗邻的上下分段边坡作局部稳定性检算，路堑边坡稳定性检算安全系数不得小于1.25。

路 堑 边 坡 坡 率 表10-8

黄土名称	适用地区	边坡坡率	
		$H \leq 10m$	$10m < H \leq 20m$
全新世坡积黄土(Q_4^{dl})	①	1:1～1:0.75	
	②	1:0.75～1:0.5	1:1.25～1:1
全新世冲积、洪积黄土($Q_4^{al,pl}$)	①	1:0.75～1:0.5	
	②	1:0.5	1:1～1:0.75
晚更新世坡积黄土(Q_3^{dl})	①	1:0.75～1:0.5	
	②	1:0.75～1:0.5	1:1.25～1:1
晚更新世风积黄土(Q_3^{eol})	①	—	
	②	1:0.5	1:0.75～1:0.5
晚更新世冲积、洪积黄土($Q_3^{al,pl}$)	①	1:0.5～1:0.3	
	②	1:0.5	1:0.75～1:0.5
中更新世黄土(Q_2)	①	1:1～1:0.5	
	②	1:0.5	1:0.75～1:0.5
早更新世黄土(Q_1)	①	—	
	②	1:0.5	1:0.75～1:0.5

表10-8中适用地区栏内①是指华北、东北平原及内蒙古高原东部地区，②是指黄土高原、豫西等地区。表列边坡坡率是指单一土层的综合边坡坡率，若为多种土层，可根据不同时代、成因、土层性质的差异性及其在边坡中所占比例，综合考虑确定。阶梯形边坡的分级坡率，对均质土层可取同一坡率值，对非均质土层可选用不同坡率值。

当堑顶地面横坡小于20°时，不计其对边坡坡率的影响；当为20°～35°时，Q_4 黄土边坡高度大于12m，$Q_3^{al,pl}$ 黄土边坡高度大于15m，边坡坡率可放缓一级（按0.25计）；当大于35°时，应通过稳定检算确定。

对 Q_2、Q_1 黄土尚应考虑构造裂隙对边坡稳定性的影响。

3. 黄土地区路堤设计

当路堤边坡高度不大于 15m 时,边坡形式及边坡坡率可按表 10-9 确定。当边坡高度大于 15m 时,采用工程类比法结合稳定性检算确定路堤的边坡形式及边坡坡率。路堤边坡稳定性检算采用圆弧法,安全系数不得小于 1.25。填土的抗剪强度指标值应按设计填筑压实标准的要求,采用夯后快剪试验测定。

路堤边坡形式及边坡坡率 表 10-9

边坡形式	边坡分段坡率	
	$0<H\leqslant 8m$	$8<H\leqslant 15m$
折线形	1:1.5	1:1.75
阶梯形	1:1.5	1:1.75

表 10-9 中阶梯形边坡适用于年平均降水量大于 500mm 的地区,在边坡高 8m 处或在边坡中部设宽为 2m 的边坡平台,边坡平台宜设截水沟。

4. 黄土地区路基基床设计

(1) 路堤基床

Ⅰ级铁路的基床表层不得采用黄土或黄土改良土作填料;Ⅱ级铁路的基床表层可采用黄土改良土作填料;Ⅰ级铁路的基床底层可采用黄土改良土作填料;Ⅱ级铁路的基床底层可采用黄土作填料,但在年平均降水量大于 500mm 地区,其塑性指数大于 12,液限大于 32% 时,应采取土质改良或加固措施。

(2) 路堑基床

Ⅰ级铁路的基床表层应进行换填处理,填料应符合有关规定,基床表层以下应采取换填或土质改良措施,时速 200km 铁路处理厚度不应小于 1.0m,其他Ⅰ级铁路处理厚度不应小于 0.5m;Ⅱ级铁路的基床表层应采取换填或土质改良等措施,基床表层底部应采用复合土工膜进行封闭、隔水处理。

5. 黄土路基边坡防护

路堑边坡宜采用空心砖植物、骨架植物、浆砌片石或混凝土块护坡、护墙、坡脚墙或综合措施,加强防冲、防渗及坡脚加固处理。

黄土路堤宜在两侧边坡内分层水平铺设土工格栅,其竖向间距不应大于 0.6m。路堤坡面可采取立体植被网、空心砖植物、骨架植物护坡等措施防护。

6. 黄土路基排水

堑顶地表水应及时排出,天沟内边缘至堑顶距离不宜小于 5m,天沟内、外侧的积水洼地应回填夯实整平,夯实后土的干重度不得小于 $15kN/m^3$。

路堤坡脚受水浸泡、冲刷时,应采取防冲、防渗的防护加固措施。低洼地段路堤基底,应采用渗水土填料填筑;湿陷性黄土地段,路堤必须设坡脚排水沟,坡脚至水沟间应进行封闭防渗加固;黄土地段的水沟应进行防冲防渗加固,加固措施宜采用混凝土块板。

路基附近的冲沟危及路基安全时,应采取排水或防护措施。

7. 湿陷性黄土地基处理

黄土地基湿陷性处理,应根据地基特性、处理深度、施工设备、材料来源和对周围环境的影响等因素进行分析,可选择表 10-10 中的一种或多种相结合的措施。当需要采用注浆或桩基础等特殊处理措施时,应通过试验确定其可行性、设计参数和施工工艺。

湿陷性黄土地基常用的处理措施   表 10-10

处理措施	适用范围	可处理的湿陷性黄土层厚度(m)
换填垫层法	地下水位以上	1～3
强夯法	地下水位以上,$S_r \leqslant 60\%$ 的湿陷性黄土	3～7
挤密法	地下水位以上,$S_r \leqslant 65\%$ 的湿陷性黄土	5～15

(1)处理深度

湿陷性黄土地基的处理深度应通过检算确定,符合下列任一条件的地基均应采取减少或消除湿陷性的处理措施:

①在自重湿陷性黄土场地,地基湿陷量的计算值大于或等于路基工后沉降量容许值。

②在非自重湿陷性黄土场地,地基内各土层的湿陷起始压力值,小于其附加压力与上覆土的饱和自重压力之和,且地基湿陷量的计算值大于或等于路基工后沉降量容许值。

(2)处理宽度

挡土墙地段在非自重湿陷性黄土场地,应至基础底面外侧不小于 1m;在自重湿陷性黄土场地,应至基础底面外侧不小于 2m。路堤地段应至坡脚排水沟外侧不小于 1m,路堑地段为路基的整个开挖面。

8. 黄土陷穴及处理

(1)黄土陷穴的分类

黄土陷穴包括由于水的冲蚀、溶蚀形成的岩溶陷穴、古墓和掏砂洞等。如不查明、处理,将造成严重的后果。陷穴的类型包括漏斗状陷穴、竖井状陷穴、串珠状陷穴和暗穴等。

(2)黄土陷穴的处理

对外露的陷穴,在路堤坡脚或路堑坡顶线外上方侧 50m 以内,下方侧 10～20m 内,应全部处理,处理深度自地面至陷穴底。对横穿路基隐蔽的暗穴,自路堤坡脚或路堑坡脚向外侧按 $(45°+\varphi/2)$ 向下扩展至需要处理的暗穴底。

在查明黄土陷穴发生的部位、深度和范围后,对于明陷穴、暗穴埋藏浅、暗穴埋藏深、暗穴小而直、暗穴大而深等情况,可分别采用回填夯实、明挖回填夯实、支撑回填夯实、灌砂、灌泥浆等相应措施。陷穴处理方法可按表 10-11 选用。

陷穴的处理方法及适用条件   表 10-11

处理方法	适用条件	处理方法	适用条件
回填夯实	明陷穴	灌砂	暗穴小而直
明挖回填夯实	暗穴埋藏浅	灌泥浆	暗穴大而深
支撑回填夯实	暗穴埋藏较深		

流向陷穴的地面水,应采取拦截引排措施;堑顶的裂缝和积水洼地,应填平夯实;路堤应做好靠山侧的排水工程,并填平夯实积水洼地。

◆请练习[思考题 10-7]

第四节　盐渍土路基

一、盐渍土概述

盐渍土指易溶盐含量大于 0.3% 的土。地表以下 1.0m 深度内易溶盐的平均含量大于 0.3% 时，应定为盐渍土地区或场地。盐渍土具有较强的吸湿、松胀、溶蚀及腐蚀等特性，可引起许多路基病害。

盐渍土分布较广，我国西北、华北、东北的西部、内蒙河套地区以及东南沿海一带都有分布，但比较集中的是在西北地区的内陆盆地。

1. 盐渍土的分类

(1) 按地理分布分类

①滨海盐渍土：分布于滨海一带，受海水浸渍或海岸后退，经蒸发盐分残留于地表而成，含盐量一般在 1%~4%，盐分以氯盐为主。

②内陆盐渍土：它是干旱、半干旱地区盐渍土的总称，其分布面积广，渍盐程度高，盐的成分复杂，表聚性强，地表常形成盐结皮、盐壳和疏松的聚盐层。含盐量较高，一般高达 10%~20%，盐分以氯盐与亚氯、亚硫酸盐为主，硫酸盐含量较少，碳酸盐则更少。

③冲积平原盐渍土：冲积平原的低洼处由洪水泛滥或内涝产生，河床淤积抬高或上游修建水库以及灌溉渠道的渗漏等，使附近地下水位升高，而造成盐渍化。随着各地气候带及成土母质不同，含盐类型与含盐量程度有较大差异，如东北以碱性盐渍土为主，而华北北部而以氯盐渍土为主。

(2) 按含盐成分分类

盐渍土应根据含盐成分按表 10-12 分类，表中 $b(Cl^-)$、$b(HCO_3^-)$、$2b(SO_4^{2-})$、$2b(CO_3^{2-})$ 是指 1kg 土中所含括号内物质的质量摩尔浓度，单位为 mmol/kg。

盐渍土按含盐成分分类　　　　　　　　　　　　　　表 10-12

盐渍土类型	$D_1=\dfrac{b(Cl^-)}{2b(SO_4^{2-})}$	$D_2=\dfrac{2b(CO_3^{2-})+b(HCO_3^-)}{b(Cl^-)+2b(SO_4^{2-})}$
氯盐渍土	$D_1>2$	—
亚氯盐渍土	$2 \geqslant D_1>1$	—
亚硫酸盐渍土	$1 \geqslant D_1>0.3$	—
硫酸盐渍土	$D_1<0.3$	—
碱性盐渍土	—	$D_2>0.3$

(3) 盐渍土按盐分的含量分类 (表 10-13)

盐渍土按盐分的含量分类表　　　　　　　　　　　　表 10-13

盐渍土名称	土层的平均含盐量(%)		
	氯盐渍土及亚氯盐渍土	硫酸盐渍土及亚硫酸盐渍土	碱性盐渍土
弱盐渍土	0.3~1.0	—	—
中盐渍土	1.0~5.0	0.3~2.0	0.3~1.0
强盐渍土	5.0~8.0	2.0~5.0	1.0~2.0
超盐渍土	>8.0	>5.0	>2.0

2. 盐渍土的基本工程性质(表10-14)

盐渍土的基本工程性质　　　　表10-14

盐渍土的类型	基本工程性质			
	密度	液限与塑限	强度与水稳性	盐胀与膨胀
氯盐渍土	密度随含盐量的增加而"增加",土体湿化后,盐类被溶解,土的密度降低	随含盐量的增加而减少,最佳含水率亦同	潮湿状态下,强度随含盐量的增加而降低,更易丧失稳定;干燥状态下,其强度高于非盐渍土	盐分结晶时,体积不变化,不产生盐膨胀作用
硫酸盐渍土	密度随含盐量的增加而降低,当含盐量接近2%时,密度将显著下降	随含盐量的增加而增加	潮湿状态下,强度随含盐量的增加而降低;干燥时,盐分对土的黏固作用很小	体积随温度显著变化,盐胀作用严重;盐胀作用所涉及的深度远较冻深为大
碳酸盐渍土	密度随含盐量的增加而降低,当含盐量超过0.5%时,密度将显著下降	随含盐量的增加而增加	潮湿状态下,土体膨胀,强度下降;干燥时,黏固作用较大	受水后,膨胀作用最严重,能增加黏土的塑性和黏附性,使渗透系数变小

3. 盐渍土的湿陷性

有些地区(西北内陆地区)盐渍土的结构与黄土类似,当粉粒含量大于45%、孔隙度大于45%时,即具有一定的湿陷性。消除盐渍土的湿陷性,一是控制含盐量不超过规定标准,二是加大夯实密度,使干密度大于 $1.5g/cm^3$。

4. 盐渍土腐蚀性

盐渍土地区,一般地下水埋藏浅,水质矿化度高,气候干旱,年温差及月温差大,冰冻时间长,所以常具有强烈的腐蚀性。表10-15为盐渍土对筑路材料的腐蚀表。

盐渍土对筑路材料的腐蚀表　　　　表10-15

材料名称	产生条件及腐蚀特征
沥青	当氯盐含量大于3%~5%,硫酸钠含量大于2%,随着含盐量增加,沥青的延展度普遍下降;Na_2CO_3 和 $NaHCO_3$ 能使土的亲水性增加,并使土与沥青互相作用形成水溶盐,造成沥青材料乳化
水泥	当氯盐含量超过4%,硫酸钠含量超过1%时,对水泥能产生腐蚀作用,尤以硫酸钠结晶的水化物更严重,使水泥加固的土、砂浆、混凝土等产生松胀剥落、掉皮等。但氯盐和石膏总含量在2%~3%以下时,反而能加速水泥硬化,降低冰点,提高水泥加固的土的强度
金属	一是易溶盐中的各种酸离子与金属材料直接作用,即可腐蚀金属材料;二是各种盐的强烈化学反应,促使金属材料遇水后产生不均匀的电位差,导致水与氧等对金属材料的锈蚀
其他	易溶盐对砖、橡胶等材料均有不同程度的腐蚀性

5. 盐渍土地区常见的路基病害(表10-16)

盐渍土路基病害一览表　　　表10-16

盐渍土类别	病害类型	病害特征	病害产生原因
硫酸盐渍土	松胀	一般表层0.3m范围内，土体疏松，足踏下陷，路肩变窄，边坡失稳	土中硫酸钠含量超过2%，在昼夜气温变化影响下时而吸水结晶体积膨胀，时而脱水体积缩小，反复相变，致土体密度减小，结构破坏，产生松胀现象
硫酸盐渍土	膨胀	深部土体膨胀，一般距地表1m左右，个别3m以下，致路面季节性隆起，坡脚产生纵向裂缝	土中硫酸钠含量超过2%，在季节性气温变化影响下，引起路堤深部土体中硫酸钠吸水结晶，体积膨胀，一般高塑性土较低塑性土膨胀快且膨胀量大
碳酸盐渍土		路基土体松软，边坡坍塌，路肩泥泞不堪	易溶的碳酸盐含量超过0.5%，因吸附性钠离子作用，使土的分散性增强，呈现过高的膨胀性、塑性及遇水崩解性
各种盐渍土	冻胀翻浆	土体冻胀，路面隆起，土质松软，路基下沉，翻浆冒泥	在一定低温条件下，盐渍土同样冻结，当土的含水率大于塑限，且水分补给来源充足，形成层状冰，致土体膨胀，温度回升后冰层消融，含水率增加，土质松软。硫酸盐渍土因盐晶脱水滞缓延长翻浆时间；碱性盐渍土因Na^+作用，路面更为泥泞不堪
氯盐渍土、碱性盐渍土	溶蚀	路肩及边坡冲沟累累，路堤内有大小不一的空洞，路基沉陷	氯盐溶解度大，不受温度的影响(除氯化钙外)极易淋失；碱性盐渍土遇水易崩解，抗冲蚀能力差
各种盐渍土	基床病害	各种形状的道砟槽、道砟囊等	由于路堤填土中含水率高，土质持水性强，水分不易散失，土体长期处于软塑状态

◆请练习[思考题10-8]

二、盐渍土地区的路基设计

1. 盐渍土地区的选线原则

(1)线路应尽量绕避有可能遭受洪水冲淹的低洼地区，以及经常处于潮湿或积水的强盐渍土、超盐渍土或盐沼地带，不能绕避时应考虑以最短距离通过。

(2)对于一般盐渍土地区或小面积分布地区，线路应尽量选择地势较高、含盐量较少、地下水位和矿化度低、排水条件好、通过距离最短的位置。

(3)在一般情况下，盐渍土地区的路基宜采用适当高度的路堤通过，尽量避免采用路堑形式。

2. 盐渍土路基填料的技术要求

路堤基床不得采用盐渍土、石膏作为填料；基床以下不应采用石膏土作填料。若就地取用天然盐渍土作为填料，其含盐量应控制在表10-17范围内，而且要注意含盐程度的均匀性。

盐渍土填料容许易溶盐含量　　　　　表10-17

盐渍土类型	地基或填料的容许含盐量($\overline{DT}$)
氯盐渍土	$5\% \leqslant \overline{DT} \leqslant 8\%$（一般为5%，如加大夯实密度，可提高其含盐量，但不得大于8%，其中硫酸钠含量不得大于2%）
亚氯盐渍土	$\overline{DT} < 5\%$（其中硫酸钠含量不得大于2%）
亚硫酸盐渍土	$\overline{DT} < 5\%$（其中硫酸钠含量不得大于2%）
硫酸盐渍土	$\overline{DT} < 2.5\%$（其中硫酸钠含量不得大于2%）
碱性盐渍土	$\overline{DT} < 2\%$（其中易溶的碳酸盐含量不得大于0.5%）

在干燥度大于50、年平均降水量小于60mm、相对湿度小于40%的西北内陆盆地地区，当无地表水浸泡时，路堤填料和地基土可不受氯盐含量的限制。

3. 毛细水上升高度计算

(1) 毛细水强烈上升高度确定

确定毛细水强烈上升高度的方法有直接观测法、曝晒法及公式计算法等。直接观测法是在开挖试坑1~2d后，直接观测坑壁干湿变化情况，干湿变化明显处即为毛细水强烈上升带与破裂带的分界点，此点至地下水位的距离为毛细水强烈上升高度。曝晒法是分别在开挖试坑的当时和曝晒1~2d后，测定坑壁的含水率并绘制含水率曲线，两曲线的交点到地下水位的距离即为毛细水强烈上升高度，如图10-3所示。

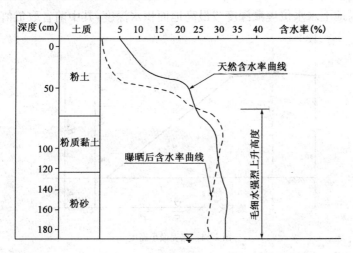

图10-3　毛细水强烈上升高度示意

(2) 均质土的毛细水强烈上升高度 H_c

毛细水强烈上升高度 H_c 应在现场测试取得，困难时可根据土的类别、均质性及其有关物理指标，按下列公式计算。

① 砂类土。

$$H_c = 0.290 + 0.0567 w_m + 1.5457 d_{10}^{-0.246} + 1.409 d_{50}^{-0.198} \tag{10-9}$$

式中：w_m——最大分子吸水率(%)；

d_{10}——有效粒径(μm)；

d_{50}——平均粒径(μm)。

② 细粒土。

$$H_c = 0.590 + 0.0485I_P + 1.6936d_{10}^{-0.323} + 2.293d_{50}^{-0.229} \tag{10-10}$$

式中：I_P——土的塑性指数。

(3)非均质土的毛细水强烈上升高度 H_c

$$H_c = \sum_{i=1}^{n} h_i - H_{cn}\left(\sum_{i=1}^{n} \frac{h_i}{H_{ci}} - 1\right) \tag{10-11}$$

式中：h_i——第 i 层土的厚度(m)；

H_{ci}——第 i 层土视为均质时的毛细水强烈上升高度(m)；

n——自地下水位算起的毛细水强烈上升高度顶点所在土层层数，$\sum_{i=1}^{n}\frac{h_i}{H_{ci}} \geqslant 1$ 时的土层数 n；

H_{cn}——第 n 层土视为均质时的毛细水强烈上升高度(m)。

4.路堤最小高度

路堤最小高度 H_{min} 应满足不发生次生盐渍化的要求(图 10-4)，按下式进行计算：

$$H_{min} = H_c + \Delta h + h_s \pm h_w \tag{10-12}$$

式中：H_c——毛细水强烈上升高度(m)；

Δh——安全高度，一般取 0.5m；

h_s——蒸发强烈影响深度(m)，指自地面或路面以下天然含水率曲线有明显变化的深度；

h_w——最高地下水水位埋藏深度或最高地面积水深度，其中前者取负值(m)。

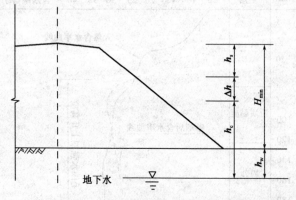

图 10-4 路堤最小高度

当盐渍土路基同时为季节性冻土路基时，应按公式(10-15)计算路堤最小高度，两者取其大值。一般情况下，路堤最小高度不小于 2.5m。

◆请练习[思考题 10-9]

5.毛细水隔断层

阻止路基下部毛细水上升的隔层为**隔断层**(Insulating Course)。毛细水隔断层一般设在路堤底部，可保证路堤整体不产生次生盐渍化病害。隔断层设在路堤上部和中部可以节省隔断层工程量，但不能保证隔断层以下部分路堤不产生病害，因此，一般新建路堤隔断层多设在路堤底部。只有在困难条件下，例如改建铁路时，才设在路堤上部。毛细水隔断层材料宜就地取用，隔断层按其材料可分为以下几种类型。

(1) 渗水土隔断层

渗水土隔断层的厚度不宜小于 50cm，隔断层顶面应设厚 15cm 的反滤层，底面应设厚 10cm 的砂垫层。

(2) 复合土工膜隔断层

复合土工膜隔断层的技术指标、性能及铺设要求应符合现行《铁路路基土工合成材料应用技术规范》(TB 10118—2006)的规定

6. 盐渍土路基横断面形式

盐渍土路基位置应选在地势较高、地下水位较低、排水条件好、土中含盐量低、地下水矿化度低、盐渍土分布范围小的地段，并应以路堤通过。

对于一坡到顶的路堤，其边坡坡率一般为 1:1.5。如用当地容许含盐量土填筑路堤，一般应铲除表层盐壳和松胀土。受水浸泡的路堤一般采用台阶式横断面，临水的下部路堤采用渗水土填筑，边坡坡率为 1:1.75，上部可填当地容许含盐量土，边坡坡率为 1:1.5。

7. 盐渍土地基处理

当盐渍土路堤不满足最小高度且难以降低地下水位时，路堤底部应设置毛细水隔断层，隔断层的底面高程应高于当地最高地面积水高程。毛细水隔断层材料可采用渗水土、复合土工膜等。

地基表层土松散时应予碾压密实或翻挖分层回填压实。松散土层较厚时，可采取换填、强夯等加固措施。地基土为软弱土层时，应根据软弱土层的性质、厚度、含水率、地表积水深度等，按相关规定处理。

8. 盐渍土路基边坡防护加固

盐渍土地区地势多低洼，地下水埋藏较浅、水质矿化度高，易形成盐渍土路基病害，应选择以路堤通过可避免或减少病害的产生。

(1) 盐渍土路堤表土的松胀、溶失、风蚀等可采用下列处理措施：

①路基面每侧加宽 0.4m，与路堤本体同时施工。
②骨架植物或空心砖植物护坡。
③M10 水泥砂浆块板护坡。
④干砌片石护坡。
⑤浆砌片石护坡。

(2) 地下水水位较高，毛细水进入路堤本体时，应自毛细水强烈上升高度顶面以下两侧边坡上加设护道，宽度不应小于 1.5m。

第五节 冻土路基

一、冻土工程特性

冻土是指温度为 0℃或低于 0℃并含有冰晶的土(岩)。根据冻结状态持续时间(T)，冻土可分为**多年冻土**($T \geq 2$ 年)和**季节性冻土**($T < 1$ 年)。

1. 季节性冻土

季节性冻土在我国的华北、西北和东北地区均有分布，而多年冻土主要分布在东北大小兴

安岭和青藏高原。

(1)季节性冻土冻胀分级

季节性冻土是受季节气候的影响,冬季冻结、夏季全部融化而呈周期性冻结融化。季节性地基土的冻胀,除与气温条件有关外,主要与土的类别、冻前含水率和地下水位有关。当粉土、黏土颗粒增多时,土的冻胀性显著增大。如土中含水率超过起始冻胀含水率时,在没有地下水补给的情况下,土层仍有水分迁移现象存在,含水率发生重分布,并产生冻胀。季节冻结与季节融化层土,根据土冻胀率 η 的大小按表 10-18 可分为不冻胀、弱冻胀、冻胀、强冻胀和特强冻胀五类,冻结层的平均冻胀率可按下式计算:

$$\eta = \frac{\Delta Z}{h' - \Delta Z} \qquad (10\text{-}13)$$

式中:ΔZ——地表冻胀量(mm);
$\qquad h'$——冻层厚度(mm)。

表 10-18 中不包括盐渍化冻土。冻土塑性指数大于 22 时,冻胀性降低一级;碎石类土作为充填物且大于全部质量的 40% 时,其冻胀性按填充物土的类别判定。

(2)季节性冻土路基设计分类

土体的冻胀深度随地温的持续降低而增长,冻胀量的大小又与冻结速率的快慢呈反比。土中毛细水的始冻温度略低于 0℃,重力水则为 0℃,盐渍土的始冻温度随盐液浓度的增加而降低。

当土中的水分超过一定界限值后,才会产生冻胀,此值称为起始冻胀含水率。当土体具有始冻负温和更低的持续负温,且具备下列条件之一时,可按产生季节性冻胀的情况进行路基设计:

①符合表 10-18 所列的冻胀土或强冻胀土。

②黏性土,尤其是天然含水率 w 明显大于塑限含水率 w_p 的粉质黏土及饱和度 $S_r > 0.8$ 的粗粒土。

季节性冻土的冻胀分级 表 10-18

土的类别	冻前天然含水率 w (%)	冻结期间地下水位距冻结面的最小距离 h_w (m)	平均冻胀率 η (%)	冻胀等级及类别
粉黏粒质量不大于 15% 的粗颗粒土(包括碎石类土、砾、粗、中砂,以下同),粉黏粒质量不大于 10% 的细砂	不考虑	不考虑	$\eta \leqslant 1$	I 级不冻胀
粉黏粒质量大于 15% 的粗颗粒土,粉黏粒质量大于 10% 的细砂	$w \leqslant 12$	>1.0		
粉砂	$12 < w \leqslant 14$	>1.0		
粉土	$w \leqslant 19$	>1.5		
黏性土	$w \leqslant w_p + 2$	>2.0		

续上表

土的类别	冻前天然含水率 w (%)	冻结期间地下水位距冻结面的最小距离 h_w (m)	平均冻胀率 η (%)	冻胀等级及类别
粉黏粒质量大于 15% 的粗颗粒土，粉黏粒质量大于 10% 的细砂	$w \leqslant 12$	$\leqslant 1.0$	$1 < \eta \leqslant 3.5$	Ⅱ级弱冻胀
	$12 < w \leqslant 18$	> 1.0		
粉砂	$w \leqslant 14$	$\leqslant 1.0$		
	$14 < w \leqslant 19$	> 1.0		
粉土	$w \leqslant 19$	$\leqslant 1.5$		
	$12 < w \leqslant 22$	> 1.5		
黏性土	$w \leqslant w_p + 2$	$\leqslant 2.0$		
	$w_p + 2 < w \leqslant w_p + 5$	> 2.0		
粉黏粒质量大于 15% 的粗颗粒土，粉黏粒质量大于 10% 的细砂	$12 < w \leqslant 18$	$\leqslant 1.0$	$3.5 < \eta \leqslant 6$	Ⅲ级冻胀
	$w > 18$	> 0.5		
粉砂	$14 < w \leqslant 19$	$\leqslant 1.0$		
	$19 < w \leqslant 23$	> 1.0		
粉土	$19 < w \leqslant 22$	$\leqslant 1.5$		
	$22 < w \leqslant 26$	> 1.5		
黏性土	$w_p + 2 < w \leqslant w_p + 5$	$\leqslant 2.0$		
	$w_p + 5 < w \leqslant w_p + 9$	> 2.0		
粉黏粒质量大于 15% 的粗颗粒土，粉黏粒质量大于 10% 的细砂	$w > 18$	$\leqslant 0.5$	$6 < \eta \leqslant 12$	Ⅳ级强冻胀
粉砂	$19 < w \leqslant 23$	$\leqslant 1.0$		
粉土	$22 < w \leqslant 26$	$\leqslant 1.5$		
	$26 < w \leqslant 30$	> 1.5		
黏性土	$w_p + 5 < w \leqslant w_p + 9$	$\leqslant 2.0$		
	$w_p + 9 < w \leqslant w_p + 15$	> 2.0		
粉砂	$w > 23$	不考虑	$\eta > 12$	Ⅴ级特强冻胀
粉土	$26 < w \leqslant 30$	$\leqslant 1.5$		
	$w > 30$	不考虑		
黏性土	$w_p + 9 < w \leqslant w_p + 15$	$\leqslant 2.0$		
	$w \geqslant w_p + 15$	不考虑		

2. 多年冻土

(1) 融沉系数

$$\delta_0 = \frac{h_1 - h_2}{h_1} = \frac{e_1 - e_2}{1 + e_1} \tag{10-14}$$

式中：h_1、e_1——冻土试样融化前的高度(mm)和孔隙比；

h_2、e_2——冻土试样融化后的高度(mm)和孔隙比。

(2) 多年冻土年平均地温

多年冻土年平均地温是多年冻土稳定性评价的一个重要指标。青藏线根据在青藏高原多年冻土地区的科研成果，将青藏高原多年冻土按年平均地温 T_{cp} 分为四个区，具体见表 10-19。

多年冻土的地温分区表　　表 10-19

年平均地温 T_{cp}(℃)	地温分区	年平均地温 T_{cp}(℃)	地温分区
≥−0.5	高温极不稳定冻土区	−2.0～−1.0	低温基本稳定冻土区
−1.0～−0.5	高温不稳定冻土区	<−2.0	低温稳定冻土区

(3) 多年冻土分类

多年冻土按其含冰量的不同可分为少冰冻土、多冰冻土、富冰冻土、饱冰冻土和含土冰层。具体的分类标准见表 10-20。表中总含水率包括冰和未冻水，盐渍化冻土、泥炭化冻土、腐殖土、高塑性土不在此列表。

多年冻土特征　　表 10-20

多年冻土类型	土的名称	总含水率 w_A(%)	平均融沉系数 δ_0(%)	融沉等级	融沉类别
少冰冻土	碎石类土、砾砂、粗粒、中砂（粉黏粒质量不大于15%）	$w_A<10$	$\delta_0 \leq 1$	Ⅰ	不融沉
	碎石类土、砾砂、粗粒、中砂（粉黏粒质量大于15%）	$w_A<12$			
	细砂、粉砂	$w_A<14$			
	粉土	$w_A<17$			
	黏性土	$w_A<w_p$			
多冰冻土	碎石类土、砾砂、粗粒、中砂（粉黏粒质量不大于15%）	$10 \leq w_A<15$	$1<\delta_0 \leq 3$	Ⅱ	弱融沉
	碎石类土、砾砂、粗粒、中砂（粉黏粒质量大于15%）	$12 \leq w_A<15$			
	细砂、粉砂	$14 \leq w_A<18$			
	粉土	$17 \leq w_A<21$			
	黏性土	$w_p \leq w_A<w_p+4$			
富冰冻土	碎石类土、砾砂、粗粒、中砂（粉黏粒质量不大于15%）	$15 \leq w_A<25$	$3<\delta_0 \leq 10$	Ⅲ	融沉
	碎石类土、砾砂、粗粒、中砂（粉黏粒质量大于15%）				
	细砂、粉砂	$18 \leq w_A<28$			
	粉土	$21 \leq w_A<32$			
	黏性土	$w_p+4 \leq w_A<w_p+15$			

续上表

多年冻土类型	土的名称	总含水率 w_A(%)	平均融沉系数 δ_0(%)	融沉等级	融沉类别
饱冰冻土	碎石类土、砾砂、粗粒、中砂(粉黏粒质量不大于15%)	$25 \leq w_A < 44$	$10 < \delta_0 \leq 25$	IV	强融沉
	碎石类土、砾砂、粗粒、中砂(粉黏粒质量大于15%)				
	细砂、粉砂	$28 \leq w_A < 44$			
	粉土	$32 \leq w_A < 44$			
	黏性土	$w_p + 15 \leq w_A < w_p + 35$			
含土冰层	碎石类土、砂类土、粉土	$w_A \geq 44$	$\delta_0 > 25$	V	融沉
	黏性土	$w_A \geq w_p + 35$			

(4) 多年冻土的不良冻土现象

不良冻土现象是指厚层地下冰(包括厚度大于0.5m的含土冰层和厚度大于0.3m的纯冰层)、冻土沼泽、冻胀丘、冰锥、热融湖(塘)、融冻泥流等地段。这些地段一般都需要采取特殊的处理措施。因施工困难,费用昂贵,养护不方便,应尽量绕避;如必须通过时,也应选择在不良程度轻、长度短的地段通过。当处于大型的冻胀丘、冰锥或热融湖(塘)地段时,尤其是在跨越较宽沟谷沼泽地段时,由于防治工程量大,且不易根除病害,一般设桥通过。具体内容如下。

①厚层地下冰。厚度大于0.3m的冰层称为厚层地下冰。厚层地下冰是由于多年冻土层层上水发育,季节融化层多呈饱和状态,当冻结时,水分向上转移,如果冻土层上限有条件上升则形成厚层地下冰,有时厚度相当大。

②热融滑坍。在自然营力或人为活动下,有地下冰分布的斜坡(一般横坡大于3°)的热平衡状态被破坏,地表土体在重力作用下沿融冻界面呈牵引式位移而形成的滑坍,称为热融滑坍。

③冰锥、冰丘。在寒季流出封冻地表或封冻冰面的地下水或河水,冻结后形成丘状隆起的冰体称为冰锥。寒季地面冻结,地下水受地面和下部多年冻土的遏阻冻结膨胀,在薄弱带把地表抬起形成丘状隆起的土丘,称为冰丘。

④冻土沼泽。多年冻土层地表因受积雪及地表水的影响,在平坦与低洼地形成沼泽,此种现象在东北较多,在青藏高原地区主要分布于缓山坡的低洼处。因沼泽中多长有喜水植物(如东北的塔头草)及覆盖有泥炭层,保护了多年冻土,因而上限浅,形成了隔水层,使地表长期积水或处于潮湿状态。

⑤热融沉陷和热融湖(塘)。由于自然营力或人为活动破坏了多年冻土(或地下冰)的热平衡,使地表下沉所形成的凹地或积水凹地,称为热融沉陷或热融湖(塘)。

◆请练习[思考题10-10]

二、季节性冻土路基

1. 路堤最小高度

基床顶面至地面的最小距离 H_{min} 应按下式计算:

$$H_{\min} = H_c + \Delta h + h_f \pm h_w \tag{10-15}$$

式中：H_c——毛细水强烈上升高度(m)；

Δh——安全高度，一般取 0.5m；

h_f——有害冻胀深度(m)，可取最大冻结深度的 60%～95%；

h_w——冻胀期地下水埋深或地面水积水深度，当为地下水时取负号。

2. 季节性冻土防治措施

将路基产生不均匀冻胀且其值大于 4mm 的现象，称为有害冻胀。产生有害冻胀的冻结深度为有害冻胀深度。一般地区有害冻胀深度为最大冻结深度的 60%，东北地区因温度低且持续时间长，有害冻胀深度可达最大冻结深度的 95%。季节性冻土防治措施应首先满足所要求的路堤最小高度，不能满足时，必须结合季节性冻土地区的特殊自然条件，经比选后确定其他可供选择的工程措施。

(1) 路堤防冻害设计

①当有排水条件时，选用长、大、深排水沟是排除地面水或降低地下水的有效措施。水位降低，可相应降低对路堤高度的要求，大量减少工程量和工程造价。

②基底设毛细水隔断层，毛细水隔断层的建筑材料应做经济技术比较后确定。

③在有害冻胀深度范围内，采用弱冻胀土作填料。

④采用聚苯乙烯泡沫塑料板隔温层。

(2) 路堑防冻害设计

当路堑基床顶面至地下水位的距离小于由式(10-15)计算的数值时，应采取降低地下水水位或在有害冻胀深度范围内换填弱冻胀土等措施。

◆请练习[思考题 10-11]

三、多年冻土的路基设计

1. 一般设计原则

(1) 路基选线

多年冻土地区线路宜绕避不良冻土现象发育和地下水丰富地段；当绕避困难时，应选择在病害轻、范围窄的地段通过，并采取合理的工程措施。如线路位于下列不良冻土区时，一般以桥梁通过。

①大型的冻胀丘、冰锥发育地段。

②发展性热融湖(塘)、范围宽广的大片沼泽或横向坡度较陡的沼泽地段。

③高温极不稳定区或不易保温的岛状冻土区。

(2) 路堤设计

多年冻土地区路基宜采用路堤形式，在高含冰量(富冰冻土、饱冰冻土、含土冰层)地段的路堤，当采用保护冻土的设计原则时，路堤最小高度应根据不同地区、填料种类、不同地温分区综合确定。

当采用保护冻土设计时，东北地区对于大片多年冻土的路堤最小高度一般考虑不小于 1.5m，对于岛状多年冻土的路堤最小高度宜提高至 2m。青藏高原地区路堤填料为一般黏性土时，最小高度根据多年冻土不同地温分区，可参考表 10-21 取值。

高含冰量冻土地段黏性土路堤最小高度　　　　　表 10-21

多年冻土地温分布	地温稳定区	地温基本稳定区	高温不稳定区	高温极不稳定区
多年冻土年平均地温 T_{cp}	$T_{cp}<-2.0℃$	$-2℃\leqslant T_{cp}<-1℃$	$-1℃\leqslant T_{cp}<-0.5℃$	$-0.5℃\leqslant T_{cp}\leqslant 0℃$
最小设计高度(m)	1.50	1.90	2.30	>2.50

路堤填料为非黏性土时,最小高度还需考虑填料的影响,一般情况下,不同填料换算的最小高度可按表 10-22 规定的换算系数乘以表 10-21 规定的数值取值。

路堤最小高度土质换算系数　　　　　表 10-22

填料名称	一般黏性土	砂类土	砂、砾混合土	块、卵石土
换算系数	1.00	1.20	1.30	1.40

(3)热融滑坍体地段

热融滑坍体地段路基宜从其下方以路堤形式通过。这是因为热融滑坍是溯源发展的,滑坍体下方山坡是稳定的,不受滑坍过程的影响。

(4)大片多年冻土带

在大片多年冻土带内,多年冻土分布面积广、厚度大,年平均气温及年平均地温均较低,多年冻土稳定,这对保护多年冻土有利,应按保护多年冻土(即保护地基多年冻土的冻结状态)的原则设计。而在岛状多年冻土带,多年冻土分布面积小、厚度较薄,在地面保温条件较好时,可采取加强保温的措施,按保护冻土原则设计;在邻近季节冻土带的多年冻土的边缘地带,多年冻土多呈零星小块分布,厚度一般仅几米至十几米,年平均地温和年平均气温都较高,对外界条件变化引起的温度反映很灵敏,地面保温条件差、人为活动频繁,多年冻土处于不稳定状态,极容易被破坏,难以保持其冻结状态,应按破坏多年冻土的原则设计。

(5)少冰冻土、多冰冻土地段

当路堤地基为少冰冻土时,因冻土融化的融沉量很小,不会使路基产生病害,故可按一般地区路基设计。在富冰冻土、饱冰冻土或含土冰层地段,冻土融化将会因融沉问题引起路基病害,宜采取保护冻土的设计原则。如不易保持冻土或保持冻土措施不经济时,也可采取预先挖除冻土或换填不融沉土等破坏冻土的设计原则;在融沉量不大的情况下,也可采用加宽路基、预留沉降、使其自然融化等办法。

(6)其他设计规定

山坡上的路基应选在坡度较缓、地表干燥、向阳的地段通过。填筑在地面横坡陡于 1:2.5 或天然上限以上土质松软的斜坡上的路堤应按路堤沿山坡表面及冻融交界带滑动的稳定性分析,采取相应的支挡加固措施。

多年冻土区的防护结构不得采用浆砌片石结构。挡土墙宜采用预制拼装化的轻型、柔性结构,基础宜采用混凝土拼装基础或桩基础,埋深不应小于该处多年冻土天然上限的 1.3 倍。

多年冻土区支挡结构设计荷载除计算土压力外,还应考虑作用在基础上的冻胀力和墙背上的水平冻胀力。土压力、水平冻胀力应按暖季和寒季分别计算,土压力和水平冻胀力不应叠加。

路堤基床的厚度、压实度以及填料的选用,除应符合一般地区的有关规定外,填料的选用还应考虑冻结层上水的发育程度及填料的冻胀敏感性。

2.冻土路基的防护措施

高含冰量冻土路基的防护措施分为主动防护和被动防护两类,主要是从其工作原理上划分的。能够促使地基或路基土体散热，降低土体温度，维持冻结状态，从而防止融沉和冻胀变形的工程措施，称为主动防护措施，如热棒、片石通风路基、碎石及片石护坡、通风管路基等。采用隔热材料或其他工艺降低导热系数，增强保温效果，防止路基与大气进行热交换，从而防止季节性融沉和冻胀病害的工程措施，称为被动防护措施，如保温材料路基、保温护道等。

3. 多年冻土路基过渡段

下列多年冻土地段应按要求设长度不小于20m的路基过渡段：

(1) 高含冰量冻土不同地温间，在低地温段按相对高地温段要求设计路基过渡段。

(2) 高含冰量冻土与少冰、多冰冻土间，在少冰、多冰冻土区按高含冰量冻土区要求设计路基过渡段。

(3) 融区与多年冻土间，在融区按多年冻土要求设计路基过渡段。

四、多年冻土地段路基设计技术

1. 高含冰量冻土地段路基

(1) 保护冻土技术要求

在路基下侧埋设通风管时，通风管可采用预制钢筋混凝土管、钢管或PVC管、EP双壁波纹管。埋设位置、有效孔径及间距应通过热工计算确定。

采用热棒降温时，热棒直径和间距应根据热棒类型、所采用的工质和地—气温差等因素通过计算确定。

路基的两侧或向阳一侧边坡可设遮阳板防护。

路堤基底、路堑路基面以下2倍天然上限范围内夹有累计小于0.15m厚的含土冰层、0.4m厚的饱冰冻土或0.6m厚的富冰冻土地段的路基，可按少冰、多冰冻土地段路基设计，但应加宽路基面预留沉降量。

(2) 路堤保温护道设计

在路基的某一部位，铺设一定厚度的保温材料，利用保温材料的低导热性（热阻）阻止上部（或下部）热量进入下部（或上部）土层，以保持多年冻土原有冻结状态或防止冻害产生的路基内一结构层称为**路基保温层**（Heat Preservation Layer for Subgrade）。

多年冻土地段路堤按保护多年冻土的原则设计时，应采取加强地面排水，设置工业保温材料保温层，路堤下部埋设通风管、热棒降温、遮阳板护坡、保温护道及两侧坡脚外20m范围地表植被不被破坏等措施。

路堤两侧应设置保温护道，护道材料可采用黏性土或黏性土内埋设聚苯乙烯泡沫隔温板等。根据路基边坡的朝向不同，护道尺寸应符合表10-23的规定，护道顶面设4%排水横坡。

保温护道尺寸 表10-23

填筑材料	护道（m）		边坡坡率
	高度	宽度	
细粒土	1.5~2.0	2.5~3.0	1:1.75
聚苯乙烯泡沫隔温板或聚氨酯板	0.5	1.5~3.0	1:1.75

表10-23中护道位于人为活动频繁或地面排水困难的地段，一般设土护道，其尺寸取大值；位于岛状多年冻土带或地温较高地面保温条件差的地段，护道尺寸宜取大值；对于朝向差别明显地段，向阳侧的护道尺寸宜取大值或仅在向阳侧设置护道。高原地区多年冻土路堤还

可采用块、片石保温护道,块、片石宜采用粒径0.1～0.3m、无级配的不易风化的坚硬石块。保温护道尺寸可取表10-23中细粒土的小值。

(3) 路堑技术要求

在多年冻土地区,一般应尽量减少挖方。当路堑边坡和基床为少冰冻土、多冰冻土和弱冻胀土,融化后不会出现边坡溜坍和冻害时,可按一般路堑进行设计。但对通过富冰冻土、饱冰冻土和含土冰层或地下冰发育的路堑,开挖后地层融化,将呈流塑状态,应采用部分或全部挖除换填、放缓边坡,换填的厚度应能满足保温层厚度的要求,做好边坡加固以及排水等措施。如有地下水,应根据具体情况采用渗沟、积冰坑、挡冰堤或冰结沟等措施。

对于低填浅挖、零断面路基及路堑基床,根据地基季节融化层和多年冻土性质,可采取全部或部分挖除换填渗水土,换填的厚度应满足保温层厚度的要求。当基床范围全部采用碎石类、砾石类等粗粒土时,应在地面上设复合土工膜防渗层,防渗层表面设4%的横向排水坡,路基边坡应做好保温层、加固及排水设备等。

2. 多年冻土沼泽地段路基技术要求

多年冻土沼泽地段路基,基底为富冰冻土、饱冰冻土或含土冰层时,应根据基底冻土类型按高含冰量冻土地段路堤进行设计。

多年冻土沼泽地段的路堤底部可采用块、片石填筑,其厚度应为路堤沉降后至少高出冻前积水水位0.5m,路堤边坡两侧应设置保温护道。通过缓山坡沼泽的路基应进行基底处理或边坡支挡加固,并应根据沼泽水源补给来源,在路堤一侧或两侧设置挡水埝。

3. 冻胀丘、冰锥地段路基技术要求

冻胀丘、冰锥地段路基,宜在其下方以路堤形式通过,路堤高度不应低于冻胀丘、冰锥的最大高度,并以渗水土填筑,以防止冰胀。在这些地段应加强排水措施,首先在水源补给的上方截排,当地形不允许时才考虑在路基旁截排。

4. 热融湖(塘)地段路基技术要求

路堤通过热融湖(塘)时,应根据地基融化、发展情况和湖(塘)内积水深度,选用填料和确定防护加固措施。浸水部分宜用块、片石或渗水土填筑,其顶面应在路堤沉降后高出冻前积水水位不得小于0.5m。当基底为松软地层时,应考虑基底土层压实沉降的影响,采取必要的地基处理措施。

五、多年冻土区路基排水

多年冻土区的路基,必须采取排除地表水的措施,并应具有足够的过水能力。在排水困难地段应增设桥涵。有天然积水或修筑路基后有可能造成积水,排水困难的地段,应在路堤坡脚设防水护道或在填土压实整平低凹处设4%的向外排水坡。

1. 地表水排水措施

(1) 排水沟、天沟、侧沟设置

排水沟、天沟、侧沟应采用宽浅型,深度一般不宜超过0.4m,边坡坡率1:1.5～1:1.0,排水沟、天沟的边坡必要时可选用草皮、黏性土等加固。

排水沟边缘至路堤坡脚或保温护道坡脚的距离,在富冰冻土和饱冰冻土地段不得小于5m,在含土冰层地段不得小于10m。在厚层地下冰和冻土沼泽地段可采用挡土埝或挡水埝与排水沟结合使用,排水沟的边缘至挡水埝的坡脚间的距离不应小于1.0m,天沟边缘至堑顶的距离不宜小于5m。

路堑侧沟可采用混凝土板、混凝土槽或干砌片石加固,并以灰土或三合土作垫层。

(2)挡水埝设计

高原多年冻土区的排水设施应优先选用挡水埝或带有隔水板的挡水埝。设置挡水埝,在原地面填筑一定高度的土堤,以使多年冻土上限上升。修筑挡水埝、天沟后,该处就形成了和地表建筑物形状相似的冻土挡水埝和冻土排水沟,起到截排地表水和上层水的双重作用。挡水埝设计应符合下列规定:

①按保护多年冻土的原则设计,当地面横坡明显时,应在路基上方设挡水埝;当地面横坡不明显时,应在两侧设挡水埝。

②挡水埝的横断面应为梯形,挡水埝应有足够的挡水高度,一般不应低于1.2m,顶宽不应小于1.0m,边坡坡率应为1:1.75~1:1.5。根据汇水面积大小,可在挡水埝外侧设天沟(排水沟),但应以尽量少破坏自然地表为原则;如果汇水面积不大,亦可不设天沟(排水沟),但挡水埝的尺寸要加大。

③靠线路一侧的天沟、排水沟的边缘距挡水埝坡脚的距离不应小于1.0m,必要时,天沟(排水沟)可用草皮铺砌。

④挡水埝距堑顶或路堤坡脚的距离不宜小于5m。当堑顶有保温层时,挡水埝设于堑顶换填交界处,以防地下水浸入,保护保温层底面不受浸泡;同时考虑到边坡稳定问题,挡水埝不宜过高。

2. 地下水排水措施

对路基有危害的地下水,应根据地下水类型、水量、积水和地层情况,选用冻结沟、积冰坑或渗沟等措施。当采用渗沟排除地下水时,渗沟及检查井均应采取保温措施;出水口的位置应选在地势开阔、高差较大、纵坡较陡、向阳、避风等处,并采用掩埋式锥体或其他形式的保温措施。当路堑边坡有地下水出露时,必须将水引排,并应在边坡上采取保温措施。

六、多年冻土区取土坑和弃土堆

多年冻土区的路基,不宜在路基两侧取土;高含冰量冻土及不良冻土现象发育地段的路基,不得在路基两侧取土。取土场应选择在植被稀疏的少冰多年冻土的山坡或融区、河滩等地段。路堑挖方、隧道弃碴及路基换填地段挖出的高含冰量冻土不得作为路基及保温护道的填料,均应弃于远离路堑的下方侧,并应考虑对地下多年冻土的影响,不得影响地表水顺利排泄。

取土坑的设置应远离线路,分段集中取土,并应符合环境保护的要求。取(弃)土场至路基间应设计固定的行车路线,不得随意行车,行车道路宜按填方路堤形式设计。

◆请练习[思考题10-12]

第六节 风沙地区路基

一、概述

1. 风沙的概念

风对地表松散沙物质的吹蚀、搬运、堆积的过程,称为风沙作用。风沙作用过程中形成的地貌,称为风沙地貌。其类型包括沙漠(沙地)、沙漠化土地及戈壁,分布于干旱、半干旱及部分半湿润地区。因它们在分布地域上相互交错,在成因上密切联系,对铁路产生共同的沙害问题,故加以并列,统称为**风沙地区**。

2. 风沙对铁路路基工程的危害

(1) 沙埋

沙埋的气流具有巨大体积,而且速度很大,不断将线路两侧的沙粒扬起并带走,遇到路基阻挡,风力减弱,便大量沙粒停积下来掩埋线路,轻则道床积沙引起拱道,重则造成列车停车、缓行或脱轨等重大行车事故。

(2) 风蚀

沙筑路基因缺乏黏性,结构疏松,如不采取有效防护措施,极易受到风蚀,特别是路堤的路肩部分。严重时,甚至路肩全无,轨枕头外露,危及行车安全。

二、风沙路基设计技术要求

1. 一般规定

风沙地区路基设计,应按近期与远期防护相结合、铁路建设与防治同时进行的原则,采取工程与植物防沙相结合的综合治理措施。

风沙地区路基宜以路堤通过,Ⅰ级铁路路堤高度不宜小于2.5m,Ⅱ级铁路路堤高度不宜小于1.0m,并应根据风沙范围、对路基危害程度、风沙活动特征、水文地质条件等因素,确定有效的防护措施。地基为松软土时,应按规定进行地基处理。

在风沙地区,路基土石方应尽量移挖作填,减少取、弃土工程。如必须设置时,弃土堆、取土坑应设在背主导风向侧,以避免被主导风吹蚀或积沙掩埋路基。取土坑内边缘距路堤坡脚距离不应小于5m,弃土堆内边缘距堑顶距离不应小于10m,并应采取防风沙措施。

2. 路堑

粉、细砂路堑边坡形式应采用直线形。边坡高度$h \leqslant 6m$时,边坡坡率应采用1:1.75;边坡高度为$6m < h \leqslant 12m$时,采用1:2。戈壁风沙流地区的浅路堑,宜采用展开式,其边坡坡率宜缓于1:4。

路堑地段应根据沙源、风向及一次最大积沙量情况,在侧沟外设置宽度不小于2m的积沙平台;不设侧沟时,积沙平台宽度不应小于3m。积沙平台应采用卵石土、碎石土、粗砾土、黏性土或水泥砂浆块板等覆盖。

3. 路堤

粉、细砂路堤边坡形式应采用直线形。边坡高度$h \leqslant 6m$时,边坡坡率应采用1:1.75;边坡高度为$6m < h \leqslant 12m$时,应采用1:2。

采用碎石类土作填料时,应对路基面宽度每侧加宽0.3~0.5m,以防当细粒土被吹蚀后,还能保持标准路基面宽度。大风地区,风力强大,对路基风蚀作用强烈,不论用卵石土、碎石土、粗砾土或石质弃渣等填筑的路堤,均有不同程度的风蚀,特别是路肩和边坡上部最严重。

4. 路基边坡防护

(1) 坡面防护分析

① 路堤边坡防护。以粉、细砂填筑的路堤,迎主导风向侧上部易受风蚀,路肩最为严重,常被吹蚀成浑圆状,坡面呈风蚀槽,使路肩宽度不足,甚至轨枕头外露,危及行车安全。背主导风向侧因气流涡旋作用,坡面上部被掏蚀成凹槽和小坑,边坡下部形成堆积。因此,粉、细砂作填

料的路堤,其路肩和边坡应予防护。

②路堑坡面防护。当风沙流越过路堑时,产生涡旋作用,堑内风速降低,背主导风向侧风速由堑顶向坡脚处锐减,迎主导风向侧风速由坡脚向堑顶逐渐增加,因此,粉、细砂路堑边坡易遭风蚀,堑顶最为严重,随路堑的加深而逐渐减轻,迎主导风向侧受到风力冲击最大,坡面被掏蚀成凹坑。路堑风蚀造成边坡坍塌,沙粒堆积在坡脚平台上,甚至侵入道床影响养护作业和行车安全,所以,粉、细砂路堑坡面应予防护。

③基床表层坡面防护。当基床表层填料为级配碎石、级配砂砾石或改良土等时,为避免被风吹蚀后,路肩宽度不足,宜视情况对路肩和坡面采取防风蚀措施。

(2)路基边坡防护类型

路基边坡防护的途径有多种,用不易风蚀的材料将路基包裹,能有效地防止风蚀,我国的风沙路基大多采用此法。常用的防护类型主要有下列几种形式:

①卵石土、碎石土、粗砾土、矿渣、炉渣等包坡。此方法适用于可就地取材,且粉、细砂边坡高度 $h \leqslant 6m$,粉土边坡高度 $h \leqslant 8m$ 的地段;包坡厚度一般采用 $0.2m$。

②黏性土包坡。在缺乏碎石类土时,可就地取黏性土防护,其缺点是容易开裂剥落,故应采用塑性指数为10~20,含沙量小于10%的土质为宜。如塑性指数大于20时,可掺入适量的沙,以防止土中水分蒸发后,产生龟裂剥落。包坡厚度一般为 $0.2m$。

③栽砌卵石方格护坡。此方法的特点是防风蚀能力强,稳固美观,是一种较好的防护形式,常用于风蚀严重的大风地区、路堑坡面防护等;适用于卵石材料丰富的地段;卵石方格的尺寸一般采用 $1m \times 1m$。

④水泥砂浆与沥青胶砂块板护坡。如当地缺乏碎石类土、黏性土等防护材料时,可利用当地砂类土与水泥或沥青预制成砂浆块板,砂浆块板尺寸一般以 $0.5m \times 0.3m \times 0.05m$ 为宜。

5. 路基两侧防沙体系

为防止铁路发生沙害,在路基两侧一定范围内,需要采取各种工程防护和植物固沙措施,以构成严密的、整体性的防沙结构体系,控制地表风蚀和改变沙的搬运堆积条件。按防护作用和性质可分为输沙、固沙、阻沙。

(1)防沙体系组成

两侧防沙体系应自路堤坡脚(或堑顶)外依序设置防火带、防护带、植被保护带等。防护带内工程防护和植物防护措施应相互协调配合,发挥整体效能。

(2)防火带设置

沙漠地区气候干燥,草类沙障及防沙林带容易发生火灾。如包兰线中卫沙漠路基两侧草方格曾多次被烧,火势蔓延,难以扑灭。为保证列车安全运营,应在路基坡脚或堑顶外选用卵石土、碎石土、粗砾土等铺设防火带,防火带宽度应符合《铁路工程设计防火规范》(TB 10063—2007)的规定。

(3)防护宽度

沙漠地区铁路防护宽度,是多年来一直有争议并期待解决的问题。沙障设置过宽,则造成人力物力的浪费;过窄则路基积沙,会危及行车安全。列车运行速度越快,铁路等级越高,对钢轨、轨枕的要求越高,对沙害控制越严,故防护带和植被保护带宽度应取大值。风沙路基两侧应根据沙源、风况、沙丘活动情况和天然植被状况等因素,分别按严重、中等和轻微风沙地段设置防护带和植被保护带,其宽度应符合下列规定:

①严重风沙地段,迎主导风向侧防护带宽度宜为250~300m,植被保护带宽度不宜小于

400m；背主导风向侧防护带宽度宜为100～200m，植被保护带宽度不宜小于150m。

②中等风沙地段，迎主导风向侧防护带宽度宜为150～200m，植被保护带宽度不宜小于300m；背主导风向侧防护带宽度宜为100m左右，植被保护带宽度不宜小于100m。

③轻微风沙地段，迎主导风向侧防护带宽度宜为100m左右，植被保护带宽度不宜小于200m；背主导风向侧防护带宽度宜为50m左右，植被保护带宽度不宜小于50m。

(4)其他防护措施

治理沙害，应消除发生沙害的原因，对路基两侧植被保护带内，不合理的取弃土、开垦、樵牧等破坏植被的行为应及时禁止，以免引起新的沙源。对破坏生态平衡的行为，往往不被重视，等发展严重时，再谋治理，就会耗去无谓的人力、物力和时间，故应在植被保护区边缘处，设置严禁采樵、放牧和开垦等护林标志或带刺铁丝网、护林沟堤等设施。

大风区风沙流活动的基本特征与戈壁风沙地区相似，但风力更为强劲，最大风速可达40m/s以上，且出现的次数多，延续时间长；当出现暴风时，轻则吹坏建筑物和设备，重则造成列车颠覆，或酿成火灾。故在风口地段，当风速达到或超过临界翻车风速时，需要采用挡风墙、防风栅栏等降低风速或挡风的措施。

◆请练习[思考题10-13]

第七节　特殊条件路基

特殊条件路基(Subgrade of Special Condition)是指位于不良地质地段的路基，以及受水、气候等自然因素影响强烈的路基，主要包括水库地段路基，浸水路基(河滩、滨河、滨海)，岩溶与人为坑洞地段路基，危岩、落石、崩塌及岩堆地段路基，滑坡地段路基，雪害、风沙等地区的路基。

一、雪害地段路基

1. 一般规定

路基应避免低填浅挖，路堤高度宜大于平均积雪深度的3倍，且不得小于1.5m，路堑深度不得小于2.0m。当不可避免时，应采取适宜的防护措施。

路基横断面形式应有利于防止积雪。路堤与主导风向垂直的迎风侧边坡宜放缓，当路堑深度小于2.0m时，宜采用展开式路堑；当路堑深度为2.0～6.0m时，宜在两侧坡脚留积雪平台；当路堑深度大于6.0m时，可按一般地区路基设计。

线路不宜靠近严重积雪的山坡坡脚，绕避困难时应采取有效的防护措施，线路走向宜与风雪流的主导风向平行或交角不宜大于30°。路堤迎风侧的边坡宜放缓，沿主导风向的边坡坡率不宜陡于1:4。

2. 防护措施

雪害地区应根据地形、地貌、植被、气候、风向、积雪厚度，并结合线路位置、路基高度等因素在路基一侧或两侧设计防护林带。对经常发生掩埋线路的严重雪害或有雪崩情况的地段，可采用明洞或棚洞等防护措施。

防护林带宜采用乔、灌混合林形。林带树种应根据当地土壤和气候条件，选用适合当地生长、易于成活、生长快的树种。防护林带的宽度不宜小于 20m,林带内侧距路堑顶或路堤坡脚不应小于 20m。林区的防火距离应符合《铁路工程设计防火规范》(TB 10063—2007)的有关规定。在不宜种植防护林和防护林未能起作用前,可在迎风一侧设置固定式或活动式防雪栅栏、防雪堤、防雪沟或导风板等,并与主导风向垂直。固定式防雪栅栏高度不应小于 3.0m,移动式的高度宜为 1~2m,其位置可距路堑堑顶或路堤坡脚外 30~50m。当地形开阔积雪严重时,可采用防雪堤、防雪栅栏、灌木林带相结合的综合防护体系。

◆请练习[思考题 10-14]

二、滑坡地段路基

1. 滑坡的含义及特点

斜坡岩土体由于边界条件的改变及地下水活动、河流冲刷、人工切坡、地震活动等因素的影响,在重力作用下,沿着一定的软弱面(带),缓慢整体向下滑动的坡面变形现象称为**滑坡**。滑坡的特点是滑体在向下滑动时始终与下伏滑床保持接触,其水平移动分量一般大于垂直移动分量。

2. 滑坡的分类

从有利于滑坡的防治出发,对滑坡分类,宜以组成滑体的物质为主,以滑体厚度为次,然后结合各种滑坡性质和特点进行分类。我国铁路部门滑坡的通常分类见表 10-24。

滑 坡 的 分 类   表 10-24

划分依据	名称类别	主 要 特 征
按滑坡物质组成成分	黏性土滑坡	发生在黏性土层中的滑坡,多沿软弱夹层或基岩顶面滑动,滑动面平缓;均质土层滑坡的滑动面呈弧形;多群集出现
	膨胀土滑坡	发生在膨胀土中的滑坡,沿软弱结构面滑动;多为浅层滑坡,常具牵引式;坡面及滑动面平缓;滑动面有镜面擦痕;常随干湿季节变化多次滑动,具多层滑动面;常成群出现
	黄土滑坡	发生在黄土层中的滑坡;多出现在高阶地前缘陡坡上,沿不同时代、不同成因黄土界面或沿古土壤层面、钙质结核层面、砂卵石层面、下伏基岩顶面滑动;滑动速度快,变形急剧,具有崩塌性或错落性;滑坡壁高而陡,多成群出现
	堆积层滑坡	发生在山坡上各种成因堆积层中的滑坡;滑坡体多沿基岩顶面或不同时期的堆积面、堆积层中的软弱面滑动;具有规模大、地下水活跃、滑动速度较慢等特点
	堆填土滑坡	发生在路堤或人工弃土堆中的滑坡;滑坡体多沿老地面滑动或高填路堤沿基底以下松软土层滑动、挤出
	破碎岩滑坡	发生在构造破碎带或岩层严重风化破碎形成的凸形山坡上的滑坡;滑坡体多沿倾向临空面的软弱夹层或结构面滑动;滑坡规模大;地下水较多,但无明显含水层
	岩层滑坡	发生在岩层中的滑坡;滑坡体多沿层面或软弱结构面滑动,滑坡壁上部较陡,下部较缓,有粗糙擦痕;滑坡舌部有时有放射状裂缝;滑动面(带)多为含水的泥化夹层或细屑物质,具擦痕
	浅层滑坡	滑坡体厚度在 6m 以内
	中层滑坡	滑坡体厚度在 6m 至 20m 之间

续上表

划分依据	名称类别	主要特征
按滑坡物质组成成分	厚层滑坡	滑坡体厚度在20m至40m之间
	巨厚层滑坡	滑坡体厚度在40m以上
	工程滑坡	由于施工开挖山体引起的滑坡。此类滑坡还可细分为：①工程新滑坡，由于开挖山体所形成的滑坡；②工程复活古滑坡，久已存在的滑坡，由于开挖山体引起重新活动的滑坡
	自然滑坡	由于自然地质作用产生的滑坡。按其发生相对时代早晚又可分为：①老滑坡，坡体上有高大树木，残留部分环谷、断壁擦痕；②新滑坡，外貌清晰，断壁新鲜
	活滑坡	发生后仍在继续活动的滑坡；后壁及两侧有新鲜擦痕，体内有开裂、鼓起或前缘有挤出等变形迹象，其上偶有旧房遗址，幼小树木歪斜生长等
	死滑坡	发生后已停止发展，一般情况下不可能重新活动，坡体上植被茂盛，常有居民点
	小型滑坡	$<4 \times 10^4 m^3$
	中型滑坡	$4 \times 10^4 \sim 30 \times 10^4 m^3$
	大型滑坡	$30 \times 10^4 \sim 100 \times 10^4 m^3$
	巨型滑坡	$>100 \times 10^4 m^3$
按引起滑动的力学性质分	推移式滑坡	上部岩层滑动挤压下部产生变形，滑动速度较快，多具楔形环谷外貌，滑体表面波状起伏，多见于有堆积分布的斜坡地段
	牵引式滑坡	下部先滑使上部失去支撑而变形滑动。一般速度较慢，多具上小下大的塔式外貌，横向张性裂隙发育，表面多呈阶梯状或陡坎状，常形成沼泽地
按滑动面通过的岩层情况分	同类土滑坡	发生在层理不明显的均质黏性土或黄土中，滑动面均匀光滑
	顺层滑坡	沿岩层面或裂隙面滑动，或沿坡积体与基岩交界面及基岩间不整合面等滑动，大都分布在顺倾向的山坡上
	切层滑坡	滑动面与岩层面相切，常沿倾向山外的一组断裂面发生，滑坡床多呈折线状，多分布在逆倾向岩层的山坡上

3. 一般规定

线路应绕避巨型、大型和性质复杂的滑坡地段或滑坡群。当绕避中、小型滑坡困难时，应选择在有利于滑坡稳定和线路安全的位置通过，并采取可靠的工程处理措施。滑坡地段路基应根据滑坡的类型、规模、滑坡体岩土性质、水文地质条件、滑坡形成与发展条件，分析其对工程的危害程度，及时采取有效整治措施，保证路基稳定及施工、运营安全。

滑坡一经发现，应及早整治，争取主动，以求取得事半功倍的效果，防止病害蔓延恶化，造成处理困难，甚至发展至难以处理的地步。滑坡整治应遵循"一次根治、不留后患"的原则，采取截排水与减载或反压、支挡等相结合的工程措施综合治理。滑坡的形成和发展是多因素作用的结果，治理滑坡要从诸因素中分清主次，有针对性地进行整治设计，同时又要考虑各种因素的相互影响，进行综合整治，工程措施不能单打一，对大型滑坡尤应如此。水是滑坡的首恶，防止水进入滑动带和排除滑动带的水是十分重要的。

滑坡体宜进行地表变形监测，必要时应进行深孔位移监测。

4. 滑坡稳定性分析及下滑力计算

滑坡稳定性分析除应考虑滑体重力、建筑荷载、滑面阻力、设计水位的浮力作为永久荷载外,尚应考虑作用在滑体上的施工临时荷载、地震水平作用力及其他临时荷载的影响。

滑坡稳定性可根据工程地质类比法和力学平衡计算综合分析,滑坡剩余下滑力可采用传递系数法计算。滑坡剩余下滑力计算中的安全系数的取值,要根据滑坡规模大小、变形的快慢以及危害程度,综合滑坡的发展阶段、滑面岩土抗剪强度、工程的重要性综合考虑,一般取1.1~1.25。对于规模小、危害小、资料可靠且属于附属或临时工程的滑坡,安全系数可取小值,反之取大值;稳定检算考虑临时荷载时,安全系数可适当降低。特殊情况经必要的论证后可酌情增减。

滑面岩土抗剪强度取值,可依据滑面岩土室内试验资料、极限平衡反算值、工程类比经验数据,并结合滑坡可能出现的最不利情况等分析确定,必要时可由现场试验资料确定。一般情况下应根据滑坡发展阶段、滑面不同段落,在峰值强度与残余强度之间取值。土工试验应尽量选用岩土直剪实验方法;当滑坡为首次滑动时,可采用峰值强度;当滑坡为经常滑动或为古滑坡复活时,应作多次剪切或环剪,可采用残余强度;当滑带物质滞水时,应做饱和快剪或控制相应含水率下的快剪;当滑带物质的灵敏度高时,应在原位做试验,反之,可取样在实验室内测试;当滑带物质中粗颗粒的含量超过30%时,应做大面积快剪,反之,可用小试样做。

5. 滑坡的地表排水工程

地表排水工程对滑坡长期稳定作用较大,其布置的总原则是避免地表水流入滑体,并使滑体范围内的地表水迅速排出滑体。

在滑坡后缘以外的稳定地层应设环状截水沟,其排水纵坡不应小于2%,断面尺寸可根据小流域1/50频率流量设计;滑坡范围较大时,可结合地形条件在滑坡体范围内设置树枝状排水沟,并采取防渗、防裂措施;对滑坡有影响的自然沟应进行疏通与防渗处理;滑坡体上的封闭洼地或泉水露头,应设排水沟将水引出;滑坡体裂缝、松散坡面应平整夯实;地表水下渗严重的土质滑坡,宜在滑坡体上植树、种草。

6. 滑坡的地下排水工程

对地下水,可疏而不可堵。应根据水文地质条件,特别是滑动带地下水分布类型、补给水源和方式,采取截、排、疏、引等措施。对浅层地下水,常用各种形式的渗沟;对深层地下水,常用仰斜排水钻孔、泄水洞。埋深较大的截水渗沟、泄水洞一般施工较困难,造价也较高。因此,滑坡的地下排水工程,应结合地形和水文地质条件,采取合理有效的措施。

(1)支撑渗沟设置

浅层滑坡可于滑坡前缘设置支撑渗沟,必要时与抗滑支挡建筑物结合设置,排除或疏干滑坡体地下水或浅层滞水,另有支撑滑坡体的作用;支撑渗沟沟底应置于滑动面以下不小于0.5m。

(2)渗沟设置

有地下水进入滑坡体时,可设置截水渗沟,截水渗沟宜垂直于地下水流方向;滑坡体浅层地下水或土体浅层滞水,可设置渗沟引出滑体外;渗沟沟底应置于含水层下的不透水层或基岩内,其排水纵坡不应小于2%。

(3)仰斜排水孔设置

滑坡深层地下水,宜设置仰斜排水孔排水,长度应穿过滑动面;仰斜排水坡度不应小于5%,内置软式透水管或塑料渗水管,必要时可向管内充填中粗砂或砂砾石。

(4)泄水洞布置

泄水洞宜埋入稳定地层内,洞底排水纵坡不应小于1‰;泄水洞断面净空高宜为2～2.5m,宽宜为1.0～1.5m,其集水段的衬砌可采用花边墙;在泄水洞顶部可设置竖向或放射状集水孔。

7. 减载和反压

减载对减缓滑坡变形有明显作用。对中小型滑坡,减载可作为整治滑坡的主要手段,对大、中型滑坡,宜与其他工程措施结合使用,对保证施工期间的安全、减少抗滑工程具有明显作用。应当注意的是减载可能增加新的暴露面,要充分论证是否会产生次生滑坡,或是否会使滑坡稳定条件恶化,所以减载方案应慎重选择。反压时,同样应注意地基是否稳定,以避免产生新的滑坡。

8. 抗滑支挡结构措施

抗滑桩在整治滑坡中已被广泛应用,具有布置灵活、施工简便、施工对滑坡稳定性影响小等优点,效果显著。锚索与抗滑桩组成锚索抗滑桩,可改善桩的受力,减少桩截面和锚固段长度,效果较好。近年,结合路基边坡工程,各种桩间挡土结构与桩组成复合支挡,应用普遍,效果显著。土质、中小型滑坡可采取高压旋喷桩、微型桩等措施,以提高滑动带岩土抗剪强度,增强滑坡稳定性。滑坡前沿受河水冲刷时,应采取防冲刷措施。

(1)抗滑桩(锚索抗滑桩)

抗滑桩宜布置在滑坡的抗滑段,桩长设计必须满足防止滑体从桩顶滑出和从桩底产生新的深层滑动的要求;根据滑坡剩余下滑力大小,结合路基工程边坡支挡形式,抗滑桩可布置为单排或多排,也可与预应力锚索组成锚索桩。在土层或破碎岩层中开挖桩井应设置护壁,当存在有害气体或桩井深度大于10m时,应考虑井下通风。

(2)预应力锚索

预应力锚索锚固段应置于滑面以下的稳定地层中。预应力锚索外锚体根据滑坡体岩土承载力可采用格子梁、锚墩或承压板等,其坡面须采取防止表土被雨水冲蚀、防止局部溜坍的措施。

(3)抗滑挡土墙

抗滑挡土墙宜设置在滑坡前缘。抗滑挡土墙应根据滑坡剩余下滑力和库仑土压力两者之中的大值设计,其高度和基础埋深应满足防止滑体从墙顶滑出或从基底以下土层滑移的要求。挡土墙基坑较深、土体稳定性较差时,应采取挡板支撑、临时锚杆等临时防护措施,其施工必须分段跳槽进行,保证滑坡在施工期间的稳定和施工安全。

9. 工程滑坡预防措施

厚层松散堆积体、断裂构造或风化破碎带、岩体顺层带,易产生**工程滑坡**。设计时应通过对路堑开挖、路堤加载后路基及边坡的稳定性分析,采取相应的工程措施,预防产生工程滑坡。

(1)厚层松散堆积体或破碎带、软硬不均岩层地段的路堑高边坡,宜采取坡脚预加固措施或加强边坡中下部锚固处理。

(2)特殊岩土边坡、岩体顺层边坡,宜采取放缓边坡或顺结构面刷坡及防护的处理措施。

(3)地形陡峻时,可于坡脚设锚固桩或采取分层开挖、坡面分级锚固等措施,保证施工安全及边坡稳定。

(4)斜坡软弱地基上的路堤,应控制填方高度。与水平软弱地基相比,斜坡软弱地基上填筑路堤,易出现地基失稳变形。为防止斜坡软弱地基上填筑路堤,对薄层软弱土层,可采取全部挖除,对较厚的软弱土层,可采取土体改良、提高密实度等地基加固措施消除土体可压缩性,或采取锚固桩侧向约束,限制地基侧向变形。

(5)在地表水汇集或地下水发育地段,应加强截排水工程措施,防止地表水强烈冲蚀、下渗或浸泡边坡,地下水软化边坡及地基岩土体,确保路基工程的长期稳定。

◆请练习[思考题 10-15]

三、危岩、落石、崩塌、岩堆地段路基

1. 概述

崩塌系指岩土体在重力和其他外力作用下脱离母体,突然从陡峻斜坡上向下倾倒、崩落和翻滚以及因此而引起的斜坡变形现象。崩塌通常都是在岩土体剪应力值超过岩体的软弱结构面(节理面、层理面、片理面以及岩浆岩侵入接触带等)的强度时产生,其特点是发生急剧、突然,运动快速、猛烈,脱离母体的岩土体的运动不沿固定的面或带,其垂直位移显著大于水平位移。崩塌总体积达到 5000m^3 及以上的为大规模崩塌,总体积不超过 500m^3 的崩塌为小型崩塌,两者之间的为中型崩塌。

规模巨大的山坡崩塌,称为山崩,规模小称为坍塌。巨大的岩土体摇摇欲坠,尚未崩落时,称为**危岩**。稳定斜坡上的个别岩块的突然坠落称为**落石**。如岩块尚未坍落,但已处于极限平衡状态时,称为危石。斜坡表层的岩土体,由于长期强烈风化剥蚀而发生的经常性岩屑碎块顺坡面的滚落现象,称为剥落。岩石经过物理风化作用形成的碎块、通过重力或降水搬运至山坡上或坡脚下的疏松堆积体称为**岩堆**。

线路应绕避可能发生大范围的危岩、落石或大规模崩塌的地段。对中小型危岩、落石和崩塌地段,绕避困难时,应根据病害类型及危害程度等,合理地选择线路位置及防治措施。在危岩、落石和崩塌地段,路基宜选择在其影响范围小、边坡较缓、易于防治处理的位置,并采取遮蔽、拦截、清除、加固或综合处理等安全可靠的工程措施。对岩堆面积较大、堆积层松散、堆积床坡度较陡、补给来源丰富、地下水和地表水对其稳定性影响较大、可能产生滑动的大型岩堆,线路应绕避。对中小型岩堆,绕避困难时,路基宜以低填浅挖通过,并采取稳定加固措施。

2. 线路通过岩堆的合理方式及措施

岩堆地段路基设计时,应根据路基类型及位置进行路基稳定检算。检算方法可采用折线法,其安全系数可采用 1.10~1.25。以路堤形式通过时,应检算加载后路堤的稳定性;以路堑形式通过时,应检算开挖卸载边坡的稳定性。当堆积床体具有向下倾斜岩面或岩堆体内存在薄弱夹层时,尚应分别检算其稳定性。

(1)岩堆地段路基位置的选择

在岩堆地段,应根据岩堆的规模和物质组成,下伏岩土的性质和坡度,地下水、地表水的活动情况等地形地质条件,分析评价岩堆的发展阶段、稳定性及其对工程的影响,合理选择线路位置和工程措施。

(2)岩堆地段路基防护措施

线路通过有地下水或地表水活动的岩堆时,需做好拦截地表水及排除地下水的工程。除修建支挡建筑物外,防治岩堆变形还可因地制宜采取下列措施:

①坡面阶梯化。将岩堆坡面挖成宽 5~10m,高 0.5~2m 的阶梯。台阶壁可用石块或片

石干砌垒起。这是因陋就简，就地取材，稳定坡面最有效的措施。

②播种草籽。在岩堆坡面上，撒铺种植土，充填孔隙和播种草籽，稳定岩堆坡面。

③导管压浆。对大块松散的岩堆，如其中并无充填物，孔隙大，开挖边坡易于坍塌，可用导管压浆法，先填塞设计边坡的孔隙空洞，使其凝结成为整体，而后再开挖边坡。

在岩堆地区如有地表水流（江河冲刷切割）或地下水的活动，而影响其稳定性时，可作必要的排水及河岸防护措施。

◆请练习[思考题 10-16]

3. 危岩、落石和崩塌地段的防治措施

崩塌落石常突然发生，危害性大，性质复杂。当线路必须通过这类地段时，则应采取防治措施，以保证运营安全，有效的防治措施见表 10-25。

防治崩塌落石的措施　　　　　　　　　　　　表 10-25

措　施	适 用 条 件	具 体 措 施
遮挡	山坡不稳定的中小型崩塌地段或由于人工切割高边坡，引起山体崩塌变形的地段	修建明洞、棚洞等遮挡建筑物，即可遮挡边坡上部崩塌落石，又可加固边坡下部，起到稳定和支撑边坡的作用
拦截	如边坡或山坡基本稳定，而岩石风化破碎，雨季中常有坠石，剥落和小型崩塌，且修建其他防护工程费用太大时，可在坡脚下或半坡上设置拦截建筑物	①线路距崩落坡脚有足够宽度，且斜坡下部有小于 30°的缓山坡时，可设置落石平台，拦石堤或落石槽等，以停积崩塌物质；②当没有条件设置落石平台或落石槽时，可考虑修建挡石墙；③如已建有路堑挡土墙，而山坡上出现小型崩塌落石时，也可将路堑挡土墙加高，以拦截坠石（以上措施都应根据具体条件加铺垫层，以减轻石块坠落的冲击力）；④利用废旧钢轨，钢及钢丝等物编制钢轨或栅栏，落石网等来拦截落石
支挡	斜坡基本稳定，坡面有岩石突出或有不稳定的大孤石，清除有困难时	可在孤石下面修支垛、支墩、支挡墙或用锚索锚杆等支撑稳固危岩孤石
护面	基本稳定，但易风化剥落的软质岩石边坡地段	对陡边坡可采用护墙，对缓边坡可采用护坡或喷浆、抹面，这些加固措施虽然不能承受较大的侧向压力，但依靠其本身的质量和厚度，仍可起到一定的支撑防护作用
镶补勾缝	对基础稳定，但有张开裂隙、空洞，可能引起崩塌落石的硬质岩石，或软硬岩石相间的坡面	可用片石填补空洞，镶嵌、灌浆、水泥砂浆勾缝，锚栓等方法予以加固
刷坡	在山坡不够稳定的地段，例如有危石孤石突出的山咀以及岩层表面风化破碎等	可采用刷坡来放缓边坡。但刷坡须注意：①如崩塌点位于构造破碎带、边缘接触带或节理裂隙极度发育的陡山坡地带，一般不可刷坡；②刷方边坡不可高于 30～40m，不然会给运营养护带来困难；③刷坡应在施工阶段进行，不能留在运营阶段进行，以免给行车造成影响；④刷坡时对边坡上或坡顶的大孤石、危岩可采用局部爆破清除。如在已通车的线路上，可采用火烧办法，使岩石（指石灰岩、大理岩、石英岩等）熔解破裂，而后予以清除
排水	有水活动的地段	可根据地表径流资料，布置排水建筑物，进行截拦疏导

◆请练习[思考题 10-17]

四、岩溶与人为空洞地段路基

1. 岩溶与人为空洞概述

（1）岩溶

水（地表水、地下水）对可溶性岩石（碳酸盐岩、硫酸盐岩、卤素岩等）的化学作用（溶蚀、沉淀）和机械作用（流水侵蚀和沉积、重力崩塌和堆积）等，以及这些地质作用所产生的水文现象、地貌现象的总和称为**岩溶**。

岩溶对路基的危害，一般为溶洞顶板、土洞坍塌引起的路基下沉和破坏；岩溶地面坍塌对路基稳定性的破坏；反复泉与间歇泉浸泡路基的基底，引起路基沉陷；突发性的地下涌水冲毁路基等。因此，在岩溶地区选线，必须认真勘察，全面了解岩溶发育范围、特征及严重程度，慎重确定线路的走向和位置。一般情况下，对大型的、不易搞清楚的岩溶严重发育地段，应尽量设法绕避；对不太严重的岩溶地段，选择其最窄的、最易于处理的地段通过。当覆盖层厚，土洞特别发育、岩溶处理困难、费用巨大时，应以桥代路通过。

（2）人为空洞

小型采空是人们为了各种目的在地下挖掘后遗留下来的洞穴，它一般是手工开挖，采空范围较窄，开采深度较浅，无规划，少支撑。小型采空的类别及其分布规律见表 10-26。

小型采空分类表 表 10-26

名 称	含 义	分布及特征
掏煤洞	是指小型手工开挖的煤洞，一般有古窑和现代小窑类	多分布于埋藏浅、易于开采的含煤地层中，以平洞及斜井为多。煤洞长，有岔洞，洞口多有弃渣堆的遗迹
掏砂洞	在含卵石的地层中开采卵石、砾石，用以覆盖耕地表面，以减少水分蒸发，用来保墒。卵石、砾石被掏后所遗留的空洞俗称掏砂洞	在甘肃、青海一带，黄河及其支流的各级阶地上分布较多。洞口及其采空形态，因卵石层埋藏深度不同而异。横断面一般 1～2m，高 1～2m。在有掏砂洞地区，地表常有塌陷碟状，陷落漏斗及洞口等，但由于掏砂洞历史较久，有的洞口堵塞，地表状态变迁，到今已毫无痕迹
掏金洞	掏取砂金而遗留下来的洞穴	主要分布在变质岩和有大量侵入岩脉（石英脉）地区河流两岸，含有金砂的沉积阶地的卵石层底部。掏金洞埋深大，断面小，延伸长，支洞多，洞口多分布于阶地边缘斜坡上
坎儿井	为利用山前洪积平原的潜水而开挖的地下引水渠道	分布在新疆天山南北的山前洪积平原上，哈密至托克逊一带较多。其长度和深度取决于山前洪积平原地下水的埋藏条件和水量大小。在平面上，每隔一定距离即有一个开挖的竖井，竖井口周围有环形弃土堆
其他	如古墓穴、大型地窑洞等，有时对铁路建筑有一定影响	

大规模煤矿采空区，对铁路危害最大，开采深度越深，地表影响面积越大。采空区常发生的病害有沉陷、坍洞和坍塌，因此，在采空区选线，要了解矿区的开采规模和实际开采的情况。对大型采空区，尤其是对煤层陡峭的矿区更应注意，将线路位置设于开采区以外，即在地表移动盆地的边界外通过。对小型采空区和对路基有危害的其他人为洞穴，一般变形延续时间长，

成为长期隐患,亦应尽量避免;不可避免时;应查明情况,尽可能以低填浅挖通过并采取可靠的措施处理。

采空区的路基应根据矿区规划和调查资料,采取防止坍陷、预留足够的沉降量及加宽路基等措施。在采空区或人为洞穴地段修建铁路时,不宜采用抽排地下水的措施。

2. 岩溶地段路基

路基附近的溶洞,当其顶板不能判断为安全厚度时,距离路基坡脚应有一定距离,若洞口坍塌呈漏斗形,不致危及路基安全,该距离称为路基的安全距离。溶洞距路基的安全距离 L,可按坍塌时的扩散角计算

$$L = H \times \cot\beta \tag{10-16}$$

式中:H——溶洞顶板厚度(m);

β——坍塌扩散角(°),$\beta = \dfrac{1}{F}\left(45 + \dfrac{\varphi}{2}\right)$;

F——安全系数,取 1.10~1.25;

φ——岩石的内摩擦角(°)。

溶洞顶板以上有覆盖土层时,岩土界面处用土体稳定坡率(综合内摩擦角)向上延长坍塌扩散线与地面线相交,路基边坡坡脚应在距交点不小于 5m 以外范围。不能满足时,应采取收坡或稳定坡脚的处理措施。

3. 岩溶水

岩溶水是危及路基安全的主要因素之一,以疏导为主,对岩溶上升泉(上升泉、多潮泉、间歇泉等)不宜堵塞。实践证明,岩溶发育区的覆盖土层、土洞及溶洞、溶蚀裂隙带,在地表水和地下水循环反复变化及抽排地下水等人为活动影响下,极易破坏地基稳定性,诱发地面塌陷,从而危及路基稳定。因此,岩溶地区路基设计,应在综合分析路基稳定性的前提下,对影响路基稳定的岩溶和岩溶水进行预防和处理。不加处理或处理不当,不仅会产生各种路基病害,影响行车安全,而且将导致水资源污染、水资源利用严重受限,影响当地生产、生活正常秩序。

(1)疏导。在岩溶地段,地表水和地下水具有较强烈的侵蚀性,是使岩层溶解与破坏的主要因素。因此,在设计路基时,必须注意调整地表流水,疏导洼地积水及地下水。疏导措施一般采用排水沟、泄水隧洞、渗水暗沟、涵洞等建筑物以疏导之,防止地表水和地下水对路基的危害。水量很小时亦可在路堤下部用片石或其他透水性较强的材料填筑,以利水流渗透,防止积水危害路基。

(2)截围。"截"是指沿垂直水流方向设置排水沟、截水渗沟、截水墙、截水隧洞等建筑物,截住水流以使其改变原有的流动途径。当路堑边坡上出露暗河,如水量不大时,亦可用急流槽将水流引入侧沟排出;当水流急或水量大时,则可在暗河上游距路堑一定距离处设浆砌片石截水墙,并开挖一新的通道,将水流引入附近的沟谷中。"围"是指在岩溶洞穴顶部周围设浆砌片石围墙,或设浆砌片石水沟围截地表水,不使地表水进入岩溶洞穴中。洞穴很大很深,附近又缺填料时,可用此法处理。当洞穴平时为落水洞,雨季期间由于地下河排泄条件不良,暂时又可能转变为上升泉时,也可用此法处理。围墙高度应根据上升泉压力大小和水头高度而定。

4. 溶洞地段路基工程处理

溶洞、溶蚀裂隙发育带及覆盖层土洞,危及路基稳定时,应视具体情况采取回填、跨越、加固等措施处理。

(1)回填。此法是采用片石、碎石等填料,填充露出地表或埋藏于路基底部的溶洞,适用于较浅的干涸或水量很小的溶洞。

对于路堑边坡上的干溶洞,洞内可用片石回填,洞口设干砌片石并用砂浆勾缝或采用浆砌片石封闭。对位于路基基底或支挡结构物基底的干溶洞,深度较浅时,宜用砂、碎石或片石等回填夯实,洞口用浆砌片石或片石混凝土封闭。

溶洞充填物通常松散、软弱,溶洞表层溶蚀部分亦较松散、破碎,作为路基的基底,其承载力往往不能满足设计要求。对不能满足承载力要求的溶洞充填物及溶洞表层溶蚀部分,应予以清除并换填强度高、稳定性好的填料,如碎石、片石等,换填必须填满填实,以保证其上部荷载传递到稳定岩层中。当路基以下溶洞顶板很薄,而且洞口很小,以致无法进洞清除充填物和换填加固时,可先将顶板炸开,以清除洞内填充物及松散物,再回填片石;对于很深的溶洞,当充填物密实时,亦可采取其上部一定厚度范围内清除,换填碎石,表层用浆砌片石封闭的措施处理。

(2)跨越。对于狭小又深的溶洞,可根据其宽度的大小采用混凝土或钢筋混凝土盖板跨越;对于跨度较大的溶洞,或需要保持排水者,一般宜采用桥或涵通过。

(3)加固。为加强岩溶顶板强度,防止坍塌,可采取洞内加固、嵌补支顶加固或注浆加固等措施。

◆请练习[思考题 10-18]

5. 人为空洞地段路基

危及路基稳定的采空区,应根据其位置、顶板厚度、坚固程度、坑道的走向、形状、大小和坑道的充填物及其密实程度等确定加固方法。

埋藏较浅的采空区宜采用明挖回填处理;埋藏较深、坑道通畅的采空区宜采用片石回填、支顶、注浆等措施处理;埋藏较深、多层重叠交错、无法进入的采空区宜采用注浆、灌砂处理。

墓穴、地窖、枯井、掏砂坑、坎儿井(地下渠)等人为洞穴,应根据情况采取开挖回填、夯实、注浆加固等防止坍塌的措施。

五、浸水路堤

1. 铁路路堤浸水类型

浸水路堤是指设计水位以下受水浸泡的河滩、滨河及滨海路基和穿越积水洼地、池塘等地段的路堤。浸水路堤按浸水时间长短可分为长期浸水路堤和季节性浸水路堤两种,长期浸水路堤由于毛细水上升作用,致使水位以上一定高度范围内土体饱和软化,引起基床病害(翻浆冒泥、冻害)或列车振动液化。季节性浸水,一般时间较短,不易产生上述现象。

2. 浸水路堤一般规定

河滩、滨河路基应避免过多挤压河床和压缩桥长,不得侵入山区河流的河槽。应避免在洪水经常泛滥区域内设置路基。河滩路堤的平面布设应使河滩水流顺畅,不宜在河滩范围内设计成折向下游的路堤。滨海路基应选择在海面最短、水深不大、波浪较小、海滩地势较为平坦、地质条件好的地段通过。

填料为粉土或砂类土的路堤,当两侧水头差较高时,易产生管涌现象,导致路基失稳或破坏。产生管涌的水头高度与土质、停滞时间、渗流径路有关,一般通过计算确定,对重大工程可进行模型试验。防止管涌的计算参数有时难以准确确定,因此在设计时,应优先考虑减小水头差的高度,消除管涌产生的条件。一般是通过扩大或增设过水建筑物来实现,有困难时才考虑防治措施,如截堵或延长渗流径路,放缓外侧边坡,增设护道、在路堤中心设置防渗墙等防止渗透的加固措施。

路堤浸水部分应采用渗水土填筑。在严寒地区,应在浸水侧坡脚外采取挡水捻等措施,防止路基浸水产生冻胀病害。

浸水路堤地基为松软土层、受水浸泡及地下水壅升后将形成的松软土层、湿陷性黄土的地基、列车振动荷载作用下可能产生液化的饱和粉土、粉细砂地基,必须进行地基加固处理。

取土坑应远离坡脚或护底石,河滩路堤取土坑应设在下游一侧。

浸水路堤应根据浸水深度、水流状况、波浪、基底地层、河道(海岸)地貌等条件选择断面形式和边坡防护加固类型。路堤浸水部分的坡面一般可采用抛石、浆砌片石护坡、石笼、片石垛、土工织物沉枕、土工模袋、混凝土人工块体等防护措施。当路堤边坡或基底可能产生管涌时,可采用具有良好反滤的护坡、滤水趾或护底等措施。当浸水较深,流速较大或浸水时间较长,为了加强路基的稳定性及抗冲刷能力,或因养护要求,可在一侧或两侧设置护道。

为了提高浸水后土体的抗剪强度,路堤浸水部分的压实密度应大于非浸水的一般路堤要求,对于粉细砂,尚应满足列车振动液化的要求。

3. 河滩、滨河路基技术要求

(1)防护高程以上的路基边坡坡率应与非浸水路基相同,防护高程以下相应放缓一级。条件复杂或浸水较深时应通过稳定性检算确定。进行稳定性检算时,应考虑浸水部分重力密度变化及渗透压力的作用。在任何情况下,水下边坡坡度均不得陡于无水条件下的稳定坡度。

(2)防护高程处应根据浸水深度及时间、基底地层情况等因素设置边坡平台,护道宽度根据稳定性检算确定,另外,为了防洪抢险需要(堆料、行人及走车),护道宽度一般不宜小于2m。护道顶面应做成2‰~4‰的外向排水坡,外缘在平纵剖面上应尽量顺直,避免凹凸不平,出现阻水现象。

(3)路堤采用不同填料时,填料分界处不应低于防护高程,且应设宽度不小于0.5m的平台。当两种材料粒径相差较大时,平台顶面应设碎石或砂砾石隔离垫层,其厚度为0.3~0.5m,并可根据填料粒径采用土工合成材料等。

◆请练习[思考题10-19]

4. 滨海路堤

(1)滨海路堤高程设计

滨海路堤的路肩高程应大于设计高潮水位加波浪侵袭高(波浪爬高)加不小于0.5m的安全高度。当路堤顶设防浪墙时,路肩设计高程应不小于设计高潮水位加不小于0.5m安全高度。设计高潮水位应采用重现期为100年一遇的高潮位。当滨海路堤兼作水运码头时,还应按照设计要求确定设计最低潮位。

滨海路基与港区路基所采用的设计高程不同时,应设置路肩高程渐变段,使之与港区路基平顺衔接,并应采取防止路基面越浪的措施。

(2)滨海路堤边坡设计

滨海路基断面结构形式应根据水深、波高、地基条件、填料性质、施工条件及使用要求等因素综合分析确定。一般可采用斜坡式，也可采用直墙式。斜坡式断面形式与一般路基断面形式一致，易于衔接，且施工及养护方便，故只有在有使用要求或条件限制时才采用直墙式断面。

滨海路堤边坡坡率应根据路堤填料情况、路堤高度、防护形式及海洋水文条件确定，当外海侧缓于内海侧、块石护面缓于混凝土块护面、堤头部缓于堤身时，边坡坡率可按表10-27选用。

不同坡面防护类型的边坡坡率 表10-27

坡面防护类型	边坡坡率	坡面防护类型	边坡坡率
抛填或安放块石	1:3.0~1:1.5	安放人工块体	1:2.0~1:1.5
干砌或浆砌块石	1:2.0~1:1.5	抛填方块	1:1.5~1:1.0
干插条石	1:2.0~1:1.5		

(3) 滨海路堤坡面防护

滨海路堤坡面防护应根据水深、波浪高度、波浪压力及施工条件等，采用混凝土人工块体（扭工字块体、四脚锥体、四角空心方块等）、干砌块石、干砌条石、浆砌块石、混凝土板、栅栏板及模袋混凝土等。各种防护工程应能满足抗海水冲蚀、生物的侵蚀和抗冻等要求。

外海侧护坡底部应设抛块石或混凝土块体，块体顶面高程宜在设计低水位以下约1.0倍设计波浪高并高于施工水位，顶面宽度不宜小于2.0m，厚度不宜小于1.0m。

坡面防护设计中护面块体重量和护面厚度的计算、护底块石的重量计算、栅栏板平面尺寸和厚度及强度的计算、防浪墙的强度及稳定性计算以及所采用材料（块石、混凝土等）的强度要求等，可根据《防波堤设计与施工规范》(JTS 154-1—2011)的有关规定办理。

六、水库地段路基

水库路基是指线路沿水库边缘行进或跨越水库支沟、支流修筑的受库水作用影响的路基。水库路基设计时应根据水库的特点和要求及水库对路基的影响，考虑岸坡岩（土）体的物理力学性质、库水浸泡、水理性、水位变化、波浪侵袭、水流冲刷、坍岸、淤积和地下水壅升的变化以及大孔隙土的湿陷等因素，进行路基和库岸稳定性分析，确定相应的防护加固措施。水库路基的防护加固设计应包括路基的防护加固和水库坍岸的防护加固。

1. 库岸稳定性分析

库岸的稳定性应根据工程地质条件、水文气象特征及库水运行规律、库岸形态、水库坍岸、水库淤积、地下水壅升等因素，并考虑波浪、荷载、地震等作用力的影响，进行分析和评价。库岸的坍岸线应通过对水库坍岸的预测和计算确定。路基距预测坍岸线应有一定的安全距离。

进行库岸稳定性分析，主要考虑以下三个方面：

(1) 根据库岸地层、地质构造、岩性和岸坡坡率大小，预测坍岸的可能性、坍岸大小和规模及可能出现的其他不良地质现象。

(2) 对水库回水范围内，因水流受阻而使流速变缓，导致大量泥沙下沉而淤积。水库淤积对水库蓄水、水库的抗洪能力是不利的，但对库岸起到了保护作用，特别是含沙量大的河流。淤积的速度很快，进行库岸稳定性分析时，宜充分考虑水库淤积的有利因素，避免造成不必要的浪费。

(3) 水库蓄水后，地下水位相应壅升，破坏了既有的水文地质环境，有可能使地基承载力降低，并在铁路运营后易造成路堑和低路堤的翻浆冒泥。黄土地区，进行铁路勘测设计时，应注意地下水壅升对库岸稳定和铁路地基的影响。

2. 水库地段路基稳定性分析

考虑上下游水头差在堤内产生的稳定渗流及水位骤然下降在堤内产生的不稳定渗流对路堤边坡产生的渗透压力和冲蚀作用,路堤应按路堤内渗流的最不利情况进行检算,必要时应进行流网计算。用不易风化的石块填筑的路堤,可不考虑水的渗流影响。淤积后增加的抗滑力可不考虑。库水对路基边坡的破坏以波浪作用为主。在封冰和流冰地区,还须考虑冰荷载作用。在水库的上游地段,当流速较大时,还应考虑水流的冲刷作用。路基边坡稳定安全系数不应小于 1.25。

对于跨越支沟的路堤,支沟中水位高出水库水位较大时,路基体内将产生稳定渗流;若其上下游的水位差不显著,在水库泄水或洪水来临时,水位骤然变化将在路基体内产生不稳定渗流。水库水位下降幅度和时间的变化比较复杂,一般认为当土体的渗透系数 $K \geqslant 0.001 \text{cm/d}$、水位消落速度小于 1m/d 时为缓降,而大于 3m/d 时为骤降。当水库水位骤然下降时,路堤内侧的水向库区渗流,对水库内侧的边坡产生渗透压力和冲蚀作用;当水位上升时,库区的水向路堤渗流,对外侧边坡产生渗透压力和冲蚀作用。

路堤失稳情况大多发生在水位骤降时,检算时一般采用假定破裂面的条分法,但必须按浸水和非浸水两部分分别考虑土体重度和强度指标的取值。土的强度参数按地下水位高度(浸润曲线以上加地下水壅升高度)以上和以下分别采用夯后快剪和夯后饱和快剪试验值。

路堤体内的渗透变形主要为管涌和流土。对水库路基应从土的不均匀系数、颗粒直径、土体的密实度和渗透系数及路堤体内的渗透速度、渗透压力等因素分析其渗透破坏作用。

3. 水库路基防护

由于水库坍岸而危及水库路基的安全和稳定时,可根据实际情况,对水库路基进行直接防护和间接防护。间接防护包括对水库坍岸的防护或对水库坍岸和水库路基同时防护。直接防护加固包括对本体内渗流的处理、路基边坡防护及路基基底的处理。

(1) 水库路基本体渗流的处理

当路基经常受水浸泡,两侧有较大的水头差时,路堤受库水位浸泡的部位宜用不易风化的石块填筑或在低水位一侧放缓边坡、加宽护道。当渗透速度和渗透压力较大可能发生冲蚀时,除放缓边坡外,宜在低水位一侧设置排水结构设施。

(2) 水库路基边坡的防护

路基边坡防护类型应根据水库类型、波浪力大小、路基所处位置等情况综合考虑,可采用干砌片石、混凝土板护坡,并应做好反滤层。有冲刷时,可采用抛石、浆砌片石护坡、石笼、片石垛、土工织物沉枕、土工模袋、混凝土连锁块等防护措施。

(3) 水库路基基底的处理

水库地区浸水路堤地基为松软土层、受库水浸泡及地下水壅升后将形成的松软土层、湿陷性黄土的地基,列车振动荷载作用下可能产生液化的饱和粉土、粉细砂地基,必须进行地基处理;

由于浸水、冲刷等原因而影响路基稳定时,可采用挡土墙、防淘建筑物、副堤等加固措施。基底存在渗流而影响路基稳定时,应采取坡脚护底铺盖层、地基防渗墙或防渗帷幕等适宜的措施进行加固处理。

4. 水库坍岸防护

水库坍岸危及路基的稳定时,应根据线路的位置、库岸岩性、库岸高度和坡率、浸水深度、水库淤积等情况,对库岸采取相应的防护措施。

水库坍岸的防护高度与水库路基的防护高度有所不同。水库坍岸主要是由常水位时的波浪力对库岸的冲刷、磨蚀作用而产生的,故采用水库正常高水位作为控制防护建筑物的顶面高程。一般取水库正常高水位加波浪侵袭高加 0.5m 安全高来作为水库坍岸的防护顶面高程,但根据设防意图,亦可采用水库正常高水位或低于该水位。

水库坍岸的防护类型应根据地形、地质条件、波浪、冰荷、流速等情况确定,通常采用干砌片石护坡、挡土墙、堆石(抛石、片石垛)、石笼等工程措施,根据工程条件合理运用。

水库坍岸防护长度应根据路基所在库岸边坡受波浪作用影响的范围而定,防护工程两端应有适当的安全距离,基础应嵌入库岸或路基边坡内。

◆请练习[思考题 10-1、10-20]

思 考 题

10-1 简述铁路特殊路基分类及其具体类型。
10-2 简述软土、松软土含义,软土的工程特性。
10-3 简述软土路堤临界高度含义及其评估。
10-4 简述膨胀土含义及其工程特性。
10-5 膨胀土路基边坡防护及防排水设计有何特殊要求?
10-6 简述黄土含义及其主要工程特性。
10-7 简述黄土路基设计需要考虑的特殊性。
10-8 简述盐渍土含义及其工程性质。
10-9 如何确定盐渍土路堤设计最小高度?
10-10 简述冻土的含义及其分类。
10-11 简述季节性冻土路基设计主要技术要求。
10-12 简述多年冻土路基设计的主要技术内容。
10-13 简述风沙对路基危害性,风沙地区路基特殊设计技术要求。
10-14 简述雪害地段路基主要防护技术。
10-15 简述滑坡的分类、滑坡地段路基设计主要技术措施。
10-16 简述岩堆地段路基位置的选择及主要防护措施。
10-17 简述崩塌地段路基的防护类型及其主要技术要求。
10-18 简述岩溶地段路基主要的特殊处理措施。
10-19 简述铁路路基浸水的形式、滨河路基设计主要考虑的技术要求。
10-20 水库地段路基需要考虑的特殊技术要求有哪些?

第十一章 DISHIYIZHANG
铁路路基检测技术

本章导读

铁路路基质量试验检测工作是路基工程施工技术管理的重要组成部分,路基工程建设所依据的各项参数、数据都必须通过试验检测来提供。路基工程质量检测包括路基填料及相关原材料室内试验和路基工程质量现场试验检测两部分,其中现场质量试验检测内容主要包括天然地基核查、地基处理质量检测及路基填筑压实质量检测。

学习目标

1. 了解路基工程质量检测的意义和工作流程,掌握路基工程质量检测内容的分类及测试项目。
2. 掌握路基工程普通填料、级配碎石、土工合成材料等原材料的室内试验项目。
3. 掌握动力触探原位测试、钻孔取芯试验、低应变反射波测试、静载试验等地基质量检测技术。
4. 掌握压实度、地基系数、变形模量、动态变形模量等路基填筑质量检测技术。

学习重点

1. 普通填料的室内试验技术。
2. 动力触探原位测试技术。
3. 低应变反射波法测试桩身完整性技术。
4. 复合地基单桩载荷试验技术。
5. 压实度的检测方法。
6. 地基系数及变形模量试验,动态变形模量测试。

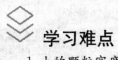

学习难点

1. 土的颗粒密度、颗粒分析、击实等室内试验技术及数据处理。
2. 动力触探测试数据分析及其工程质量检测应用。
3. 低应变反射波法测试技术原理、数据处理及桩身完整性判定。
4. 静载试验数据分析、承载力及变形模量的确定。
5. 变形模量测试数据分析。

本章学习计划

内　容	建议自学时间（学时）	学 习 建 议	学 习 记 录
第一节　铁路路基施工检测分类	1.0	掌握路基工程质量检测项目的分类，了解工程质量检测的意义和流程	
第二节　路基填料及相关原材料室内试验	1.0	掌握路基填料检测项目的含义及应用	
第三节　路基工程质量现场试验检测	3.0	本节应掌握路基工程质量现场检测技术；熟悉动力触探、静力触探、标准贯入等原位测试项目在路基工程质量检测中的应用，掌握钻芯法、低应变反射波法在桩身完整性检测方面的应用，掌握载荷试验在地基承载力检测方面的应用，掌握路基填筑质量现场检测项目的分类及其应用	

第一节 铁路路基施工检测分类

一、路基工程质量检测的意义

铁路路基质量试验检测工作是路基工程施工技术管理的重要组成部分,同时也是工程施工质量控制的必要手段和竣工验收评定工作中不可缺少的重要环节。路基工程建设是一个系统工程,涉及地质条件的勘察与评价、地基设计、建筑材料选用、施工工艺流程和施工组织管理等多个环节。工程建设所依据的各项参数、数据都必须通过试验检测来提供。工程试验检测就是要用定量的方法科学地评定各种材料和构筑物的质量,合理控制并科学地评定工程质量,充分利用当地原材料,推广应用新材料、新技术、新工艺,为工程建设提供可靠的技术支撑。所以,工程检测技术、设计计算、施工工艺与管理是相辅相成的三个重要环节,工程试验检测对于提高工程质量、加快工程进度、降低工程造价、推动施工技术进步具有重要的意义。

二、路基工程质量检测的内容

1. 室内试验

(1)土、改良土的室内试验

土的物理性能试验,包括含水率、密度、颗粒密度(比重)、界限含水率、颗粒分析、击实等试验。试验成果可分别用于土的工程分类、土的状态判定、填料的判别、填土工程施工方法的选择和质量控制。

土的变形试验,包括固结试验、湿陷性和膨胀性等。这些试验可为设计和施工质量控制提供变形参数,即压缩系数、压缩模量、固结系数、湿陷系数、自重湿陷系数、膨胀率、膨胀力等指标。

土的强度试验,包括直接剪切试验、三轴剪切试验、无侧限抗压强度试验等。这些试验可为设计和施工质量控制提供抗剪强度指标参数(黏聚力、内摩擦角)、无侧限抗压强度、灵敏度等,用于计算地基、边坡及挡土墙等的稳定性,必要时用于计算地基承载力。

土的化学指标试验包括黏土矿物鉴定、有机质和盐渍土试验等。黏土矿物成分是决定土的物理、化学性质的重要因素;有机质试验可测得土中的有机质含量,供研究其特性或施工选择土料之用;盐渍土中易溶盐含量多少和类别的不同,土的物理力学性质将有不同程度的改变,进行盐渍土试验,提供相应的指标,作为地基评价、采取工程措施或选料决策的依据。

改良土掺合料试验:生石灰进行氧化钙加氧化镁($CaO+MgO$)含量、二氧化碳(CO_2)含量、未消化残渣含量试验;水泥凝结时间、安定性及强度试验;粉煤灰化学成分、烧失量及细度试验;其他外掺料和改良土应按其他相关规定进行相应试验。

(2)砂类土室内试验

砂类土相对密度试验包括砂的最大和最小孔隙比试验,由此确定砂的相对密实度,可作为判断砂的疏密状态的指标。

(3) 级配碎石室内试验

级配碎石试验项目有含水率、颗粒密度、液塑限、颗粒分析、含泥量、击实、针/片状含量、质软及易破碎颗粒含量、黏土团及有机物含量、粒径大于 1.7mm 颗粒的洛杉矶磨耗率、粒径大于 1.7mm 颗粒的硫酸钠浸泡损失率、粒径大于 22.4mm 粗颗粒中带破碎面的颗粒含量等。

◆请练习[思考题 11-2]

(4) 用于加筋土的土工合成材料的室内试验

土工格栅测试指标有拉伸强度、延伸率，土工布测试项目主要有拉伸强度、延伸率、渗透系数等。

2. 现场检测项目

地基核查方法有动力触探、静力触探、标准贯入试验、平板荷载试验、螺旋板荷载试验、十字板剪切试验、预钻式旁压试验、应力铲试验、扁板侧胀试验、钻孔取芯试验等。

地基处理质量的检测方法有动力触探、静力触探、标准贯入试验、钻孔取芯试验、低应变检测、平板荷载试验。

路基压实质量检测方法见图 11-1。

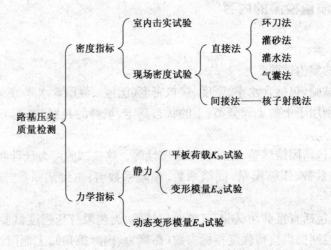

图 11-1 路基压实质量检测分类

路基支挡结构检测包括各种挡土墙检测、土钉检测、预应力锚索检测、预应力锚索抗拔力试验、钢筋腐蚀及混凝土材料劣化检测。其主要的无损检测方法有雷达波反射法、弹性波、声波法、低应变法、声波透射法、钻芯法等。

◆请练习[思考题 11-1、11-3]

三、路基工程质量检测工作流程

路基工程质量检测的室内试验工作，应严格按照试验室质量体系程序文件中的检测工作程序进行，工作流程见图 11-2，现场检测工作程序见图 11-3。

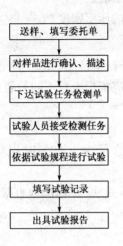

图 11-2 质量检测室内试验工作流程

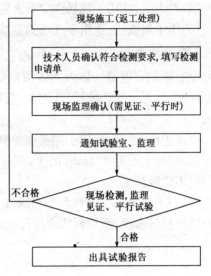

图 11-3 现场检测工作程序

第二节 路基填料及相关原材料室内试验

一、普通填料试验

1. 含水率

土的含水率是指土在105~110℃温度下烘干至恒量时所失去水的质量与干土质量的比值,以百分数表示。它是土的基本物理指标之一,反映了土的干、湿状态,是计算干密度、孔隙比、饱和度、液性指数等指标的基本数据和评价土的工程性质的重要依据,是研究土的物理力学性质的重要指标。计算公式如下:

$$w = \left(\frac{m}{m_d} - 1\right) \times 100\% \tag{11-1}$$

式中:w——试样含水率(%);
m——试样湿质量(g);
m_d——试样干质量(g)。

含水率的试验方法较多,由于烘干法试验简便,结果稳定,故以此法作为测定含水率的标准方法。如果测试条件不能满足采用烘干法或需快速测定含水率时,还可采用酒精燃烧法、碳化钙减量法等。

2. 密度

土的密度是土的单位体积质量,通过测定土的密度,可计算土的干密度、孔隙比、孔隙度和饱和度等指标,密度试验方法如下:

(1) 环刀法:适用于粉土和黏性土,在室内和野外普遍采用。

(2) 蜡封法:适用于环刀难以切削并易碎裂的土。

(3) 灌砂法、气囊法:适用于现场测定最大粒径小于20mm的土的密度。

(4)灌水法:适用于现场测定最大粒径小于60mm的土的密度。

(5)核子射线法:适用于现场测定填料为细粒土、砂类土的压实密度。

3. 颗粒密度

土的颗粒密度是土体内固体颗粒质量与颗粒体积的比值,单位 g/cm³。测定土的颗粒密度,可用于计算土的孔隙比、孔隙度、饱和度等指标。试验时应根据土粒不同粒径,分别采用下列方法:

(1)粒径小于5mm的土用量瓶法测定。

(2)粒径大于等于5mm的土,其中大于20mm的颗粒含量少于10%时用浮称法,大于10%时用虹吸筒法。

(3)当土中含有小于和大于5mm的颗粒,则应分别用量瓶法、浮称法或虹吸筒法测定不同粒径的颗粒密度,平均颗粒密度应按式(11-2)计算。

$$\rho_{sm} = \frac{1}{\frac{P_1}{\rho_{s1}} + \frac{P_2}{\rho_{s2}}} \tag{11-2}$$

式中:ρ_{sm}——平均颗粒密度(g/cm³),计算至0.01g/cm³;

ρ_{s1}、ρ_{s2}——大于和小于5mm粒径的颗粒密度(g/cm³);

P_1、P_2——大于和小于5mm粒径的土粒质量占总质量的质量百分数。

4. 液、塑限

液限是黏性土从可塑状态过渡到流动状态时的界限含水率;塑限是黏性土从可塑状态过渡到半固体状态时的界限含水率。通过测定黏性土的液限和塑限,可用于计算塑性指数、液性指数和土的分类。该试验适用于粒径小于0.5mm颗粒组成的土。常用的试验方法有液、塑限联合测定法、碟式仪液限试验法和搓条法塑限试验法。

5. 颗粒分析

颗粒分析是测定土中粒组及各粒组干土质量占该土总质量百分数的试验方法。

(1)试验方法

试验时根据土的颗粒粒径大小,可分别采用下列试验方法:

①筛析法:适用于粒径小于或等于60mm,大于0.075mm的土。

②密度计法和移液管法:适用于粒径小于0.075mm的土。

③当土中含有粒径大于和小于0.075mm的颗粒,各超过总质量的10%时,应联合使用筛析法及密度计法或移液管法。

(2)级配指标

①不均匀系数:

$$C_u = \frac{d_{60}}{d_{10}} \tag{11-3}$$

式中:C_u——不均匀系数,计算至0.01;

d_{60}——限制粒径,颗粒级配曲线上小于该粒径的含量占总质量60%的粒径;

d_{10}——有效粒径,颗粒级配曲线上小于该粒径的含量占总质量10%的粒径。

②曲率系数:

$$C_c = \frac{d_{30}^2}{d_{10} \cdot d_{60}} \tag{11-4}$$

式中：C_c——曲率系数，计算至0.01；
d_{30}——颗粒级配曲线上小于该粒径的含量占总质量30%的粒径。

6. 砂的相对密度

相对密度（Relative Density）是无黏性土处于最松散孔隙比与天然状态（或填筑压实后）孔隙比之差和最松散状态孔隙比与最密实状态孔隙比之差的比值。

$$D_r = \frac{e_{\max} - e_0}{e_{\max} - e_{\min}} \text{ 或 } D_r = \frac{\rho_{d\max}(\rho_d - \rho_{d\min})}{\rho_d(\rho_{d\max} - \rho_{d\min})} \tag{11-5}$$

砂的相对密度试验适用于颗粒粒径小于5mm，且粒径2~5mm的试样质量不大于试样总质量的15%及粒径小于0.075mm的颗粒质量不大于总土质量的12%。测定砂的最小干密度采用漏斗法或量筒法，测定最大干密度采用振动锤击法。

7. 砂、石的含泥量

砂、石的含泥量主要是指用于砂、碎石垫层用填料的含泥量，即粒径小于75μm的颗粒含量，检测时一般采用冲洗法。

8. 无侧限抗压强度

无侧限抗压强度是圆柱体试样在无侧向压力条件下，抵抗轴向压力的极限强度。原状土的无侧限抗压强度与相应的重塑土无侧限抗压强度之比为土的灵敏度。

9. 击实试验

击实试验是测定试样在标准击实功作用下含水率与干密度之间的关系，从而确定该试样的**最优含水率**（Optimum Moisture Content）和**最大干密度**（Maximum Dry Density）。该试验分轻型击实和重型击实，轻型击实试验单位体积击实功约为600kJ/m³，重型击实试验单位体积击实功约为2700kJ/m³，其不同的试验类型和方法见表11-1，试验时应根据工程要求和试样最大粒径选用。

铁路工程击实试验标准技术参数 表11-1

试验类型	编号	试验方法							试验条件		
		击实仪规格									
		击锤			击实筒				护筒			
		质量(kg)	锤底直径(mm)	落距(mm)	内径(mm)	筒高(mm)	容积(cm³)	高度(mm)	层数	每层击数	最大粒径(mm)
轻型	Q1	2.5	51	305	102	116	947.4	50	3	25	5
	Q2	2.5	51	305	152	116	2103.9	50	3	56	20
重型	Z1	4.5	51	457	102	116	947.4	50	5	25	5
	Z2	4.5	51	457	152	116	2103.9	50	5	56	20
	Z3	4.5	51	457	152	116	2103.9	50	3	94	40

当试样中粒径大于各方法相应最大粒径5mm、20mm或40mm的颗粒质量占总质量的5%~30%时，其最大干密度和最优含水率应进行校正。

（1）校正后试样的最大干密度：

$$\rho'_{d\max} = \frac{1}{\frac{1-P_s}{\rho_{d\max}} + \frac{P_s}{\rho_a}} \tag{11-6}$$

式中：ρ'_{dmax}——校正后试样的最大干密度（g/cm³），计算至 0.01g/cm³；

ρ_{dmax}——粒径小于 5mm、20mm 或 40mm 的试样试验所得的最大干密度（g/cm³）；

P_s——试样中粒径大于 5mm、20mm 或 40mm 的颗粒含量的质量分数；

ρ_a——粒径大于 5mm、20mm 或 40mm 的颗粒毛体积密度（g/cm³）。

(2)校正后试样的最优含水率：

$$w'_{opt} = w_{opt}(1-P_s) + P_s w_x \quad (11-7)$$

式中：w'_{opt}——校正后试样的最优含水率（%），计算至 0.01%；

w_{opt}——粒径小于 5mm、20mm 或 40mm 的试样试验所得的最优含水率（%）；

w_x——粒径大于 5mm、20mm 或 40mm 颗粒吸着含水率（%）。

10. 粗粒土和巨粒土最大干密度

由于《高速铁路设计规范》(TB 10621—2009)规定路基的压实质量，无论使用何种填料，均须用压实系数 K 指标进行检验。为了求得粗粒土的最大干密度，《铁路工程土工试验规程》(TB 10102—2010)增加了粗粒土最大干密度试验，测试方法有表面振动压实仪法和振动台法。

◀请练习[思考题 11-4]

二、级配碎石试验

级配碎石含水率、颗粒密度、颗粒分析、含泥量、击实试验可根据具体情况参考普通填料试验方法。针状、片状碎石含量试验参照混凝土用粗集料针状、片状颗粒含量试验方法；质软、易破碎碎石含量试验参照混凝土用卵石软弱颗粒含量试验方法；黏土团及其他杂质含量试验参照铁路碎石道砟的黏土团及其他杂质含量试验方法；粒径大于 1.7mm 颗粒的洛杉矶磨耗率试验方法按《铁路碎石道砟试验方法》(TB/T 2328—2008)执行；粒径大于 1.7mm 颗粒的硫酸钠浸泡损失率的试验方法适用于基床表层级配碎石试验。硫酸钠溶液浸泡损失率是利用硫酸钠在级配碎石颗粒微裂及开口孔隙中的结晶膨胀作用，推断级配碎石的抗风化及冰冻胀裂能力的参数。

三、土工合成材料试验

土工合成材料试验项目包括厚度测定、单位面积、条样法拉伸试验、撕裂强度、CBR 顶破试验、垂直渗透试验等。每项试验的试样应从样品的长度和宽度两个方向随机剪取，样品的边缘应不小于 100mm，送检样品取样随机选取，面积不应小于 2m²。

土工合成材料试样应不含有灰尘、折痕、孔洞、损伤部分和可见疵点。每项试验所用全部试样都应予以编号。试样应置于恒温恒湿和标准大气压的环境中调湿 24h。试验必须严格按标准规定的操作流程进行操作，同时对试验前后仪器状态进行记录；试验必须至少两人检测试验，专人校核，原始记录必须记录规范，不得有涂改。

土工格栅试验项目包括拉伸屈服力、屈服伸长率等。同批土工格栅产品中随机抽取 1 卷，从中截取 1m 作为样品。

四、钢筋混凝土材料

用于路基支挡结构、地基处理、边坡防护、防排水工程的钢筋和混凝土及其原材料的检验应符合相关标准规范的技术要求。

第三节 路基工程质量现场试验检测

一、地基地质核查

根据铁路路基验收标准规定,地基处理施工前应对天然地基进行地质资料核查,特别是软土、松软土、水塘、洞穴等不良地质地基,主要核查软土、松软土厚度、不良地质条件是否与设计提供的资料相符。

地基地质核查沿线路纵向每100m检验2点,监理100%见证检验,勘察设计单位现场确认。地基核查与补勘时,根据线路路基的不同地质情况,一般路段地基常选用动力触探、标准贯入和静力触探等原位测试方法中的一种或两种结合进行现场勘测,特殊路段岩溶区域采用工程地震(面波)仪或探地雷达进行地下岩溶复勘。有疑问时再进行地质补钻,并结合室内土工试验结果综合判断,以核对其设计采用的地质资料是否准确,确保不因地质勘察原因造成路基沉降控制问题。

1. 动力触探

动力触探试验(DPT,Dynamic Penetration Test)是利用一定的锤击动能,将一定规格的圆锥探头(见图11-4)打入土中,然后依据贯入击数或动贯入阻力判别土层的变化,确定土的工程性质,对地基土做出岩土工程评价。

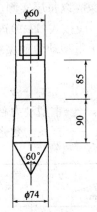

图11-4 重型、超重型动力触探探头
(尺寸单位:mm)

圆锥动力触探适用于黏性土、砂类土和碎石类土原位测试。动力触探试验的类型,按贯入能力的大小可分为轻型、重型和超重型3种。轻型动力触探可确定一般黏性土地基承载力,重型和超重型动力触探可确定中砂以上的砂类土和碎石类土地基承载力,测定圆砾土、卵石土的变形模量。动力触探还可以用于查明地层在垂直和水平方向的均匀程度。动力触探设备类型和规格见表11-2。

动力触探设备类型和规格   表11-2

类型及代号	重锤质量(kg)	重锤落距(cm)	探头截面积(cm^2)	探杆外径(mm)	动力触探击数 符号	动力触探击数 单位
轻型 DPL	10±0.2	50±2	13	25	N_{10}	击/30cm
重型 DPH	63.5±0.5	76±2	43	42,50	$N_{63.5}$	击/10cm
超重型 DPSH	120±1.0	100±2	43	50	N_{120}	击/10cm

圆锥动力触探的优点是设备简单、操作方便、工效较高、适应性广,并具有连续贯入的特性。对难以取样的砂土、粉土、碎石类土等,对静力触探难以贯入的土层,动力触探是十分有效的勘探测试手段。圆锥动力触探的缺点是不能采样对土进行直接鉴别描述,试验误差较大,直观性差。

(1)指标应用

动力触探应用于划分土层并定名时,应与其他勘探测试手段相结合;确定地基承载力或变

形模量时,动力触探孔数应根据场地大小及土层均匀程度综合考虑,但同一场地应不少于3孔。动力触探试验指标主要用于以下目的:

①评定砂土的孔隙比或相对密实度、粉土及黏性土的状态。
②估算土的强度和变形模量。
③评定场地地基的均匀性及承载力。
④探查土洞、滑动面、软硬土层界面等。
⑤估算桩基持力层和承载力。
⑥检验地基加固与改良的质量效果。

(2)动力触探实测击数处理

动力触探记录应在现场进行初步整理,并对记录的击数和贯入尺寸进行校核和换算。轻型动力触探应以每层实测击数的算术平均值作为该层的触探击数平均值,重型动力触探实测击数 $N_{63.5}$,应按式(11-9)进行杆长击数修正,超重型动力触探的实测击数,应先按式(11-8)换算成相当于重型动力触探的实测击数后,再按式(11-9)进行修正。

$$N_{63.5} = 3 N_{120} - 0.5 \tag{11-8}$$

$$N'_{63.5} = \alpha N_{63.5} \tag{11-9}$$

式中:$N'_{63.5}$——重型动力触探修正后击数(击/10cm);
α——杆长击数修正系数,可按表11-3确定。

杆长击数修正系数 α 值　　　　　表11-3

$N'_{63.5}$(击/10cm) 杆长 L(m)	5	10	15	20	25	30	35	40	≥50
≤2	1.0	1.0	1.0	1.0	1.0	1.0	1.0	1.0	—
4	0.96	0.95	0.93	0.92	0.90	0.89	0.87	0.86	0.84
6	0.93	0.90	0.88	0.85	0.83	0.81	0.79	0.78	0.75
8	0.90	0.86	0.83	0.80	0.77	0.75	0.73	0.71	0.67
10	0.88	0.83	0.79	0.75	0.72	0.69	0.67	0.64	0.61
12	0.85	0.79	0.75	0.70	0.67	0.64	0.61	0.59	0.55
14	0.82	0.76	0.71	0.66	0.62	0.58	0.56	0.53	0.50
16	0.79	0.73	0.67	0.62	0.57	0.54	0.51	0.48	0.45
18	0.77	0.70	0.63	0.57	0.53	0.49	0.46	0.43	0.40
20	0.75	0.67	0.59	0.53	0.48	0.44	0.41	0.39	0.36

(3)动力触探成果的应用

①确定岩土地基基本承载力

黏性土地基的基本承载力 σ_0,当贯入深度小于4.0m时,可根据场地土层 $\overline{N}_{10}$ 按表11-4确定,表内数值可以线性内插,$\overline{N}_{10}$ 为轻型动力触探平均锤击数符号,下同。

黏性土 σ_0 值(kPa)　　　　　表11-4

$\overline{N}_{10}$(击/30cm)	15	20	25	30
σ_0	100	140	180	220

冲积、洪积成因的中砂~砾砂土地基和碎石类土地基的基本承载力 σ_0,当贯入深度小于20m时,可根据场地土层的 $\overline{N}_{63.5}$ 按表11-5确定。

中砂～砾砂土、碎石类土 σ_0 值(kPa)　　　　　表 11-5

$\overline{N}_{63.5}$(击/10cm)	3	4	5	6	7	8	9	10	12	14
中砂～砾砂土	120	150	180	220	260	300	340	380	—	—
碎石类土	140	170	200	240	280	320	360	400	480	540
$\overline{N}_{63.5}$(击/10cm)	16	18	20	22	24	26	28	30	35	40
碎石类土	600	660	720	780	830	870	900	930	970	1000

基本承载力用于设计时,应进行基础宽度及埋置深度的修正。修正公式应符合现行《铁路桥涵地基和基础设计规范》(TB 10002.5—2005)中有关规定,公式中的修正系数可根据地基土的值 $\overline{N}_{63.5}$ 按表 11-6、表 11-7 确定。

宽度、深度修正系数　　　　　表 11-6

修正系数	黏性土				砂类土								碎石类土	
	Q_4 的冲洪积土		Q_3 及以前冲洪积土	残积土	粉砂		细砂		中砂		砾砂粗砂		碎石土圆砾土角砾土	卵石土
	$I_L<0.5$	$I_L≥0.5$			中密	密实	中密	密实	中密	密实	中密	密实	中密	密实	中密	密实
k_1	0	0	0	0	1	1.2	1.5	2	2	3	3	4	3	4	3	4
k_2	2.5	1.5	2.5	1.5	2	2.5	3	4	按表 11-7 取值							

中砂～碎石类土深度修正系数　　　　　表 11-7

$\overline{N}_{63.5}$	≤4	4～6	6～10	10～15	15～20	20～25	25～32	32～40	>40
k_2	1	2	3	4	5	6	7	8	9

②确定岩土地基极限承载力

黏性土地基极限承载力 P_u,当贯入深度小于 4m 时,可根据场地土层的 $\overline{N}_{10}$ 按表 11-8 确定。

一般黏性土 P_u 值(kPa)　　　　　表 11-8

$\overline{N}_{10}$(击/30cm)	15	20	25	30
P_u	180	260	330	400

冲积、洪积成因的中砂～砾砂土地基和碎石类土地基的极限承载力 P_u,当贯入深度小于 20m 时,可根据场地土层的 $\overline{N}_{63.5}$ 按表 11-9 确定。

中砂～砾砂土、碎石类土 P_u 值(kPa)　　　　　表 11-9

$\overline{N}_{63.5}$(击/10cm)	3	4	5	6	7	8	9	10	12	14
中砂～砾砂土	240	300	360	440	520	600	680	760	—	—
碎石类土	320	390	460	550	645	740	835	930	1100	1250
$\overline{N}_{63.5}$(击/10cm)	16	18	20	22	24	26	28	30	35	40
碎石类土	1390	1530	1670	1810	1930	2020	2090	2160	2260	2330

③确定地基的变形模量 E_0

冲、洪积卵石土和圆砾土地基的变形模量 E_0,当贯入深度小于 12m,可根据场地土层的 $\overline{N}_{63.5}$ 按表 11-10 取值。

卵石土、圆砾土 E_0 值(MPa)　　　　　　　　表 11-10

$\overline{N}_{63.5}$(击/10cm)	3	4	5	6	8	10	12	14	16
E_0	9.9	11.8	13.7	16.2	21.3	26.4	31.4	352	39.0
$\overline{N}_{63.5}$(击/10cm)	18	20	22	24	26	28	30	35	40
E_0	42.8	46.6	50.4	53.6	56.1	58.0	59.9	62.4	64.3

◆请练习[思考题 11-5]

2. 静力触探

静力触探试验(Static Cone Penetration Test,CPT)简称静探,是利用静力以一恒定的贯入速率将圆锥探头通过一系列探杆压入土中,根据测得的探头贯入阻力大小来间接判定土的物理力学性质的原位试验。静力触探适用于软土、黏性土、粉土、砂类土及含少量碎石的土层,可划分土层界面、土类定名、确定地基承载力和单桩极限荷载、判定地基土液化可能性及测定地基土的物理力学参数等。

静力触探单桥探头可测定土的比贯入阻力 p_s,双桥探头可测定土的端阻 q_c 和侧阻 f_s,三功能孔压探头除测定土的 q_c、f_s 外,尚可测定贯入孔隙压力 u_0 及其消散过程值 u_t。

(1) 探头

探头是静力触探仪的关键部件,它包括摩擦筒和锥头两部分,有严格的规格与质量要求。目前,国内外使用的探头可分为以下三种类型。

① 单桥探头。这是我国所特有的一种探头类型。该类探头将锥头与外套筒连在一起,因而只能测量一个参数,结构简单,造价低,坚固耐用。单桥探头在我国的应用积累了相当丰富的经验,已建立了关于测试成果和土的工程性质之间众多的经验关系式。

② 双桥探头。它是一种将锥头与摩擦筒分开,可同时测定锥头阻力和侧壁摩擦力两个参数的探头。国内外普遍采用,用途很广。

③ 孔压探头。它一般是在双桥探头的基础上再安装一种测量触探时产生的超孔隙水压力装置的探头。孔压探头最少可测三种参数,即锥尖阻力、侧壁摩擦力及孔隙水压力,功能多,用途广。

(2) 量测记录仪表

我国的静力触探几乎全部采用电阻应变式传感器。因此,与其配套的记录仪器主要有以下 4 种类型:

① 电阻应变仪。

② 自动记录绘图仪。

③ 数字式测力仪。

④ 数据采集仪(微机控制)。

(3) 贯入系统

静力触探贯入系统由触探主机(贯入装置)和反力装置两大部分组成。触探主机的作用是将底端装有探头的探杆一根一根地压入土中。触探主机按其贯入方式不同,可以分为间歇贯入式和连续贯入式;按其传动方式的不同,可分为机械式和液压式;按其装配方式不同可分为车载式、拖斗式和落地式等。

(4) 利用静力触探划分地层

划分土层是静力触探的基本应用之一,单独根据锥尖、侧壁曲线或参数的分层称为力学分层,但这不是目的,必须结合钻探取样资料或当地经验,进一步将力学分层变为工程地质分层。

(5)确定地基承载力、压缩模量

用静力触探法确定地基承载力的突出优点是快速、简便、有效。在应用此法时应注意按静力触探法求地基承载力一般依据的是经验公式,这些经验公式是建立在静力触探和载荷试验的对比关系上。另外应注意地基土的时代成因及含水率的差别对用静力触探法求地基承载力的经验公式有明显影响。

① Q_3 及以前沉积的老黏性土地基,当单桥探头的比贯入阻力 p_s 在 2700~6000kPa 范围内时,采用式(11-10)计算地基的基本承载力 σ_0:

$$\sigma_0 = 0.1 p_s \tag{11-10}$$

② Q_4 黏性土地基,当单桥探头的比贯入阻力 $p_s \leqslant 6000$kPa 时的地基基本承载力 σ_0 采用式(11-13)计算:

$$\sigma_0 = 5.8 \sqrt{p_s} - 16 \tag{11-11}$$

③对于软土地基,当单桥探头的比贯入阻力 p_s 在 85~800kPa 范围内时的地基基本承载力 σ_0 采用式(11-14)计算:

$$\sigma_0 = 0.112 p_s + 5 \tag{11-12}$$

④对于砂土及粉土地基,当单桥探头的比贯入阻力 $p_s \leqslant 24000$kPa 时的地基基本承载力 σ_0 采用式(11-14)计算:

$$\sigma_0 = 0.89 p_s^{0.63} + 14.4 \tag{11-13}$$

当有地区经验可循时,应优先考虑采用地区经验确定地基承载力。

⑤估算地基压缩模量

依据单桥静力触探比贯入阻力 p_s 可以估算地基土压缩模量,见表 11-11。注意该表中的压缩模量为 E_s 压力段 100~200kPa 的压缩模量。表中的数值可以线性内插,但不可外延。粉土压缩模量可以按砂土数值的 70% 估算。

比贯入阻力估算 E_s 表   表 11-11

土层名称	p_s(MPa)								
	0.1	0.3	0.5	0.7	1.0	1.3	1.8	2.5	3.0
软土及黏性土	0.9	1.9	2.6	3.3	4.5	5.7	7.7	10.5	12.5
饱和砂类土	—	—	2.6~5.0	3.2~5.4	4.1~6.0	5.1~7.5	6.0~9.0	7.5~10.2	9.0~11.5
新黄土(Q_4、Q_3)					1.7	3.5	5.3	7.2	9.0
土层名称	p_s(MPa)								
	4.0	5.0	6.0	7.0	8.0	9.0	11.0	13.0	15.0
软土及黏性土	16.5	20.5	24.4						
饱和砂类土	11.5~13.0	13.0~15.0	15.0~16.5	16.5~18.5	18.5~20.0	20.0~22.5	24.0~27.0	28.0~31.0	35.0
新黄土(Q_4、Q_3)	12.6	16.3	20.0	23.6					

除了在上述方面有着广泛的应用外,静力触探技术还可用于推求土的物性参数(密度、密实度等)、抗剪强度指标(c、φ)、变形模量等,检验地基处理后的效果、测定滑坡的滑动面以及判断地基的液化可能性等,关于这些方面的内容请查阅相关文献资料。

◆请练习[思考题 11-6]

3. 标准贯入试验

标准贯入试验(Standard Penetration Test,SPT)是用质量为 63.5kg 的重锤按照规定的落距(76cm)自由下落,将标准规格的贯入器打入土层,根据贯入器在贯入一定深度得到的锤击数来判定土层的性质,简称标贯,主要适用于一般黏性土、粉土和砂类土。

标准贯入试验可判断砂土密实程度或黏性土的塑性状态,评定砂类土、粉土的地震液化,确定土层剖面并可取扰动土样进行一般物理性试验。

标准贯入试验孔应采用回转钻进,孔底沉渣厚度不应超过 10cm。不能保持孔壁稳定时,宜采用泥浆护壁;若采用套管护壁,套管底部应高出试验深度 75cm。

场地标准贯入试验不宜少于 3 孔,各孔试验点的间距,在地基主要受力层内宜为 1~2m,且每一主要土层的试验点数不应少于 6 个;测试深度超过 15m 时,可放宽试验点的间距。

二、地基处理质量检测

用于地基核查的动力触探试验、静力触探试验、标准贯入等原位测试方法,同样可以用来检测地基处理的效果。

1. 钻孔取芯试验

钻芯法是检测混凝土灌注桩、复合地基桩体成桩质量的一种有效手段,不受场地条件的限制,适用于检测桩长、桩身材料强度、灌注桩桩底沉渣厚度,鉴别桩端岩土性状,判定或验证桩身完整性类别。

(1)现场记录

钻取的芯样应由上而下按回次顺序放进芯样箱中,芯样侧面上应清晰标明回次数、块号、本回次总块数,钻机操作人员应及时记录钻进情况和钻进异常情况,并对芯样质量做初步描述。钻芯过程中,应对桩体芯样、桩底沉渣以及桩端持力层等进行详细编录。钻芯结束后,应对芯样和标有工程名称、桩号、钻芯孔号、芯样试件采取位置、桩长、孔深、检测单位名称的标示牌的全貌进行拍照。

(2)芯样试件制作与抗压试验

①芯样截取。

当桩长小于 10m 时,每孔截取 2 组芯样;当桩长为 10~30m 时,每孔截取 3 组;当桩长大于 30m 时,不少于 4 组。上部芯样位置距桩顶设计标高不大于 1 倍桩径或 1m,下部芯样位置距桩底不大于 1 倍桩径或 1m,中间芯样一般按等间距截取。缺陷位置能取样时,应截取一组芯样进行抗压试验。当同一基桩的钻芯孔数大于一个,其中一孔在某深度存在缺陷时,应在其他孔的该深度处截取芯样进行抗压试验。

混凝土芯样的加工和制作应按《铁路工程结构混凝土强度检测规程》(TB 10426—2004)进行,其他桩体芯样的加工和制作应按设计要求进行。

②芯样试件抗压强度测试。

混凝土芯样的抗压强度试验应按《普通混凝土力学性能试验方法》(GB/T 50081—2002)的有关规定执行。抗压强度试验后,当发现芯样试件平均直径小于 2 倍试件内混凝土粗骨料最大粒径,且强度值异常时,则该试件的强度值无效,不参与统计平均。

混凝土芯样试件抗压强度应按式(11-14)计算：

$$f_{cu} = \xi \frac{4P}{\pi d^2} \qquad (11-14)$$

式中：f_{cu}——混凝土芯样试件抗压强度(MPa)，精确至 0.1MPa；
$\quad\quad P$——芯样试件抗压试验测得的破坏荷载(N)；
$\quad\quad d$——芯样试件的平均直径(mm)；
$\quad\quad \xi$——混凝土芯样试件抗压强度折算系数，应考虑芯样尺寸效应、钻芯机械对芯样扰动和混凝土成型条件的影响，通过试验统计确定；当无试验统计资料时，一般取 1.0。

其他桩体芯样抗压强度测试应按设计要求进行。

(3)检测数据分析与判定

①混凝土质量评定。每组混凝土芯样试件抗压强度代表值应按一组三块试件强度换算值的平均值确定；同一受检桩同一深度部位有两组或多组以上混凝土芯样试件抗压强度代表值时，取其平均值为该桩该深度处混凝土芯样试件抗压强度代表值。钻芯孔偏出桩外时，仅对钻取芯样部分进行评价。

单桩混凝土芯样试件抗压强度代表值为该桩不同深度位置的混凝土芯样试件抗压强度代表值中的最小值。

②桩端持力层性状应根据芯样特征，岩石单轴抗压强度试验，动力触探或标准贯入试验结果，综合判定桩端持力层岩土性状。

③桩身完整性应结合钻芯孔数，现场混凝土芯样特征、芯样单轴抗压强度试验结果，按表 11-12 进行综合判定。

混凝土桩身完整性判定　　　　　　　　表 11-12

类　别	特　征
Ⅰ	混凝土芯样连续、完整、表面光滑、胶结好、骨料分布均匀，呈长柱状、断口吻合，芯样侧面仅见少量气孔
Ⅱ	混凝土芯样连续、完整、胶结较好、骨料分布基本均匀，呈柱状，断口基本吻合，芯样侧面局部见蜂窝、麻面、沟槽
Ⅲ	大部分混凝土芯样胶结较好，无松散、夹泥或分层现象，但有下列情况之一： 芯样局部破碎且破碎长度不大于 10cm； 芯样骨料分布不均匀； 芯样多呈短柱状或块状； 芯样侧面蜂窝麻面、沟槽连续
Ⅳ	钻进很困难； 芯样任一段松散、夹泥或分层； 芯样局部破碎且破碎长度大于 10cm

(4)成桩质量评价

成桩质量评价应按单桩进行。当出现下列情况之一时，应判定该受检桩不满足设计要求：
①桩身完整性类别为Ⅳ类的桩。
②受检桩混凝土芯样试件抗压强度代表值小于混凝土设计强度等级的桩。
③桩长、桩底沉渣厚度不满足设计或规范要求的桩。
④桩底持力层岩土性状(强度)或厚度未达到设计或规范要求的桩。

2. 低应变反射波法

低应变反射波法(瞬态激振时域频域分析法)采用瞬态激振方式,通过实测桩顶加速度或速度信号的时域、频域特征,采用一维弹性波动理论分析判定基桩桩身完整性质量,即桩身存在的缺陷位置及其影响程度。

低应变反射波法属于快速普查桩的施工质量的一种半直接法,对于有疑问的桩应采用其他方法进行检测验证。本方法检测的基桩桩径应小于2.0m,桩长一般不大于40m。当现场组织试验时,其桩长标准可根据现场试验数据确定。

(1)基桩检测前准备

受检桩桩顶的混凝土质量、截面尺寸应与桩身设计条件基本相同;灌注桩应凿去桩顶浮浆或松散破损部分,并露出坚硬的混凝土表面;对CFG桩头宜采用切割机处理。桩顶表面应平整干净且无积水;在实心桩的中心位置打磨出直径约为10cm的平面;在距桩中心2/3半径处,均匀布置打磨2~4处,直径约为6cm的平面,打磨面应平顺光洁密实。

当桩头与垫层相连时,相当于桩头处存在很大的截面阻抗变化,对测试信号会产生影响。因此,测试时,当桩头侧面与垫层相连时,除非对测试信号没有影响,否则应断开。

(2)现场检测

检测前受检桩桩身混凝土强度应达到设计强度的70%或桩身混凝土龄期不少于14d,打入或静压式预制桩的检测应在相邻桩打完后进行。

①传感器安装及激振操作规定。

传感器安装部位应清理干净,不得有浮动砂土颗粒存在;不得安装于松动的石子上;传感器安装应与桩轴线平行。用黄油或其他黏结耦合剂黏结时,应具有足够的黏结强度,传感器底面黏结剂越薄越好。在信号采集过程中,传感器不得产生滑移或松动。

实心桩的激振点位置应选择在桩中心,测量传感器安装位置宜为距桩中心2/3半径处,激振点处混凝土应密实,不得有破损,激振时激振点与混凝土接触面应点接触,见图11-5;空心桩的激振点与测量传感器安装位置宜在同一水平面上,且与桩中心连线形成的夹角宜为90度,激振点与测量传感器安装位置宜为桩壁厚的1/2处,见图11-6。激振点与测量传感器安装位置应避开钢筋笼主筋的影响,激振方向沿桩轴线方向。采用力棒激振时,应自由下落,不得连击。采用力棒或自由落锤,激振能量可控性和信号重复性比用榔头式锤敲击效果好。

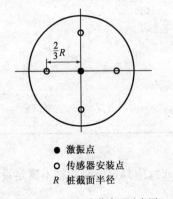

● 激振点
○ 传感器安装点
R 桩截面半径

图11-5 实心桩点位布置示意图

● 激振点
○ 传感器安装点

图11-6 空心桩点位布置示意图

激振锤和激振参数宜通过现场对比试验选定。短桩或浅部缺陷桩的检测宜采用轻锤快击窄脉冲激振;长桩、大直径桩或深部缺陷桩的检测宜采用重锤宽脉冲激振,也可采用不同的锤垫来调整激振脉冲宽度。现场实际操作应综合应用手锤和力棒。激振能量在能看到桩底反射的前提下尽量小,可减少桩周参加振动的土体,以减小土阻力对波形的影响。

②信号采集和筛选规定。

根据桩径大小,桩心对称布置 2~4 个检测点;各检测点重复检测次数不宜少于 3 次,且检测波形应具有良好的一致性。当信号干扰较大时,可采用信号增强技术进行重复激振,提高信噪比。不同检测点及多次实测时域信号一致性较差时,应分析原因,排除人为和检测仪器等干扰因素,增加检测点数量,重新检测。信号不应失真和产生零漂,信号幅值不应超过测量系统的量程。对存在缺陷的桩应改变检测条件重复检测,相互验证。

(3)资料处理

桩身完整性分析宜以时域曲线为主,辅以频域分析,并结合地质资料、施工资料和波形特征等因素进行综合分析判定。

①桩身波速平均值的确定。

当桩长已知、桩底反射信号明显时,选取相同条件下不少于 5 根 I 类桩的桩身波速按下式计算桩身平均波速:

$$C_m = \frac{1}{n}\sum_{i=1}^{n} C_i \tag{11-15}$$

$$C_i = \frac{2L \times 1000}{\Delta T} = 2L \cdot \Delta f \tag{11-16}$$

式中:C_m——桩身波速的平均值(m/s);

C_i——参与统计的第 i 根桩的桩身波速值(m/s);

L——测点下桩长(m);

ΔT——时域信号第一峰与桩底反射波峰间的时间差(ms);

Δf——幅频曲线上桩底相邻谐振峰间的频差(Hz),计算时不宜取第一与第二峰;

n——参与波速平均值计算的基桩数量($n \geq 5$)。

当桩身波速平均值无法按上述方法确定时,可根据本地区相同桩型及施工工艺的其他基桩工程的测试结果,并结合桩身混凝土强度等级与实践经验综合确定。如具备条件,可制作同混凝土强度等级的模型桩测定波速,也可根据钻取芯样测定波速,确定基桩检测波速时应考虑土阻力及其他因素的影响。

②桩身缺陷位置应按式(11-17)计算:

$$L' = \frac{1}{2000} \cdot \Delta T' \cdot c = \frac{c}{2\Delta f} \tag{11-17}$$

式中:L'——测点至桩身缺陷的距离(m);

$\Delta T'$——时域信号第一峰与缺陷反射波峰间的时间差(ms);

Δf——幅频曲线上缺陷相邻谐振峰间的频差(Hz);

c——桩身波速(m/s),无法确定时用 C_m 值替代。

(4)桩身完整性判定

桩身完整性类别应结合缺陷出现的深度、测试信号衰减特性以及设计桩型、成桩工艺、地质条件、施工情况,按规定和表 11-13 所列实测时域或幅频信号特征进行综合判定。

桩身完整性判定　　　　　　　　　　表 11-13

类别	时域信号特征	幅频信号特征
Ⅰ	$2L/c$ 时刻前无缺陷反射波,有桩底反射波	桩底谐振峰排列基本等间距,其相邻频差 $\Delta f \approx c/2$
Ⅱ	$2L/c$ 时刻前出现轻微缺陷反射波,有桩底反射波	桩底谐振峰排列基本等间距,轻微缺陷产生的谐振峰之间的频差 $\Delta f' > c/2$
Ⅲ	有明显缺陷反射波,其他特征介于Ⅱ类和Ⅳ类之间	
Ⅳ	$2L/c$ 时刻前出现严重缺陷反射波或周期性反射波,无桩底反射波; 或因桩身浅部严重缺陷使波形呈现低频大振幅衰减振动,无桩底反射波; 或按平均波速计算的桩长明显短于设计桩长	桩底谐振峰排列基本等间距,相邻频差 $\Delta f' > c/2$,无桩底谐振峰; 或因桩身浅部严重缺陷只出现单一谐振峰,无桩底谐振峰

对同一场地、地质条件相近、桩型和成桩工艺相同的基桩,因桩端部分桩身阻抗与持力层阻抗相匹配导致实测信号无桩底反射波时,可按本场地同条件下有桩底反射波的其他桩实测信号判定桩身完整性类别。

对于混凝土预制桩和预应力管桩,若缺陷明显且缺陷位置在接桩位置处,宜结合其他检测方法进行评价。

不同地质条件下的桩身缺陷检测深度和桩长的检测长度应根据试验确定。

对于混凝土灌注桩,采用时域信号分析时,应结合有关施工和地质资料,正确区分混凝土灌注桩桩身截面渐扩后陡降恢复至原桩径产生的一次同相反射,或由扩径突变处产生的二次同相反射,以避免对桩身完整性的误判。对于嵌岩桩,当桩底时域反射信号为单一反射波且与锤击脉冲信号同相时,应结合地质和设计等有关资料以及桩底同相反射波幅的相对高低来判断嵌岩质量,必要时采取钻芯法核验桩端嵌岩情况。

应正确区分浅部缺陷反射和大头桩大头部分恢复至原桩径产生的同相反射,以避免对桩身完整性的误判,必要时可采取开挖方法查验。出现下列情况之一,桩身完整性判定宜结合其他检测方法进行:

①实测信号复杂,无规律,无法对其进行准确分析和评价。
②当桩长的推算值与实际桩长明显不符,且又缺乏相关资料加以解释或验证。
③桩身截面渐变或多变,且变化幅度较大的混凝土灌注桩。

(5)验证检测

对采用低应变反射波法检测有疑问的桩,应根据实际情况采用静载试验、钻芯法、高应变法或开挖进行验证检测。一般验证检测方法为桩身浅部存在缺陷可开挖验证,桩身深部或桩底存在缺陷时可采用钻芯法进行验证。

◆请练习[思考题 11-8]

3. 单桩竖向抗压静载试验(常简称单桩静载试验)

单桩竖向抗压静载试验是模拟基桩实际受力状态的一种试验方法。试验时,通过安装在桩顶的油压千斤顶、油压表或压力表、百分表或位移传感器、锚桩或压重反力装置、对桩施加荷载,加载最大值为设计荷载的 2 倍,分级加载,加载方式分慢速维持荷载法和快速维持荷载法,测读分级荷载下的压力及所对应的桩顶位移,获得压力—位移(Q-S)曲线及 S-lg$t$ 曲线,从而分析判定桩的承载能力，见图11-7。当埋设有相应的测试元件时，本方法也可用于桩身应力、桩侧摩阻力和桩端阻力的测试。

(1) 检测仪器设备

①压力测量装置。根据试验荷载要求，选择千斤顶的规格，最大试验荷载对应的千斤顶出力宜为千斤顶量程的30%～80%。试验用油泵、油管在最大加荷时的压力不应超过规定工作压力的80%。采用油压表时，压力表准确度等级应优于或等于0.4级，最大试验荷载对应的油压不宜大于压力表量程的2/3。采用荷重传感器和压力传感器时，测量误差不应大于1%。

②沉降测量装置。基准桩用来固定和支撑基准架。

图11-7 单桩静载试验实例图

基准桩与试桩、锚桩的中心距应符合规范有关规定。基准梁宜采用工字梁，高跨比不宜小于1/40，尤其是大吨位静载试验，要求采用较长和刚度较大的基准梁。基准梁的一端固定在基准桩上，另一端应简支于基准桩上，以减小温度变化引起的基准梁挠曲变形。应采取有效遮挡措施，以减少温度变化、刮风下雨、振动及其他外界因素的影响。

百分表及位移传感器，沉降测量平面宜在桩顶200mm以下位置，最好不小于0.5倍桩径，测点应牢固地固定于桩身。直径大于500mm的桩，应在其两个方向对称安装4个百分表或位移传感器。直径或边宽小于或等于500mm的桩可对称安装2个百分表或位移传感器，精度等级1级，分辨率不小于0.01mm，量程应大于100mm，具有良好的防水性能。

③加载装置。试验加载装置使用一台或多台油压千斤顶并联同步加载，采用两台以上千斤顶加载时，要求千斤顶型号、规格相同，且合力中心与桩轴线重合。

④反力装置。试验反力装置可采用堆载压重平台、锚桩横梁反力装置和锚桩压重联合反力装置。试验时，要求加载反力装置提供的反力不得小于最大加载量的1.3倍。采用锚桩反力装置应对锚桩抗拔力进行检算，并监测锚桩上拔量。采用堆载反力装置时加于地基的压应力不宜超过地基容许承载力，堆载量大时，可利用工程桩作为堆载的支点。

(2) 检测前准备

①锚桩的设计施工。锚桩不同于一般工程桩，需承受较大的上拔力。施工前应根据试桩荷载要求考虑每根锚桩的上拔力，根据上拔力要求设计钢筋直径、长度、数量及锚桩桩长。锚桩和试桩、基准桩之间的中心距离应符合表11-14规定。

试桩、锚桩(或压重平台支墩边)和基准桩之间的中心距离　　　　表11-14

反力装置	试桩中心与锚桩中心（或压重平台支墩边）	试桩中心与基准桩中心	基准桩中心与锚桩中心（或压重平台支墩边）
锚桩横梁	≥4(3)D且>2.0m	≥4(3)D且>2.0m	≥4(3)D且>2.0m
压重平台	≥4D且>2.0m	≥4(3)D且>2.0m	≥4D且>2.0m
地锚装置	≥4D且>2.0m	≥4(3)D且>2.0m	≥4D且>2.0m

表11-14中D为试桩、锚桩或地锚的设计直径或边宽，取其较大者。如试桩或锚桩为扩底桩或多支盘桩时，试桩与锚桩的中心距尚不应小于2倍扩大端直径。表中括号内数值可用于工程桩验收检测时多排桩设计桩中心距离小于$4D$的情况。软土场地堆载重量较大时，宜增加支墩边与基准桩中心和试桩中心之间的距离，并在试验过程中观测基准桩的竖向位移。

②桩头处理。混凝土桩头处理应先凿除桩顶的松散破碎层和低强度混凝土,露出主筋,冲洗干净后再浇注桩帽。桩帽顶面应水平、平整,桩帽中轴线与原桩身上部的中轴线严格一致,桩帽面积不小于原桩身截面积,桩帽截面可为圆形或方形。桩帽主筋应全部直通至桩帽混凝土保护层之下,如原桩身露出主筋长度不够时,应通过焊接加长主筋,各主筋应在同一高度上,桩帽主筋应与原桩身主筋按规定焊接。距桩顶一倍桩径范围内,宜用3~5mm厚的钢板围裹,或距桩顶1.5倍桩径范围内设置箍筋,间距不宜大于150mm。桩帽应设置钢筋网片3~5层,间距80~150mm。桩帽混凝土强度等级宜比桩身混凝土提高1~2级,且不低于C30。

③现场设备安装。设备安装前应进行试验场地平整,并有大型吊车进出通道。安装时桩头要清理干净,安放千斤顶,要求千斤顶中心与桩中心重合,主梁支墩放置平稳,并有足够的强度;安装主梁、副梁,采用堆载压重平台反力装置进行堆载平台的搭建及压载重物的吊装,采用锚桩反力装置进行焊接拉杆、锚笼;安装加载高压油管、油压泵或电动油泵,安装基准梁;安装压力表或压力传感器,大量程百分表或位移传感器,百分表调零及仪器连接调试。

(3)现场检测

①试验开始时间规定。预制桩施工后在砂土中不得少于7d,黏性土不得少于15d,饱和软黏土不得少于25d;灌注桩应在桩身混凝土达到设计强度后方能进行试验。

②试验加卸载规定。加载应分级进行,加载分级不应小于8级,分级荷载宜为最大加载量或预估极限承载力的1/10~1/8,其中第一级可取分级荷载的2倍。卸载应分级进行,每级卸载量取加载时分级荷载的2倍,逐级等量卸载。加、卸载时应使荷载传递均匀、连续、无冲击,每级荷载在维持过程中的变化幅度不得超过分级荷载的±10%。

③慢速维持荷载法为设计提供依据的竖向抗压静载试验应采用慢速维持荷载法。慢速维持荷载法试验每级荷载施加后第一小时按第5min、15min、30min、45min、60min测读桩顶沉降量,以后每隔30min测读一次。

慢速维持荷载法试桩沉降相对稳定标准:每一小时内的桩顶沉降量不超过0.1mm,并连续出现两次(从分级荷载施加后第30min开始,按1.5h连续三次每30min的沉降观测值计算),且每级荷载的维持时间的不得少于2.0h。

当桩顶沉降速率达到相对稳定标准时,再施加下一级荷载。卸载时,每级荷载维持1h,按第15min、30min、60min测读桩顶沉降量后,即可卸下一级荷载。卸载至零后,应测读桩顶残余沉降量,维持时间为3h,测读时间为第15min、30min,以后每隔30min测读一次。

④快速维持荷载法。施工后的工程桩验收检测宜采用慢速维持荷载法;在具有成熟地区经验时,可采用快速维持荷载法。快速维持荷载法试验每级荷载施加后维持时间至少1h,按第5min、15min、30min测读桩顶沉降量,以后每隔15min测读一次。测读时间累计为1h时,若最后15min时间间隔的桩顶沉降增量与相邻15min时间间隔的桩顶沉降增量相比未明显收敛时,应延长维持荷载时间,直至最后15min的沉降增量小于相邻15min的沉降增量为止。卸载时,每级荷载维持15min,按第5min、15min测读桩顶沉降量后,即可卸下一级荷载。卸载至零后,应测读桩顶残余沉降量,维持时间为2h,测读时间为第5min、15min、30min,以后每隔30min测读一次。

(4)载荷试验终止加载条件

符合下列条件之一时即可终止加载试验。

①当荷载—沉降(Q-s)曲线上有可判定极限承载力的陡降段,且桩顶总沉降量超过40mm,在特殊条件下,可根据具体要求加载至桩顶总沉降量大于100mm。

②某级荷载作用下,桩顶沉降量大于前一级荷载作用下沉降量的 2 倍,且经 24h 尚未达到相对稳定标准。

③25m 以上的非嵌岩桩,Q-s 曲线呈缓变型时,桩顶总沉降量大于 60~80mm。

④已达到设计要求的最大加载量。

⑤当工程桩作锚桩时,锚桩上拔量已达到允许值。

(5)单桩竖向抗压承载力确定

单桩竖向极限承载力除以安全系数 2,为单桩竖向容许承载力。单桩竖向极限承载力应按下列方法确定:

①根据沉降随荷载变化的特征确定。对于陡降型 Q-s 曲线,取其发生明显陡降的起始点对应的荷载值;对于缓变型 Q-s 曲线,取桩顶总沉降量 $s=40$mm 所对应的荷载值,当桩长大于 40m 时,宜考虑桩身的弹性压缩。

②根据沉降随时间变化的特征确定。取 s-$\lg t$ 曲线尾部出现明显向下弯曲的前一级荷载值。

③根据终止加载试验条件确定。某级荷载作用下,桩顶沉降量大于前一级荷载作用下沉降量的 2 倍,且经 24h 尚未达到相对稳定标准时,取前一级荷载值。

④按上述方法判断有困难时,可结合其他辅助分析方法综合判定。

参加统计的试桩,当满足其极差不超过平均值的 30% 时,可取其平均值为单桩竖向极限承载力。极差超过平均值的 30% 时,宜增加试桩数量并分析离差过大的原因,结合工程具体情况确定极限承载力。

4. 复合地基静载试验

复合地基静载试验是模拟地基处理桩和桩间土实际受力状态的一种试验方法,是在一定面积的刚性承压板上加荷测定地基处理桩和地基土的共同变形,以确定复合地基的临塑荷载、极限荷载和变形参数,为评定复合地基的承载力提供依据,主要适用于冲击碾压法、挤密砂桩法、搅拌桩法、CFG 桩法等形成的复合地基。复合地基的试验方法一般有单桩载荷试验、桩间土载荷试验、单桩复合地基载荷试验及多桩复合地基载荷试验。

(1)一般规定

复合地基载荷试验是对地基处理效果的检验,应在各种处理方法结束并满足休止期或混凝土养护期后进行,地基加固后的施测时间可参考表 11-15 确定。

地基加固后载荷试验检测时的最小间隔时间(d) 表 11-15

桩 型	土 层 名 称			
	淤泥~饱和黏性土	粉土、黄土	黏性素填土	砂类土、杂填土
散体材料桩	≥28	≥14	21~28	7~14
胶结材料桩	28~90	≥28	≥28	≥28

复合地基载荷试验承压板应具有足够的刚度。单桩复合地基载荷试验的承压板可用圆形或方形,面积为一根桩承担的处理面积;多桩复合地基载荷试验的承压板可用方形或矩形,其尺寸按实际桩数所承担的处理面积确定。桩的中心(或形心)应与承压板中心保持一致,并与荷载作用点相重合。

桩间土平板载荷试验直接反映在 2 倍压板宽度(或直径)的深度范围内天然地基负荷后的应力—应变特性,是对复合地基载荷试验的重要补充。复合地基浅层平板载荷试验承压板面

积不得小于 $0.25m^2$，对软土和粒径较大的填土不应小于 $0.5m^2$；复合地基深层平板载荷试验承压板面积不应小于 $0.8m^2$。复合地基浅层平板载荷试验的试坑宽度或直径不应小于承压板宽度或直径的三倍；深层平板载荷试验的试井直径应等于承压板直径；当试井直径大于承压板直径时，紧靠承压板周围土的高度不应小于承压板直径。

复合地基载荷试验承压板底面标高与桩顶设计标高相同。承压板下宜铺设粗砂或中砂垫层，垫层厚度取 50～100mm，桩身强度大时宜取大值。开挖试坑时应尽量避免对试坑及试井底土层和桩体的扰动和损伤，并应缩短开挖与试验时间，保持其原状结果和天然湿度。

(2)仪器设备

①承压板

承压板的形状可根据压桩数量采用截角六边形、矩形、正方形或圆形，可现场浇筑或预制。其面积 A 按式(11-18)确定并应具有足够的刚度。

$$A = \frac{n}{m}\pi \cdot r_c^2 \tag{11-18}$$

式中：n——承压板下的桩数；

m——面积置换率，由设计确定；

r_c——桩体半径。

②加卸荷装置和反力装置的刚度及承载能力不应小于预估极限荷载的 1.5 倍，且应有防止偏心施压导致结构倾斜或堆载倾覆的措施。

③观测沉降用的百分表或位移传感器，全量程不宜小于 100mm，检测误差不得大于 0.01mm；当百分表或位移传感器不能居中置于承压板形心时，所用的百分表或位移传感器不宜少于 3 只。

(3)试验要点

①安置承压板前，应整平地面(包括桩顶)，上铺厚约 20mm 粗砂垫层，拍实找平，然后设置承压板。

②承压板如为现浇，应养生 28d 后，方可依次安装加卸荷装置及反力装置。安装时必须保证承压板形(中)心竖向受力。

③百分表或位移传感器，宜将其均布于承压板上并使伸缩杆垂直于板面。百分表应带有磁性表座，便利定位。

④表座(或传感器)托梁的支点(固定点)与承压板中心的距离应大于 1.5 倍压板宽度(或直径)，与地锚反力装置之反力点距离不应小于 0.8m。

⑤根据需要(如桩间土平板载荷试验)，观测压板周围地面垂直变位的百分表，宜布设在过压板中心的两条相互垂直的直线上，在距压板边缘(0.1～1)b(b 为板宽或板径)范围内由密而疏布设 4～5 只。

⑥试验荷载应分 8～12 级等量施压，荷载施加时应保持静力条件和对压板中心的竖向传递。其中第一级荷载加倍，加载方法宜采用慢速维持荷载法，最大加载压力不应小于设计要求压力值的 2 倍，其荷载量测的精度不应低于最大荷载的 ±1%。

⑦每级荷载施加后，第一小时内按间隔 5min、10min、15min、15min、15min(即第 5min、15min、30min、45min、60min)，以后为每隔半小时测读一次沉降量。当一小时内沉降量小于 0.1mm 时，即可加下一级荷载。

⑧卸载级数可为加载级数的一半，等量进行，每卸一级，间隔半小时，读记回弹量，待卸完

全部荷载后间隔3h读记总回弹量。

(4)终止试验条件

当出现下列现象之一时可终止试验：

①沉降急剧增大，桩间土被挤出或承压板周围出现明显的隆起。

②在某级荷载下沉降增量大于前一级沉降增量的5倍，或者大于前一级沉降量的2倍，并经24h尚未稳定。

③承压板的累积沉降量已大于其宽度或直径的6%。

④当达不到极限荷载，而最大加载压力已大于设计要求压力值的2倍。

(5)复合地基容许承载力的确定

在荷载—沉降量曲线上有明显的比例界限时，取该比例界限所对应的荷载值。当极限荷载能确定时，而极限荷载值的1/2又小于比例界限值时，取该极限荷载的1/2。

当压力—沉降曲线是平缓的光滑曲线时，可按下述相对变形值方法确定，按相对变形值确定的承载力不得大于最大加载压力的一半。

①对砂石桩、振冲桩复合地基或强夯置换地基：当以黏性土为主的地基，可取 s/b 或 s/d 等于0.015所对应的压力（s 为载荷试验承压板的沉降量；b 和 d 分别为承压板宽度和直径，当其值大于2m时，按2m计算）；当以砂土或粉土为主的地基，可取 s/b 或 s/d 等于0.01所对应的压力。

②对土挤密桩、石灰桩或柱锤冲扩桩复合地基，可取 s/b 或 s/d 等于0.012所对应的压力。对灰土挤密桩复合地基，可取 s/b 或 s/d 等于0.006~0.008所对应的压力。

③对水泥粉煤灰碎石桩或夯实水泥土桩复合地基，当以卵石、圆砾、密实粗中砂为主的地基，可取 s/b 或 s/d 等于0.008所对应的压力；当以黏性土、粉土为主的地基，可取 s/b 或 s/d 等于0.01所对应的压力。

④对水泥土搅拌桩或旋喷桩复合地基，可取 s/b 或 s/d 等于0.006所对应的压力。

⑤对有经验的地区也可按当地经验确定相对变形值。

参加统计的试验点数不应少于3个，当满足其极差不超过平均值的30%时，可取其平均值为复合地基容许承载力。极差超过平均值的30%时，宜增加试验点数量并分析离差过大的原因，结合工程具体情况确定复合地基容许承载力。

◆请练习[思考题11-7、11-9]

三、路基填筑质量检测

1.压实度(压实系数)

压实系数(Compacting Factor)是填料压实后的干密度与击实试验得出的最大干密度的比值。

(1)环刀法

环刀法是压实质量检测的传统方法，国内习惯采用的环刀容积通常为200cm³。用环刀法测得的密度是环刀内土样所在深度范围内的平均密度，它不能代表整个碾压层的平均密度。由于碾压土层的密度一般是从上到下减小的，若环刀取在碾压层的上部，则得到的数值往往偏大，若环刀取在碾压层的底部，则所得的数值将明显偏小，就检查路基的压实度而言，我们需要的是整个碾压层的平均压实度，而不是碾压层中某一部分的压实度。因此，在用环刀法进行压实度检测时,应尽量取碾压层中间的土。环刀法只适用于黏性土、粉土及砂类土。

(2)灌砂法

灌砂法是利用均匀颗粒的标准砂去置换试坑的体积,它是当前最通用的方法,也是现场测定密度的主要方法,适用于现场测定最大粒径小于20mm的土的密度。本方法需要携带较多量的标准砂,而且称量次数较多,因此它的测试速度较慢。

(3)灌水法

灌水法与灌砂法的原理基本相同,只是用水代替标准砂去置换试坑的体积,适用于现场测定最大粒径小于60mm的土的密度。由于水的密度相对稳定,因而操作更简单,测试速度更快,但测试精度要差一些。灌砂法试坑尺寸必须与试样粒径相配合,使所取的试样有足够的代表性,试坑尺寸与粒径关系见表11-16。

灌砂法试坑尺寸　　　　　　表11-16

试样最大粒径(mm)	试坑尺寸(mm)	
	直径	深度
5(20)	150	200
40	200	250
60	250	300

(4)核子射线法

核子射线法用于施工现场快速地检测填土的密度和含水率,完成一次检测通常只需要1min或更短时间。核子湿度密度仪或者核子仪是核子射线法检测仪的简称,安装有一个密封的10毫居里的铯137伽玛源和一个密封的50毫居里的镅241/铍中子源,仪器中还安装有密度和湿度两种射线探测器,分别与伽玛源和中子源共同对被测材料的密度和含水率进行测量。核子仪在进行密度和水分测量时,分别使用不同的放射源,不同的射线接受器,不同的数据计算系统,所以密度和水分两个检测系统相互独立,其检测数据也互不影响。

核子射线法与灌沙法或其他破坏性检测方法相比较,其优势是显而易见的,主要包括无损检测、准确性高、检测速度快、操作简单、"实时"检测。

2. 地基系数 K_{30} 试验

地基系数 K_{30}(Subgrade Reaction Coefficient K_{30})为通过试验测得的直径30cm荷载板下沉1.25mm时对应的荷载强度 P(MPa)与其下沉量1.25mm的比值。K_{30} 为地基系数试验方法,其计量单位为MPa/m,下沉量测试仪器应精确至0.01mm,压力测试装置最小压力精确至0.01MPa。

(1)检测仪器

本试验采用仪器包括:刚性承压板、千斤顶、百分表或位移传感器、基准支架和反力装置。

①刚性承压板规格为钢质、板厚25mm、直径300mm。

②千斤顶应选用荷载大于或等于50kN,带有精密压力表(精度1%)。

③百分表或位移传感器全量程不应小于10mm,最小刻度为0.01mm。

④基准支架由长度大于3m的支撑梁或支撑座组成,宜配置3~4个百分表,并由可调式支架固定。

⑤反力装置如果是集装式专用试验车,可利用试验车自重;采用汽车或压路机作为反力,反力装置的承载能力应大于最大试验荷载10kN。

(2)现场检测

①场地测试面应进行平整,并使用毛刷扫去表面松土。当测试面处于斜坡上时,应将承载板支撑面做成水平面。

②安装加载装置和测量装置。

根据测试要求合理选择测点位置,平整试验场地应注意保持试验主体的原始状态,特别要避免松动大颗粒的碎石或石块;将承载板放置于测试地面上,应使承载板与地面良好接触,必要时可铺设一薄层干燥砂(2~3mm)。安装时不得对测点表面进行压实。

放置承压板时,利用承载板上水准泡或水平尺来调整承载板水平,将反力装置承载部位安置于承载板上方,并加以制动。承载板外侧边缘与反力装置支撑点之间的距离不得小于1m。将千斤顶放在承载板的中心位置,使千斤顶保持垂直。用加长杆和调节丝杆使千斤顶顶端球铰座与反力装置承载部位紧贴,组装时应保持千斤顶垂直不出现倾斜。

安置测桥,测桥支撑座应设置在距离荷载板外侧边缘及反力装置支承点1m以外,测表的安放必须相互对称,并且应与荷载板中心保持等距离。

③加载试验

预先加0.01MPa荷载约30s,稳定后卸除荷载,读取百分表读数作为下沉量的初始读数或将百分表调零;以0.04MPa的增量逐级加载,每增加一级荷载,当1min的沉降量不大于该级荷载产生的沉降量的1%时,读取荷载强度和下沉量读数,然后增加下一级荷载。当总下沉量超过规定的基准值(1.25mm),或荷载强度超过估计的现场实际最大接触压力,或达到地基的屈服点,试验即可终止。

当试验过程荷载板严重倾斜,应将试验点下挖相当于荷载板直径的深度,重新进行试验。

(3)试验场地及环境条件

①对于水分挥发快的均粒砂,表面结硬壳、软化或因其他原因表层扰动的土,平板荷载试验应置于扰动带以下进行。

②对于粗、细粒均质土,宜在压实后2~4h内开始进行。

③测试面必须是平整无坑洞的地面。对于粗粒土或混合料造成的表面凸凹不平,应铺设一层2~3mm的干燥中砂或石膏腻子。

④雨天或风力大于6级的天气,不得进行试验。

(4)资料处理

①绘图及计算工作。

根据试验结果绘制荷载强度与下沉量(σ-S)关系曲线,如图11-8所示,并按式(11-19)计算地基系数:

$$K_{30} = \frac{\sigma_s}{S_s} \tag{11-19}$$

式中:K_{30}——地基系数(MPa/m),计算取整数;

σ_s——σ-S曲线中S_s=1.25mm相对应的荷载强度(MPa);

S_s——下沉量基准值(1.25mm)。

②误差校正(作图法)

当测试结果如图11-9中曲线②时,曲线经过坐标原点,可不校正。当试验误差结果如图11-9中曲线①时,应在曲线出现明显拐点的位置沿正常曲线曲率延伸,使交S轴于O_1点,此时零点下移$\Delta S''$,标准下沉量应为$S_1 = S_s + \Delta S''$,并由此对应的荷载强度σ_1计算出K_s值。当试验误差结果如图 11-9 中曲线③时,应在曲线出现明显拐点的位置沿正常曲线曲率延伸,使其交 S 轴于 O_3 点,此时零点上移 $\Delta S'$,标准下沉量应为 $S_3 = S_s - \Delta S'$,并由此对应的荷载强度 σ_3 计算出 K_s 值。

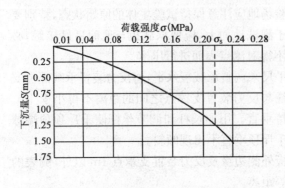

图 11-8 荷载强度 σ—下沉量 S 关系曲线

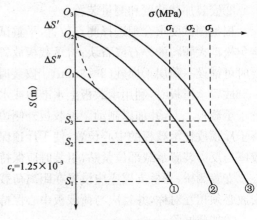

图 11-9 随机误差的校正示意图

◆请练习[思考题 11-11]

3. 变形模量 E_{v2} 试验

变形模量 E_{v2}(Modulus of Deformation),由平板荷载试验第二次加载测得的土体变形模量。变形模量 E_{v1} 和 E_{v2} 试验也属于平板载荷试验,在圆形载荷板上分级施加静荷载,测试荷载强度与沉降变形的关系,由此计算地基的变形模量。该试验方法与地基系数 K_{30} 试验是极其相似的,它们的主要差别在于操作步骤与数据整理和计算方法的不同。

(1)检测仪器

①变形模量 E_{v2} 测试仪器应包括承载板、反力装置、加载装置、荷载量测装置及沉降量测装置,如图 11-10 所示。

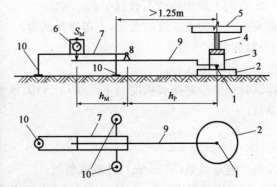

图 11-10 变形模量试验装置(杠杆式测量臂)

1-触点;2-承载板;3-千斤顶;4-加长杆件;5-反力装置;6-沉降量测表;7-支撑架;8-杠杆支点;9-测量臂;10-支撑座

②荷载量测装置的量测表量程应达到最大试验荷载的 1.25 倍,最大误差应不大于 1%,显示值应能保证承载板上的荷载有效位至少达到 0.001MPa。

③沉降量测装置。

沉降量测装置应由测桥和测表组成。测桥的测量臂可采用杠杆式或垂直抽拉式,测量臂应有足够的刚度。承载板中心至测桥支撑座的距离应大于1.25m,杠杆式测量臂杠杆比可在1:1至2:1范围内选择,选定后不得改变。沉降量测表最大误差不应大于0.04mm,分辨率应达到0.01mm,量程不应小于10mm。

沉降量测装置应配备相应的辅助工具,包括铁锹、钢板尺、毛刷、刮铲、水平尺、干燥中砂等。

(2) 现场检测

①场地测试面应进行平整,并使用毛刷扫去表面松土。当测试面处于斜坡上时,应将承载板支撑面做成水平面。

②测试仪器安装。

根据测试要求合理选择测点位置,将承载板放置于测试点上,使承载板与地面完全接触,必要时可铺设一薄层干燥砂(2~3mm),同时利用承载板上水准泡来调整承载板水平,安装时不得对测点表面进行压实。

将反力装置承载部位安置于承载板上方,并加以制动,承载板外侧边缘与反力装置支撑点之间的距离不得小于0.75m。将千斤顶放在承载板的中心位置,使千斤顶保持垂直,用加长杆和调节丝杆使千斤顶顶端球铰座与反力装置承载部位紧贴。

安置测桥时应将沉降量测装置的触点自由地放入承载板上量测孔的中心位置,沉降量测表必须与测试面垂直,测桥支撑座与反力装置支撑点的距离不得小于1.25m。试验过程中测桥和反力装置不得晃动,沉降量测装置应采用遮阳挡风防护设施。

③加载与卸载要求。

预加载时,应预先加0.01MPa荷载约30s,待稳定后卸除荷载,将沉降量测表读数调零。

变形模量E_{v2}试验第一次加载应至少分6级,并以大致相等的荷载增量(0.08MPa)逐级加载,达到最大荷载为0.5MPa或沉降量达到5mm时所对应的应力后,再进行卸载。

承载板卸载应按最大荷载的50%、25%和0三级进行。卸载后,按照第一次加载的操作步骤,并保持与第一次加载时各级相同的荷载进行第二次加载,直至第一次所加最大荷载的倒数第二级。

每级加载或卸载过程必须在1min内完成,加载或卸载时,每级荷载的保持时间为2min,在该过程中荷载应保持恒定。

试验中若施加了比预定荷载大的荷载时,应保持该荷载,并将其记录在试验记录表中,加以注明。

当试验工程中出现承载板严重倾斜,以致承载板上水准器上的气泡不能与圆圈标志重合或承载板过度下沉及量测数据出现异常等情况时,应查明原因,另选点进行试验,并在试验记录表中注明。

(3) 资料处理

①根据试验结果绘制应力—沉降量曲线(图11-11),应力—沉降量曲线上应用箭头标明受力方向。

②变形模量E_v计算。

变形模量是基于一次加载和二次加载所得到的应力—沉降量曲线,通过二次多项式(11-2)计算得到的。

$$S = a_0 + a_1\sigma + a_2\sigma^2 \tag{11-20}$$

式中:σ——承载板下应力(MPa);

S——承载板中心沉降量(mm);
a_0——常数项(mm);
a_1——一次项系数(mm/MPa);
a_2——二次项系数(mm/MPa²)。

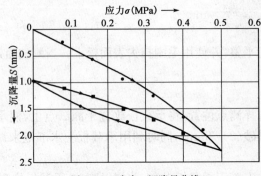

图 11-11 应力—沉降量曲线

应力—沉降量曲线方程的系数是将测试值按最小二乘法计算得到的。用于计算系数的方程式为：

$$a_0 \cdot n + a_1 \sum_{i=1}^{n} \sigma_i + a_2 \sum_{i=1}^{n} \sigma_i^2 = \sum_{i=1}^{n} S_i \tag{11-21}$$

$$a_0 \sum_{i=1}^{n} \sigma_i + a_1 \sum_{i=1}^{n} \sigma_i^2 + a_2 \sum_{i=1}^{n} \sigma_i^3 = \sum_{i=1}^{n} S_i \cdot \sigma_i \tag{11-22}$$

$$a_0 \sum_{i=1}^{n} \sigma_i^2 + a_1 \sum_{i=1}^{n} \sigma_i^3 + a_2 \sum_{i=1}^{n} \sigma_i^4 = \sum_{i=1}^{n} S_i \cdot \sigma_i^2 \tag{11-23}$$

式中：σ_i、$S_i (i=1,2,\cdots,n)$——每级荷载的应力和相应的承载板中心沉降量测试值。

③一次变形模量 E_{v1} 和二次变形模量 E_{v2} 分别由第一次和第二层加载的应力—沉降量曲线在 $0.3\sigma_{1max}$ 和 $0.7\sigma_{1max}$ 之间割线的斜率确定，变形模量应按下式计算：

$$E_{vi} = 1.5r \frac{1}{a_1 + a_2 \sigma_{1max}} \tag{11-24}$$

式中：E_{vi}——变形模量(MPa);
　　　r——承载板半径(mm);
　　　σ_{1max}——第一次加载最大应力(MPa)。

采用第一次加载测试值计算的变形模量为 E_{v1}，采用第二次加载测试值计算的变形模量为 E_{v2}。

◆请练习[思考题 11-12]

4. 动态变形模量 E_{vd} 试验

动态变形模量 E_{vd}(Modulus at Rapid Deformation)，由落锤冲击施加一定大小和作用时间荷载的平板试验测得的土体变形模量。动态平板载荷试验是采用动态变形模量测试仪来监控检测土体承载力指标——动态变形模量 E_{vd} 的试验方法。它通过落锤试验和沉陷测定来直接测出反映土体动态特性的指标 E_{vd}，计量单位 MPa。

E_{vd} 动态平板载荷试验适用于粒径不大于荷载板直径 1/4 的各类土和土石混合填料，测试有效深度范围为 400～500mm，测试装置见图 11-12。

(1) 检测仪器

①动态变形模量测试仪器由加载装置、载荷板和沉陷测定仪三部分组成。
②加载装置主要由挂(脱)钩装置、落锤、导向杆、阻尼装置等部分构成。
③荷载板主要由圆形钢板和传感器等部分构成。
④沉陷测定仪主要由信号处理、显示、打印机和电源等部分构成。
⑤沉陷测试范围:(0.1~2.0)mm±0.05mm。

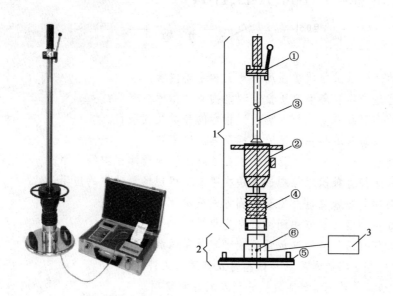

图 11-12　动态变形模量测试仪
1-加载装置(①-挂、脱钩装置;②-落锤;③-导向杆;④-阻尼装置);2-载荷板(⑤-圆形钢板;⑥-传感器);3-沉陷测定仪

(2)现场检测
①荷载板放置在平整好的测试面上,安装上导杆并保持垂直。
②将落锤提升至(脱)挂钩装置上挂住,然后使落锤脱钩自由落下,当落锤弹回时将其抓住并挂在(脱)挂装置上。按此操作进行三次预冲击。
③进行三次冲击测试,作为正式测试记录。测试时应避免承载板的移动和跳跃。
④测试时,应记录每个测点的工程名称、检测部位、试验时间、土的种类、含水率以及相关参数。
(3)试验场地及环境条件应符合下列要求:
①测试面尽量水平,其倾斜度不大于5°。
②测试面必须平整无坑洞。对于粗粒土或混合料造成的表面凹凸不平,可用少量细中砂来补平。
③试验时测试点必须远离震源。
(4)资料处理
①试验结果按式(11-25)计算动态变形模量:

$$E_{vd} = \frac{1.5r\sigma}{S} \qquad (11-25)$$

式中:E_{vd}——动态变形模量(MPa),精确至 0.1MPa;
　　r——荷载板半径(mm),$r=150$mm;
　　σ——荷载板下最大动应力,$\sigma=0.1$MPa;

S——实测荷载板下沉降量(mm)。

②取三次冲击测得的平均值 S 计算 E_{vd},作为该测点的测试值。

③在试验记录表格中应附有动态变形模量测试仪打印出的实测结果及实测 $S\text{-}t$(沉陷—时间)曲线。

◆请练习[思考题 11-10、11-13、11-14]

思 考 题

11-1 简述路基工程质量检测的意义和主要内容。

11-2 客运专线表层填料质量控制室内测试指标有哪些?

11-3 简述路基质量控制现场测试指标的分类及其项目。

11-4 简述路基填料室内试验指标及其测试方法。

11-5 简述动力触探原位测试方法在路基工程现场测试中的应用。

11-6 简述静力触探原位测试方法在路基工程现场测试中的应用。

11-7 简述复合地基桩身质量检测方法分类及其特点。

11-8 如何利用反射波法测试桩身完整性?

11-9 如何利用复合地基载荷试验确定地基承载力?

11-10 路基压实质量现场测试指标及其适用条件。

11-11 地基系数 K_{30} 测试数据分析及其注意事项。

11-12 变形模量 E_{v2} 测试方法及其数据处理。

11-13 简述动态变形模量测试原理及其注意事项。

11-14 试分析地基系数、变形模量、动态变形模量测试方法之间的异同。

第十二章 DISHIERZHANG
铁路路基变形观测技术

本章导读

铁路路基施工应按设计要求进行地基沉降、侧向位移的动态观测,客运专线路基变形观测及沉降评估是控制铁路建设能否进入轨道结构工程施工工序的重要依据。本章介绍了变形观测基准网的布置,应掌握路基变形观测断面及观测点的设置,熟悉路基变形观测方法、观测精度及频次等技术要求,掌握路基工程沉降评估预测方法。

学习目标

1. 了解路基变形观测的目的,熟悉变形观测基准网的布置。
2. 了解路基工程变形观测元器件类型,掌握路基变形观测技术规定。
3. 熟悉路基评估判定标准,掌握路基沉降预测常采用曲线回归方法。

学习重点

1. 变形观测基准网的布置及其技术要求。
2. 变形观测断面及观测点的设置,变形观测方法、观测精度及频次等技术要求。
3. 路基工程沉降评估标准及预测评估方法。

学习难点

1. 变形观测断面及观测点的设置。
2. 路基工程沉降预测评估方法。

本章学习计划

内　　容	建议自学时间 （学时）	学　习　建　议	学　习　记　录
第一节　路基变形观测基准网	1.0	掌握路基变形观测的目的和内容，熟悉变形观测基准网技术标准	
第二节　路基变形观测点	2.0	熟悉路基变形观测元器件的类型及其适用性，掌握路基变形观测断面设置原则及观测点的布置，了解变形观测中常见问题及异常处理	
第三节　路基工程沉降评估	2.0	熟悉路基沉降评估判定标准及所需资料的技术要求，掌握路基沉降预测常采用曲线回归方法	

第一节　路基变形观测基准网

一、路基变形观测的目的

通过对路基工程的变形观测资料进行分析,指导现场路基施工填筑速率,预测工后沉降,确定无砟轨道的铺设时间,评估路基工后沉降控制效果,确保无砟轨道结构的安全。

通过施工期系统的沉降变形动态监测,对实测沉降观测数据的系统综合分析、评估,评价地基最终沉降完成时间,验证或调整设计措施,使线下基础工程达到预定的沉降变形控制要求,推算出较准确的最终沉降量和工后沉降,合理确定无砟轨道开始铺设时间,确保客运专线无砟轨道结构铺设质量。

路基沉降变形观测主要内容包括路基面的沉降变形观测、路基基底沉降观测、路堤本体的沉降观测。

二、变形观测基准网

1. 水平位移监测网

水平位移监测网可采用独立坐标系统一次布设。根据变形测量等级及精度要求进行施测,并与施工平面控制网进行联测,引入施工测量坐标系统,实现水平位移监测网坐标与施工平面控网坐标的相互转换。设计水平位移监测网时,应进行精度预估,选用最优方案。

2. 垂直变形基准网

垂直变形基准网控制点分为基准点和工作基点,基准点应直接采用施工控制测量中的首级高程网,增设基准点时应按国家二等水准测量的相关要求执行。基准点应埋设在变形区以外的基岩或原状土层中,保证其在较长时间内的稳定。为了施测方便以及保证测量精度,应布设工作基点,工作基点埋深应在当地冻土层以下。垂直变形基准点和工作基点布设应满足下列要求:

(1)垂直位移监测网可根据需要独立建网,精度控制须充分考虑客运专线工程的具体特点,制订适宜的精度标准。垂直变形基准网应布设成闭合环状、结点或附合水准路线等形式。

(2)每个独立的监测网应设置不少于 3 个稳固可靠的基准点,长度 4km 左右。基准点应选设在变形影响范围以外,便于长期保存的稳定装置,可选用现有的控制桩。

(3)工作基点应选在比较稳定的位置,一般 200m 设一个,且应满足:

$$\sqrt{L} < M/10 \quad 或 \quad \sqrt{L} < M^2/100 \qquad (12-1)$$

式中:L——相邻两基准点间的距离(km);

　　　M——构造物允许变形值(mm)。

(4)基准网应定期进行复测。

3. 变形监测网技术要求

(1)有砟轨道变形观测依据不同项目的各自特点,综合考虑各种因素,制订出具体的、适合于本项目实际情况的观测方法和适宜的精度控制标准。

(2)无砟轨道水平位移监测网应满足表 12-1 的要求,变形观测等级及精度应满足表 12-2 的要求,垂直位移监测网应满足表 12-3 的要求,该表中 n 为测站数。

水平位移监测网主要技术要求　　　　表 12-1

等级	相邻基准点的点位中误差(mm)	平均边长(m)	测角中误差(″)	最弱边相对中误差	作业要求
一等	±1.5	<300	±0.7	≤1/250000	国家一等平面控制测量
		<150	±1.0	≤1/120000	国家二等平面控制测量
二等	±3.0	<300	±1.0	≤1/120000	国家二等平面控制测量
		<150	±1.8	≤1/70000	国家三等平面控制测量
三等	±6.0	<350	±1.8	≤1/70000	国家三等平面控制测量
		<200	±2.5	≤1/40000	国家四等平面控制测量
四等	±12.0	<400	±2.5	≤1/40000	按国家四等平面控制测量要求观测

测量等级及精度要求　　　　表 12-2

沉降变形测量等级	垂直位移测量		水平位移观测
	沉降变形点的高程中误差(mm)	相邻沉降变形点的高差中误差(mm)	沉降变形点点位中误差(mm)
一等	±0.3	±0.1	±1.5
二等	±0.5	±0.3	±3.0
三等	±1.0	±0.5	±6.0

垂直位移监测网的主要技术要求　　　　表 12-3

等级	相邻基准点高差中误差(mm)	每站高差中误差(mm)	往返较差、附合或环线闭合差(mm)	监测已测高差较差(mm)	使用仪器、观测方法及要求
一等	0.3	0.07	$0.15\sqrt{n}$	$0.2\sqrt{n}$	DS_{05}型仪器,视线长度≤15m,前后视距差≤0.3m,视距累积差≤1.5m,按国家一等水准测量的技术要求施测
二等	0.5	0.13	$0.3\sqrt{n}$	$0.5\sqrt{n}$	DS_{05}型仪器,按国家一等水准测量的技术要求施测
三等	1.0	0.3	$0.6\sqrt{n}$	$0.8\sqrt{n}$	DS_{05}或DS_1型仪器,按《客运专线无砟轨道铁路工程测量暂行规定》二等水准测量的技术要求施测

◆请练习[思考题 12-1]

第二节　路基变形观测点

一、观测元器件

观测元件除沉降观测桩外,均应在地基加固完成后路堤填筑施工前埋设。

1. 沉降观测桩(点)

沉降观测桩(点)在一般路基填筑至基床表层顶面,加载预压路堤填筑到基床底层顶面后,埋设沉降观测桩,路基面两侧观测桩一般设在路肩位置(距左右线路中心 3.2m 处)。埋设规格见图 12-1,观测点钢筋头为半球形(高出埋设表面 5mm),表面做好防锈处理。

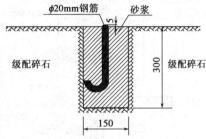

图 12-1　路基面沉降观测点设置参考图(尺寸单位:mm)

2. 普通沉降板

沉降板由钢底板(50cm×50cm×1cm)、金属测杆(ϕ40mm 厚壁镀锌铁管)及保护套管(直径不小于 75mm、壁厚不小于 4mm 的硬 PVC 管)组成,具体按设计图样焊接组装。

沉降板应埋入褥垫层顶部嵌入 10cm,采用中粗砂回填密实,再套上保护管,保护套管略低于沉降板金属测杆,保护套管及金属测杆上口均加盖封住管口,并在其周围填筑相应填料稳定保护套管,完成沉降板的埋设工作。采用水准仪按国家一级精密水平测量方法,测量埋设就位的沉降板测杆杆顶高程作为初始读数,随着路基填筑施工逐渐接高沉降板测杆和保护套管,每次接长高度以 1m 为宜,接长前后测量杆顶高程变化量确定接高量。如图 12-2 所示。

沉降板埋设前　　　　　　　　　沉降板埋设后

图 12-2　沉降板示意图

3. 组合式沉降板

(1) 组合式沉降观测装置的构成

组合式沉降观测装置主要由沉降板、连接管"O"形圈组成。

①沉降板如图 12-3 所示,沉降板中间穿套有管,管与板需焊牢,相互垂直。沉降板厚 3~5mm,400mm×400mm,管可用镀锌钢管(作防锈处理)或其他不产生锈蚀的管材,外径 54mm,壁厚 3mm。板以上的管为上管,以下为下管;上管长 30cm,下管长 50cm。上管也可做成可拆卸的结构,上管与沉降板用丝扣连接。

②连接管,如图 12-3 所示,可用镀锌钢管(作防锈处理)或其他不产生锈蚀的管材,外径

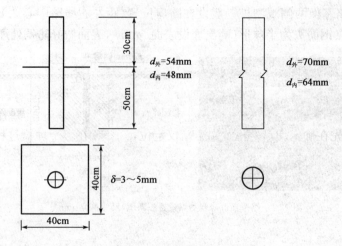

图 12-3　组合式沉降板与连接管

70mm，内径 64mm，壁厚 3mm，长度根据沉降板在深度上的布置，一般取沉降板间距减 15cm。每组组合式沉降板的最下端是底管，它与连接管直径一样，长 120cm，下端焊接封口。

③"O"形圈，用于沉降板下面小管套大管时封口，其内径稍小于沉降板管的外径，圈的粗细直径为 8～10mm。可在橡胶厂按要求定做。

组合式沉降板组合的关系及埋设的程序如图 12-4 所示。

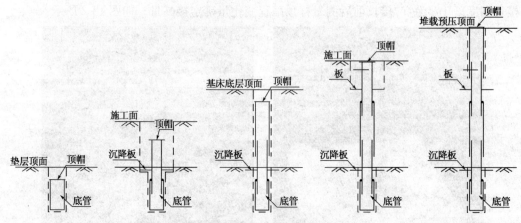

图 12-4　组合式沉降板埋设程序图

(2) 组合式沉降板路基沉降观测的主要特点

该方法是在路堤施工过程中埋设组合式沉降板，观测时量测各沉降板到出露于地面的管口的距离，同时测量管口的高程，从而得到各沉降板位置的沉降值。它的主要特点是：

①组合式沉降板等的埋设、保护、观测基本不影响路堤施工，平时组合式沉降板等是隐蔽的。

②对地基、堤身可观测到从填土加荷开始的总沉降值。

③组合式沉降板在堤身和基底中的布置位置（平面和深度）可灵活掌握，因此能进行需要部位的沉降观测。

④沉降观测可长期进行，如 10 年以上。

⑤观测方法是钢尺量测和抄平，精度稳定，可精确到 mm。它可应用于一般地区（非冻土地区）、细粒土填筑路堤的基底之下、基底和填土分层沉降观测。

(3)组合式沉降板埋设前的准备工作

组合式沉降板的埋设是配合路基的施工,在施工过程中逐次将连接管和沉降板埋入路基内,形成互相套接,而相互不接触的成组沉降板。在一组沉降板中,沉降板可以沿深度布置在需要的位置上。一组沉降板的平面位置可按测试需要确定。在路基(或地基处理)施工之前,应确定每组组合式沉降板埋设的位置,并根据该处路基高度和计划好在深度上沉降板的位置,设计出底管、各个沉降板和连接管在路基中的高程,以供埋设时掌握进度,并按此高程埋设沉降板和连接管。首先在确定埋设的位置用全站仪定位,该位置在整个埋设过程中每个部件的埋设均需恢复定位和校核部件的位置,必须要记住定位参数,保护好支镜点。

4. 单点沉降计

单点沉降计:一种埋入式电感调频类智能位移型传感器,由电测位移传感器、测杆、锚头、锚板及金属软管和塑料波纹管等组成。采用钻孔引孔埋设,钻孔孔径为 $\phi108$ 或 $\phi127$,钻孔垂直,孔深应达到硬质稳定层(最好为基岩),孔口应平整密实。观测路堑换填基底沉降或隆起变形埋设在换填基底面,表面应平整密实;观测路基本体变形按设计断面图埋设。单点沉降计埋设件如图 12-5 所示。

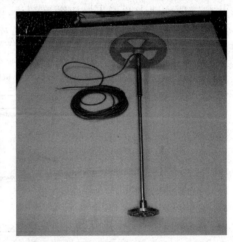

图 12-5 单点沉降计埋设件

◆请练习[思考题 12-2]

5. 位移边桩

位移边桩(图 12-6)采用打入埋设或开挖埋设,埋设深度 0.9m,桩周上部 0.3m 用混凝土浇筑固定,完成埋设后用全站仪测量边桩距基桩的距离(坐标)作为初始读数。

6. 定点式剖面沉降测试压力计

定点式剖面沉降测试压力计底板采用沉降板底板,埋设位置应按设计测量确定;埋设位置处可垫 10cm 砂垫层找平,埋设时确保底板水平,填土至 0.6m 高度,碾压密实后开一小凹坑将压力计放入坑内,用细粒土将坑填平后,继续施工路基填土。埋设完成后,将压力

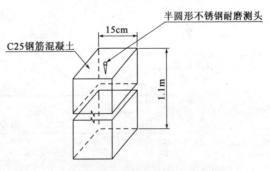

图 12-6 位移观测桩立体图

计监测线沿水平方向甩到坡脚后,在坡脚处设 C20 素混凝土保护墩(0.5m×0.5m×0.95m),墩内预埋剖面管管材,监测线从管内穿出;墩旁设监测桩,监测桩采用 C20 素混凝土灌注(0.5m×0.5m×1.6m),并在桩顶预埋半圆形不锈钢耐磨测头,监测桩用钢筋混凝土保护盒保护。待上部一层填料压实稳定后,连续监测数日,取稳定读数作为初始读数。

7. 剖面沉降管

采用专用塑料硬管,其抗弯刚度应适应被测土体的竖向位移要求,导管内十字导槽应顺直,管端接口密合。剖面沉降测量是将剖面沉降仪探头预埋在剖面沉降管十字导槽内,从一端按一定间距依次读数。

路基基底剖面沉降管在地基加固及垫层施工完毕后,填土至 0.6m 高度碾压密实后开槽埋设,开槽宽度 20~30cm,开槽深度至地基加固垫层顶面,槽底回填 0.2m 厚的中粗砂,在槽内敷设沉降管(沉降管内穿入用于拉动测头的镀锌钢丝绳),其上夯填中粗砂至与碾压面平齐。涵洞顶部剖面管在涵顶填土 0.6m 厚开槽施工埋设,原则同基底剖面管埋设方法。沉降管埋设位置挡土墙处应预留孔洞。沉降管敷设完成后,在两头设置 C20 素混凝土保护墩(0.5m×0.5m×0.95m),并于一侧管口处设置监测桩,监测桩采用 C20 素混凝土灌注(0.5m×0.5m×1.6m),并在桩顶预埋半圆形不锈钢耐磨测头,监测桩用钢筋混凝土保护盒保护。待上部一层填料压实稳定后,连续监测数日,取稳定读数作为初始读数。路基剖面沉降管埋设布置如图 12-7 所示。

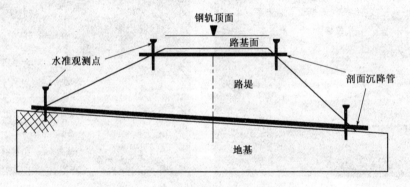

图 12-7 路基剖面沉降管埋设布置图

8. 水位井

沿线路基段落需设置水位井,观测路基填土和堆载预压过程中,地下水位的变化情况。水位井一般每公里设置一处(每工点至少设一处),布设在距路基坡脚 20m 外,水位井 PVC 管地下水位以下部分打孔制成花管。水位井布置示意如图 12-8 所示。

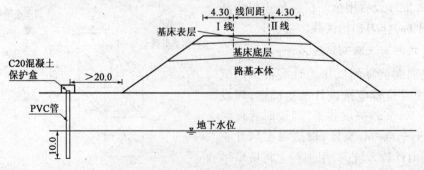

图 12-8 水位井布置示意图(尺寸单位:m)

二、观测断面及观测点的设置

每个工点观测断面及观测点的数量,埋设观测元件的种类、数量,根据设计断面里程埋设。

1. 观测断面设置原则

路基工程沉降变形观测以路基面沉降观测和地基沉降观测为主,应根据不同的结构部位、填方高度、地基条件、堆载预压等具体情况来设置沉降变形观测断面。同时应根据施工过程中掌握的地形、地质变化情况调整或增设观测断面。观测断面一般按以下原则设置,同时应满足设计文件要求。

(1)沿线路方向的间距一般不大于50m;对地势平坦且地基条件均匀良好的路堑、填方高度小于5m且地基条件均匀良好的路堤可放宽到100m。

(2)对地形、地质条件变化较大地段应加密断面,一般间距不大于25m,在变化点附近应设观测断面,以确保能够反映真实差异沉降。

(3)一个沉降观测单元(连续路基沉降观测区段为一单元)应不少于2个观测断面。

(4)对地形横向坡度大于1:5或地层横向厚度变化的地段应布设不少于1个横向观测断面。

(5)路堤与不同结构物的连接处应设置沉降监测断面,每个路桥过渡段在距离桥头5m、15m、35m处分别设置一个沉降监测断面,每个横向结构物每侧各设置一个监测断面。

(6)过渡段应考虑线路纵向平顺性和不同结构物差异沉降的观测和评估,桥涵两端的过渡段、路隧过渡段及堑堤过渡段均需进行沉降观测。

(7)不同结构物起点处、距起点5～10m、20～30m处分别设置观测断面。每个横向结构物每侧各设置一个观测断面,沿涵洞轴线设路基观测断面。每个观测断面观测点参照路堤设置。

(8)路堤和路堑分界处设置观测断面,观测点参照路堤设置。

(9)横向结构物顶面埋设一根剖面沉降管。

2. 观测断面类型及组成

(1)一般路堤地段观测横断面形式

路堤基底线路中心处埋设沉降板进行地基沉降监测,于路基面两侧路肩设置沉降观测桩进行路基面沉降监测。适用于一般路堤地段的变形监测,主要设置在路堤填筑高度不大、地基可压缩性土层较薄的地段。监测断面的设置间距为100m,过渡段范围或地形地质条件变化大时宜加密。具体见图12-9。

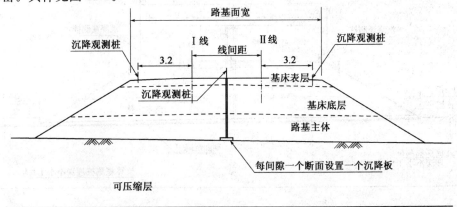

图12-9 一般路堤地段观测横断面形式(尺寸单位:m)

(2)不均匀地基路堤观测横断面形式

路堤基底线路中心处埋设沉降板进行地基沉降监测;贯穿于路堤基底设置剖面沉降管对地基不均匀沉降、差异沉降进行监测;在路基面两侧路肩设置沉降观测桩进行路基面沉降监测。适用于一般路堤、斜坡路基、地基可压缩性土厚度不均、过渡段等路基的沉降变形监测。监测断面的设置间距一般为50~100m,过渡段范围或地形地质条件变化大时宜加密,具体见图12-10。

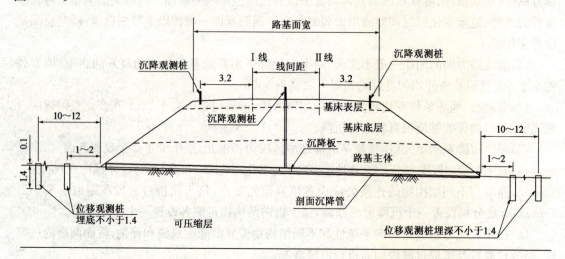

图12-10 不均匀地基路堤观测横断面形式(尺寸单位:m)

(3)堆载预压地段路堤观测断面形式

堆载预压前在基床底层中心处埋设沉降板,原基底处沉降板接长至高于预压土,将原基床底层表面两侧埋设的沉降观测桩外移至路肩边缘,进行预压土加载,预压土加载完后,继续进行沉降观测。待预压卸除基床表层填筑后,在路基面两侧及中心埋设沉降观测桩。适用于设有堆载预压地段:地基可压缩性土厚、可压缩性土厚度不均、路基填筑较高、地基可能产生不均匀沉降、斜坡路基、过渡段等路基的沉降变形监测。监测断面的设置间距一般不大于50m,过渡段范围或地形地质条件变化大时宜加密,具体见图12-11。

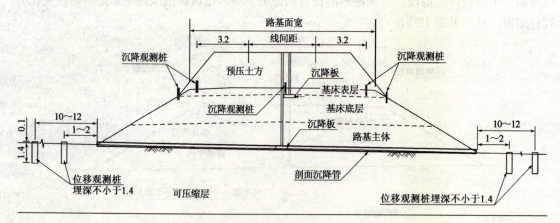

图12-11 堆载预压地段路堤观测横断面形式(尺寸单位:m)

(4)路堑地段观测断面形式

基底为土质地基(含全风化岩层)时,一般进行路基面沉降监测,监测剖面布置形式见图12-12,于路基面中心及两侧中心线以外3.2m处埋设沉降监测桩。

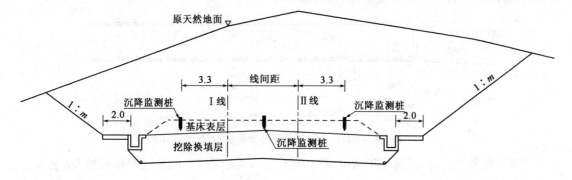

图 12-12 一般路堑地段沉降监测剖面元件布置示意图(尺寸单位:m)

红黏土、膨胀土地段,不仅路基面要进行沉降监测,且应对地基沉降或隆起进行监测,于线路中心换填底面埋设单点沉降计进行基底沉降监测,监测剖面布置形式见图12-13。基岩埋深小于15m时,单点沉降计应锚固至基岩无压缩层;当覆盖土层厚大于15m时,单点沉降计锚固深度为15m。

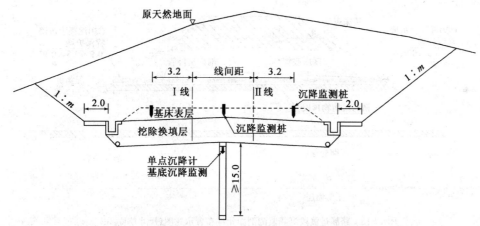

图 12-13 红黏土、膨胀土路堑地段沉降监测剖面元件布置示意图(尺寸单位:m)

路堑地段如采用堆载预压,可按图 12-14 监测断面,分别于路基中心,距两侧路肩1m处各设一根沉降监测桩,路基中心设沉降板,底板置于基床底层顶面,观测路基面的沉降。

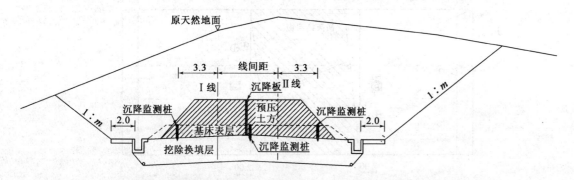

图 12-14 堆载预压路堑地段沉降监测剖面元件布置示意图(尺寸单位:m)

3. 过渡段变形监测断面

桥路过渡段一般采用图 12-15 监测断面。一般每 50m 布置一处。过渡段位置按图示进行加密,即台后 1m、10m、30m 处应布置监测断面。

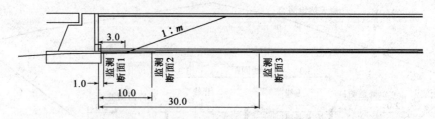

图 12-15　桥路过渡段纵向监测剖面设置示意图(尺寸单位:m)

涵洞与路基过渡时,涵洞等横向构筑物中心一个,离边墙 1m 以及级配碎石外 5m 各布置一个监测断面,共 5 个。

洞顶布置一般路堤型断面(图 12-9);路堑挖方地段一般采用一般路堑型断面,每 50m 布置一处。过渡段设置剖面沉降管时,于横向结构物顶部沿横向结构物的对角线方向铺设剖面沉降管。横向结构物两侧外边缘各 2m 处设置一个一般路堤型断面(图 12-16),平面布置见图 12-17。

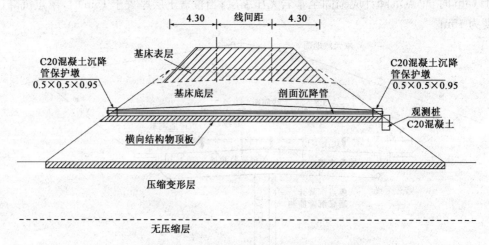

图 12-16　路涵过渡段沉降监测剖面元件布置示意图(尺寸单位:m)

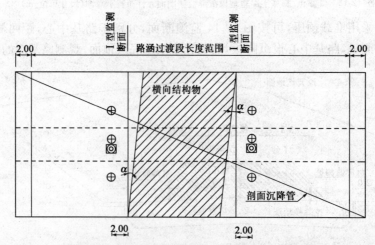

图 12-17　路涵过渡段监测平面示意图(尺寸单位:m)

路基水准路线观测按国家二等水准测量精度要求形成附合水准路线,沉降观测点位布设及水准路线观测示意如图12-18所示。

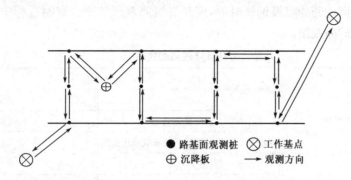

图 12-18　沉降观测点位布设及水准路线观测示意图

◆请练习[思考题 12-3]

三、变形观测技术要求

路基变形观测设备的埋设是在施工过程中进行的,施工单位的填筑施工要与设备的埋设做好协调,做到互不干扰、影响。观测设施的埋设及沉降观测工作应按要求进行,不能影响路基填筑质量;路基施工不能影响到观测设备。

路堤地段从路基填土开始进行沉降观测;路堑地段从级配碎石顶面施工完成开始观测。路基填筑完成或施加预压荷载后应有不少于 6 个月的观测期。观测数据不足以评估或工后沉降评估不能满足设计要求时,应延长观测时间或采取必要的加速或控制沉降的措施。

1. 观测方法

(1) 横剖面沉降观测方法。采用横剖仪和水准仪进行横剖面沉降观测。每次观测时,首先用水准仪按二等水准精度测出横剖面管一侧的观测桩顶高程,再把横剖仪放置于观测桩顶测量初值,然后将横剖仪放入横剖管内测量各测点。

(2) 沉降板观测方法。采用水准测量方法,按测量精度要求和频次定期观测沉降板测杆顶面测点高程。沉降板观测时应在测杆头上套一个专用的测量帽。测量帽下部以刚好套入测杆为宜,测量帽上部以中心为一半球形的测点。在沉降板测杆接高时应同时测量接高前后的测杆高程。

(3) 路肩沉降观测桩观测方法。采用水准测量方法,按测量精度要求和频次定期观测路肩观测桩顶面测点高程。

(4) 定点式剖面沉降测试压力计直接采用便携式工程测试仪读取数据。

2. 观测精度要求

路基沉降观测水准测量的精度为±1.0mm,读数取位至 0.1mm;剖面沉降观测的精度应不低于 8mm/30m;横剖面沉降测试仪最小读数不得大于 0.1mm。

3. 观测频次

路基沉降观测的频率应满足表 12-4 的要求。实际工作进行时,观测时间的间隔还要看地基的沉降值和沉降速率,两次连续观测的沉降差值大于 4mm 时应加密观测频率。当出现沉降突变、地下水变化及降雨等外部环境变化时应增加观测频率。路基施工各节点时间,包括路基堆载预压土前后、卸载预压土前后、运梁车架桥机通过前后、基床表层施工、轨道板底座施工、铺板、轨道板精调或铺砟以及铺轨时等,应具有沉降观测数据。观测过程中及时整理绘制"填土—时间—沉降"曲线图。

路基沉降观测频次表 表12-4

观测阶段	观测频次	
填筑或堆载预压期间	一般	1次/d
	沉降量突变	2~3次/d
	两次填筑间隔时间较长或堆载预压期间	1次/3d
卸载后或路基施工完毕	第1个月	1次/周
	第2,3个月	1/2周
	3个月以后	1次/月
轨道铺设后	第1个月	1次/2周
	第2~3个月	1次/月
	3个月以后	1次/3月

注:1. 架桥机(运梁车)通过时观测要求:1次/3d,连续3次;以后1次/1周,连续3次;以后1次/2周。
2. 堆载预压开始时及卸载时均为1次/3d,接连观测三次后按正常观测频次进行观测。

4. 观测资料整理

观测数据应采用统一的路基沉降监测记录表格,做好监测数据的记录与整理,监测资料应齐全、详细、规范,符合设计要求。所有测试数据必须真实准确,不得造假;记录必须清晰,不得涂改;测试、记录人员必须签名。

路基观测记录数据须及时输入电脑,核对无误后在计算机内保存,并按照提交资料的要求及时对测试数据进行整理、分析、汇总,及时绘制路基面、填料及路基各项监测的荷载—时间—沉降过程曲线(图12-19),按有关规定整理成册,报送评估单位进行沉降分析、评估。

路基填筑过程中应及时整理路堤中心沉降监测点的沉降量,当路堤中心地基处沉降观测点沉降量大于10mm/d时,应及时通知项目部,并要求停止填筑施工,待沉降稳定后再恢复填土,必要时采用卸载措施。

四、变形观测常见问题及处理

1. 观测仪标保护

变形观测数据是沉降预测的基础资料,直接决定评估结果的准确性,但是变形观测工作任务量大,要求高,专业性强,需要具有资质的专业测量队伍承担。测量过程中应根据精度控制要求配备测量仪器与设备,并加强测量人员的管理和培训,同时需加强沉降观测工作的推进过程中检查和指导,保证沉降观测工作按照有关技术标准和要求进行。

(1)注意做好观测标志和观测元器件的保护。观测标志和观测元器件受自然环境和人为活动的影响,极易受到破坏或扰动。沉降观测工作中应高度重视观测标志和观测元器件的保护工作,确保沉降观测工作连续有效地进行。

(2)注意平面基点、水准基点的保护。平面基点、水准基点受沿线自然环境和人为活动的影响,极易受破坏或扰动。变形观测工作中应高度重视平面基点、水准基点的埋设和保护问题,应综合考虑沿线地层条件、施工影响因素等确定平面基点、水准基点的埋设深度和埋设位置,以确保平面基点、水准基点具有较高的稳定性。

2. 异常数据的分析处理

变形观测中,发生异常观测数据的主要原因可归纳为以下三类:

(1)平面基点、水准基点扰动引起的异常观测数据。受各种自然和人为因素的影响,平面基点、水准基点可能会被破坏或扰动。当平面基点、水准基点破坏或发生较大扰动时,现场测量时可以发现,应及时恢复平面基点、水准基点并进行补充测量,然后才能进行变形观测。当平面基点、水准基点发生少量扰动时,现场测量不易发现,但通过对引用同一平面基点或水准基点的多个观测标突然发生同一趋势较大量的异常变化分析,结合相邻平面基点、水准基点的检核结果可以判定原因。当确认属于平面基点、水准基点扰动时,应首先对平面基点、水准基点进行补充测量,消除问题,然后进行变形观测。

平面基点、水准基点的破坏和扰动只要及时发现和正确处理,不会对变形观测成果质量产生影响。

(2)观测标或观测元器件扰动引起的异常观测数据。受各种自然和人为因素的影响,观测标或观测元器件可能会被破坏或扰动。当观测标或观测元器件破坏或发生较大扰动时,现场测量时可以发现,应及时恢复观测标或观测元器件,然后进行变形观测。当观测标或观测元器件发生少量扰动时,现场测量不易发现,但通过与相邻观测标或观测元器件变形差异分析,结合地形地质状况、施工加载情况对比分析可初步判定,然后通过后续的观测可进一步验证之。

观测标或观测元器件的破坏或扰动将引起变形观测的不连续,即上一次观测至本次观测的变形量无法准确测定,因此将会影响变形观测成果的质量。当观测标或观测元器件频繁受到破坏或扰动时,将会严重影响变形观测成果的质量。

对观测标或观测元器件扰动引起异常观测数据的情况,当两次观测之间时间较短时,可采取本期变形值归零的方式;当两次观测之间时间较长时,可采取按上期变形值线性变化的方式确定本期变形值。

(3)测量错误引起的异常观测数据可以通过检查核对观测记录和计算数据发现,当未发现时,可以通过补充观测发现。测量错误引起的异常观测数据只要及时发现和正确处理,不会对变形观测成果质量产生影响。

◆请练习[思考题 12-4]

第三节 路基工程沉降评估

一、评估判定标准

(1)路基

路基沉降预测应采用曲线回归法,无砟轨道铺设条件的评估判定标准应满足以下要求:

①根据路基填筑完成或堆载预压后不少于 3 个月的实际观测数据做多种曲线的回归分析,确定沉降变形的趋势,曲线回归的相关系数不应低于 0.92。

②预测的有砟轨道路基工后沉降量不应大于 50mm,年沉降速率应小于 20mm/年。预测

的桥台台尾过渡段路基工后沉降量不应大于30mm；预测的无砟轨道路基工后沉降值不应大于15mm。

③沉降预测的可靠性应验证，间隔不少于3个月的两次预测最终沉降的差值不应大于8mm。

④路基填筑完成或堆载预压后，最终的沉降预测时间应满足下列条件：

$$\frac{S_{(t)}}{S_{(t=\infty)}} \geqslant 75\% \tag{12-2}$$

式中：$S_{(t)}$——预测时的沉降观测值；

$S_{(t=\infty)}$——预测的最终沉降值。

注：沉降和时间以路基填筑完成或堆载预压后为起始点。

⑤设计预测总沉降量与通过实测资料预测的总沉降量之差值不宜大于10mm。

⑥路基填筑完成或施加预压荷载后应有不少于6个月的观测和调整期，持续沉降观测不少于6个月的时间。根据这6个月以上的监测数据，绘制"时间—沉降量"曲线，按实测沉降数据分析并推算总沉降量、工后沉降值，初步确定无砟轨道铺设时间。观测数据不足以评估或工后沉降评估不能满足设计要求时，应继续观测或采取必要的加速或控制沉降的措施。

⑦在3个月后进行第一次预测，根据3个月的监测数据，绘制"时间—沉降量"曲线，按实测沉降数据初步预测6月的沉降量及剩余沉降量，以决定运架梁的时间。

⑧当推算的工后沉降值满足评估标准时，才能铺设无砟轨道。当沉降分析结果表明无砟轨道不能在计划的工期铺设时，则要研究确定是延长路基摆放时间，还是采取调整预压土高度、调整预压土卸荷时间、增加地基加固等工程措施。

(2) 过渡段

无砟轨道路基过渡段不同结构物间的预测差异沉降不应大于5mm。预测沉降引起沿线路方向的折角不应大于1/1000。

◆请练习[思考题12-5]

二、沉降评估所需资料要求

(1) 路基沉降观测资料

测量单位要按照观测时间要求，及时进行沉降观测。观测数据按照统一格式填写，所有测试数据必须真实准确，不得造假；记录必须清晰，不得涂改；测试、记录人员必须签名，及时将采集的数据进行整理，以书面及电子表格两种形式同时报送有关单位。

(2) 设计资料

路基地段的线路设计纵断面图、工程地质纵横断面图、设计图纸和说明书、沉降计算报告（包括不同阶段的设计沉降值与时间的关系曲线）等相关设计资料。

(3) 施工资料

施工过程、施工核查以及填料、级配、地基和压实检验情况等施工资料，路基施工各节点工期，包括路基填筑进度、堆载预压土、卸载预压土、基床表层施工、轨道板底座施工、铺板时间、轨道板精调时间以及铺轨时间。

(4) 施工质量控制过程和抽检情况等监理资料

三、路基沉降评估预测方法

地基在荷载作用下,沉降将随时间发展,其发展规律可以通过土体固结原理进行数值分析来估算,如图 12-19 所示。但是由于固结理论的假定条件和确定计算指标的试验技术上的问题,使得实测地基沉降过程数据在某种意义上较理论计算更为重要。通过大量沉降观测资料的积累,可以找出地基沉降过程中的具有一定实际应用价值的沉降变形规律进行曲线回归,以预测其沉降发展规律,因此曲线回归法是路基沉降评估最常用的方法。

路基沉降预测常采用曲线回归法有:双曲线法、固结度对数配合法(三点法)、抛物线法、指数曲线法、修正指数曲线法、修正双曲线法、沉降速率法、星野法、泊松曲线法等。

1. 双曲线法

$$S_t = S_0 + \frac{t}{a+bt} \tag{12-3}$$

$$S_f = S_0 + \frac{1}{b} \tag{12-4}$$

式中:S_t——时间 t 时的沉降量;

S_f——最终沉降量($t=\infty$);

S_0——初期沉降量($t=0$),起点日之前的沉降量;

a、b——将荷载不再变以后的实测数据经过回归求得的系数。

沉降预测计算的具体顺序为:

(1)确定起点时间($t=0$),可取填方施工结束日为 $t=0$。

(2)就各实测计算 $t/(S_t-S_0)$。

(3)绘制 t 与 $t/(S_t-S_0)$ 的关系图,并确定系数 a、b,见图 12-20。

(4)计算 S_t。

(5)由双曲线关系推算出沉降 S—时间 t 曲线。

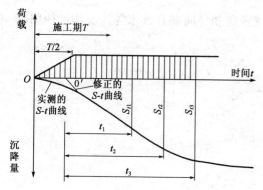

图 12-19 用实测值推算最终沉降的方法

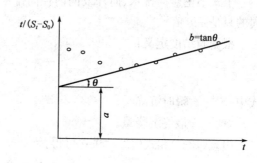

图 12-20 双曲线法求 a、b

上述公式反映了平均沉降速度,是在双曲线规律减少的假定前提下绘出的。当地基土为成层地基时,应分层绘制各层沉降过程线,否则会对残余沉降估计偏低。双曲线法是一种经验方法,推算原理不强,理论性不够明确,也会因实测沉降时间不够,无法用双曲线法推测,但比较简单明了,所以有一定的实用性。双曲线法要求恒载开始后的沉降实测时间至少 6 个月以上。

2. 修正双曲线法

修正双曲线法在双曲线法的基础上引入了荷载系数的概念,在假定荷载增量加载速率变化不大的情况下,沉降变形的增量与荷载增量成正比。该方法与传统方法的最大差别在于其将填筑期观测数据纳入分析时间段内,而传统方法一般要求利用恒载期以后的观测数据进行预测。

假设沉降时程曲线近似于双曲线,见图 12-21,可以用以下方程进行描述:

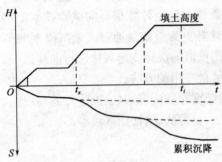

图 12-21 加荷与沉降发展曲线

$$S_t = \frac{t}{a+bt}\xi \tag{12-5}$$

式中:t——自土方工程开工以来时间(d);
S_t——t 时刻的沉降(mm)。

$$\xi = \frac{\sigma}{\sigma_{\max}}$$

式中:σ——t 时刻的荷载(kPa);
$\sigma_{\max}$——设计最大荷载(kPa)。

可以利用直线的斜率计算出最大沉降:$S_{\max}=1/b$。采用修正双曲线法,可以计算在任意最大荷载下产生的沉降。在这样的情况下,可以利用下式计算填方的当前荷载和最大荷载:

$$\sigma = h\gamma \tag{12-6}$$

式中:h——填方高度(m);
γ——填方材料重度(kN/m³)。

3. 固结度对数配合法(三点法)

固结度的理论解普遍表达式为:

$$u = 1 - \alpha \cdot e^{-\beta t} \tag{12-7}$$

上式不论竖向排水、向外或向内径向排水,或竖向和径向联合排水等情况均可使用,所不同的只是 α、β 值。

根据固结度定义:

$$u_t = \frac{S_t - S_d}{S_\infty - S_d} \tag{12-8}$$

式中:S_d——瞬时沉降量;
S_∞——最终沉降量。

由式(12-7)和式(12-8)联立可得:

$$S_t = S_d \alpha e^{-\beta t} + S_\infty(1 - \alpha e^{-\beta t}) \tag{12-9}$$

为求 t 时刻的沉降,上式右边有四个未知数,即 S_∞、S_d、α、β。在实测初期沉降—时间曲线(S-t)上任意选取三点:(t_1, S_1)、(t_2, S_2)、(t_3, S_3),并使 $t_3 - t_2 = t_2 - t_1$,将上述三点分别代入上式中,联立求解得参数和最终沉降量 S_∞ 以及 S_d 的表达式,其中 S_d 的表达式中还含有 α 这个变量。一般在求 S_d 时,α 可采用理论值或根据实测资料计算,将所求得的 β、S_∞、S_d 分别代入式(12-9)中便可得出任意时刻的沉降。

以下是具体求解过程:

$$S_1 = S_\infty(1 - \alpha e^{-\beta t_1}) + S_d \alpha e^{-\beta t_1}$$

$$S_2 = S_\infty(1-\alpha e^{-\beta t_2}) + S_d \alpha e^{-\beta t_2}$$
$$S_3 = S_\infty(1-\alpha e^{-\beta t_3}) + S_d \alpha e^{-\beta t_3}$$

由此解得：

$$e^{\beta(t_2-t_1)} = \frac{S_2-S_1}{S_3-S_2}$$

$$\beta = \frac{1}{t_2-t_1}\ln\frac{S_2-S_1}{S_3-S_2}$$

$$S_\infty = \frac{S_3(S_2-S_1)-S_2(S_3-S_2)}{(S_2-S_1)-(S_3-S_2)}$$

$$S_d = \frac{S_t - S_\infty(1-\alpha e^{-\beta t})}{\alpha e^{-\beta t}}$$

(1) 连接 S-t 曲线时，应对 S-t 曲线进行光滑处理，即：尽量使曲线光滑，使之成为规律性较好的曲线，然后再在曲线上选点。

(2) 为了减少推算误差提高预测精度，要求三点的时间间隔尽可能大，即：选取的 (t_2-t_1) 尽可能大，因此要求预压时间长。

(3) 本法要求实测曲线基本处于收敛阶段才可进行。

4. 指数曲线法

指数法方程为：

$$S_t = (1-Ae^{-Bt})S_m \tag{12-10}$$

式中：S_m——最终沉降；

A、B——系数，求法同双曲线法中 a、b。

指数曲线法和双曲线法简单实用，但是前提是假定荷载一次施加或者突然施加的，这与实际情况不符，因此其方法尚待改进。下面的修正指数曲线法将路堤荷载分为若干个加载阶段，将各级荷载增量所引起的沉降叠加。

5. 修正指数曲线法

对于多级加荷的、路堤沉降曲线"台阶状"发展的情况，可把常规的指数曲线模型拓展为：

$$S_t = \sum_{k=1}^{m}(1-Ae^{-Bt})S_k \tag{12-11}$$

式中：m——加荷的总级数；

t——沉降预测时刻 t_i 到第 k 级荷载施加时刻 t_k 的时间间隔（图 12-21）；

S_k——第 k 级荷载增量所引起的最终沉降量，当加荷速率与土层状况不变时，S_k 与 ΔP_k 比值近似为定值，若令 C 为比例常数，则有：

$$S_k = C\Delta P_k \tag{12-12}$$

其中 ΔP_k 为第 k 级荷载增量；A、B、C 均为反应土体固结性质的参数，设其与荷载的施加无关，视为常量，式(12-11)就变为：

$$S_t = \sum_{k=1}^{m}(1-Ae^{-Bt})C\Delta P_k \tag{12-13}$$

根据沉降实测值，采用试算法确定式(12-13)中的参数 A、B、C；将已确定出的参数带回上述经验公式模型中，分别计算各级荷载在 t_i 时刻所引起的沉降量，将各级荷载在 t_i 时刻所引起沉降量进行叠加，即得 t_i 时刻总沉降量。

修正指数曲线法与修正双曲线法，还可预测后期增加荷载（如对未设预压土地段，对后期增加的轨道及列车荷载)的沉降。设已有 m_1 级荷载有沉降观例资料,要观测 m_2 级荷载作用后的 t_i 时刻沉降,则先令 $m=m_1$,用实测资料拟合式(12-13)中的参数 A、B、C,再令 $m=m_2$,将拟合的参数代入,用任何一式可求得 t_i 时的沉降。参数拟合用 0.618 优选法,使各观测时刻的计算沉降与实测沉降之差的平方和最小者,即为所要求的参数。

6. 抛物线法

对于有些情况,沉降曲线在初期并不表现双曲线或指数曲线的形式。而在沉降—时间对数坐标系 $S\text{-}\ln t$ 中沉降曲线可由两部分组成,第一部分可由抛物线来拟合,第二部分(即次固结部分)可由直线来拟合;第一部分和第二部分发生的量级和时间取决于土层固结后达到的孔隙比所对应的当量固结应力,只要运营期的有效应力小于预压期末的固结应力,次固结可以忽略不计,否则,就应该考虑次固结的影响。实践证明,除有机质含量很高的土外,沉降量主要集中在第一部分,沉降曲线的一般表达式为:

$$S = a(\ln t)^2 + b\ln t + c \tag{12-14}$$

式中参数 a、b、c 可用优化方法求得。应用该法,仅需掌握短期的实测资料即可求得满足工程精度要求的工后沉降量及铺筑路面时对应的沉降速率,并可以及时指导施工,该法实际推算结果比双曲线法更加可靠。

7. 沉降速率法

$$S_\infty = mS_c \tag{12-15}$$

$$S_t = \left[(m-1)\frac{P_t}{P_0} + u_t\right]S_c \tag{12-16}$$

$$u_t = 1 - \alpha \cdot e^{-\beta t} \tag{12-17}$$

式中:S_∞——固结沉降量;
$\quad\quad S_c$——固结沉降量;
$\quad\quad m$——综合性修正系数;
$\quad\quad P_t$——t 时的累计荷载;
$\quad\quad P_0$——总的累计荷载;
$\quad\quad u_t$——t 时的固结度;
$\quad\quad \beta$——回归计算得到的系数;
$\quad\quad \alpha$——$\alpha=8/\pi^2$ 或根据地基固结排水条件取值。

在恒载条件下,可得沉降速率为:

$$S_t = AS_c e^{-\beta t} \tag{12-18}$$

$$A = \frac{8}{P_0 \pi^2} \sum_{i=1}^{n} q_n (e^{-\beta t_n} - e^{-\beta t_{n-1}}) \tag{12-19}$$

式中:q_n——第 n 级的加荷速率;
$\quad\quad t_n$、t_{n-1}——第 n 级加荷的终点和始点时间。

通过 $\ln S_t$ 和 t 的数据进行线性回归分析,求出 A、S_c、β,根据沉降计算公式和 α 值反算各级荷载的 m,取平均值为 m 的最终值,即可求得任意时间沉降。

此外,也可根据式(12-20)、式(12-21)求竖向与水平固结系数。

只有竖向排水时
$$\beta = \frac{\pi^2}{4}\frac{C_v}{H^2} \tag{12-20}$$

竖向与水平向排水共存时
$$\beta = \frac{\pi^2}{4}\frac{C_v}{H^2} + \frac{8}{F_{(n)}}\frac{C_h}{d_e^2} \tag{12-21}$$

式中：H——最大排水距离；
d_e——地下排水体的有效排水直径；
n——井径比，即排水体的有效直径与排水体直径比；
C_v——水平固结系数；
C_h——竖向固结系数。

沉降速率法要求输入各个观测时刻的沉降速率作为分析依据，适用于软土层较厚、填土速率较均匀的情况，同时要求恒载开始后的实测沉降时间至少在半年以上。

8. 星野法

星野根据现场实测值证明了总沉降（包括剪切应变的沉降在内）是与时间平方根成正比。沉降计算公式为：

$$S = S_0 + S_t = S_0 + \frac{AK\sqrt{t-t_0}}{\sqrt{1+K^2(t-t_0)}} \quad (12-22)$$

式中：S_0——假定的瞬时沉降；
S_t——随时间变化的沉降量；
t_0——假定瞬时沉降时的时间；
A、K——待定参数。

将上式改变为直线方程形式：

$$\frac{t-t_0}{(S-S_0)^2} = \frac{1}{A^2K^2} + \frac{1}{A^2}(t-t_0) \quad (12-23)$$

式(12-23)适合于荷载瞬时施加情况下的沉降曲线，但在实际施工中，荷载是逐级增加的，因此必须加以修正，在加载方法规则的情况下，以加载期间的中点作为瞬时起点 t_0，在加载方法不规则的情况下，应根据实测沉降曲线的趋势在加载的初期适当假定一个瞬时加载的起点 t_0 和相应的沉降 S_0，星野法推求最终沉降量的步骤如下：

(1) 假定几组 t_0 和 S_0，根据实测值点绘 $(t-t_0)/(S-S_0)^2 - (t-t_0)$ 的关系曲线，见图12-22。

(2) 取最符合线性关系的直线，求出相应的系数 A、K。

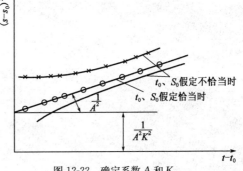

图12-22 确定系数 A 和 K

(3) 将 A、K 值代入式(12-22)计算。

星野法预测路基沉降的关键是调整假定瞬时沉降和假定瞬时沉降发生的时间，使得回归分析的数据点能较好地落在一条直线上，需要注意的是假定瞬时沉降和假定瞬时沉降发生的时间都不能取负值。要求恒载开始后的实测沉降时间至少半年以上。

四、路基沉降评估报告

无砟轨道铺设条件的评估结果基于真实、可靠的观测数据，线下工程施工前，对观测人员进行技术指导和培训，统一全线沉降变形观测数据的统计整理形式，观测资料经监理单位确认后提交给建设单位和沉降评估单位。建设单位及时组织进行评估，并将阶段评估成果提交相关勘察设计、施工、监理等单位。评估工作完成后，提交《无砟轨道铺设评估报告》，并负责判定线下基础的沉降变形能否满足无砟轨道铺设条件。

路基工程沉降评估报告至少包括沉降和变形观测方案与技术设计书、观测点的平面、纵断面和横断面布置图、沉降计算报告（包括设计沉降值与时间的关系曲线）、标石、标志规格及埋设图、仪器检验与校正资料、观测记录（手簿）、平差计算、成果质量评定资料及测量成果表、各观测断面沉降过程的分布图表、成区段或全线的基础沉降沿线路纵向的分布图表、沉降变形评估分析的成果资料。

◆请练习[思考题12-6]

思 考 题

12-1　简述客运专线路基变形监测网主要技术要求。

12-2　单点沉降计与组合式沉降板有何异同？

12-3　如何确定路基观测断面及观测元器件选择与布置？

12-4　简述路基变形观测异常数据的分类及其处理技术措施。

12-5　简述无砟轨道客运专线路基进行沉降评估的判定标准。

12-6　简述路基沉降预测常用计算方法及其各自特点。

第十三章 DISHISANZHANG
铁路路基工程施工

本章导读

本章介绍了铁路路基的施工的具体规定,主要包括相关主体的职责、及其路基施工的具体标准、路基施工完毕之后的验收规定;铁路路基施工组织设计的具体内容,主要包括施工准备、施工组织、路基主要分项工程施工方案;铁路路基验收的具体规定,路基施工质量的验收划分、验收的程序及组织、路基施工质量的评定等内容。本章重点是施工及验收基本技术要求、施工组织设计、竣工验收程序及组织等。

路基工程各组成结构的简要施工技术参见前述各章。

学习目标

1. 熟悉铁路路基施工一般规定,掌握路基施工准备工作内容。
2. 熟悉铁路工程施工组织设计分类及作用,掌握铁路路基实施性施工组织设计内容。
3. 了解铁路工程安全施工一般规定,掌握铁路路基工程安全施工主要内容。
4. 熟悉路基工程施工环境保护工作内容,路基竣工验收简要工作内容。

学习重点

1. 铁路路基工程施工准备工作。
2. 实施性施工组织设计内容。
3. 铁路路基施工安全技术。

学习难点

1. 路基工程专项施工方案的编制。
2. 铁路路基工程实施性施工组织设计编制。

本章学习计划

内　　容	建议自学时间 （学时）	学　习　建　议	学　习　记　录
第一节　铁路路基工程施工准备	1.0	了解铁路路基施工一般技术规定，掌握施工调查、施工图核对、施工技术交底、交接桩及施工复测等施工准备内容	
第二节　铁路路基施工组织设计	1.0	了解铁路工程施工组织设计分类及其设计要点，掌握实施性施工组织设计的主要内容，熟悉铁路路基工程工期参考指标	
第三节　铁路路基施工安全技术	1.0	了解铁路路基施工安全技术一般规定及相关主体单位的安全技术职责，熟悉地基处理工程、路堤填筑、路堑开挖等施工安全主要内容	
第四节　路基工程施工环境保护	0.5	了解路基工程施工环境保护方面相关技术管理内容	
第五节　铁路路基竣工验收	0.5	了解铁路路基施工验收方面相关技术管理内容	

第一节　铁路路基工程施工准备

铁路路基工程施工必须执行国家法律法规及相关技术标准，按照设计文件施工，满足工程结构安全、耐久性能及系统使用功能要求，保证设计使用年限内的正常运营。

一、铁路路基施工一般规定

铁路路基工程施工应从管理制度、人员配备、现场管理和过程控制四个方面加强标准化管理，采用机械化、工厂化、专业化、信息化等先进的施工管理手段，实现质量、安全、工期、投资效益、环境保护、技术创新"六位一体"的建设目标。

建设各方应健全安全生产管理体系，严格执行《铁路路基工程施工安全技术规程》（TB 10302—2009）等规定，设置专门安全管理机构，配备专职安全管理人员，落实安全生产责任制，保证路基工程施工安全。

路基工程施工现场应按照《铁路工程建设现场安全文明标志》（建技[2009]44号）的要求设置安全文明标志。

路基工程施工现场管理应执行《铁路建设项目现场管理规范》（TB 10441—2008）的相关规定。施工现场规划应遵循以人为本、因地制宜、节约用地、满足施工需要的原则，合理布置生产区、辅助生产区、办公生活区等，并考虑防止地质灾害及防洪、防火、防爆等要求。

铁路路基工程施工应根据国家节约资源、节约能源、减少排放等相关法规和技术标准，结合工程特点和施工环境，编制并实施工程施工节能减排技术方案。

路基工程施工应重视职业健康和劳动卫生保护，制订管理计划并进行有效控制，防止发生职业健康安全事故。

铁路路基工程施工涉及文物古迹时，应立刻停止作业上报有关部门并做好现场保护工作，严格按文物保护部门批准的保护措施进行施工。

路基工程施工应建立信息管理系统并定期维护，保证工程施工管理信息传递及时、可靠有效。

铁路路基工程施工爆破器材的储存、保管、运输、使用等方面必须符合国家《爆破安全规程》（GB 6722—2003）的相关规定。

铁路路基工程施工资料的收集和整理工作应与工程进度同步，做到系统、完整、真实、准确，保证其具有有效的查考利用价值和完备的质量责任追溯功能，并应按相关规定做好资料的归档管理工作。

二、施工调查

施工单位应根据设计文件和其他相关资料进行路基工程施工调查，为编制施工组织设计或优化设计提供依据。施工单位应根据具体工程项目的特点制订调查提纲，做到突出重点、详尽全面，路基工程施工调查的一般内容如下：

(1)施工范围内的地质、水文、气象等情况。

(2)沿线土石类别及分布情况；填料来源、弃土位置、运输条件等情况；砂、石等当地建筑材料产地、质量、产量及运输条件情况；工程中所需各种原材料的供应情况。

(3)重点工程现场施工条件情况。
(4)石方爆破地段的地形、地貌和附近居民、建筑物、交通设施等情况。
(5)工程有关营业线设备及运营情况。
(6)办理临时用地手续、拆迁补偿所需的资料;修建大型临时工程和过渡工程设施所需的资料。
(7)现有可利用水、电等资源及油料供应情况;现有道路情况及拟修建施工便道的环境条件。
(8)现有可利用驻地或新建驻地的环境条件情况;当地生活供应、医疗、卫生、防疫和民族风俗等情况。

施工单位应根据施工调查编制施工调查报告,并提出施工任务划分、施工队伍部署、大临工程规划、人员和施工机械配置等的初步方案,供编制施工组织设计时参考。

◆请练习[思考题13-1]

三、施工图的核对

施工单位应在熟悉设计文件的基础上,根据工程的设计标准、技术条件和相应规范,并结合施工调查核对设计文件,做好核对记录。施工图核对主要应核对施工图纸相互间的一致性、系统性及其与现场实际的相符性,并核对施工图纸能否满足工程施工需要。施工图核对包括现场核对和图纸核对。

1. 现场核对

(1)设计图纸中地形、地貌和周边环境等建设条件是否与现场一致。
(2)设计方案和工程措施的合理性、可行性,是否利于现场实施。
(3)设计方案和工程措施是否与现场环境相协调。
(4)取、弃土场设置是否合理,能否满足工程施工需要。
(5)大型临时设施和过渡工程的设置位置、规模和数量是否合理,能否满足工程施工需要。

2. 图纸核对

(1)一般路基图纸核对主要内容:
①路基土石方调配方案是否合理。
②路基横断面面积和土石方工程数量计算是否准确。
③路基过渡段结构图是否明细、完备。
④路堤填料是否与实际相符,改良土是否有设计方案和施工要求。
⑤路堑土质基床是否采取了换填或加固措施。
⑥坡面是否采取了适宜的防护措施。
⑦支挡结构图是否明细、完备。
⑧路基排水设施相互衔接及末端设计要求是否明确。
⑨横断面设计图及相关的说明有无差错漏碰等。
⑩有可能干扰或污染环境的工程,是否采取了必要的环保措施。

(2)特殊路基图纸核对主要内容:
特殊路基应重点核对设计范围是否与现场条件一致,设计工艺要求能否正确指导现场施工,设计方案是否利于现场实施。

(3)路基相关工程核对:

路基相关工程图纸应重点核对端刺、电缆槽、接触网支柱基础、声屏障基础、综合接地、过轨管线等工程的结构尺寸、布置形式、结构图是否完备、细致,施工方法及工序等技术要求是否交代清楚。

◆请练习[思考题13-2]

四、路基工程专项施工方案

1. 路基专项施工范围

(1)路基工程关键工序的施工应制订专项施工方案,专项施工方案编制范围包括地基处理、填料制备及填筑压实、过渡段处理、支挡结构、边坡防护及防排水、接口工程、变形观测评估等。

(2)试桩、试验段等应编制专项实施方案。

(3)高陡边坡路基和位于危岩、落石、岩堆、滑坡等不良地质地段的高风险工程,应制订施工方案并按设计要求进行风险评估。

2. 路基工程施工方案的编制原则

(1)施工方案应根据设计要求并结合地形、地貌、地质、水文、气象条件合理确定。

(2)施工方案应先进、成熟、经济、适用、可靠,保证工程质量和施工安全。

(3)各道工序之间、施工接口之间应协调安排,减少交叉干扰。

(4)临时工程安排应合理、经济并满足工期和质量要求。临时工程的实施宜采取永久工程和临时工程相结合的方式。

(5)混凝土、级配碎石及改良土拌和站数量、生产能力和设置位置应结合工程规模、工期要求等实际情况,通过综合比选确定。

(6)制订施工方案、选用设备、采集工程材料等时,应采取减轻对环境影响的措施。

(7)各类用地应结合工程实际统一规划,减少临时用地和取弃土场用地。

(8)路基工程施工应以机械化作业为主,人工配合为辅。机械配置应按经济、高效的原则进行配套,并满足安全、质量和工期要求。

◆请练习[思考题13-3]

五、施工作业指导书编制

施工单位应根据分部、分项工程施工具体要求编制施工作业指导书,特殊过程、关键工序应向施工人员交代作业程序、方法及注意事项,落实各项验收规范和标准要求,指导现场施工作业,控制工程质量,确保施工安全,满足节能环保要求。路基工程施工应通过组织现场作业交底和人员培训,确保施工人员全面掌握作业指导书的内容和要求。

1. 施工作业指导书编制原则

施工作业指导书应按照标准化管理要求,采用先进成熟的工艺工法、科学合理的生产组织与建设标准、质量目标、安全要求以及现场施工条件相结合的原则进行编制,做到图文并茂、简明易懂、可操作性强。

2. 路基工程施工作业指导书编制范围

路基工程施工作业指导书的编制范围应包括地基处理、填料制备、路基填筑、路堑开挖、支挡结构、边坡防护、防排水及相关工程。路基结构工程中其他项目应根据工程施工需要选择编制。

3. 施工作业指导书内容

施工作业指导书应包括施工适用范围、作业准备、技术要求、施工程序与工艺流程、施工要求、劳动组织、材料要求、设备机具配置、质量控制及检验、安全及环保要求等。针对具体工程项目，应根据其作业特点编制，不宜硬凑条款内容。

六、路基工程施工技术交底

施工单位应依据设计文件和设计技术交底要求，将路基工程施工方案及施工工艺、施工进度计划、过程控制及质量标准、作业标准、材料设备及工装配置、安全措施及施工注意事项等向参与施工的技术管理人员和作业人员进行技术交底。

路基施工技术交底应细致全面，交到工班和作业人员。交底形式采用会议、书面与现场相结合的办法进行。会议交底后应形成技术交底纪要并附必要的图表，参加技术交底人员应签字确认，并加盖项目技术部门公章后生效；书面交底应双方签字确认。路基施工技术交底应分级进行，即分管理层、技术层和作业层进行技术交底，做到有针对性地交底。

1. 管理层技术交底

项目总工程师应对项目部各部室及技术人员进行技术交底，技术交底包括下列主要内容：

(1)路基设计概况及施工图。

(2)项目施工调查情况、施工部署、大型临时设施及过渡工程方案。

(3)路基实施性施工组织设计及施工方案，总体施工顺序及主要节点进度计划安排。

(4)地基处理、特殊岩土和特殊环境路基的施工方法，支挡结构新技术、边坡防护及防排水、接口工程的施工要求。

(5)路基填料制备方案及要求。

(6)地基处理工艺性试验、路基填筑工艺性试验等实施方案。

(7)高陡边坡、临近营业线路基工程和爆破作业等危险性较大项目的专项实施方案。

(8)路基工程施工复测成果。

(9)路基工程技术和质量标准，主要危险源及重大技术安全环保措施。

(10)主要工程材料设备、主要施工装备、劳动力安排及资金需求计划；设计变更内容、施工中应注意的问题。

2. 技术层交底

技术主管人员应对作业队技术负责人进行技术交底，技术交底包括下列主要内容：

(1)路基工程施工组织安排、施工作业指导书、分部分项工程交底。

(2)路基工程施工作业方法、操作规程及施工技术要求。

(3)路基工程施工采用新技术、新工艺的有关操作要求。

(4)工程质量、安全环保等施工方面的具体措施及标准。

(5)地基处理及地质勘察图，路基横断面图、纵断面图，支挡结构、边坡防护及防排水结构图、路基相关工程结构图等。

(6)地基处理、路堤填筑、过渡段填筑等工艺性试验参数及改良土外掺料掺入比、混凝土配合比。

(7)路基测量放样桩橛、测量控制网、路基变形观测方案等。

(8)路堑及取土场爆破设计方案。

(9)成型路基保护方法及措施。

(10)路基工程施工注意事项等。

3. 作业层技术交底

作业队技术负责人应对班组长及全体作业人员进行技术交底，技术交底包括下列主要内容：

(1)路基作业标准、施工规范、验收标准及工程质量要求。

(2)路基各工序施工准备及相应机具设备的配套准备。

(3)路基及相关工程放样桩。

(4)路基填料及相关原材料的规格、数量、质量要求及使用部位。

(5)路基各部结构尺寸大样图、支挡结构等基坑开挖图、钢筋配筋图等。

(6)路基施工工艺流程及接口工程施工先后顺序。

(7)路基施工工艺细则、操作要点及质量标准。

(8)路基工程施工质量控制要点、问题预防及注意事项。

(9)路基工程施工技术措施和安全技术措施。

(10)路基工程施工中出现紧急情况下的应急救援措施、紧急逃生措施等。

各分部、分项工程或关键工序、专项方案实施前，项目总工程师或技术部门负责人应会同技术主管人员向作业队进行交底，并对交底后的实施情况进行检查验收。施工方案及施工工艺发生变化时应及时进行补充交底。

◆请练习[思考题13-3]

七、交接桩及施工复测

1. 交接桩

铁路路基工程交接桩应在现场进行，并按有关规定办理书面交接手续，监理单位应按有关规定参加交接工作。控制网交桩的成果应包括下列主要内容：

(1)CP0、CPⅠ、CPⅡ控制点成果及桩点记录。

(2)CPⅠ、CPⅡ测量平差计算资料。

(3)线路水准基点成果及桩点记录。

(4)水准测量平差计算资料。

(5)测量技术报告。

(6)CP0、CPⅠ、CPⅡ控制桩和线路水准基点桩。

特殊路基工程的施工控制网，应在CPⅠ或CPⅡ的基础上加密，并采用与既有控制点相同的测量坐标系统。

2. 施工复测

施工单位接桩后，应对CPⅠ、CPⅡ和线路水准基点进行复测，并应符合下列规定：

(1)施工复测前应编写复测工作技术方案或技术大纲。
(2)施工复测的方法宜与原控制测量相同,测量精度等级不应低于原控制测量等级。
(3)施工复测前应检查控制点标石的完好性,丢失和破坏的标石应按原测标准用同精度内插方法恢复或增补。

施工复测中线、高程必须与相邻地段贯通闭合,两端为桥梁或隧道时,应以桥梁或隧道中线、高程为准。在两个施工单位的分界处,应由双方共同复测签认,线路中线和高程必须与管界外的控制桩和水准点闭合。线路控制桩和路基中线、高程测量误差应符合现行铁路工程测量的有关规定,对主要的中线控制桩应测设护桩并做出记录。边桩应根据贯通后的中线、高程测设,在地形、地质变化处应加测横断面的地面线。

复测成果与原测成果较差符合规定要求时,采用原测成果。较差超限时应进行二次复测,查明原因,并采用同精度内插方法更新成果,提交监理和设计单位确认。施工复测完成后应进行成果分析,编写复测报告。

八、路基工程施工材料

施工前,根据设计文件提供的资料,按照现行《铁路工程土工试验规程》(TB 10102—2010)对路基填料进行复查和试验,确认填料类别,按规定填写土工试验报告,经审查签证后方可使用。对需改良的特殊岩土,除进行常规试验外,尚需进行专门的鉴别试验,以确认其种类和处理方法。

土工合成材料、固化剂、级配碎石、沥青等原材料运抵现场后,必须进行质量检验,经评定合格后,方可使用,不得以供货商提供的质量检验报告或商检报告代替现场检验。路基工程预制构件厂应结合混凝土拌和站统筹规划,预制构件用混凝土应采用集中拌和的方式进行供应。

路基工程用混凝土拌和站、填料拌和站建设应符合下列规定:
(1)路基工程用混凝土拌和站应结合其他专业综合考虑建站。混凝土拌和站、填料拌和站应根据场地、运量、运输条件和工期要求以及延迟时间等技术要求,确定设置方案、位置及规模。
(2)填料拌和站宜选在地势较高、离水源较近、交通便利的地方,且应在居民区主导风向下方,并配备相应的除尘设施。
(3)拌和站内地面应进行硬化处理,场区内要设置2‰~4‰的横向坡度,以利排水。拌和站的四周应设置排水沟。
(4)备料场应搭建料棚,防止雨淋。不同品种、规格的材料之间应修建隔墙。

九、临时设施

临时用电应根据沿线电力资源可利用情况确定供电方案,宜优先选用当地电源。采用当地电源时,应根据工程分布情况计算用电量,选定临时电力线的标准;采用自发电时,应根据具体情况选定采用集中发电或分散发电方案。

施工便道修筑标准应按施工运量、施工机械的最大荷载、沿线交通和工程量分布情况综合确定。有设计要求时,应按设计标准修筑。利用原有道路作为施工便道的,应对其进行实地检查,不能满足施工运输要求时,应进行加固改造。利用地方有偿使用的道路,应根据运量和施工工期要求,与新建运输便道进行比较后确定。

临时给水应根据沿线水资源情况确定施工供水方案,距水源较远的工点或工程较集中地段,可考虑修建给水干管路,根据用水量选定给水管路的标准。

临时通信宜优先利用沿线既有通信资源,困难时可设置临时通信系统。根据沿线的地形条件,临时通信系统可选择采用有线通信或无线通信方式,其标准根据工程的具体情况确定。

大型临时设施的设计应采取临时工程与正式工程相结合的方案。

十、路基工程施工其他准备内容

路基工程施工前应做好施工人员的技术培训,建立质量管理体系和施工质量检验制度。路基工程施工应按试验及检测要求设置工地试验室。试验室必须经认证合格,检测仪器设备应满足质量检测项目的要求。路基工程施工全面开工前,应选择一定长度的试验区段进行试验。确定机械设备组合、施工工艺、摊铺厚度、压实遍数、改良土配合比、级配料配合比等施工参数及试验、检测的方法。路基工程开工前,必须办理开工报告。

◆请练习[思考题13-4]

第二节 铁路路基施工组织设计

一、施工组织设计分类

1. 一般规定

(1)施工组织设计是指导项目建设的纲领性文件,一经批准,即作为项目建设管理的重要依据。

(2)施工组织设计应满足铁路建设标准化管理的要求,为实现"管理制度标准化、人员配备标准化、现场管理标准化、过程控制标准化"的目标服务。

(3)施工组织设计应积极采用现代化管理手段,推广先进施工技术,提高机械化、工厂化、专业化、信息化水平。

(4)施工组织设计应遵循节约用地、节能环保、因地制宜的原则,力求永临结合、节省投资,并重视防灾减灾、文物保护等。

(5)施工组织设计应以工程质量和安全为前提,以工期和投资效益为目标,按照依法合规的建设要求,结合工程实际,以施工技术和资源优化为核心,对工程建设进行"全项目、全过程、全要素、全目标"规划与组织。

(6)施工组织设计管理实行各单位第一责任人负责制。审定后的施工组织设计应严格执行,实施中应结合工程实际情况进行动态调整,并履行相关程序。

2. 施工组织设计分类

施工组织设计应围绕实现质量、安全、工期、投资效益、环境保护和技术创新"六位一体"的目标开展工作,按照各阶段要求,逐步深化细化。施工组织设计按阶段不同分为概略施工组织方案意见、施工组织方案意见、施工组织设计意见、指导性施工组织设计和实施性施工组织设计,见表13-1。

3. 施工组织设计工作重点

设计阶段施工组织设计重点研究施工组织方案,提出工期安排意见,满足技术可行和经济合理的要求；实施阶段施工组织设计在批复施工组织设计意见的基础上侧重于各种要素的详细安排、有序组织、全面落实。分阶段施工组织设计工作重点见表 13-2。

施工组织设计分类表　　　　　　　　　　　　　　　表 13-1

编制阶段		名　　称	编制单位
设计阶段	预可行性研究	概略施工组织方案意见	设计单位
	可行性研究	施工组织方案意见	
	初步设计	施工组织设计意见	
实施阶段		指导性施工组织设计	建设单位
		实施性施工组织设计	施工单位

各阶段施工组织设计工作重点　　　　　　　　　　　表 13-2

名　称	工 作 重 点
概略施工组织方案意见	以预可行性研究提出的建设项目主要技术标准和方案为基础，根据主要工程内容和分布情况，侧重研究主要控制工程的施工方案，提出建设项目总工期意见，为编制投资预估算提供基础，为项目立项提供技术支持
施工组织方案意见	以可行性研究提出的主要技术标准和方案为基础，根据主要工程内容和分布情况，侧重研究控制工程和重难点工程的施工方案，经施工组织方案比选，提出建设总工期推荐意见、主要大型临时设施设置方案及所需主要工装设备数量、分年度完成的主要工程量及投资、主要工程和控制工程的工期和施工方法、顺序、进度等，为编制投资估算提供基础，为项目决策提供技术支持
施工组织设计意见	以初步设计确定的主要工程内容和分布情况为基础，根据批复的可研阶段确定的总工期和施工组织方案，对控制工程、重难点工程和各专业工程施工方案、施工方法、资源配置、大临和过渡工程等进行全面深化和优化设计，为编制设计概算提供基础，为制订基本建设投资计划、进行项目交易提供基础
指导性施工组织设计	以批准的设计文件为基础，遵循质量可靠、安全第一、技术先进、经济合理、确保工期的原则，合理划分标段，进一步细化、优化和落实施工方案、资源配置方案等；注重施工与设计的结合、站前与站后及各专业工程间的衔接，为建设项目顺利实施进行总体规划、部署和组织建设提供指导，为编制各项工作计划提供基础，为实现"六位一体"的建设目标提供保障
实施性施工组织设计	以施工合同和指导性施工组织设计为基础，结合现场施工条件，对工地布置、施工方案、施工方法、施工工艺、施工顺序、资源配置、工期等进行详细安排，并根据实施情况进行动态管理；制订切实可行的质量、安全保障措施，对高风险工程制订应急预案，全面响应指导性施工组织的各项目标要求，为全面实现对"六位一体"目标的承诺提供基础

二、实施性施工组织设计

1. 实施性施工组织设计主要内容

实施性施工组织设计应以施工合同和指导性施工组织设计为基础，结合现场施工具体情况，制订切实可行的施工方案和各项保障措施，全面响应指导性施工组织设计的各项要求。实施性施工组织设计主要包括的内容如下：

(1)编制依据、编制范围及设计概况

①编制依据主要包括：

a. 国家法律、法规和铁路主管部门规章制度。

b. 国家对本项目的批复文件。

c. 本项目采用的标准、规范、规程等。

d. 铁路主管部门与地方政府的有关协议、纪要等。
e. 铁路主管部门对本项目批复文件。
f. 勘察设计合同以及合同的有效组成文件。
g. 科学研究及试验成果。
h. 当前铁路建设的技术水平、管理水平和施工装备水平。
i. 施工组织调查报告。
j. 建设单位编制的指导性施工组织设计、招标文件以及本单位的投标文件等。
②编制范围主要包括：
a. 正线起讫地点、里程、长度等。
b. 枢纽、联络线等相关工程。
c. 本标段的工程范围。
③设计概况主要包括：
a. 项目建议书的批复情况。
b. 勘察设计及各阶段批复情况。
c. 批准的建设规模、工期。
(2)工程概况
包括线路概况、主要技术标准、主要工程项目及数量、工程特点、控制和重难点工程的分析和对策、其他有关情况，以上均应结合相应的标段工程、单位工程、地段或工点等具体情况进行编写，线路概况可先反映整个项目情况。
(3)建设项目所在地区特征
包括自然特征，交通运输情况，沿线水源、电源、燃料等可资利用的情况，当地建筑材料的分布情况，其他有关情况等。
(4)总体施工组织安排
包括施工总体目标，施工组织机构及职责分工、队伍部署和任务划分，开竣工日期及总工期，总体施工顺序及主要阶段工期安排，施工准备、征地拆迁和建设协调方案，主要进度指标及分项工程施工进度计划，工程的接口及配合，关键线路及施工总平面布置示意图、总体施工组织形象进度图、施工进度计划横道图、网络图等图表。
(5)临时工程和过渡工程
包括大型临时工程和过渡工程及驻地与营房等小型临时设施设置的具体方案、标准、规模、能力、主要工程数量和主要设备数量，并附施工总平面布置等。
(6)控制工程及重难点工程(包括高风险工程)的施工方案
包括工程概况、施工方法、施工装备、施工顺序和作业空间规划、劳动及作业组织方式、关键工序施工工艺及质量控制、施工难点和应注意的问题等。
(7)施工方案
包括确定施工方法、选择施工装备、制订施工顺序和作业组织方式。各专业工程按施工顺序分别制订施工方案和技术措施，并突出质量控制、检测方法和手段、沉降变形的观测与评估。
(8)资源配置
包括主要工程材料设备采购供应方案、分年度主要材料设备计划、关键施工装备的数量及进场计划、劳动力计划、资金使用计划等。

(9)管理措施

包括标准化管理、质量管理措施、安全管理措施、工期控制措施、投资控制措施、环境保护措施、水土保持措施、文物保护措施、文明施工措施、节约用地措施、冬季施工措施、夏季施工措施、雨季施工措施、路基和桥梁沉降控制及观测措施、预警机制和应急预案、信息化管理等。

(10)引用的设计文件与施工规范

包括施工合同标段使用的设计文件及引用的现行有效铁路工程建设标准规范。

(11)进一步研究解决的问题及建议。

(12)施工组织图表,包括附表、附图、附件。

◆请练习[思考题13-5]

2. 施工组织设计主要内容相互关系

施工组织设计包括的主要内容有施工方案的选择、进度计划的编制、现场的布置、资源配置的方案、管理的措施等。施工组织设计中施工进度计划、施工方案、施工现场布置、资源配置方案等各项要素间相互影响、相互制约,其相互关系见图13-1(实线表示决定作用,虚线表示制约作用),而管理措施在机制、制度和手段等方面发挥关键的保障作用。

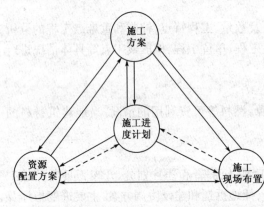

图13-1 施工组织设计主要内容相互关系

3. 路基工程施工方案

铁路路基工程建设应重视施工方案的比选,设计阶段应注重施工方案与设计方案的协调。实施阶段应根据设计选定的施工方案,结合工程项目具体实际,科学合理地优化和确定施工方案与施工方法。施工方案应按照安全可靠、技术领先、切实可行、好中选优的原则,对施工方法的选择、生产要素的配置、施工机械设备的选型配套等进行优化。

(1)路基工程主要施工方案

路基工程施工方案应根据施工条件、工期要求、机械设备配置、环境要求、工程费用等进行综合比选,主要施工方案的选择见表13-3。

路基工程主要施工方案表　　　表13-3

序号	名称	内容
1	地基处理	冲击碾压、换填土(砂、碎石、改良土)、砂(碎石)垫层、强夯、袋装砂井、塑料排水板、挤实砂桩、碎石桩、粉喷桩、搅拌桩、旋喷桩、CFG桩、管桩、压浆
2	路基填料	级配碎石、改良土与AB组填料
3	土石方调配	移挖作填、取土场与利用隧道弃砟

(2)路堑主要施工方案

路基工程中路堑的开挖可按地形、土质状况、断面形状、路堑长度、施工季节和环境保护要求,并结合土石方调配选用适当的开挖方式、方法。主要施工方法的选择见表13-4。

(3)路堤主要施工方案

路基工程中路堤填筑应按照"三阶段、四区段、八流程"的施工程序组织施工,并依据现场地形、土质、运距及机械的适合条件,选择适宜的机械组合。每个区段长度由使用的机械能力、数量确定,宜大于 200m 或以构造物为界。

路堑开挖主要施工方法表　　　　　　表 13-4

名　称	内　容
全断面开挖法	平缓地面上短而浅的路堑
横向台阶开挖法	平缓横坡上的一般路堑(较深路堑宜分层开挖)
逐层顺坡开挖法	土质路堑(铲运、推土机械)
纵向台阶开挖法	傍山路堑(边坡较高时,宜分级开挖;路堑较长时,可分段开挖;边坡较高的软弱、松散岩质路堑,宜分级分段开挖)
高边坡分层开挖法	高边坡路堑(每层高度约 5m,不大于 8m,每层分段开挖)

4. 资源配置

资源配置应与施工方案相匹配,按照拟订的施工方案和进度安排,计算主要材料、设备、关键施工机械的数量及分阶段消耗量,确定分阶段的进料时间、储存及供应数量。主要资源配置应遵循以下原则:

(1)大型机械配置应按照经济、高效原则进行配套的机械组合。

(2)物资材料的配置应满足生产需要、降低成本的要求。按照甲供、甲控、自购材料的规格、数量、供应时间节点要求,制订相应的物资、设备招标采购计划。

(3)人力资源的配置应按照工程规模、进度安排、专业类别等要求,以及"专业化、合理跨度、责权利相结合"的原则,编制人力资源需求和使用计划。在满足施工任务与成本管理的基础上,按照"架子队"模式进行组建和管理,实现人力资源的精干高效。

(4)资金的配置应按照工程规模、进度计划、合同价款及支付条件制订管理目标和计划,编制资金流动计划和财务用款计划,对资金的运作实行严格的监控,提高资金的预测水平、使用水平及风险防范水平,降低资金使用成本。

5. 铁路路基工程工期参考指标

(1)一般规定

工期参考指标分为综合指标和单项指标。位于关键线路上的重点土石方等工程应根据工程量采用单项指标计算工期;位于非关键线路上的工程可直接按照综合指标计算工期。使用综合指标计算总工期时尚应考虑各单项工程间的搭接时间。

路基工程工期单项指标主要包括路基填筑、开挖、各类过渡段、地基处理、路基防护、支挡结构及相关工程等内容。除地基处理按每天三班制外,其他工程均按每天两班制确定进度指标。对于多年冻土地区路基工程,施工单位应根据建设项目实际情况另行分析确定。

(2)路基工期综合指标

路基工期安排综合指标见表 13-5,各单项工程之间工期安排应符合工程接口的要求。表中路基工期未含堆载预压工期,堆载预压应按设计要求计算工期。

(3)路基填筑工作内容及工期指标

路基填料为级配碎石、AB组土及改良土的工作内容包括拌制、运输、定位放样、分层摊铺、整平、碾压、检验、防排水等,路基填料为普通土的工作内容包括分层填筑、摊铺平整、碾压、检验、防排水等,相应的路基填筑工期指标见表 13-6。

路基工程综合指标表　　　　表 13-5

工程项目		单位	综合指标
施工准备	控制工程征拆	月/项	1~3
	城市征拆	月/项	3~6
路基	地基处理	月/项	3~6
	主体　平原丘陵	月/项	4~12
	山区	月/项	12~24

路堤填筑工期指标　　　　表 13-6

工程项目		进度指标（万方/月）
填方	时速 200km/h 及以上铁路　基床表层	2.5~3.0
	基床底层	2.7~3.2
	基床以下路基	3.0~3.6
	时速 160km/h 及以下铁路　基床表层	2.6~3.3
	基床底层	3.2~4.0
	基床以下路基	3.5~4.5

(4) 路堑开挖工作内容及工期指标

土方路堑开挖主要工作内容包括施工放样、清表、分层开挖、装车运输、检验、修整开挖底面、防排水等，石方路堑开挖主要工作内容施工放样、钻孔装药、连线爆破、装砟运输、检验、修整开挖底面、防排水等，路堑开挖工期指标见表 13-7。

路堑开挖工期指标　　　　表 13-7

工程项目		进度指标（万方/月）
挖方	土石比　10:0	5.3~7.4
	8:2	3.5~5.4
	5:5	4.1~4.2
	2:8	3.0~3.6
	0:10	2.4~2.9

(5) 过渡段工作内容及工期指标

过渡段的工作内容包括基底平整、基坑回填、填料拌和、填筑等，不同类型过渡段的工期指标见表 13-8。

过渡段工期指标　　　　表 13-8

工程项目		进度指标（万方/月）
过渡段	路桥	0.28~0.35
	路堤与横向构造物	0.35~0.42
	路堤与路堑	0.27~0.33
	路基与隧道	0.32~0.40

(6) 地基处理工作内容及工期指标

铁路路基地基处理类型较多，各种类型地基处理的主要工作内容如下所述，相应的施工工期指标参考表 13-9。

地基处理工期指标　　　　　　　　　　　　表 13-9

工程项目	进度指标(万米/月)	工程项目	进度指标(万米/月)
塑料排水板	4.3～5.3	旋喷桩	0.4～0.5
碎石桩	0.5～0.6	袋装砂井	4.3～5.0
CFG 桩	1.5～1.8	粉喷桩	0.4～0.5
水泥搅拌桩	0.6～0.7	打入桩	0.5～0.6

①塑料排水板：铺设下层砂垫层、测量放样、机具就位、插设排水板、拔出导管、截断排水板、埋设板头、铺设上层砂垫层等。

②碎石桩：测量放样、机具就位、沉管、加料、拔管、桩管下压、拔管、机具移位等。

③CFG 桩：试桩、放样、桩机就位、钻进、灌注、提钻、桩机移位等。

④水泥搅拌桩：放样、钻机就位、检查钻杆垂直度及对位偏差、喷浆下钻、钻至设计深度、第一次提升搅拌至停灰面、复搅下钻至桩尖、第二次提升搅拌至停灰面、桩头复搅提出钻头停机、钻机移位等。

⑤旋喷桩：放样、钻机就位、地面试喷、钻孔、旋喷、冲洗钻机、钻机移位等。

⑥袋装砂井：装砂袋、定位、打钢管、下砂袋、拔钢管、桩机移位、补灌砂袋等。

⑦粉喷桩：原地面处理、测量放样、桩机就位、钻进至设计深度、喷粉、搅拌提升、复搅、提升至桩顶、钻机移位等。

⑧打入桩：原地面处理、测量放样、桩机就位、打桩、接桩、桩头处理，桩机移位等。

(7)防护与支挡结构工作内容及工期指标

①浆砌片石坡面防护：测量放样、清理修整边坡、基础检查、砌筑、勾缝、抹面、检查验收等。

②浆砌片石挡墙：测量放样、基坑开挖、地面以下墙身砌筑，基坑回填，地面以上墙身砌筑、墙顶封闭等。

③混凝土挡墙：测量放样、基坑挖填、模板安拆、混凝土浇筑、养护等。

④桩板式挡墙：测量放样、桩孔开挖、支护、钢筋骨架制作安装、桩身混凝土浇筑，挡土板、上部桩身制作安装,墙后填筑等。

⑤抗滑桩：测量放样、桩孔开挖、通风、护壁、钢筋笼制作安装、桩身混凝土浇筑等。具体防护与支挡结构工期指标见表 13-10。

防护与支挡结构工期指标　　　　　　　　　　　　表 13-10

工程项目	进度指标(坊工方/月)	工程项目	进度指标(坊工方/月)
浆砌片石护坡	1100～1300	桩板式挡墙	250～300
浆砌片石挡墙	1000～1200	抗滑桩	350～450
混凝土挡墙	1400～1700		

◆请练习[思考题 13-6]

第三节　铁路路基施工安全技术

铁路路基施工应建立健全质量、环境、职业健康安全管理体系,对施工安全管理、施工安全技术、施工安全作业进行全过程、全方位管理与控制。

一、铁路路基工程施工安全一般规定

铁路路基工程施工应严格按设计文件进行,全面贯彻设计意图,达到设计要求的安全使用功能,保障铁路运营安全。建设、勘察设计、施工和监理单位等建设各方应坚持"管生产必须管安全"的原则,设置安全管理机构,配备安全管理人员,制订安全生产规章制度,落实安全生产责任制。

1.相关主体单位安全工作规定

(1)建设单位施工安全工作规定

制订建设项目施工安全措施,对勘察设计、施工、监理等单位提出施工安全管理要求,并督促、检查实施情况,保证建设项目施工安全。及时调查核实施工中反馈的安全隐患信息,并制订和采取相应的防范措施。组织对重大风险、重大危险源或技术复杂工程的施工方案及营业线施工过渡方案进行会审。及时拨付相关的安全措施费用并监督使用。发生施工安全事故后,应按规定及时启动应急预案、上报事故情况、参与事故调查处理。

(2)勘察设计单位施工安全工作规定

对勘察设计质量负责,勘察设计要把消除安全隐患放在首位,从设计上规避安全风险,防止因勘察工作错误或设计不合理造成施工安全事故发生。对涉及施工安全的重点部位和环节应在设计文件中注明,并提出防范施工安全事故的指导意见。根据营业线施工情况,提出营业线施工过渡方案,提出保证营业线施工期间安全运营的措施和施工注意事项。对施工过程中发现影响结构安全和施工安全的设计内容应及时进行变更处理。依据勘察成果提供施工现场及毗邻区域内既有设备情况,提供地下管、线、电缆等隐蔽设施的准确位置以及气象、水文和地质灾害等资料。提出改善安全作业环境和保障施工安全的措施,并按规定将相关费用纳入工程概算。

◆请练习[思考题13-7]

(3)施工单位施工安全工作规定

按照设计施工,严格执行有关安全技术标准,将安全技术措施纳入施工组织设计和施工方案,并在施工前向作业人员进行安全技术交底。对施工现场安全生产进行监督检查,制止违章作业,排查、报告和清除现场安全隐患。保证安全生产费用的足额投入,合同约定或专门规定的安全作业环境和施工安全措施费用不得挪作他用。发现施工现场情况与设计文件不符并影响施工安全时,应立即向有关单位报告,并及时采取安全防范措施。发现重大安全隐患或发生安全事故后,立即启动应急预案,采取有效措施防止事故扩大,并按规定上报事故情况。

(4)监理单位施工安全工作规定

施工安全监理工作应与工程质量、工期和投资控制等同步实施,对施工安全承担监理责任。配备满足施工现场管理要求的安全监理人员和设备。将施工安全监理工作内容纳入监理规划并编入监理实施细则。按照监理实施细则对建设项目实施安全监理。发现施工安全事故隐患应要求施工单位限时整改;情况严重的或有重大事故隐患不及时整改的应立即要求停工整改,并向建设单位报告。

2.施工安全管理

建设各方应按图13-2的规定做好施工安全管理工作。

图 13-2 施工安全管理工作框图

410 铁路路基工程

> **学习记录**

建设各方应制订计划,对施工安全管理工作进行检查。建设各方应根据各自安全职责定期进行自查,开工前应组织检查,施工过程中应进行抽查。施工安全管理工作检查应按表13-11如实填写检查记录。

施工安全管理检查表　　　　　　　　　　　　　　表13-11

项目(工程)名称			
建设单位		项目负责人	
勘察设计单位		项目负责人	
监理单位		总监理工程师	
施工单位		项目负责人	
序号	检查项目	检查情况	
1	安全管理组织机构		
2	安全资源配置		
3	安全管理制度		
4	安全管理目标		
5	安全教育培训		
6	专项施工方案		
7	安全技术交底		
8	风险管理		
9	应急救援预案		
检查单位:		被检查单位:	
负责人(签名):		负责人(签名):	
日期:　年　月　日		日期:　年　月　日	

对检查中发现的不符合规定的情况,应按表13-12签发安全检查整改通知单,限期整改,并跟踪验证。

安全检查整改通知单　　　　　　　　　　　　　　表13-12

项目(工程)名称		
存在问题及整改要求:		
		限　年　月　日前整改完成
检查方:	受检方:	
检查人:(签名)	接收人:(签名)	
日期:	日期:	
整改措施:		
受检方负责人:(签名)	计划完成日期:　年　月　日	
验证结果:		
验证人:(签名)	验证日期:　年　月　日	

3. 施工安全技术

施工单位应结合危险源辨识,制订相应的安全技术措施,并纳入施工组织设计和专项施工方案。施工单位应制订逐级安全技术交底制度并严格实施,如图13-3所示。安全技术交底应采用书面形式,并保存签认记录。

安全防护设施应实行验收制度,并按规定进行验收。安全设施的验收应由施工单位主管生产的负责人或施工现场负责人组织安全、技术等有关人员进行。验收标准应符合专项施工方案、安全措施、安全技术交底的要求。

建设各方应加强对有关技术文件中安全技术措施执行情况的检查,督促有关单位、作业班组或作业人员落实安全技术措施。有关技术文件指施工招、投标文件及说明、施工图纸、施工组织设计、安全专项施工方案、施工安全措施、施工安全技术交底等。建设各方应加强对有关单位基础性安全技术管理工作的检查,并按表13-13如实填写检查记录。对检查中发现的不符合规定的情况,应按表13-12签发安全检查整改通知单,限期整改,并跟踪验证。

图13-3 安全技术交底

安全技术检查表 表13-13

项目(工程)名称			
施工单位		项目负责人	
序号	主要检查内容及要求		检查情况
1	设计文件	设计文件齐全	
		设计文件现场核对	
2	安全技术标准	安全标准齐全、有效	
3	实施性施工组织设计	包含相应的安全技术措施	
		编制、审批程序符合要求	
4	专项施工方案	软弱路基、陡坡路基和危及既有建(构)筑物及交通的填筑等工程	
		高边坡、不良地质、周边环境复杂等路堑工程及爆破施工	
		锚杆(索)、桩板墙、抗滑桩、不良地段支护等工程	
		风沙地区、滑坡崩塌地段、高原地区等路基施工,营业线施工	
		编制、审批程序符合要求	
5	机械设备	制订操作规程和维修保养计划、检验、鉴定	
		建立管理台账	
6	安全生产培训	按规定对管理人员和作业人员进行培训、考核并记录	
		特种作业人员持证上岗	
7	施工安全协议	签订相关施工安全协议	
8	作业指导书	包含相应的安全操作要求	
		编制、审批程序符合要求	
9	安全技术交底	编制各级施工安全技术交底文件并按规定交底	
		交底记录签认齐全	

学习记录

续上表

项目(工程)名称				
施工单位			项目负责人	
序号	主要检查内容及要求			检查情况
10	安全检查	制订安全检查计划		
		检查、整改记录齐全		
11	施工日志	施工安全情况记载真实完整		
12	大型临时工程及过渡工程	编制设计、施工方案		
		检查验收		

检查单位:	被检查单位:
负责人:(签名)	负责人:(签名)
日期: 年 月 日	日期: 年 月 日

◆请练习[思考题 13-8]

4. 人员培训

安全培训作为安全生产管理的一项重要内容,必须得到进一步加强,对项目安全培训的时间、内容和培训师资等的规定十分必要,以此促进安全意识和安全知识的进一步提高,确保安全生产。根据安全生产法规定,生产经营单位的项目负责人、专职安全生产管理人员应接受相关行政管理部门的培训,考试合格并取得相应的安全任职资格证后方可上岗。建设各方应建立健全安全生产教育培训制度,制订培训计划,对参建人员进行有针对性的培训,如图 13-4 所示。未经培训或培训不合格者不得上岗。

图 13-4 安全生产教育培训

参与营业线施工的人员,其安全生产教育培训尚应符合铁路营业线施工安全管理办法的有关规定。特种作业人员必须经具备特种作业培训资格的机构培训考核合格后,取得特种作业资格证后方可上岗作业,特种作业资格证有效期为 6 年,每两年复审一次。施工单位对管理人员和施工作业人员安全生产教育培训情况应有记录,培训时间应符合下列规定:

(1)项目负责人每年不得少于 30 学时。
(2)专职安全生产管理人员每年不得少于 40 学时。
(3)其他管理人员和技术人员每年不得少于 20 学时。
(4)作业人员每年不得少于 15 学时。
(5)特种作业人员取得岗位操作证后,每年仍需接受有针对性的安全生产培训,时间不得少于 20 学时。
(6)新进场和换岗作业人员,在上岗前安全生产培训时间不得少于 20 学时。

二、地基处理工程施工安全主要内容

地基处理工程应结合现场环境、施工方法、机械设备等情况进行危险源辨识和风险评估,参照表 13-14 制订应急预案并采取相应的安全措施。

地基处理施工安全项目及安全措施　　　　　表 13-14

序号	项　目	主要对策及安全措施
1	人员防护	1. 对接触有害材料的人员配发和使用防护用品; 2. 维修机械等高处作业时系安全带; 3. 采取围挡、警示标志防止非作业人员进入现场
2	既有建(构)筑物和设备防护	1. 施工前进行详细的调查; 2. 采取标识及防护措施; 3. 在设备管理单位的配合下拆迁或作业; 4. 采取监测措施
3	机械行驶及操作	1. 制订安全操作规程; 2. 探明机械行驶路线情况; 3. 对承载力、半径、限高、距输电线的距离等不满足要求的采取相应措施,大型机械跟机防护; 4. 配备专业操作人员,作业时设专人防护; 5. 制订临时用电和防雷措施; 6. 对作业及行走范围地面处理,防倾覆
4	其他	防止环境污染、特殊环境施工安全等

地基处理工程危险源、危害因素应考虑机械作业时倾覆、施工影响毗邻的既有建(构)筑物和设备、管线、机械现场组装和操作、机械作业用电及防雷、大风等恶劣气候条件下人员和机械安全、施工噪声、排放泥浆等环境因素。

三、路堤施工安全主要内容

1. 路堤施工主要危险源、危害因素

(1)复杂环境条件下的软弱路基、陡坡路基和危及既有建(构)筑物及交通的路堤填筑工程。

(2)施工影响范围内的既有建(构)筑物、设备设施、管线等。

(3)影响施工的水。

(4)人机混合作业。

(5)深取土场(坑)。

路堤施工安全项目及安全措施见表 13-15。

2. 施工机械安全

机械设备的管理与防护应符合施工机械安全的基本规定。多机在同一作业面作业时,应设专人指挥,明确指挥信号,相互间保持安全距离。配合机械作业的清底、摊铺、平整、修坡等人员,应在机械回转半径以外工作。

路堤施工安全项目及安全措施　　　　表 13-15

序号	项目	主要对策及措施
1	复杂环境条件下的软弱路基、陡坡路基和危及既有建(构)筑物及交通的路堤填筑工程	1. 编制、审查并报批专项施工方案； 2. 施工前进行安全技术交底； 3. 每天作业前开展班前安全讲话
2	施工影响范围内的既有建(构)筑物、设备设施、管线等	1. 施工前进行详细调查； 2. 迁改或采取围挡、警示等进行防护； 3. 必要时设专人监护
3	毗邻或施工范围内的交通运输	1. 申请交通管制或迁移道路； 2. 设置围挡措施和警示标志； 3. 设专人指挥、警戒
4	施工范围内的雨、水	1. 施工前做好防排水设施； 2. 施工中采取临时排水措施； 3. 施工过程中检查防排水设施； 4. 及时疏导积水
5	人机混合作业	1. 操作人员持证上岗； 2. 安全操作规程交底； 3. 机械回转半径以外作业； 4. 专人指挥； 5. 危险区域设警示标志或专人防护
6	地面横坡陡于 1:2.5 和池塘、软土等复杂路堤填筑作业	1. 控制填筑速率； 2. 路堤沉降和位移观测
7	深取土坑	1. 坑边设安全防护措施和警示标志； 2. 边坡坡率按设计要求执行； 3. 采取临时排水措施； 4. 取土后进行土地整治

3. 路堤专项安全施工方案

复杂环境条件下的软弱路基、陡坡路基和危及既有建(构)筑物及交通的路堤填筑等工程应编制专项施工方案。复杂环境条件是指在城市、厂矿区、居民聚居区、交通干道、风景名胜区、重要工程设施、高压线、地下洞库、通信管线、水油气管道、化工管道等附近。

四、路堑施工安全主要内容

1. 路堑施工主要危险源、危害因素

(1) 高边坡、不良地质、周边环境复杂路堑工程。

(2) 施工影响范围内的既有建(构)筑物、设备、管线等。

(3) 毗邻和施工范围内的既有交通设施。

(4) 影响施工的水。

(5) 危岩和坡面坡顶危石。

(6)爆破器材的运输、储存、使用、销毁及爆破施工。
(7)弃土作业。

2.路堑施工安全项目和安全措施(表13-16)

路堑施工安全项目和安全措施　　　　　　　　表13-16

序号	项目		主要对策及措施
1	高边坡、不良地质、周边环境复杂等路堑工程		1.制订、审查并报批专项施工方案; 2.施工前进行安全技术交底; 3.每天作业前开展班前安全讲话
2	施工影响范围内的既有建(构)筑物、设备设施、管线等		1.施工前进行详细的调查、探测; 2.迁改或采取围挡、警示等进行防护; 3.必要时设专人监护
3	毗邻或施工范围内的交通运输		1.申请交通管制或迁改道路; 2.设置围挡措施和警示标志; 3.设专人指挥、警戒
4	影响施工的雨、水		1.施工前做好引、截、防、排水设施; 2.施工中采取临时排水措施; 3.施工过程中检查防排水设施; 4.及时疏导积水
5	危岩和坡面坡顶危石		1.检查、监测及判定; 2.施工作业前清理,并采取警戒、监护、使用个人防护用品等高处安全防护措施; 3.制订应急处置措施
6	高陡边坡、深路堑开挖作业		1.机械操作人员持证上岗; 2.开挖方法、工序及操作规程交底; 3.专人指挥、防护; 4.过程检查纠正
7	爆破作业	非专业作业人员	1.编制、审核、报批爆破设计(说明)书和专项施工方案; 2.作业人员持证上岗; 3.安全技术交底、班前安全讲话; 4.爆破器材运输、储存、使用、销毁执行现行国家规定; 5.爆破器材使用前检验; 6.炮孔钻凿、装药、填塞、网路敷设完验收; 7.起爆前采取警戒、防护措施; 8.正确起爆; 9.由原装药人采取措施处理盲炮; 10.等待时间过后进行爆后安全检查
		爆破器材及其运输、储存、使用、销毁	
		钻眼作业	
		装药作业	
		填塞作业	
		起爆和爆后检查	
		盲炮	
8	弃土作业		1.操作人员持证上岗; 2.安全操作规程交底; 3.危险区域设警示标志或专人防护; 4.弃土堆按设计设置及堆弃; 5.保持弃土堆自身稳定; 6.弃土堆采取防排水措施; 7.弃土堆坡脚挡护

3. 路堑爆破施工安全

路堑爆破施工应编制专项施工方案。岩石边坡坡率为 1:0.1~1:0.75 的路堑，必须采用光面或预裂爆破；城市、风景名胜区及重要工程设施附近的路堑爆破应采用控制爆破技术。

◆请练习[思考题 13-9]

第四节　路基工程施工环境保护

路基工程施工应遵守国家有关建设项目环境保护管理的规定，认真贯彻"预防为主，防治结合，综合治理"的原则，合理利用资源、能源，采用先进工艺、节能环保机械设备，降低资源、能源消耗。

一、一般规定

路基工程施工应统一规划，合理布局，综合利用，控制污染源，保护生态环境。

路基施工组织设计应按环境保护设计的各项要求，结合工程实际，对施工中可能造成的环境破坏和不利影响制订具体防治措施和方案，并实施。

施工便道、施工场地等临时工程的规划应尽量利用既有道路、荒地等，减少对环境的影响，并符合当地环境保护要求。

路基周边环境变化危及路基质量、安全时，应及时上报相关单位采取处理措施。

二、水土保持

路基土石方调配宜移挖作填，取、弃土场应按设计要求结合当地土地利用规划统筹考虑，其裸露面应按设计及时进行整治或防护。

取土场的位置、深度、边坡应符合设计要求，并结合当地土地利用、环保规划进行布置，不应随意取土。

路基填筑施工应做到随挖、随填、随碾压，并合理安排好施工场地的临时排水。边坡防护工程应及时施工，以减少水土流失对环境的影响。

工程完工后，应进行施工场地清理，临时用地应及时做好复垦工作。

三、污染防治

1. 噪声、振动污染防治

施工车辆不应带故障进入施工现场，做到少鸣笛；填料生产场、混凝土拌和站等各项临时设施，均宜远离居民区设置；无法满足时，应采取防尘、防噪声等措施；路基施工不应使用对环境噪声污染严重的设备。

在城镇居民地区施工时，噪声应符合《铁路工程环境保护设计规范》(TB 10501—1998)的相关要求，并符合当地政府的有关规定，否则采取消声、隔音、安装减振衬垫等减振降噪技术措施。表 13-17 中所列噪声值是指与敏感区域相应的施工场地边界线处的限值。

施工场所噪声限值表　　　　表13-17

施工阶段	主要噪声源	噪声限值等效声级 L_{eq}[dB(A)]	
		昼间	夜间
土石方	推土机、挖掘机、装载机等	75	55
打桩	各种打桩机等	85	禁止施工
结构	混凝土搅拌机、振捣棒、电锯等	70	55
装修	吊车、升降机等	65	55

2. 大气污染防治

各种机械设备及运输车辆的废气排放量应符合铁路和地方政府的相关规定；各种运输车辆，不应超量装载运输，防止土石散落污染路面；施工便道要采用洒水降尘措施，同时在便道与既有道路交口处派专人负责防护和清扫。

工程用的粉状材料，应采用密封或袋装运输，不应散装散卸。在露天堆存时，应采取防尘和防雨水冲刷流失措施；改良土施工时应采取有效措施防止粉尘污染。

3. 水污染防治规定

地基处理施工中溢出的浆液应回收集中处理，不应任意排放。工业废渣等填料中有害物质超标时，应采取措施处理后方可用于路基填筑。清洗施工机械和设备的废水、废油以及生活生产污水、废弃材料、垃圾等均应集中处理，严禁随意排放、丢弃。

4. 固体废物污染防治应符合规定

固体废物应分类收集、分别处理；严禁在路基两侧设置垃圾堆放场和垃圾处理场；生产废物宜设置相应的堆放场地并定期处置；污水处理产生的污泥应运至指定堆放场地。

◆请练习[思考题13-10]

第五节　铁路路基竣工验收

一、一般规定

路基工程按设计文件要求施工完毕后，施工单位应进行自验，不符合设计、标准和规范的，应进行整修或处理。

施工单位应按照路基工程施工质量验收相关标准及工程接收单位或地方档案管理部门要求，做好竣工文件资料的积累和形成工作，做到竣工文件积累与工程进度同步、竣工文件与工程验交交接同步。

建设各方按照规定成立验收配合组织机构并配备相关人员及设备，进行工程竣工验收的准备和验收工作。

二、路基单位工程综合质量验收

路基单位工程综合质量验收包括质量控制资料核查、实体质量和主要功能核查、观感质量评定，综合质量验收应符合路基工程施工质量验收相关标准的相关要求。

学习记录

1. 单位工程质量验收合格要求

(1)单位工程所含分部工程的质量均验收合格。

(2)质量控制资料完整。

(3)实体质量和主要功能符合相关标准规定和设计要求。

(4)观感质量验收符合要求。

施工单位应对完工的单位工程组织自验,对自验中发现的问题应进行整改完善,达到验收标准,并做好验收的准备工作。

2. 单位工程质量控制资料核查

单位工程质量控制资料应齐全完整,全面反映工程施工质量状况。单位工程质量控制资料核查应由监理单位组织施工单位进行,并按表 13-18 填写记录,表中核查人为监理单位人员。对表中未列的较重要的质量控制资料,应根据工程建设质量主管部门的要求进行核查。其中,第 7 项"路基检测、试验报告"主要是指地基、路基的施工质量检测、试验报告。

单位工程质量控制资料核查记录　　　　表 13-18

单位工程名称				
施工单位				
序号	资 料 名 称	份数	核查意见	核查人
1	图纸会审、设计变更、洽商记录			
2	工程定位测量、放线记录			
3	原材料出厂合格证及进场抽样检验报告			
4	成品及半成品出厂合格证或试验报告			
5	复合地基承载力检测记录			
6	桩基无损检测记录			
7	路基检测、试验报告			
8	沉降观测资料			
9	施工记录			
10	工程质量事故及事故调查处理资料			
11	施工现场质量管理检查记录			
12	分项、分部工程质量验收记录			
13	新材料、新工艺施工记录			

结论:

施工单位项目负责人　　　　　　　　　总监理工程师
　年　月　日　　　　　　　　　　　　年　月　日

3. 单位工程实体质量和主要功能核查

单位工程完成后,应由建设单位组织勘察设计、监理、施工单位对单位工程实体质量和主要功能进行核查,并按表 13-19 填写记录,表中核查项目由验收组协商确定。路基结构实体质量和主要使用功能达不到设计要求的单位工程严禁验收。

单位工程实体质量和主要功能核查记录　　　　表13-19

单位工程名称					
施工单位					
序号	项目		资料份数	核查意见	核查人
1	沉降观测				
2	路基竣工高程、中线、宽度实测				
3	边坡坡率实测				
4	排水沟槽实测				
5	支挡结构混凝土裂缝宽度检查				
6	支挡结构钢筋的保护层厚度检查				
7	支挡结构无损检测墙体厚度实测				
8	支挡结构无损检测墙后回填密实度实测				
结论：					
施工单位项目负责人 年　月　日		总监理工程师 年　月　日		建设单位项目负责人 年　月　日	

单位工程实体质量和主要功能核查方法和数量应符合下列规定：

(1)沉降观测采用核查观测点(或观察断面)方法，全部检查。

(2)路基竣工高程、中线、宽度实测，全部检查。

(3)边坡坡率实测，每100m检测一次。

(4)排水沟槽位置、高程、尺寸实测，每100m检查一个断面。

(5)支挡结构混凝土裂缝宽度，采用观察或刻度放大镜检查，全部检查。

(6)支挡结构钢筋的保护层厚度，采用满足精度要求的钢筋保护层厚度检测仪现场测定，每支挡结构不少于3处，每处不少于10个点。

(7)支挡结构无损检测墙体厚度实测，每100m检查一次。

(8)支挡结构无损检测墙后回填密实度实测，每100m检查一次。

4.单位工程观感质量评定

观感质量评定应由建设单位组织设计、监理、施工单位共同进行现场评定，并按表13-20填写记录，观感质量检查项目评定达不到合格标准，应进行返修。观感质量合格标准如下：

(1)路基面观感质量合格标准

路肩线条平直，肩棱整齐，路拱线条清晰，路拱面平整，路拱横坡及路拱形式清晰无明显凹凸；穿越路基面的管线部位回填规范无明显的凹凸，路基外观整洁。

(2)路堤边坡观感质量合格标准

坡脚、路肩线条清晰、顺直，边坡坡面平顺无较大凹凸，各种检查设备(检查梯、栏杆等)与路堤边坡协调。

(3)路堑边坡观感质量合格标准

路堑边坡坡脚线条清晰、坡面平整、圆顺，坡面无悬凸、浮石，光面(预裂)炮孔痕迹清晰，高边坡平台清晰、平顺。各种检查设备(检查梯、栏杆等)线形基本顺直，与边坡协调。

路基单位工程观感质量检查记录　　　　表13-20

单位工程名称				
施工单位				
序号	项目名称	质量状况	质量评定	
			合格	差
1	路基面			
2	路堤边坡			
3	路堑边坡			
4	挡土墙			
5	植物防护			
6	排水沟槽			
7	防护栅栏			
8	电缆沟槽、声屏障、接触			
检查结论：				

(4)挡土墙观感质量合格标准

轮廓清晰、大面平整、色泽基本一致，无蜂窝、麻面现象；安装构件间接缝紧密、大面平整、无明显错台。伸缩缝缝宽一致、整齐顺直，泄水孔外观整齐。

(5)植物防护观感质量合格标准

边坡植株均匀、长势较好，无局部漏植；边坡草皮表面平整、植株均匀、长势较好，基本无露土现象。

(6)排水沟槽观感质量合格标准

排水沟、天沟、侧沟等沟沿、沟顶线条基本清晰、顺直，流水面平顺、无淤积现象，砌体嵌缝紧密、大面平整、片石(砌块)间咬接良好。沟槽盖板基本无破损、安装牢固、无明显安装错台。

(7)防护栅栏观感质量合格标准

防护栅栏安装牢固、立面竖直、圆顺，与地形及路基排水系统协调，整个隔离栅栏系统色泽一致。

(8)电缆沟、接触网支柱基础、声屏障、线路标志、检查设施等路基相关工程观感质量合格标准。

电缆槽、接触网支柱基础、声屏障、线路标志、检查设施等线条基本清晰、顺直，沟槽盖板基本无破损、安装牢固、无明显安装错台。

三、静态验收

静态验收是指由建设单位(或委托单位)组织验收工作组，对建设项目进行检查，确认工程是否按设计完成且质量合格，系统设备是否已安装并调试完毕。静态验收包括专业现场验收和静态综合系统验收，静态验收工作在铁路建设主管部门指导下实施。

铁路路基工程静态验收前应完成合同约定和设计文件要求的全部路基工程内容。路基工程静态验收应提前做好内、外业资料的准备工作，内业资料应编制资料清单并提供相应资料。

施工单位应成立路基工程静态验收配合工作组，对参与验收的人员进行针对性的相关知识培训，积极配合做好静态验收工作。验收现场应配备相关人员、机具、测试仪器和交通通信工具。路基工程竣工文件应按规定的内容和标准基本完成。

参建各方应准备好路基设计、变更设计、施工及监理相关资料、工程承包合同及静态验收所需的其他相关资料。对静态验收过程中发现的问题应认真研究，按期完成整改，达到静态验收复验要求并签认完善相关手续。

四、动态验收

动态验收是指铁路建设项目静态验收合格后，由建设单位（或委托单位）组织整个系统验证性综合调试，并委托专业机构进行动态检测，验收工作组对工程安全运行状态进行的全面检查和验收。动态验收前应完成静态验收复验工作，静态验收中影响行车安全的问题应整改完成。

路基动态检测用的动态压力传感器、位移传感器、光电传感器、伺服加速度传感器、速度和加速度传感器等应提前在施工期间按要求埋设完毕。施工单位应将特殊基床结构设计或施工、特殊填料填筑或加固处理、新型轨道结构或行车运营等提出特殊要求的路基相关资料提交动态检测单位。

施工单位应积极配合动态验收工作，对动态验收发现的问题应按要求及时整改。在整改期间应加强与有关单位的联系，必须做到试车不施工、施工不试车，确保施工和行车安全。

动态验收中发现的问题应及时整改，达到动态验收复验要求并签认完善相关手续。

◆请练习[思考题 13-11]

思 考 题

13-1　简述铁路路基施工调查报告主要内容。

13-2　简述铁路路基施工图纸核对主要技术内容。

13-3　简述铁路路基施工技术交底层次及其主要技术内容。

13-4　简述路基施工准备技术工作。

13-5　简述实施性施工组织设计的主要内容。

13-6　铁路路基工期指标如何选择？

13-7　简述勘察设计单位施工安全技术要求。

13-8　简述铁路路基施工安全技术检查主要工作。

13-9　简述铁路路堑施工安全主要内容。

13-10　简述铁路路基施工在环境保护方面主要工作。

13-11　简述铁路路基单位工程质量验收所需技术资料。

参 考 文 献

[1] 中华人民共和国行业标准. TB 10001—2005　铁路路基设计规范[S]. 北京:中国铁道出版社.
[2] 中华人民共和国行业标准. TB 10621—2009　高速铁路设计规范(试行)[S]. 北京:中国铁道出版社.
[3] 中华人民共和国国家标准. GB 50012—2012　Ⅲ、Ⅳ级铁路设计规范[S]. 北京:中国计划出版社.
[4] 中华人民共和国行业标准. TB 10751—2010　高速铁路路基工程施工质量验收标准[S]. 北京:中国铁道出版社.
[5] 中华人民共和国行业标准. TB 10414—2003　铁路路基工程施工质量验收标准[S]. 北京:中国铁道出版社.
[6] 中华人民共和国行业标准. 铁建设函[2005]285号　新建时速200km客货共线铁路设计暂行规定[S]. 北京:中国铁道出版社.
[7] 中华人民共和国行业标准. 铁建设[2005]140号　新建时速200-250公里客运专线铁路设计暂行规定(上)[S]. 北京:中国铁道出版社.
[8] 中华人民共和国国家标准. GB T 50262—1997　铁路工程基本术语标准[S]. 北京:中国计划出版社.
[9] 中华人民共和国国家标准. GB 50111—2006　铁路工程抗震设计规范(2009年版)[S]. 北京:中国计划出版社.
[10] 中华人民共和国行业标准. TB 10005—2010　铁路混凝土结构耐久性设计规范[S]. 北京:中国铁道出版社.
[11] 中华人民共和国行业标准. TB 10106—2010　铁路工程地基处理技术规程[S]. 北京:中国铁道出版社.
[12] 中华人民共和国行业标准. TB 10118—2006　铁路路基土工合成材料应用设计规范[S]. 北京:中国铁道出版社.
[13] 中华人民共和国行业标准. TB 10035—2006　铁路特殊路基设计规范[S]. 北京:中国铁道出版社.
[14] 中华人民共和国行业标准. TB 10025—2006　铁路路基支挡结构设计规范[S]. 北京:中国铁道出版社.
[15] 中华人民共和国行业标准. TB 10002.5—2005　铁路桥涵地基和基础设计规范[S]. 北京:中国铁道出版社.
[16] 中华人民共和国行业标准. 铁建设[2010]241号　高速铁路路基工程施工技术指南[S]. 北京:中国铁道出版社.
[17] 中华人民共和国行业标准. TZ 202—2008　客货共线铁路路基工程施工技术指南[S]. 北京:中国铁道出版社.
[18] 中华人民共和国行业标准. TB 10301—2009　铁路工程基本作业施工安全技术规程[S]. 北京:中国铁道出版社.
[19] 中华人民共和国行业标准. TB 10302—2009　铁路路基工程施工安全技术规程[S]. 北

京:中国铁道出版社.
[20] 中华人民共和国行业标准.TB 10504—2007 铁路建设项目预可行性研究、可行性研究和设计文件编制办法[S].北京:中国铁道出版社.
[21] 中华人民共和国行业标准.TB 10012—2007 铁路工程地质勘察规范[S].北京:中国铁道出版社.
[22] 中华人民共和国行业标准.TB 10018—2003 铁路工程地质原位测试规程[S].北京:中国铁道出版社.
[23] 中华人民共和国行业标准.TB 10218—2008 铁路工程基桩检测技术规程[S].北京:中国铁道出版社.
[24] 中华人民共和国行业标准.TB 10077—2001 铁路工程岩土分类标准[S].北京:中国铁道出版社.
[25] 中华人民共和国行业标准.TB 10102—2010 铁路工程土工试验规程[S].北京:中国铁道出版社.
[26] 铁道部工程管理中心.客运专线铁路技术管理手册:客运专线铁路路基填筑施工技术要点手册[M].北京:中国铁道出版社,2010.
[27] 铁道部工程管理中心.客运专线铁路技术管理手册:客运专线铁路地基处理技术手册[M].北京:中国铁道出版社,2009.
[28] 铁道部工程管理中心.客运专线铁路技术管理手册:客运专线铁路路基防排水施工技术手册[M].北京:中国铁道出版社,2009.
[29] 铁道部工程管理中心.客运专线铁路技术管理手册:客运专线铁路变形观测评估技术手册[M].北京:中国铁道出版社,2009.
[30] 铁道部第一勘测设计院.铁路工程地质手册(99修订版)[M].北京:中国铁道出版社,1999.
[31] 铁道部第一勘测设计院.铁路工程设计技术手册:路基[M].北京:中国铁道出版社,1992.
[32] 铁道部第一工程局.铁路工程施工技术手册:路基[M].北京:中国铁道出版社,1994.
[33] 李峻利,姚代禄.路基设计原理与计算[M].北京:人民交通出版社,2001.
[34] 杨广庆.路基工程[M].2版.北京:中国铁道出版社,2010.